De grondslag van het vermogens- en ondernemingsrecht

Deel 1
Vermogensrecht

Mr. A.M.M.M. van Zeijl

Negende druk

Noordhoff Uitgevers Groningen/Houten

D1727971

Ontwerp omslag: G2K Designers Groningen/Amsterdam
Omslagillustratie: iStockphoto

Eventuele op- en aanmerkingen over deze of andere uitgaven kunt u richten aan: Noordhoff Uitgevers bv, Afdeling Hoger Onderwijs, Antwoordnummer 13, 9700 VB Groningen, e-mail: info@noordhoff.nl

Met betrekking tot sommige teksten en/of illustratiemateriaal is het de uitgever, on-danks zorgvuldige inspanningen daartoe, niet gelukt eventuele rechthebbende(n) te achterhalen. Mocht u van mening zijn (auteurs)rechten te kunnen doen gelden op tek-sten en/of illustratiemateriaal in deze uitgave dan verzoeken wij u contact op te ne-men met de uitgever.

Aan de totstandkoming van deze uitgave is de uiterste zorg besteed. Voor informatie die desondanks onvolledig of onjuist is opgenomen, aanvaarden auteur(s), redactie en uitgever geen aansprakelijkheid. Voor eventuele verbeteringen van de opgenomen gegevens houden zij zich aanbevolen.

0 / 14

ISBN 978-90-01-83163-9
NUR 820

Woord vooraf

De grondslag van het vermogens- en ondernemingsrecht is geschreven vanuit de behoefte in het onderwijs aan een inleidend praktijkgericht en duidelijk geschreven handboek op het gebied van het vermogensrecht en ondernemingsrecht. Het is verdeeld in twee delen, waarin de meest belangrijke onderwerpen worden behandeld. Deel 1 bevat het vermogensrecht en deel 2 het ondernemingsrecht.

In deel 1 komen allereerst de algemene onderwerpen met betrekking tot het vermogensrecht aan de orde, zoals het goederenrecht, pand en hypotheek, de rechtshandeling, de overeenkomst en de onrechtmatige daad als bron van verbintenissen en het verbintenissenrecht. Deel 1 wordt afgesloten met de bespreking van een paar bijzondere overeenkomsten, te weten de koopovereenkomst, huur en verhuur en de arbeidsovereenkomst.

Deel 2, het ondernemingsrecht, behandelt naast de algemene verplichtingen van ondernemers en het begrip rechtspersoonlijkheid, de verschillende ondernemingsvormen, zoals de eenmanszaak, de personenvennootschappen en de naamloze en besloten vennootschap. Verder komen aparte onderwerpen zoals het jaarrekeningenrecht, het recht van enquête en de structuurregeling aan de orde. Deel 2 wordt afgesloten met het faillissementsrecht en het burgerlijk procesrecht.

In beide delen zijn aan het eind van ieder hoofdstuk begripsbepalingen opgenomen. Of men de inhoud van een bepaald hoofdstuk beheerst, kan getoetst worden aan de hand van de meerkeuze- en oefenvragen. De antwoorden van de meerkeuzevragen zijn aan het eind van elk deel toegevoegd. De antwoorden van de oefenvragen staan in de docentenhandleiding. Daarnaast bestaat er voor zowel de student als de docent een databank met meerkeuzevragen. Deze zijn ook weer per hoofdstuk gegroepeerd.

Uiteraard zijn alle in het boek behandelde onderwerpen geactualiseerd (tot en met december 2013) en zijn recente wetswijzigingen in de stof verwerkt. Er is ook al rekening gehouden met toekomstige wettelijke regelingen.

Amsterdam, december 2013
A.M.M.M. van Zeijl

Inhoud

Inleiding 11

1   Enige grondbeginselen 13
1.1   Rechtsregels 13
1.1.1   Publiekrecht en privaatrecht 14
1.1.2   Dwingend en aanvullend (regelend) recht 15
1.1.3   Materieel en formeel recht 16
1.1.4   Objectief en subjectief recht 16
1.2   Rechtsbronnen 16
1.2.1   Wet 17
1.2.2   Internationale regelingen 18
1.2.3   Jurisprudentie 19
1.2.4   Gewoonterecht 19
1.2.5   Ongeschreven recht 20
1.3   Burgerlijk Wetboek 20
1.3.1   Personen- en familierecht en rechtspersonen (Boek 1 en 2) 21
1.3.2   Vermogensrecht (Boek 3 t/m 8) 22
1.3.3   Internationaal privaatrecht (Boek 10) 23
1.3.4   Opbouw van het BW 23
         Kernbegrippenlijst 24
         Meerkeuzevragen 26
         Oefenvragen 28

2   Vermogensrecht (algemeen) 29
2.1   Vermogen 29
2.1.1   Zaken 30
2.1.2   Vermogensrechten 32
2.2   Registergoederen en niet-registergoederen 33
2.3   Onderscheiding van vermogensrechten 33
2.3.1   Absolute en relatieve rechten 34
2.3.2   Zakelijke en persoonlijke rechten 36
2.3.3   Beperkte rechten 36
2.3.4   Afhankelijke rechten 38
2.4   Conflicterende rechten 39
2.4.1   Botsing van twee beperkte rechten 39
2.4.2   Botsing van twee relatieve of vorderingsrechten 40
         Kernbegrippenlijst 45
         Meerkeuzevragen 47
         Oefenvragen 49

3   Overdracht 51
3.1   Verkrijging onder algemene titel en onder bijzondere titel 51
3.2   Vereisten voor een geldige overdracht 53

3.2.1 Geldige titel 53
3.2.2 Beschikkingsbevoegdheid 56
3.2.3 Levering 57
3.3 Derdenbescherming 68
3.3.1 Derdenbescherming naar soort goed 68
3.3.2 Schijnhandeling of schijnakte 72
3.4 Overzicht van wijzen van levering en derdenbescherming 73
Kernbegrippenlijst 74
Meerkeuzevragen 76
Oefenvragen 78

4 Pand en hypotheek 81
4.1 Pand 81
4.1.1 Vestiging van het pandrecht 82
4.1.2 Rechten van de pandhouder 87
4.1.3 Derdenbescherming 88
4.2 Hypotheek 90
4.2.1 Vestiging van het hypotheekrecht 90
4.2.2 Hypothecaire bedingen 92
4.2.3 Rechten van de hypotheekhouder 93
Kernbegrippenlijst 96
Meerkeuzevragen 99
Oefenvragen 102

5 Rechtshandeling algemeen 105
5.1 Het begrip 'rechtshandeling' 105
5.1.1 Eenzijdige rechtshandeling 106
5.1.2 Meerzijdige rechtshandeling 107
5.2 Totstandkoming van een rechtshandeling 109
5.2.1 Vereisten totstandkoming van een rechtshandeling 109
5.2.2 Moment waarop de rechtshandeling tot stand komt 111
5.3 Nietigheid en vernietigbaarheid van een rechtshandeling (nulliteiten) 113
5.3.1 Wanneer is een rechtshandeling nietig of vernietigbaar? 113
5.3.2 Gevolgen van nietigheid en vernietigbaarheid 117
5.3.3 Wie kunnen een beroep doen op de nietigheid en vernietigbaarheid? 119
Kernbegrippenlijst 121
Meerkeuzevragen 123
Oefenvragen 125

6 Rechtshandeling door vertegenwoordiging 127
6.1 (Eigenlijke) vertegenwoordiging 128
6.1.1 Vertegenwoordiging krachtens volmacht 131
6.1.2 Onbevoegde vertegenwoordiging 132
6.1.3 Handelingsonbekwaamheid en volmacht 135
6.1.4 De gevolgen van de volmacht voor de nakoming van verbintenissen 136
6.1.5 Nader te noemen meester 138
6.1.6 Selbsteintritt 139
6.2 Oneigenlijke vertegenwoordiging 139
6.3 Lastgeving 141
Kernbegrippenlijst 144
Meerkeuzevragen 146
Oefenvragen 149

7   Overeenkomst 151
7.1   Wat is een overeenkomst? 152
7.2   Totstandkoming van een overeenkomst 153
7.2.1   Aanbod 153
7.2.2   Aanvaarding 156
7.2.3   Op welk tijdstip komt de overeenkomst tot stand? 157
7.2.4   Totstandkoming van de elektronische overeenkomst 157
7.3   Inhoud van de overeenkomst 158
7.3.1   Factoren die de inhoud van de overeenkomst bepalen 159
7.3.2   Onvoorziene omstandigheden 163
7.3.3   Precontractuele fase 163
7.3.4   Standaardregelingen 165
7.3.5   Algemene voorwaarden 165
7.4   Overeenkomsten en derden 169
        Kernbegrippenlijst 176
        Meerkeuzevragen 180
        Oefenvragen 183

8   Rechtmatige en onrechtmatige daad 185
8.1   Rechtmatige daad 185
8.2   Onrechtmatige daad 188
8.2.1   Daad: doen of nalaten 189
8.2.2   Onrechtmatigheid 189
8.2.3   Toerekenbaarheid van de onrechtmatige daad 193
8.2.4   Schade en causaal verband 202
8.2.5   Relativiteit 205
8.3   Wie zijn aansprakelijk? 206
8.4   Productenaansprakelijkheid 208
8.5   Oneerlijke handelspraktijken 211
8.6   Misleidende reclame 212
8.7   Aansprakelijkheid bij elektronisch rechtsverkeer 214
        Kernbegrippenlijst 216
        Meerkeuzevragen 221
        Oefenvragen 224

9   Verbintenis 227
9.1   Wat is een verbintenis? 228
9.2   Bronnen van een verbintenis 228
9.3   Inhoud van een verbintenis 231
9.4   Twee partijen: schuldeiser en schuldenaar 231
9.5   Pluraliteit van schuldenaren en hoofdelijke verbondenheid 232
9.6   Eenzijdige en wederkerige verbintenisscheppende overeenkomsten 234
9.7   Voorwaardelijke verbintenissen en verbintenissen onder tijdsbepaling 235
9.7.1   Voorwaarde 236
9.7.2   Tijdsbepaling 236
9.8   Natuurlijke verbintenis 237
9.9   Overgang en tenietgaan van verbintenissen 239
9.9.1   Overgang van vorderingsrechten 239
9.9.2   Overgang van schulden 240
9.9.3   Contractoverneming 241
9.9.4   Tenietgaan van verbintenissen 241
        Kernbegrippenlijst 244
        Meerkeuzevragen 247
        Oefenvragen 249

10   Nakoming en niet-nakoming van verbintenissen 251
10.1   Nakoming 251
10.1.1 Opeisbaarheid van de vordering 252
10.1.2 Wie kan bevrijdend nakomen? 253
10.1.3 Aan wie moet betaald worden? 254
10.1.4 Vereisten voor de nakoming 257
10.2   Verweermiddelen van de schuldenaar 258
10.2.1 Verweermiddelen 259
10.2.2 Opschorting van de nakoming 260
10.3   Niet-nakoming en toerekenbaarheid 266
10.3.1 Factoren die van invloed zijn op de toerekenbaarheid van de niet-nakoming 266
10.3.2 Manieren van toerekenbaar tekortschieten 271
10.3.3 Moment van toerekening 273
10.4   Gevolgen van het toerekenbaar niet-nakomen 278
10.4.1 Verplichting tot betaling van schadevergoeding 278
10.4.2 Verplichting alsnog na te komen 282
10.4.3 Ontbinding van de overeenkomst 282
10.4.4 Einde van het verzuim van de schuldenaar 286
10.5   Niet-toerekenbaar tekortschieten: overmacht 287
10.6   Schuldeisersverzuim 290
        Kernbegrippenlijst 292
        Meerkeuzevragen 296
        Oefenvragen 301

11   Schadevergoeding 303
11.1   Wat is schade? 304
11.2   Welke schade wordt vergoed? 305
11.2.1 Waarop kan schadevergoeding betrekking hebben? 305
11.2.2 Vorm van de schadevergoeding 307
11.3   Vaststelling van de hoogte van de schadevergoeding 308
11.3.1 Concrete en abstracte schadeberekening 309
11.3.2 Positief en negatief belang 310
11.3.3 Voordeelstoerekening, eigen schuld en medeschuld 311
11.3.4 De rol van de rechter 312
11.4   Schadevergoeding bij letsel en overlijden 314
        Kernbegrippenlijst 316
        Meerkeuzevragen 318
        Oefenvragen 320

12   Koopovereenkomst 321
12.1   Koop en consumentenkoop 321
12.1.1 Consumentenkoop 324
12.1.2 Koop met eigendomsvoorbehoud 326
12.1.3 Koop op proef 326
12.1.4 Koop op afstand 327
12.1.5 Onderhandse en openbare verkoop 328
12.1.6 Colportage 329
12.1.7 Ongevraagde toezending van zaken 330
12.1.8 Koopoptie 331
12.2   Rechten van de koper 331
12.2.1 Wat kan de koper eisen? 332
12.2.2 Overgang van het risico 335
12.2.3 Rechten van de koper bij niet-nakoming door de verkoper 335

12.3 Rechten van de verkoper 340
12.3.1 Wat kan de verkoper eisen? 340
12.3.2 Rechten van de verkoper bij niet-nakoming door de koper 340
12.3.3 Recht van reclame 341
12.4 Koop op afbetaling 342
12.4.1 Huurkoop 343
12.4.2 Leasing 346
Kernbegrippenlijst 348
Meerkeuzevragen 351
Oefenvragen 354

13 Huur en verhuur 355
13.1 Algemene bepalingen huur en verhuur 355
13.1.1 Totstandkoming van de huurovereenkomst 357
13.1.2 Verplichtingen van de verhuurder 357
13.1.3 Verplichtingen van de huurder 359
13.1.4 Einde van de huurovereenkomst 363
13.1.5 'Koop breekt geen huur' 364
13.2 Woonruimte 365
13.2.1 Huurprijs 366
13.2.2 Opzegging door de huurder 368
13.2.3 Opzegging door de verhuurder 368
13.2.4 Huurbescherming bij opzegging door de verhuurder 372
13.2.5 Huisvestingsvergunning 372
13.2.6 Medehuurderschap 372
13.2.7 Wederverhuur en onderhuur 374
13.3 Bedrijfsruimte 375
13.3.1 Opzegging na vijf jaar 376
13.3.2 Opzegging na tien jaar 378
13.3.3 Huurprijs 379
Kernbegrippenlijst 380
Meerkeuzevragen 382
Oefenvragen 385

14 Arbeidsovereenkomst 387
14.1 Wat is een arbeidsovereenkomst? 388
14.2 Flexibele arbeidscontracten 391
14.3 Totstandkoming van de arbeidsovereenkomst 395
14.3.1 Sollicitatiefase 396
14.3.2 Minderjarige werknemer 397
14.3.3 Bedingen in arbeidsovereenkomsten 397
14.4 Verplichtingen van de werkgever 400
14.4.1 Loon 400
14.4.2 Vakantie en vakantietoeslag 404
14.4.3 Andere vormen van betaald en onbetaald verlof 405
14.4.4 Informatie 407
14.4.5 Getuigschrift 407
14.4.6 Veiligheid 407
14.4.7 Reïntegratie van zieke werknemers 408
14.4.8 Gelijke behandeling 409
14.4.9 Goed werkgeverschap 409
14.5 Verplichtingen van de werknemer 410
14.6 Beëindiging van de arbeidsovereenkomst 411

14.6.1 Beëindiging van rechtswege 412
14.6.2 Wederzijds goedvinden 413
14.6.3 Opzegging 414
14.6.4 Beëindiging door de rechter 419
14.6.5 Ontslag op staande voet 423
14.6.6 Ontslag en faillissement 426
14.6.7 Ontslagverboden 426
14.6.8 Collectief ontslag 427
14.6.9 Overgang van ondernemingen 428
14.7   Collectieve arbeidsovereenkomst 430
14.7.1 Totstandkoming van een cao 432
14.7.2 Handhaving van de cao-bepalingen 432
14.7.3 Algemeenverbindend- en onverbindendverklaring 433
       Kernbegrippenlijst 434
       Meerkeuzevragen 438
       Oefenvragen 443

Antwoorden op de meerkeuzevragen 445

Afkortingenlijst 447

Register 449

Inleiding

De opzet van deel 1 van *De grondslag* is als volgt.
Juridische problemen worden uitgelegd aan de hand van praktische voorbeelden. Nadat de juridische oplossing van de problemen is uitgelegd,
wordt deze getoetst aan de wettekst. Op deze wijze verwerft de lezer kennis
van de desbetreffende regel en inzicht in de praktische toepassing ervan.
De student kan zijn verworven kennis en inzicht testen aan de hand van
meerkeuzevragen en (open) oefenvragen. De antwoorden van de meerkeuzevragen zijn achter in het boek opgenomen; die van de oefenvragen zijn
opgenomen in een docentenhandleiding, die te vinden is op
www.grondslagvermogensrecht.noordhoff.nl. Daar vindt men ook de data-
banken met meerkeuze-oefenvragen. In een aparte lijst zijn per hoofdstuk
de belangrijkste begrippen opgenomen.
Deel 1 behandelt het vermogensrecht. Deel 2 bevat het ondernemingsrecht, faillissement en burgerlijk procesrecht.

1

Enige grondbeginselen

1.1   Rechtsregels
1.2   Rechtsbronnen
1.3   Burgerlijk Wetboek

Voordat u met de bestudering van specifieke juridische onderwerpen kunt starten, moet u eerst op de hoogte zijn van een paar grondbeginselen. Daarom worden in dit eerste hoofdstuk enige grondbeginselen van het recht behandeld. In de eerste plaats is het natuurlijk belangrijk te weten wat een rechtsregel is en hoe deze zich verhoudt tot andere regels die in de maatschappij voorkomen (par. 1.1). In de tweede plaats komt de vraag aan de orde waaruit rechtsregels kunnen ontstaan, de zogenoemde rechtsbronnen (par. 1.2). Tot slot worden de indeling en de systematiek van het Burgerlijk Wetboek behandeld (par. 1.3).

1.1 Rechtsregels

Mensen leven in een maatschappij. In deze maatschappij worden zij geconfronteerd met allerlei regels betreffende hun onderlinge verhouding en hun relatie met de overheid. Die regels kunnen variëren van 'op de openbare weg moet het verkeer rechts houden' tot 'het is niet toegestaan het zwembad met straatschoeisel te betreden', 'eten doe je met mes en vork', 'wie iets koopt, moet daarvoor een koopprijs betalen', 'de beslechting van geschillen is bij uitstek opgedragen aan de rechterlijke macht' of 'aan iedere Nederlander die niet over de middelen beschikt om in de noodzakelijke kosten van het bestaan te voorzien, wordt bijstand verleend'.
Niet al deze regels zijn rechtsregels. Regels zijn *rechtsregels* als zij als zodanig worden erkend en door rechters en andere autoriteiten worden toegepast en afgedwongen. Men noemt zulke regels 'juridisch relevant' en 'rechtens afdwingbaar'. Van onze voorbeelden zijn dat: op de openbare weg moet het verkeer rechts houden; wie iets koopt, moet daarvoor een koop-

Rechtsregels

prijs betalen; de beslechting van geschillen; het recht op bijstand. Of het zwembad niet met straatschoeisel betreden mag worden of dat men met mes en vork eet, is juridisch niet relevant. Al die rechtsregels in Nederland vormen het Nederlandse recht. De andere regels zijn regels van moraal en fatsoen.

We zetten het voorafgaande op een rij in figuur 1.1.

FIGUUR 1.1 Onderscheid regels

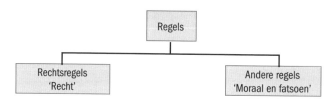

Rechtsregels kunnen worden onderscheiden in:
1 publiekrechtelijke en privaatrechtelijke rechtsregels (subpar. 1.1.1);
2 dwingende rechtsregels en regels van aanvullend of regelend recht (subpar. 1.1.2);
3 materieel recht en formeel recht (subpar. 1.1.3);
4 objectief recht en subjectief recht (subpar. 1.1.4).

1.1.1 Publiekrecht en privaatrecht

Het Nederlandse recht wordt in twee grote gebieden verdeeld: het publiek-recht en het privaatrecht. Tot het publiekrecht worden gerekend het staats-recht, het bestuursrecht, het strafrecht en het belastingrecht. Het privaat-recht omvat het burgerlijk recht: het personen- en familierecht, het vermo-gensrecht en het ondernemingsrecht. Of iets onder het publiekrecht of onder het privaatrecht valt, heeft te maken met de relaties die de overheid en burgers met elkaar of onderling hebben, bijvoorbeeld die van de provin-cie ten opzichte van de gemeente of de ene burger ten opzichte van de an-dere burger.

Zie figuur 1.2.

FIGUUR 1.2 Indeling rechtsgebieden

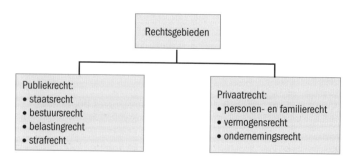

Het *publiekrecht* regelt de verhouding tussen overheid en burger en de orga- **Publiekrecht**
nisatie van de verschillende overheidsorganen. De Wet werk en bijstand
(WWB) en de Uitvoeringswet huurprijzen woonruimte (Uhw) bijvoorbeeld, die
we later in dit boek zullen tegenkomen, hebben betrekking tot de relatie
overheid-burger.
De WWB bepaalt onder andere dat iedere Nederlander die hier te lande in
zodanige omstandigheden verkeert dat hij niet meer over voldoende middelen beschikt om in de noodzakelijke kosten van zijn bestaan te voorzien,
recht heeft op een bijdrage van overheidswege (art. 11 WWB). De uitvoering
van de wet behoort tot de taak van de gemeenten. Op grond van deze wet
kan een burger dus een recht, namelijk op een bijstandsuitkering, uitoefenen
tegenover een overheidsorgaan. De Uitvoeringswet huurprijzen woonruimte
moet ervoor zorgen dat de hoogte van de huurprijs in overeenstemming is
met de kwaliteit van de gehuurde woning. Is dat niet het geval, dan kan de
burger naar de Huurcommissie gaan met het verzoek de huurprijs vast te
stellen. De overheid treedt in dit geval op als beschermer van de belangen
van de (zwakkere) huurder tegenover de (sterkere) verhuurder. De Provincie-
wet en de Gemeentewet regelen de bevoegdheden van bepaalde overheidsorganen, namelijk de provincie en de gemeente.

Het *privaatrecht* geeft regels die de onderlinge verhouding van mensen be- **Privaatrecht**
treffen, zoals 'wie iets koopt, moet daarvoor een koopprijs betalen', 'echtgenoten zijn verplicht elkaar het nodige te verschaffen' of 'het bestuur van
de Besloten Vennootschap wordt benoemd door de Algemene Vergadering
van Aandeelhouders'. Aan de regels van het privaatrecht kan iemand rechten ontlenen, die hij tegenover iemand anders kan handhaven. Daarbij
speelt in de eerste plaats de vraag wanneer iemand deze rechten tegenover anderen kan uitoefenen. En in de tweede plaats de vraag wie dan die-
genen zijn die deze rechten hebben. Het Burgerlijk Wetboek (BW) en het
Wetboek van Burgerlijke Rechtsvordering (Rv) zijn voorbeelden van wetten
die onder het privaatrecht vallen.

1.1.2 Dwingend en aanvullend (regelend) recht

Rechtsregels kunnen dwingend van aard zijn, maar ook aanvullend of rege-
lend. *Dwingend recht* betekent dat men niet van de rechtsregel mag afwijken. **Dwingend recht**
De sanctie op overtreding van een regel van dwingend recht is nietigheid van
de betreffende (rechts)handeling. De handeling is dan niet geldig. *Aanvullend* **Aanvullend recht**
of regelend recht is slechts van toepassing voor zover partijen zelf geen regeling hebben getroffen. De regels van het publiekrecht zijn altijd dwingend
voorgeschreven. In het privaatrecht komen zowel regels van dwingend recht
als regels van aanvullend of regelend recht voor. Een voorbeeld van dwingend
recht op het gebied van het privaatrecht zijn de huwelijkse voorwaarden. Als
die niet in een notariële akte zijn vastgelegd, zijn ze nietig. Dat betekent dus
in de praktijk dat datgene wat de echtelieden bepaald hebben, niet geldig is.
De regels betreffende het overeenkomstenrecht uit Boek 6 BW zijn hoofdzakelijk van aanvullend of regelend recht. Dat houdt in dat partijen zelf kunnen
bepalen wat de inhoud van hun overeenkomst is. Laten zij dit na, dan zijn volgens art. 248 van Boek 6 BW automatisch de desbetreffende bepalingen uit
het Burgerlijk Wetboek van toepassing. Zo regelt de wet in art. 12 lid 2 van
Boek 7 BW dat bij de koopovereenkomst de kosten voor de overdracht en de
koopakte voor rekening van de koper zijn. Het staat partijen echter vrij om

contractueel van deze bepaling af te wijken. In paragraaf 9.3 en in hoofdstuk 7 komen we uitvoeriger op dit onderwerp terug.

1.1.3 Materieel en formeel recht

Materieel recht

We kunnen rechtsregels ook onderscheiden in materieel en formeel recht. *Materieel recht* zegt iets over de inhoud van de rechtsregels. Het materiële privaatrecht zegt wanneer er bijvoorbeeld sprake is van een eigendomsrecht of wanneer een overeenkomst tot stand komt of wanneer deze moet worden nagekomen. Men kan het materiële privaatrecht vinden in het Burgerlijk Wetboek en in het Wetboek van Koophandel. Het materieel strafrecht bepaalt wanneer er bijvoorbeeld sprake is van diefstal of verduistering. Dat is te vinden in het Wetboek van Strafrecht.

Formeel recht
Procesrecht

Regels van *formeel recht* geven aan hoe de regels van het materiële recht worden gehandhaafd. Het formele recht is het *procesrecht*. Het privaatrechtelijk procesrecht is geregeld in het Wetboek van Burgerlijke Rechtsvordering (Rv) en het strafprocesrecht in het Wetboek van Strafvordering (Sv). Het burgerlijk procesrecht wordt in deel 2 uitvoerig behandeld.

1.1.4 Objectief en subjectief recht

Objectief recht

We kunnen nog een onderscheid maken, namelijk dat tussen objectief en subjectief recht. Het *objectieve recht* is het geheel van geldende rechtsregels in Nederland. Zo staat er bijvoorbeeld in art. 610 van Boek 7 BW dat de werknemer voor de arbeid die hij verricht heeft, recht heeft op loon. Evenzo heeft de verkoper op grond van art. 26 van Boek 7 BW recht op betaling van de koopsom. Het objectieve recht omschrijft dus de bevoegdheden waarop personen recht kunnen hebben.

Subjectief recht

Als iemand een maand als vakantiehulp heeft gewerkt bij een warenhuis en zegt: 'Ik heb recht op betaling van een maand salaris', heeft hij het over een recht van zichzelf. Dat noemen we een *subjectief recht*. Hij heeft dat recht omdat de rechtsregels (het objectieve recht dus) aangeven dat een persoon die arbeid verricht heeft, recht heeft op loon. Het objectieve recht is dus 'het' recht, zoals het recht op loon of op de koopsom. Het is een subjectief recht als gesproken wordt over 'mijn' recht, bijvoorbeeld mijn recht op loon of mijn recht op de koopsom.

Rechtsobject

Het loon of de koopsom vormt de inhoud van het recht, het *rechtsobject*. Het rechtsobject bevat in principe de substantie van elke rechtsbetrekking, ook bijvoorbeeld die uit het familierecht. Wij beperken ons in dit boek tot de subjectieve rechten, waarvan het object economische waarde heeft. Mijn recht op loon of op de koopsom behoort tot mijn vermogen. Daarom spreken we in dit verband van (subjectieve) vermogensrechten.

1.2 Rechtsbronnen

Rechtsregels ontstaan uit rechtsbronnen. Deze bronnen zijn te vinden in:
1 de wet (subpar. 1.2.1);
2 internationale regelingen (subpar. 1.2.2);
3 jurisprudentie (subpar. 1.2.3);
4 gewoonterecht (subpar. 1.2.4);
5 ongeschreven recht (subpar. 1.2.5).

1.2.1   Wet

Rechtsregels die in wetten staan, kunnen op twee manieren worden onderscheiden:

1 naar de inhoud;
2 naar de wijze van totstandkoming.

Ad 1 Rechtsregels onderscheiden naar inhoud
Wettelijke regels die iedereen in Nederland moet nakomen (voor iedereen verbindend zijn), zijn regels van materieel recht. Zo'n wet is een *wet in materiële zin*. Wetten in materiële zin kunnen door verschillende overheidsorganen uitgevaardigd worden, zoals door de regering en de Staten-Generaal gezamenlijk, door de regering alleen, door een bepaalde minister, door een provincie of door een gemeente. Deze wetten hebben alle als kenmerk dat zij eenieder verbindende voorschriften bevatten.

Ad 2 Rechtsregels onderscheiden naar wijze van totstandkoming
Naast wetten in materiële zin kennen we wetten in formele zin of formele wetten. Een wet is alleen een *wet in formele zin* als hij tot stand is gekomen door samenwerking van regering en Staten-Generaal (art. 81 Grondwet). Alleen in dat geval spreken we van een wet in formele zin.

De meeste wetten in formele zin zijn tevens wetten in materiële zin en bevatten dus eenieder verbindende voorschriften. Voorbeelden zijn het Burgerlijk Wetboek, het Wetboek van Koophandel, de Faillissementswet, de Handelsregister- en Handelsnaamwet, de Wet op de ondernemingsraden, het Wetboek van Strafrecht, de Wegenverkeerswet, de Wet werk en bijstand en de Wet Bodembescherming. Een voorbeeld van een wet die alleen een wet in formele zin is en niet in materiële zin, dus geen eenieder verbindende regels bevat, is de wet waarbij iemand de Nederlandse nationaliteit wordt verleend, een naturalisatiewet.

Voorschriften van andere overheidsorganen dan regering en Staten-Generaal samen zullen nooit wetten in formele zin zijn. Zij kunnen echter qua inhoud wel eenieder verbindende rechtsregels bevatten. Er wordt dan niet langer gesproken van 'wetten', maar van bijvoorbeeld een algemene maatregel van bestuur (AMvB) (art. 89 Grondwet) of van een Reglement van de regering, zoals het Reglement verkeersregels en verkeerstekens. Komen de voorschriften van ministers, provincies en gemeenten, dan worden zij verordeningen genoemd. Voorbeelden zijn de Algemene Plaatselijke Verordening (APV) van een bepaalde gemeente betreffende het parkeerbeleid, het plaatsen van verkeersborden op de openbare weg of het stellen van voorwaarden voor het verlenen van een vergunning voor de uitoefening van een horecabedrijf in de gemeente. Het verlenen van de horecavergunning aan een bepaald horecabedrijf door de gemeente is niet algemeen verbindend; zij geldt slechts in dit ene geval. Men spreekt dan van een beschikking. Voorbeelden van gemeentelijke beschikkingen zijn ook de toekenning van een bijstandsuitkering aan iemand of het verlenen van een huisvestingsvergunning. We vatten het voorafgaande samen in figuur 1.3.

Wet in materiële zin

Wet in formele zin

FIGUUR 1.3 Onderscheid wettelijke regelingen

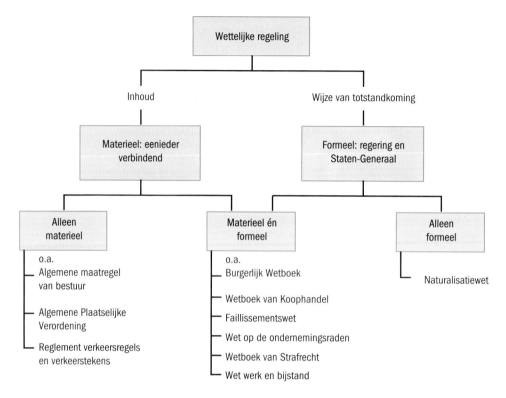

Rangorde

Er is een *rangorde* binnen de diverse wettelijke regelingen, die als volgt wordt bepaald:
- Hogere regelingen gaan boven lagere regelingen. Bovenaan staat de wet in formele zin, dan de AMvB, daarna volgen de ministeriële verordening, de provinciale verordening en de gemeentelijke verordening. De APV van de gemeente Amsterdam betreffende de plaatsing van verkeersborden mag dus niet in strijd zijn met het Reglement verkeersregels en verkeerstekens. De gemeente Amsterdam mag bijvoorbeeld geen eigen verkeersborden laten ontwerpen. Zij mag wel bepalen waar de bestaande verkeersborden in haar gebied geplaatst worden.
- Jongere regelingen gaan altijd voor oudere regelingen. De bepalingen in het Reglement verkeersregels en verkeerstekens van 2012 vervangen die van het Reglement dat van 2010 dateert.
- Regelingen die voor een bijzonder geval gegeven zijn, gaan vóór de algemene bepalingen. De bijzondere regeling van nakoming van verbintenissen uit de koopovereenkomst uit Boek 7 gaat vóór de algemene regeling betreffende de nakoming uit Boek 6. De verklaring hiervoor is simpel. Zou deze regeling niet gelden, dan hoefde de bijzondere regeling niet geschreven te worden, omdat zij dan toch niet van toepassing zou zijn.

1.2.2 Internationale regelingen

Behalve met het Nederlandse nationale recht heeft Nederland te maken met allerlei regelingen op internationaal gebied. Dat kunnen verdragen zijn die tussen de verschillende staten worden gesloten. Als deze verdragen rechtsregels bevatten, zijn zij net als de nationale wet rechtsbron. Er ontstaat gebondenheid aan deze verdragen nadat goedkeuring verleend is door de

Staten-Generaal (art. 91 Grondwet). Als we ons tot het privaatrecht beperken, kunnen we in dit verband denken aan het internationale privaatrecht (IPR). Het internationale privaatrecht bevat regels voor het oplossen van conflicten die kunnen ontstaan tussen de rechtsstelsels van de verschillende landen. Het IPR geeft bijvoorbeeld antwoord op de vraag: Als ik een huis in Frankrijk koop, welk recht is dan van toepassing? Verder bevat het afspraken ten aanzien van de erkenning van elkaars huwelijks- of echtscheidingswetgeving. Het internationale privaatrecht is sinds 1 januari 2012 geregeld in Boek 10 BW; zie ook subparagraaf 1.3.3.

Daarnaast heeft Nederland zich aangesloten bij internationale organisaties, zoals de Verenigde Naties, de NAVO en de EU. Volgens art. 93 van de Grondwet kunnen bepalingen van dergelijke organisaties algemeen verbindend zijn in Nederland. Dat geldt uiteraard voor sommige bepalingen van de EU. Bepalingen van internationale verdragen die rechtstreekse werking hebben, noemt men 'self-executing' bepalingen.

Ook de Europese Commissie vaardigt richtlijnen uit. Zo zijn er bijvoorbeeld richtlijnen uitgevaardigd op het gebied van het vennootschapsrecht over het opstellen van jaarrekeningen (4e Richtlijn, art. 360 e.v. Boek 2 BW) en de juridische fusie van ondernemingen (3e Richtlijn, art. 308 e.v. Boek 2 BW). Deze Richtlijnen hebben tot gevolg dat Nederland zijn wetgeving moet aanpassen. Dat laatste is gebeurd door de invoeging van de hiervoor vermelde artikelen in Boek 2 BW.

Internationaal privaatrecht

1.2.3 Jurisprudentie

Onder *jurisprudentie* of rechtspraak wordt het geheel van rechterlijke uitspraken verstaan. Rechters zijn bevoegd geschillen met betrekking tot burgerlijke rechten en schuldvorderingen te beslissen en strafbare feiten te berechten (art. 112 en 113 Grondwet). Rechters zijn daarin onafhankelijk. Dat wil zeggen dat elke rechter bevoegd is volgens zijn inzicht binnen de grenzen van de wet recht te spreken.

Rechters zullen zich meestal, met het oog op de rechtszekerheid en de rechtsgelijkheid, richten naar de uitspraken die andere rechters in soortgelijke zaken hebben gedaan. Zij richten zich vooral naar de uitspraken van ons hoogste rechtscollege, de Hoge Raad. Door hun uitspraken scheppen rechters in feite nieuwe rechtsregels naast de wet, hoewel zij geen wetgevende bevoegdheid hebben. Een rechter moet recht spreken, ook in die gevallen waarvoor geen wettelijke regel is of waarvoor de betreffende regel onvolledig of onduidelijk is (art. 13 Wet algemene bepalingen). Deze rechterlijke uitspraak – die dus meestal afgeleid zal zijn van een uitspraak van de Hoge Raad – geldt dan als rechtsregel. Iedereen dient zich aan deze rechtsregel te houden. Deze vorm van rechtspraak wordt jurisprudentie genoemd. Jurisprudentie blijft van kracht zolang de rechtsregel niet opgenomen is in een wettelijke regeling.

Advocaten maken bij het procesvoeren gebruik van jurisprudentie. Zij refereren in hun stukken, bestemd voor de rechter, aan bepaalde rechterlijke uitspraken in soortgelijke gevallen. Zij trachten zo de rechter van hun gelijk te overtuigen.

Jurisprudentie

1.2.4 Gewoonterecht

Gewoonterecht wordt door de mensen zelf ontwikkeld. Mensen ontwikkelen bepaalde gedragspatronen en ze gaan elkaar hier ook aan houden. 'Zo ging het altijd', beweren ze dan. Wil gewoonte in het recht een rol gaan spelen, dan moet er aan twee voorwaarden zijn voldaan. In de eerste plaats moet de gewoonte gedurende lange tijd in een bepaalde kring zijn gevolgd. In de

Gewoonterecht

tweede plaats moet door dat gebruik gedurende lange tijd de overtuiging zijn ontstaan dat men zich overeenkomstig deze regel moet gedragen. Doet dat laatste zich voor, dan is de gewoonterechtelijke regel tot rechtsregel geworden. Doordat de rechter vervolgens de regel van gewoonterecht in de rechtspraak gaat gebruiken, wordt deze als rechtsregel geformuleerd en erkend.

Ook in de wet wordt de gewoonte vermeld. Zo noemt art. 248 van Boek 6 BW de gewoonte als een van de factoren die de inhoud van een overeenkomst kunnen bepalen. En art. 618 van Boek 7 BW bepaalt dat als tussen de werkgever en werknemer geen bepaald loon is afgesproken, de werknemer recht heeft op het loon dat gebruikelijk is op het tijdstip waarop de arbeidsovereenkomst is aangegaan.

1.2.5 Ongeschreven recht

De wetten, de internationale regelingen en de jurisprudentie behoren tot het geschreven recht. Dat komt omdat zij door daartoe bevoegde instanties zijn uitgevaardigd. De gewoonte is daarentegen ongeschreven, aangezien zij vanuit een bepaalde groep mensen is ontstaan.

Redelijkheid en billijkheid

Maar er zijn nog meer regels van ongeschreven recht. Een daarvan is de zogenoemde *redelijkheid en billijkheid*. De rechter kan bijvoorbeeld de redelijkheid en billijkheid als aanvulling gebruiken bij de bepaling van de inhoud van hetgeen partijen zijn overeengekomen. Er staat nergens beschreven wat die redelijkheid en billijkheid nu precies inhouden. Dat zal van de concrete omstandigheden afhangen en kan dus van geval tot geval verschillen. Het zojuist genoemde art. 248 lid 2 van Boek 6 BW bepaalt dat een tussen contractpartijen afgesproken bepaling niet geldig is als dat in de gegeven omstandigheden in strijd met de redelijkheid en billijkheid zou zijn. Dat betekent dus in de praktijk dat zelfs als een van de contractpartijen op papier gelijk zou hebben, zij toch geen gelijk krijgt als het gezien de feitelijke situatie zeer onrechtvaardig ten opzichte van de wederpartij zou zijn. De redelijkheid en billijkheid treden hier dus als corrigerende factor op.

Algemene beginselen van behoorlijk bestuur

Andere regels van ongeschreven recht zijn de zogenoemde *algemene beginselen van behoorlijk bestuur*, die in het bestuursrecht een rol spelen. Deze dienen als corrigerende factor voor optreden van de overheid tegenover de burger. Zo moet een overheidsorgaan bijvoorbeeld 'gelijke gevallen gelijk behandelen' en moet het bij het nemen van een beslissing als een 'zorgvuldig' bestuurder te werk gaan. Sommige van deze beginselen zijn inmiddels in de wet (Algemene wet bestuursrecht) opgenomen, waardoor zij van ongeschreven tot geschreven recht zijn geworden.

1.3 Burgerlijk Wetboek

Een belangrijke rechtsbron is het Burgerlijk Wetboek (BW). Het BW is de bron die wij – gezien de inhoud van dit boek – bij de bestudering van de stof het meest zullen raadplegen.

In het Burgerlijk Wetboek wordt het privaatrecht systematisch behandeld. Het BW bevat negen boeken:
- Boek 1 Personen- en familierecht;
- Boek 2 Rechtspersonen;
- Boek 3 Vermogensrecht in het algemeen;
- Boek 4 Erfrecht;
- Boek 5 Zakelijke rechten;
- Boek 6 Algemeen gedeelte van het verbintenissenrecht;

- Boek 7 Bijzondere overeenkomsten (inclusief Boek 7A);
- Boek 8 Verkeersmiddelen en vervoer;
- Boek 10 Internationaal privaatrecht.

Deze boeken zijn elk onderverdeeld in titels en de titels weer in afdelingen. De afzonderlijke regels worden in zogenoemde artikelen weergegeven. Elk boek heeft een eigen nummering.

Hoe moet een artikel uit het BW nu geciteerd worden? Art. 10 uit Boek 3 BW bijvoorbeeld wordt als volgt genoteerd: art. 3:10 BW. Dus eerst het nummer van het boek en na de dubbele punt het artikelnummer. Art. 10 uit Boek 5 wordt dan: art. 5:10 BW; lid 1 van dat artikel wordt genoteerd als art. 5:10 lid 1 BW.

Het Burgerlijk Wetboek is gehercodificeerd. Dat betekent dat de oude oorspronkelijke wetteksten van het Burgerlijk Wetboek op één uitzondering na zijn vervangen door nieuwe. Het oude BW begon met art. 1 en telde door tot het laatste artikel. In het nieuwe BW begint ieder boek met art. 1. Boek 7A vormt een uitzondering. Dit boek bevat nog artikelen uit het oude Burgerlijk Wetboek. Daarom begint Boek 7A met art. 1576. Het is de bedoeling dat de tekst van Boek 7A op korte termijn opgenomen wordt in Boek 7. Boek 7A komt dan te vervallen. Boek 9 ontbreekt in de rij. Boek 9 behandelt de zogenoemde voortbrengselen van de geest. Daaronder vallen bijvoorbeeld het auteursrecht en het octrooirecht. Omdat deze onderwerpen veelal in internationale verdragen geregeld zijn, vinden sommigen een aparte regeling ervan in het Nederlandse Burgerlijk Wetboek onnodig. Daarom is de invoering van boek 9 nog steeds omstreden.

Zoals gezegd is het BW een belangrijke rechtsbron. Hierna gaan we iets dieper op de inhoud van het BW in. De Boeken 1 en 2 komen in subparagraaf 1.3.1 aan de orde, de Boeken 3 tot en met 8 in subparagraaf 1.3.2. Subparagraaf 1.3.3 bevat het internationale privaatrecht. Deze paragraaf eindigt met een uitleg over de opbouw van het BW (subpar. 1.3.4).

1.3.1 Personen- en familierecht en rechtspersonen (Boek 1 en 2)

De Boeken 1 en 2 behandelen de *rechtssubjecten*. Er zijn twee soorten personen of rechtssubjecten, te weten: natuurlijke personen en rechtspersonen. *Natuurlijke personen* zijn mensen. *Rechtspersonen* zijn de naamloze en besloten vennootschap, de vereniging, de coöperatie, de onderlinge waarborgmaatschappij en de stichting (art. 2:3 BW). Dat zijn allemaal *privaatrechtelijke rechtspersonen*. Daarnaast zijn ook de Staat der Nederlanden, provincies, gemeenten en waterschappen rechtspersoon (art. 2:1 BW). Deze laatste zijn de *publiekrechtelijke rechtspersonen*. En tot slot zijn alle kerkgenootschappen rechtspersoon (art. 2:2 BW). Zij worden geregeerd door hun eigen statuut en behoren daardoor noch tot de privaatrechtelijke noch tot de publiekrechtelijke rechtspersonen.

Rechtssubjecten zijn dragers van rechten en plichten: zijn *rechtsbevoegd*. Natuurlijke personen zijn volgens het recht rechtsbevoegd. Rechtspersonen zijn instellingen waaraan het recht rechtsbevoegdheid heeft toegekend (art. 2:5 BW). Het feit dat natuurlijke personen en rechtspersonen rechtsbevoegd zijn, wil zeggen dat zij drager zijn van rechten en plichten en op grond daarvan een vermogen hebben.

Maar als iemand een vermogen heeft, wil dat nog niet zeggen dat hij iets met dat vermogen kan doen. Daarvoor moet die persoon handelingsbekwaam zijn. *Handelingsbekwaam* zijn betekent volgens de wet dat men in

Rechtssubjecten

Natuurlijke personen

Rechtspersonen

Privaatrechtelijke rechtspersonen

Publiekrechtelijke rechtspersonen

Rechtsbevoegd

Handelingsbekwaam

staat is (onaantastbare) rechtshandelingen te verrichten. Een voorbeeld van een rechtshandeling is de koopovereenkomst. Iemand die een mp3-speler koopt, aanvaardt het rechtsgevolg dat daaruit voortvloeit, namelijk het feit dat hij dan de koopprijs voor de mp3-speler moet betalen. De rechtshandeling wordt in hoofdstuk 5 uitvoerig besproken. In principe is iedere natuurlijke persoon handelingsbekwaam (art. 3:32 lid 1 BW). De wet maakt echter een uitzondering voor minderjarigen (art. 1:234 BW) en meerderjarigen die om een bepaalde reden onder curatele zijn gesteld (art. 1:378 en 381 lid 2 BW). Rechtspersonen zijn altijd handelingsbekwaam.

Boek 1 BW regelt het familierecht. Het familierecht is uiteraard alleen van toepassing op natuurlijke personen. Boek 2 geeft regels betreffende de rechtspersonen. Rechtspersonen zijn wat het vermogensrecht betreft gelijk aan natuurlijke personen (art. 2:5 BW). De rechtspersonen zullen uitvoerig in deel 2 van deze uitgave aan de orde komen.

1.3.2 Vermogensrecht (Boek 3 t/m 8)

Zoals hiervoor al is aangegeven, is een rechtssubject of (juridisch) persoon drager van rechten en plichten en kan hij op grond daarvan een vermogen

Vermogen hebben; hij is rechtsbevoegd. Een *vermogen* is het geheel van op geld waardeerbare rechten en plichten of, anders gezegd, de bezittingen en schulden van een bepaalde persoon. De Boeken 3 tot en met 8 van het Burgerlijk Wetboek behandelen het vermogensrecht.

Boek 3, met als titel 'Vermogensrecht in het algemeen', behandelt de algemene regels, dat wil zeggen de regels die van toepassing zijn op het gehele vermogensrecht. Als we Boek 3 echter doorbladeren, zien we het woord 'vermogensrecht' niet meer opduiken, althans niet in de zin die de titel aan-

Goederen geeft. Boek 3 spreekt slechts over *goederen*. Goederen kunnen stoffelijk zijn – materieel/tastbaar – of niet. Zijn de goederen stoffelijk, dan spreekt

Zaken de wet van *zaken*. Voorbeelden van zaken zijn een huis of een auto of
Vermogens- boeken. Zijn de goederen niet-stoffelijk, dan spreekt de wet van *vermogens-*
rechten *rechten*. Een vermogensrecht is een 'recht' op een huis of auto of op de koopsom. Sommige goederen – registergoederen genoemd – moeten in een openbaar register worden ingeschreven, andere niet. Dit staat allemaal in titel 1 van Boek 3. Daarnaast behandelt Boek 3 rechtshandeling en volmacht (titel 2 en 3), verkrijging en verlies van goederen (titel 4), rechten op goederen, zoals bezit en het houderschap, vruchtgebruik, pand en hypotheek (titels 5 tot en met 9) en de wijze waarop degenen die recht hebben op die goederen, de schuldeisers, hun rechten kunnen realiseren (titel 10). Boek 4, het erfrecht, regelt wat er met iemands goederen gebeurt na diens overlijden. Boek 5 behandelt de rechten op zaken, zoals eigendom, erfpacht en opstal en de appartementsrechten. Boek 6 gaat over verbintenissen. Er ontstaat bijvoorbeeld een verbintenis als ik iets koop. Het gevolg daarvan is dat ik de koopprijs moet betalen. Het recht van de verkoper op de koopprijs vormt samen met mijn verplichting om de koopprijs te betalen een verbintenis. Ter sprake komen onder andere hoe verbintenissen kunnen ontstaan (uit de (on)rechtmatige daad of overeenkomst) en wat hun gevolgen zijn, de nakoming en niet-nakoming van verbintenissen en tot slot het tenietgaan van verbintenissen.

Boek 7 regelt de bijzondere overeenkomsten, zoals de koopovereenkomst, de lastgeving, de arbeidsovereenkomst en de reisovereenkomst, en Boek 8 het vervoer van personen en goederen, het vervoer per schip (zee- en binnenvaart), de exploitatie van schepen, ongevallen met schepen, aansprakelijkheid voor schade en tot slot het wegvervoer. Het vervoersrecht zal in dit boek niet aan de orde komen. De meeste andere onderwerpen zullen in de hoofdstukken 2 tot en met 14 behandeld worden.

1.3.3 Internationaal privaatrecht (Boek 10)

Boek 10, ingevoerd op 1 januari 2012, bevat de Nederlandse regels met betrekking tot het internationaal privaatrecht. Zoals gezegd bevat het internationale privaatrecht regels voor het oplossen van conflicten, die kunnen ontstaan tussen de rechtsstelsels van verschillende landen, bijvoorbeeld als een Nederlander met een vreemdeling trouwt en de positie van de eventuele kinderen geregeld moet worden, of als er een contract gesloten wordt door een Nederlands bedrijf met een buitenlands bedrijf of als je als Nederlander via internet een artikel aanschaft in de VS (zie ook subpar. 1.2.2). De regels van het Nederlandse internationale privaatrecht zijn naast het nationale Nederlandse recht van toepassing. Omdat Nederland lid is van de EU en internationale overeenkomsten met andere landen heeft gesloten met betrekking tot het internationale privaatrecht, beperkt de regeling van boek 10 BW zich tot die gevallen waarin er geen Europese regeling is of waarin er geen internationale verdragen zijn die toegepast kunnen worden. Kort gezegd is boek 10 alleen van toepassing voor landen die geen deel uitmaken van de EU of waarmee Nederland geen internationaal verdrag heeft gesloten.

Boek 10 bevat allereerst regels van zogeheten conflictenrecht; dat is van toepassing in die gevallen waarin een rechtsregel van een bepaald land in strijd is met een regel van Nederlands recht (titel 1). Verder beperkt de regeling van boek 10 zich voor het grootste deel tot de specifieke onderwerpen van het Burgerlijk Wetboek, zoals het personen- en familierecht (huwelijk, huwelijksvermogensrecht, geregistreerd partnerschap en haar vermogensrechtelijke gevolgen, afstammingsrecht, levensonderhoud en dergelijke; zie de titels 2 t/m 7), de corporaties (bv, nv, coöperatie, OWM en stichting: titel 8), vertegenwoordiging (titel 9), goederenrecht (titel 10), trustrecht (titel 11), erfrecht (titel 12), verbintenissenrecht (titels 13 en 14) en tot slot zeerecht, binnenvaartrecht en luchtrecht (titel 15). De onderwerpen met betrekking tot het internationaal privaatrecht zullen in dit boek niet besproken worden.

1.3.4 Opbouw van het BW

Het Burgerlijk Wetboek – en met name het vermogensrecht – heeft een zogenoemde getrapte opbouw. *Getrapte opbouw* betekent dat eerst de algemene regels over een bepaald onderwerp aan de orde komen en vervolgens de meer bijzondere regels. Zo overkoepelen de algemene bepalingen uit Boek 3 de speciale bepalingen uit de Boeken 5, 6 en volgende. En de bepalingen uit Boek 6 overkoepelen de (meer) speciale bepalingen uit de Boeken 7 en 8. Zo geeft Boek 7 alleen de zeer specifieke bepalingen betreffende de koopovereenkomst weer. Meer algemene bepalingen betreffende de koopovereenkomst staan in Boek 6 bij het overeenkomstenrecht. Verder spelen zogenoemde schakelbepalingen een belangrijke rol. *Schakelbepalingen* verklaren een aantal rechtsregels van het Burgerlijk Wetboek ook buiten het vermogensrecht van toepassing.

Getrapte opbouw

Schakelbepalingen

Kernbegrippenlijst

Aanvullend recht	Regel door de wet gegeven, die slechts van toepassing is voor zover partijen zelf geen regeling hebben getroffen. Dit wordt ook wel regelend recht genoemd.
Dwingend recht	Rechtsregel, waarvan – op straffe van nietigheid – niet mag worden afgeweken.
Formeel recht	Procesrecht; geeft aan hoe de regels van materieel recht gehandhaafd moeten worden.
Gewoonterecht	Door mensen ontwikkelde gedragspatronen waar iedereen aan gehouden wordt.
Handelingsbekwaam	Het kunnen verrichten van onaantastbare rechtshandelingen.
Jurisprudentie	Geheel van rechterlijke uitspraken.
Materieel recht	Beschrijft de inhoud van de rechtsregel.
Objectief recht	Het geheel van geldende rechtsregels.
Persoon	Rechtssubject.
Privaatrecht	Geeft regels betreffende de onderlinge verhouding tussen rechtssubjecten.
Publiekrecht	Regelt de verhouding tussen overheid en burger en de organisatie van de verschillende overheidsorganen.
Rechtsbevoegd	Drager zijn van rechten en plichten, een vermogen hebben, rechten uitoefenen.
Rechtsbron	Ontstaansgrond voor rechtsregels: wet, internationale regeling, jurisprudentie, gewoonterecht en ongeschreven recht.
Rechtsobject	De inhoud van een subjectief recht.
Rechtsregel	Regel die door de bevoegde autoriteiten als rechtsregel wordt erkend, toegepast en afgedwongen.

Rechtssubject	Drager van rechten en plichten, kan een vermogen hebben. Kan zijn een natuurlijk persoon (mens) of een rechtspersoon (instelling).
Regelend recht	Aanvullend recht.
Subjectief recht	Bevoegdheid die een rechtssubject aan het objectieve recht ontleent.
Vermogen	Het geheel van rechten en plichten ofwel de bezittingen en de schulden.
Wet in formele zin	Wet die tot stand is gekomen in samenwerking tussen regering en Staten-Generaal (parlement).
Wet in materiële zin	Algemeen verbindend voorschrift.

Meerkeuzevragen

1.1 'Als ik een kamer huur, heb ik recht op woongenot', beweert Marieke tegen haar medestudenten. Het recht waarop Marieke doelt, is
a een objectief recht.
b een rechtsobject.
c een rechtssubject.
d een subjectief recht.

1.2 Bij welke van de onderstaande conflictsituaties worden ter beslissing van het probleem privaatrechtelijke rechtsregels toegepast?
a De gemeente Zaandam weigert Piet Prins een horecavergunning te verlenen.
b Nico Post wordt door de officier van justitie vervolgd, omdat hij 's nachts in een pand aan de Kalverstraat heeft ingebroken.
c Straatman weigert aannemer Willems de totale aanneemsom voor de verbouwing van zijn badkamer te betalen, omdat hij meent dat er nog een paar gebreken zijn.
d Vrooms huis wordt onteigend, omdat de gemeente op die plek vanwege de stadsvernieuwing nieuwe woningen wil bouwen.

1.3 Welke van de onderstaande beweringen is juist?
a Aanvullend recht geldt slechts voor zover partijen zelf geen andere regeling hebben getroffen.
b Een oudere wet wijkt voor een jongere AMvB.
c Richtlijnen van de EU bevatten zogenoemde self-executingbepalingen.
d Slechts geschreven gewoonterecht kan rechtsbron zijn.

1.4 Een besluit dat tot stand gekomen is in samenwerking tussen regering en parlement is
a een wet in formele zin.
b een wet in materiële zin.
c formeel recht.
d materieel recht.

1.5 Rechtsbevoegd zijn wil zeggen
a rechten en plichten kunnen hebben.
b recht kunnen spreken.
c rechtshandelingen kunnen verrichten.
d rechtsregels kunnen voorschrijven.

1.6 In welke zin wordt het woord 'recht' in louter subjectieve zin gebruikt?
a In ons geldende *recht* is het stakings*recht* als *recht* erkend.
b Dat is on*recht*vaardig! Ik heb *recht* op 10% korting!
c Ik heb *recht* op die auto, die auto is *rechtens* mijn eigendom.
d Mensen*rechten* en *rechten* van de onvermogenden op bijstand.

1.7   Iemand die een onaantastbare rechtshandeling verricht, is
a handelingsbekwaam.
b een rechtssubject.
c rechtsbevoegd.
d een rechtspersoon.

1.8   Een verdragsbepaling
a gaat in alle gevallen boven andere rechtsbronnen.
b bevat alleen rechten in subjectieve zin en geen rechtsregels (recht in objectieve zin).
c heeft directe werking als zij eenieder kan verbinden.
d is geschreven internationaal gewoonterecht.

1.9   *Stelling I* – Schakelbepalingen verklaren een aantal rechtsregels van het Burgerlijk Wetboek ook buiten het vermogensrecht van toepassing.
Stelling II – De bewering dat het Burgerlijk Wetboek een zogenoemde 'getrapte opbouw' heeft, wil zeggen dat speciale regels algemene regels buiten werking stellen.
a Beide stellingen zijn juist.
b Stelling I is juist en stelling II is onjuist.
c Stelling I is onjuist en stelling II is juist.
d Beide stellingen zijn onjuist.

1.10   In welke van de onderstaande gevallen is er sprake van een rechtsbron? (Er zijn meerdere antwoorden goed.)
a De mening van gezaghebbende rechtsgeleerde auteurs.
b Een prijzenbeschikking van de overheid.
c Geschreven gewoonterecht.
d Internationale overeenkomst.
e Jurisprudentie.
f Een gemeentelijke verordening.
g De Drank- en Horecawet.
h Een modevoorschrift.

1.11   'Ik sta op mijn *recht*' (1), zegt hij, die het *recht* (2) met voeten treedt. In welke zin worden de woorden *recht* hier gebruikt?
a 1 in subjectieve en 2 in objectieve zin.
b 1 in objectieve en 2 in subjectieve zin.
c Zowel 1 als 2 in subjectieve zin.
d Zowel 1 als 2 in objectieve zin.

1.12   In welke van de onderstaande gevallen is er sprake van een rechtsregel?
a 'Wie het eerst komt, die het eerst maalt.'
b De afzender is verplicht de vervoerder schade te vergoeden als de vervoersdocumenten niet aanwezig zijn.
c Het zwembad is vanaf 1 april geopend voor het publiek.
d De Vijzelstraat is vanwege het jaarlijkse bloemencorso afgesloten.

Oefenvragen

1.1   Buys zoekt in zijn wetboek voor wiens rekening de kosten voor het sluiten van de koopovereenkomst en de overdracht komen. Hij leest in art. 7:12 BW dat deze kosten voor rekening van de koper komen. Dat betekent dat hij, aangezien hij de verkoper is, recht heeft op vergoeding van de betreffende kosten.
a Geef het verschil aan tussen recht in objectieve en in recht subjectieve zin.
b Hoe zou u het recht van de verkoper in het wetsartikel kunnen noemen?
c Buys heeft recht op de betreffende kosten. Hoe zou u dat recht benoemen?
d De koopovereenkomst staat in Boek 7 van het Burgerlijk Wetboek. Waar treft men de meer algemene bepalingen betreffende de koopovereenkomst aan?
e Wat is het doel van de zogenoemde schakelbepalingen?
f Bevat het Burgerlijk Wetboek materieel of formeel recht?
g Wat voor soort wet is het Burgerlijk Wetboek?

1.2   Het bedrijfsgebouw is eigendom van de bv van Barends. Het woonhuis, waarin hij met zijn gezin woont, staat op zijn eigen naam. Zowel Barends zelf als zijn bv hebben een vermogen.
a Welke soorten rechtssubjecten treft u hier aan?
b Waarom kunnen Barends en de bv een eigen vermogen hebben?
c Wat betekent 'rechtsbevoegd' zijn?
d Waar zijn de rechtssubjecten in het Burgerlijk Wetboek geregeld?
e Kunt u nog andere rechtssubjecten dan de hier voorkomende noemen?

2

Vermogensrecht (algemeen)

2.1   Vermogen
2.2   Registergoederen en niet-registergoederen
2.3   Onderscheiding van vermogensrechten
2.4   Conflicterende rechten

Iedereen heeft een vermogen, of hij nu arm is of rijk. Het hebben van dat vermogen heeft tot gevolg dat iemand bepaalde rechten, maar ook bepaalde verplichtingen heeft. Het is daarom voor iedereen van belang te weten hoe het vermogensrecht werkt.

In dit hoofdstuk zullen de algemene regels van het vermogensrecht besproken worden. We zullen merken dat de wetgever echter in dit verband niet meer over vermogen spreekt, maar over 'goederen'. Goederen kunnen worden onderscheiden in zaken en vermogensrechten (par. 2.1). Een ander onderscheid is dat in registergoederen en niet-registergoederen (par. 2.2). Vermogensrechten kunnen ook op verschillende manieren worden onderscheiden. Er zijn bijvoorbeeld absolute en relatieve of zakelijke en persoonlijke rechten, en beperkte rechten en afhankelijke rechten (par. 2.3). Het kan voorkomen dat bepaalde rechten met elkaar in conflict komen. Wanneer is dat het geval en welke oplossing is er dan (par. 2.4)?

2.1 Vermogen

Een vermogen wordt gevormd door de bezittingen en schulden die een persoon op een bepaald moment heeft, de activa en passiva. Een vermogen is op geld waardeerbaar.

De wet geeft geen definitie van het vermogen, maar geeft alleen een omschrijving van het begrip goederen (art. 3:1 BW).

Goederen zijn: Goederen

a alle zaken (stoffelijke voorwerpen), zoals een huis, een auto of een computer;
b alle (subjectieve) vermogensrechten, zoals het recht op betaling van de koopsom of het hypotheekrecht op een bedrijfspand.

De term 'goederen' is het overkoepelende begrip voor zowel zaken als vermogensrechten (zie figuur 2.1).

FIGUUR 2.1 Goederen

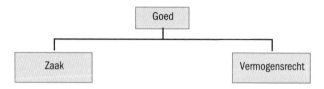

De wet regelt deze materie aldus. Zowel de bepalingen uit Boek 3 als de bepalingen uit Boek 5 van het Burgerlijk Wetboek zijn goederenrechtelijk van aard. Het onderscheid tussen goederen en zaken is van belang voor de plaatsing in Boek 3 of Boek 5. Rechtsverhoudingen die betrekking hebben op goederen zijn geregeld in Boek 3 BW. Rechtsverhoudingen daarentegen die alleen betrekking kunnen hebben op zaken, zijn geregeld in Boek 5 BW. Eigendomsrecht is een voorbeeld van een recht dat alleen op zaken betrekking heeft. Je bent bijvoorbeeld eigenaar van een huis of een fiets. Het eigendomsrecht is dus geregeld in Boek 5 BW (art. 5:1). Het begrip 'zaken' komt verder aan de orde in subparagraaf 2.1.1.

Een hypotheekrecht kan echter zowel gevestigd worden op een zaak als op een vermogensrecht. Er kan dus niet alleen een hypotheekrecht gevestigd worden op een huis of op een kantoorgebouw, maar ook op het erfpachtrecht dat verkregen is op een stuk grond. In het eerste geval is het hypotheekrecht een zakelijk recht, want het is gevestigd op een zaak (huis of kantoorgebouw). In het tweede geval is het gevestigd op een (vermogens)recht, het erfpachtrecht. Daarom is het hypotheekrecht beschreven in Boek 3 BW. Het begrip 'vermogensrechten' wordt verder besproken in subparagraaf 2.1.2.

2.1.1 Zaken

Zaken

Zaken zijn de voor menselijke beheersing vatbare stoffelijke voorwerpen, zoals een huis, een boot, een pen en een stoel (art. 3:2 BW). Dieren zijn geen zaken, maar de bepalingen met betrekking tot zaken zijn wel van toepassing op dieren. Daarbij moeten wel de op wettelijke voorschriften en het ongeschreven recht gegronde beperkingen, verplichtingen en rechtsbeginselen in acht genomen worden, alsmede de openbare orde en goede zeden (art. 3:2a BW).

Onroerend

Zaken zijn onroerend of roerend (art. 3:3 BW). *Onroerend* zijn de grond en al hetgeen erop is gebouwd of erin is geplant. Dus de grond en het huis dat op de grond is gebouwd, en de bomen en planten in de tuin. Maar ook hetgeen duurzaam met de grond is verenigd of met de daarop staande ge-

Roerend

bouwen. Zo is de centrale verwarming in een huis onroerend. *Roerend* is daarentegen elke zaak die niet onroerend is (art. 3:3 lid 2 BW).

Een zaak bestaat uit verschillende onderdelen. Een auto bijvoorbeeld bestaat onder andere uit een motor, een stuur, wielen, deuren en ramen. Deze verschillende onderdelen leiden zakenrechtelijk een onzelfstandig bestaan. Zij delen het lot van de hoofdzaak. Wordt bijvoorbeeld de auto (de hoofdzaak) overgedragen, dan worden tevens de motor, het stuur, de wielen, deuren en ramen (de zaaksonderdelen) overgedragen. Overdracht van de hoofdzaak impliceert dus tevens overdracht van de onzelfstandige onderdelen. Alle zaaksonderdelen tezamen vormen een zaak.

Tot een zaak behoort:

- al datgene dat volgens de verkeersopvatting een onderdeel van een zaak uitmaakt;
- datgene dat zo hecht met de (hoofd)zaak is verbonden, dat het zonder beschadiging niet verwijderd kan worden.

De onderdelen van een bepaalde zaak vormen de *bestanddelen* (art. 3:4 lid 1 en 2 BW). De zaak zelf wordt de *hoofdzaak* genoemd.   Bestanddelen
Voorbeelden van bestanddelen zijn ook: de dakpannen van een huis, de   Hoofdzaak
centrale verwarming (HR 11 december 1953, NJ 1954, 115, Stafmateriaal-arrest), de motor van een schip (HR 26 maart 1936, NJ 1936, 757, Sleep-boot Egbertha; zie ook het huidige art. 8:1 lid 3 BW), de ketting van een fiets en de bloembollen in de grond. De wet formuleert dit aldus voor het eigendomsrecht: voor zover de wet niet anders bepaalt, is de eigenaar van een zaak eigenaar van al haar bestanddelen (art. 5:3 BW).

Juridisch gezien omvat een zaak dus tevens al haar bestanddelen. Zo zal de zaak 'fabrieksgebouw' tevens de verwarmings-, elektrische en lichtinstal-laties, de bedrading, de deuren, de raamkozijnen, de golfplaten van het dak enzovoort omvatten. Criterium is of het onderdeel één geheel met de hoofd-zaak vormt. En het onderdeel vormt een geheel met de hoofdzaak omdat men vindt dat de zaken bij elkaar horen (verkeersopvatting), of omdat ze zo hecht verbonden zijn dat ze niet zonder beschadiging uit elkaar gehaald kunnen worden. Zo zullen bij de zaak 'auto' de motor en de carrosserie, de banden, het stuur, de lampen, de bougies, de stoelen, de hoofdsteunen en het gas- en rempedaal behoren. Men noemt dit het *eenheidsbeginsel*.   Eenheidsbeginsel

VOORBEELD 2.1
Adriaan heeft de motor van zijn auto in de soep gedraaid. Hij laat dus een nieuwe motor in de auto plaatsen.

Vóórdat de motor in de auto wordt geplaatst, hebben we te maken met twee aparte zaken, namelijk de auto en de motor. Zodra de nieuwe motor in de auto is geplaatst, vormt hij één geheel met de auto en is hij dus een be-standdeel van de auto geworden. Juridisch gaat de motor het lot van de auto volgen. Verkoopt Adriaan de auto, dan omvat dat tevens de verkoop en overdracht van de motor.

Is het antwoord op de vraag of er al dan niet sprake is van een eenheidsbe-ginsel in voorbeeld 2.1 wél duidelijk te geven, moeilijker wordt het als er geen sprake is van een onlosmakelijke fysieke band. In dat geval zal uiter-aard de verkeersopvatting de doorslag moeten geven. Volgens de Hoge Raad kan er sprake zijn van een eenheid als ofwel gebouw en apparatuur in constructief opzicht specifiek op elkaar zijn afgestemd, ofwel het gebouw uit het oogpunt van geschiktheid als fabrieks- of bedrijfsgebouw bij het ont-breken van de apparatuur als onvoldoende moet worden beschouwd (HR 15 november 1991, NJ 1993, 316, Dépex/Curatoren en HR 27 november 1992, NJ 1993, 317, Ontvanger/Rabobank).

Natrekking

Het verschijnsel dat een bepaalde zaak één geheel gaat vormen met een andere zaak noemen we *natrekking*. Zelfs al zou de leverancier van de motor in voorbeeld 2.1, zoals meestal gebeurt, bedongen hebben dat hij de eigenaar van de motor blijft zolang Adriaan de koopprijs van de motor nog niet heeft betaald, dan kan hij op dit eigendomsvoorbehoud geen beroep meer doen zodra de motor in de auto is geplaatst. De motor wordt nu door natrekking eigendom van de eigenaar van de auto, Adriaan. De leverancier houdt uiteraard het recht op betaling van de koopprijs.

Hetzelfde is het geval met een centraleverwarmingsinstallatie in een huis. Voordat de verwarmingsinstallatie in het huis is aangebracht, is het een hoofdzaak. Daarna is deze een bestanddeel van het huis geworden. De eigenaar van het huis wordt door natrekking eigenaar van de verwarmingsinstallatie. Wordt de eigendom van het huis aan iemand anders overgedragen, dan omvat de overdracht het huis inclusief de centraleverwarmingsinstallatie. Zou op het huis een hypotheekrecht rusten, dan omvat dat hypotheekrecht tevens de verwarmingsinstallatie, omdat deze het juridische lot van de hoofdzaak, het huis, volgt.

2.1.2 Vermogensrechten

Vermogensrechten

Vermogensrechten zijn rechten die:
* overdraagbaar zijn;
* ertoe strekken de rechthebbende stoffelijk voordeel te verschaffen;
* verkregen zijn in ruil voor verstrekt of in het vooruitzicht gesteld stoffelijk voordeel (art. 3:6 BW).

Het eigendomsrecht van zijn huis kan iemand overdragen aan iemand anders. Het is daarom een vermogensrecht. Ook kan iemand zijn recht op levering van een huis, hetgeen een vorderingsrecht is, overdragen aan iemand anders. Dat kan iemand niet met zijn lidmaatschap van de Vereniging van Vrienden van de Opera, aangezien een lidmaatschap een hoogstpersoonlijk recht is. Het is dan ook geen vermogensrecht.

Een voorbeeld van een niet-overdraagbaar vermogensrecht is het recht van gebruik en bewoning (art. 3:226 lid 4 BW). Het recht verschaft de rechthebbende natuurlijk wel stoffelijk voordeel.

VOORBEELD 2.2

Paula de Wit heeft van haar vader het recht van gebruik en bewoning gekregen van een hem toebehorende woning in de Stadionbuurt in Amsterdam. Zij bewoont de beletage. De bovenetage van de woning is verhuurd aan Dirk Hopman.

Het recht van gebruik en bewoning dat Paula heeft, houdt in dat zij de woning mag bewonen. Daarnaast heeft zij het recht op de huurpenningen die Dirk Hopman moet betalen. Zij mag echter niet haar recht vervreemden of bezwaren. Dat laatste betekent dat zij haar recht niet aan iemand anders mag overdragen en dat zij er bijvoorbeeld geen hypotheekrecht op mag vestigen.

2.2 Registergoederen en niet-registergoederen

Goederen, dus zaken en vermogensrechten, kunnen verdeeld worden in registergoederen en niet-registergoederen.

Registergoederen zijn goederen waarvoor – willen ze gevestigd of overgedra- **Registergoed**
gen kunnen worden – inschrijving in de daartoe bestemde openbare regis-
ters noodzakelijk is (art. 3:10 BW). Het voordeel van de inschrijving in de
openbare registers is dat eenieder die registers kan raadplegen indien hij
te weten wil komen wie bijvoorbeeld de eigenaar is van een bepaald perceel en of er een hypotheekrecht of ander zakelijk recht op gevestigd is
(art. 3:16 BW).

Registergoed zijn:
- alle onroerende zaken (art. 3:89 BW);
- sommige roerende zaken, zoals bepaalde schepen (vgl. art. 8:199
  BW) en luchtvaartuigen (art. 2 Maatregel Teboekgestelde Luchtvaartuigen);
- sommige vermogensrechten, zoals het erfpachtrecht. Het erfpachtrecht
  is een gebruiksrecht van de grond en hetgeen daarop gebouwd of erin
  geplant is. Het erfpachtrecht is een registergoed, omdat het gevestigd
  is op de grond (de grond is een onroerende zaak en dus een registergoed).

Alle andere – hier niet-genoemde – goederen zijn dus automatisch *niet-re-*
gistergoederen, bijvoorbeeld computers, bureaustoelen en auto's. Auto's zijn **Niet-registergoed**
niet-registergoederen, ondanks het feit dat we een Register Kentekenbewij-
zen kennen. De reden hiervoor is dat het Register Kentekenbewijzen geen
openbaar register is.

Zie figuur 2.2.

FIGUUR 2.2   Registergoed/niet-registergoed

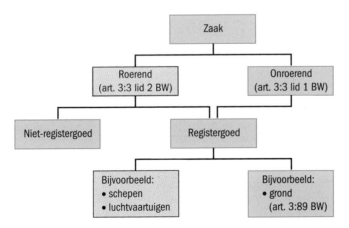

2.3 Onderscheiding van vermogensrechten

In de vorige paragrafen hebben we gezien dat goederen bestaan uit zaken
en vermogensrechten. En dat goederen al dan niet registergoederen kunnen zijn. In subparagraaf 2.1.2 hebben we reeds gezien wat vermogens-

rechten zijn. In deze paragraaf komt aan de orde hoe de vermogensrechten kunnen worden onderscheiden.

Al naargelang de vraag ten opzichte van wie je je vermogensrecht kunt uitoefenen en of het betreffende recht al dan niet op een zaak rust, kunnen vermogensrechten worden onderscheiden in:

a absolute en relatieve rechten (subpar. 2.3.1);
b zakelijke en persoonlijke rechten (subpar. 2.3.2).

Zie figuur 2.3.

FIGUUR 2.3 Vermogensrechten

Verder bestaat er de mogelijkheid dat een rechthebbende niet het volledige recht heeft, maar slechts een beperkt recht (subpar. 2.3.3).
Er zijn ook rechten die voor hun bestaan afhankelijk zijn van een ander recht, de zogenoemde afhankelijke rechten (subpar. 2.3.4).

2.3.1 Absolute en relatieve rechten

Absolute rechten

Absolute rechten zijn rechten die een rechtssubject kan uitoefenen tegenover iedereen. Absolute rechten kunnen in de eerste plaats rusten op goederen (zaken en vermogensrechten). De absolute rechten die op zaken rusten, worden *zakelijke rechten* genoemd.

Zakelijke rechten

VOORBEELD 2.3
Van der Laan is sinds een week de trotse eigenaar van een Porsche.

Het eigendomsrecht houdt onder andere in dat Van der Laan ieder ander kan verbieden in de Porsche te rijden. Het betekent ook dat alleen hij bevoegd is de Porsche te verkopen en over te dragen aan iemand anders. Dat recht kan hij dus tegenover iedereen uitoefenen. Het eigendomsrecht is het absolute recht bij uitstek.
Een ander absoluut recht is bijvoorbeeld het erfpachtrecht. Het erfpachtrecht geeft iemand het gebruiksrecht van de grond van een ander (art. 5:85 BW).

VOORBEELD 2.4
Vroom heeft van de gemeente Amsterdam het erfpachtrecht verkregen op een kavel in Nieuw-Zuid.

Het erfpachtrecht betekent dat alleen Vroom de grond mag gebruiken en niemand anders.

De absolute vermogensrechten zijn in de wet geregeld in Boek 3 en Boek 5 BW. Ook de absolute vermogensrechten kunnen weer onderverdeeld worden, namelijk in zogenoemde beperkte rechten en afhankelijke rechten. Die worden besproken in subparagraaf 2.3.3 en 2.3.4.

Absolute rechten kunnen eveneens rusten op de zogenoemde voortbrengselen van de geest, zoals het auteursrecht, het octrooirecht of het merkenrecht. Zij worden *absolute niet-zakelijke rechten* genoemd. Zij zijn niet in het BW geregeld, maar in afzonderlijke wetten (Auteurswet, Rijksoctrooiwet) en in internationale verdragen. Zie bijvoorbeeld art. 1 Auteurswet, art. 2.1 en 3.1 Beneluxverdrag inzake de intellectuele eigendom en art. 2 Rijksoctrooiwet.

Absolute niet-zakelijke rechten

Absolute rechten hebben drie kenmerken:
1 exclusiviteit;
2 zaaksgevolg of 'droit de suite';
3 gesloten systeem.

Exclusiviteit betekent bijvoorbeeld dat de eigenaar van een huis niet hoeft toe te staan dat een ander gebruikmaakt van zijn eigendom. Of, zoals we hiervoor gezien hebben, dat de eigenaar van de Porsche, Van der Laan, een ander niet hoeft toe te staan van zijn auto gebruik te maken.

Exclusiviteit

Zaaksgevolg wil zeggen dat het eigendomsrecht de zaak volgt, waar deze zich ook bevindt. Ook al wordt iemands auto gestolen, hij blijft eigenaar van de auto. De dief wordt geen eigenaar.

Zaaksgevolg

Gesloten systeem betekent dat er niet meer zakelijke rechten zijn dan in de wet zijn opgesomd.

Gesloten systeem

Relatieve rechten daarentegen kan een rechtssubject slechts tegenover één persoon, zijn wederpartij, uitoefenen. Relatieve rechten worden ook persoonlijke rechten genoemd. Een persoonlijk recht is bijvoorbeeld het recht van de verkoper op betaling van de koopsom of het recht van de koper op levering van hetgeen hij gekocht heeft. De term persoonlijk recht wordt gebruikt als tegenpool van zakelijk recht. De begrippen relatief en persoonlijk recht betekenen overigens precies hetzelfde.

Relatieve rechten

Een relatief recht ontstaat uit een verbintenis (zie verder hoofdstuk 9). Relatieve of persoonlijke rechten worden *vorderingsrechten* genoemd. Stel dat ik een banktegoed heb van €6.300 bij de Rabobank, dan heb ik een vorderingsrecht op die bank. Ik kan die €6.300 slechts vorderen van de Rabobank, niet bijvoorbeeld van de ING.

Vorderings-rechten

De relatieve of persoonlijke vermogensrechten (vorderingsrechten) zijn geregeld in Boek 3 titel 11 art. 3:296 e.v. BW en in Boek 6 bij de verbintenissen.

VOORBEELD 2.5

Aannemersbedrijf Borneo bv heeft het kantoorgebouw van expeditiebedrijf Dusseldorp & co verbouwd. Dusseldorp moet het laatste gedeelte van de aanneemsom, die volgens afspraak binnen veertien dagen na de oplevering betaald moest worden, nog voldoen aan Borneo bv.

Borneo bv heeft dus een relatief recht tegenover Dusseldorp. Dat relatieve recht, het recht op betaling van het restant van de aanneemsom, kan hij alleen uitoefenen tegenover zijn wederpartij Dusseldorp. Dat komt doordat er bij een relatief of persoonlijk recht sprake is van een rechtsbetrekking tussen twee bepaalde personen. Dat heeft dus tot gevolg dat het recht van Borneo bv op het restant van de aanneemsom een vorderingsrecht is. De persoon die een vorderingsrecht heeft, wordt schuldeiser of crediteur genoemd.

2.3.2 Zakelijke en persoonlijke rechten

Zakelijk recht

Een *zakelijk recht* is een absoluut recht op een zaak, bijvoorbeeld het eigendomsrecht van een schip of een garage, of het hypotheekrecht op mijn huis.

Persoonlijk recht

Een *persoonlijk recht* is een recht dat iemand kan handhaven tegenover één bepaalde persoon. Zoals hiervoor al is gezegd, is het begrip persoonlijk recht identiek aan het begrip relatief recht.

VOORBEELD 2.6

Trompenburg heeft als erfdienstbaarheid het recht van overpad door het weiland van de buren. Hij heeft een huis met garage. Hij heeft zijn zwager €25.000 geleend als startkapitaal voor diens bedrijf. De zwager heeft hem tot zekerheid van deze schuld een hypotheekrecht verleend op zijn huis.

Welke rechten heeft Trompenburg? Hij heeft in ieder geval zakelijke rechten. In de eerste plaats is dat het recht van overpad, omdat dit recht gevestigd is op een zaak, namelijk het weiland. In de tweede plaats is dat het eigendomsrecht van het huis met garage, omdat ook dit zaken zijn. En in de derde plaats is dat het hypotheekrecht op het huis van zijn zwager, ook een zaak. Maar, de lening van €25.000 is een persoonlijk recht. Hij kan alleen zijn zwager aanspreken voor de terugbetaling van de geleende som geld.

2.3.3 Beperkte rechten

Een beperkt recht is evenals het eigendomsrecht een absoluut vermogensrecht. Geeft het eigendomsrecht het volledige recht op een zaak, beperkte rechten geven slechts een gedeelte daarvan: genot of zekerheid. De beperkte

Genotsrechten

rechten die het genot van een goed geven, worden *genotsrechten* genoemd. We lichten het begrip 'genotsrechten' toe aan de hand van voorbeeld 2.7.

VOORBEELD 2.7

De gemeente Amsterdam verleent Bakker een erfpachtrecht op een stuk gemeentegrond.

Het erfpachtrecht houdt in dat Bakker de grond en het op de grond gebouw-de huis mag gebruiken (art. 5:85 BW).

Daarnaast zijn er beperkte rechten die dienen tot zekerheid voor de voldoe-ning van een bepaalde vordering, meestal uit geldleen. Deze worden *zeker-heidsrechten* genoemd. Dit zal aan de hand van voorbeeld 2.8 worden toe-gelicht.

Zekerheids-rechten

VOORBEELD 2.8
Willems geeft zijn toonderaandelen in pand aan Snijders tot zekerheid van een door Snijders aan hem verstrekte geldlening.

Pand is zo'n zekerheidsrecht. In dit geval rust het zekerheidsrecht op de toonderaandelen van Willems. Als Willems niet aan zijn verplichtingen uit de geldlening voldoet, kan Snijders de toonderaandelen verkopen en zich op de opbrengst daarvan verhalen.
In de voorbeelden 2.7 en 2.8 is er dus sprake van een beperkt recht. Vol-gens de wet is een *beperkt recht* een recht dat is afgeleid uit een meerom-vattend recht, hetwelk met het beperkte recht is bezwaard (art. 3:8 BW). Met het meeromvattende recht wordt in beide voorbeelden het eigendoms-recht bedoeld. In voorbeeld 2.7 wordt het eigendomsrecht gesplitst in het recht op de grond zelf – men spreekt in dit soort gevallen ook wel van bloot eigendom – en het gebruiksrecht van de grond. Dit gebruiksrecht is door middel van de verlening van het recht van erfpacht aan een ander dan de eigenaar overgedragen, de *beperkt (zakelijk) gerechtigde*.
In voorbeeld 2.8 wordt het (absolute) recht van Willems op de aandelen be-zwaard met het pandrecht. De wet spreekt hier niet van eigendom, maar van 'rechthebbende'. Er is hier natuurlijk wel sprake van een vergelijkbare situatie. In het gewone spraakgebruik spreekt men dan ook in dergelijke si-tuaties wel van eigendom en eigendomsrecht. Willems zet zijn (absolute) recht in tot zekerheid van een aan hem verstrekte lening. Daarmee garan-deert hij als het ware dat hij de lening ook zal terugbetalen. Zo niet, dan is hij zijn recht kwijt, want dan kan de pandhouder het in pand gegeven voor-werp verkopen om zijn vordering toch voldaan te krijgen.
Er zijn dus twee soorten beperkte rechten:
1 genots- of gebruiksrechten (vruchtgebruik, art. 3:201 BW; erfdienstbaar-heden, art. 5:70 BW; erfpacht, art. 5:85 BW; opstal, art. 5:101 BW en appartementsrechten, art. 5:106 e.v. BW);
2 zekerheidsrechten (pand en hypotheek, art. 3:227 BW) (zie hoofdstuk 4).

Beperkt recht

Beperkt (zake-lijk) gerechtigde

Beperkte rechten zijn absolute en meestal ook zakelijke rechten. Een uit-zondering vormen het recht van vruchtgebruik, pand en hypotheek, aan-gezien deze soms ook niet-zakelijk kunnen zijn, namelijk als ze zijn ge-vestigd op een vermogensrecht. Het zijn dan absolute niet-zakelijke rechten.

Absoluut niet-zakelijk recht

We vatten het voorafgaande samen in figuur 2.4.

FIGUUR 2.4 Absolute rechten

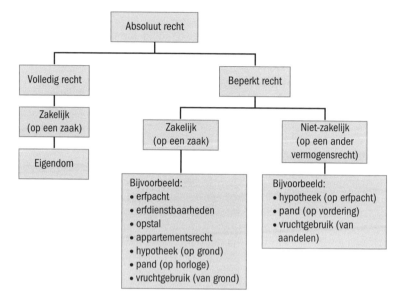

2.3.4 Afhankelijke rechten

Afhankelijk recht

Een *afhankelijk* of *accessoir recht* is een recht dat zodanig aan een ander recht verbonden is, dat het niet zonder dat recht kan bestaan (art. 3:7 BW). Wat de wetgever met deze omschrijving bedoelt, wordt hierna uitgelegd. Als een bank bijvoorbeeld een ondernemer geld leent, wil hij er zeker van zijn dat hij het geleende bedrag terugkrijgt. Om de kans daarop te vergroten, kan de bank zekerheid bedingen. Er zijn twee soorten zekerheid, namelijk:
1 persoonlijke zekerheid;
2 goederenrechtelijke zekerheid.

Ad 1 Persoonlijke zekerheid

Persoonlijke zekerheid

Persoonlijke zekerheid bestaat daarin dat de schuldeiser (de bank) behalve de schuldenaar nog iemand anders kan aanspreken tot nakoming van een vordering, i.c. de verstrekte geldlening. Voorbeelden van persoonlijke zeker-

Borgtocht

heid zijn borgtocht en hoofdelijkheid. *Borgtocht* is de overeenkomst waarbij de ene partij, de borg, zich tegenover de andere partij, de schuldeiser, verbindt tot nakoming van een verbintenis die een derde, de hoofdschuldenaar, tegenover de schuldeiser heeft of zal verkrijgen (art. 7:850 BW). *Hoofdelijk-*

Hoofdelijkheid

heid heeft tot gevolg dat er nog een tweede (of derde enz.) schuldenaar is die de gehele prestatie moet verrichten (art. 6:7 BW). Hoofdelijkheid wordt in paragraaf 9.5 besproken.

Ad 2 Goederenrechtelijke zekerheid

Goederenrechtelijke zekerheid

Goederenrechtelijke zekerheid betekent voor de schuldeiser dat hij voorrang boven andere schuldeisers heeft op de opbrengst van een bepaald goed. Het pand- en het hypotheekrecht zijn hier voorbeelden van. Pand- en hypotheekrecht zijn dus zekerheidsrechten.

Afhankelijke rechten

Het pand- en hypotheekrecht en borgtocht zijn daarnaast zogenoemde *af-hankelijke rechten*. De borgtocht is afhankelijk van de verbintenis van de hoofdschuldenaar waarvoor hij is aangegaan (art. 7:851 lid 1 BW). Dat betekent dat hij afhankelijk is van bijvoorbeeld de geldlening die door de schuldenaar is aangegaan. De borg belooft dan dat hij indien de eigenlijke schuldenaar de geldlening niet kan terugbetalen, hij dat in diens plaats zal doen. Het bestaan van het pand- en hypotheekrecht is eveneens afhankelijk van de daaronder liggende geldlening.

Kenmerk van een afhankelijk recht is dat het niet apart overdraagbaar is. Een afhankelijk recht gaat automatisch mee naar een nieuwe rechthebbende (art. 3:82 BW). Zo gaan pand, hypotheek en borgtocht mee als de vordering waaraan zij verbonden zijn, wordt overgedragen. De wet zegt het als volgt: afhankelijke rechten volgen het recht waaraan zij verbonden zijn (art. 3:82 BW).

Laten we nog even terugkeren naar voorbeeld 2.8. Willems heeft een pandrecht op zijn aandelen gevestigd ten behoeve van Snijders, tot zekerheid voor de geldlening die deze laatste aan hem, Willems, heeft verstrekt. De geldlening is de reden voor het vestigen van het pandrecht. Zou er geen geld zijn geleend, dan zou het pandrecht niet gevestigd zijn. Als de geldlening is afbetaald, dan gaat het pandrecht teniet. Draagt Snijders de vordering over aan iemand anders, dan gaat het pandrecht automatisch mee naar die ander. Daarom is het pandrecht een afhankelijk recht.

▐2.4▌ Conflicterende rechten

Tot nu toe zijn we ervan uitgegaan dat op één bepaald goed slechts één recht rust. Soms echter rusten er meer rechten op een en hetzelfde goed. De vragen die dan rijzen, luiden: Hoe verhouden deze rechten zich tot elkaar? Welk recht gaat voor het andere of zijn beide rechten gelijk en moet er wellicht een verdeling volgen? Genoemde problemen kunnen zich zowel voordoen bij beperkte rechten (subpar. 2.4.1) als bij vorderingsrechten (subpar. 2.4.2).

2.4.1 Botsing van twee beperkte rechten

Er kunnen twee beperkte rechten op eenzelfde zaak rusten.

VOORBEELD 2.9
Landbouwer Tukker verleent het erfpachtrecht op een bepaald stuk grond aan de Amsterdammer Postma om er een caravan met toebehoren op te kunnen plaatsen. Enige tijd daarna verleent hij aan de bank een hypotheekrecht op zijn grond tot zekerheid van een door de bank aan hem verstrekte geldlening.

Er rusten nu twee beperkte rechten op hetzelfde stuk grond: het erfpachtrecht van Postma en het hypotheekrecht van de bank. Voor de vestiging van zowel het erfpachtrecht als het hypotheekrecht is inschrijving in de openbare registers noodzakelijk. De rangorde van de ingeschreven rechten wordt bepaald door de datum van inschrijving in het register. Bij registergoederen wordt de rangorde namelijk bepaald door de volgorde van de tijdstippen van inschrijving, tenzij uit de wet een andere rangorde voortvloeit (art. 3:21 lid 1 BW). Dat betekent dat het oudste recht voorgaat, namelijk het erfpachtrecht. Men noemt dit het *prioriteitsbeginsel*. Wat betekent dat in de praktijk?

Rangorde

Prioriteitsbeginsel

Stel dat de hypotheekhouder (de bank) de grond gaat verkopen omdat Tukker niet aan zijn verplichtingen heeft voldaan. Hij moet de grond dan belast met het erfpachtrecht verkopen. Het eerder gevestigde erfpachtrecht gaat hier voor het later gevestigde hypotheekrecht. Doordat de bank voor de vestiging van het hypotheekrecht de registers heeft kunnen raadplegen, is hij uiteraard op de hoogte van het feit dat er op de grond een erfpachtrecht rust. Hij kan daar dan bij het verstrekken van de geldlening rekening mee houden.

Het omgekeerde kan natuurlijk ook voorkomen. Tukker verleent het erfpachtrecht aan Postma op een stuk grond waar reeds een hypotheekrecht op rust. Als de hypotheekhouder nu het stuk grond wil verkopen, kan hij het later gevestigde erfpachtrecht negeren. Hij kan de onbezwaarde eigendom van het stuk grond overdragen. Het erfpachtrecht vervalt. Ook Postma had door het raadplegen van de registers op de hoogte kunnen zijn van het eerder gevestigde hypotheekrecht. Nu hij de registers niet geraadpleegd heeft of het eerder geregistreerde hypotheekrecht genegeerd heeft, heeft hij bewust het risico van het vervallen van het erfpachtrecht op zich genomen. Vindt daarentegen de inschrijving van beide akten, dus zowel de hypotheekakte als de akte van de vestiging van het erfpachtrecht, op eenzelfde tijdstip plaats, dan is de volgorde van het opmaken van de akte beslissend (art. 3:21 lid 2 BW).

Tijdstip vestiging Bij niet-registergoederen wordt de rangorde bepaald door het tijdstip van vestiging van het beperkte recht.

2.4.2 Botsing van twee relatieve of vorderingsrechten

Twee (of meer) verschillende schuldeisers kunnen vorderingen hebben op één en dezelfde persoon.

VOORBEELD 2.10
Landsaat heeft een vordering van €375 op Boersma voor geleverde boeken. De nota van tandarts Schaafsma voor het plaatsen van enkele kronen bij Boersma bedraagt €625.

Zowel Landsaat als Schaafsma hebben een vorderingsrecht op Boersma. Meestal weten schuldeisers dat niet. Als de debiteur echter failliet gaat, merken zij dat zij niet de enige schuldeiser zijn. Beiden hebben recht op een gelijk percentage van de netto executieopbrengst. Deze opbrengst wordt verkregen door bepaalde vermogensbestanddelen van Boersma in het openbaar te verkopen (zie deel 2 van deze uitgave). Het recht van Landsaat gaat niet vóór dat van Schaafsma. Ook omgekeerd is dit niet het geval. Het tijdstip van het ontstaan van de vorderingen is hier niet van belang. Men noemt Landsaat en Schaafsma de schuldeisers of crediteuren van Boersma (art. 3:277 lid 1 BW).

Die gelijkheid van schuldeisers is het uitgangspunt van de wet. Hoe meer schuldeisers er zijn, des te minder zij zullen ontvangen. Zij zijn dus elkaars **Concurrente** concurrent. Daarom worden zij *concurrente crediteuren* genoemd.
crediteuren Er zijn ook crediteuren met voorrang, zoals de pand- en hypotheekhouder.
Voorrang Zij vormen een uitzondering op de hiervoor genoemde hoofdregel. De pand- en hypotheekhouder gaan dus vóór de andere crediteuren bij de verdeling van de executieopbrengst van het goed waarop het pandrecht of hypotheekrecht rust.

VOORBEELD 2.11

Groeneboom bv verleent een hypotheekrecht op zijn bedrijfsgebouwen aan de bank voor een door de bank verstrekte geldlening van €125.000. De bank heeft een vorderingsrecht op Groeneboom bv op grond van de door hem verstrekte geldlening. Klaassen, een andere crediteur van Groeneboom bv, heeft een vordering van €18.000 op de bv voor geleverde grondstoffen.

Zowel de bank als Klaassen heeft een vorderingsrecht op Groeneboom bv. Toch heeft de bank een betere positie dan Klaassen, omdat hij zekerheid bedongen heeft voor de door hem verstrekte geldlening. En wel zodanig dat de bank vóór de andere crediteuren, waaronder Klaassen, gaat bij de verdeling van de executieopbrengst van de bedrijfsgebouwen. Zou de bank geen zekerheid hebben bedongen in de vorm van een hypotheekrecht, dan zouden zij de executieopbrengst van de bedrijfsgebouwen naar evenredigheid van hun vorderingen hebben moeten delen (art. 3:277 lid 1 BW). Het tegenovergestelde van voorrang is achterstelling. Bij *achterstelling* komt een crediteur met een debiteur overeen dat zijn vordering jegens alle of bepaalde andere crediteuren een lagere rang inneemt dan de wet hem toekent (art. 3:277 lid 2 BW).

Achterstelling

VOORBEELD 2.12

Pecunia bv is een lening aangegaan bij de Kredietbank. Afgesproken wordt dat de Kredietbank alleen rente zal ontvangen als Pecunia bepaalde verplichtingen jegens andere geldgevers, onder andere de Rabobank, is nagekomen.

Dat betekent dat de vordering die de Rabobank heeft op Pecunia bv, voorrang heeft op de betaling van de rente aan de Kredietbank, die immers pas betaald mag worden nadat de Rabobank is voldaan. Zie voor de achterstelling verder deel 2 van deze uitgave.
De scheiding is niet zo absoluut als hiervoor is geschetst. Er is een aantal uitzonderingen op de hoofdregel:
1 twee botsende rechten op levering;
2 kwalitatieve rechten;
3 bescherming van een derde tegen een beschikkingsonbevoegde voorganger;
4 koop breekt geen huur;
5 de onrechtmatige-daadactie.

Deze vijf uitzonderingen zullen worden toegelicht aan de hand van voorbeelden.

Ad 1 Twee botsende rechten op levering
De eerste uitzondering vormen de botsende rechten op levering.

VOORBEELD 2.13

Lips verkoopt zijn huis op 3 oktober aan Zomerdijk. De overdracht van het huis zal over veertien dagen plaatsvinden. Op 8 oktober echter verkoopt Lips hetzelfde huis nog een keer, maar nu aan Daniëls.

Zowel Zomerdijk als Daniëls hebben een recht op Lips op levering van het huis. Beide rechten zijn gewone vorderingsrechten. Er is geen voorrang bedongen. De oplossing van art. 3:277 BW biedt hier geen soelaas. Daarom regelt de wetgever dit aldus in art. 3:298 BW: vervolgen twee of meer schuldeisers ten aanzien van één goed met elkaar *botsende rechten* op levering, dan gaat in hun onderlinge verhouding het oudste recht op levering voor, tenzij uit de wet, uit de aard van hun rechten, of uit de eisen van redelijkheid en billijkheid anders voortvloeit. In voorbeeld 2.13 gaat het recht op levering van Zomerdijk, dat dateert van 3 oktober, vóór het op 8 oktober ontstane recht op levering van Daniëls. Zou echter de transportakte, die vereist is voor de eigendomsoverdracht, nog dezelfde dag, 8 oktober, ten behoeve van Daniëls zijn opgemaakt en ingeschreven in de openbare registers, dan was Daniëls wel eigenaar geworden van het huis. Het dan verkregen absolute zakelijke recht van eigendom gaat altijd vóór het relatieve persoonlijke recht op levering.

Oud voor jong

Absoluut zakelijk voor relatief persoonlijk

Ad 2 Kwalitatieve rechten
Een tweede uitzondering op de hoofdregel vormen de zogenoemde kwalitatieve rechten.

VOORBEELD 2.14
Van 't Hof koopt een nieuwe Ford Transit bij Garage Boomsma. Bij het sluiten van de koopovereenkomst wordt afgesproken dat tegen betaling van €250 Boomsma gedurende twee jaar de onderhoudsbeurten voor zijn rekening zal nemen. Een jaar later draagt Van 't Hof zijn gehele bedrijf over aan Van Noort. Daarbij hoort ook de overdracht van de als bedrijfsauto gebruikte Ford Transit.

Overdracht is een wijze van rechtsopvolging onder bijzondere titel (art. 3:80 BW). Kenmerk van rechtsopvolging onder bijzondere titel is dat iemand zijn rechtsvoorganger opvolgt in de rechten op een bepaald vermogensbestanddeel, zoals in voorbeeld 2.14 de bedrijfsauto, en niet in de plichten. De vraag is nu of de onderhoudsbeurten ook overgaan op Van Noort als rechtsverkrijger. Het antwoord luidt bevestigend; omdat alleen Van Noort als eigenaar van de Fort Transit belang heeft bij de onderhoudsbeurten en niemand anders, is hier sprake van een kwalitatief recht (art. 6:251 BW).

Kwalitatief recht
Wanneer is er sprake van een *kwalitatief recht*? De wet formuleert dit aldus. Staat een uit een overeenkomst voortvloeiend recht in zodanig verband met een aan de schuldeiser toebehorend goed dat hij bij dat recht slechts belang heeft zolang hij het goed behoudt, dan gaat dat recht over op degene die het goed onder bijzondere titel verkrijgt. Een verkrijger onder bijzondere titel volgt zijn voorganger op in de rechten op een bepaalde zaak (art. 3:80 lid 3 BW). Zie ook hoofdstuk 3 en 8.

Ad 3 Bescherming van een derde tegen een beschikkingsonbevoegde voorganger

Zaaksgevolg
Een absoluut recht heeft zaaksgevolg of 'droit de suite'. Dat wil zeggen dat het recht op de zaak blijft rusten, ook al raakt bijvoorbeeld de eigenaar de zaak zelf kwijt. Maar nu de volgende situatie.

VOORBEELD 2.15

Van Voren heeft een computer in bruikleen van het bedrijf waar hij werkt. Van Voren verkoopt en levert de computer echter voor €450 via een raamannonce aan een nietsvermoedende student.

Is de student eigenaar geworden van de computer? In principe zou je hierop ontkennend moeten antwoorden, aangezien Van Voren geen eigenaar is en het eigendomsrecht van het bedrijf waar Van Voren in dienst is, op de zaak blijft rusten, ook als de eigenaar de zaak kwijtraakt. Toch wordt de student eigenaar van de computer (art. 3:86 BW). De reden hiervoor is dat de wet iemand die een niet-registergoed verkrijgt uit handen van een beschikkingsonbevoegde onder bepaalde voorwaarden beschermt. Daarom wordt ook wel gezegd: roerende zaken hebben geen gevolg. Ook dit onderwerp zal in hoofdstuk 3 verder besproken worden.

Ad 4 Koop breekt geen huur
De huurovereenkomst geeft de huurder tegenover de verhuurder het recht om de gehuurde zaak, woning of bedrijfsruimte te gebruiken. Dit is een persoonlijk recht, dat alleen uitgeoefend kan worden door de huurder tegen de oorspronkelijke verhuurder. Dat zou betekenen dat als de verhuurder de verhuurde zaak zou overdragen aan iemand anders, de huurder zijn huurrecht niet meer tegenover de nieuwe eigenaar zou kunnen uitoefenen. De wet beschermt hier de huurder (art. 7:226 en 227 BW).

Koop breekt geen huur

VOORBEELD 2.16

De Jong huurt van Hendriksen een etage in de Korte Koningstraat te Amsterdam. Dat betekent dat hij van Hendriksen kan eisen de gehuurde etage aan hem voor bewoning ter beschikking te stellen. Dit recht blijft bestaan als Hendriksen de woning aan Beleggingsmaatschappij Iks bv zou overdragen.

Ad 5 De onrechtmatige-daadactie
Er kunnen ook uitzonderingen ontstaan in andere situaties. Zo levert bijvoorbeeld het kopen van een huis terwijl men als koper weet dat de verkoper het desbetreffende huis aan iemand anders beloofd heeft, soms een onrechtmatige daad op. Zie het volgende arrest.

Onrechtmatige-daadactie

HR 3 januari 1965, NJ 1965, 16 (Tante Bertha)
Bertha Streefland verkocht in december 1949 aan haar neef Adri voor ƒ 15.000 (ca. €6.800) een huis met tuin, erf en boomgaard. Afgesproken werd dat het landgoed vóór of op 1 januari 1970 geleverd zou worden. Op 1 juli 1960 verkocht en leverde tante hetzelfde huis met toebehoren aan Adri's broer, Hendrik, die op dat moment haar zaakwaarnemer was. Adri zelf was inmiddels overleden. Hendrik, eigenaar geworden, wilde vervolgens zijn schoonzuster Janna, die een bungalow op het terrein had, dit terrein laten ontruimen. Door toedoen van Hendrik kon Janna geen eigenares meer worden van het terrein. Zij had immers slechts een persoonlijk recht op levering tegenover tante en geen absoluut recht dat zij tegenover iedereen, dus ook

tegenover Hendrik, zou kunnen handhaven. Janna sprak Hendrik aan wegens onrechtmatige daad. Degene die een ander opzettelijk schade toebrengt, is namelijk verplicht de schade die hij daardoor heeft veroorzaakt te vergoeden (art. 6:162 BW). Hij kan ook veroordeeld worden de schade te herstellen. Daarom vorderde Janna dat Hendrik veroordeeld zou worden tot het terug-leveren van het huis aan tante Bertha, zodat deze op haar beurt aan haar verplichting tot levering jegens Janna zou kunnen voldoen. De rechter wees de vordering van Janna toe.

2

Kernbegrippenlijst

Absoluut (vermogens)recht	Een vermogensrecht dat een rechtssubject kan handhaven tegenover iedereen.
Achterstelling	Crediteur komt met debiteur overeen dat zijn vordering jegens alle of bepaalde andere crediteuren een lagere rang inneemt dan hem wettelijk toekomt (art. 3:277 lid 2 BW).
Afhankelijk recht	Een recht dat aan een ander recht zodanig verbonden is dat het zonder dat andere recht niet kan bestaan (art. 3:7 BW).
Beperkt recht	Een absoluut recht dat is afgeleid uit een meeromvattend recht, zoals het eigendomsrecht (art. 3:8 BW).
Bestanddeel	Al hetgeen dat volgens de verkeersopvatting onderdeel van een zaak uitmaakt of dat met de hoofdzaak zodanig is verbonden dat het daarvan niet zonder beschadiging kan worden gescheiden (art. 3:4 lid 1 en 2 BW).
Eenheidsbeginsel	Het beginsel dat een zaak goederenrechtelijk één geheel vormt met haar bestanddelen.
Exclusiviteit	Degene die een absoluut vermogensrecht heeft, hoeft niet te dulden dat een ander van zijn recht gebruikmaakt.
Genotsrecht of gebruiksrecht	Een beperkt recht dat aan een ander dan de eigenaar/rechthebbende het genot geeft van een bepaalde zaak of een vermogensrecht. De eigenaar wordt bloot eigenaar.
Goederen	De activa van een vermogen. Goederen zijn zaken en vermogensrechten (art. 3:1 BW).
Hoofdzaak	Een zaak die opgebouwd is uit zaaksonderdelen, bestanddelen geheten (art. 3:4 BW).
Kwalitatief recht	Een uit een overeenkomst voortvloeiend voor overgang vatbaar recht dat in zodanig verband staat met een aan de schuldeiser toebehorend goed, dat hij bij dat recht slechts belang heeft zolang hij dat goed behoudt. Een dergelijk recht gaat onder bijzondere titel op een rechtsverkrijger over (art. 6:251 BW).

Natrekking	Het verschijnsel dat een zaak die een bestanddeel gaat vormen van een andere zaak juridisch het lot van die andere zaak gaat volgen.
Onroerende zaak	De grond en alles wat zich erin bevindt, wat erop is gebouwd of geplant, hetzij rechtstreeks, hetzij door vereniging met andere gebouwen of werken (art. 3:3 lid 1 BW).
Persoonlijk recht	Een relatief recht dat men slechts kan uitoefenen tegenover één bepaalde persoon.
Registergoed	Een goed, zaak of vermogensrecht, voor welker vestiging of overdracht inschrijving in de openbare registers noodzakelijk is (art. 3:10 BW).
Relatief (vermogens)recht	Een vermogensrecht dat een rechtssubject slechts kan handhaven tegenover één bepaalde persoon, zijn wederpartij. Een relatief vermogensrecht wordt ook persoonlijk recht genoemd.
Roerende zaak	Elke zaak die niet onroerend is (art. 3:3 lid 2 BW).
Vermogensrecht	Alle rechten die hetzij afzonderlijk hetzij tezamen met een ander recht overdraagbaar zijn, die ertoe strekken stoffelijk voordeel te verschaffen of die verstrekt zijn in ruil voor stoffelijk voordeel (art. 3:6 BW).
Zaaksgevolg of droit de suite	Het verschijnsel dat een absoluut recht op een zaak blijft rusten, waar deze en bij wie deze zich ook bevindt.
Zakelijk recht	Een absoluut recht op een zaak.
Zaken	Voor menselijke beheersing vatbare stoffelijke voorwerpen (art. 3:2 BW).
Zekerheidsrecht	Een beperkt afhankelijk recht dat aan een bepaalde schuldeiser voorrang geeft bij de verdeling van de executieopbrengst van een bepaalde zaak of van een geheel vermogen.

Meerkeuzevragen

2.1 De gemeente Dronten heeft aan Fruco nv een erfpachtsrecht verleend op een stuk grond. Fruco nv
a heeft een beperkt zakelijk recht verkregen.
b heeft een persoonlijk recht verkregen.
c is afhankelijk gerechtigde geworden.
d is de bloot eigenaar geworden.

2.2 Geef aan welke van de hieronder opgesomde kwalificaties *niet* juist is. Het hypotheekrecht op een boerderij met grond en belendende percelen is
a een afhankelijk recht.
b een registergoed.
c een relatief recht.
d onroerend.

2.3 Vondeling heeft een aantal losse deuren, raamkozijnen en een ladder gekocht bij Bomij. Bomij heeft zich het eigendomsrecht van de geleverde materialen voorbehouden totdat de koopsom volledig zal zijn betaald. Vondeling betaalt niet. Als Bomij het geleverde materiaal komt ophalen, zijn alle deuren en de helft van de raamkozijnen al geplaatst. Wat mag Bomij meenemen?
a Alleen de ladder, want deze is roerend.
b De deuren, de raamkozijnen en de ladder.
c De ladder en de niet-geplaatste raamkozijnen.
d Niets.

2.4 Een absoluut recht dat zowel op zaken als op rechten kan rusten, is een
a appartementsrecht.
b erfdienstbaarheid.
c erfpachtrecht.
d pandrecht.

2.5 Welke van de onderstaande rechten is een afhankelijk recht?
a Borgtocht.
b Erfpacht.
c Vorderingsrecht.
d Vruchtgebruik.

2.6 Beperkte rechten zijn altijd
a absolute rechten.
b afhankelijke rechten.
c zakelijke rechten.
d zekerheidsrechten.

2.7 Welke van de volgende stellingen is het meest juist?

a Alle beperkte en tevens zakelijke rechten zijn registergoederen.

b Een roerende zaak kan geen registergoed zijn.

c Registergoederen zijn alle onroerende zaken, schepen en luchtvaartuigen.

d Registergoederen zijn alle onroerende zaken, sommige roerende zaken en alle beperkte rechten daarop.

2.8 Paardekooper verkoopt op 3 maart zijn huis aan Hoenderdos. Afgesproken wordt dat de overdracht van het huis op 5 juli zal plaatsvinden. Paardekooper verkoopt zijn huis op 7 mei nogmaals, maar nu aan Burger. De overdracht vindt op 31 mei plaats. Het is inmiddels 15 juni. Welke van de volgende beweringen is juist?

a De rangorde van absolute rechten wordt bepaald door de vestiging van het recht. Daarom gaat het oudere recht op levering van Hoenderdos voor dat van Burger.

b Het oudste recht op levering gaat voor. Daarom wordt Hoenderdos eigenaar van het huis.

c Hoenderdos en Burger hebben onderling een gelijk recht op levering, aangezien het vorderingsrechten betreft.

d Nu de overdracht al op 31 mei heeft plaatsgevonden, is Burger eigenaar geworden van het huis en niet Hoenderdos.

Oefenvragen

2.1 Meubelfabriek Van Schijndel bv heeft een fabrieksgebouw in eigendom en een vijftal bedrijfsauto's. Op het fabrieksgebouw rust een hypotheekrecht tot zekerheid van het krediet dat de bank aan de bv heeft verleend.
Er is drie weken geleden een nieuwe machine ter bewerking van hout besteld, die over zes weken geleverd zal worden. Er wordt op dit moment een nieuwe verwarmingsketel geplaatst. De leverancier van de ketel heeft het eigendomsrecht voorbehouden totdat de verschuldigde koopprijs van de verwarmingsketel zal zijn betaald.
a Welke absolute rechten heeft Van Schijndel bv?
b Waarom kan Van Schijndel bv bovengenoemde rechten hebben?
c Welke persoonlijke rechten heeft Van Schijndel bv?
d Welk van de hierboven beschreven rechten is een afhankelijk recht?
e Welke rechten zijn beperkte rechten?
f Welke zaken omvat het hypotheekrecht?
g Wat is een bestanddeel? Welke eisen stelt de wet hieromtrent?
h Wie is eigenaar van de ketel?
i Welke van de hierboven genoemde rechten zijn zakelijke rechten?
j Waar kan men deze zakelijke rechten in het wetboek vinden?

2.2 Strikwerda en Stevens bv treedt in onderhandeling met projectontwikkelaar Van Dam van Vastgoed bv over de aankoop van een kantoorgebouw. Partijen worden het op 3 februari eens over de prijs en zij leggen hun afspraken in een koopakte vast. Afgesproken wordt dat de overdracht van het gebouw op 1 april zal plaatsvinden. Van Dam weigert echter op genoemde datum van 1 april mede te werken aan de overdracht van het gebouw, omdat hij hetzelfde kantoorgebouw op 10 maart aan een andere koper voor een hogere prijs heeft kunnen slijten.
a Hoe kan het recht van Strikwerda en Stevens bv op overdracht van het kantoorgebouw gekwalificeerd worden?
b Wie wordt eigenaar van het kantoorgebouw? En waarom?
c Hoe zou de situatie zijn geweest als Van Dam het kantoorgebouw reeds op 20 maart had overgedragen aan de tweede koper?
d Is het kantoorgebouw een registergoed?
e Waarom is het kantoorgebouw een onroerende zaak?

3

Overdracht

3.1   Verkrijging onder algemene titel en onder bijzondere titel
3.2   Vereisten voor een geldige overdracht
3.3   Derdenbescherming
3.4   Overzicht van wijzen van levering en derdenbescherming

Goederen, dus zaken én vermogensrechten, kunnen overgaan op iemand anders. Dat is bijvoorbeeld het geval na het sluiten van een koopovereenkomst. Uit een koopovereenkomst ontstaat voor de verkoper de verplichting om (de eigendom van) het gekochte goed over te dragen aan de koper. Over overdracht als een van de wijzen waarop men goederen kan verkrijgen, gaat dit hoofdstuk.

In het kader van de overdracht komen de verschillende wijzen van verkrijging van goederen aan de orde (par. 3.1).

Vervolgens bespreken we aan welke vereisten een geldige overdracht moet voldoen (par. 3.2) en in welke gevallen derden worden beschermd als er géén geldige overdracht heeft plaatsgevonden (par. 3.3). Paragraaf 3.4 geeft een overzicht van de wijzen van levering en derdenbescherming.

3.1 Verkrijging onder algemene titel en onder bijzondere titel

Men kan goederen onder algemene en onder bijzondere titel verkrijgen (art. 3:80 BW). *Verkrijging onder algemene titel* wil zeggen dat men iemand anders opvolgt in een geheel vermogen of een evenredig deel van een vermogen, dus zowel in de rechten als in de plichten. Men spreekt in dit geval wel van overgang van rechten of plichten.

Verkrijging onder algemene titel

VOORBEELD 3.1
Vader Smeets overlijdt. Hij heeft een zoon en een dochter, terwijl zijn echtgenote reeds eerder is overleden. Hij laat een vermogen na bestaande uit een banktegoed van €14.000 en een huis ter waarde van €230.000 dat belast is met een hypotheek van €125.000 voor een verstrekte geldlening. En er liggen nog enige onbetaalde rekeningen voor loodgieterswerk, de tandarts en tijdschriftabonnementen.

De zoon en de dochter van Smeets zijn diens erfgenamen. Zij verkrijgen zijn vermogen onder algemene titel. Men noemt dat rechtsopvolging onder algemene titel. Zij erven ieder de helft van het vermogen van hun vader, dus de helft van het banktegoed, de helft van het huis, maar ook de helft van de hypothecaire schuld en de helft van de onbetaalde rekeningen.
Voorbeelden die de wet geeft van opvolging onder algemene titel, zijn erfopvolging, boedelmenging, fusie en splitsing en de goedkeuring van een overdrachtsplan (art. 3:80 lid 2 BW). Erfopvolging is opvolging (onder algemene titel) in het vermogen van iemand na diens overlijden (zie voorbeeld 3.1). Boedelmenging ontstaat bijvoorbeeld als twee mensen in algehele gemeenschap van goederen huwen (art. 1:94 BW). Bij fusie van verenigingen, stichtingen, nv's en bv's (art. 2:309 en 311 lid 1 BW) volgt de ene rechtspersoon onder algemene titel op in het vermogen van een andere rechtspersoon of rechtspersonen. Ook bij splitsing gaat het vermogen van de ene rechtspersoon geheel of gedeeltelijk onder algemene titel over op een of meer andere rechtspersonen (art. 2:334a BW). De fusie en de splitsing worden in deel 2 van deze uitgave besproken. Een overdrachtsplan is nodig bij de overdracht van bedrijven en is geregeld in de artikelen 3:159 l, p en s van de Wet op het financieel toezicht. Het overdrachtsplan zal in het kader van dit boek niet besproken worden.

Verkrijging onder bijzondere titel
Bij *verkrijging onder bijzondere titel* volgt men iemand anders op in de rechten op een bepaald vermogensbestanddeel.

VOORBEELD 3.2
Snackbar Het Haasje heeft een koelvitrine gekocht bij Horeca bv. De koelvitrine zal op 12 september geleverd worden.

Snackbar Het Haasje is een rechtsopvolger onder bijzondere titel. Hij volgt namelijk Horeca bv op in de rechten op een bepaald vermogensbestanddeel: de koelvitrine.

Als voorbeelden van verkrijging onder bijzondere titel noemt de wet (art. 3:80 lid 3 BW):
Overdracht
a Overdracht. *Overdracht* is de bekendste wijze van verkrijging van goederen. Het is het onderwerp waarover dit hoofdstuk gaat.
Verjaring
b Verjaring. Met *verjaring* wordt hier de verkrijgende verjaring bedoeld. Door tijdsverloop – drie jaar of tien jaar – verkrijgt iemand bepaalde goederen (art. 3:99 BW).

c   Onteigening. Bij *onteigening* eist de centrale of lokale overheid, bijvoor-   Onteigening
   beeld provincie of gemeente, de overdracht van een bepaald stuk grond
   met toebehoren in het algemeen belang. Dat kan bijvoorbeeld de realise-
   ring van een bepaald bestemmingsplan zijn of de aanleg of uitbreiding
   van een stuk provinciale weg.
d   Overige in de wet voor iedere soort aangegeven wijzen van verkrijging.
   Doordat de wet spreekt van *overige in de wet aangegeven wijzen van*   Overige
   verkrijging onder bijzondere titel, kunnen we aannemen dat de opsomming van art. 3:80 lid 3 BW niet uitputtend is. Zo kan men ook bezit
   verkrijgen door middel van *inbezitneming* (art. 3:112 BW). Inbezitne-   Inbezitneming
   ming van een goed geschiedt door zich daarover de feitelijke macht te
   verschaffen, tenzij het goed in het bezit van een ander is (art. 3:113
   BW).

3.2 Vereisten voor een geldige overdracht

Voor overdracht van een goed stelt de wet drie vereisten:
1 een (rechts)geldige titel (subpar. 3.2.1);
2 beschikkingsbevoegdheid van de rechtsvoorganger (subpar. 3.2.2);
3 levering (art. 3:84 BW) (subpar. 3.2.3).

Welke rol deze drie vereisten spelen bij een geldige overdracht, laat het
volgende voorbeeld zien.

VOORBEELD 3.3
Boekhandelaar Swinkels verkoopt een juridisch zakwoordenboek aan Sanders. Als Sanders het boek aan de kassa betaald heeft, overhandigt Swinkels hem het boek.

Waar kan men in dit voorbeeld nu de drie vereisten vinden die de wet aan
een geldige overdracht stelt?
De koopovereenkomst die tussen Swinkels en Sanders gesloten wordt, is
de titel (1). De titel is de rechtsverhouding die aan de overdracht ten grondslag ligt. De levering is de overhandiging van het boek aan Sanders (3). En
we mogen aannemen dat Swinkels als eigenaar van het boek bevoegd is
om dat aan Sanders over te dragen (2).
We lichten deze drie vereisten in de volgende subparagrafen meer uitgebreid
toe.

3.2.1   Geldige titel
De titel is een van de drie vereisten waaraan volgens de wet een geldige
overdracht moet voldoen. Maar, wat is een geldige titel en in hoeverre is de
geldigheid van de titel van belang voor de overdracht van een bepaald
goed? Deze laatste vraag wordt beantwoord door het zogenoemde causale
leveringsstelsel.
Deze onderwerpen komen hierna aan de orde.

Wat is een geldige titel?

Titel

Een *titel* is een rechtsfeit dat tot levering verplicht. We hebben in voorbeeld 3.3 gezien dat de titel voor de overdracht van het juridisch zakwoordenboek de koopovereenkomst tussen Swinkels en Sanders was. Maar een koopovereenkomst is natuurlijk niet het enige rechtsfeit dat tot levering verplicht.

Rechtsfeiten die tot levering verplichten

De rechtsfeiten die tot levering verplichten zijn:
1 een meerzijdige rechtshandeling;
2 een eenzijdige rechtshandeling;
3 andere handelingen;
4 ongedaanmakingsverbintenissen.

Ad 1 Meerzijdige rechtshandeling

Meerzijdige rechtshande-lingen

De meerzijdige rechtshandelingen, die tot levering verplichten, zijn meestal obligatoire of verbintenisscheppende overeenkomsten, zoals een koop-, een ruil- of een schenkingsovereenkomst.

Ad 2 Eenzijdige rechtshandeling

Eenzijdige rechtshandeling

Met de eenzijdige rechtshandeling, die tot levering verplicht, wordt voornamelijk het zogenoemde legaat bedoeld. Een legaat is een testamentaire making waardoor de begunstigde, legataris genoemd, onder bijzondere titel een bepaald goed of een bepaalde som geld uit de nalatenschap verkrijgt (art. 4:117 lid 1 BW).

Ad 3 Andere handelingen

Andere handelingen

Bij andere handelingen moet men denken aan bijvoorbeeld de rechtmatige daad (zaakwaarneming, onverschuldigde betaling en ongerechtvaardigde verrijking art. 6:198 e.v. BW) en de onrechtmatige daad (art. 6:162 BW). Ook deze kunnen tot een levering verplichten.

Ad 4 Ongedaanmakingsverbintenissen

Ongedaan-makings-verbintenissen

Met ongedaanmakingsverbintenissen worden bedoeld: verbintenissen tot ongedaanmaking van een bepaalde prestatie. Na ontbinding van een (wederkerige) overeenkomst of na het in vervulling gaan van een ontbindende voorwaarde, ontstaan er verbintenissen tot ongedaanmaking van de prestaties die reeds zijn verricht (art. 6:271 BW). Reden hiervoor is dat noch ontbinding, noch het in vervulling gaan van een ontbindende voorwaarde terugwerkende kracht heeft (art. 3:38 lid 2 en 6:269 BW); zie subparagraaf 9.7.1 voor de ontbindende voorwaarde en subparagraaf 10.4.3 voor de ontbinding van de overeenkomst.

In al deze gevallen ontstaat er een recht op levering op grond van een rechtsverhouding die tot het ontstaan van een verbintenis leidt. Deze verbintenis ontstaat hetzij omdat partijen het zijn overeengekomen, hetzij omdat de wet aan een bepaalde handeling het ontstaan van een verbintenis verbindt.

Het causale leveringsstelsel

Causale leve-ringsstelsel

Vervolgens kunnen we ons afvragen in hoeverre de geldigheid van de titel van invloed is op de geldigheid van de overdracht en de daaraan verbonden eigendomsovergang van een bepaald goed. Het *causale leveringsstelsel* geeft antwoord op deze vraag. Dit stelsel houdt in dat de geldigheid van de titel noodzakelijk is voor de geldigheid van de overdracht. Blijkt de onderliggende titel niet geldig te zijn, dan betekent dit dat ook de overdracht niet geldig is en is de eigendom dus niet op de rechtsverkrijger overgegaan.

VOORBEELD 3.4
Clara Wittgenstein heeft kort na het overlijden van haar echtgenoot enige familieportretten verkocht aan een bevriende kunsthandelaar. Door haar als financieel expert voor te spiegelen dat zij gezien haar financiële situatie en de situatie op de internationale schilderijenmarkt beter nu de schilderijen-verzameling van de hand kon doen, heeft de kunsthandelaar haar overge-haald de schilderijen meteen te verkopen. Als achteraf blijkt dat haar financiële situatie helemaal niet zo slecht is als door de kunsthandelaar is voorgespiegeld, krijgt Clara Wittgenstein spijt van de overhaaste verkoop. De koopovereenkomst wordt dan ook door de rechter vernietigd wegens misbruik van omstandigheden (art. 3:44 lid 1 en lid 4 BW).

Vernietiging heeft terugwerkende kracht (art. 3:53 lid 1 BW). Dit heeft tot gevolg dat achteraf de rechtsgevolgen van de koopovereenkomst, onder an-dere de overdracht van de schilderijen, niet ontstaan blijken te zijn. Clara Wittgenstein (voorbeeld 3.4) is dus steeds rechthebbende/eigenares van de schilderijen gebleven. De reden hiervoor is dat de titel voor de levering, de koopovereenkomst, is vernietigd.
Dit betekent dus dat als de titel niet-rechtsgeldig is, de overdracht ook niet geldig is. In praktisch alle gevallen van overdracht geldt het causale leve-ringsstelsel. De enige uitzondering vormt de overdracht van een octrooi. Daar geldt het zogenoemde *abstracte leveringsstelsel*. Bij het abstracte le-veringsstelsel is de geldigheid van de titel niet relevant voor de geldigheid van de overdracht. Dat zou in voorbeeld 3.4 betekenen dat de kunsthande-laar wel rechthebbende op de schilderijen is geworden.

Terugwerkende kracht

Abstracte leveringsstelsel

Een titel is *niet-rechtsgeldig* als er sprake is van een nietige of vernietigbare rechtshandeling (overeenkomst). Een rechtshandeling is nietig wegens strijd met de wet, openbare orde of goede zeden, wegens schending van vormvoorschriften of wegens handelingsonbevoegdheid (art. 3:39, 40 en 43 BW); zie paragraaf 5.3. Een rechtshandeling is vernietigbaar wegens handelingsonbekwaamheid van een der partijen, wegens bedreiging, dwa-ling, bedrog of misbruik van omstandigheden of wegens benadeling van schuldeisers (art. 3:32 lid 2, 44, 45 en 6:228 BW).
Het gevolg van nietigheid en vernietigbaarheid van de rechtshandeling is dat de met de rechtshandelingen beoogde rechtsgevolgen geacht worden er achteraf niet te zijn geweest, dus ook de beoogde overdracht niet. De oor-spronkelijk rechthebbende is dat dus nog steeds gebleven. Dat komt omdat nietigheid en vernietigbaarheid terugwerkende kracht hebben (art. 3:53 BW). Het niet-rechtsgeldig zijn van de titel heeft tot gevolg dat ook de daar-op gebaseerde overdracht niet-rechtsgeldig is. Men noemt dit het *goederen-rechtelijk effect*.

Niet-rechts-geldige titel

Goederen-rechtelijk effect

Ontbindende voorwaarde

Dit niet-rechtsgeldig zijn van de titel werkt ook bij volgende overdrachten door. Het gevolg hiervan is dat alle hierna volgende overdrachten van het desbetreffende goed niet-rechtsgeldig zijn. De overeenkomst met een *ontbindende voorwaarde* vormt een uitzondering. Een voorwaarde is een toekomstige onzekere gebeurtenis, waarvan hij die de overeenkomst sluit het in werking treden van rechtsgevolgen (het ontstaan van een verbintenis die verplicht tot overdracht) afhankelijk stelt. Bijvoorbeeld: Janssen scheldt aan Willems diens schuld kwijt onder de voorwaarde dat Willems voor een bepaalde datum voor zijn examen geslaagd is, of Arends geeft Bouwman opdracht zijn huis te verbouwen onder de voorwaarde dat de gemeente een bouwvergunning zal verlenen (art. 6:21 BW). Als aan een ontbindende voorwaarde is voldaan, heeft dat tot gevolg dat de verbintenis vervalt en de overeenkomst wordt ontbonden (art. 6:22 BW). Zie voor de ontbindende voorwaarde subparagraaf 9.7.1.

Als er dus een overeenkomst met een ontbindende voorwaarde tot stand is gekomen, dan heeft het in vervulling gaan van de voorwaarde ten gevolge waarvan de overeenkomst wordt ontbonden, geen invloed op de geldigheid van de overdracht. Het in vervulling gaan van een ontbindende voorwaarde heeft in dat geval geen goederenrechtelijk effect (art. 3:38 lid 2 BW). Als de feitelijke overdracht in zo'n geval reeds heeft plaatsgevonden, moet het geleverde goed weer overgedragen worden aan de oorspronkelijke vervreemder (art. 6:24 BW). Een vervreemder is iemand die het goed overdraagt aan iemand anders. Er ontstaat dan een persoonlijk recht op ongedaanmaking. Dat betekent dus hier (terug)levering aan de vervreemder.

Heeft de overdracht echter op grond van hetgeen bepaald is in art. 3:84 lid 4 BW onder dezelfde (ontbindende) voorwaarde plaatsgevonden, dan zou zij wel goederenrechtelijk effect hebben. Het gevolg van het in vervulling gaan van een ontbindende voorwaarde is dan niet alleen het wegvallen van de titel, maar ook het wegvallen van de geldigheid van de daarop gebaseerde overdracht. Op het moment van het in vervulling gaan van de ontbindende voorwaarde wordt de vervreemder zonder terugwerkende kracht weer rechthebbende en kan deze revindiceren (art. 3:84 lid 4 BW). Revindiceren is afgifte vorderen van een zaak door de eigenaar (art. 5:2 BW). De vervulling van de voorwaarde heeft dan geen terugwerkende kracht, maar wel goederenrechtelijk effect.

De vervreemder kan dus uit beide oplossingen de voor hem meest gunstige kiezen.

Revindiceren

Wanprestatie

Ook het wegvallen van de titel in een later stadium, namelijk in geval van ontbinding van de (wederkerige) overeenkomst ten gevolge van toerekenbaar tekortschieten in de nakoming van een verbintenis van een partij, kortweg wanprestatie genoemd, heeft geen invloed op de geldigheid van de overdracht, aangezien ook ontbinding wegens wanprestatie geen terugwerkende kracht heeft (art. 6:269 BW). Wel moet ook hier, als de feitelijke overdracht reeds heeft plaatsgevonden, deze overdracht ongedaan gemaakt worden (art. 6:271 BW).

3.2.2 Beschikkingsbevoegdheid

Beschikkingsbevoegdheid

Een tweede vereiste waaraan volgens de wet een geldige overdracht moet voldoen, is de beschikkingsbevoegdheid. *Beschikkingsbevoegdheid* is onder andere de bevoegdheid een bepaald goed te vervreemden. Vervreemden houdt in dat het goed overgedragen kan worden aan iemand anders.

Een overdracht is in principe alleen maar geldig als zij geschiedt door iemand die bevoegd is over het goed te beschikken (art. 3:84 BW).

Beschikkingsbevoegd is in de eerste plaats natuurlijk de rechthebbende. *Rechthebbende* is als het zaken betreft de eigenaar/bezitter, als het vorderingsrechten betreft de schuldeiser en bij beperkte rechten de beperkt gerechtigde.
Maar ook anderen dan de genoemde rechthebbenden kunnen het goed overdragen. Dit is bijvoorbeeld het geval als de eigenaar/bezitter zelf niet (meer) beschikkingsbevoegd is. Iemand is volledig beschikkingsonbevoegd als hij failliet is verklaard. Hij kan dan geen goederen uit zijn boedel meer overdragen. Beschikkingsbevoegd is in deze situatie wel de curator in faillissement, die door de rechtbank is benoemd (art. 14 Fw).
Hetzelfde is het geval ten aanzien van bepaalde goederen uit iemands vermogen, waarop zijn *crediteuren* beslag hebben gelegd. Als deze crediteuren erin geslaagd zijn een executoriale titel te verkrijgen, zijn ook zij bevoegd de desbetreffende goederen aan anderen over te dragen. De eigenaar/bezitter zelf is dan weer beschikkingsonbevoegd, maar alleen ten aanzien van de goederen die onder het beslag rusten.

Levering door een beschikkingsonbevoegde leidt in principe niet tot een geldige overdracht. De verkrijger wordt dan geen rechthebbende, behalve als hij een beroep kan doen op bepaling van derdenbescherming (art. 3:86 en 88 BW); zie hiervoor paragraaf 3.3.

3.2.3   Levering
Men kan de *levering* in twee fasen onderscheiden, te weten: Levering: fasen
1 De *goederenrechtelijke overeenkomst*. Hiervoor is wilsovereenstemming vereist. Men moet namelijk op het moment van de levering de wil hebben het desbetreffende goed over te dragen of te ontvangen.
2 De *leveringshandeling*. Deze leveringshandeling verschilt naar gelang de aard van de goederen die geleverd moeten worden.

De overdracht en haar vereisten worden schematisch weergegeven in figuur 3.1.

FIGUUR 3.1 Overdracht

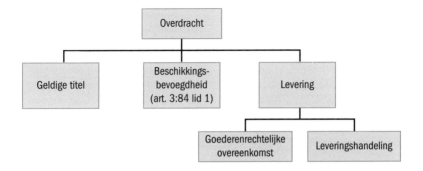

We bespreken achtereenvolgens de vereisten die aan de leveringshandeling worden gesteld. Er wordt een onderscheid gemaakt naar het soort goed dat geleverd wordt:
- onroerende zaken en andere registergoederen
- roerende zaken, niet-registergoed
- vorderingsrechten
- toekomstige goederen.

Voor de vestiging van beperkte rechten gelden dezelfde regels als voor de overdracht (art. 3:98 BW). Ook hierop wordt kort ingegaan.

Levering van onroerende zaken en andere registergoederen

Zoals gezegd hangen de vereisten die aan een leveringshandeling gesteld worden, af van het soort goed dat geleverd moet worden. We bekijken nu eerst welke vereisten gesteld worden aan de levering van onroerende zaken en andere registergoederen en wat de betekenis van de inschrijving in de openbare registers is. Bij andere registergoederen moeten we denken aan bijvoorbeeld schepen en luchtvaartuigen. Laten we eerst het volgende voorbeeld bekijken.

VOORBEELD 3.5

Droste heeft het winkelpand van Van Houten voor €410.000 gekocht. De koopakte is door notaris Boonstra op 9 september verleden. Afgesproken wordt dat Droste tot zekerheid van de nakoming binnen veertien dagen 10% van de koopsom op de rekening van de notaris zal overmaken. Deze €41.000 zijn tevens bedoeld als schadevergoeding voor het geval de koopovereenkomst alsnog zou worden ontbonden. De overdracht van het winkelpand zal plaatsvinden op 6 december.

Volgens de wet geschiedt de voor overdracht van onroerende zaken vereiste levering door een daartoe bestemde, tussen partijen opgemaakte notariële akte, gevolgd door de inschrijving daarvan in de daartoe bestemde openbare registers (art. 3:89 lid 1 BW). Zowel de verkrijger als de vervreemder kan de akte doen inschrijven. Lid 4 van genoemd artikel verklaart het artikel van toepassing op de levering die vereist is voor de overdracht van andere registergoederen (schepen en luchtvaartuigen). In de openbare registers worden de feiten die voor de rechtstoestand van registergoederen van belang zijn, ingeschreven (art. 3:16 lid 1 BW).

Droste en Van Houten moeten dus op 6 december de akte van overdracht, transportakte genoemd, ondertekenen. De ondertekening vindt plaats nadat de notaris heeft gecontroleerd of de verschuldigde koopsom is betaald. In de praktijk verzorgt de notaris de inschrijving in de openbare registers.

Vereisten levering roerende en onroerende registergoederen

Vereist is dus voor de levering van roerende en onroerende registergoederen:
a een notariële transportakte;
b inschrijving van de akte in de openbare registers (art. 3:89 lid 1 BW).

Ad a Notariële transportakte

Notariële transportakte

De notariële transportakte vormt in feite de goederenrechtelijke overeenkomst. Zij moet nauwkeurig de titel van overdracht en de kadastrale gegevens vermelden (art. 3:89 lid 2 BW). Dit laatste wordt bepaald door de

Kadasterwet, de wet die de inrichting, de raadpleging en de inschrijving in de openbare registers regelt (art. 3:16 lid 2 BW).

Ad b Inschrijving van de akte
De inschrijving van de akte heeft te maken met het publiciteitsvereiste dat geldt voor registergoederen. Pas als de transportakte is ingeschreven in de openbare registers is de levering voltooid (art. 3:19 lid 2 BW).
In voorbeeld 3.5 is Droste vanaf de inschrijving van de transportakte eigenaar van het winkelpand. Aangezien het eigendomsregister een openbaar register is, kan iedereen die dat wil de gegevens in het register raadplegen. De wet geeft in art. 3:17 BW nauwkeurig aan welke feiten ingeschreven kunnen worden.

Inschrijving akte

Vervolgens kan men zich de vraag stellen in hoeverre degene die de registers raadpleegt, erop mag vertrouwen dat de geregistreerde feiten in overeenstemming zijn met de werkelijke situatie.
Onze openbare registers kennen het zogenoemde negatieve stelsel van openbaarheid. Het *negatieve stelsel* van openbaarheid houdt in dat de werkelijke rechtstoestand kan afwijken van hetgeen in de openbare registers is vermeld. Afwijkingen kunnen in beginsel aan eenieder worden tegengeworpen. Vermeldingen in de openbare registers geven zelfs geen vermoeden van recht waarop derden mogen afgaan. Het kan dus voorkomen dat bepaalde feiten niet zijn ingeschreven of dat onjuiste gegevens zijn ingeschreven. Het enige dat dan ook kan worden vastgesteld, is dat degene die vermeld staat in de registers, in ieder geval niet door overdracht zijn eigendomsrecht heeft verloren. De inschrijving komt in feite alleen negatieve betekenis toe, in die zin dat zonder inschrijving geen rechtsgeldige overdracht kan plaatsvinden. Voorbeeld 3.6 laat zien wat er kan gebeuren bij een andere eigendomsovergang dan overdracht.

Negatief stelsel

VOORBEELD 3.6
Berend bewoont een huis dat hij heeft geërfd van zijn oom. Omdat hij een baan aan de andere kant van het land heeft gekregen, besluit hij het huis van wijlen zijn oom te verkopen.

Nu is het zo dat bepaalde feiten, zoals overdracht, in het register *moeten* worden ingeschreven willen ze rechtsgeldig zijn, maar dat andere feiten, zoals erfopvolging, *kunnen* worden ingeschreven (art. 3:17 lid 1 sub b BW). Als Berend nu niet het huis op zijn naam in de registers heeft laten inschrijven, staat het huis nog steeds op naam van zijn oom.

Naast een negatief stelsel van openbaarheid kennen we overigens ook een zogenoemd *positief stelsel*. Bij een positief stelsel mag men ervan uitgaan dat de rechtswerkelijkheid steeds is zoals de registers vermelden. We kennen een positief stelsel bij het Handelsregister, het register waarin gegevens betreffende ondernemingen ingeschreven moeten worden. Degene die het Handelsregister raadpleegt, mag ervan uitgaan dat datgene wat geregistreerd staat, juist is. Hij hoeft geen rekening te houden met onjuiste of nietgepubliceerde gegevens. Deze kunnen hem volgens de wet door de ondernemer niet worden tegengeworpen (art. 25 Handelsregisterwet); zie voor de inschrijving in het Handelsregister deel 2 Ondernemingsrecht. De nadelen

Positief stelsel

van een negatief stelsel worden grotendeels ondervangen door een sterke derdenbescherming (art. 3:24, 25 en 26 BW); zie hiervoor paragraaf 3.3.

Levering van roerende zaken, niet-registergoed

Vereisten levering roerende zaak, niet-registergoed

De wet stelt ook vereisten aan de leveringshandeling bij roerende zaken, niet-registergoederen. Bij levering van roerende zaken, niet-registergoederen zijn er drie mogelijkheden:

1 Levering kan plaatsvinden door de verkrijger het bezit – de feitelijke macht – van de zaak te verschaffen.
2 Levering van dergelijke zaken kan echter ook plaatsvinden zonder feitelijke overdracht. Er zijn drie methoden om te leveren zonder feitelijke overgifte, te weten constitutum possessorium, brevi manu en longa manu. Wilsovereenstemming alleen is dan voldoende voor de overdracht (art. 3:115 BW).
3 Verder is het zo dat partijen bij bijvoorbeeld een koopovereenkomst de mogelijkheid hebben af te spreken dat de eigendom van de verkochte zaak pas overgaat op de koper als deze de volledige koopsom aan de verkoper heeft betaald. Dit noemt men een eigendomsvoorbehoud (art. 3:91 BW).

Ad 1 Levering door bezitsverschaffing

Levering door overdracht feitelijke macht over goed

Overdracht van bezit geschiedt door overdracht van de feitelijke macht over het goed. De wet zegt dit als volgt: een bezitter draagt zijn macht over door de verkrijger in staat te stellen de macht uit te oefenen die hij zelf over het goed kon uitoefenen (art. 3:114 BW). Degene die de zaak in zijn macht heeft, kan dus leveren (art. 3:90 BW). Levering betekent bezit verschaffen.

VOORBEELD 3.7

Frits heeft een mountainbike gekocht bij fietsenhandelaar Barten. Nadat hij de koopprijs van de fiets heeft betaald, overhandigt fietsenhandelaar Barten de mountainbike aan Frits.

Het overhandigen van de fiets is de levering van de fiets. Frits is nu eigenaar/bezitter van de mountainbike geworden.

Een zaak is in de macht van iemand als hij rechtstreeks of via een derde de beschikking heeft over die zaak.

Bezit

Iemand is *bezitter* als hij een goed onder zich houdt met de wil het voor zichzelf te houden (art. 3:107 lid 1 BW). Zo is Frits na de levering bezitter van de fiets. Hij houdt de fiets voor zichzelf.

Houderschap

Iemand is *houder* als hij een goed onder zich houdt krachtens een rechtsverhouding tot een ander. Dat is bijvoorbeeld het geval als iemand op een geleende of gehuurde fiets rijdt. Hij erkent in zo'n geval het eigendomsrecht van een ander. Bezit is *onmiddellijk* als de rechthebbende de zaak zelf houdt (art. 3:107 lid 2 BW); bezit is *middellijk* als het wordt uitgeoefend door middel van een ander, de houder (art. 3:107 lid 3 BW).
Frits uit voorbeeld 3.7 is dus onmiddellijk bezitter als hij zelf op de mountainbike rijdt. Frits is daarentegen middellijk bezitter als hij de mountainbike heeft uitgeleend aan zijn broer Frans.
Houderschap is *onmiddellijk* als de houder het goed zelf houdt; houderschap is *middellijk* als een ander dan de houder het goed onder zich heeft (art. 3:107 lid 4 BW).

In figuur 3.2 is het verschil tussen bezit en houderschap schematisch weergegeven.

FIGUUR 3.2 Bezit en houderschap

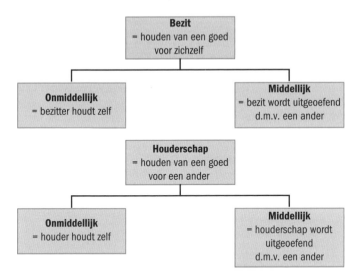

Frans, die de mountainbike van Frits uit voorbeeld 3.7 heeft geleend, is dus onmiddellijk houder als hij een tochtje op de fiets maakt. Frans is daarentegen middellijk houder als hij de fiets bij het station in de fietsenstalling in bewaring heeft gegeven.

Degene die de zaak onder zich heeft (houdt), wordt verondersteld bezitter te zijn (art. 3:109 BW). De bezitter van een goed wordt verondersteld de rechthebbende (eigenaar) te zijn (art. 3:119 lid 1 BW). Men noemt dit de *processuele functie* van het bezit. Dit betekent dus dat als Frits op de fiets rijdt, maar ook als Frans dat doet, men ervan uit mag gaan dat zij rechthebbende, bezitter, zijn van de fiets. Een ander moet dan bewijzen dat dit niet zo is. Bezit wordt verondersteld te goeder trouw te zijn, het ontbreken van goede trouw moet bewezen worden (art. 3:118 lid 3 BW). Een bezitter is *te goeder trouw* als hij zich als rechthebbende beschouwt en zich ook redelijkerwijs als zodanig mocht beschouwen (art. 3:118 lid 1 BW). Lees in verband met de goede trouw ook art. 3:11 BW.

Processuele functie

Ook een goed dat niet in de macht van de vervreemder is, kan overgedragen worden. Nodig is dan een voor dat doel opgemaakte akte (art. 3:95 BW).

VOORBEELD 3.8
Bij een inbraak 's nachts in zijn huis zijn de autosleutels en autopapieren van Ron Quant, die in zijn jaszak zaten, meegenomen. Daarna zijn de dieven er op hun gemak met zijn auto vandoor gegaan. De verzekeringsmaatschappij wil de dagwaarde van de auto, die all risk verzekerd is, vergoeden, mits Ron de rechten op de auto aan haar overdraagt.

Akte

Ron kan de auto feitelijk niet leveren, aangezien hij hem niet in zijn macht heeft. Daarom wordt er voor deze overdracht een akte opgemaakt en moet Ron de reservesleutels inleveren. De verzekeringsmaatschappij kan nu, mocht de auto alsnog opgespoord worden, als eigenaar afgifte van de auto vorderen (art. 5:2 BW). Zou zij geen overdracht hebben bedongen, dan zou alleen Ron dit hebben kunnen doen. De verzekeringsmaatschappij loopt dan het risico dat zij Ron een schadevergoeding heeft uitgekeerd voor het verlies van zijn auto, terwijl Ron dezelfde auto weer terugkrijgt.

Samenvattend kunnen we dus zeggen dat de levering van een roerende zaak, niet-registergoed geschiedt:
- door bezitsverschaffing als de zaak in de macht van de vervreemder is (art. 3:90 lid 1 BW);
- door middel van een daartoe bestemde akte als de zaak niet in de macht van de vervreemder is (art. 3:95 BW).

Ad 2 Levering zonder bezitsverschaffing

Levering zonder overdracht feitelijke macht over een goed

Zoals hiervoor is gezegd, is ook levering mogelijk zonder dat er feitelijke overgifte plaats hoeft te vinden en wel op drie manieren, te weten:
1 constitutum possessorium
2 brevi manu (levering met de korte hand)
3 longa manu (levering met de lange hand).

Levering constitutum possessorium

Bij *levering constitutum possessorium* (cp-levering) wordt de bezitter houder (art. 3:115 lid 1 sub a BW).

VOORBEELD 3.9

Frits, die de mountainbike van fietsenhandelaar Barten heeft gekocht, spreekt met deze laatste af dat hij de fiets voor €12,50 per maand bij hem in de stalling mag zetten.

Barten wordt nu van bezitter van de fiets tot houder.

Het nadeel van cp-levering is dat het voor derden niet duidelijk is dat het bezit is overgedragen. Daarom werkt de overdracht van bezit door middel van een cp-levering pas tegenover derden vanaf het moment dat de zaak in handen van de verkrijger is gekomen (art. 3:90 lid 2 BW). Dit probleem wordt in paragraaf 3.3 inzake de derdenbescherming bij de verkrijging van roerende zaken besproken.

Levering brevi manu

Bij *levering brevi manu* gebeurt precies het omgekeerde: de houder wordt rechthebbende (art. 3:115 lid 1 sub b BW).

VOORBEELD 3.10

Mevrouw Groothof heeft de koelvitrine van haar broodjeswinkel geleast. Als tegenprestatie moet mevrouw Groothof gedurende twee jaar maandelijks €100 betalen. Na afloop van de afgesproken termijn mag zij de koelvitrine voor €1 kopen. Aangezien de levensduur van een koelvitrine langer is dan twee jaar, gaat mevrouw Groothof op het aanbod in.

Zij wordt nu in plaats van houder, bezitter en eigenaar van de koelvitrine. Dit is dus een levering brevi manu.

Bij *levering longa manu* houdt degene die een goed voor een derde hield, het nu voor een ander (art. 3:115 lid 1 sub c BW).

Levering longa manu

VOORBEELD 3.11
AGU bv draagt de campers die op het industrieterrein van de gemeente Dordrecht staan, over aan Camper Nederland bv.

De gemeente Dordrecht houdt na de levering longa manu de campers dus voor Camper Nederland bv.

Tot nu toe hebben we gezien dat het de bezitter is die bezit kan overdragen. Hoe zit het met de houder, aangezien ook hij macht heeft over een bepaald goed?
Een houder kan zichzelf niet tot bezitter maken en daarna het bezit overdragen. Dat laatste kan namelijk alleen de bezitter. Een houder kan dus geen bezit overdragen.
Een houder kan echter wel de verkrijger bezit (feitelijke macht) verschaffen, zodat hij ook aan het vereiste van art. 3:90 BW voldoet en het goed kan leveren. Hier worden dus de artikelen 3:114 en 115 BW analoog toegepast op de houder.

Ad 3 Eigendomsvoorbehoud
Als partijen bij het sluiten van bijvoorbeeld een koopovereenkomst een *eigendomsvoorbehoud* hebben bedongen, betekent dit dat de eigendom van de zaak pas overgaat nadat de koper de koopsom volledig heeft betaald.

Eigendoms-voorbehoud

VOORBEELD 3.12
Firma Hofman & Van den Hanenberg heeft een pompinstallatie onder eigendomsvoorbehoud verkocht aan binnenvaartschipper Molenkamp.

Dit betekent dus dat de eigendom van de pompinstallatie pas op Molenkamp overgaat als de gehele koopsom door Molenkamp is betaald.
Ook levering met eigendomsvoorbehoud is een wijze van levering zonder bezitsverschaffing.
Volgens de wet is een eigendomsvoorbehoud een levering onder opschortende voorwaarde (art. 3:91 BW). Het is dus de levering onder de opschortende voorwaarde dat de verschuldigde tegenprestatie voldaan wordt. De levering wordt hier niet tot stand gebracht door bezitsverschaffing, maar door de macht over het goed te verschaffen. De verkrijger wordt hier pas rechthebbende nadat hij de verschuldigde tegenprestatie heeft voldaan (art. 3:92 en 7:9 lid 3 BW).

Het voordeel voor de vervreemder van het eigendomsvoorbehoud, dat in praktisch alle leveringsvoorwaarden is opgenomen, is dat hij bij een

eventueel faillissement van de verkrijger bij de curator afgifte van de verkochte zaak kan vorderen, aangezien hij eigenaar is gebleven. Het eigendomsvoorbehoud werkt echter alleen maar zolang de afgeleverde zaak een
zelfstandige zaak is. Zodra de zaak een bestanddeel van een andere zaak
is geworden, volgt zij door natrekking goederenrechtelijk het lot van de
hoofdzaak (art. 3:4 BW). Zodra dus Molenkamp de pompinstallatie in zijn
schip heeft geïnstalleerd, werkt het eigendomsvoorbehoud van firma Hofman & Van den Hanenberg niet meer, aangezien de pompinstallatie één geheel vormt met het schip, de hoofdzaak.

Levering van vorderingsrechten
Ook vorderingsrechten kunnen geleverd worden. We bespreken eerst welke
vorderingsrechten er zijn en dan welke vereisten er zijn voor de levering bij
vorderingsrechten.

Soorten vorderingsrechten

Vorderingsrecht

Een *vorderingsrecht* is een recht, dat de ene persoon – schuldeiser of crediteur – kan uitoefenen tegen een andere persoon – schuldenaar of debiteur.
Het recht kent drie soorten vorderingsrechten, te weten:

Vordering aan toonder

1 Vorderingen aan toonder. Een *vordering aan toonder* is een vordering die
belichaamd is in een papier. Men gaat ervan uit dat de houder van het
papier de rechthebbende, dus de schuldeiser, van de vordering is.

Vordering aan order

2 Vorderingen aan order. Ook een *vordering aan order* is belichaamd in
een papier, maar op de achterzijde van dat papier staat vermeld wie de
rechthebbende, dus de schuldeiser, van de vordering is. De naam van de
houder moet dan ook overeenkomen met de naam van degene die als
laatste op de achterkant van het papier vermeld staat.

Vordering op naam

3 Vorderingen op naam. De gewone vordering wordt *vordering op naam* genoemd. Wie een boek gekocht heeft, heeft een recht op levering van dat
boek. Dit recht op levering is een vordering op naam. Voor het bestaan
van vorderingen op naam is een papier dus niet noodzakelijk. Als er al
een papier is (akte), dan dient die alleen tot bewijs.

Waardepapier

Zowel de order- als de toondervordering behoort tot de zogenoemde waardepapieren. Een *waardepapier* is een bewijsstuk van een vordering op de
ondertekenaar van het papier, welke vordering wordt geleverd door overgave
van dat papier en wordt voldaan na aanbieding van dat papier (art. 3:93
BW en 137 en 138 Wetboek van Koophandel). Regelmatig in de praktijk
voorkomende order- en toondervorderingen zijn: de wissel (art. 100 e.v.
WvK), de cheque aan order of aan toonder (art. 178 e.v. WvK), de promes-
se aan toonder, de kwitantie aan toonder (art. 229e WvK), het cognossement (art. 8:371 en 399 BW), het aandeel aan toonder (art. 2:82 BW), de
obligatie of schuldbrief aan order of aan toonder en de ceel aan order of
aan toonder (art. 7:607 BW). Deze waardepapieren geven recht op afgifte
van goederen of op betaling van een geldsom. De eerste categorie noemen

Zakenrechtelijke en schuldvorde-ringspapieren

we *zakenrechtelijke papieren* en de tweede categorie *schuldvorderingspapieren*. Zakenrechtelijk zijn bijvoorbeeld het cognossement en de ceel. Beide
papieren geven recht op afgifte van goederen: het cognossement op goederen die vervoerd worden, de ceel op goederen die in een pakhuis liggen
opgeslagen. De wissel, de cheque, de kwitantie en de obligatie zijn schuldvorderingspapieren.
Deze materie wordt in dit boek niet verder besproken.

Vereisten voor levering van vorderingsrechten
De levering van een *vordering aan toonder* geschiedt, als het papier in de macht van de vervreemder is, door bezitsverschaffing (art. 3:93 BW). Als dat laatste niet het geval is, geschiedt de overdracht door middel van een akte en mededeling aan de schuldenaar (art. 3:94 BW).

Een *vordering aan order* wordt, indien het papier in de macht van de vervreemder is, geleverd door middel van bezitsverschaffing en endossement (art. 3:93 BW). *Endossement* betekent dat op de achterkant van het papier aangetekend wordt wie de volgende rechthebbende op de vordering is.
Als de ordervordering niet in de macht van de vervreemder is, geschiedt de levering door middel van een akte en mededeling aan de schuldenaar (art. 3:94 BW).

Voor de overdracht van een *vordering op naam* zijn vereist een akte en mededeling van de overdracht aan de debiteur van de vordering die wordt overgedragen (art. 3:94 BW). De overdracht van een vordering op naam wordt *cessie* genoemd. En het overdragen zelf noemt men cederen.

> Levering vordering aan toonder

> Levering vordering aan order

> Endossement

> Levering vordering op naam

> Cessie

VOORBEELD 3.13
Winter draagt de vordering van €10.000 die hij op Wouters heeft, over aan de bank.

Voor deze overdracht moet dus een akte opgesteld worden. Zo'n akte noemt men een *akte van cessie*. Bovendien moet aan Wouters medegedeeld worden dat de bank zijn schuldeiser is geworden. Dit heeft tot gevolg dat Wouters na de overdracht niet meer bevrijdend kan betalen aan Winter. Hij raakt slechts door betaling aan de bank van zijn schuld bevrijd.
Over de wijze van mededeling schrijft de wet niets voor. Ook een mondelinge mededeling is dus voldoende.
Het feit dat de overdracht aan de schuldenaar moet worden medegedeeld, heeft tot gevolg dat bekend moet zijn wie de schuldenaar is. Dit zou dus betekenen dat een vordering met een (nog) onbekende schuldenaar niet kan worden overgedragen. De wet geeft hiervoor echter een speciale regel. De levering van een tegen een bepaalde, maar op de dag van het opmaken van de akte nog onbekende persoon uit te oefenen recht dat op die dag aan de vervreemder toebehoort, werkt terug tot die dag, nadat die persoon bekend is geworden (art. 3:94 lid 2 BW).
Een vordering op naam kan ook gecedeerd worden zonder dat de debiteur van de betreffende vordering van de overdracht op de hoogte wordt gesteld. De akte van cessie moet dan een notariële akte óf een geregistreerde onderhandse akte zijn (art. 3:94 lid 3 BW). Voorwaarde voor cessie zonder mededeling aan de debiteur is dat de betreffende rechten al bestaan of rechtstreeks zullen worden verkregen uit een dan al bestaande rechtsverhouding.

> Akte van cessie

Bij cessie draagt de schuldeiser zijn vorderingsrecht over aan iemand anders. Die nieuwe schuldeiser treedt in de rechten van zijn voorganger. De schuldenaar mag tegenover deze nieuwe schuldeiser dezelfde *verweermiddelen* aanvoeren als tegen diens voorganger (art. 6:145 BW). Er wordt hier

> Verweermiddelen schuldenaar

3

een uitzondering gemaakt voor de order- en toondervordering. Daar kan een schuldenaar een verweermiddel niet tegenwerpen aan de verkrijger of diens rechtsopvolgers tenzij het desbetreffende verweermiddel bekend was aan de verkrijger of voor hem kenbaar was uit het papier (art. 6:146 lid 1 BW).

Acceptatie

Daarom vindt bijvoorbeeld bij wissel praktisch altijd acceptatie plaats. *Acceptatie* is een op de wissel gestelde verklaring, waardoor de betrokken schuldenaar onvoorwaardelijk zijn plicht tot betaling aanvaardt, ongeacht het feit dat hij eventueel een beroep zou kunnen doen op een verweermiddel, zoals de exceptio non adimpleti contractus (zie subpar. 10.2.2), of ontbinding of vernietiging van de overeenkomst (art. 124 WvK).

Er is nog een probleem. Stel dat de titel van de cessie is vernietigd. Zoals we weten, heeft vernietiging terugwerkende kracht. Als de schuldenaar aan de nieuwe schuldeiser heeft betaald, is hij dan toch bevrijd van zijn schuld? Dit is inderdaad het geval indien hij op redelijke gronden mocht aannemen dat de rechthebbende de schuldeiser van de vordering was (art. 6:34 BW).

VOORBEELD 3.14

Potjes heeft een vordering van €1.650 op Firma Hoogendam gecedeerd aan incassobureau Krediet. De titel van overdracht wordt wegens bedrog van de kant van het incassobureau vernietigd. Firma Hoogendam heeft het verschuldigde bedrag vlak voor de vernietiging overgemaakt op de bankrekening van het incassobureau.

Firma Hoogendam is bevrijd van zijn schuld als hij kan bewijzen dat hij in redelijkheid mocht veronderstellen dat hij aan het incassobureau moest betalen. Slaagt hij daarentegen niet in het bewijs, dan moet hij nogmaals betalen, maar nu aan Potjes, en heeft hij tegelijkertijd een vordering uit onverschuldigde betaling tegen het incassobureau Krediet (art. 6:203 BW).

Levering van toekomstige goederen

We hebben tot nu toe de overdracht van zaken bekeken die in het bezit waren van de vervreemder. Men kan zich echter ook afvragen of zaken die dit (nog) niet zijn, al overgedragen kunnen worden en zo ja, aan welke vereisten deze overdracht moet voldoen.

VOORBEELD 3.15

Couturier Marijke Brands bestelt enige rollen kostbare Chinese zijde bij groothandelaar Diderichs. Diderichs heeft de zijde echter niet meer in voorraad, maar, zo verzekert hij Marijke, er is een partij zijde vanuit Singapore onderweg aan boord van ms De Goede Hoop. Aangezien Marijke er zeker van wil zijn dat zij de zijde krijgt en niet het risico wil lopen dat deze weer is uitverkocht, laat zij zich bij voorbaat enige rollen van een bepaalde kleur leveren door middel van een akte (art. 3:95 BW).

Toekomstige zaak

Er is hier sprake van de overdracht van een *toekomstige zaak*. Men spreekt van een toekomstige zaak als de zaak nog niet bestaat, zij moet bijvoorbeeld nog vervaardigd worden, of als de zaak nog niet in de macht van de vervreemder is.

Alle goederen, behalve registergoederen, kunnen bij voorbaat worden geleverd (art. 3:97 lid 1 BW). Registergoederen kunnen niet bij voorbaat worden
geleverd, omdat de vervreemder op het moment van de overdracht, dus het
moment van het ondertekenen van de transportakte, beschikkingsbevoegd
moet zijn.

Uitzondering

VOORBEELD 3.16
Irene en Bas de Loor hebben op 6 februari 2012 een huis op tekening gekocht van projectmaatschappij Gerard Droog bv. De oplevering van het huis
zal plaatsvinden in het voorjaar van 2013.

Het huis is een toekomstige zaak, want het bestaat alleen nog op papier.
Zo'n huis kan al wel gekocht worden. Het is dus mogelijk de koopakte op te
maken. Het is evenwel niet mogelijk de overdracht van het huis reeds op 6
februari 2012 te laten plaatsvinden, aangezien de wet dit in art. 3:97 lid 1
BW verbiedt. Daarom wordt in de koopakte als bepaling opgenomen dat de
overdracht zal plaatsvinden na de oplevering op 10 maart 2013. Aangezien
de projectmaatschappij al wel over de koopsom moet kunnen beschikken,
wordt er in zulke gevallen afgesproken dat de kopers van de huizen telkens
als een bepaald stadium van de bouw is voltooid een bepaald gedeelte van
de koopsom zullen betalen. Dat geschiedt in de praktijk meestal via de notaris.
Een levering bij voorbaat van een toekomstig goed werkt niet tegen iemand
die het goed ingevolge een eerdere levering bij voorbaat heeft verkregen.
Betreft het een roerende zaak, dan werkt zij jegens deze vanaf het tijdstip
dat de zaak in handen van de verkrijger is gekomen (art. 3:97 lid 2 BW).

Levering bij voorbaat

VOORBEELD 3.17
Diderichs heeft dezelfde rollen Chinese zijde die hij aan Marijke Brands uit
voorbeeld 3.15 had verkocht, eveneens bij voorbaat verkocht aan confectio-
nair Hans Vroegop.

Volgens art. 3:97 lid 2 BW gaat in dit geval het recht van Marijke Brands
vóór dat van Hans Vroegop, omdat, als een goed tweemaal achter elkaar bij
voorbaat wordt geleverd, in de verhouding tussen de twee kopers het oudste recht voorgaat. Hans Vroegop kan dus ten opzichte van Marijke niet beweren dat aan hem geleverd is. Evenmin kan Hans zich beroepen op de
bescherming die de wet verkrijgers biedt die een roerende zaak verkregen
hebben uit handen van een beschikkingsonbevoegde (art. 3:86 BW); zie paragraaf 3.3.
De tweede levering kan echter wel aan de eerste verkrijger worden tegengeworpen als de zaak in handen van de tweede verkrijger komt. Als de tweede
verkrijger dan te goeder trouw is, kan hij wel een beroep doen op de bescherming van art. 3:86 BW. Dat betekent dus dat als de zijde het eerste
in handen komt van Hans Vroegop, hij rechthebbende/eigenaar van de zijde
geworden is.

De overdracht van roerende zaken, niet-registergoederen, en toondervorderingen geschiedt in dat geval door middel van een akte, aangezien de zaak (nog) niet in de macht van de vervreemder is (art. 3:95 BW). Bij de levering van toekomstige vorderingen op naam moet in ieder geval de schuldenaar bekend zijn, net als bij de levering van 'gewone' vorderingen op naam, die we reeds besproken hebben.

Levering toekomstige vordering

Vestiging van beperkte rechten

Beperkt recht

Zoals we gezien hebben in subparagraaf 2.3.3 zijn beperkte rechten afgeleid uit een meeromvattend recht (art. 3:8 BW). Dat meeromvattend recht is meestal het eigendomsrecht. Beperkte rechten zijn net als het meeromvattend recht, het eigendomsrecht op een goed, overdraagbaar. Volgens de wet geschieden dan ook in het algemeen de vestiging, overdracht en afstand van beperkte rechten overeenkomstig de regels die gelden voor de overdracht van het goed waarop het beperkte recht rust (art. 3:98 BW).

3.3 Derdenbescherming

De hoofdregel met betrekking tot een geldige overdracht is dat alleen degene die beschikkingsbevoegd is, bevoegd is de goederen over te dragen aan anderen.

Soms is echter een overdracht van een goed ondanks de onbevoegdheid van de vervreemder geldig. Het verdient namelijk onder bepaalde omstandigheden en met het oog op het rechtsverkeer soms de voorkeur om de derdenverkrijger te beschermen. Bij derdenbescherming wordt er in de eerste plaats een onderscheid gemaakt naar het soort goed (subpar. 3.3.1). Daarnaast speelt derdenbescherming in het algemeen een rol bij de zogenoemde schijnhandeling of schijnakte (subpar. 3.3.2).

3.3.1 Derdenbescherming naar soort goed

Bij derdenbescherming wordt een onderscheid gemaakt naar het soort goed dat verkregen is. Achtereenvolgens worden behandeld de derdenbescherming bij:
- roerende zaken niet-registergoed, order- en toondervorderingen;
- registergoederen;
- vorderingen op naam.

Roerende zaken, niet-registergoed, order- en toondervorderingen

Bescherming van derden tegen beschikkingsonbevoegdheid van hun rechtsvoorganger houdt bij roerende zaken niet-registergoed, en order- en toondervorderingen in principe in dat zij eigenaar of rechthebbende kunnen worden ondanks het feit dat aan een van de drie vereisten voor een geldige overdracht niet is voldaan.

VOORBEELD 3.18

Manus Brinkman heeft een computer in bruikleen gekregen van zijn bedrijf. Hij verkoopt de computer voor €350 aan een kennis uit het café, Adriaan Bos.

Manus is beschikkingsonbevoegd. Hij heeft weliswaar de zaak (computer) onder zich, maar niet als bezitter of eigenaar. Hij heeft ook niet de wil om de zaak voor zichzelf te hebben; hij heeft de computer immers geleend. Hij heeft deze slechts onder zich krachtens een rechtsverhouding (hier: bruikleen) tot iemand anders. Hij is dus houder. Als houder kan hij niet de eigendom of het bezit van de computer overdragen aan iemand anders. Gevolg hiervan is dat Adriaan geen eigenaar/bezitter van de computer zou kunnen worden. De regeling van de derdenbescherming biedt hier de oplossing (art. 3:86 BW). Wel moet er aan een aantal *voorwaarden* worden voldaan, te weten:

Voorwaarden

- Het moet de overdracht betreffen van een roerende zaak, niet-registergoed, of van een vordering aan toonder of order.
- De overdracht moet anders dan om niet geschieden.
- De verkrijger moet te goeder trouw zijn.

Als we naar voorbeeld 3.18 kijken, zien we dat er hier sprake is van een roerende zaak niet-registergoed en dat er sprake is van verkrijging anders dan om niet, omdat er €350 betaald wordt. Er is sprake van goede trouw van de verkrijger, Adriaan Bos, als die niet heeft geweten of heeft kunnen weten dat de computer niet de eigendom was van Manus Brinkman.

Dat de overdracht *anders dan om niet* moet geschieden, betekent dat de verkrijger alleen beschermd wordt als hij in economisch opzicht een gelijkwaardige tegenprestatie heeft geleverd. Dus niet als hij de zaak gratis of tegen een te lage prijs heeft verkregen.

Anders dan om niet

Wat *goede trouw* inhoudt, kan men vinden in art. 3:11 BW: iemand is te goeder trouw is als hij niet op de hoogte was van het feit dat de vervreemder niet beschikkingsbevoegd was en ook niet op de hoogte had kunnen zijn. De verkrijger heeft dus een *onderzoeksplicht*. Had hij op de hoogte kunnen zijn door nader onderzoek in te stellen, dan is hij niet te goeder trouw. Als aanvulling op de onderzoeksplicht van art. 3:11 BW geldt het volgende. Als de verkrijger binnen drie jaar na zijn verkrijging gevraagd wordt wie hem het goed vervreemdde, moet hij onverwijld de gegevens verschaffen die nodig zijn om deze terug te vinden of die hij ten tijde van zijn verkrijging daartoe voldoende mocht achten. Kan hij aan deze verplichting niet voldoen, dan kan hij zich niet op de bescherming van art. 3:86 BW beroepen (art. 3:87 BW). De verkrijger is in dit geval verplicht om zijn voorman te noemen. Dat is degene van wie hij het goed verkregen heeft. Bovendien werkt de bescherming pas vanaf het moment dat de zaak *in handen van de verkrijger* is gekomen (art. 3:90 lid 2 BW).

Goede trouw

VOORBEELD 3.19
Manus uit voorbeeld 3.18 draagt de computer via cp-levering over aan Adriaan. Intussen eist het bedrijf de computer op van Manus onder opzegging van de bruikleenovereenkomst.

Wiens recht gaat nu voor: dat van het bedrijf of dat van Adriaan? Levering constitutum possesorium (cp) houdt in dat ondanks de eigendomsoverdracht de computer bij Manus blijft. Aangezien er hier geen feitelijke overdracht heeft plaatsgevonden, gaat het recht van het bedrijf vóór dat van Adriaan. Zie voor de cp-levering subparagraaf 3.2.3.

Als daarentegen de computer wel meteen geleverd was door bezitsverschaffing aan Adriaan, had het bedrijf het nakijken gehad.
Kortom: bij een levering constitutum possessorium werkt de derdenbescherming pas vanaf het moment dat de verkrijger de zaak werkelijk in handen heeft gekregen (art. 3:90 lid 2 BW).
Zoals we gezien hebben, was Manus een houder die op grond van het feit dat hij houder was, niet bevoegd was tot eigendomsoverdracht respectievelijk bezitsoverdracht.

Gestolen zaak

Hoe zit het met de bescherming van de derde als de betreffende *zaak gestolen* blijkt te zijn?

VOORBEELD 3.20
Bikkel is erin geslaagd enige computers te ontvreemden, die in containers op het haventerrein stonden opgeslagen. In het café slaagt hij erin een computer voor €375 te slijten aan Giebels, uiteraard tegen contante betaling. Via een groots opgezet onderzoek slaagt de politie erin de daders op te sporen. Via getuigen komt de politie bovendien te weten wie in het café computers hebben gekocht.

De vraag luidt hier: wordt Giebels beschermd, ook al zou er voldaan zijn aan de vereisten van goede trouw, verkrijging anders dan om niet en feitelijke overdracht?
Nee, de eigenaar van de computers kan in geval van diefstal gedurende drie jaar bij iedereen afgifte van de computers vorderen (art. 3:86 lid 3 BW).
Er zijn ook hier *uitzonderingen*. De (bestolen) eigenaar kan geen afgifte vorderen:
• als de zaak door een particulier is gekocht in een winkel, bedrijfsruimte of op een terrein waar normaal dit soort artikelen verkocht worden, van iemand die anders dan als veilinghouder zijn bedrijf maakt van het verhandelen van soortgelijke zaken;
• als het geld, dan wel order- of toonderpapier betreft.

In voorbeeld 3.20 zal Giebels dan ook, gezien de situatie, de computer af moeten geven aan de oorspronkelijke eigenaar.

Registergoederen

Negatief stelsel openbaarheid

Derdenbescherming komt ook voor bij registergoederen. Voor het register van inschrijving van registergoederen geldt het zogenoemde negatieve stelsel van openbaarheid. Dit negatieve stelsel van openbaarheid houdt in dat de werkelijke rechtstoestand kan afwijken van hetgeen in de openbare registers is vermeld. Het kan dus voorkomen dat bepaalde feiten niet zijn ingeschreven of dat onjuiste gegevens zijn ingeschreven. Derden die de registers raadplegen, kunnen hiermee worden geconfronteerd zonder dat zij er iets tegen kunnen doen, aangezien afwijkingen in beginsel aan iedereen kunnen worden tegengeworpen. De derdenbescherming die de wet geeft, houdt in dat de derde met deze afwijkingen geen rekening hoeft te houden, tenzij er bewezen kan worden dat hij op de hoogte was van de werkelijke situatie. Die derdenbescherming werkt op twee manieren.

In de eerste plaats kan, indien op het tijdstip waarop een rechtshandeling tot verkrijging van een recht op een registergoed onder bijzondere titel in de registers wordt ingeschreven, een eveneens voor inschrijving in de registers vatbaar feit met betrekking tot dat registergoed *niet ingeschreven* was, dat feit niet aan de verkrijger worden tegengeworpen, tenzij hij het kende (art. 3:24 BW). Hetzelfde is het geval als een feit dat door middel van een authentieke akte is ingeschreven, *onjuist* blijkt te zijn (art. 3:25 BW). Dit betekent dat als bijvoorbeeld een kwalitatief recht van overpad niet is ingeschreven in de registers, de verkrijger geen rekening hoeft te houden met dat recht.

En in de tweede plaats is ondanks onbevoegdheid van de vervreemder een overdracht van een registergoed geldig indien de verkrijger te goeder trouw is en de onbevoegdheid voortvloeit uit de ongeldigheid van een *vroegere overdracht*, die niet het gevolg was van onbevoegdheid van de toenmalige vervreemder (art. 3:88 BW).

VOORBEELD 3.21

Hendriks heeft een woonhuis aan de Amsterdamse Straatweg te Utrecht overgedragen aan Galesloot. De overeenkomst tussen Hendriks en Galesloot wordt vernietigd. Galesloot heeft echter reeds na korte tijd, maar voor de vernietiging van zijn overeenkomst met Hendriks, het desbetreffende woonhuis overgedragen aan Bouma.

Achteraf blijkt dus dat Galesloot op het moment van de overdracht aan Bouma beschikkingsonbevoegd was. In deze situatie wordt Bouma beschermd tegen de beschikkingsonbevoegdheid van Galesloot.

Een verkrijger wordt echter nooit beschermd als hij niet te goeder trouw is. En in dit geval is een verkrijger van een registergoed niet te goeder trouw als hij nagelaten heeft de registers te raadplegen (art. 3:23 BW). Goede trouw ontbreekt immers niet alleen indien iemand de feiten kende of het recht waarop zijn goede trouw betrekking heeft, maar ook als hij ze in de gegeven omstandigheden behoorde te kennen (art. 3:11 BW). In dit geval is echter raadpleging van de registers voldoende. Het kan de derde niet worden tegengeworpen dat hij geen verder onderzoek heeft gedaan. Het enige dat de wederpartij kan proberen te bewijzen, is dat de verkrijger uit andere hoofde op de hoogte was.

Een feit dat in de registers kan worden ingeschreven (zie art. 3:17 BW), maar dat niet ingeschreven is, kan dus aan derdenverkrijgers niet worden tegengeworpen, tenzij zij het feit kenden (art. 3:24 BW). Eenzelfde bescherming geldt ook tegen onjuiste feiten (art. 3:25 en 26 BW).

Een verkrijger die een registergoed verkrijgt van een beschikkingsonbevoegde voorganger, wordt onder bepaalde omstandigheden ook beschermd tegen feiten waarover de registers geen informatie kunnen verschaffen. Zo wordt de derde te goeder trouw beschermd als de vervreemder onbevoegd is op grond van een oorzaak die zich voordeed tussen hem (vervreemder) en zijn voorganger (art. 3:88 BW).

Vorderingen op naam

Ook bij vorderingen op naam geldt, net als bij registergoederen, dat ondanks de onbevoegdheid van de vervreemder een overdracht van een vordering op

Vroegere
overdracht
naam geldig is als de verkrijger te goeder trouw is en de onbevoegdheid
voortvloeit uit de ongeldigheid van een *vroegere overdracht* die niet het gevolg was van onbevoegdheid van de toenmalige vervreemder (art. 3:88 BW).

VOORBEELD 3.22

Blankenstein heeft een vordering van €25.000 op Wijnhout overgedragen
aan Geelhoed. De titel van deze overdracht wordt vernietigd. Geelhoed blijkt
echter de betreffende vordering voor de vernietiging overgedragen te hebben aan Koning.

Achteraf blijkt Geelhoed geen schuldeiser te zijn geworden. Hij heeft echter
inmiddels de vordering op Wijnhout op zijn beurt overgedragen aan Koning.
Koning wordt nu beschermd.

Als een vordering op naam is overgedragen bij een notariële akte of een
geregistreerde onderhandse akte zonder dat de schuldenaar van de betreffende vordering op de hoogte is gesteld, kan dit recht niet aan de schuldenaar worden tegengeworpen; dit kan hem pas worden tegengeworpen vanaf
het moment dat de vervreemder of de verkrijger hem op de hoogte heeft
gesteld van de overdracht. In dat geval geldt de (derden)bescherming van
art. 3:88 lid 1 BW slechts als de verkrijger te goeder trouw is op het tijdstip
van de mededeling aan de schuldenaar (art. 3:94 lid 3 slot BW).

3.3.2 Schijnhandeling of schijnakte

Naast de derdenbescherming waarbij een onderscheid wordt gemaakt naar
het soort goed, rest ons nog het algemene artikel 3:36 BW, het artikel van
Schijnhandeling
of schijnakte
de *schijnhandeling* of *schijnakte*. Als een derde op grond van een verklaring
of gedraging overeenkomstig de zin die hij er in de gegeven omstandigheden redelijkerwijze aan mocht toekennen, het ontstaan, bestaan of tenietgaan van een bepaalde rechtsbetrekking heeft aangenomen en in redelijk
vertrouwen op de juistheid van die veronderstelling heeft gehandeld, kan
door degene om wiens verklaring het gaat, met betrekking tot deze handeling op de onjuistheid van die veronderstelling geen beroep worden gedaan.
Dit artikel geldt als aanvulling op de speciale wetsartikelen die de derde beschermen, zoals art. 3:86 BW. Voorwaarde is wel dat de derde geen partij
is bij de rechtshandeling.

VOORBEELD 3.23

Olivier en Conrad doen alsof Olivier een vordering van €1.000 op Conrad
heeft. Zij weten Bram over te halen deze vordering over te nemen. Olivier
cedeert dan ook de vordering op Conrad aan Bram.

Kan Conrad nu een beroep doen op de onjuistheid van de rechtsverhouding
tussen hem en Olivier, als Bram hem aanspreekt? Dat kan niet als Bram
gezien de omstandigheden mocht veronderstellen dat deze rechtsverhouding bestond.

🔵 **3.4** Overzicht van wijzen van levering en derdenbescherming

De wijze van levering van de verschillende soorten goederen en toekomstige goederen en de derdenbescherming zijn schematisch weergegeven in figuur 3.3.

UR 3.3 Wijzen van levering en derdenbescherming

	Roerende zaken en toonderpapieren 'in de macht'		Order-papieren	Vordering op naam	Register-goederen
...ringshandeling ...:84	Bezitsverschaffing art. 3:90/93 j° 114	Zonder bezitsver-schaffing • cp • brevi manu } art. 3:115 • onder derden } • eigendomsvoorbe-houd art. 3:92	1 Bezitsverschaf-fing en 2 endossement art. 3:93	1 Akte van cessie en 2 mededeling aan de schuldenaar art. 3:94 óf notariële of geregistreerde on-derhandse akte art. 3:94 lid 3	1 Notariële akte en 2 inschrijving in de openbare regis-ters art. 3:89
...omstige goede-...niet in de ...nt' art. 3:97	Akte art. 3:95	Akte art. 3:95	Akte art. 3:95	Mits de schuldenaar bekend is art. 3:94 lid 2	Niet mogelijk art. 3:97
...herming derde ...n beschikkings-...voegdheid ver-...nder	Ja, mits • anders dan om niet • goede trouw • geldige titel art. 3:86	Vanaf het moment dat de zaak in handen van de verkrijger is gekomen art. 3:90 lid 2	art. 3:86	• Vroegere overdracht art. 3:88 • Verkrijger te goeder trouw op tijdstip van de mededeling art. 3:94 lid 3	• Niet ingeschre-ven feit art. 3:24 • Onjuist feit art. 3:25 • Vroegere over-dracht art. 3:88

3

Kernbegrippenlijst

3

Abstract leveringsstelsel	Stelsel waarbij de geldigheid van de titel niet noodzakelijk is voor de overdracht. Het abstracte leveringsstelsel komt alleen voor bij overdracht van octrooien.
Akte van cessie	Akte van overdracht van een vordering op naam, die naast de mededeling aan de schuldenaar noodzakelijk is voor de overdracht van de vordering. Is de akte van cessie een notariële akte of een geregistreerde onderhandse akte, dan is mededeling niet nodig (art. 3:94 lid 1, 2 en 3 BW).
Beschikkingsbevoegdheid	De bevoegdheid een bepaald goed te vervreemden of te bezwaren. Beschikkingsbevoegdheid is een van de vereisten voor de overdracht van een goed (art. 3:84 lid 1 BW).
Bezit	Het houden van een goed voor zichzelf. Bij onmiddellijk bezit houdt de bezitter zelf het goed onder zich. Bij middellijk bezit wordt het bezit uitgeoefend door middel van een ander (art. 3:107 BW).
Causaal leveringsstelsel	Stelsel waarbij de geldigheid van de titel noodzakelijk is voor de overdracht (art. 3:84 lid 1 BW).
Cessie	Overdracht van een vordering op naam (art. 3:94 BW).
Eigendomsvoorbehoud	Levering onder opschortende voorwaarde van eigendomsovergang. De vervreemder behoudt zich het eigendomsrecht voor totdat de verkrijger de gehele tegenprestatie zal hebben voldaan (art. 3:91 en 92 BW).
Endossement	Aantekening op de achterzijde van een orderpapier wie de (volgende) rechthebbende op de vordering is. Dit is naast overgifte van het papier nodig voor de overdracht van de vordering (art. 3:93 BW).
Houderschap	Het houden van een goed krachtens een rechtsverhouding tot een ander (art. 3:107 lid 4 BW). Houderschap is onmiddellijk als de houder het goed onder zich heeft; houderschap is middellijk als het houderschap door middel van een ander wordt uitgeoefend.
Inbezitneming	Verkrijging van bezit door middel van inbezitneming, dat wil zeggen door zich de feitelijke macht te verschaffen (art. 3:112 en 113 BW).
Levering	Goederenrechtelijke overeenkomst of leveringshandeling.

Levering brevi manu (met de korte hand)	Levering zonder bezitsverschaffing waarbij de houder bezitter wordt (art. 3:115 lid 1 sub b BW).
Levering constitutum possessorium	Levering zonder bezitsverschaffing waarbij de bezitter houder wordt (art. 3:115 lid 1 sub a BW).
Levering longa manu (lange hand of onder derden)	Levering zonder bezitsverschaffing waarbij degene die het goed voor de een hield, het nu voor een ander houdt (art. 3:115 lid 1 sub c BW).
Negatief stelsel (van openbaarheid)	Stelsel van openbaarheid dat geldt voor de registers waarin feiten betreffende registergoederen ingeschreven moeten worden. Het negatieve stelsel van openbaarheid houdt in dat als de werkelijke rechtstoestand afwijkt van hetgeen in de openbare registers is vermeld, dit derden kan worden tegengeworpen. De nadelen van dit systeem worden grotendeels ondervangen door een goede regeling van de bescherming van derden (art. 3:24, 25 en 88 BW).
Onteigening	Overdracht van een goed aan de overheid in het algemeen belang. Onteigening is geregeld in de Onteigeningswet.
Overdracht	Wijze van verkrijging van goederen onder bijzondere titel (art. 3:84 BW).
Positief stelsel (van openbaarheid)	Stelsel van openbaarheid waarbij degene die het register raadpleegt, ervan uit mag gaan dat de feiten die ingeschreven zijn, in overeenstemming zijn met de werkelijkheid. Dit is onder andere het systeem van het Handelsregister (art. 25 Hrgw).
Titel	Rechtsfeit dat tot levering verplicht (art. 3:84 BW).
Verjaring	Wijze van verkrijging van goederen door middel van tijdsverloop (art. 3:99 BW).
Verkrijging onder algemene titel	Opvolging in een geheel vermogen of een evenredig deel daarvan (art. 3:80 BW).
Verkrijging onder bijzondere titel	Opvolging in de rechten op een bepaald vermogensbestanddeel (art. 3:80 BW).
Vordering aan order	Vordering die belichaamd is in een papier, waarbij op de achterzijde van dat papier staat vermeld wie de schuldeiser van de vordering is.
Vordering aan toonder	Vordering die belichaamd is in een papier. De houder van het papier wordt verondersteld de schuldeiser van de vordering te zijn.
Vordering op naam	Gewone vordering. Zie vorderingsrecht.
Vorderingsrecht	Het recht dat de ene persoon (crediteur of schuldeiser) kan uitoefenen tegen een andere persoon (debiteur of schuldenaar).

Meerkeuzevragen

3.1   Een voorbeeld van verkrijging onder bijzondere titel is
a boedelmenging.
b erfopvolging.
c fusie.
d verjaring.

3.2   Het causale stelsel houdt in
a dat hetgeen in het register betreffende registergoederen vermeld staat, juist is.
b dat levering door een beschikkingsonbevoegde ongeldig is.
c dat voor de overdracht een geldige titel nodig is.
d dat voor een geldige overdracht een leveringshandeling is vereist.

3.3   De eigendom van een registergoed gaat over
a door de inschrijving van de transportakte in de openbare registers.
b door de ondertekening van de koopakte.
c door het ondertekenen van de notariële transportakte.
d door het opmaken van een voorlopige notariële koopakte.

3.4   Pieter leent zijn roeiboot uit aan Jochem. Deze geeft de boot weg aan Sander, aangezien hij roeien toch niet zo leuk vindt als hij dacht. Fietsend langs de waterkant ontdekt Pieter dat Sander in zijn roeiboot aan het roeien is samen met zijn vriendin Pauline. Kan Pieter met succes de roeiboot van Sander opeisen?
a Ja, want Jochem was beschikkingsonbevoegd.
b Ja, want Sander heeft de roeiboot cadeau gekregen.
c Nee, want Jochem was beschikkingsbevoegd.
d Nee, want Sander is te goeder trouw.

3.5   Garagebedrijf VW bv draagt de vordering tot betaling van de koopsom die hij op Yvonne Schuitema heeft, bij onderhandse akte, over aan een incassobureau. De vordering gaat over op het incassobureau
a zodra de akte is geëndosseerd.
b zodra de akte is overgedragen.
c zodra de akte van cessie is opgemaakt en ondertekend en de overdracht aan de schuldenaar is medegedeeld.
d zodra de schuldenaar op de hoogte van de overdracht is gesteld.

3.6   Bij de levering onder eigendomsvoorbehoud wordt de verkrijger
a eigenaar.
b bezitter.
c houder.
d rechthebbende.

3.7   De Haan koopt een zeewaardig jacht op de werf van Scheepmaker, die het jacht gekocht heeft van de erfgenamen van Schipper. Het jacht wordt op 1 maart 2013 overgeschreven op de naam van De Haan in het scheepsregister. Helaas blijkt op 9 juli dat Schipper enige jaren geleden het jacht gelegateerd had aan zijn neef. Moet De Haan het jacht afstaan aan de neef?
  a Ja, maar wel tegen betaling van de verschuldigde koopsom door de neef.
  b Ja, want Scheepmaker was beschikkingsonbevoegd en hij wordt hiertegen niet beschermd (negatief stelsel).
  c Nee, want hij wordt beschermd tegen onbevoegdheid die voortvloeit uit een vorige overdracht.
  d Nee, want de verkrijger van een roerende zaak wordt beschermd tegen de beschikkingsonbevoegdheid van zijn voorgangers.

3.8   In welk van de hieronder genoemde gevallen is er sprake van een levering constitutum possessorium?
  a Bea verkoopt en levert een dvd die zij uitgeleend heeft aan Jan, aan Jan.
  b Bea verkoopt en levert een dvd die zij uitgeleend heeft aan Jan, aan Petra.
  c Bea verkoopt en levert een dvd aan Petra, die hem uitleent aan Jan.
  d Bea verkoopt en levert een dvd aan Petra, maar bewaart deze voor haar totdat zij (Petra) van vakantie is teruggekeerd.

Oefenvragen

3.1 Van Dijks Houthandel bv levert een aantal balken aan Zijlstra voor de verbouwing van diens boerderij. In de leveringscondities is een eigendomsvoorbehoud opgenomen. Op 6 mei 2013 is de helft van de balken in het plafond verwerkt. Zijlstra moet nog de koopsom aan Van Dijk betalen.

a Welke balken zijn eigendom van Van Dijk? Beargumenteer uw antwoord.

b Wat is een eigendomsvoorbehoud?

c Wat is het voordeel van een eigendomsvoorbehoud voor een leverancier?

3.2 Mölders heeft een bedrijfsterrein met daarop een kantoorgebouw en een loods voor de opslag van goederen van Patrokles bv gekocht. De koopakte is op 1 december 2012 opgemaakt. De overdracht heeft op 20 januari 2013 plaatsgevonden. Er staan na de overdracht nog een paar vrachtwagens op het terrein geparkeerd. Deze behoren toe aan expeditiebedrijf Grootjans bv, dat toestemming gekregen heeft vrachtauto's op het terrein van Patrokles bv te parkeren.

a Op welke wijze is de levering van het bedrijfsterrein met opstallen geschied?

b Welke vereisten stelt de wet in het algemeen aan de overdracht van registergoederen?

c Op welk moment is Mölders eigenaar geworden van het bedrijfsterrein?

d Waarom zal de verwarmingsinstallatie in het kantoorgebouw bij de overdracht inbegrepen zijn?

e Waarvan zal het afhangen of Mölders het parkeren van de vrachtwagens moet gedogen?

f Stel dat Mölders niet de bedoeling heeft het bedrijfsterrein als zodanig te gaan gebruiken, maar hij van plan is er een koper voor te zoeken. Mag Mölders het terrein op 15 december 2012 verkopen aan Transito Vervoer bv?

g Vanaf welk moment kan dan de overdracht van het terrein plaatsvinden?

3.3 Prinsenbeek bv te Breda heeft een camper met toebehoren in huurkoop verkocht aan Van Dalen. Dit betekent dat de eigendom van de camper pas op Van Dalen overgaat nadat hij de afgesproken 24 maandelijkse termijnen heeft betaald. Prinsenbeek bv draagt de vordering op Van Dalen over aan een financieringsmaatschappij.

a Hoe moet Prinsenbeek bv de vordering op Van Dalen overdragen aan de financieringsmaatschappij?

b Hoe wordt de overdracht van een vordering op naam genoemd?

c Kan de financieringsmaatschappij de laatste twaalf maanden al drie maanden na de overdracht van de vordering overdragen aan de Bank?

3.4 Sylvia heeft van haar vriend Tjeerd een parelsnoer voor haar verjaardag gekregen. Tjeerd heeft dit in de kantine van zijn voetbalclub gekocht van ploeggenoot Robert, die het heeft ontvreemd uit de juwelierswinkel waar hij werkt.

a Is Sylvia eigenaar van het parelsnoer geworden?

b Op welke van de drie vereisten voor een geldige levering wordt hier inbreuk gemaakt?

c Welke actie kan de eigenaar van het parelsnoer instellen? Zal deze actie slagen?

4

Pand en hypotheek

4.1   Pand
4.2   Hypotheek

Pand en hypotheek zijn in het kader van het algemeen gedeelte van het vermogensrecht (hoofdstuk 2) reeds ter sprake gekomen. In dit hoofdstuk wordt verder ingegaan op de meer specifieke aspecten van pand (par. 4.1) en hypotheek (par. 4.2).

4.1 Pand

Het recht van pand is een beperkt recht. Zoals we in subparagraaf 2.3.3 hebben gelezen, geeft een beperkt recht niet het volledige recht op een zaak, maar slechts een gedeelte daarvan: genot of zekerheid (art. 3:8 BW). *Pandrecht* is een zekerheidsrecht. Het dient als dekking voor een onderliggende geldlening. De wet omschrijft het recht van pand als een beperkt recht strekkende op de daaraan onderworpen goederen een vordering tot voldoening van een geldsom bij voorrang boven andere schuldeisers te verhalen. Het recht van pand kan alleen op een niet-registergoed gevestigd worden dat voor overdracht vatbaar is (art. 3:227 lid 1 en 228 BW).

Pandrecht

VOORBEELD 4.1

Joris heeft dringend geld nodig. Hij sluit een lening af bij de Gemeentelijke Kredietbank in de Warmoesstraat. Tot zekerheid van de vordering geeft hij zijn Cartierhorloge, zijn pc en enige juwelen in pand bij de bank.

4

4

Joris is hier de *pandgever*; hij sluit een lening af bij de bank, de *pandhouder*. Het vorderingsrecht van de bank is het recht waarvan het pandrecht afhankelijk is (art. 3:7 BW).

Het is mogelijk een pandrecht te vestigen voor zowel bestaande als toekomstige vorderingen. De vordering kan op naam, aan order of aan toonder luiden. Zij kan zowel een vordering op de pandgever zelf als een vordering op een ander zijn (art. 3:231 BW). Men kan in dit verband bijvoorbeeld denken aan een doorlopend krediet dat een bedrijf bij een bank heeft. De bank kan in zo'n geval tot zekerheid van die lening een bezitloos pandrecht op de bedrijfsinventaris en voorraden of een stil pandrecht op de vorderingen van de schuldenaar/pandgever bedingen. Een krediet is zolang het niet of niet volledig is opgenomen, uiteraard een toekomstige vordering.

Bedenk wel dat een pandrecht – zoals in voorbeeld 4.1 – gevestigd kan worden op een Cartierhorloge, een pc of juwelen (zaken), maar ook op vorderingen.

VOORBEELD 4.2
Boruma bv vestigt een pandrecht op een aantal wissels (vordering aan order) tot zekerheid van een krediet dat de bank hem heeft verleend.

Zie ook art. 3:236 en 239 BW.

In deze paragraaf komt aan de orde wanneer een pandrecht gevestigd kan worden en welke vereisten de wet stelt aan de vestiging ervan (subpar. 4.1.1). Daarna worden de rechten van de pandhouder behandeld (subpar. 4.1.2) en de zogenoemde derdenbescherming, de bescherming van de pandhouder tegen de beschikkingsonbevoegdheid van de pandgever (subpar. 4.1.3).

4.1.1 Vestiging van het pandrecht

Zoals hiervoor is gezegd, kan pandrecht worden gevestigd op alle niet-registergoederen. Een pandrecht wordt gevestigd op dezelfde wijze als waarop het betreffende goed kan worden overgedragen.

Volgens de wet zijn namelijk de bepalingen van overdracht van goederen ook van toepassing op de vestiging, overdracht en afstand van beperkte rechten op zodanige goederen (art. 3:98 BW); zie ook hoofdstuk 3. Art.

3:98 BW is dus een schakelbepaling.

Het feit dat de eisen die gesteld worden aan de overdracht van goederen, ook gelden voor de vestiging, overdracht en afstand van beperkte rechten op die goederen, betekent dat ook voor de vestiging van een pandrecht

vereist zijn:
- een (rechts)geldige titel;
- beschikkingsbevoegdheid van degene die het recht vestigt;
- een vestigingshandeling (art. 3:84 BW).

In de voorbeelden 4.1 en 4.2 is de *titel* de overeenkomst van geldlening die de pandgever verstrekt aan respectievelijk de Gemeentelijke Kredietbank of de bank. Dit is dus het recht waarvan de vestiging van het pandrecht afhankelijk is. Wordt de titel vernietigd, dan vervalt ook het pandrecht (zie ook

subpar. 3.2.1). Ook ten aanzien van de eis van *beschikkingsbevoegdheid* (zie subpar. 3.2.2) geldt in principe dat een pandrecht slechts verkregen kan worden uit handen van een beschikkingsbevoegde (eigenaar), met dien verstande dat degene die een pandrecht heeft gekregen van een beschikkingsonbevoegde, op gelijke wijze beschermd wordt als degene die een goed geleverd heeft gekregen uit handen van een beschikkingsonbevoegde (zie voor de derdenbescherming subpar. 4.1.3).

Wat betreft de *vestigingshandeling* moet ook hier weer een onderscheid gemaakt worden tussen de volgende aspecten: **Vestigings-** **handeling**
- de goederenrechtelijke overeenkomst;
- de feitelijke vestiging van het recht.

Het aspect van de goederenrechtelijke overeenkomst heeft tot gevolg dat op het moment van de vestiging van het pandrecht wilsovereenstemming (zie ook subpar. 5.2.1) moet bestaan betreffende de vestiging van het recht. De feitelijke vestiging (formaliteiten) van het pandrecht verschilt ook weer naar het soort goed waarop het recht wordt gevestigd. Wordt het pandrecht gevestigd op roerende zaken, order- of toondervorderingen, dan spreken we van vuistpand en bezitloos pandrecht. Wordt het pandrecht gevestigd op vorderingen op naam, dan spreken we van openbaar en stil pandrecht. Op beide soorten gaan we in. Of het mogelijk is pandrecht te vestigen op toekomstige goederen of op toekomstige vorderingen, wordt aan het einde van deze subparagraaf behandeld.

Vuistpand en bezitloos pandrecht

Vuistpand en bezitloos pandrecht kunnen gevestigd worden op:
- roerende zaken niet-registergoederen;
- vorderingen aan order;
- vorderingen aan toonder.

Vuistpand is het pandrecht waarvan het voor iedereen duidelijk is dat er een pandrecht is gevestigd. Bij bezitloos pandrecht is dat niet het geval. Het kan bijvoorbeeld voorkomen dat men een bedrijf betreedt en dat alles, inventaris, voorraden enzovoort, is verpand. Alleen ziet men dat niet, omdat de verpande goederen niet van plaats veranderen. We leggen beide vormen uit.

VOORBEELD 4.3

Alma brengt haar sieraden naar de Gemeentelijke Kredietbank in de hoop een lening af te kunnen sluiten. Het is haar bedoeling de Kredietbank een pandrecht op de sieraden te verstrekken. Dat doet zij door de sieraden af te geven aan de Gemeentelijke Kredietbank.

Er is nu een *vuistpandrecht* tot stand gekomen. Vereist voor de vestiging   **Vuistpandrecht** van dit pandrecht is namelijk dat het zekerheidsobject (hier de sieraden) in de macht wordt gebracht van de pandhouder (de Gemeentelijke Kredietbank) of een derde (art. 3:236 BW).

VOORBEELD 4.4

Bernhard Vos leent €750 van zijn Kredietmaatschappij Animo bv. Tot zekerheid voor de terugbetaling verleent hij Animo bv een pandrecht op een cheque aan toonder ter waarde van €1.000. Hij geeft daarom de cheque af aan de Kredietmaatschappij.

Ook het (vuist)pandrecht op een vordering aan toonder wordt gevestigd door het zekerheidsobject, de cheque, in de macht te brengen van de pandhouder of van een derde (art. 3:236 BW).

VOORBEELD 4.5
Henry Tunderman bv verstrekt tot zekerheid van een geldlening een pandrecht op een wissel aan order ten behoeve van Vliegensvlug bv.

Hoe wordt dit pandrecht gevestigd? Aangezien voor de overdracht van een vordering aan order overgifte van het papier en endossement worden vereist, geldt dit eveneens voor de vestiging van een pandrecht (art. 3:236 BW). Dat betekent dat de wissel ter beschikking gesteld moet worden aan Vliegensvlug bv of aan een derde, en dat op de achterkant van de wissel aangetekend wordt dat er op de wissel ten behoeve van Vliegensvlug bv een pandrecht is gevestigd (pandendossement).

Vuistpand

In de voorbeelden 4.3, 4.4 en 4.5 is er sprake van de vestiging van een zogenoemd vuistpand. Men spreekt van vuistpand als het pandrecht tot stand komt door het zekerheidsobject in de macht te brengen van de pandhouder of van een derde.
Soms kan het praktische bezwaren opleveren dat het zekerheidsobject uit de macht van de pandgever moet worden gebracht.

VOORBEELD 4.6
Het bouwbedrijf Simons is in financiële moeilijkheden geraakt. De bank wil wel een krediet verstrekken, maar eist zekerheid. Aangezien de opslagloodsen gehuurd zijn, is het bouwbedrijf slechts eigenaar van een aantal vrachtwagens en verrijdbare kranen.

Als het bouwbedrijf een vuistpand zou willen vestigen op de vrachtwagens en de verrijdbare kranen, zouden deze in de macht van de pandhouder of een derde moeten worden gebracht. Dat zou tot gevolg hebben dat alle bedrijfsactiviteiten van het bouwbedrijf stil komen te liggen. Dat kan niet de bedoeling zijn, want zo is het onmogelijk een krediet af te lossen.
Daarom geeft de wet voor roerende zaken en toonderpapieren een tweede wijze om pand te vestigen, namelijk door het opmaken van een authentieke of geregistreerde onderhandse akte (art. 3:237 BW). In dit geval hoeft de in pand gegeven zaak niet uit de macht van de pandgever te worden gebracht.

Bezitloos pandrecht

Onderhandse akte

Authentieke akte

Men spreekt dan ook van een *bezitloos pandrecht*. Bezitloos pandrecht van een vordering aan order is niet mogelijk; zie de tekst van art. 3:237 lid 1 BW. Een *onderhandse akte* is een geschrift dat door partijen opgemaakt is met het doel om tot bewijs te dienen. Partijen kunnen een onderhandse akte laten registreren bij een ambtenaar der registratie, die te vinden is op elk kantoor van de Inspectie der Rijksbelastingen. Een *authentieke akte* is een akte die opgemaakt is ten overstaan van een openbaar ambtenaar, bijvoorbeeld een notaris.

Het bouwbedrijf Simons kan op deze wijze toch zijn schuldeiser, de bank,
zekerheid verschaffen en zodoende het benodigde krediet krijgen. Nadeel
van een bezitloos pandrecht voor derden is dat het voor hen niet duidelijk
is of de vrachtwagens of de verrijdbare kranen bezwaard zijn met pandrecht. *Bezwaard* betekent dat er een beperkt recht op gevestigd is, in dit ge-   *Bezwaard*
val een pandrecht. Ook de pandhouder zelf loopt bij bezitloos pandrecht
een groter risico dan bij vuistpand, omdat de feitelijke macht bij de pandgever blijft.
Er is echter nog een mogelijkheid van bezitloos pandrecht. We hebben gezien dat de inventaris en de voorraden van een bedrijf bezitloos verpand
kunnen worden. Vaak is dat voor met name kleinere bedrijven de enige mogelijkheid om een financier zekerheid te geven. Voorraden hebben echter
de eigenschap dat zij opraken. Dat is immers ook de bedoeling. Zodra de
voorraden er niet meer zijn, zou de bank zijn zekerheidsobject – de voorraden – verliezen, met als gevolg dat het pandrecht teniet gaat. Daarom bedingen banken niet alleen een bezitloos pandrecht op de huidige voorraden, maar ook op de toekomstige. Dit betekent dus dat zodra goederen het
bedrijf binnen worden gebracht om de voorraden aan te vullen, zij automatisch onder het pandrecht van de bank vallen. Er ontstaat op die manier
een continue stroom zekerheidsobjecten. Mocht het bedrijf niet meer aan
zijn financiële verplichtingen jegens de bank kunnen voldoen, dan gaat de
bank de voorraden die er op dat moment zijn, onder zich nemen conform
art. 3:237 lid 3 BW.

Openbaar en stil pandrecht
De wijze van vestiging van een pandrecht op vorderingen op naam is nog
niet besproken.

VOORBEELD 4.7
Firma Trouwborst & co heeft dringend liquide middelen nodig. Er kan een
lening afgesloten worden bij de bank voor €7.500. Als zekerheid voor de
betaling van de rente en aflossing van de lening geeft Firma Trouwborst de
nog niet opeisbare vordering ter waarde van €11.748 die zij heeft op
Schoenmakers, in pand aan de bank.

Dit pandrecht wordt gevestigd door middel van een authentieke of onder-   Vestiging pand-
handse akte en door mededeling van de verpanding aan de schuldenaar   recht vordering
(art. 3:236 lid 2 BW). De wet verwijst hier naar de levering. Aangezien voor op naam
cessie een akte en mededeling van de overdracht aan de schuldenaar
noodzakelijk zijn (art. 3:94 lid 1 BW), geschiedt de vestiging van een pandrecht op gelijke wijze. Aan de mededeling worden geen specifieke eisen
gesteld. Een mondelinge mededeling is dus voldoende. Men noemt het
pandrecht dat op deze wijze gevestigd wordt op een vordering op naam een   Openbaar
openbaar pandrecht.   pandrecht

Als de pandgever niet wil dat zijn schuldenaren op de hoogte zijn van het feit
dat hij vorderingen heeft moeten verpanden als zekerheid voor een bepaalde
geldlening, kan hij kiezen voor het zogenoemde *stil pandrecht*. Stil pandrecht   Vestiging stil
wordt gevestigd door middel van een authentieke of geregistreerde onder-   pandrecht
handse akte, akte van verpanding of pandakte genoemd, zonder mededeling
van de verpanding aan de schuldenaar van de vordering (art. 3:239 lid 1

BW). Een stil pandrecht kan ook rechtsgeldig tot stand komen door registratie van een gefaxte pandakte (HR 29 juni 2001, RvdW 2001, 241).

Het risico van een stille verpanding voor de pandhouder is dat de schuldenaar, die immers niet op de hoogte is van het feit dat de vordering op hem in pand is gegeven, bevrijdend betaalt aan de schuldeiser/pandgever. De bevoegdheid om nakoming te eisen of de betaling in ontvangst te nemen, blijft namelijk bij de pandgever zolang het pandrecht niet aan de schuldenaar van de verpande vordering is medegedeeld (art. 3:246 lid 1 BW).

VOORBEELD 4.8

Driever heeft onder andere zijn vordering ter waarde van €2.345,89 op Van der Aa door middel van een geregistreerde onderhandse akte verpand aan de bank tot zekerheid van een krediet. Van der Aa is niet op de hoogte gesteld van de verpanding. Aangezien Van der Aa enige weken in het buitenland zal vertoeven, besluit hij de vordering van Driever vast te betalen voordat hij vertrekt. De vordering is op dat moment nog niet opeisbaar (art. 6:39 BW).

Van der Aa is bevrijd van zijn schuld, omdat Driever nog steeds bevoegd is de betaling van Van der Aa in ontvangst te nemen. De bank behoudt zijn vorderingsrecht op grond van de geldlening, maar hij is zijn pandrecht kwijt. Ook dit laatste levert in de praktijk echter geen probleem op. In de eerste plaats bedingt de bank meestal niet een pandrecht voor een enkele vordering. In de tweede plaats bedingt de bank namelijk ook hier een stil pandrecht niet alleen op de huidige vorderingen, maar ook op de *toekomstige*.

Toekomstige vorderingen

Worden de verpande vorderingen voldaan, dan gaan zij uiteraard teniet. Er ontstaan echter steeds weer nieuwe vorderingen, die nog niet voldaan zijn. Ook in dit geval is er dus sprake van een continue stroom. Pas als het fout gaat, gaat de bank/pandhouder de schuldenaren van dat moment mededelen dat de vorderingen verpand zijn en dat zij deze gaat innnen conform art. 3:246 lid 1 BW. Vanaf dat moment kunnen de schuldenaren niet meer bevrijdend betalen aan de pandgever/schuldeiser.

Pandlijst

Tot slot nog iets over de zogenoemde *pandlijsten*. We hebben gezien dat een stil pandrecht op vorderingen op naam gevestigd wordt door een authentieke of geregistreerde onderhandse akte (art. 3:237 lid 1 BW). Dat is allemaal duidelijk als het pandrecht op slechts een enkele vordering rust. Dit is dus meestal niet het geval. Daarom levert de bank van alle vorderingen die er op een bepaald moment zijn, pandlijsten in, die allemaal tegelijk geregistreerd worden. Dat kunnen er per keer dus heel veel zijn. Tegenwoordig is het toegestaan de lijsten als computerbestand aan te leveren, mits er natuurlijk geen gegevens meer aan kunnen worden toegevoegd.

Pandrecht op toekomstige zaken en vorderingen

Vestiging pandrecht toekomstige roerende zaak

Het is niet mogelijk vuistpand op een toekomstige roerende zaak te vestigen, aangezien niet voldaan kan worden aan het vereiste dat de verpande zaak in de macht van de pandhouder of van een derde moet worden gebracht (art. 3:236 lid 1 BW). Het is wel mogelijk bezitloos pandrecht op een toekomstige roerende zaak te vestigen, aangezien het bovenstaande vereiste in dat geval niet geldt (art. 3:237 BW). Denk aan het hiervoor geschetste verhaal betreffende de verpanding van (toekomstige) voorraden.

Vestiging toekomstige vorderingen op naam

Een openbaar pandrecht op een toekomstige vordering op naam is niet toegestaan, aangezien de schuldenaar niet bekend is. Het is wel mogelijk een stil pandrecht op een toekomstige vordering op naam te vestigen (art. 3:239 BW), omdat de schuldenaar daarvoor niet bekend hoeft te zijn, zoals we eerder hebben gezien.

4.1.2   Rechten van de pandhouder

De pandhouder heeft de volgende rechten:
1 voorrang bij verhaal
2 het recht van parate executie
3 hij is separatist in het faillissement van de pandgever.

Ad 1 Voorrang
Voorrang betekent dat de pandhouder bevoegd is om vóór de andere schuldeisers een vordering tot voldoening van een geldsom op het in pand gegeven goed te verhalen (art. 3:227 lid 1 BW).

Voorrang

Ad 2 Recht van parate executie
De pandhouder heeft het recht van parate executie. Het *recht van parate executie* houdt in dat de pandhouder bevoegd is het verpande goed te verkopen en zich op de opbrengst ervan te verhalen als de schuldenaar in verzuim is (art. 3:248 lid 1 BW). Het recht van parate executie heeft voor de pandhouder het voordeel dat hij niet eerst door middel van een gerechtelijke procedure een executoriale titel behoeft te verwerven. Een executoriale titel wordt verkregen door een vonnis van de rechter. Het heeft tot gevolg dat het betreffende vonnis ten uitvoer gelegd kan worden; zie hiervoor deel 2 van deze uitgave.

Recht van parate executie

4

VOORBEELD 4.9
Alma heeft een lening bij de Gemeentelijke Kredietbank afgesloten en tot zekerheid daarvan haar sieraden in pand gegeven. Zij betaalt niet de rente en aflossing, ook na in gebreke gesteld te zijn. Zij is dus in verzuim.

Dit heeft tot gevolg dat de Kredietbank bij de eerstvolgende openbare veiling de sieraden van Alma zal verkopen.
Betreft het een bezitloos pandrecht, dan moet de pandhouder, voordat hij zijn recht van parate executie kan uitoefenen, eerst afgifte van het verbonden goed vorderen. De wet zegt dat de pandhouder kan eisen dat de roerende zaak of de toondervordering ingeval er sprake is van een (dreigend) tekortschieten van de schuldenaar, in de macht van hemzelf of van een derde wordt gebracht (art. 3:237 lid 3 BW).
Dat betekent dus voor het bouwbedrijf Simons uit voorbeeld 4.6, dat als het niet uit de financiële problemen komt en de verplichtingen aan de bank niet voldoet, de bank afgifte van de vrachtwagens en de verrijdbare kranen kan eisen.

De *procedure* voor de verkoop van het verpande goed is de volgende. De pandhouder moet de pandgever minimaal drie dagen van tevoren op de hoogte stellen van de verkoop met vermelding van plaats en tijd (art. 3:249 lid 1 BW). Daarbij moet ook het bedrag aangegeven worden waarvoor het pand kan worden gelost. *Lossing* betekent dat de pandgever alsnog de verschuldigde som voldoet. Lossing is mogelijk tot het tijdstip van de verkoop, maar dan moeten ook de kosten van executie worden voldaan (art. 3:249 lid 2 BW). De verkoop geschiedt in het openbaar (art. 3:250 lid 1 BW).

Procedure verkoop

Lossing

Openbare verkoop

Openbare verkoop is verkoop op een veiling. Als het om registergoederen gaat, dan geschiedt de verkoop ten overstaan van een bevoegde notaris. De pandhouder is bevoegd mede te bieden (art. 3:250 lid 3 BW). Het is de pandhouder echter niet toegestaan zich het verpande goed toe te eigenen (art. 3:235 BW). De voorzieningenrechter van de rechtbank kan, tenzij anders is bedongen, op verzoek van de pandhouder of de pandgever bepalen dat het pand op een afwijkende wijze zal worden verkocht of tegen een door de voorzieningenrechter te bepalen bedrag aan de pandhouder als koper ter beschikking zal worden gesteld (art. 3:251 lid 1 BW). Als de voorzieningenrechter de hiervoor genoemde toestemming heeft gegeven, kunnen pandhouder en pandgever een afwijkende wijze van verkoop, bijvoorbeeld een onderhandse, overeenkomen (art. 3:251 lid 2 BW).

Inningsbevoegdheid pandhouder

Als het pandrecht op een vordering rust, is de pandhouder bevoegd in en buiten rechte nakoming daarvan te eisen en betalingen in ontvangst te nemen. Deze bevoegdheden blijven bij de pandgever zolang het pandrecht niet aan de schuldenaar van de vordering is medegedeeld (art. 3:246 lid 1 BW). Dit betekent dat de pandhouder de vordering pas kan gaan innen nadat de schuldenaar van de vordering het pandrecht is medegedeeld. Mededeling op dat moment is alleen vereist als er sprake is van een stil pandrecht, omdat mededeling aan de schuldenaar van de vordering bij een openbaar pandrecht reeds heeft plaatsgevonden. Zie voor nakoming van vorderingen hoofdstuk 10.

Na de mededeling van de verpanding aan de schuldenaar kan de pandgever zelf alleen nog met toestemming van de pandhouder of van de kantonrechter nakoming van de vordering eisen of de vordering innen (art. 3:246 lid 4 BW). Heeft de schuldenaar de verpande vordering voldaan, dan komt het pandrecht op het geïnde bedrag te rusten (art. 3:246 lid 5 BW). Als er op een vordering meer dan één pandrecht rust, dan komen deze bevoegdheden alleen toe aan de hoogst gerangschikte pandhouder (art. 3:246 lid 3 BW).

Ad 3 Separatist
De pandhouder kan het recht van parate executie ook uitoefenen in het faillissement van de pandgever (art. 57 Fw). Hij kan dan zonder zijn vorderingen te laten verifiëren tot de verkoop van het verbonden goed overgaan en zich na de voldoening van de kosten op de opbrengst verhalen. Hij heeft dan niets met de andere schuldeisers te maken. Men noemt hem daarom **Separatist** *separatist*. Betreft het een bezitloos pandrecht, dan kan de pandhouder van de curator afgifte van het verbonden goed vorderen.

4.1.3 Derdenbescherming

Voor een geldig pandrecht wordt vereist dat de pandgever beschikkingsbevoegd is. Echter, degene die een (vuist)pandrecht heeft gekregen van een beschikkingsonbevoegde, wordt op gelijke wijze beschermd als degene die een goed geleverd heeft gekregen uit handen van een beschikkingsonbe**Derdenbescherming** voegde, de zogenoemde derdenbescherming (zie hiervoor par. 3.3). Volgens de wet is namelijk ondanks onbevoegdheid van de pandgever de vestiging van een pandrecht op een roerende zaak, op een recht aan toonder of order geldig indien de pandhouder te goeder trouw is op het tijdstip waarop de zaak of het toonder- of geëndosseerde orderpapier in zijn macht of in die van een derde is gebracht (art. 3:238 lid 1 BW). Als op het desbetreffende goed een beperkt recht blijkt te rusten dat de pandhouder op het desbetreffende tijdstip kent noch behoort te kennen, dan gaat het pandrecht in rang boven dit beperkte recht (art. 3:238 lid 2 BW). Wordt het pandrecht gevestigd op een roerende zaak waarvan de eigenaar het bezit door diefstal heeft verloren, dan zijn lid 3 en lid 4 van art. 3:86 BW van overeenkomstige toepassing. De bezitloze pandhouder wordt niet beschermd.

Als er sprake is van een openbaar pandrecht wordt de pandhouder eveneens beschermd tegen volledige beschikkingsonbevoegdheid van de pandgever (art. 3:239 lid 4 en 3:88 BW). Hij moet dan wel te goeder trouw zijn op het moment van de mededeling aan de schuldenaar van de betreffende vordering. Is de pandgever slechts beperkt beschikkingsbevoegd – er rusten bijvoorbeeld al eerdere pandrechten op de vordering – dan gaat de prioriteitsregel (het oudere gevestigde recht gaat in rang vóór het later gevestigde recht) een rol spelen (art. 3:246 lid 3 BW). Bij een stil pandrecht dat gevestigd is op een vordering op naam wordt de pandhouder eveneens pas beschermd als hij te goeder trouw is op het moment dat hij de pandgever of de schuldenaar de verpanding mededeelt (art. 3:239 lid 4 j° 88 BW). Het voorgaande is schematisch weergegeven in figuur 4.1.

Prioriteitsregel

FIGUUR 4.1 Pand

	Roerende zaken (niet-registergoederen) order- en toondervordering		Vordering op naam	
	Vuistpand	**Bezitloos pand**	**Openbaar**	**Stil**
Vestigingshandeling	*Art. 3:236 lid 1* In de macht van de pandhouder of een derde = uit de macht van de pandgever NB: voor ordervordering tevens endossement	*Art 3:237* Authentieke of geregistreerde onderhandse akte Uitz: orderpapier	*Art 3:94 j° 236 lid 2* Authentieke of onderhandse akte én mededeling aan de debiteur van de vordering	*Art. 3:239* Authentieke of geregistreerde onderhandse akte *zonder* mededeling
Toekomstige goederen	Niet mogelijk	Wel mogelijk	Mogelijk mits de schuldenaar bekend is, zo niet dan ⟶	
Bescherming pandhouder tegen volledige beschikkingsonbevoegdheid van de pandgever	*Art. 3:238 lid 1 en 2* Ja, als goed in de macht van de pandhouder of een derde komt	*Art. 3:238* Vanaf moment dat het goed in de macht van de pandhouder of een derde is gebracht	Geen bescherming cf. art. 3:88 prioriteitsregel geldt art. 3:246 lid 3, zo niet dan ⟶ *Uitz.:* wel een eerder stil pandrecht	idem
Tegen beperkte beschikkingsonbevoegdheid	Rangwisseling *Art. 3:238* Pand gaat boven het oudere beperkte recht	Niet mogelijk	*Art. 3:239 lid 4* Echter alleen t.o.v. degene die de vordering zelf verkrijgt, zo niet dan ⟶	idem
Rechten pandhouder *parate executie niet* toe-eigenen art. 3:235	*Art. 3:248 lid 1* Als schuldenaar in verzuim is Openbare verkoop tenzij zie art. 3:250 lid 1 en 2 ⟵	*Art. 3:248 j° 237 lid 3* Afgifte vorderen Uitz.: art. 3:251, 254 daarna ⌐	*Art. 3:246* Innen = nakoming eisen en betaling in ontvangst nemen *Art. 3:255* Pas uit geïnd voldoen als vordering opeisbaar is	*Art. 3:239* Mededeling aan de schuldenaar daarna

4.2 Hypotheek

Hypotheekrecht

Ook het *hypotheekrecht* is een beperkt recht, strekkende om op de daaraan onderworpen goederen een vordering tot voldoening van een geldsom bij voorrang boven andere schuldeisers te verhalen. Het hypotheekrecht wordt alleen op registergoederen gevestigd (art. 3:227 lid 1 BW).

VOORBEELD 4.10
Baas heeft aan de bank een hypotheekrecht verleend op zijn kantoorpand, ter financiering van een lopend krediet.

VOORBEELD 4.11
Kapteijn heeft een hypotheekrecht verleend op zijn zeiljacht aan Financie-ringsmaatschappij Incasso bv tot zekerheid van de voldoening van een geld-lening ter waarde van €40.000.

Het recht van hypotheek strekt zich uit over al hetgeen de eigendom van de zaak omvat (art. 3:227 lid 2 BW). Dit betekent in voorbeeld 4.10 dat het hypotheekrecht bijvoorbeeld de verwarmingsinstallatie van het kantoorge-bouw omvat en in voorbeeld 4.11 de motor en zeilen van het zeiljacht.
We bespreken eerst de vereisten voor de vestiging van een hypotheekrecht (subpar. 4.2.1). In de akte van hypotheekverlening kunnen naast de hypo-theekverlening zelf bepaalde afspraken worden vastgelegd. Deze zoge-noemde hypothecaire bedingen komen daarna aan de orde (subpar. 4.2.2). Ten slotte worden de rechten van de hypotheekhouder besproken (subpar. 4.2.3).

4.2.1   Vestiging van het hypotheekrecht

Ook voor de vestiging van het hypotheekrecht geldt in de eerste plaats dat de vereisten voor de overdracht van goederen ook van toepassing zijn op de vestiging, overdracht en afstand van het hypotheekrecht (art. 3:98 BW). Dit betekent dat voor de vestiging van een hypotheekrecht in eerste instan-tie *vereist* zijn:

Vereisten vestiging hypotheekrecht

- een (rechts)geldige titel;
- beschikkingsbevoegdheid van degene die het recht vestigt;
- een vestigingshandeling (art. 3:84 BW).

Titel

De *titel* die noodzakelijk is voor de vestiging van een geldig hypotheekrecht is de overeenkomst (meestal van geldlening) die aan het hypotheekrecht ten grondslag ligt (art. 3:227 lid 1 BW); zie ook subparagraaf 3.2.1.

Vestigings-handeling

Wat betreft de *vestigingshandeling* moet ook bij hypotheek onderscheid ge-maakt worden tussen de volgende aspecten:
- de goederenrechtelijke overeenkomst
- de feitelijke vestiging van het recht.

Dat betekent dat in de eerste plaats wilsovereenstemming vereist is op het moment van de vestiging van het hypotheekrecht (zie ook subpar. 5.3.1).

Vervolgens gelden voor de vestiging van het hypotheekrecht de volgende formaliteiten. Het hypotheekrecht wordt gevestigd door een tussen partijen opgemaakte notariële akte, waarbij de hypotheekgever aan de hypotheek-houder hypotheek op een registergoed verleent, gevolgd door inschrijving van de akte in de daartoe bestemde openbare registers (art. 3:260 BW). De *hypotheekgever* is de schuldenaar die tot zekerheid van de voldoening van een geldschuld ten behoeve van zijn schuldeiser, de *hypotheekhouder*, een hypotheek vestigt op een hem toebehorend registergoed.

Hypotheekgever

Hypotheek-houder

De hypotheekgever hoeft pas *beschikkingsbevoegd* (zie subpar. 3.2.2) te zijn op het moment van de inschrijving van de hypotheekakte in de open-bare registers. Dit maakt het mogelijk een hypotheekrecht te vestigen op bijvoorbeeld een bedrijfsgebouw waarvan de koper/hypotheekgever bij de ondertekening van de hypotheekakte nog geen eigenaar is. Immers, in veel gevallen wordt het hypotheekrecht gevestigd ten behoeve van een geldle-ning die nodig is om de koopsom te kunnen betalen. In zo'n geval vindt de ondertekening van de hypotheekakte vlak na de ondertekening van de transportakte plaats.

Beschikkings-bevoegdheid

VOORBEELD 4.12

Schoenmakers heeft een kantoorpand gekocht bij projectontwikkelaar Mol voor zijn reisorganisatie. Hij heeft een lening bij de bank afgesloten om de koopprijs te kunnen betalen, waarvoor de bank een hypotheekrecht bedon-gen heeft op het desbetreffende kantoorpand.

Hierbij spelen twee belangen een rol, te weten dat van projectontwikkelaar Mol met betrekking tot de betaling van de koopsom, en dat van de bank met betrekking tot de verstrekte zekerheid. Hoe gaat nu een en ander in zijn werk?

Nadat de notaris gecontroleerd heeft of de koopsom is betaald – dat bete-kent dat de bank het geleende bedrag op de rekening van de verkoper heeft gestort – wordt de transportakte ondertekend door Schoenmakers en Mol. Vervolgens wordt de hypotheekakte ondertekend door Schoenmakers en een vertegenwoordiger van de bank, waardoor de zekerheid van de bank veilig wordt gesteld. Daarna volgt inschrijving van zowel transportakte als hypotheekakte in de openbare registers, hetgeen tot de taak van de notaris behoort.

We zien dat – strikt genomen – Schoenmakers op het moment van het onder-tekenen van de hypotheekakte nog geen eigenaar is van het kantoorpand, aangezien daarvoor inschrijving in de openbare registers noodzakelijk is.

Het hypotheekrecht kan verleend worden tot zekerheid van de voldoening van *toekomstige schulden*, aangezien het hypotheekrecht niet alleen geves-tigd kan worden op schulden die reeds bestaan op het moment van de hy-potheekverlening, maar ook op schulden die op dat moment nog niet bestaan (art. 3:231 BW). Te denken valt bijvoorbeeld aan de krediethypo-theek, de bouwhypotheek of een bankhypotheek. Bij een *krediethypotheek* wordt het hypotheekrecht verleend tot zekerheid voor de voldoening van het-geen ter zake van een krediet in een lopende rekening verschuldigd is, bij-voorbeeld ter financiering van lopende bedrijfsuitgaven. Bij een *bouwhypo-theek* kan in verband met de natrekking en de daarmee gepaard gaande

Krediet-hypotheek

Bouwhypotheek

Bankhypotheek

waardevermeerdering van het verbonden goed, de opname van de geldlening slechts plaatsvinden naarmate de bouw van de desbetreffende onroerende zaak (huis, kantoorgebouw) vordert. Bij een *bankhypotheek* wordt het
hypotheekrecht gevestigd tot zekerheid voor de voldoening van al hetgeen
de hypotheekgever uit welke hoofde dan ook aan de hypotheekhouder schuldig is of zal worden.

4.2.2 Hypothecaire bedingen

In de hypotheekakte kunnen vier bedingen voorkomen, te weten:
1 het huurbeding (art. 3:264 BW);
2 het beheersbeding (art. 3:267 BW);
3 het ontruimingsbeding (art. 3:267 BW);
4 het veranderingsbeding (art. 3:265 BW).

Ad 1 Huurbeding

Huurbeding

Het *huurbeding*, mits opgenomen in de hypotheekakte, verbiedt de hypotheekgever het bezwaarde goed te verhuren of te verpachten zonder toestemming van de hypotheekhouder (art. 3:264 BW). Waarom wil de hypotheekhouder beschermd worden tegen de vestiging van een persoonlijk
recht? Dat komt doordat vervreemding van een verhuurde zaak niet tegenover de huurder werkt. De wet formuleert dit in art. 7:226 en 227 BW: koop
breekt geen huur.

VOORBEELD 4.13

Dageraad heeft zijn huis gehypothekeerd voor een geldlening. Dageraad voldoet niet aan zijn verplichtingen jegens de bank. De bank zal nu tot executie van het huis overgaan.

Stel dat Dageraad het bewuste huis inmiddels verhuurd heeft aan Sonnenberg. Dan kan de bank het huis slechts als verhuurd huis verkopen, omdat
de vervreemding niet tegenover de huurder, Sonnenberg, werkt. Het gevolg
hiervan is dat het huis een minder aantrekkelijk object is voor aanstaande
kopers en dat uit zich in de prijs die zij voor het bewuste huis willen betalen. De bank heeft er dus alle belang bij het huis leeg te kunnen verkopen.
Om te voorkomen dat hij geconfronteerd wordt met een verhuurd huis, sluit
hij de mogelijkheid van de hypotheekgever om het huis te verhuren contractueel uitdrukkelijk uit en laat dit in de hypotheekakte opnemen.
Het huurbeding is dus met name van belang als de huurovereenkomst werd
afgesloten na de hypotheekverlening. Het huurbeding werkt niet alleen tegenover de hypotheekverlener, maar ook tegenover bijvoorbeeld latere verkrijgers
van het bezwaarde goed, huurders of pachters, mits het is gepubliceerd.
Als de hypotheekhouder een beroep doet op het beding, wordt de huurovereenkomst alleen ten opzichte van hem vernietigd. Er is hier sprake van een
relatieve nietigheid. De huurder of pachter die door de vernietiging zijn recht
verliest, heeft wat betreft zijn schadevergoedingsvordering voorrang op de
netto-opbrengst van het geëxecuteerde goed onmiddellijk na degene(n) tegen wie hij zijn recht niet kon inroepen (art. 3:264 lid 7 BW).

Ad 2 Beheersbeding

Beheersbeding

Het *beheersbeding* geeft de hypotheekhouder bij ernstig tekortschieten van
de hypotheekgever de mogelijkheid het goed met rechterlijke machtiging in

beheer te nemen. Hij kan dit bijvoorbeeld doen als er sprake is van ernstig achterstallig onderhoud. Het beheersbeding werkt alleen tegenover de hypotheekgever als het uitdrukkelijk in de hypotheekakte bedongen is (art. 3:267 BW).

Ad 3 Ontruimingsbeding
Op grond van het *ontruimingsbeding* is de hypotheekhouder bevoegd de verhypothekeerde zaak onder zich te nemen, indien dit met het oog op de executie noodzakelijk is. Ook dit beding werkt alleen tegenover de hypotheekgever als het uitdrukkelijk in de hypotheekakte bedongen is (art. 3:267 BW).

Ontruimings-beding

Ad 4 Veranderingsbeding
Het *veranderingsbeding* is een uitdrukkelijk bedongen en in de hypotheekakte opgenomen beding volgens hetwelk de hypotheekgever de inrichting of gedaante van het bezwaarde goed niet of niet zonder toestemming van de hypotheekhouder mag veranderen (art. 3:265 BW). Er kan geen beroep door de hypotheekhouder op dit beding worden gedaan als de kantonrechter of in geval van pacht de Grondkamer de hypotheekgever machtiging heeft verleend om te veranderen.
De hypotheekgever heeft wel het recht om toevoegingen en veranderingen die niet tot zekerheid van de vordering hoefden te strekken, weg te nemen, mits hij de zaak in de oude toestand herstelt en desverlangd zolang dit niet is gebeurd, zekerheid stelt (art. 3:266 BW).

Veranderings-beding

4

4.2.3   Rechten van de hypotheekhouder

De hypotheekhouder heeft de volgende rechten:
1 voorrang;
2 het recht van parate executie;
3 hij is separatist in het faillissement van de hypotheekverlener;
4 rechten op grond van hypothecaire bedingen.

Ad 1 Voorrang
Het hypotheekrecht geeft net als het pandrecht voorrang boven de andere schuldeisers bij de verdeling van de executieopbrengst van het verhypothekeerde goed tot zekerheid van de voldoening van een geldvordering (art. 3:227 BW).

Voorrang

Ad 2 Recht van parate executie
Bovendien komt ook de hypotheekhouder het recht van parate executie toe. Dit betekent dat hij het verhypothekeerde goed mag verkopen als de hypotheekgever in verzuim is (art. 3:268 BW).
De verkoop van het verbonden goed geschiedt in principe in het openbaar, ten overstaan van een notaris (art. 3:268 lid 1 BW). De hypotheekhouder of hypotheekgever kunnen de voorzieningenrechter van de rechtbank echter verzoeken het verbonden goed *onderhands* te mogen verkopen. Wordt er voordat de voorzieningenrechter van de rechtbank zijn goedkeuring heeft verleend een gunstiger aanbod gedaan, dan kan deze bepalen dat de verkoop overeenkomstig dit aanbod zal plaatsvinden (art. 3:268 lid 2 BW). De hypotheekhouder mag niet op andere wijze verhaal op het verbonden goed uitoefenen of dit bedingen (art. 3:268 lid 5 BW).
Lossing door de hypotheekgever is mogelijk tot het tijdstip van het toewijzen van de veiling of van de goedkeuring van de onderhandse verkoop door de

Recht van parate executie

Onderhandse verkoop

Lossing

voorzieningenrechter van de rechtbank, waarbij dan wel tevens de kosten van executie moeten worden voldaan (art. 3:269 BW).

Het is de hypotheekhouder verboden zich het verbonden goed toe te eigenen (art. 3:235 BW).

De opbrengst van de verkoop moet in handen van de notaris worden gestort (art. 3:270 lid 1 BW). Deze houdt eerst de kosten van executie in. Daarna draagt de notaris uit de netto-opbrengst van het goed aan de hypotheekhouder af hetgeen op grond van zijn vordering aan hem verschuldigd is. Zijn er meerdere gerechtigden op het goed, dan kunnen zij, als zij zelf er niet in slagen tot een verdeling van de opbrengst te komen, om een *gerechtelijke rangregeling* verzoeken (art. 3:271 BW).

Zuivering

Door de levering ingevolge een executoriale verkoop en de voldoening van de koopprijs gaan alle op het verkochte goed rustende hypotheken teniet en vervallen de ingeschreven beslagen, alsook de beperkte rechten die niet tegen de verkoper ingeroepen kunnen worden. Men noemt dit *zuivering* (art. 3:273 BW).

VOORBEELD 4.14

Ysbrands heeft een eerste hypotheek op zijn woonhuis gevestigd ter waarde van €300.000 bij de B-Bank. Op het huis rust een tweede hypotheek ter waarde van €150.000 bij levensverzekeringsbedrijf Ons Belang. Verder heeft een schuldeiser van zijn bedrijf beslag laten leggen op het woonhuis voor een vordering van €37.500. Ysbrands voldoet zijn verplichtingen niet, met als gevolg dat de eerste hypotheekhouder, de B-Bank, besluit tot verkoop van het verbonden goed over te gaan. De netto-opbrengst van de verkoop bedraagt €360.000.

Batig gerangschikt

Uit de opbrengst van de executoriale verkoop kan slechts de eerste hypotheekhouder volledig worden voldaan. Men noemt dit *batig gerangschikt*. De tweede hypotheekhouder ontvangt slechts €60.000. Rest dus nog van zijn vordering €90.000. De vordering van de beslagleggende schuldeiser kan helemaal niet uit de opbrengst worden voldaan.

Volgens de regels die met betrekking tot het hypotheekrecht gelden, blijft het hypotheekrecht op het verbonden goed rusten totdat de vordering volledig is voldaan. Dit zou betekenen dat ook na de executoriale verkoop het hypotheekrecht van de tweede hypotheekhouder op het woonhuis van Ysbrands blijft rusten. Het gevolg hiervan zou zijn dat niemand bereid zou zijn het desbetreffende woonhuis te kopen. Want wie koopt er nu een huis dat belast is met een hypotheekrecht voor de schuld van een ander? En hetzelfde geldt voor een woonhuis waarop een beslagrecht rust. Daarom vindt zuivering plaats, waardoor alle nog op het goed rustende hypotheken en beslagen vervallen.

De koper van het goed krijgt na overlegging van de bewijsstukken dat de verkoop overeenkomstig de wettelijke voorschriften heeft plaatsgehad, een verklaring van de voorzieningenrechter van de rechtbank van het tenietgaan en vervallen van de hypotheken, beslagen en beperkte rechten, die ingeschreven kan worden in de openbare registers. De bewaarder van de registers is dan bevoegd de inschrijvingen betreffende de hypotheken en beslagen door te halen (art. 3:273 lid 2 en 3 BW). Als een hypotheek teniet is gegaan, is de schuldeiser verplicht aan de rechthebbende op het bezwaarde goed op diens verzoek en op diens kosten bij authentieke akte een verklaring af te geven dat de hypotheek is vervallen. Deze verklaringen kunnen in de registers worden ingeschreven en machtigen de bewaarder tot *doorhaling* (art. 3:274 BW). Gebeurt dit laatste niet, dan volgt er een bevel tot doorhaling (art. 3:274 lid 3 j° 3:29 BW). Doorhaling wordt ook wel *royement* genoemd. Doorhaling of royement is een zuiver administratieve maatregel. Het hypotheekrecht en beslag vervallen niet door doorhaling maar door zuivering.

Het vorderingsrecht van degene wiens hypotheekrecht teniet is gegaan en is doorgehaald, blijft bestaan. Hij is alleen zijn voorrang kwijt.

Royement

Ad 3 Separatist

De hypotheekhouder kan evenals de pandhouder zijn recht van parate executie ook in het faillissement van de hypotheekgever uitoefenen. Hij kan dat recht uitoefenen alsof er geen faillissement was (art. 57 Fw). Ook de hypotheekhouder kan dan zonder zijn vorderingen te laten verifiëren tot de verkoop van het verbonden goed overgaan en zich na de voldoening van de kosten op de opbrengst verhalen. Hij heeft dan niets met de andere schuldeisers te maken. Men noemt hem daarom *separatist*.

Separatist

Ad 4 Rechten op grond van de hypothecaire bedingen

Zoals we in subparagraaf 4.2.2 gezien hebben, kunnen er vier hypothecaire bedingen voorkomen, te weten: het huurbeding, het beheersbeding, het ontruimingsbeding en het veranderingsbeding. Elk van deze bedingen geeft de hypotheekhouder bepaalde rechten. Zo kan de hypotheekhouder bij het huurbeding voorkomen dat hij benadeeld wordt door de vestiging van een huurovereenkomst met betrekking tot het verbonden goed nadat de hypotheek is verleend. Zou dat laatste toch gebeurd zijn, dan kan hij de rechten van de huurder op grond van de (latere) huurovereenkomst negeren. Het beheersbeding geeft de hypotheekhouder bijvoorbeeld in het geval van ernstig achterstallig onderhoud de mogelijkheid het goed met rechterlijke machtiging onder zich te nemen. Het ontruimingsbeding geeft hem de mogelijkheid indien dit van belang is voor de executie het verhypotheekeerde goed onder zich te nemen. En tot slot kan de hypotheekhouder op grond van het veranderingsbeding de hypotheekgever verbieden de inrichting of de gedaante van het verbonden goed te veranderen; zie verder subparagraaf 4.2.2.

Hypothecaire bedingen

Kernbegrippenlijst

Authentieke akte	Akte opgesteld ten overstaan van een openbaar ambtenaar, bijvoorbeeld een notaris.
Bankhypotheek	Een hypotheekrecht dat verleend wordt tot zekerheid voor de voldoening van al hetgeen de hypotheekgever uit welke hoofde dan ook aan de hypotheekhouder schuldig is of zal worden.
Batig gerangschikte hypotheek	Hypotheek waarvan de ten grondslag liggende vordering uit de executieopbrengst voldaan kan worden.
Beheersbeding	Beding dat, mits uitdrukkelijk bedongen en in de hypotheek-akte opgenomen, de hypotheekgever de mogelijkheid geeft om bij ernstig achterstallig onderhoud het bezwaarde goed met rechterlijke machtiging onder zich te nemen (art. 3:267 BW).
Bezitloos pandrecht	Een pandrecht op een roerende zaak of een toonderpapier dat gevestigd wordt door middel van een authentieke of geregis-treerde onderhandse akte zonder dat de zaak in de macht van de pandhouder of van een derde hoeft te worden gebracht (art. 3:237 BW).
Bezwaard goed	Een goed waarop een beperkt recht gevestigd is.
Bezwaren	Een goed belasten met een beperkt recht.
Bouwhypotheek	Hypotheek op een nog in aanbouw zijnd bouwwerk.
Huurbeding	Beding dat, mits uitdrukkelijk bedongen en in de hypotheek-akte opgenomen, de hypotheekgever verbiedt het bezwaarde goed te verhuren of te verpachten zonder toestemming van de hypotheekhouder (art. 3:264 BW).
Hypotheekgever/verlener	Schuldenaar die tot zekerheid van de voldoening van een geld-schuld ten behoeve van zijn schuldeiser een hypotheekrecht vestigt op een hem toebehorend registergoed.
Hypotheekhouder	Schuldeiser die tot zekerheid voor de voldoening van een geld-vordering een hypotheekrecht bedingt op een aan zijn schulde-naar toebehorend registergoed.

Hypotheekrecht	Beperkt recht strekkende om op de daaraan onderworpen goederen (alleen registergoederen) een vordering tot voldoening van een geldsom bij voorrang boven de andere schuldeisers te verhalen (art. 3:227 lid 1 BW).
Krediethypotheek	Een hypotheekrecht dat verleend wordt tot zekerheid van de voldoening van hetgeen ter zake van een krediet in een lopende rekening verschuldigd is.
Lossing	De pandhouder of hypotheekhouder voldoet alsnog aan zijn verplichtingen om de dreigende openbare verkoop van de verbonden goederen te voorkomen (art. 3:249 lid 2 en 269 BW).
Onderhandse akte	Geschrift dat door partijen is opgesteld met het doel om tot bewijs te dienen.
Onderhandse verkoop	Een gewone koopovereenkomst, die tussen koper en verkoper gesloten wordt.
Ontruimingsbeding	Beding dat, mits uitdrukkelijk bedongen en in de hypotheekakte opgenomen, de hypotheekgever de bevoegdheid geeft het verhypothekeerde goed onder zich te nemen, indien dat met het oog op de executie noodzakelijk is (art. 3:267 lid 2 BW).
Openbaar pandrecht	Pandrecht op een vordering op naam dat gevestigd wordt door middel van een authentieke of onderhandse akte en mededeling van de verpanding aan de schuldenaar van de verpande vordering (art. 3:236 lid 2 BW).
Openbare verkoop	Verkoop op een veiling. Betreft het verkoop van roerende zaken, niet-registergoederen, dan geschiedt deze verkoop overeenkomstig de plaatselijke gebruiken. Betreft het registergoederen, dan geschiedt de verkoop ten overstaan van een bevoegde notaris (art. 3:250 en 268 BW).
Pandgever	Schuldenaar die tot zekerheid van de voldoening van een geldschuld ten behoeve van zijn schuldeiser een pandrecht vestigt op een hem toebehorend goed.
Pandhouder	Schuldeiser die tot zekerheid voor de voldoening van een geldvordering een pandrecht bedingt op een aan zijn schuldenaar toebehorend goed.
Pandrecht	Een beperkt recht strekkende om op de daaraan onderworpen goederen (alleen niet-registergoederen) een vordering tot voldoening van een geldsom bij voorrang boven de andere schuldeisers te verhalen (art. 3:227 lid 1 BW).

4

Recht van parate executie	Recht van de pand- en hypotheekhouder om bij verzuim van de schuldenaar het verpande of verhypothekeerde goed te verkopen en zich op de opbrengst te verhalen zonder dat daarvoor eerst door middel van een gerechtelijke procedure een executoriale titel verkregen behoeft te worden (art. 3:248 lid 1 en 268 BW).
Royement	Doorhaling van de ten gevolge van de zuivering tenietgegane en vervallen hypotheken en beslagen (art. 3:273 lid 3 en 274 BW).
Separatist	Separatist is diegene die in een faillissement zijn rechten kan uitoefenen alsof er geen faillissement was (art. 57 Fw).
Stil pandrecht	Pandrecht op een vordering op naam dat gevestigd wordt door middel van een authentieke of geregistreerde onderhandse akte zonder mededeling van de verpanding aan de schuldenaar van de verpande vordering (art. 3:239 lid 1 BW).
Veranderingsbeding	Beding dat, mits uitdrukkelijk bedongen en in de hypotheekakte opgenomen, de hypotheekgever verbiedt de inrichting of gedaante van het bezwaarde goed zonder toestemming van de hypotheekhouder te veranderen (art. 3:265 BW).
Voorrang	Bevoegdheid van een schuldeiser om zich vóór de andere schuldeisers te verhalen op de executieopbrengst van een bepaald goed of van alle goederen die tot een vermogen behoren.
Vuistpand	Een pandrecht dat gevestigd wordt door het verbonden goed (roerende zaak, niet-registergoed, order- of toondervordering) in de macht van de pandhouder of een derde te brengen (art. 3:236 BW).
Zuivering	Het feit dat door de levering ingevolge een executoriale verkoop en de voldoening van de koopprijs alle op het verkochte goed rustende hypotheken tenietgaan en de gelegde beslagen vervallen (art. 3:273 BW).

4

Meerkeuzevragen

4.1   Nooteboom heeft een door pandrecht gedekte vordering op Polanen.
Dit pandrecht gaat teniet
- **a** als Nooteboom de vordering aan Incasso bv cedeert.
- **b** als Polanen failliet wordt verklaard.
- **c** als Polanen zijn schuld volledig betaalt.
- **d** als Scheepers de vordering van Polanen overneemt.

4.2   Welke van de volgende stellingen is juist?
- **a** Pand en hypotheek kunnen slechts op zaken worden gevestigd.
- **b** Toekomstige goederen kunnen niet worden verpand.
- **c** Pand kan alleen op roerende en hypotheek alleen op onroerende goederen gevestigd worden.
- **d** Pand en hypotheek geven voorrang die slechts langs contractuele weg kan worden bedongen.

4.3   Voor de totstandkoming van een bezitloos pandrecht op een roerende zaak is vereist
- **a** een cp-levering.
- **b** een geregistreerde onderhandse akte.
- **c** het in de macht brengen van de verpande zaak van de pandhouder of een derde.
- **d** mededeling aan de schuldenaar.

4.4   Monza verpandt zijn vordering op Engels aan de bank zonder Engels daarvan op de hoogte te stellen.
Hij vestigt
- **a** een bezitloos pandrecht.
- **b** een openbaar pandrecht.
- **c** een stil pandrecht.
- **d** een vuistpandrecht.

4.5   Als de hypotheekhouder het woonhuis met garage van Berkhout in het openbaar gaat verkopen omdat deze laatste de rente en de aflossingen niet meer betaalt, maakt de hypotheekhouder gebruik van
- **a** het beroep op vernietigbaarheid.
- **b** het executiebeding.
- **c** het ontruimingsbeding.
- **d** het recht van parate executie.

4.6   Bram Huizinga heeft een door pandrecht gedekte vordering op Willem Biervliet. Bram Huizinga's pandrecht gaat teniet
- **a** als de vordering door Bram wordt gecedeerd aan Mark Fruin.
- **b** als Willem zijn schuld volledig betaalt.

c als Willem failliet verklaard wordt.
d in alle drie de hiervoor genoemde gevallen.

4.7 Expediteur Leegerstee heeft liquiditeitsproblemen. Hij sluit een lening af bij de bank om de lopende schulden te kunnen betalen. Tot zekerheid van de voldoening van zijn verplichtingen op grond van deze overeenkomst, wil hij een pandrecht vestigen op vijf bestelwagens en op een zesde bestelwagen die hem over vier weken zal worden geleverd. Leegerstee kan
a alle bestelwagens bezitloos verpanden.
b geen pandrecht vestigen op de auto die nog geleverd moet worden.
c slechts een openbaar pandrecht vestigen op de vijf bestelwagens en een stil pandrecht op de bestelwagen die nog niet geleverd is.
d vuistpand vestigen op alle bestelwagens.

4.8 Glazeniersbedrijf Glasfix bv heeft een eerste hypotheek op het bedrijfsgebouw verleend aan de Hypotheker bv ter waarde van €150.000. Verder rust er ook nog een krediethypotheek op het bedrijfsgebouw van €50.000 ten gunste van de Middenstandsbank nv. Glasfix bv raakt in verzuim ten aanzien van zijn verplichtingen jegens de Hypotheker bv. Hypotheker bv gaat over tot de openbare verkoop. Na aftrek van de kosten van de verkoop blijft er slechts €150.000 over. Wat is nu de positie van de Middenstandsbank nv?
a Het hypotheekrecht en de daaraan ten grondslag liggende vordering van de Middenstandsbank gaan teniet.
b Het hypotheekrecht van de Middenstandsbank nv blijft op het bedrijfsgebouw rusten, zolang het krediet niet volledig is afgelost.
c Het hypotheekrecht van de Middenstandsbank nv blijft vanwege het zaaksgevolg op het bedrijfsgebouw rusten.
d Het hypotheekrecht van de Middenstandsbank nv gaat teniet, maar de bank behoudt een concurrente vordering op Glasfix bv.

4.9 De Bank bedingt van ROMA bv een pandrecht op zowel zijn huidige als toekomstige voorraden ten behoeve van een verstrekt krediet. Het pandrecht dat gevestigd moet worden, noemt men een
a bezitloos pandrecht.
b openbaar pandrecht.
c stil pandrecht.
d vuistpandrecht.

4.10 Welke van de volgende beweringen is juist?
a Als de hypothecaire vordering na de executoriale verkoop niet volledig uit de opbrengst kan worden voldaan, houdt de hypotheekhouder een bevoorrechte vordering over.
b Het hypotheekrecht van een niet batig gerangschikte hypotheekhouder gaat teniet door zuivering.
c Het niet-huurbeding in de hypotheekakte geldt voor alle huurovereenkomsten, ongeacht het tijdstip waarop zij zijn ontstaan.
d Of een pandrecht of hypotheekrecht gevestigd moet worden op een bepaald goed, wordt bepaald door het onderscheid roerende/onroerende goederen.

4.11 Het feit dat zijn hypotheek niet batig gerangschikt wordt, heeft voor de schuldeiser tot gevolg dat
a hij zijn voorrang verliest.
b hij zijn hypotheekrecht voortaan moet uitoefenen tegenover de koper.

c zijn hypotheek door doorhaling in de openbare registers tenietgaat.

d zijn vorderingsrecht door zuivering teniet is gegaan.

4.12   Als directeur Barends van BAVO bv zijn computer, waarop een bezitloos pandrecht ten gunste van de Bank gevestigd is, verkoopt en door middel van feitelijke overdracht levert aan Geert Bosma, die te goeder trouw is,

a blijft het pandrecht op de computer rusten, omdat pandrecht zaaksgevolg kent.

b blijft het pandrecht op de computer rusten, omdat pandrecht een absoluut recht is.

c vervalt het pandrecht.

d vervalt het pandrecht, zodra Geert Bosma de Bank daarvan op de hoogte heeft gesteld.

4.13   In het faillissement van Slootemaker's Garagebedrijf nv heeft de Bank als pandhouder een bijzondere positie, omdat het pandrecht de Bank

a voorrang geeft ten opzichte van de andere schuldeisers.

b de positie verschaft van separatist.

c een zekerheidsrecht verschaft.

d het recht van parate executie verleent.

4.14   Burger bv heeft een vordering op Janson tot zekerheid waarvan deze een hypotheekrecht heeft gevestigd op zijn bedrijfspand. Wanneer Burger bv de vordering op Janson cedeert aan de Bank gaat het hypotheekrecht

a over op de Bank, omdat het een afhankelijk/nevenrecht is.

b over op de Bank, omdat het hypotheekrecht op de zaak blijft rusten.

c niet over op de Bank, aangezien het een beperkt recht is.

d teniet.

4.15   Radiohandel Wolf heeft de inventaris en de voorraden van zijn bedrijf bezitloos verpand aan de Bank tot zekerheid van een door de Bank aan hem verstrekt krediet. Wat moet de Bank als eerste doen, als Radiohandel Wolf in verzuim raakt ten aanzien van zijn verplichtingen jegens de Bank?

a De inventaris en voorraden onder zich nemen om vervolgens zijn recht van parate executie te kunnen uitoefenen.

b Gebruikmakend van zijn recht van parate executie de inventaris en de voorraden in het openbaar verkopen.

c Radiohandel Wolf in gebreke stellen en het krediet opzeggen.

d Zich de inventaris en voorraden toe-eigenen.

Oefenvragen

4.1 Modebedrijf Annette bv heeft al zijn bestaande en toekomstige vorderingen verpand aan de bank tot zekerheid van een krediet. De desbetreffende schuldenaren zijn niet op de hoogte van de verpanding.

  a Wat zijn de wettelijke vereisten voor de vestiging van een geldig pandrecht?
  b Hoe wordt het pandrecht van de bank gevestigd?
  c Op welke vorderingen kan slechts een stil pandrecht gevestigd worden en waarom?
  d Wat moet de pandhouder doen als Modebedrijf Annette in verzuim raakt?
  e Welk risico loopt de pandhouder bij een stil pandrecht?
  f Wat is de positie van de bank in een eventueel faillissement van het mode-huis?

4.2 Diana Smit heeft na haar echtscheiding het recht van gebruik en bewoning van de voormalige echtelijke woning gekregen. Het recht is in de openbare registers ingeschreven. Toen Diana en haar ex-echtgenoot Gerard het pand kochten, hebben zij ter financiering van de koopsom een lening van €120.000 af moeten sluiten bij de bank. De bank heeft toen een hypo-theekrecht op het huis bedongen. Het eigendomsrecht van het huis is in de akte van scheiding en deling toebedeeld aan Gerard. Daarbij heeft Gerard tevens de hypothecaire verplichtingen op zich genomen. Een jaar na de echtscheiding raakt Gerard ten aanzien van zijn verplichtingen jegens de bank in verzuim. In de hypotheekakte is een huurbeding opgenomen. Voor-dat het hypotheekrecht werd verleend, was de benedenetage van de woning reeds verhuurd aan het echtpaar Tussenbroek.

  a Hoe wordt een hypotheekrecht gevestigd?
  b Moet de bank het recht van gebruik en bewoning van Diana respecteren? Beredeneer uw antwoord.
  c Wat bepaalt een huurbeding?
  d Kan de bank met een beroep op het huurbeding eisen dat het echtpaar Tus-senbroek de benedenwoning ontruimt?
  e Wanneer kan een verhypothekeerd goed onderhands verkocht worden?

4.3 Op de site veilingbiljet.nl, vastgoedveiling Rijnmond, staat te lezen dat er op 21 augustus 2013 vanaf 13.30 uur ten overstaan van Smal Netwerk Nota-rissen bij het Vendu Notarishuis Rotterdam, adres Kipstraat 54 te Rotter-dam, (onder andere) een appartement gelegen aan de Tolhuislaan te Rot-terdam geveild zal worden. Er wordt op de site tevens aangegeven dat het ook mogelijk is voorafgaand aan de veiling bij de notaris een schriftelijk bod uit te brengen. Dit bod moet uitgebracht worden door middel van een bie-dingsformulier, dat uiterlijk vóór 6 augustus 2013 24.00 uur bij de notaris moet zijn ingediend. Dit bod is volgens de aankondiging onherroepelijk en onvoorwaardelijk, omdat het niet mogelijk is om een voorbehoud te maken voor bijvoorbeeld het verkrijgen van een financiering of het leegkomen van het pand.

a Van welk recht maakt de hypotheekhouder hier gebruik en wat wil dat zeggen? Vermeld ook het relevante wetsartikel.

b Wat kan het gevolg zijn van de onderhandse biedingen? Leg uit.

c Aan welke voorwaarden moet een onderhandse bieding voldoen?

d Kan de hypotheekhouder een beroep doen op het huurbeding? Beargumenteer uw antwoord.

e Wat is het gevolg als de opbrengst van de executoriale verkoop onvoldoende is om de hypothecaire vordering volledig te voldoen? Beredeneer uw antwoord.

f Wat is royement?

4.4 De Stadsbank van Lening heeft in een advertentie in *Het Parool* een openbare veiling aangekondigd van zaken die het jaar daarvoor in pand gegeven waren.

a Van wat voor pandrecht is hier sprake? Beredeneer uw antwoord.

b Hoe wordt een dergelijk pandrecht gevestigd?

c Van welk recht maakt de Stadsbank van Lening hier gebruik?

d Welke andere rechten heeft een pandhouder?

e Wordt de pandhouder beschermd tegen beschikkingsonbevoegdheid van de pandgever?

4

5

Rechtshandeling algemeen

5.1   Het begrip 'rechtshandeling'
5.2   Totstandkoming van een rechtshandeling
5.3   Nietigheid en vernietigbaarheid van een rechtshandeling (nulliteiten)

Niet iedere handeling die rechtsgevolgen heeft, is ook een rechtshandeling. Het is daarom van belang na te gaan wanneer een handeling een rechtshandeling is (par. 5.1). Afhankelijk van de vraag of er slechts één persoon de rechtshandeling en haar gevolgen tot stand wil brengen of dat er meer zijn, spreken we van een eenzijdige of van een meerzijdige rechtshandeling. Een rechtshandeling komt niet zomaar tot stand. Om rechtsgeldig te zijn, moet zij voldoen aan een aantal vereisten (par. 5.2). Het kan voorkomen dat rechtshandelingen achteraf nietig blijken te zijn of dat zij hoewel aanvankelijk geldig, toch worden vernietigd. Dit onderwerp betreft het vraagstuk van de zogenoemde nulliteiten, de nietigheid en vernietigbaarheid (par. 5.3).

5.1 Het begrip 'rechtshandeling'

Een *rechtshandeling* is een handeling van een rechtssubject die het rechtsgevolg heeft dat de bedoeling was van het handelende rechtssubject en dat ook erkend is door het recht.

Rechtshandeling

VOORBEELD 5.1
Een vrachtwagen heeft door een ongelukkige manoeuvre bij het keren het hek van een langs de weg liggend bedrijfsgebouw beschadigd.

Dit handelen heeft weliswaar rechtsgevolgen, de chauffeur van de vrachtwagen zal de schade aan het hek namelijk moeten vergoeden, maar dit handelen is geen rechtshandeling.

VOORBEELD 5.2

Directeur Jongbloeds van JB bv geeft architect Koks en aannemer Brands de definitieve opdracht voor de bouw van het nieuwe kantoor van JB bv tegen de door hen aangegeven aanneemsom.

Ook dit handelen heeft rechtsgevolgen, te weten enerzijds de verplichting om het kantoor te bouwen en anderzijds de verplichting om daarvoor de opgegeven aanneemsom te betalen. Hier is echter wel sprake van een rechtshandeling, omdat beide partijen de rechtsgevolgen hebben gewild. Sterker nog, zij hebben de (rechts)handeling verricht met het oog op de door henzelf bepaalde rechtsgevolgen in de overeenkomst die zij daarom hebben gesloten.

Daarom is er in voorbeeld 5.1 geen sprake van een rechtshandeling. Het handelend rechtssubject heeft immers de handeling niet verricht met de bedoeling dat het rechtsgevolg, het betalen van schadevergoeding, zou ontstaan. Nee, deze verplichting ontstaat desondanks, omdat de wet zegt dat iemand die door zijn handelen (of nalaten) schade toebrengt aan een ander, verplicht is die ander zijn schade te vergoeden (art. 6:162 BW, onrechtmatige daad); zie over de onrechtmatige daad verder hoofdstuk 8.

Niet alleen moet het rechtsgevolg beoogd zijn, de rechtshandeling/overeenkomst moet ook passen binnen het kader dat het recht daarvoor heeft geschapen. Er ontstaan namelijk alleen *recht*sgevolgen uit de door partijen gesloten *recht*shandeling als die rechtsgevolgen door het recht zijn erkend. Zo is het witwassen van zwart geld een overeenkomst waarbij partijen de daardoor ontstane gevolgen hebben gewild. Toch is in dit geval geen sprake van een *recht*sgevolg, omdat partijen bij het sluiten van de overeenkomst in strijd met de wet hebben gehandeld.

Rechtshandelingen kunnen ontstaan door toedoen van slechts één persoon, die het beoogde rechtsgevolg wil, de eenzijdige rechtshandeling (subpar. 5.1.1). Meestal is echter de wil van twee personen nodig om de beoogde rechtsgevolgen in het leven te roepen en spreken we van een meerzijdige rechtshandeling (subpar. 5.1.2).

5.1.1   Eenzijdige rechtshandeling

Eenzijdige
rechtshandeling

Bij een *eenzijdige rechtshandeling* kan de wil van één persoon het rechtsgevolg in het leven roepen.

VOORBEELD 5.3

De Winter gaat naar de notaris om een testament te laten opmaken. Hij doet dat omdat hij wil regelen wat er met zijn vermogen na zijn overlijden zal gebeuren.

VOORBEELD 5.4

Hoogstede wil als eigenaar van een bedrijf zijn onderneming inschrijven in het Handelsregister, dat gehouden wordt bij de Kamer van Koophandel. Hij verleent daartoe een volmacht aan zijn procuratiehouder.

In beide voorbeelden is er sprake van een rechtshandeling. Zowel de erflater als de ondernemer wil de rechtsgevolgen, namelijk dat het vermogen bijvoorbeeld naar neef Bernard gaat en dat de onderneming als zodanig door de procuratiehouder in het Handelsregister wordt ingeschreven. In beide gevallen betreft het eenzijdige rechtshandelingen, want de wil van één persoon is voldoende om het rechtsgevolg in het leven te roepen.
Toch is er een verschil. Eenzijdige rechtshandelingen zijn namelijk te verdelen in:
1 eenzijdige ongerichte rechtshandelingen;
2 eenzijdige gerichte rechtshandelingen.

In voorbeeld 5.3 is de rechtshandeling niet specifiek gericht tot een bepaalde persoon, in voorbeeld 5.4 wel. De eerste noemt men dan ook een Rechtshandeling; eenzijdige ongerichte *eenzijdige ongerichte* en de tweede een *eenzijdige gerichte rechtshandeling*.
Andere voorbeelden van eenzijdige ongerichte rechtshandelingen zijn de verwerping van een nalatenschap, het afstand doen van de huwelijksgemeenschap of het plaatsen van een advertentie in een weekblad.
Voorbeelden van gerichte eenzijdige rechtshandelingen zijn de opzegging van een huur- of arbeidsovereenkomst, de bekrachtiging van een rechtshandeling, de ontbinding van een overeenkomst, een ingebrekestelling, een aanbod, een verrekeningsverklaring en, zoals in ons voorbeeld, het verlenen van een volmacht.

Eenzijdige ongerichte rechtshandeling

Eenzijdige gerichte rechtshandeling

5.1.2 Meerzijdige rechtshandeling
De meest voorkomende rechtshandeling is de meerzijdige rechtshandeling. Voor de totstandkoming van een *meerzijdige rechtshandeling* is de wil van twee of meer rechtssubjecten nodig om het door hen beoogde rechtsgevolg te doen intreden. Voorbeelden van meerzijdige rechtshandelingen zijn de overeenkomsten en de besluiten van een algemene aandeelhoudersvergadering of een algemene ledenvergadering, of het besluit tot oprichting van een vereniging. Overeenkomsten komen voor in het familierecht (het huwelijk, de overeenkomst van huwelijkse voorwaarden), het goederenrecht (vestiging van een beperkt recht, overdracht van een zaak), het bewijsrecht (dading, compromis) en in het verbintenissenrecht (koopovereenkomst, huurovereenkomst, schenkingsovereenkomst, arbeidsovereenkomst, overeenkomst van lastgeving).
Van de overeenkomsten is de verbintenisscheppende overeenkomst de bekendste. Een *verbintenisscheppende overeenkomst* is een meerzijdige rechtshandeling die gericht is op het scheppen van verbintenis(sen). De verbintenis is dan het rechtsgevolg van deze meerzijdige rechtshandeling. De handelende rechtssubjecten aanvaarden nu door het tot stand brengen van een meerzijdige rechtshandeling (overeenkomst) de rechten en plichten die voor hen uit de verbintenis kunnen voortvloeien. Daarop is namelijk hun wil gericht.
De meeste verbintenisscheppende overeenkomsten doen twee verbintenissen ontstaan; sommige echter hebben slechts het ontstaan van een enkele verbintenis tot gevolg. Aan de hand van het aantal verbintenissen dat ontstaat, wordt de verbintenisscheppende overeenkomst onderverdeeld in:
1 de wederkerige (verbintenisscheppende) overeenkomst;
2 de eenzijdige (niet-wederkerige verbintenisscheppende) overeenkomst.

Meerzijdige rechtshandeling

Verbintenisscheppende overeenkomst

Ad 1 Wederkerige overeenkomst

Wederkerige overeenkomst

Bij een *wederkerige overeenkomst* ontstaan er twee verbintenissen. Men noemt de betreffende overeenkomst wederkerig, omdat de contractpartijen over en weer schuldeiser en schuldenaar worden van de tot stand gekomen verbintenissen.

VOORBEELD 5.5

Machinehandel T&B huurt voor vijf jaar een loods van onroerendgoedmaatschappij Peter Bakker bv voor €225 per vierkante meter.

Er ontstaan in voorbeeld 5.5 twee verbintenissen uit de door partijen gesloten huurovereenkomst, te weten:
1 de verbintenis tot het ter beschikking stellen van de desbetreffende loods, waarvan T&B de schuldeiser en Peter Bakker bv de schuldenaar is;
2 de verbintenis tot betaling van €225 per vierkante meter aan huur, waarvan Peter Bakker bv schuldeiser is en T&B de schuldenaar.

Deze twee verbintenissen zijn het rechtsgevolg van de tot stand gekomen huurovereenkomst. Deze verbintenissen ontstaan omdat de beide contractpartijen deze verbintenissen met de daaruit voor hen voortvloeiende rechten en plichten wilden.
Voorbeelden van wederkerige verbintenisscheppende overeenkomsten zijn ook de koopovereenkomst, de arbeidsovereenkomst, de reisovereenkomst en de verzekeringsovereenkomst.

Ad 2 Eenzijdige (niet-wederkerige) overeenkomst

Eenzijdige overeenkomst

Het kan ook voorkomen dat er als rechtsgevolg van een overeenkomst slechts één verbintenis ontstaat. Omdat er dan maar één schuldeiser tegenover één schuldenaar staat, is de overeenkomst niet-wederkerig. Men spreekt in dit verband van een *eenzijdige overeenkomst*.

VOORBEELD 5.6

Dick van Vliet geeft Koen Lambregts zijn camera cadeau zodat Koen de bruiloft van zijn zuster kan fotograferen.

De overeenkomst die Koen en Dick hebben gesloten, wordt de *overeenkomst van schenking* genoemd. Deze overeenkomst is niet-wederkerig, omdat slechts voor Dick van Vliet de verplichting ontstaat de camera aan Koen te geven.

In figuur 5.1 zijn de eenzijdige en de meerzijdige rechtshandelingen schematisch weergegeven.

FIGUUR 5.1 Eenzijdige en meerzijdige rechtshandelingen

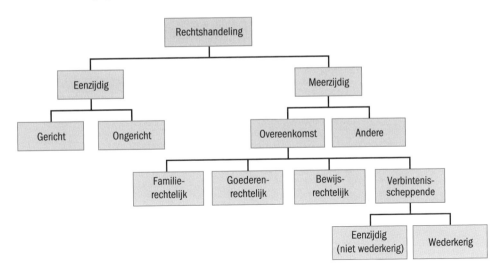

🄬 Totstandkoming van een rechtshandeling

Nu we gezien hebben wat het begrip 'rechtshandeling' zoal kan inhouden, is het van belang te weten hoe een rechtshandeling tot stand kan komen.
Uit de wet zijn drie *vereisten* voor de totstandkoming van een rechtshandeling af te leiden (subpar. 5.2.1).
De vraag op welk moment de rechtshandeling tot stand komt, kan juridisch van belang zijn en komt hier dus aan de orde (subpar. 5.2.2).

5.2.1   Vereisten totstandkoming van een rechtshandeling

De drie vereisten voor totstandkoming van een rechtshandleiding zijn:
1 een handelingsbekwaam rechtssubject (art. 3:32 lid 1 BW);
2 een op een rechtsgevolg gerichte wil (art. 3:33 BW);
3 een verklaring waarin de op een rechtsgevolg gerichte wil is geopenbaard (art. 3:33 BW).

Handelingsbekwaam zijn is het kunnen verrichten van onaantastbare rechtshandelingen (subpar. 1.3.1). Handelsbekwaam zijn in ieder geval natuurlijke personen. Ook rechtspersonen kunnen echter rechtshandelingen verrichten, aangezien een rechtspersoon wat het vermogensrecht betreft door de wet gelijkgesteld wordt aan een natuurlijk persoon (art. 2:5 BW). De handelingsonbekwaamheid wordt in paragraaf 5.3 verder besproken.   Handelings-bekwaam

Voor de totstandkoming van een rechtshandeling is vereist een op een rechtsgevolg gerichte wil, die zich door een verklaring heeft geopenbaard (art. 3:33 BW). Met *wil* wordt bedoeld de subjectieve wil: de *verklaring* is de uiting van die wil. Dit betekent aan de ene kant dat er pas gebondenheid aan een rechtshandeling ontstaat als het handelende subject dat ook werkelijk wil en aan de andere kant dat iemand is gebonden aan hetgeen hij heeft verklaard.   Verklaring
Wil

Er ontstaan natuurlijk problemen als iemand iets verklaart wat niet in overeenstemming is met wat hij werkelijk wil. En hoe kan degene tegenover wie hij deze verklaring uit, weten dat deze iets zegt wat hij niet wil? Dat kan hij natuurlijk niet en daarom mag hij ervan uitgaan dat datgene wat de ander verklaarde, overeenkomstig de zin die daaraan in de gegeven omstandigheden mocht worden toegekend, in overeenstemming was met datgene wat hij wilde. Dit noemt men het *vertrouwensbeginsel* (art. 3:35 BW). Dit betekent dat als sprake is van een duidelijke vergissing of verspreking geen gebondenheid zal ontstaan, en dat als het de wederpartij gezien de omstandigheden niet duidelijk was dat er sprake is van een vergissing wel gebondenheid aan de rechtshandeling zal ontstaan.

Vertrouwens-beginsel

VOORBEELD 5.7

Firma Nelissen bestelt uit de catalogus van Arend vijf bureaustoelen voor €297 ex btw.

Als de bestelbon op naam van firma Nelissen is ingevuld, sluiten wil en verklaring op elkaar aan. Firma Nelissen wil vijf bureaustoelen voor €297 per stuk kopen.

VOORBEELD 5.8

Fons de Groot ziet in de etalage van een fotozaak een Seikoshacamera als voordeelaanbieding voor €725. Als hij aangeeft de betreffende camera voor €725 te willen kopen, deelt de verkoper hem mee dat de camera bij vergissing verkeerd geprijsd is. De werkelijke voordeelprijs is €825.

Sluiten wil en verklaring hier op elkaar aan? Nee, want de verkoper van de fotozaak wilde de camera voor €825 verkopen. Het gevolg hiervan is dat strikt genomen geen overeenkomst tot stand gekomen is, omdat wil en verklaring niet op elkaar aansluiten. Er komt echter in dit geval toch een overeenkomst tot stand, en wel voor €725. Dat heeft te maken met het hiervoor al genoemde vertrouwensbeginsel. Fons mocht er namelijk in de gegeven situatie op vertrouwen dat de aangegeven prijs de juiste was, omdat het niet duidelijk was dat er een vergissing was gemaakt. Daardoor ontstaat gebondenheid aan de rechtshandeling (overeenkomst). Iets anders zou het zijn geweest als de camera voor €8,25 geprijsd stond. Het moet dan voor de koper duidelijk zijn dat een dergelijke prijs te laag is voor een dergelijke camera (zie art. 3:35 BW).

Het hangt van de omstandigheden af of er sprake is van een misverstand of niet. Hoe men in een voorkomend geval het antwoord vindt op de vraag of er al dan niet een rechtshandeling tot stand gekomen is en zo ja van welke inhoud, is door de Hoge Raad aangegeven in het arrest Bunde/Erckens (HR 17 december 1976, NJ 1977, 241). In casu ging het over de interpretatie van het begrip 'belastingvoordeel' dat door partijen in hun overeenkomst was gebruikt en waarover zij een verschillende opvatting hadden.

Uiteraard moet ook degene die de verklaring in ontvangst neemt, zich afvragen of de ander zich wel realiseerde wat hij verklaarde. Er rust op hem een *onderzoeksplicht*. Dat wil zeggen dat hij soms moet onderzoeken of de ander werkelijk wil wat hij verklaart. Laat hij dit laatste na, dan kan hij geen beroep meer doen op het vertrouwensbeginsel.

Onderzoeksplicht

In de praktijk kan het moeilijk zijn vast te stellen wanneer de wederpartij precies nader onderzoek moet doen. Dit zal des te eerder van hem kunnen worden verlangd, naarmate de rechtshandeling voor die ander nadeliger is, zoals bijvoorbeeld bij het nemen van ontslag (HR 28 mei 1982, NJ 1983, 2, Coolwijk/Kroes). Bij rechtshandelingen om niet, waarbij de tegenpartij geen prestatie of een prestatie van geringere waarde hoeft te verrichten, kan volgens de jurisprudentie de redelijkheid en billijkheid meebrengen dat de wederpartij geen beroep op het vertrouwensbeginsel van art. 3:35 BW kan doen. Dit geldt met name als een rechtshandeling ernstige gevolgen voor de ene contractpartij met zich meebrengt en slechts minimale gevolgen voor de wederpartij. Van belang hierbij is in de eerste plaats de aard van de rechtshandeling (om niet of anders dan om niet) en in de tweede plaats de omvang van het vermogensnadeel dat geleden wordt. Zie HR 12 september 1986, NJ 1987, 267, Westhoff/Spronsen. In dit arrest ging het over vrachtwagenchauffeur Spronsen. Die nam ontslag op staande voet toen hij na een lange en vertraagde rit ook nog eens op een leeg parkeerterrein stond, omdat zijn collega's die hem mee zouden nemen, al waren vertrokken, waardoor hij niet thuis kon komen. Een ander geval betrof werknemer Hajjout, die nauwelijks Nederlands sprak en die een verklaring had ondertekend waarbij hij in geval van ontslag op staande voet afstand zou doen van zijn beroep op nietigheid van het ontslag. De Hoge Raad besliste dat de werkgever er zich in een dergelijke situatie van moet vergewissen dat de werknemer zich van de inhoud van de verklaring bewust is, wil hij uit de ondertekening van de verklaring mogen afleiden dat de werknemer zich ook aan dit deel van de verklaring wil binden (HR 15 april 1983, NJ 1983, 458, Hajjout/IJmah). Een werknemer hoeft zich echter bij beëindiging van de dienstbetrekking door zijn werkgever niet af te vragen of dat werkelijk de bedoeling was. Er is volgens de Hoge Raad dan geen reden om een dergelijke verklaring, indien de werknemer deze heeft opgevat als gericht op de beëindiging van de dienstbetrekking, anders te beoordelen dan aan de hand van de maatstaf van art. 3:33 en 3:35 BW (HR 10 juni 2005 C03/310HR; JOL 2005, 352, RvdW 2005, 84).

5.2.2   Moment waarop de rechtshandeling tot stand komt

De rechtshandeling komt pas tot stand als de verklaring de persoon tot wie zij gericht is, heeft bereikt (art. 3:37 lid 3 BW). Dit geldt natuurlijk ook als men schriftelijk reageert. De rechtshandeling komt in dat geval eveneens pas tot stand op het moment dat de verklaring, bijvoorbeeld de brief, de wederpartij heeft bereikt. Dit noemt men de *ontvangsttheorie*.

Ontvangsttheorie

Soms echter komt er ondanks het feit dat de verklaring de aanbieder niet heeft bereikt, toch een rechtshandeling, bijvoorbeeld een overeenkomst, tot stand, namelijk:
- als de aanbieder zelf of degene voor wie hij aansprakelijk is, zoals een werknemer, de oorzaak is van het feit dat de verklaring hem niet of niet tijdig heeft bereikt;
- wanneer er sprake is van andere omstandigheden die zijn persoon betreffen en die rechtvaardigen dat hij het nadeel draagt. Persoonlijke omstandigheden behoren namelijk altijd tot iemands risico.

Bij onjuist overgebrachte verklaringen kijkt men naar degene tot wiens risico de fout behoort. Er is altijd sprake van risico van de afzender als het een fout van een daartoe door de afzender aangewezen persoon betreft (werknemer) of het door de afzender gekozen middel van verzending; er is bijvoorbeeld een fout in een e-mail geslopen (art. 3:37 lid 4 BW).

VOORBEELD 5.9

Piet Dekker biedt marktkoopman Hans Holierhoek een partij koopwaar aan. Hans faxt digitaal: 'Aanvaard je aanbod niet'. In de haast komt het woordje 'niet' te vervallen.

Er is hier een geldige rechtshandeling tot stand gekomen, ondanks het feit dat dit niet de bedoeling was van Hans. Het risico rust op hem, omdat hij het communicatiemiddel, de e-fax, had uitgekozen.

Het risico is voor Piet als hij het communicatiemiddel heeft aangewezen.

VOORBEELD 5.10

Piet Dekker doet Hans Holierhoek een aanbod en verzoekt hem per e-mail te antwoorden. In de e-mail staat: 'Aanvaard je aanbod'. Ook hier is het woordje 'niet' weggevallen.

Nu is er geen rechtshandeling tot stand gekomen, aangezien het risico, vanwege de keuze van het middel van verzending, bij Piet Dekker lag. Onthoud dus: degene die een bepaald middel van verzending heeft gekozen, draagt ook het risico voor een eventuele daarmee gemaakte fout.

Het kan voorkomen dat een contractpartij die reeds aangegeven heeft al dan niet op het aanbod van de wederpartij te zullen ingaan, alsnog op zijn standpunt wil terugkomen. Dit is in principe mogelijk zolang de eerste verklaring de wederpartij nog niet heeft bereikt. De wet zegt het aldus: intrekking van een bepaalde verklaring moet om haar werking te hebben die persoon eerder dan of gelijktijdig met de eerste verklaring bereiken (art. 3:37 lid 5 BW).

VOORBEELD 5.11

Computerbedrijf Compax bv doet Frans Dijksma schriftelijk een aanbod voor de aanschaf van een 17" notebook voor €599 ex btw. Het bedrijf wil echter dit aanbod intrekken, aangezien de aanvoer van dergelijke computers uit Taiwan stagneert.

Compax bv moet ervoor zorgen dat de tweede verklaring Frans Dijksma bereikt vóórdat hij de eerste heeft ontvangen. Dat betekent dat als de eerste verklaring per post is verstuurd, Compax bv alleen nog telefonisch of per e-mail de eerste verklaring kan intrekken; anders is het bedrijf te laat.

5.3 Nietigheid en vernietigbaarheid van een rechtshandeling (nulliteiten)

Het kan voorkomen dat rechtshandelingen, hoewel zij reeds tot stand gekomen zijn, achteraf niet de beoogde rechtsgevolgen hebben. Er zijn twee mogelijkheden:
1 De rechtshandeling is nietig.
2 De rechtshandeling is vernietigbaar.

In deze paragraaf gaan we eerst op de nietige en vernietigbare rechtshandeling in (subpar. 5.3.1). Daarna komt aan de orde wat de gevolgen zijn van de nietige en vernietigbare rechtshandeling (subpar. 5.3.2) en wie er een beroep op kunnen doen (subpar. 5.3.3).

5.3.1 Wanneer is een rechtshandeling nietig of vernietigbaar?

Nietig zijn de volgende rechtshandelingen:
- De rechtshandeling die door inhoud of strekking in strijd is met de goede zeden of de openbare orde, of die in strijd is met een dwingende wetsbepaling, tenzij deze wetsbepaling alleen maar de bedoeling heeft om een der partijen bij een meerzijdige overeenkomst te beschermen. Dan is zij vernietigbaar (art. 3:40 BW). _[Strijdig met wet/ goede zeden]_
- De rechtshandeling die is verricht door een handelingsonbevoegde. *Handelingsonbevoegd* is iemand die gezien zijn maatschappelijke positie in zaken waarin hij ambtshalve is betrokken, misbruik van deze positie zou kunnen maken, zoals rechters, notarissen, officieren van justitie en bepaalde ambtenaren (art. 3:43 BW). _[Handelingsonbevoegd]_
- De eenzijdige ongerichte rechtshandeling van een handelingsonbekwame (art. 3:32 lid 2 BW) en de eenzijdige ongerichte rechtshandeling die verricht is door iemand die handelde onder invloed van een geestelijke stoornis (art. 3:34 lid 2 BW). Op de eenzijdige ongerichte rechtshandeling van een handelingsonbekwame en van een geestelijk gestoorde wordt bij de bespreking van de vernietigbaarheid nader ingegaan. _[Handelingsonbekwaamheid of geestelijke stoornis]_

Een rechtshandeling is *vernietigbaar*:
a als zij is verricht door een *handelingsonbekwame* (art. 3:32 lid 1 BW), behalve als het een eenzijdige ongerichte rechtshandeling betreft (is dan dus nietig, zie hierboven);
b als zij is verricht door iemand die op dat moment onder invloed van een *geestelijke stoornis* handelde, behalve als het een eenzijdige gerichte rechtshandeling betreft (art. 3:34 lid 2 BW);
c als er bij de totstandkoming sprake is geweest van een zogenoemd *wilsgebrek* (art. 3:44 en 6:228 BW);
d als zij door een schuldenaar is verricht en tot gevolg heeft dat diens andere schuldeisers daardoor worden benadeeld, de zogenoemde *Actio Pauliana* (art. 3:45, 46 BW).

Ad a Handelingsonbekwaamheid
In paragraaf 5.2 hebben we als eerste eis voor de totstandkoming van een geldige rechtshandeling gezien dat de rechtshandeling verricht wordt door

Handelings-onbekwaamheid

een handelingsbekwaam rechtssubject. Dat is altijd het geval als het rechtssubject een rechtspersoon is. Maar een natuurlijk persoon kan *handelingsonbekwaam* zijn op grond van:

1 Minderjarigheid. Minderjarig is hij die beneden de 18 jaar is en niet gehuwd is of gehuwd is geweest (art. 1:233 BW).
2 Ondercuratelestelling (art. 1:378 en 381 BW). Een meerderjarige kan door de rechtbank onder curatele gesteld worden wegens bijvoorbeeld geestelijke stoornis, gewoonte van drankmisbruik of verkwisting (art. 1:378 BW).

Het gevolg van de handelingsonbekwaamheid is dat een door een handelingsonbekwame persoon verrichte rechtshandeling weliswaar geldig is, maar met een beroep op de handelingsonbekwaamheid vernietigd kan worden. Zij is geldig, maar aantastbaar. Alleen als de handelingsonbekwame een eenzijdige ongerichte rechtshandeling verricht – hij verwerpt bijvoorbeeld een nalatenschap – is zij nietig (art. 3:32 lid 2 BW).

Ad b Geestelijke stoornis

Geestelijke stoornis

Het kan voorkomen dat wil en verklaring wel op elkaar aansluiten, maar dat er aan de verklaring geen volwaardig wilsbesluit ten grondslag ligt. Degene die de verklaring aflegde, heeft gehandeld onder invloed van een geestelijke stoornis. In zo'n geval wordt ervan uitgegaan dat een met de verklaring overeenstemmende wil ontbreekt. Het gevolg is dat de rechtshandeling vernietigbaar is (art. 3:34 BW).

Men gaat hierbij uit van het principe dat de verklaring in ieder geval onder invloed van de geestelijke stoornis is gedaan als de rechtshandeling *nadelig* voor de geestelijk gestoorde was. De wederpartij mag wel proberen te bewijzen dat de verklaring niet onder invloed van de geestelijke stoornis is gedaan, maar er wordt, als de rechtshandeling ten nadele van de geestelijk gestoorde uitviel, van uitgegaan dat dit wel het geval was.

VOORBEELD 5.12

Geesje Klopper, die geestelijk niet volwaardig is, heeft haar ouderlijk huis, een groot pand in de Beethovenstraat in Amsterdam, van haar ouders geërfd. Op een gegeven ogenblik doet haar buurman, hoteleigenaar Bas Buitenzorg, een bod op het huis van €50.000. Geesje, die dit heel veel geld vindt, aanvaardt het aanbod. Het bod is echter gezien de gangbare prijzen van de huizenmarkt op dat moment en gezien de locatie veel te laag.

Er is hier weliswaar een geldige rechtshandeling tot stand gekomen – wil en verklaring sloten op elkaar aan – maar wel een die nadelig is voor de geestelijk gestoorde. Men mag er in zo'n geval van uitgaan dat aan de verklaring geen volwaardig wilsbesluit ten grondslag heeft gelegen. Het is dus mogelijk de rechtshandeling te vernietigen.

Maar ook in dit geval kan ter bescherming van de wederpartij het vertrouwensbeginsel van art. 3:35 BW een rol spelen. Slaagt de wederpartij er namelijk in te bewijzen dat hij gezien de omstandigheden niet kon vermoeden dat er sprake was van een geestelijke stoornis bij zijn contractpartner, dan wordt hij door het vertrouwensbeginsel beschermd.

Een beroep op het vertrouwensbeginsel door Bas Buitenzorg zal waarschijnlijk weinig kans maken, aangezien hij als buurman op de hoogte moet zijn geweest van het feit dat Geesje geestelijk niet volwaardig was en bovendien het initiatief tot het sluiten van de koopovereenkomst van hem uitging.

Ad c Wilsgebreken

Wilsgebreken maken dat iemand bij het bepalen van zijn wil om een bepaalde rechtshandeling tot stand te brengen, beïnvloed is door bepaalde omstandigheden.

De wet kent vier wilsgebreken:

1 bedreiging
2 bedrog
3 misbruik van omstandigheden
4 dwaling.

Wilsgebreken

Bedreiging, bedrog en misbruik van omstandigheden zijn geregeld bij de rechtshandeling (art. 3:44 lid 1 BW). Het vierde wilsgebrek, dwaling, komt alleen voor bij overeenkomsten (meerzijdige rechtshandeling) en is daarom in art. 6:228 BW en niet bij de algemene bepalingen met betrekking tot de rechtshandelingen geregeld.

We hebben gezien dat het voor het tot stand komen van een geldende rechtshandeling noodzakelijk was dat wil en verklaring, dus de uiting van die wil, op elkaar aansloten. Bij de rechtshandeling die is verricht door een op dat moment geestelijk gestoorde, blijken wil en verklaring, ondanks uiterlijke schijn toch niet op elkaar aan te sluiten. De geestelijk gestoorde wordt dan beschermd, tenzij er een geslaagd beroep op de vertrouwensleer wordt gedaan.

Wat is er aan de hand met iemand die een beroep doet op een wilsgebrek? Ook hier sluiten wil en verklaring op elkaar aan, maar degene die de verklaring aflegde, heeft zijn wil gevormd onder invloed van bepaalde omstandigheden, een invloed die zodanig was dat hij – waren deze omstandigheden er niet geweest – een dergelijke rechtshandeling niet of niet onder dezelfde voorwaarden had verricht. Bijvoorbeeld: iemand heeft toegestemd in de totstandkoming van een bepaalde rechtshandeling, omdat de wederpartij dreigde zijn kind te ontvoeren (bedreiging), doordat iemand hem opzettelijk bepaalde gegevens onthield (bedrog) of doordat iemand misbruik maakte van het feit dat de tegenpartij ernstig depressief was ten gevolge van bepaalde financiële moeilijkheden (misbruik van omstandigheden; aldus HR 29 mei 1965, NJ 1965, 104, Van Elmbt/Feierabend).

Bij bedrog of dwaling (als bedrog, dus opzet, niet bewezen kan worden) heeft de betreffende persoon zijn wil gevormd onder invloed van een misleidende voorstelling van zaken.

VOORBEELD 5.13

Guus van Amsterdam koopt een tweedehands auto bij Beunhaas bv. Achteraf blijkt de kilometerteller opzettelijk door een van de werknemers van Beunhaas te zijn teruggedraaid.

Bedrog/dwaling Dit zou men bedrog (of dwaling, als men er niet in slaagt de opzet van Beunhaas bv te bewijzen) kunnen noemen.

Er is hier sprake van een wilsgebrek, omdat Guus, als hij had geweten dat de kilometerteller van de auto was teruggedraaid, de auto waarschijnlijk niet of niet voor dezelfde prijs had gekocht.

Hetzelfde is het geval als iemand denkt een antieke kast te kopen, die achteraf een knappe replica blijkt te zijn. Een soortgelijk geval deed zich ook voor in het volgende arrest van de Hoge Raad.

> **HR 21 januari 1966, NJ 1966, 183 (Booy/Wisman, Mobiele kraan)**
> Booy had een twintig ton wegende mobiele kraan te koop aangeboden. Wisman had toen hij de kraan kwam bezichtigen, medegedeeld dat hij de kraan nodig had voor het lossen van schepen op verschillende locaties en dat er dus een kentekenbewijs vereist was. Nadat Booy hem verzekerd had dat de kraan geschikt was voor gebruik op de openbare weg en dat er zeker een kentekenbewijs afgegeven zou worden, kocht Wisman de kraan. Achteraf bleek dat laatste echter niet het geval te zijn, omdat de kraan te zwaar was. Wisman stelde vervolgens een vordering tot vernietiging in van de koopovereenkomst wegens dwaling.

Dwaling komt in principe alleen voor bij verbintenisscheppende overeenkomsten (art. 6:228 BW). Via de schakelbepaling (art. 6:216 BW) kan dwaling ook voorkomen bij andere meerzijdige rechtshandelingen dan verbintenisscheppende overeenkomsten, bijvoorbeeld goederenrechtelijke overeenkomsten (overdracht).

Bij dwaling heeft iemand bij het bepalen van zijn wil een verkeerde voorstelling van zaken gehad. Er is in zo'n geval wel sprake van wilsovereenstemming, want op het moment waarop de overeenkomst tot stand kwam, wilden partijen werkelijk hetgeen zij verklaarden. Die verkeerde voorstelling van zaken is het gevolg van een verkeerde of niet behoorlijke inlichting van de wederpartij (er kan echter ook sprake zijn van een wederzijdse dwaling, zie art. 6:228 BW), en heeft ertoe geleid dat de desbetreffende persoon, als hij geweten zou hebben hoe de zaken er in werkelijkheid voorstonden, de overeenkomst waarschijnlijk niet gesloten zou hebben.

Men kan geen beroep op dwaling doen als men de situatie verkeerd heeft ingeschat. Bijvoorbeeld: men huurt een café, omdat men denkt dat er in de buurt een markt komt. Achteraf blijkt dat laatste niet het geval te zijn (HR 10 juni 1932, NJ 1933, 5). In zo'n geval is beroep op dwaling niet mogelijk. Teleurgestelde toekomstverwachtingen worden niet gehonoreerd door een beroep op dwaling. Toekomstige omstandigheden behoren tot het risico van contractpartijen.

Denk in dit verband ook eens aan de koers van aandelen. Als men zijn aandelen op een bepaald moment van de hand doet en daarna blijkt de koers van die aandelen plotseling te stijgen, dan kan men natuurlijk niet met een beroep op dwaling de desbetreffende overeenkomst vernietigen. Zo kan men ook nooit een beroep op dwaling doen ten aanzien van de prijs waarvoor men iets verkocht heeft. Als iemand iets voor een bepaalde prijs heeft verkocht, geeft hij de kans prijs dat de zaak eventueel meer waard wordt. Aldus ook de HR 19 juni 1959, NJ 1960, 59 (Kantharos van Stevensweert).

Ad d Actio Pauliana

Tot slot is een rechtshandeling vernietigbaar als zij door een schuldenaar ten behoeve van een schuldeiser is verricht, maar tot gevolg heeft dat diens andere schuldeisers daardoor worden benadeeld. Een dergelijke rechtshandeling kan dan door iedere door de rechtshandeling in zijn ver- haalsmogelijkheden benadeelde schuldeiser vernietigd worden. Deze moet dan kunnen aantonen dat de schuldenaar bij het verrichten van de rechts- handeling wist of behoorde te weten dat daarvan benadeling van een of meer schuldeisers in hun verhaalsmogelijkheden het gevolg zou zijn (art. 3:45 BW). Dit beroep heet *Actio Pauliana*. Een beroep op de Actio Pauliana kan ook in faillissement, en dan door de faillissementscurator, gedaan wor- den (art. 42 e.v. Fw). De faillissementspauliana wordt in deel 2 van deze uitgave besproken.

Actio Pauliana

5.3.2 Gevolgen van nietigheid en vernietigbaarheid

Als een *rechtshandeling nietig* is, heeft dit tot gevolg dat datgene wat de handelende rechtssubjecten wilden, niet doorgaat. Achteraf blijken de be- oogde rechtsgevolgen er niet te zijn geweest. Dit komt, omdat nietigheid te- rugwerkende kracht heeft, dat wil zeggen: terugwerkt tot het moment van het tot stand komen van de bewuste rechtshandeling.

Nietige rechtshandeling

Een *vernietigbare rechtshandeling* is geldig totdat zij wordt vernietigd. Zij is dus aantastbaar. Dat wil zeggen dat de beoogde rechtsgevolgen doorgang vinden totdat er een beroep op de vernietigbaarheid van de rechtshandeling wordt gedaan. Dan worden de beoogde rechtsgevolgen achteraf geacht er niet te zijn geweest, want de vernietiging heeft terugwerkende kracht (art. 3:53 lid 1 BW).

Vernietigbare rechtshandeling

Nietigheid werkt van rechtswege. Op vernietigbaarheid echter moet uitdrukke- lijk een beroep worden gedaan, hetzij door een buitengerechtelijke verklaring, bijvoorbeeld een schrijven gericht aan de wederpartij van de rechtshandeling, hetzij door een rechterlijke uitspraak (art. 3:49, 50 en 51 BW).

5

VOORBEELD 5.14
Sophie Voogel is op 1 september in dienst getreden bij het administratie- kantoor Hendriks met een proeftijd van zes maanden.

Als er bij het sluiten van een arbeidsovereenkomst een proeftijd is overeenge- komen, heeft dit tot gevolg dat gedurende deze proeftijd zowel de werknemer als de werkgever zonder opgave van redenen en zonder de opzeggingstermij- nen in acht te hoeven nemen de arbeidsovereenkomst kunnen opzeggen (art. 7:652 en 7:676 BW). Elk beding echter waarbij de proeftijd op langer dan twee maanden gesteld is, is nietig (art. 7:652 lid 7 BW). In zo'n geval is er volgens de jurisprudentie (rechtspraak) geen proeftijd afgesproken. Dat bete- kent dus dat Sophie meteen in vaste dienst is bij Hendriks. De rechter hoeft hier de nietigheid van de proeftijd slechts te constateren.

VOORBEELD 5.15
Hans en Ineke gaan trouwen. Omdat Ineke een eigen kapsalon heeft, be- sluiten zij huwelijkse voorwaarden te maken. Zij leggen deze overeenkomst in een onderhandse akte vast. Een onderhandse akte is een schriftelijk stuk dat door contractpartijen zelf opgesteld wordt met het doel om tot be- wijs te dienen.

De wet schrijft echter voor (art. 1:115 BW) dat de akte van huwelijkse voorwaarden notarieel moet zijn verleden, wil zij geldig zijn. Dit heeft tot gevolg dat huwelijkse voorwaarden die door een echtpaar in een onderhandse akte zijn vastgelegd, niet geldig en dus nietig zijn. Ook hier hoeft de rechter slechts de nietigheid van de rechtshandeling te constateren. Er is namelijk sprake van een *vormfout* (art. 3:40 lid 2 BW, dat via de schakelbepaling van art. 3:59 BW op rechtshandelingen buiten het vermogensrecht van toepassing wordt verklaard).

Vormfout

Bij vernietigbaarheid daarentegen kan de rechter pas de rechtshandeling vernietigen als iemand, bijvoorbeeld de onbekwame of diens wettelijke vertegenwoordiger, een beroep op de vernietigbaarheid heeft gedaan (art. 1:234 en 3:32 lid 2 BW). Tot dat moment was de bewuste rechtshandeling dus geldig.

VOORBEELD 5.16
15-jarige Rob koopt voor €375 een tweedehands brommer van zijn oudere vriend Max. Robs vader is het niet met de aankoop eens, temeer daar Rob wettelijk gezien nog niet op een brommer mag rijden.

Robs vader kan nu met een beroep op de handelingsonbekwaamheid van Rob de koopovereenkomst vernietigen.
Ook de koopovereenkomst van Guus van Amsterdam betreffende de tweedehands auto bij Beunhaas bv (voorbeeld 5.13) was geldig. De overeenkomst kon echter door middel van een geslaagd beroep op bedrog of dwaling worden vernietigd, omdat de kilometerteller opzettelijk door een van de werknemers van Beunhaas bleek te zijn teruggedraaid.
Deze koopovereenkomst was dus geldig totdat zij door een geslaagd beroep op bedrog van Guus van Amsterdam door de rechter was vernietigd. Dit betekent dat als Guus niets doet, de koopovereenkomst gewoon in stand blijft.

Wat zijn de gevolgen als de rechtshandeling werkelijk wordt vernietigd?

VOORBEELD 5.17
Hagenaars heeft een bestelwagen verkocht aan Transito bv. Er ontstaan uit deze koopovereenkomst twee verbintenissen, namelijk één met de verplichting de bestelauto te leveren en één betreffende de verschuldigde koopprijs.

Als de koopovereenkomst wordt vernietigd of nietig is, heeft dit tot gevolg dat de rechtsgevolgen van deze overeenkomst, de twee verbintenissen, achteraf niet blijken te zijn ontstaan, aangezien vernietiging of nietigheid terugwerkt tot het tijdstip waarop de rechtshandeling is verricht (art. 3:53 BW). Dit betekent ten aanzien van de overdracht van de auto dat deze overdracht niet geldig was. Door de vernietiging van de koopovereenkomst is immers de titel voor de overdracht komen te vervallen (zie subpar. 3.2.1). De eigendom van de bestelauto is dus nooit op de verkrijger overgegaan.

De verkoper blijkt achteraf steeds eigenaar te zijn gebleven. Mocht de auto nog in de garage van Transito bv staan, dan kan Hagenaars dus revindiceren. Een *revindicatie* is de bevoegdheid van de eigenaar zijn eigendom op te eisen van eenieder die het zonder recht houdt (art. 5:2 BW). Bij faillissement van Transito bv biedt dit een voordeel voor Hagenaars. Hij kan afgifte van de auto ook van de curator vorderen en blijft dus buiten het faillissement van Transito bv.

Revindicatie

De verbintenis ten aanzien van de betaling van de koopsom blijkt achteraf dus ook niet te hebben bestaan. Mocht de koopsom al door de koper, Transito bv, zijn betaald, dan is zij onverschuldigd betaald en kan zij op basis van de actie uit *onverschuldigde betaling* (art. 6:203 BW) teruggevorderd worden van de verkoper, Hagenaars. In een eventueel faillissement van Hagenaars levert dit echter geen voordeel op voor Transito bv. Omdat geld een soortzaak (genuszaak) bij uitstek is, valt het sowieso in het vermogen van degene die het onder zich heeft. Men kan niet revindiceren. Verder ontstaat er voor Transito bv slechts een persoonlijk recht uit de actie uit onverschuldigde betaling en dat levert in faillissement slechts een concurrente vordering op (zie par. 9.4).

Gezien de vergaande gevolgen komt een beroep op de nietigheid en zeker op de vernietigbaarheid van rechtshandelingen in de dagelijkse praktijk niet vaak voor. Het brengt immers een grote rechtsonzekerheid met zich mee als men er niet op kan vertrouwen dat een tot stand gekomen rechtshandeling ook in stand blijft. Het vormt hooguit een mogelijkheid om in een eventuele procedure onder een gesloten overeenkomst uit te kunnen komen zonder schadevergoeding te hoeven betalen en zonder dat men daarvoor de medewerking van de wederpartij nodig heeft. Het beroep op nietigheid of vernietigbaarheid van de rechtshandeling kan immers door de schuldenaar gebruikt worden om het vorderingsrecht van de schuldeiser te bestrijden. Krijgt hij namelijk gelijk, dan is de rechtshandeling achteraf niet tot stand gekomen (nietigheid) of wordt zij vernietigd na eerst geldig te zijn geweest (vernietigbaarheid). Het gevolg hiervan is dat de schuldenaar van zijn verplichting jegens de schuldeiser bevrijd is. De schuldenaar hoeft dan niet meer na te komen en het feit dat hij niet nakomt, valt hem niet toe te rekenen. Dit heeft weer tot gevolg dat hij geen schadevergoeding aan de schuldeiser hoeft te betalen (art. 6:74 BW).

5.3.3 Wie kunnen een beroep doen op de nietigheid en vernietigbaarheid?

Omdat nietigheid van rechtswege werkt, zal de rechter als er bijvoorbeeld sprake zou zijn van vormfouten, constateren dat de rechtshandeling nietig is. Het is niet noodzakelijk uitdrukkelijk een beroep op de nietigheid te doen, aangezien de rechter de nietigheid *ambtshalve* moet *vaststellen*. Zo zal bijvoorbeeld in het geval van de huwelijkse voorwaarden die niet notarieel zijn vastgelegd, geconstateerd worden dat er dus geen huwelijkse voorwaarden zijn en geldt in zo'n geval het wettelijk huwelijksgoederenregime van algehele gemeenschap van goederen (art. 1:115 en 93, 3:40 lid 2 en 59 BW).

Beroep op nietigheid

Omdat vernietigbaarheid eigenlijk meestal geldt in de situatie dat iemand tegen een ander beschermd moet worden, is degene die de rechtshandeling kan laten vernietigen dan ook degene die door een bepaalde regel wordt beschermd (art. 3:50 BW). In het geval van handelingsonbekwaamheid kan alleen de onbekwame zelf of diens wettelijke vertegenwoordiger een beroep op de vernietigbaarheid van een bepaalde rechtshandeling

Beroep op vernietigbaarheid

doen en in het geval van bijvoorbeeld de Actio Pauliana alleen de schuldeiser die kan aantonen dat hij door een bepaalde rechtshandeling van zijn
schuldenaar is benadeeld (art. 3:45 lid 1 BW).

Verjaring

Rechtsvorderingen tot vernietiging van een rechtshandeling verjaren na drie
jaar (art. 3:52 BW). Dit betekent dat een partij daarna niet meer actief de
vernietiging van een bepaalde rechtshandeling kan vorderen, omdat er bijvoorbeeld sprake is geweest van een wilsgebrek. Wel kan hij een beroep op
vernietiging blijven doen als verweer (ter verdediging) in een procedure
waarin hij de gedaagde is. Men noemt dat een *exceptief verweer*.

5

Kernbegrippenlijst

Actio Pauliana	Mogelijkheid van schuldeisers om benadeling ten gevolge van onverplicht door de schuldenaar verrichte rechtshandelingen ongedaan te maken (art. 3:45 t/m 47 BW).
Eenzijdige rechtshandeling	Rechtshandeling die tot stand komt door de wil van één rechtssubject.
Eenzijdige verbintenisscheppende overeenkomst	Meerzijdige rechtshandeling die één verbintenis doet ontstaan (art. 6:213 BW).
Handelingsbekwaamheid	De mogelijkheid om onaantastbare rechtshandelingen tot stand te brengen (art. 3:32 lid 1 BW).
Handelings- onbekwaamheid	Het niet tot stand kunnen brengen van onaantastbare rechts- handelingen (art. 3:32 lid 2 BW).
Handelingsonbevoegdheid	Onbevoegdheid om in bepaalde gevallen rechtshandelingen te kunnen verrichten (art. 3:43 BW).
Meerzijdige rechtshandeling	Rechtshandeling die tot stand komt door de wil van twee of meer rechtssubjecten.
Nietige rechtshandeling	Rechtshandeling die wordt geacht nooit de rechtsgevolgen te hebben gehad die beoogd waren door het handelende rechts- subject (art. 3:40 BW).
Onderzoeksplicht	Plicht te onderzoeken of de wederpartij werkelijk wil wat hij ver- klaart.
Ontvangsttheorie	Een tot een bepaalde persoon gerichte verklaring moet, om haar werking te hebben, die persoon hebben bereikt (art. 3:37 BW).
Rechtshandeling	Handeling (verklaring of gedraging) van een rechtssubject waaraan het objectieve recht de rechtsgevolgen verbindt die gewild waren door het handelende rechtssubject (art. 3:33 BW).
Vernietigbare rechtshandeling	Een vernietigbare rechtshandeling is geldig totdat zij door een geslaagd beroep op een vernietigingsgrond (wilsgebrek, hande- lingsonbekwaamheid) wordt vernietigd.

5

Vertrouwensbeginsel	Beginsel dat iemand erop mag vertrouwen dat hetgeen zijn wederpartij tegenover hem verklaarde, onder de gegeven omstandigheden in overeenstemming was met hetgeen hij wilde (art. 3:35 BW).
Wederkerige verbintenisscheppende overeenkomst	Meerzijdige rechtshandeling die het ontstaan van twee verbintenissen ten gevolge heeft en waarbij de partijen bij de overeenkomst over en weer elkaars schuldeiser en schuldenaar worden (art. 6:213 en 261 BW).
Wilsgebreken	Maken dat iemand bij het bepalen van zijn wil om een bepaalde rechtshandeling tot stand te brengen, beïnvloed is door bepaalde omstandigheden (art. 3:44 BW en 6:228 BW).

5

Meerkeuzevragen

5.1 In welke van de onderstaande gevallen is er sprake van een rechtshandeling?
a Fietser Jacob rijdt door een rood stoplicht.
b Mevrouw Anema neemt een postpakket aan voor haar buurvrouw, die op vakantie is.
c Paul Bruinsma neemt ontslag.
d Robert slaat bij een caféruzie zijn vriend het ziekenhuis in.

5.2 Als Woudsma makelaar Davidson opdracht geeft namens hem zijn woonhuis te verkopen, is er sprake van
a een eenzijdige gerichte rechtshandeling.
b een eenzijdige overeenkomst.
c een eenzijdige ongerichte rechtshandeling.
d een meerzijdige gerichte rechtshandeling.

5.3 Welke van de volgende beweringen is juist?
a Bij meerzijdige rechtshandelingen is de wilsverklaring van één persoon voldoende om het rechtsgevolg in het leven te roepen.
b Een onrechtmatige daad is een rechtshandeling die rechtsgevolgen doet ontstaan tegen de wil van de handelende persoon in.
c Een verbintenis is het gevolg van een eenzijdige rechtshandeling, die we overeenkomst noemen.
d Het maken van een testament is een eenzijdige ongerichte rechtshandeling.

5.4 Mevrouw Fokkema heeft bij schilderijhandelaar Gerards een, volgens zeggen van Gerards, origineel stilleven van Ruysdael gekocht. Achteraf blijkt het een knappe kopie te zijn. De overeenkomst wordt dan ook wegens dwaling vernietigd. Dit heeft tot gevolg
a dat mevrouw Fokkema weliswaar eigenares van het schilderij is geworden, maar het toch moet terugleveren aan Gerards.
b dat de koopovereenkomst nietig is wegens dwaling.
c dat Gerards het schilderij kan revindiceren.
d dat tussen beiden een onaantastbare rechtshandeling tot stand is gekomen.

5.5 Een rechtshandeling is nietig wegens
a een gemaakte vormfout.
b misbruik van omstandigheden.
c handelingsonbekwaamheid.
d strijd met de gelijkheid van schuldeisers (Actio Pauliana).

5.6 De wet schrijft dwingend voor dat een concurrentiebeding bij een arbeidsovereenkomst schriftelijk moet worden aangegaan met een meerderjarige
werknemer (art. 7:653 BW). Dit betekent dus dat het concurrentiebeding
dat niet aan deze voorwaarden voldoet
a vernietigbaar is.
b nietig is.
c geldig is totdat de werknemer een beroep op de ongeldigheid ervan
   doet.
d geldig is totdat de rechter heeft bepaald dat er sprake is van een nietig
   beding.

5.7 Welke van de volgende stellingen is juist?
a Omdat er ook bij bijvoorbeeld een verkeersongeval sprake is van het ontstaan van rechtsgevolgen, is er sprake van een rechtshandeling.
b Als een werknemer zijn werkgever mededeelt dat hij zijn arbeidsovereenkomst wil opzeggen, is er sprake van een meerzijdige rechtshandeling.
c Een besluit van een algemene vergadering van aandeelhouders is een
   meerzijdige rechtshandeling.
d Een overeenkomst van schenking is een eenzijdige rechtshandeling.

5.8 Bollenkweker Bos biedt tuincentrum Het Westen een partij tulpenbollen te
koop aan. Het Westen, dat reeds voldoende bollen in voorraad heeft, wil
niet op het aanbod van Bos ingaan. In de e-mail waarin hij dit mededeelt
aan Bos, komt helaas het woordje 'niet' te vervallen.
Wat is juist?
a Er is een geldige rechtshandeling tot stand gekomen, want het risico
   rust hier op Het Westen.
b Er is geen geldige rechtshandeling tot stand gekomen, want de wil en de
   verklaring van Het Westen sloten niet op elkaar aan.
c Er is geen geldige rechtshandeling tot stand gekomen nu het juiste antwoord Bos niet heeft bereikt.
d Er is een geldige rechtshandeling tot stand gekomen, want het risico
   rust op Bos.

5.9 In welke van de onderstaande gevallen is er sprake van nietigheid van de
rechtshandeling?
a Als een handelingsonbekwame een overeenkomst heeft gesloten.
b Als de rechtshandeling verricht is door iemand die geestelijk gestoord is.
c Als een handelingsonbevoegde de rechtshandeling heeft verricht.
d Als de rechtshandeling tot stand gekomen is onder misbruik van omstandigheden.

5.10 Het vertrouwensbeginsel houdt in dat
a iemand ervan uit mag gaan dat de verklaring van zijn wederpartij in overeenstemming was met hetgeen hij werkelijk wilde.
b iemand er altijd op mag vertrouwen dat zijn wederpartij geen fouten
   maakt.
c degene die een verklaring in ontvangst neemt, zich af moet vragen of de
   ander zich realiseerde wat hij verklaarde.
d de wederpartij erop mag vertrouwen dat de rechtshandeling pas tot
   stand komt als de brief waarin diens verklaring is opgenomen, is ontvangen.

Oefenvragen

5.1 Kwalificeer de volgende feiten als rechtshandeling (eenzijdig/meerzijdig) of andere handeling.
a Derksen sluit een brand- en inboedelverzekering af.
b Groothof scheldt zijn schuldenaar Wijnberg diens schuld kwijt.
c Joris neemt een postpakket voor zijn studiegenoot in ontvangst.
d Odijk gaat proletarisch winkelen en neemt een aantal levensmiddelen zonder te betalen uit de supermarkt mee.
e Frans jut zijn hond zodanig op dat deze een argeloze voorbijganger in het been bijt.

5.2 Ad en Mieke zien een bankstel van Italiaanse makelij staan in de showroom van Peter Postma. De koopprijs van het bankstel, zoals vermeld op het aan het bankstel bevestigde prijskaartje, bedraagt €3.038. Zij besluiten het bankstel te kopen. In de factuur echter, die daarna opgemaakt wordt, staat de in de catalogus van de fabrikant opgenomen prijs, te weten €3.441.
a Voor welke prijs mogen volgens u Ad en Mieke het bankstel kopen? Beredeneer uw antwoord.
b Op welk moment komt de rechtshandeling tot stand?
c Welke verbintenis(sen) ontstaan er?
d Leg uit waarom in dit geval geen beroep op dwaling mogelijk is.

5.3 Bakker, groot geworden in de bloembollenteelt, begeeft zich op de onroerendgoedmarkt. Tot ieders verbazing steekt hij zijn geld in allerlei prestigieuze objecten. Als op een mooie ochtend het Babyloncomplex in Den Haag wordt geveild, blijkt hij de enige bieder te zijn. Tot ieders verbazing overigens, want men had helemaal geen koper verwacht. In de haast wordt zelfs vergeten het opgeld van 3,5 miljoen euro te innen. Achteraf blijkt dat Bakker bij vlagen aan grootheidswaan lijdt, die hem op dergelijke momenten het gevoel geeft dat hij alles kan.
a Wat zijn de vereisten voor de totstandkoming van een geldige rechtshandeling?
b Is Bakker gebonden aan de door hem gesloten koopovereenkomst?
c In hoeverre kan het vertrouwensbeginsel hier corrigerend werken?
d Wanneer zou Bakker dit risico nooit hebben gelopen?

6
Rechtshandeling door vertegenwoordiging

6.1   (Eigenlijke) vertegenwoordiging
6.2   Oneigenlijke vertegenwoordiging
6.3   Lastgeving

Vertegenwoordiging heeft te maken met de totstandkoming van rechtshandelingen. Partijen kunnen zelf een rechtshandeling verrichten (zie hoofdstuk 5), maar het is ook mogelijk om een ander dat te laten doen. Dat is vertegenwoordiging.
Vooral bij ondernemingen komt vertegenwoordiging veel voor. Denk maar eens aan het personeel dat allerlei rechtshandelingen binnen de onderneming moet verrichten: verkopen, betalingen in ontvangst nemen enzovoorts. Eigenlijk is het zo dat ondernemingen niet kunnen functioneren zonder vertegenwoordiging.

Vertegenwoordiging komt in twee vormen voor:
- een vorm waarbij de een voor rekening van en in naam van iemand anders optreedt;
- een vorm waarbij de een wel voor rekening van iemand anders, maar in eigen naam handelt.

In het eerste geval spreken we van eigenlijke vertegenwoordiging (par. 6.1) en in het tweede geval van oneigenlijke vertegenwoordiging (par. 6.2). Ten slotte is er nog de overeenkomst van lastgeving, dat is de overeenkomst waarbij de ene partij de andere partij opdraagt een rechtshandeling voor hem te verrichten (par. 6.3).

6.1 (Eigenlijke) vertegenwoordiging

Tot nu toe zijn we ervan uitgegaan dat rechtshandelingen rechtstreeks tussen de twee handelende rechtssubjecten tot stand kwamen.

VOORBEELD 6.1

Nijman bestelt bij bakker Davidson brood ten behoeve van zijn broodjeszaak. Er komt nu een koopovereenkomst tot stand tussen Nijman en bakker Davidson.

De koopovereenkomst (rechtshandeling) komt hier dus rechtstreeks tot stand tussen beide rechtssubjecten. Het is in de praktijk echter zo dat rechtshandelingen niet altijd rechtstreeks tussen de rechtssubjecten zelf tot stand komen. Het komt vaak voor dat een rechtshandeling door de ene persoon namens een andere persoon wordt verricht. Dat verschijnsel wordt *vertegenwoordiging* genoemd.

Vertegen-
woordiging

VOORBEELD 6.2

Vader Jansen huurt een kamer voor zijn 17-jarige zoon Marcel, die op vakantie is in Griekenland.

VOORBEELD 6.3

Loonadministrateur Harmsen betaalt wekelijks de lonen uit aan de werknemers van het schildersbedrijf, waar hij in dienst is.

VOORBEELD 6.4

Handelsagent Bever sluit een order af namens machinehandel Frederiks met directeur De Groot van Vredenberg bv.

VOORBEELD 6.5

Thea Zwietering rekent aan de kassa van een filiaal van een grootwinkelbedrijf de koopprijs af met de klanten voor de spullen die zij hebben gekocht.

VOORBEELD 6.6

De heer en mevrouw De Vries geven makelaar Piet Hein Zweris opdracht om namens hen hun woonhuis aan de Amstelveenseweg in Amsterdam te verkopen.

6

Wat in deze voorbeelden opvalt, is dat alle personen die hier rechtshandelingen verrichten, dit doen namens iemand anders. Er is dus in alle voorbeelden sprake van vertegenwoordiging. Het typische aan vertegenwoordiging is dat deze personen weliswaar namens iemand anders een rechtshandeling verrichten, maar dat de rechtsgevolgen van die rechtshandeling intreden voor die ander. De vertegenwoordiger brengt partijen tot elkaar. Hij wordt zelf geen partij bij de rechtshandeling die tot stand gekomen is. Dit is in figuur 6.1 weergegeven.

FIGUUR 6.1 Vertegenwoordiging

Er kunnen allerlei redenen zijn waarom rechtssubjecten rechtshandelingen namens anderen verrichten. Als we naar de hiervoor geschetste voorbeelden kijken, zien we dat in voorbeeld 6.2 vader Jansen bevoegd is namens Marcel op te treden, omdat hij diens wettelijk vertegenwoordiger is. Loonadministrateur Harmsen zal vermoedelijk op grond van zijn arbeidscontract bevoegd zijn de lonen aan de werknemers uit te betalen. Bever heeft als handelsagent de bevoegdheid gekregen van machinehandel Frederiks. Directeur De Groot is op grond van de wet en statuten als bestuurder van Vredenburg bv bevoegd namens de bv rechtshandelingen te verrichten. En bij Thea Zwietering is er vertegenwoordigingsbevoegdheid op basis van haar arbeidscontract. De heer en mevrouw De Vries hebben makelaar Zweris uitdrukkelijk de opdracht gegeven om namens hen hun woonhuis te verkopen. (Een makelaar is een tussenpersoon die er zijn bedrijf van maakt te bemiddelen bij het tot stand brengen en het sluiten van overeenkomsten in opdracht en op naam van personen met wie hij niet in een vaste betrekking staat; art. 62 lid 1 sub a WvK, 7:425 e.v. BW.)
Vertegenwoordiging ontstaat dus:
1 op grond van een wettelijke bepaling;
2 door een rechtshandeling, volmacht genoemd (art. 3:60 BW).

Ad 1 Wettelijke bepaling
Voorbeelden van wettelijke bepalingen op grond waarvan vertegenwoordigingsbevoegdheid ontstaat, zijn:

Wettelijke bepaling

- Bij handelingsonbekwaamheid zijn ouders/voogd of curator (art. 1:245, 1:381 en 3:32 BW) bevoegd.
- Bij faillissement is de curator in faillissement (art. 68 Fw) bevoegd.
- Bij bewind zijn een of meer bewindvoerders (art. 1:441 BW) bevoegd.
- Bij zaakwaarneming is de zaakwaarnemer (art. 6:201 BW) bevoegd.
- De organen van een rechtspersoon, zoals het bestuur van een nv of bv, ontlenen hun vertegenwoordigingsbevoegdheid aan wet en statuten (art. 2:130 en 240 lid 1 BW).
- De vennoten van een vennootschap onder firma en de beherende vennoten van een commanditaire vennootschap ontlenen hun bevoegdheid aan het Wetboek van Koophandel (art. 17 en 20 lid 2 WvK); zie ook deel 2 Ondernemingsrecht.

Ad 2 Volmacht

Volmacht

Het staat rechtssubjecten vrij een ander namens henzelf rechtshandelingen te laten verrichten door hun een *volmacht* te verlenen (art. 3:60 BW). Een volmacht kan uitdrukkelijk of stilzwijgend worden verleend (art. 3:61 lid 1 BW). In de praktijk komt een volmacht eigenlijk nooit als een los verschijnsel voor; deze wordt gekoppeld aan bijvoorbeeld het contract van lastgeving of vloeit voort uit een arbeidsovereenkomst. *Lastgeving* is de overeenkomst die er speciaal op is gericht iemand een rechtshandeling voor een ander te laten verrichten (art. 7:414 BW); zie voor de lastgeving paragraaf 6.3.

In figuur 6.2 wordt het ontstaan van vertegenwoordiging schematisch weergegeven.

FIGUUR 6.2 Ontstaan van vertegenwoordiging

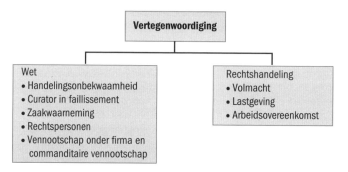

Het verschijnsel vertegenwoordiging wordt in zijn algemeenheid niet in de wet behandeld. De wet geeft eigenlijk alleen maar aan in welke gevallen vertegenwoordigingsbevoegdheid kan ontstaan. Welke rechten en plichten vertegenwoordiging met zich meebrengt en wat de gevolgen ervan zijn, zal men tevergeefs zoeken bij de hiervoor genoemde wetsartikelen. De wet behandelt echter wel de volmacht. De bepalingen met betrekking tot de volmacht moeten daarom ook worden toegepast op de vertegenwoordiging. We bespreken in deze paragraaf daarom eerst de vertegenwoordiging krachtens volmacht (subpar. 6.1.1). Er is een beperking aan de bevoegdheid van een gevolmachtigde of vertegenwoordiger zijn opdrachtgever contractueel te binden. Het kan namelijk voorkomen dat een gevolmachtigde zich niet aan zijn opdracht houdt. Wat daarvan de gevolgen zijn, komt ook in deze paragraaf aan de orde (subpar. 6.1.2). Daarna komt de vraag aan de orde of een handelingsonbekwame, bijvoorbeeld een minderjarige werknemer, gevolmachtigde kan zijn (subpar. 6.1.3).
Overeenkomsten hebben het ontstaan van verbintenissen tot gevolg, bijvoorbeeld uit de koopovereenkomst de verbintenis tot overdracht van de verkochte zaak of de betaling van de koopsom. Wat voor invloed het bestaan van een volmacht op de gevolgen voor een eventuele eigendomsverkrijging of bevrijdende betaling heeft, is het volgende onderwerp dat we bespreken. Daarbij komt ook aan de orde wat de gevolgen zijn voor de volmachtgever van een faillissement van de gevolmachtigde (subpar. 6.1.4).
Tot slot van de paragraaf bespreken we de verschijnselen 'nader te noemen meester' (subpar. 6.1.5) en 'Selbtseintritt' (subpar. 6.1.6).

6.1.1 Vertegenwoordiging krachtens volmacht

Slechts de vertegenwoordiging krachtens volmacht is – zoals hiervoor al is gezegd – wettelijk geregeld (art. 3:60 e.v. BW). Dit betekent dat hetgeen hierna wordt besproken over de volmacht dus ook geldt voor de wettelijke vertegenwoordiging.

Volmacht is de krachtens rechtshandeling verstrekte bevoegdheid om in naam van een ander rechtshandelingen te kunnen verrichten. Het gevolg van het feit dat een gevolmachtigde een rechtshandeling verricht, is dat de rechtsgevolgen van de door de gevolmachtigde verrichte rechtshandeling voor de volmachtgever zijn (art. 3:66 lid 1 BW). Dit is weergegeven in figuur 6.3.

Volmacht

FIGUUR 6.3 Volmacht

Om toe te lichten wat volmacht precies inhoudt, keren we terug naar voorbeeld 6.6, waarin de heer en mevrouw De Vries makelaar Piet Hein Zweris de opdracht geven hun woonhuis aan de Amstelveenseweg te verkopen. In dit geval geven zij makelaar Zweris uitdrukkelijk een volmacht. Een volmacht kan echter ook stilzwijgend worden verleend (art. 3:61 lid 1 BW). Een volmachtgever kan iemand *uitdrukkelijk* een volmacht geven. Dat is een eenzijdige rechtshandeling. Volmacht wordt dan bijvoorbeeld gekoppeld aan de overeenkomst (van opdracht) die speciaal gericht is op het verrichten van rechtshandelingen voor rekening van een ander, namelijk lastgeving (art. 7:414 e.v. BW). In ons voorbeeld is de opdracht die de heer en mevrouw De Vries geven, een overeenkomst van lastgeving.

Uitdrukkelijke volmacht

Maar volmachtverlening kan ook ontstaan als onderdeel van een andere overeenkomst, bijvoorbeeld een arbeidsovereenkomst (art. 3:61 lid 1 BW). Er is dan sprake van een *stilzwijgende* volmacht. De werknemer heeft in dat geval de bevoegdheid om namens de werkgever de rechtshandelingen aan te gaan waartoe hij krachtens zijn aanstelling bevoegd is. Denk aan een verkoper/verkoopster in een warenhuis of een caissière, zoals Thea Zwietering (voorbeeld 6.5) en de loonadministrateur Harmsen (voorbeeld 6.3). De werknemer is dus krachtens zijn aanstelling bevoegd bepaalde transacties namens de werkgever te verrichten, zoals het verkopen van een bepaald product, het in ontvangst nemen van de koopprijs of het uitbetalen van de lonen aan de andere werknemers.

Stilzwijgende volmacht

Een gevolmachtigde brengt de volmachtgever en degene met wie hij onderhandelt, tot elkaar. Hij wordt echter zelf geen partij bij de gesloten overeenkomst.

Hoe weet de wederpartij dat hij bijvoorbeeld een koopovereenkomst sluit met een gevolmachtigde? In een aantal gevallen zal de gevolmachtigde uitdrukkelijk vermelden dat hij namens iemand anders koopt of verkoopt. Maar het feit dat iemand namens een ander een rechtshandeling verricht, kan ook uit de omstandigheden voortvloeien, zoals bij winkelpersoneel het geval is. Men zal dan moeten uitgaan van de situatie zoals die zich feitelijk voordoet. Daarbij speelt natuurlijk ook een rol of de wederpartij op grond van die omstandigheden redelijkerwijs mocht verwachten dat de persoon

Vertrouwens-beginsel

met wie hij wordt geconfronteerd, als gevolmachtigde bevoegd was namens de volmachtgever op te treden. Hier geldt dus het *vertrouwensbeginsel* van art. 3:35 BW, dat voor wat betreft de volmacht wordt uitgewerkt door de wetgever in art. 3:61 lid 2 BW.

VOORBEELD 6.7

Van der Pol betreedt de showroom van een autodealer om een nieuwe auto te kopen. Hij wordt te woord gestaan door een van de verkopers die in dienst zijn van de autodealer, Vaatstra. Er wordt een auto uitgezocht en er wordt onderhandeld over de prijs, waarbij tegelijkertijd de inruilwaarde van de drie jaar oude Opel van Van der Pol wordt betrokken. Zij worden het eens over de prijs en zij spreken af dat Van der Pol de auto over ongeveer een maand op zal komen halen.

Het gevolg van de onderhandelingen tussen Van der Pol en Vaatstra is dat er een koopovereenkomst tot stand is gekomen tussen Van der Pol en de autodealer op de tussen hen afgesproken voorwaarden. De autodealer kan dus, als hij het bijvoorbeeld niet eens is met de prijsstelling, niet terugkomen op de koopovereenkomst. Van der Pol mocht ervan uitgaan dat nu de onderhandelingen door Vaatstra zijn verricht, deze bevoegd was namens zijn werkgever een dergelijke koopovereenkomst aan te gaan.

Bij twijfel aan de bevoegdheid of de omvang van de bevoegdheid van de gevolmachtigde mag de wederpartij altijd terstond *bewijs van de volmacht* verlangen. De gevolmachtigde moet namelijk instaan voor het feit dat hij een volmacht heeft en voor de inhoud en omvang van deze volmacht (art. 3:70 BW). Kan de gevolmachtigde niet terstond bewijzen dat hij een volmacht met de daarin aangegeven bevoegdheid heeft, hetzij door geschrift hetzij doordat de volmachtgever de volmacht heeft bevestigd, dan mag de wederpartij zijn verklaringen als ongeldig van de hand wijzen (art. 3:71 BW).

6.1.2 Onbevoegde vertegenwoordiging

Zoals gezegd is de volmachtgever/vertegenwoordigde slechts dan gebonden aan de rechtshandeling die de gevolmachtigde (vertegenwoordiger) namens hem is aangegaan, als deze binnen de grenzen van zijn bevoegdheid is gebleven (art. 3:66 lid 1 BW). Als dit niet het geval is, spreekt men van *onbevoegde vertegenwoordiging*. Dat kan zich op twee manieren voordoen.

Onbevoegde ver-tegenwoordiging

Het kan voorkomen dat iemand optreedt als vertegenwoordiger/gevolmachtigde van een ander zonder dat er sprake is van een volmacht. We kunnen hierbij denken aan bijvoorbeeld een vennoot van een vennootschap onder firma aan wie krachtens het vennootschapscontract vertegenwoordigingsbevoegdheid is ontzegd. Treedt zo iemand op namens de vof, dan is de vennootschap in principe niet gebonden. Op dit onderwerp wordt in deel 2 van deze uitgave verder ingegaan.

In voorbeeld 6.8 is er sprake van onbevoegde vertegenwoordiging.

VOORBEELD 6.8

Mevrouw Kuipers bestelt twee linnen tafelkleden met dekservetten. Het ene is voor haarzelf bestemd, het andere heeft zij ongevraagd voor haar vriendin bestemd. Zij vult op de bon in dat het desbetreffende tafellaken met de servetten onder rembours gezonden moet worden naar het adres van haar vriendin.

Ook kan iemand weliswaar een bevoegdheid hebben om als gevolmachtigde op te treden, maar hij houdt zich niet of niet precies aan zijn opdracht.
Er is dus ook sprake van onbevoegde vertegenwoordiging als de gevol-
machtigde/vertegenwoordiger zich niet aan zijn opdracht gehouden heeft.

VOORBEELD 6.9
Vink geeft een makelaar de opdracht namens hem zijn huis te verkopen
voor minimaal €190.000. De makelaar verkoopt het huis voor €180.000.

De vraag die zich in beide gevallen voordoet, is of de zogenoemde opdracht-
gever/volmachtgever nu ook gebonden wordt door de rechtshandelingen die
de pseudo-gevolmachtigde namens hem verricht.
De hoofdregel is hier dat de volmachtgever in zo'n geval niet wordt gebon-   *Hoofdregel*
den. Men moet dit afleiden uit de tekst van art. 3:66 lid 1 BW door daar
waar de tekst bevestigend is, een ontkenning in te voeren. Er staat namelijk: 'Een door de gevolmachtigde binnen de grenzen van zijn bevoegdheid in
naam van de volmachtgever verrichte rechtshandeling treft in haar gevolgen
de volmachtgever.' Ergo: als er geen sprake is van een door de gevolmachtigde binnen de grenzen van zijn bevoegdheid verrichte rechtshandeling, is
de volmachtgever dus niet gebonden. In de situatie dat er helemaal geen
volmacht is verleend, is degene in wiens naam gehandeld is, sowieso niet
gebonden.
Er zijn twee uitzonderingen op deze hoofdregel. Soms is namelijk de vol-   *Uitzonderingen*
machtgever toch gebonden, ook al heeft de gevolmachtigde niet binnen de
grenzen van zijn bevoegdheid gehandeld of was er geen sprake van een volmacht. Dit is het geval:
1 als de volmachtgever zelf de schijn heeft gewekt dat de (pseudo-)gevol-
   machtigde bevoegd was om namens hem, de volmachtgever, rechtshandelingen te verrichten (art. 3:61 lid 2 BW);
2 doordat de volmachtgever de onbevoegd verrichte rechtshandeling   (art.
   3:69 BW).

Ad 1 Opgewekte schijn
Een goed voorbeeld van opgewekte schijn vinden we in het volgende arrest   *Opgewekte*
van de Hoge Raad.   *schijn*

HR 1 maart 1968, NJ 1968, 246 (Molukse Evangelische Kerk)
Ds. Tutuarima had namens de Molukse Evangelische Kerk architect Porsius
opdracht gegeven het kerkgebouw te verbouwen. Deze schakelde aannemer
Clijnk in. Er werd een financiële limiet aan de verbouwingskosten gesteld. Dit
laatste werd echter niet aan Clijnk medegedeeld. Toen na afloop van de
verbouwing bleek dat de limiet mede door extra werkzaamheden aanzienlijk
was overschreden, weigerde de Kerk de rekening van Clijnk te betalen. Clijnk
beweerde op zijn beurt dat hij van Porsius, van wie hij aannam dat deze
namens de Kerk optrad, ook opdracht voor de extra werkzaamheden had
gekregen. Hem was niets over de limiet medegedeeld. De rechter was van
oordeel dat Clijnk erop mocht vertrouwen dat, nu de Kerk de opdracht aan

Porsius had gegeven, Porsius bevoegd was namens de Kerk op te treden. Bovendien had de Kerk geen maatregelen getroffen om ervoor te zorgen dat Clijnk op de hoogte gesteld werd van de financiële limieten, hoewel hij wist dat mede door de extra werkzaamheden de door haar gestelde limiet overschreden zou worden.

Men kan bij opgewekte schijn bijvoorbeeld ook denken aan de situatie waarbij onder andere door mutatie in het personeelsbestand iemand anders op een bepaalde stoel zit en deze wijziging niet aan de clientèle is doorgegeven. Dit laatste speelt zeker een rol waar een bepaalde wijziging in een register, zoals het Handelsregister, opgenomen had moeten worden en waarbij dit is nagelaten. Men kan hierbij met name denken aan bijvoorbeeld procuratiehouders of bedrijfsleiders.

Ad 2 Bekrachtiging
Ook als de gevolmachtigde niet binnen de grenzen van zijn bevoegdheid is gebleven, is er sprake van onbevoegde vertegenwoordiging en is de volmachtgever dus niet gebonden aan de overeenkomst. Laten we nog eens voorbeeld 6.9 bekijken. Vink geeft daar een makelaar de opdracht namens hem zijn huis te verkopen voor minimaal €190.000. De makelaar verkoopt het huis voor €180.000. We hebben gezien dat er volgens de hoofdregel geen geldige koopovereenkomst tot stand is gekomen, omdat de makelaar zijn bevoegdheid heeft overschreden. Stel dat Vink al een ander huis heeft gekocht en hij de extra kosten van een tweede huis zo veel mogelijk wil beperken. Daarom gaat hij alsnog akkoord met de prijs van €180.000. Door dat te doen, heeft hij de koopovereenkomst bekrachtigd.

Bekrachtiging
De *bekrachtiging* heeft terugwerkende kracht tot het moment dat de (toen) onbevoegde gevolmachtigde de rechtshandeling tot stand heeft gebracht. Dit is van belang in verband met een eventueel faillissement van de volmachtgever/vertegenwoordigde (art. 24 en 37a Fw).
De onbevoegd vertegenwoordigde kan echter niet meer bekrachtigen als de wederpartij reeds te kennen heeft gegeven dat zij de rechtshandeling wegens het ontbreken van een volmacht als ongeldig beschouwt. In voorbeeld 6.9 zou dus de koper van het huis te kennen hebben moeten geven dat hij wegens de bevoegdheidsoverschrijding van de makelaar afzag van de bewuste koopovereenkomst. Hij kan dit echter niet meer doen als hij op het tijdstip dat hij handelde, heeft begrepen of redelijkerwijs had moeten begrijpen dat er geen toereikende volmacht was verleend (art. 3:69 lid 3 BW). Als er twijfel is gerezen omtrent de vraag of de (pseudo-)volmachtgever zal bekrachtigen of niet en wanneer, kan een onmiddellijk belanghebbende de (pseudo-)volmachtgever een redelijke termijn stellen voor de bekrachtiging (art. 3:69 lid 4 BW).

Welke zijn de mogelijkheden van de *wederpartij* van de onbevoegd vertegenwoordigde? Letterlijk toepassen van de hoofdregel leidt ertoe dat degene in wiens naam is gehandeld, niet gebonden is door de rechtshandeling. Maar ook de wederpartij wordt geconfronteerd met het feit dat hij dacht een geldige rechtshandeling tot stand gebracht te hebben, terwijl achteraf blijkt dat zijn contractpartner – doordat degene met wie hij onderhandelde niet bevoegd of niet voldoende bevoegd was – niet gebonden is. Uiteraard is de onbevoegde gevolmachtigde/vertegenwoordiger verplicht schadevergoeding aan de wederpartij te betalen, tenzij de wederpartij wist of had moeten begrijpen dat de gevolmachtigde/vertegenwoordiger onbevoegd was (art. 3:70

BW). Hier geldt het zogenoemde positief contractbelang, dat inhoudt dat de wederpartij in de financiële situatie gebracht moet worden als zou de rechtshandeling tot stand gekomen zijn. Wil een gevolmachtigde zich aan deze aansprakelijkheid onttrekken, dan zal hij de inhoud van zijn volmacht volledig ter kennis van de wederpartij moeten brengen.

Hiervoor hebben we gezien dat de wederpartij bij twijfel aan de bevoegdheid van of de omvang van de bevoegdheid van de gevolmachtigde, altijd terstond bewijs van de volmacht mag verlangen (art. 3:70 BW). We hebben ook gezien dat als de gevolmachtigde niet in het bewijs van zijn volmacht slaagt, de wederpartij dan diens verklaringen van de hand mag wijzen. Maar de wederpartij zal zelf ook moeten nagaan in bijvoorbeeld het Handelsregister of een gevolmachtigde bevoegd is. Heeft de wederpartij echter van deze mogelijkheid geen gebruikgemaakt, dan verspeelt hij zijn recht om schadevergoeding van de gevolmachtigde te vorderen.

VOORBEELD 6.10

Bronkhorst sluit als voorzitter van de golfclub Supergolf een huurovereenkomst met een ander clublid, Woudstra, over de huur van een aantal terreinen. In de overigens niet gepubliceerde statuten van de vereniging staat dat voor een dergelijke beslissing toestemming nodig is van een medebestuurder.

De vraag is nu of de golfclub aan een dergelijke overeenkomst is gebonden. In principe niet. Ook kan Woudstra waarschijnlijk geen schadevergoeding van de golfclub eisen, omdat hij als clublid de statuten behoort te kennen.

De wederpartij kan ook eisen dat de onbevoegd gevolmachtigde zelf de overeenkomst of de verplichtingen die uit de rechtshandeling zijn ontstaan, gestand doet. Als deze daaraan niet kan voldoen, hetgeen natuurlijk meestal het geval is, zal ook dit weer uitdraaien op een verplichting tot schadevergoeding.

Eventueel valt ook aan een actie uit onrechtmatige daad te denken. De wederpartij moet dan wel slagen in het bewijs van de verschillende vereisten die daaraan worden gesteld (zie hoofdstuk 8).

6.1.3   Handelingsonbekwaamheid en volmacht

Het kan voorkomen dat de *gevolmachtigde* handelingsonbekwaam is; er is bijvoorbeeld sprake van een minderjarige werknemer. Handelingsonbekwaamheid van de gevolmachtigde heeft echter geen invloed op de aantastbaarheid van de tot stand gekomen rechtshandeling. Deze komt namelijk uiteindelijk tot stand tussen twee handelingsbekwamen en is op grond daarvan onaantastbaar (art. 3:63 lid 1 BW).

VOORBEELD 6.11

Schoonheidsspecialiste Joke Boender geeft haar 17-jarige stagiaire Sandra opdracht om namens haar bepaalde schoonheidsartikelen te kopen bij importeur Meinderts.

Deze koopovereenkomst is onaantastbaar, omdat de koopovereenkomst rechtstreeks tot stand komt tussen Joke Boender en importeur Meinderts. De minderjarigheid van Sandra doet hier niet terzake.

Handelingsonbekwaamheid van de *volmachtgever* is daarentegen wel van invloed op de aantastbaarheid van de tot stand gekomen rechtshandeling. Immers, in dit geval betreft de handelingsonbekwaamheid een van de partijen bij de rechtshandeling (art. 3:63 lid 2 BW).

VOORBEELD 6.12
De onder curatele gestelde Pieter Maarssen geeft veilinghouder Couperus de opdracht het familiezilver op de eerstkomende veiling namens hem te verkopen. Juwelier Goudsmit is de hoogste bieder.

Deze koopovereenkomst is aantastbaar (vernietigbaar). Hij komt immers tot stand tussen de handelingsonbekwame Pieter Maarssen en juwelier Goudsmit.

6.1.4 De gevolgen van de volmacht voor de nakoming van verbintenissen

Volmacht strekt zich niet alleen uit tot het aangaan van overeenkomsten, maar ook tot de gevolgen van die overeenkomsten, de verbintenissen die uit de overeenkomst ontstaan (zie voor verbintenissen hoofdstuk 9). Gevolmachtigden kunnen immers betalingen in ontvangst nemen. Ook kan het voorkomen dat de overdracht van bijvoorbeeld bestelde zaken via de gevolmachtigde loopt. Wat precies de gevolgen zijn van volmacht bij betaling en bij overdracht wordt hier uiteengezet.

Volmacht en betaling
De gevolmachtigde kan namens de volmachtgever betalen en betalingen in ontvangst nemen.

VOORBEELD 6.13
Mevrouw Davids koopt een nieuwe stofzuiger in het plaatselijke warenhuis. Zij betaalt de koopsom bij de kassa van het warenhuis.

Het gevolg hiervan is dat als zij het geld aan de caissière heeft betaald, zij van haar schuld bevrijd is (art. 6:32 BW). Ze mag ervan uitgaan dat de caissière bevoegd is de betaling namens haar werkgever in ontvangst te nemen.
Betaalt de wederpartij aan een bevoegde gevolmachtigde (vertegenwoordiger), dan is hij dus van zijn schuld bevrijd. Men kan hieruit afleiden dat hij dus niet bevrijd is van zijn schuld als hij aan een onbevoegde vertegenwoordiger betaalt.

VOORBEELD 6.14
Bronkhorst heeft nog steeds een openstaande rekening bij expediteur Baas Logistiek bv. Hij is al herhaalde malen aangemaand. Daarom besluit hij zelf even snel langs de bedrijfsruimte van Baas Logistiek bv te gaan, omdat hij er toch in de buurt moet zijn. Omdat hij haast heeft, geeft hij het geld af aan de portier.

In dit geval is – strikt genomen – Bronkhorst niet bevrijd van zijn schuld, omdat een portier niet bevoegd is de betaling in ontvangst te nemen.
De wet regelt deze materie niet bij de volmacht, Boek 3 BW, maar bij de betaling, in Boek 6 (art. 6:32 en 6:34 BW). Betaling aan een ander dan de schuldeiser of dan degene die met hem of in zijn plaats bevoegd is haar te ontvangen, bevrijdt in principe de schuldenaar niet. Er zijn echter drie *uitzonderingen*. Betaling aan een onbevoegde is bevrijdend:

1 voor zover degene aan wie betaald moest worden, de betaling heeft bekrachtigd;
2 voor zover degene aan wie betaald moest worden, erdoor is gebaat (art. 6:32 BW);
3 als de schuldenaar aan degene aan wie betaald moest worden, kan tegenwerpen dat hij op redelijke gronden mocht aannemen dat de ontvanger van de betaling bevoegd was de betaling in ontvangst te nemen (art. 6:34 lid 1 BW).

Bevrijdende betaling

VOORBEELD 6.15
Mevrouw Davids betaalt de koopprijs van haar winterjas aan de hulpverkoopster die haar zo prettig heeft geholpen. Achteraf blijkt dat hulpverkoopsters bij het modebedrijf niet bevoegd zijn af te rekenen.

In dit geval mag men aannemen dat mevrouw Davids toch bevrijd is van haar schuld, omdat zij mocht veronderstellen dat de hulpverkoopster wel de bevoegdheid had de betaling in ontvangst te nemen.

Betaling door de gevolmachtigde namens de volmachtgever is bevrijdend. Volgens de wet is immers ieder bevoegd de schuld van een ander te voldoen, tenzij de inhoud of strekking van de verbintenis zich daartegen verzet (art. 6:30 BW).
Ook bij dit onderwerp moet men zich afvragen of een faillissement van de gevolmachtigde nog van invloed is op de positie van de volmachtgever als de betaling door de wederpartij via de gevolmachtigde is gelopen. Aangezien geld een soortzaak is, heeft de volmachtgever in alle gevallen slechts een concurrente vordering. Een soortzaak is een zaak die door een andere soortgelijke zaak kan worden vervangen, bijvoorbeeld een tv van een bepaald type en merk door een andere van dat type en merk. Zie subparagraaf 10.1.4.

Concurrente vordering

Volmacht (vertegenwoordiging) en overdracht
Laten we nu eens de situatie bekijken waarbij de overdracht via de gevolmachtigde loopt.

VOORBEELD 6.16

Christiaan Brands heeft namens prof. Jongeneel een incunabel (van voor de boekdrukkunst daterend boek) gekocht bij een Duitse antiquair. De waarde van de incunabel bedraagt €10.000.

Wie is eigenaar/bezitter van de incunabel? Prof. Jongeneel, zodra de incunabel aan Christiaan Brands is overgedragen. Christiaan Brands is dus houder. De bevoegde vertegenwoordiger zorgt er dus voor dat er een overdracht plaatsvindt tussen de opdrachtgever (volmachtgever) en de wederpartij, en valt er zelf tussenuit. Op het moment dat de gekochte zaken door de weder-

Volmachtgever wordt eigenaar

partij aan de gevolmachtigde worden afgeleverd, wordt de volmachtgever dus eigenaar. De gevolmachtigde zelf wordt noch bezitter, noch rechthebbende (eigenaar) op de zaak, maar houder (art. 3:110 BW).

Dit is van belang bij een eventueel *faillissement van de gevolmachtigde*. De volmachtgever kan dan als zakelijk rechthebbende de zaak die zich onder

Revindiceren

de gevolmachtigde bevindt, revindiceren. Hij blijft dus buiten het faillissement van de gevolmachtigde/vertegenwoordiger en kan van de curator afgifte van de zaak eisen (art. 5:2 BW).

Wat zouden bijvoorbeeld de gevolgen zijn voor prof. Jongeneel uit voorbeeld 6.16 van een eventueel faillissement van Christiaan Brands? De incunabel valt niet in het faillissement van Christiaan Brands. Prof. Jongeneel kan van de curator in faillissement afgifte van de incunabel eisen.

Iets anders is het als een zaak nog niet is geïndividualiseerd. Een rechthebbende kan in zo'n geval pas zijn recht op de zaak uitoefenen als de zaak is geïndividualiseerd, dus een bepaalde zaak is geworden. Bijvoorbeeld: iemand heeft een bepaald type en merk tv gekocht. Zolang deze nog met andere soortgelijke types tv van dat merk in het magazijn staat, is het nog een soortzaak. Is er echter een adresstikker met zijn naam op geplakt, dan is de zaak geïndividualiseerd en is dus een bepaalde zaak geworden.

6.1.5 Nader te noemen meester

Het kan voorkomen dat een gevolmachtigde niet onmiddellijk de naam van zijn opdrachtgever bekendmaakt. Men noemt dit verschijnsel 'optreden voor

Nader te noemen meester

nader te noemen meester' (art. 3:67 BW). Wel is natuurlijk de gevolmachtigde verplicht op een gegeven moment de naam van zijn volmachtgever te noemen. De ruimte in tijd die hij daarvoor krijgt, wordt volgens art. 3:67 BW bepaald door wet, overeenkomst of gebruik. Als deze geen uitsluitsel bieden, wordt een redelijke termijn aangehouden.

Als de gevolmachtigde er niet in slaagt binnen de aangegeven termijn zijn volmachtgever te noemen, wordt de gevolmachtigde geacht op eigen naam de overeenkomst te hebben gesloten, tenzij uit de overeenkomst anders voortvloeit (art. 3:67 lid 2 BW).

VOORBEELD 6.17

Scheepsmakelaar De Geus ziet een prachtig zeewaardig zeiljacht tegen een zeer schappelijke prijs te koop liggen in de haven van Harderwijk. Hij doet om zijn concurrenten voor te zijn vast een bod op het schip namens een onbekende koper. Hij beschikt namelijk over een lijst potentiële kopers, mensen die zich tot hem gewend hebben met het verzoek om als hij een geschikt schip zou vinden, dit voor hen te kopen. Hij vertrouwt erop dat een van hen zeker op het aanbod zal ingaan.

Op het moment dat hij een gegadigde gevonden heeft, deelt hij diens naam mede en is er een koopovereenkomst tot stand gekomen tussen deze en de verkoper van het zeiljacht.

6.1.6   Selbsteintritt

Selbsteintritt is het verschijnsel waarbij de gevolmachtigde zelf wederpartij wordt. Iemand koopt bijvoorbeeld zelf de aandelen/grondstoffen die hij moet verkopen. Er bestaat natuurlijk in dit geval het gevaar dat er verstrengeling van belangen ontstaat. Immers, de verkoper/volmachtgever is gebaat bij een zo hoog mogelijke koopprijs, terwijl de gevolmachtigde als koper gebaat is bij een zo laag mogelijke koopprijs.   **Selbsteintritt**

De wet eist daarom dat in dit geval de inhoud van de te verrichten rechtshandeling zo nauwkeurig vaststaat dat strijd tussen beider belangen uitgesloten is (art. 3:68 BW).

In de praktijk komt Selbsteintritt dan ook praktisch alleen voor bij de handel in aandelen, omdat daar het objectieve gegeven van de dagelijkse beurskoers geldt.

6.2 Oneigenlijke vertegenwoordiging

Men spreekt van *oneigenlijke vertegenwoordiging* als een vertegenwoordiger optreedt in eigen naam, maar wel voor rekening van een ander. De term 'vertegenwoordiger' voor dit soort personen is misleidend. Het zou wellicht beter zijn de wat neutralere term 'tussenpersoon' te gebruiken.   **Oneigenlijke vertegenwoordiging**

Wat is het verschil tussen eigenlijke en oneigenlijke vertegenwoordiging? We hebben gezien dat bij eigenlijke vertegenwoordiging de rechtshandeling direct tussen de vertegenwoordigde/volmachtgever en de wederpartij wordt gesloten. De vertegenwoordiger speelt dan verder geen rol meer. Bij oneigenlijke vertegenwoordiging echter komt de rechtshandeling tot stand tussen de tussenpersoon en de wederpartij. De tussenpersoon is hier zelf contractpartij (zie figuur 6.4).

FIGUUR 6.4 Oneigenlijke vertegenwoordiging

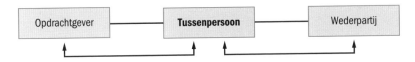

Bij deze vorm van vertegenwoordiging kunnen er problemen ontstaan als de wederpartij tekortschiet in de nakoming van zijn verbintenis. De tussenpersoon kan dan niet ageren, omdat hij zelf geen schade heeft geleden en dus geen belang heeft. De opdrachtgever kan ook niet ageren, omdat hij geen partij was bij de overeenkomst. De Hoge Raad heeft echter in het volgende arrest een beslissing omtrent deze kwestie gegeven.

HR 11 maart 1977, NJ 1977, 521 (Kribbenbijter)

Schiphoff had in opdracht van Lörsch, maar op eigen naam en in aanwezigheid van Lörsch een paard gekocht van Stolte. Lörsch had Schiphoff ingeschakeld, omdat hij zelf geen Nederlands sprak. Hij was wel aanwezig bij het sluiten van de koopovereenkomst. Later bleek dat het paard een kribbenbijter was. Schiphoff sprak Stolte aan op grond van wanprestatie. Deze laatste meende dat Schiphoff namens Lörsch was opgetreden en dat daarom alleen Lörsch zelf tegen Stolte kon ageren.

De rechter gaf hem echter geen gelijk. De Hoge Raad besliste namelijk dat degene die in eigen naam, maar ten behoeve van een opdrachtgever handelt, in beginsel ook de uit de overeenkomst voortvloeiende rechten geldend kan maken. Daarbij maakt het in beginsel geen verschil of deze partij de schade in eigen vermogen lijdt dan wel de vordering uitsluitend of mede instelt ten behoeve van haar opdrachtgever teneinde voor de laatste schadevergoeding te verkrijgen.

Ook bij oneigenlijke vertegenwoordiging kan zowel de betaling als de overdracht van de gekochte zaken via de tussenpersoon lopen. We bespreken achtereenvolgens oneigenlijke vertegenwoordiging en betaling en oneigenlijke vertegenwoordiging en overdracht. Tot slot komen nog de gevolgen van een faillissement van de tussenpersoon aan de orde.

Oneigenlijke vertegenwoordiging en betaling

Betaling aan bevoegde tussenpersoon

Wat betreft de betaling aan een tussenpersoon die onder eigen naam handelt, gelden dezelfde regels als bij eigenlijke vertegenwoordiging. Is de tussenpersoon bevoegd de betaling in ontvangst te nemen, dan is de wederpartij bevrijd van zijn schuld. Is er daarentegen aan een onbevoegde tussenpersoon betaald, dan gelden dezelfde regels als bij de eigenlijke vertegenwoordiging. In principe is ook hier degene die betaalt, niet van zijn schuld bevrijd tenzij de betaling wordt bekrachtigd, de werkelijk rechthebbende zelf de schijn heeft gewekt van bevoegdheid van de ontvanger of degene die aanspraak kon maken op betaling, door de betaling werd gebaat (art. 6:32 en 34 BW).

Oneigenlijke vertegenwoordiging en overdracht

Tussenpersoon wordt eigenaar

Doorleveringsleer

Aangezien de rechtshandeling tot stand komt tussen de tussenpersoon en de wederpartij, gaat de eigendom van de zaak die overgedragen moet worden eerst over op de tussenpersoon. Deze wordt dus rechthebbende op de zaak. Maar het is uiteraard niet de bedoeling dat hij de zaak voor zichzelf behoudt. Hij moet op zijn beurt weer voldoen aan zijn afspraak met de opdrachtgever. Dit betekent dat op hem de plicht rust de zaak over te dragen aan zijn opdrachtgever. Men noemt dit de *doorleveringsleer*. Er moeten dus twee afzonderlijke leveringshandelingen plaatsvinden, één tussen de tussenpersoon en de wederpartij, en één tussen de tussenpersoon en diens opdrachtgever (zie figuur 6.5).

FIGUUR 6.5 Doorlevering

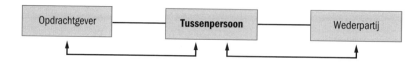

De doorleveringsleer is echter niet van toepassing op roerende zaken en toonderpapieren. Hier geldt de zogenoemde *directe leer* ofwel de *leer van de directe verkrijging*. De eigendom of het recht gaat in dat geval wel rechtstreeks over van de vervreemder op de verkrijger. De tussenpersoon is dan houder. Voorwaarde is dat het een levering met bezitsverschaffing betreft (art. 3:110 BW).

Leer van de directe verkrijging

VOORBEELD 6.18
Soeteman geeft commissionair Buizerd opdracht om voor €12.500 aandelen Royal Dutch Shell te kopen.

Een commissionair is iemand die zijn bedrijf maakt van het sluiten van overeenkomsten van koop en verkoop van roerende zaken op eigen naam en tegen genot van loon of provisie (commissie), op order of voor rekening van een ander. De commissieverhouding is geregeld als overeenkomst van lastgeving (art. 7:414 e.v. BW). Omdat hier de directe leer geldt, wordt Soeteman eigenaar van de aandelen zodra deze aan commissionair Buizerd zijn geleverd. Buizerd is vanaf dat moment op grond van art. 3:110 BW houder van de betreffende aandelen geworden.

VOORBEELD 6.19
Fons de Groot geeft zijn vriend Auke de Vries opdracht om voor zijn rekening maar in eigen naam te bieden op een schilderij van Renoir op de veiling bij Christies. Auke slaagt erin het bewuste schilderij te bemachtigen.

Wie is eigenaar van het schilderij geworden bij de overdracht door Christies? Fons de Groot, aangezien het hier een roerende zaak betreft. Auke is slechts houder voor Fons.

Faillissement van de tussenpersoon
Bij de oneigenlijke vertegenwoordiging is het eveneens van belang te kijken welke invloed een eventueel faillissement van de tussenpersoon op de positie van de opdrachtgever en de wederpartij heeft. Omdat de tussenpersoon contractpartij is, vallen een vordering of zaken die zich onder hem bevinden, in zijn faillissement.

Tussenpersoon is contractpartij

Dat laatste is niet het geval bij de aandelen die Buizerd voor rekening van Soeteman gekocht heeft (voorbeeld 6.18) en bij het schilderij dat Auke de Vries voor Fons de Groot heeft gekocht (voorbeeld 6.19), omdat dat toonderpapieren respectievelijk een roerende zaak betreft, waarvan de eigendom rechtstreeks overgaat op de opdrachtgever.

6.3   Lastgeving

Lastgeving is een van de bijzondere overeenkomsten van opdracht (art. 7:400 BW). De overeenkomst van *lastgeving* is de overeenkomst waarbij de ene partij, de lastgever, de andere partij, de lasthebber, opdraagt voor zijn

Lastgeving

rekening rechtshandeling(en) te verrichten (art. 7:414 lid 1 BW). Een last-hebber kan deze rechtshandeling(en) verrichten:

- namens de lastgever;
- in eigen naam (art. 7:414 lid 2 BW).

Lastgeving kan dus voorkomen met volmacht – er is dan sprake van verte-genwoordiging – of zonder volmacht. In het laatste geval is er sprake van oneigenlijke vertegenwoordiging. Een voorbeeld (6.6) van lastgeving met volmacht is makelaar Zweris, die de opdracht heeft gekregen om namens mevrouw en mijnheer De Vries hun huis te verkopen (art. 62 lid 1 sub a WvK en 7:425 BW). Een voorbeeld van lastgeving zonder volmacht is ie-mand die een commissionair opdracht geeft om voor hem aandelen te ko-pen.
Lastgeving betreft altijd het verrichten van rechtshandelingen. Is er sprake van bijvoorbeeld de opdracht tot het bouwen van een huis, dan is er sprake van aanneming van werk en niet van lastgeving.

Ook bij lastgeving kan men zich afvragen wat de gevolgen zijn van een fail-lissement van de lasthebber.
Zoals in paragraaf 6.2 al is aangegeven, wordt als er sprake is van een overeenkomst van lastgeving, bij vorderingen een uitzondering gemaakt op de hoofdregel dat zowel de opdrachtgever als de wederpartij (derde) slechts een concurrente vordering hebben in het faillissement van de tussenper-soon.
Is er namelijk sprake van een overeenkomst van lastgeving, dan kan zowel de lastgever als de wederpartij in geval van niet-nakoming, van faillisse-ment of van schuldsanering van de lasthebber, zijn rechten rechtstreeks te-gen de lastgever of wederpartij uitoefenen door een respectievelijk tot de lastgever of wederpartij gerichte schriftelijke verklaring (art. 7:420 en 421 BW). Het betreft dan bijvoorbeeld een vordering tot overdracht van een be-paalde zaak respectievelijk een vordering tot betaling van een bepaalde geldsom. De zaak zelf is in dit geval dus nog niet overgedragen en de ver-schuldigde som gelds is nog niet betaald.

VOORBEELD 6.20
Dreessen heeft op 1 februari in opdracht van Verkade, maar in eigen naam, landbouwmachines gekocht bij Zegveld. De machines zullen op 15 februari overgedragen worden. De verschuldigde koopsom zal binnen veertien da-gen na de overdracht worden voldaan. Dreessen gaat echter op 22 januari failliet.

Hoe staat het nu met de rechten van Verkade en Zegveld? Verkade heeft jegens Dreessen een persoonlijk recht op overdracht van de landbouwma-chines. Zegveld heeft een persoonlijk recht jegens Dreessen tot betaling van de verschuldigde koopsom. Beiden zijn dus concurrent crediteur. Dreessen heeft op zijn beurt ten aanzien van Zegveld recht op overdracht van de landbouwmachines en ten aanzien van Verkade recht op betaling van de koopsom.
Verkade kan nu op grond van art. 7:420 BW door middel van een schrijven aan Zegveld en aan Dreessen de vordering van Dreessen op Zegveld op

zichzelf doen overgaan. Door deze manoeuvre schakelt hij als het ware Dreessen uit en blijft zo buiten diens faillissement. Art. 7:421 BW geeft de wederpartij (Zegveld) dezelfde mogelijkheid als de lastgever (Verkade). Ook Zegveld kan in geval van niet-nakoming, faillissement of schuldsanering van de lasthebber (Dreessen) de vordering die hij op deze laatste heeft, door een schriftelijke verklaring aan zowel Dreessen als Verkade op zichzelf doen overgaan. Dit betekent dus dat hij zich rechtstreeks tot de lastgever, Verkade, kan wenden en op die manier buiten Dreessen om zijn rechten kan waarmaken.

Kernbegrippenlijst

Bekrachtiging	Eenzijdige rechtshandeling waarbij een rechtssubject verklaart dat hij ondanks het feit dat een bepaalde rechtshandeling ten opzichte van hem niet geldig is, toch gebonden wil zijn, waardoor de rechtshandeling hetzelfde rechtsgevolg krijgt als zou zijn ingetreden wanneer er geen sprake van onbevoegdheid was geweest (art. 3:69 BW).
Commissionair	Iemand die zijn bedrijf maakt van het sluiten van overeenkomsten van koop en verkoop van roerende zaken op eigen naam en tegen genot van loon of provisie (commissie) op order of voor rekening van een ander.
Doorleveringsleer	Bij oneigenlijke vertegenwoordiging komt de rechtshandeling tot stand tussen de tussenpersoon en de wederpartij en gaat daarom de eigendom van de zaak die overgedragen moet worden, eerst over op de tussenpersoon. Deze wordt dus rechthebbende op de zaak. Aangezien het uiteraard niet de bedoeling is dat de tussenpersoon de zaak voor zichzelf behoudt, moet hij op zijn beurt de zaak overdragen aan zijn opdrachtgever.
Lastgeving	De overeenkomst waarbij de ene partij, de lasthebber, zich jegens de andere partij, de lastgever, verbindt buiten dienstbetrekking voor rekening van de lastgever een of meer rechtshandelingen te verrichten. De overeenkomst kan de lasthebber verplichten de rechtshandeling te verrichten hetzij in eigen naam, hetzij in naam van de lasthebber (art. 7:414 BW).
Leer van de directe verkrijging	Bij oneigenlijke vertegenwoordiging wordt een uitzondering gemaakt op de doorleveringsleer voor de verkrijging van bepaalde roerende zaken en bepaalde toonderpapieren (specieszaken). Hier gaat de eigendom of het recht rechtstreeks van de vervreemder over op de verkrijger. De tussenpersoon is in dit geval houder (art. 3:110 BW).
Makelaar	Tussenpersoon die er zijn bedrijf van maakt om te bemiddelen bij het tot stand brengen en het sluiten van overeenkomsten in opdracht en op naam van personen met wie hij niet in een vaste betrekking staat (art. 62 WvK en 7:425 BW).

Nader te noemen meester	Het verschijnsel waarbij iemand namens een op dat moment nog onbekende opdrachtgever/volmachtgever een rechtshandeling verricht (art. 3:67 BW).
Onbevoegde vertegenwoordiging	Het verschijnsel dat iemand namens een ander een rechtshandeling verricht zonder daartoe van tevoren gemachtigd te zijn of voldoende gemachtigd te zijn.
Oneigenlijke vertegenwoordiging	Men spreekt van oneigenlijke vertegenwoordiging als de tussenpersoon weliswaar optreedt in eigen naam, maar voor rekening van zijn opdrachtgever.
Selbsteintritt	Het verschijnsel waarbij de gevolmachtigde zelf wederpartij wordt, bijvoorbeeld zelf de aandelen/grondstoffen koopt die hij moet verkopen (art. 3:68 BW).
Vertegenwoordiging	Het verschijnsel dat het ene rechtssubject namens en voor rekening van een ander rechtshandelingen verricht.
Volmacht	Eenzijdige rechtshandeling waarbij het ene rechtssubject, de volmachtgever, een ander, de gevolmachtigde, hetzij uitdrukkelijk, hetzij stilzwijgend de bevoegdheid verleent namens hem rechtshandelingen te verrichten (art. 3:60 en 61 lid 1 BW).

6

Meerkeuzevragen

6.1 Studenten Gerard en Marianne hebben beiden een rekening bij de Universiteitsboekhandel. Gerard en Marianne spreken af dat Gerard in naam van Marianne het boek *Teksten en Commentaar NBW* zal kopen. Omdat er nog maar één exemplaar voorradig blijkt te zijn, koopt Gerard het boek op rekening voor Marianne. Wat is juist?

a Er is een overeenkomst tot stand gekomen tussen Gerard en de Universiteitsboekhandel.

b Er is hier sprake van een overeenkomst van lastgeving met volmacht.

c Er is hier sprake van oneigenlijke vertegenwoordiging.

d Gerard is volmachtgever.

6.2 De 17-jarige Arthur besluit het geld dat hij van zijn grootvader heeft geërfd, te gaan beleggen. Hij verleent aan Hagenaars volmacht om in zijn (Arthurs) naam een pand op de Weesperzijde, dat net geveild wordt, te kopen. Wat is juist?

a De koopovereenkomst is geldig, omdat Hagenaars krachtens volmacht bevoegd is namens Arthur op te treden.

b De koopovereenkomst is nietig, omdat een minderjarige geen volmacht mag verlenen.

c De koopovereenkomst is vernietigbaar, omdat Arthur minderjarig is.

d Er kan in een geval zoals hierboven omschreven, geen geldige overeenkomst tot stand komen.

6.3 Van Baerle stuurt zijn 14-jarige zoon Tom naar machinehandel Kralenbeek om vijf potten beits te bestellen. De levertijd blijkt drie weken te zijn. In de tussentijd kan Van Baerle de beits tegen een schappelijk prijsje van zijn zwager overnemen. Met een beroep op de leeftijd van zijn zoon tracht Van Baerle Kralenbeek ervan te overtuigen dat hij bevoegd is de overeenkomst te vernietigen. Kralenbeek meent dat hiervan geen sprake is. Wie heeft gelijk?

a Van Baerle, omdat hij als wettig vertegenwoordiger van zijn zoon Tom bevoegd is de koopovereenkomst wegens handelingsonbekwaamheid te vernietigen.

b Van Baerle, omdat een minderjarige vertegenwoordiger de overeenkomst aantastbaar maakt.

c Kralenbeek, omdat de overeenkomst uiteindelijk tot stand komt tussen hemzelf en vader Van Baerle.

d Kralenbeek, omdat vader Van Baerle, nu hij zelf zijn zoon opdracht gegeven heeft de koopovereenkomst te sluiten, geen beroep kan doen op diens handelingsonbekwaamheid.

6.4 Hildebrand en Losekoot verschillen van mening over de door Losekoot aangebrachte dubbele beglazing bij Hildebrand. Losekoot schakelt ir. Polman in voor advies en bemiddeling. Polman is echter niet bevoegd een schikking aan te gaan met betrekking tot een bepaalde prijs. Als Hildebrand zich rechtstreeks tot Losekoot wendt met betrekking tot een schikking, verwijst deze laatste naar Polman. Polman ziet kans een schikkingsovereenkomst tot stand te brengen. Wat is juist?

a Losekoot is gebonden aan de schikking, omdat hij zelf ten opzichte van Hilderbrand de schijn heeft gewekt dat Polman bevoegd was een schikkingsovereenkomst aan te gaan.

b Losekoot is wegens de onbevoegdheid van Polman niet gebonden aan de schikkingsovereenkomst.

c Losekoot is pas gebonden aan de schikkingsovereenkomst als hij de overeenkomst heeft bekrachtigd.

d Losekoot kan de schikkingsovereenkomst wegens het ontbreken van een voldoende volmacht afwijzen.

6.5 Glansbeek koopt op de veiling namens een onbekende koper een aantal negentiende-eeuwse schilderijen. Men noemt dit

a de doorleveringsleer.

b nader te noemen meester.

c Selbsteintritt.

d oneigenlijke vertegenwoordiging.

6.6 Brandsma heeft namens Truyens een computer gekocht bij B&L. Na overdracht van de computer is Brandsma

a bezitter te goeder trouw.

b eigenaar met de plicht door te leveren.

c houder.

d schuldenaar ten aanzien van de overdracht van de computer.

6.7 Commissionair Tussenbroek is failliet gegaan. In de boedel bevindt zich een partij koffiebonen die Tussenbroek voor Canis bv heeft gekocht. Canis bv

a heeft met het faillissement van Tussenbroek niets te maken.

b kan de partij koffiebonen als zakelijk gerechtigde opeisen.

c kan de partij koffiebonen pas als rechthebbende opeisen als ze is geïndividualiseerd.

d moet zich als concurrent schuldeiser aanmelden.

6.8 Welke van de volgende stellingen is juist?

a Een gevolmachtigde bindt slechts zijn opdrachtgever.

b Een volmacht kan slechts uitdrukkelijk worden verleend.

c Lastgeving gaat altijd gepaard met volmacht.

d Lastgeving kan in principe elke vorm van opdracht betreffen.

6.9 Bosma geeft De Jong opdracht om op de veiling voor hem te bieden op een Ford occasion uit 1954. Het grensbedrag waarvoor geboden mag worden, wordt gesteld op €22.500. De Jong koopt de auto voor €25.000.
Welke van de volgende stellingen is juist?

a De koopovereenkomst is nietig, aangezien noch Bosma, noch De Jong aan de koopovereenkomst is gebonden.

b Er is in dit geval sprake van onbevoegde vertegenwoordiging. Dat betekent dat Bosma niet gebonden is aan de koopovereenkomst.

c Bosma is eigenaar van de Ford geworden, aangezien de veiling erop mocht vertrouwen dat De Jong vertegenwoordigingsbevoegdheid had.

6

d Pas als De Jong na bekrachtiging van de koopovereenkomst door Bosma de auto heeft doorgeleverd, is Bosma eigenaar geworden.

6.10 Reuvers heeft Paulusma opdracht gegeven namens hem op de komende veiling een bod te doen op een antieke kussenkast uit de zeventiende eeuw. Paulusma slaagt erin de kast voor Reuvers te kopen. Na de overdracht van de kast is Paulusma
a bezitter te goeder trouw.
b eigenaar met de verplichting de kast over te dragen.
c houder.
d schuldenaar ten aanzien van de overdracht van de kast.

Oefenvragen

6.1 D.W. Brand, commissionair in effecten, heeft voor rekening van de Vereniging voor Protestants Christelijk Schoolonderwijs in Barendrecht effecten verhandeld, in opdracht van Baars, de penningmeester van de vereniging. Dit heeft tot gevolg gehad dat de penningmeester met zijn speculaties op de effectenbeurs bijna €425.000 van de vereniging heeft verspeeld.

a Wat is een commissionair in effecten?
b Wie wordt eigenaar van de effecten, zodra deze worden geleverd?
c Valt het bestuur van de vereniging iets te verwijten?
d Wat heeft de commissionair nagelaten toen hij met Baars in zee ging?

6.2 Commissionair Vos heeft voor Brinkman, lid van de raad van bestuur van de B-bank, een pakket aandelen gekocht in het automatiseringsfonds Oltron. De B-bank blijkt echter niet alleen de huisbankier van Oltron te zijn, maar blijkt ook Oltron een jaar geleden geïntroduceerd te hebben op de effectenbeurs. Journaliste Willemijn Wouters vraagt zich in haar vaste rubriek bij een landelijk dagblad af of hier niet sprake is geweest van belangenverstrengeling. Brinkman echter meent dat hem niets te verwijten valt, omdat hij zijn effectenportefeuille in de vrije hand van een commissionair had gegeven.

a Waarom kan Brinkman beweren dat hij de aandelen niet zelf heeft gekocht?
b Tussen wie komt de koopovereenkomst betreffende de effecten tot stand?
c Hoe zou u de relatie tussen Brinkman en Vos noemen?
d Wat voor verplichting heeft Vos jegens Brinkman? En Brinkman jegens Vos?

6.3 Trudie en Frank Dassen geven makelaar Hendriksen opdracht hun huis in de Johannes Verhulststraat te verkopen. De prijs mag echter niet onder de €492.500 kk komen. Het huis wordt verkocht voor €475.000 aan Han Nooteboom en Patricia Gommers.

a Hoe wordt de overeenkomst genoemd die Trudie en Frank met de makelaar sluiten?
b Wat is een makelaar?
c Tussen wie is de koopovereenkomst tot stand gekomen?
d Zou er, als de koopprijs €137.500 was geweest, een geldige koopovereenkomst tot stand zijn gekomen?
e Wanneer komt er ook in deze situatie toch een geldige koopovereenkomst tot stand?

6

7
Overeenkomst

7.1   Wat is een overeenkomst?
7.2   Totstandkoming van een overeenkomst
7.3   Inhoud van de overeenkomst
7.4   Overeenkomsten en derden

In hoofdstuk 5 hebben we gezien wat een rechtshandeling is. Dat is bijvoorbeeld het maken van een testament, het opzeggen van een arbeidsovereenkomst, het kopen van een computer of het aangaan van een huurovereenkomst voor een woning. Voor de totstandkoming van deze rechtshandelingen is soms één persoon voldoende (het maken van een testament, de opzegging van een arbeidsovereenkomst), maar meestal zijn er twee of meer nodig (het kopen van de computer of het aangaan van een huurovereenkomst). Over deze laatste categorie, meerzijdige rechtshandeling genoemd, gaat dit hoofdstuk. Een meerzijdige rechtshandeling wordt ook wel overeenkomst genoemd. De meest voorkomende overeenkomst is de overeenkomst die verbintenissen doet ontstaan. De verbintenis zelf wordt in hoofdstuk 9 besproken. In dit hoofdstuk gaan we allereerst bekijken wat een overeenkomst is (par. 7.1). Vervolgens komt de totstandkoming van de overeenkomst aan de orde (par. 7.2). De inhoud van de overeenkomst, de prestatie, komt daarna ter sprake (par. 7.3). De inhoud van de koopovereenkomst van de computer is dus een computer van een bepaald merk voor een bepaalde prijs. Maar ook leveringsvoorwaarden en betalingscondities kunnen de inhoud van de overeenkomst bepalen. Overeenkomsten komen over het algemeen tot stand tussen twee partijen: koper en verkoper, werkgever en werknemer, huurder en verhuurder enzovoort. Anderen hebben in principe niets met de tussen partijen gesloten overeenkomst te maken. Soms is dat echter anders. Dan strekken de gevolgen van een bepaalde overeenkomst zich ook uit tot anderen, derden genoemd (par. 7.4).

7.1 Wat is een overeenkomst?

Overeenkomst

Volgens de wettelijke omschrijving is de (verbintenisscheppende of obliga-toire) *overeenkomst* een meerzijdige rechtshandeling waarbij een of meer partijen jegens een of meer andere een verbintenis aangaan (art. 6:213 BW).

Meerzijdige rechtshandeling

Het feit dat de overeenkomst een *meerzijdige rechtshandeling* is, betekent – zo hebben we reeds in hoofdstuk 5 gezien – dat er wilsovereenstemming van minimaal twee personen nodig is voor de totstandkoming van de rechtshandeling. Er zijn eenzijdige (schenking) en wederkerige verbintenis-scheppende overeenkomsten (koop-, huur- en arbeidsovereenkomst) al naargelang er slechts één of twee verbintenissen ontstaan; zie nogmaals figuur 5.1.

We leggen het verschil tussen eenzijdige en wederkerige overeenkomsten nog eens uit aan de hand van een paar voorbeelden.

VOORBEELD 7.1

Duivestein wil de Koninklijke Bibliotheek te Den Haag zijn gehele boeken-collectie schenken.

Schenking is een overeenkomst, dus een meerzijdige rechtshandeling. De schenkingsovereenkomst komt tot stand zodra de Koninklijke Bibliotheek het aanbod van Duivestein heeft aanvaard. Er is voor de totstandkoming van de schenkingsovereenkomst wilsovereenstemming nodig tussen Duive-stein en de Koninklijke Bibliotheek. Weigert de Koninklijke Bibliotheek het aanbod, dan komt er geen schenkingsovereenkomst tot stand. Accepteert de Koninklijke Bibliotheek, dan komt er wel een schenkingsovereenkomst tot stand (art. 7:175 BW).

Eenzijdige overeenkomst

Het gevolg van het tot stand komen van de schenkingsovereenkomst is het ontstaan van slechts één verbintenis, namelijk die waarvan de Koninklijke Bibliotheek als schuldeiser nakoming kan vorderen en die Duivestein als schuldenaar verplicht is na te komen. Omdat er slechts één verbintenis tot stand komt, gaat het om een *eenzijdige overeenkomst*. De inhoud van deze verbintenis betreft de overdracht van de boekencollectie. Kortom, schen-king is een meerzijdige rechtshandeling en een eenzijdige overeenkomst.

Wederkerige overeenkomst

Ook een koopovereenkomst of een arbeidsovereenkomst is een meerzijdige rechtshandeling. Er is ook hier wilsovereenstemming nodig wil de overeen-komst tot stand komen. Het verschil met de schenking is echter dat uit deze overeenkomsten twee verbintenissen ontstaan die wederzijdse rech-ten en verplichtingen voor de contractpartijen doen ontstaan. Omdat er twee verbintenissen ontstaan, spreken we van een *wederkerige overeen-komst*.

VOORBEELD 7.2

Trip koopt een bestelbus voor zijn bedrijf voor €20.000 bij garagebedrijf 'De witte pomp'.

De twee verbintenissen die hier ontstaan, betreffen enerzijds die betreffende de overdracht van de bestelbus en anderzijds die betreffende de betaling van €20.000, waarvan partijen over en weer schuldeiser en schuldenaar zijn.

De wet wijdt een aparte afdeling (afdeling 5) aan de wederkerige overeenkomsten (art. 6:261 BW e.v.). De in deze afdeling opgenomen wetsbepalingen zijn alleen maar van toepassing als er sprake is van een wederkerige overeenkomst. De overige afdelingen bevatten bepalingen die gelden voor alle overeenkomsten.
Omdat de overeenkomst een rechtshandeling is, zijn natuurlijk ook de bepalingen van de tweede titel van Boek 3 BW van toepassing op de overeenkomst, voor zover ze niet door specifieke bepalingen voor de overeenkomst worden uitgesloten. De speciale regel zet namelijk altijd de algemene regel opzij. Dit betekent dat de algemene regel toepasselijk is zolang zijn werking niet door een speciale wordt uitgesloten. De in hoofdstuk 5 behandelde onderwerpen betreffende de rechtshandeling zijn daarom ook van toepassing op de overeenkomsten.

7.2 Totstandkoming van een overeenkomst

Een overeenkomst komt tot stand doordat iemand een ander een aanbod doet en die ander dat aanbod aanvaardt (art. 6:217 BW). De totstandkoming van de overeenkomst bevat dus twee elementen:
1 aanbod
2 aanvaarding van het aanbod.

We bespreken in deze paragraaf eerst het aanbod (subpar. 7.2.1). Daarna komt de aanvaarding van het aanbod aan de orde (subpar. 7.2.2). Vervolgens vragen we ons af op welk moment de overeenkomst precies tot stand komt (subpar. 7.2.3). Tot slot gaan we nog in op het tot stand komen van de elektronische overeenkomst (subpar. 7.2.4).

7.2.1 Aanbod
Niet ieder aanbod is ook een geldig aanbod. Daarom bespreken we hier eerst aan welke eisen een geldig aanbod moet voldoen. Daarna komt de vraag aan de orde hoe lang een aanbod van kracht blijft. Ten slotte bespreken we twee bijzondere varianten van aanbod: het vrijblijvende en het onherroepelijke aanbod.

Aan welke eisen moet een aanbod voldoen?
Als iemand een aanbod doet, stelt hij iemand voor een overeenkomst te sluiten. Door een aanbod te doen, verklaart iemand wat hij wil. Het aanbod is dus een wilsverklaring. In het kader van de rechtshandelingen valt het onder de eenzijdige gerichte rechtshandelingen. Een *aanbod* is pas een geldig aanbod als daarin wordt aangegeven wat de voornaamste verplichtingen zijn uit de overeenkomst die voorgesteld wordt. Als bepaalde elementen ontbreken, zoals de prijs, dan spreken we van de *uitnodiging tot het doen van een aanbod*. Een uitzondering vormt de koopovereenkomst, aangezien er bepaald is dat als er een koopovereenkomst tot stand is gekomen zonder dat de prijs is bepaald, de koper een redelijke prijs verschuldigd is (art. 7:4 BW); zie voor de koopovereenkomst hoofdstuk 12.

Aanbod

Uitnodiging tot het doen van een aanbod

VOORBEELD 7.3

Computerbedrijf Compex bv biedt zijn clientèle per brief de nieuwste computers te koop aan voor €725 per stuk.

Dit is een aanbod tot het sluiten van een koopovereenkomst. Aangezien het aanbod alle elementen die nodig zijn voor het tot stand komen van een koopovereenkomst bevat, namelijk een zaak die verkocht zal worden tegen een bepaalde prijs, is het een geldig aanbod. De volgende situatie kan zich echter ook voordoen.

> **HR 10 april 1981, NJ 1981, 532 (Hofland/Hennis)**
> Hofland plaatst in een woninggids een advertentie, waarin hij zijn woning, een hoekhuis met garage, in Bussum aan de Elisabethgaarde 7, te koop aanbiedt voor ƒ 215.000 (ca. €100.000).
> Volgens de Hoge Raad is hier sprake van een uitnodiging om in onderhandeling te treden.

De reden voor deze uitspraak was dat het weliswaar een individueel bepaalde zaak betrof, maar dat de prijs en de andere voorwaarden met betrekking tot de koopovereenkomst nog nader vastgesteld moesten worden in de onderhandeling, waarbij de persoon van de gegadigde eveneens een rol speelde. In de huizenhandel is het noemen van een prijs slechts een uitgangspunt voor de onderhandeling. Iedereen weet dat het gebruikelijk is om ongeveer 7% onder de in de advertentie vermelde prijs uit te komen. Hoe beter men onderhandelt, hoe lager de prijs zal zijn. Bovendien spelen in de huizenhandel ook elementen zoals het seizoen en het rentepeil van een bepaald moment een rol.

Hoe lang is een aanbod van kracht?

Herroeping

Een aanbod blijft van kracht zolang het niet wordt herroepen. *Herroeping* is niet meer mogelijk nadat de tegenpartij het aanbod heeft aanvaard of een mededeling betreffende de aanvaarding heeft verzonden (art. 6:219 lid 2 BW). Een *mondeling aanbod* moet terstond worden aanvaard, anders verliest het zijn kracht (art. 6:221 lid 1 BW).

VOORBEELD 7.4

Bastiaan Vervoort biedt zijn vriend Christiaan Hymans zijn gehele platencollectie aan voor €175, omdat hij zelf zojuist een cd-speler heeft aangeschaft. Als Christiaan niet op het aanbod ingaat, is het aanbod vervallen.

Betreft het een *schriftelijk aanbod*, dan verliest het zijn kracht als het niet binnen een redelijke termijn wordt aanvaard (art. 6:221 lid 1 BW).
Is er in het aanbod een *termijn voor nakoming* bepaald, dan verliest het aanbod zijn kracht als het niet binnen de gestelde termijn is aanvaard (art. 6:219 BW).
In voorbeeld 7.3 van Compex bv zou dat het geval zijn als in de brief waarin de computers te koop worden aangeboden, had gestaan dat het aanbod gedurende de gehele maand mei geldig was. Dit betekent dat Compex bv een

aanvaarding van een klant die in juni is gedaan, niet hoeft te accepteren. Aan alle aanvaardingen die in mei zijn gedaan, is hij onherroepelijk gebonden. Zolang de termijn loopt, is er namelijk sprake van een *onherroepelijk aanbod* (art. 6:219 lid 1 BW); zie hierna. Compex bv moet zijn aanbod gestand doen als de mededeling betreffende de aanvaarding in mei is verzonden.

Een aanbod verliest ook zijn kracht als het wordt verworpen (art. 6:221 lid 2 BW). Zegt bijvoorbeeld Christiaan uit voorbeeld 7.4 'nee' op het aanbod van zijn vriend Bastiaan diens platencollectie over te nemen, dan is het aanbod niet meer van kracht. Hetzelfde geldt als Christiaan alleen de oude platen van de Rolling Stones over wil nemen. Ook in dat geval is het aanbod van Bastiaan verworpen.

Bijzondere varianten van aanbod

Het aanbod kent twee bijzondere varianten, te weten:
1 het vrijblijvende aanbod;
2 het onherroepelijke aanbod.

Ad 1 Vrijblijvend aanbod

Bij een *vrijblijvend aanbod* kan het aanbod nog na de aanvaarding worden herroepen, mits dit onverwijld, dat wil zeggen zonder vertraging, gebeurt (art. 6:219 lid 2 BW slot).

Vrijblijvend aanbod

VOORBEELD 7.5

Gerard Vos laat de volgende advertentie in de plaatselijke krant plaatsen: 'Vrijblijvend aanbod. Te koop Volvo 470, 2 jaar oud 25.000 km voor €17.500.' Als Hans Mascini de auto wil kopen, weigert Gerard Vos.

7

Gerard Vos mag in dit geval weigeren zijn aanbod gestand te doen, want het betrof hier een vrijblijvend aanbod en dat mag men nog onverwijld na de aanvaarding herroepen.

Ad 2 Onherroepelijk aanbod

Een *onherroepelijk aanbod* kan gedurende de periode dat het onherroepelijk is – in voorbeeld 7.3 van Compex bv de maand mei – niet worden herroepen, ook al is het aanbod nog niet aanvaard.

De Hoge Raad heeft een dergelijke beslissing ook genomen in het volgende arrest.

Onherroepelijk aanbod

HR 19 december 1969, NJ 1970, 154 (Lindeboom/Amsterdam)

Prof. Lindeboom doet op of omstreeks 24 juni 1964 de gemeente Amsterdam een aanbod tot verkoop aan de gemeente van het recht van erfpacht op een perceel grond met de rechten van de erfpachter op de op dit perceel staande opstallen, die de Pieter van Foreestkliniek met de daarin aanwezige inventaris betreffen, voor een koopsom van in totaal ƒ 1.750.000 (ca. €800.000), onder de voorwaarde dat de koop en overdracht plaatsvinden tussen 15 november en 15 december 1964. Prof. Lindeboom herroept bij brief van 13 oktober zijn aanbod. Niettemin aanvaardt de gemeente Amsterdam het aanbod van prof. Lindeboom op 20 november 1964. De Hoge Raad was van oordeel dat de koopovereenkomst tot stand gekomen was, omdat er tussen 15 oktober en 15 december 1964 sprake was van een onherroepelijk aanbod. Een aanvaarding gedurende deze periode, zoals in casu op 20 november 1964, bracht de koopovereenkomst tot stand. De herroeping van prof. Lindeboom kon geen gevolg vinden, zelfs al was het aanbod op dat moment nog niet aanvaard.

Een aanbod is onherroepelijk als dit door de aanbieder zo is bepaald, maar onherroepelijkheid van het aanbod kan ook uit het aanbod zelf voortvloeien. Het aanbod luidt dan bijvoorbeeld als volgt: 'aanbod geldig tot …' of 'aanvaarding van het aanbod dient te geschieden vóór …'.
Denk bijvoorbeeld aan de wekelijkse advertenties met aanbiedingen in de kranten van grootwinkelbedrijven. Daar staat meestal vermeld: 'geldig op de koopavond en vrijdag en zaterdag'. Daar waar een sterretje bij de artikelen staat, geldt: 'zolang de voorraad strekt'. De grootwinkelbedrijven laten dit vermelden, omdat zij anders – ook al zou de voorraad uitgeput zijn – toch de vermelde artikelen voor de aanbiedingsprijs zouden moeten verkopen, omdat er dan sprake is van een onherroepelijk aanbod.

Optierecht

Een ander voorbeeld van een onherroepelijk aanbod is een *optierecht*. Soms wordt bijvoorbeeld aan een huurder of pachter de mogelijkheid gegeven om ingeval het door hem gehuurde huis of gepachte stuk grond in de verkoop komt, als eerste een bod te doen (art. 6:219 lid 3 BW). Ook in dit geval is de aanbieder gebonden wanneer zijn wederpartij van zijn optierecht gebruikmaakt, ook al zou hij op dat moment de overeenkomst niet meer willen sluiten.

7.2.2 Aanvaarding

Aanvaarding

De *aanvaarding* is de wilsverklaring die aansluit op het aanbod een overeenkomst tot stand te brengen.
Zodra degene aan wie het aanbod is gedaan, het aanbod heeft aanvaard of een mededeling betreffende de aanvaarding heeft verzonden, kan de aanbieder niet meer terugkomen op zijn aanbod (art. 6:219 lid 2 BW). Hij kan zijn aanbod dus niet meer intrekken. Het gevolg hiervan is dat er een overeenkomst tot stand is gekomen. Compex bv, uit voorbeeld 7.3, kan dus niet meer op zijn aanbod terugkomen als iemand van zijn clientèle heeft laten weten dat hij de computer voor €725 wil kopen. Er is dan een koopovereenkomst tot stand gekomen.

Stel dat de wederpartij *te laat aanvaardt*; het aanbod is dus reeds vervallen. Het gevolg hiervan is uiteraard dat er geen overeenkomst tot stand is gekomen. Soms geldt dit laatste echter niet.

VOORBEELD 7.6
Firma Iserief & co laat via een persoonlijk toegezonden mailing zijn clientèle weten dat hij op alle vóór 23 februari gedane bestellingen een korting verleent van 5%. Herngreen, een oude klant van Iserief sr., kreeg doordat hij half februari in het buitenland vertoefde deze folder pas op 24 februari onder ogen. Hij doet dadelijk de bestelling de deur uit in de hoop toch nog van het aanbod van Iserief te kunnen profiteren. De brief bereikt Iserief op 25 februari. Iserief laat Herngreen daarop telefonisch weten dat hij ook hem de korting van 5% wil verlenen.

Is Iserief verplicht Herngreen 5% korting te geven? Strikt genomen niet, want zijn aanbod is te laat aanvaard. Toch kan Herngreen van het aanbod profiteren als Iserief – zoals hier onverwijld, dus direct – laat weten dat hij zijn aanbod gestand wil doen. Er is nu toch een overeenkomst tussen beiden tot stand gekomen, waaraan zij zijn gebonden. Volgens de wet kan namelijk de aanbieder een te late aanvaarding toch als tijdig gedaan laten gelden, mits hij dit *onverwijld* aan de wederpartij *mededeelt* (art. 6:223 lid 1 BW). Ook de volgende situatie kan zich echter voordoen.

VOORBEELD 7.7
Otto bv laat in de gratis verspreide plaatselijke krant van Hengelo de volgende advertentie plaatsen: 'Eén week lang grote kwantumkortingen op alle tapijten en vaste vloerbedekking. Gratis bezorgd en gratis gelegd in de hele regio!' De krant wordt in de diverse wijken op woensdag of op donderdag verspreid. Er ontstaat twijfel of de in de advertentie bedoelde week loopt van woensdag tot woensdag, van donderdag tot donderdag of van zondag tot zondag, de eerste dag van de week. Op maandag besluit Gramsma dat het nu de gelegenheid is om nieuwe vloerbedekking te kopen. Hij bestelt echter pas op vrijdag. Is Otto bv nu gebonden?

Het is in ieder geval duidelijk dat er twijfel bestaat over de periode waarbinnen de aanvaarding moet plaatsvinden. In zo'n geval is de aanbieder, hier dus Otto bv, toch gebonden, tenzij hij onverwijld aan de wederpartij, Gramsma, mededeelt dat hij het aanbod als vervallen beschouwt (art. 6:223 lid 2 BW).

7.2.3 Op welk tijdstip komt de overeenkomst tot stand?
Bij een mondeling (ook telefonisch) aanbod komt de overeenkomst tot stand zodra de wederpartij heeft aanvaard.
Is het aanbod daarentegen schriftelijk gedaan, dan geldt als moment van aanvaarding het ogenblik dat het bericht van de aanvaarding de wederpartij heeft bereikt (art. 3:37 lid 3 BW). Immers, een tot een bepaalde persoon gerichte verklaring (bijvoorbeeld de aanvaarding) moet om haar werking te hebben, die persoon hebben bereikt. Men noemt dit de *ontvangsttheorie* (zie par. 5.2; zie ook: art. 6:224 BW). **Ontvangsttheorie**
Onthoud: intrekking van een aanbod moet geschieden vóórdat de verklaring de geadresseerde heeft bereikt (art. 3:37 lid 5 BW).
Herroeping van een aanbod is niet meer mogelijk nadat de tegenpartij heeft aanvaard of een mededeling betreffende de aanvaarding heeft verzonden (art. 6:219 lid 2 BW).

7.2.4 Totstandkoming van de elektronische overeenkomst
Hiervoor hebben we gezien dat een overeenkomst tot stand komt door een aanbod en de aanvaarding van dat aanbod. Dat geldt uiteraard ook voor de overeenkomst die via de e-mail tot stand komt. Onder invloed van de Europese Richtlijn inzake de Elektronische Handel is in Nederland wetgeving ontwikkeld met betrekking tot de elektronische handel.
De vraag die zich bij de totstandkoming van elektronische overeenkomsten voordoet, is de volgende. Een bedrijf heeft een site, waarop het verschillende aanbiedingen doet. Als iemand als reactie daarop per e-mail een bestelling doet, is er dan een onaantastbare overeenkomst tot stand gekomen? Het antwoord op deze vraag hangt af van het feit of men de aanbieding als **Elektronische overeenkomsten**

een aanbod kwalificeert of slechts als een uitnodiging om in onderhandeling te treden.

In het eerste geval luidt het antwoord op deze vraag bevestigend, zij het dat de overeenkomst door de wederpartij ontbonden kan worden zolang de aanbieder de ontvangst van het mailtje niet heeft bevestigd. Deze ontvangstbevestiging wordt geacht te zijn ontvangen op het moment dat het mailtje in de e-box van de wederpartij is gedeponeerd.

Wordt de aanbieding daarentegen slechts gezien als een uitnodiging tot het doen van een (tegen)aanbod, dan is het niet tijdig reageren op het aanbod om in onderhandeling te treden, een verwerping daarvan (art. 6:227c lid 2 BW).

Verplichte informatie aanbieder

Omdat het in de praktijk vaak niet gemakkelijk is de identiteit van de aanbieder vast te stellen, wordt geëist dat deze bepaalde gegevens – adresgegevens, btw-nummer, inschrijvingsnummer bij de Kamer van Koophandel, e-mailadres – gemakkelijk en rechtstreeks toegankelijk maakt. Daarnaast moet hij duidelijke en ondubbelzinnige aanduidingen geven van prijzen, met de uitdrukkelijke vermelding van eventuele belastingen en leveringskosten (art. 3:15d BW). Bovendien moet de aanbieder, voordat de overeenkomst tot stand komt, de potentiële wederpartij op duidelijke, begrijpelijke en ondubbelzinnige wijze informatie verstrekken over onder andere

- de wijze waarop de overeenkomst tot stand zal komen en in het bijzonder de stappen die de wederpartij moet doorlopen voordat het contract gesloten is;
- de wijze waarop de aanbieder met de gegevens van de klanten om zal gaan en op welke wijze deze door de klant te raadplegen zijn;
- de vermelding van de gehanteerde gedragscodes en hoe deze voor de klant te raadplegen zijn (art. 6:227b lid 1 BW).

Iedere overeenkomst die tot stand is gekomen zonder dat deze voorschriften zijn nageleefd, is vernietigbaar. Als het bijvoorbeeld gaat om informatie over de wijze waarop de overeenkomst tot stand zal komen en in het bijzonder de handelingen die daarvoor nodig zijn, dan wordt er uitgegaan van een vermoeden dat de overeenkomst onder invloed van het ontbreken van de juiste informatie tot stand is gekomen. Bovendien kan ook in dit geval de wederpartij de overeenkomst ontbinden zolang de leverancier de betreffende informatie niet heeft verstrekt. Zie art. 6:227b lid 4 BW.

Vormvoorschrift

Wat nu te doen als de wet voor de totstandkoming van de overeenkomst een vormvoorschrift (schriftelijk) eist (art. 6:226 BW)? In dat geval is de elektronische overeenkomst geldig wanneer de overeenkomst door partijen is te raadplegen, de authenticiteit daarvan in voldoende mate is vastgesteld, het moment van totstandkoming met voldoende zekerheid kan worden vastgesteld en de identiteit van partijen met voldoende zekerheid kan worden bepaald (art. 6:227a lid 1 BW). Dit laatste geldt niet als de wet voor de totstandkoming van de overeenkomst bijvoorbeeld notariële tussenkomst eist (art. 6:227a lid 2 BW).

7.3 Inhoud van de overeenkomst

Contractvrijheid

Ons recht kent het beginsel van *contractvrijheid*. Dit betekent dat partijen zelf in eerste instantie de vorm en de inhoud van hun contract bepalen. Worden er grenzen aan deze vrijheid gesteld? Ja, deze vrijheid is niet onbeperkt, maar wordt begrensd door de regels van dwingend recht, door de openbare orde en door de goede zeden (art. 3:40 BW). Onder *goede zeden* wordt de burgerlijke moraal verstaan, en onder *openbare orde* worden maatschappelijke belangen verstaan. Een contract dat geheel of gedeeltelijk qua inhoud of vorm in strijd is met dwingende wetsbepalingen, is nietig. Zo eist de wet dat een concurrentiebeding, een beding in een arbeidsovereenkomst waarin de werkgever de werknemer belet om na het verbreken van het dienstverband gedurende een bepaalde periode in dezelfde branche werkzaam te zijn, schriftelijk moet worden aangegaan met een meerderjarige werknemer. Dit betekent dat een beding dat niet aan deze vereisten voldoet, niet geldt, dus nietig is (art. 7:653 BW).

Goede zeden

Openbare orde

Nu we gezien hebben wat het beginsel van contractvrijheid inhoudt, gaan we bekijken welke factoren de inhoud van de overeenkomst bepalen (subpar. 7.3.1). Het kan voorkomen dat de zaken door het toedoen van onvoorziene omstandigheden voor contractpartijen anders lopen dan zij hadden verwacht bij het sluiten van de overeenkomst. In hoeverre deze onvoorziene omstandigheden van invloed zijn op de contractuele verhouding wordt daarna besproken (subpar. 7.3.2).

Overeenkomsten komen tot stand door wilsovereenstemming; doordat het aanbod en de aanvaarding van het aanbod op elkaar aansloten. Aan dit moment gaan soms langdurige onderhandelingen vooraf. Daarom is de vraag van belang in hoeverre partijen rechten aan de onderhandelingsfase kunnen ontlenen (subpar. 7.3.3). Naast de factoren die de inhoud van een overeenkomst bepalen, kunnen ook zogenoemde standaardregelingen, regelingen die voor ieder bedrijf in een bepaalde bedrijfstak gelden, en algemene voorwaarden, bedingen die een bepaald bedrijf aan al zijn contractpartners oplegt, voorkomen (subpar. 7.3.4 en 7.3.5).

7.3.1 Factoren die de inhoud van de overeenkomst bepalen

Binnen de grenzen van de regels van dwingend recht, openbare orde en goede zeden wordt de inhoud van een overeenkomst bepaald door:

a hetgeen partijen hebben afgesproken;
b de regels van aanvullend of regelend recht;
c gewoonterecht;
d de redelijkheid en de billijkheid.

Art. 6:248 lid 1 BW zegt het als volgt: 'Een overeenkomst heeft niet alleen de door partijen overeengekomen rechtsgevolgen, maar ook die welke, naar de aard van de overeenkomst, uit de wet, de gewoonte of de eisen van redelijkheid en billijkheid voortvloeien.'

Ad a Partijafspraak
Als de rechter de inhoud van een overeenkomst gaat toetsen, houdt hij in de allereerste plaats rekening met hetgeen partijen zelf hebben bepaald. Daarbij wordt echter niet alleen gelet op de letterlijke bewoordingen waarin de overeenkomst is vervat, maar ook op de daarachter liggende bedoeling van partijen.

Afspraak partijen

De Hoge Raad formuleerde dit als volgt: 'De vraag hoe in een schriftelijk contract de verhouding van partijen is geregeld en of dit contract een leemte laat die moet worden aangevuld, kan niet worden beantwoord op grond van alleen maar een zuiver taalkundige uitleg van de bepalingen van dat contract. Voor de beantwoording van die vraag komt het immers aan op de zin die partijen in de gegeven omstandigheden over en weer redelijkerwijs aan deze bepalingen mochten toekennen en op hetgeen zij te dien aanzien redelijkerwijs van elkaar mochten verwachten. Daarbij kan mede van belang zijn tot welke maatschappelijke kringen partijen behoren en welke rechtskennis van zodanige partijen kan worden verwacht.' (HR 13 maart 1981, NJ 1981, 635 Haviltex).

Omdat het in de praktijk moeilijk is om te bepalen of datgene wat een bepaalde persoon zegt ook werkelijk datgene is wat hij bedoelde te zeggen, speelt daarnaast het zogenoemde vertrouwensbeginsel een rol (art. 3:35 BW). Het *vertrouwensbeginsel* houdt in dat iemand erop mag vertrouwen dat datgene wat zijn wederpartij tegenover hem heeft verklaard, onder de gegeven omstandigheden in overeenstemming was met wat deze werkelijk wilde. Zie voor het vertrouwensbeginsel subparagraaf 5.2.1.

Vertrouwens-beginsel

Ad b De regels van regelend (aanvullend) recht
Het regelend recht regelt waar partijen dit hebben nagelaten en vult aan waar partijen leemtes in hun contract hebben gelaten. We moeten ons goed realiseren dat het contractenrecht zoals dat in de wet geregeld is, grotendeels bestaat uit *regelend of aanvullend recht*. Dit betekent dus dat de wettelijke regeling geldt voor zover partijen in hun contract daar niet van zijn afgeweken en voor het geval partijen helemaal geen regeling hebben getroffen.

Regelend of aan-vullend recht

VOORBEELD 7.8
Sanders bestelt een nieuwe inbouwkeuken bij Houtman bv. Afgesproken wordt dat Sanders veertien dagen na de aflevering van de keuken door Houtman bv de gehele koopsom zal storten op diens bankrekening.

Wat bepaalt de wet over de betaling van de koopsom? De wet zegt dat de betaling moet geschieden ten tijde en ter plaatse van de aflevering (art. 7:26 lid 2 BW). Anders gezegd: de koper moet op het moment van de aflevering de koopsom betalen, gelijk oversteken dus. Volgens de wet zou de keuken bij de aflevering betaald moeten worden. Aangezien art. 7:26 BW echter regelend recht bevat, is het partijen – zoals hierboven Sanders en Houtman bv – toegestaan hieromtrent een eigen regeling te treffen.

Ad c Gewoonterecht
Ook *gewoonterecht* kan een contractuele afspraak aanvullen. De wet regelt dat zelfs in een aantal gevallen. Zo zegt de wet bij de regeling van de arbeidsovereenkomst dat als er geen afspraak gemaakt is over de hoogte van het loon, de werknemer aanspraak heeft op het loon dat ten tijde van het sluiten van de arbeidsovereenkomst gebruikelijk was (art. 7:618 BW), en bij de regeling van de koopovereenkomst in art. 7:4 BW dat er bij de bepaling van de prijs rekening wordt gehouden met de door de verkoper ten tijde van het sluiten van de overeenkomst gewoonlijk bedongen prijzen. Gewoonterecht kan echter ook aanvullend recht opzijzetten. Gewoonterecht komt dan in plaats van de wettelijke regeling. Dit is het geval in branches zoals de veehandel, waar gewoonterecht al van oudsher gegolden heeft, en in de internationale handelskoop, het internationaal betalingsverkeer en het verzekeringsrecht. Zo zijn bij de internationale handelskoop de Uniform Customs and Practice for Documentary Credits van de Internationale Kamer

Gewoonterecht

van Koophandel te Parijs, bevattende regels van internationaal gewoonterecht, van toepassing.

Ad d Redelijkheid en billijkheid
Schuldeiser en schuldenaar zijn verplicht zich tegenover elkaar overeenkomstig de eisen van redelijkheid en billijkheid te gedragen, zegt art. 6:2 lid 1
BW. Lid 2 van datzelfde artikel voegt daar nog aan toe dat een regel die
krachtens de wet, gewoonte of rechtshandeling tussen hen geldt, niet van
toepassing kan zijn voor zover dit in de gegeven omstandigheden naar
maatstaven van redelijkheid en billijkheid onaanvaardbaar zou zijn (art. 6:2
lid 2 BW). De in lid 1 geformuleerde regel noemt men de *aanvullende werking* en die van lid 2 de *beperkende of uitsluitende werking* van de redelijkheid en billijkheid. Deze regel geldt voor alle verbintenissen ongeacht de
bron waaruit ze zijn ontstaan, maar in de praktijk spelen de redelijkheid en
billijkheid hoofdzakelijk een rol in het overeenkomstenrecht.
We moeten in de gaten houden dat pas als bij de uitleg van een contract de
bovengenoemde factoren (partijafspraak, gewoonterecht, regelend recht)
niet voldoende zijn, de eisen van redelijkheid en billijkheid een rol gaan
spelen. De redelijkheid en billijkheid moeten nooit als eerste factor naar
voren gebracht worden. Dit zou namelijk in de praktijk tot grote rechtsonzekerheid leiden.
Zoals gezegd: de redelijkheid en billijkheid kunnen niet alleen een contractuele bevoegdheid aanvullen, maar ook uitsluiten of beperken. De redelijkheid en billijkheid heeft dan een *derogerende werking*. Derogeren betekent
letterlijk: 'de wet opzijzetten'. Dat houdt dus in dat het onder bepaalde omstandigheden in strijd kan zijn met de redelijkheid en billijkheid om gebruik
te maken van een (van tevoren) bedongen contractuele bevoegdheid, bijvoorbeeld een exoneratieclausule. Zie ook subparagraaf 10.3.1. Dat heeft
de Hoge Raad in de zaak Saladin/HBU aldus besloten.

Redelijkheid en billijkheid

Derogerende werking

7

> **HR 19 mei 1967, NJ 1967, 261 (Saladin/HBU)**
> Saladin kocht op advies en door bemiddeling van de HBU aandelen Waterman
> Pen & Co van een zekere Savard. Functionarissen van de bank hadden deze
> aankoop sterk aangeraden en als argument aangevoerd dat de bank beschikte
> over een schriftelijke garantie van Savard, waarin deze de toezegging deed de
> bewuste aandelen na één jaar voor Can. $7 in plaats van de door de beleggers
> betaalde Can. $6 terug te zullen kopen. Bovendien verzekerde de bank dat
> Savard onmetelijk rijk was en de belegging dus 100% safe zou zijn. Het koers-
> verloop van de aandelen beantwoordde niet aan de verwachtingen en na een
> jaar liet Saladin de door hem gekochte aandelen aanbieden aan Savard. Deze
> bleek door betalingsmoeilijkheden slechts een gedeelte van de aandelen terug
> te kunnen kopen. En Saladin leed op de overige aandelen koersverlies. Hij
> sprak de bank aan tot betaling van schadevergoeding. De bank voerde tegen
> deze vordering als verweer aan dat zij de aansprakelijkheid voor schade die
> Saladin zou lijden, bij uitdrukkelijk beding (zogenoemd vrijtekeningsbeding of
> exoneratieclausule) zou hebben uitgesloten.
> De Hoge Raad besliste dat de beantwoording van de vraag of iemand in een
> bepaald geval een beroep kan doen op een vrijtekeningsbeding of exoneratie-
> clausule afhankelijk kan zijn van de waardering van tal van omstandigheden,
> zoals de zwaarte van de schuld, mede in verband met de aard en de ernst van
> de bij enige gedraging betrokken belangen, de aard en de verdere inhoud van
> de overeenkomst waarin het beding voorkomt, de maatschappelijke positie en
> de onderlinge verhouding van partijen, de wijze waarop het beding tot stand

gekomen is en de mate waarin de wederpartij zich van de strekking van het beding bewust is geweest. De Hoge Raad achtte het in dit geval niet onredelijk tegenover de gedupeerde wederpartij (Saladin) dat de HBU een beroep deed op de exoneratieclausule, omdat zij (HBU) haar advies weliswaar tegen beter weten in, maar toch te goeder trouw naar beste kunnen gegeven had. Hierbij speelde tevens een rol dat degenen die het beleggingsadvies hadden gegeven ook zelf aandelen onder gelijke voorwaarden van Savard hadden gekocht.

De Hoge Raad heeft in het volgende arrest beslist dat het beroep op een exoneratieclausule wel in strijd was met de redelijkheid en billijkheid.

HR 20 februari 1976, NJ 1976, 486 (Pseudovogelpest)

Dit arrest betrof een beroep op een exoneratieclausule die in de algemene verkoopvoorwaarden stond die van toepassing waren op de koopovereenkomst tussen Top en Van der Laan. Deze koopovereenkomst betrof een aantal hennen. Bij dit soort koopovereenkomsten is het vereist een geneeskundige verklaring van een dierenarts te overleggen, in dit geval een verklaring dat op het bedrijf van de verkoper, Top, geen klinische verschijnselen van pseudo-vogelpest waren geconstateerd. Top had dit echter nagelaten. Toen bij Van der Laan de pseudovogelpest uitbrak waardoor 5.000 van zijn 7.000 leghennen moesten worden afgemaakt, beriep Top zich op de in de algemene verkoop-voorwaarden opgenomen exoneratieclausule. Ook hier constateerde de rechter aan de hand van de concrete omstandigheden, zoals onder andere de zwaarte van de schuld aan de zijde van de verkoper, de aard en de ernst van de voor-zienbare schade, de wijze waarop het beding is tot stand gekomen en de strekking ervan, dat het beroep van Top op de exoneratieclausule in strijd was met de redelijkheid en billijkheid.

Rechts-verwerking

Ook in het geval van *rechtsverwerking* kan het in strijd zijn met de redelijk-heid en billijkheid om nog een beroep op een bepaalde contractuele be-voegdheid te doen. Men spreekt van rechtsverwerking als iemand door zijn eigen gedrag een hem toekomende contractuele bevoegdheid verspeelt.

VOORBEELD 7.9

Derksen koopt op 14 november stalen buizen van Veenstra. Afgesproken wordt dat Derksen de buizen vóór 20 december op zal komen halen, aange-zien Veenstra het terrein waar de buizen opgeslagen liggen uiterlijk 2 janu-ari leeg moet opleveren aan de gemeente.
Als Derksen op 28 december de buizen nog niet heeft afgehaald, ziet Veen-stra zich genoodzaakt de buizen te verkopen aan iemand anders. Derksen kan nu niet alsnog levering van de buizen opeisen, aangezien hij zijn recht op levering heeft verspeeld.

Een ander voorbeeld van rechtsverwerking is het volgende arrest.

HR 5 april 1968, NJ 1968, 251 (Pekingeenden)

Oldenhave verkoopt en levert door talrijke op zichzelf staande en met korte tussenpozen plaatsvindende leveranties, eenden aan Calot. Omdat volgens Calot diverse leveranties kwalitatief niet deugden, paste Calot prijskortingen toe. Aangezien Oldenhave niet tegen deze prijskortingen protesteerde, heeft hij het recht om hierop terug te komen verloren. Het zou namelijk in strijd met de redelijkheid en billijkheid zijn als hij dit wel kon doen (art. 6:2 BW). Aan de andere kant verwerpt Calot het recht om zich te beklagen over de kwaliteit van de geleverde eenden, als hij Oldenhave niet kort na iedere levering van zijn bezwaren op de hoogte heeft gesteld, teneinde hem de gelegenheid te geven tijdig de kwaliteit van de geleverde eenden zodanig vast te stellen dat dit later in een eventueel proces tot bewijs kan dienen (art. 7:23 BW).

7.3.2 Onvoorziene omstandigheden

Het kan in de praktijk voorkomen dat door bepaalde gebeurtenissen de zaken voor contractpartijen anders lopen dan zij van tevoren hadden kunnen inschatten. In hoeverre mag nu met deze onvoorziene omstandigheden rekening gehouden worden? Laten we eerst het volgende voorbeeld bekijken.

VOORBEELD 7.10

Groothandelaar Jansen heeft textielgoederen gekocht in Pakistan. Afgesproken is dat de kosten van vervoer voor rekening komen van de importeur. Vanwege het uitbreken van een conflict tussen India en Pakistan zijn de verzekeringspremies verhoogd en daardoor zijn de vervoerskosten verdubbeld. Mag Jansen deze hogere kosten doorberekenen aan zijn klanten met wie hij al overeenkomsten gesloten heeft?

Jansen zou dit kunnen doen met een beroep op *onvoorziene omstandigheden*. Bepalend is hierbij van welke veronderstelling partijen zijn uitgegaan. De wet geeft deze mogelijkheid in art. 6:258 BW. Het zou in genoemde omstandigheden uiterst onredelijk kunnen zijn als het textiel tegen de oude prijs geleverd moest worden. De rechter kan dan op verlangen van Jansen de gevolgen van de gesloten overeenkomsten wijzigen of de overeenkomst geheel of gedeeltelijk ontbinden op grond van onvoorzienbare omstandigheden. Deze omstandigheden moeten wel van dien aard zijn dat de wederpartij naar maatstaven van redelijkheid en billijkheid, ongewijzigde instandhouding van de overeenkomst niet mag verwachten. De Hoge Raad is echter van oordeel dat met ontbinding van de overeenkomst op grond van onvoorziene omstandigheden zeer terughoudend moet worden omgegaan. Zij kwam tot dit oordeel in een zaak betreffende een toezegging van een werkgever aan een werknemer dat deze tot zijn pensioen in loondienst in een bepaalde functie zou kunnen blijven werken. Toen het bedrijf met een beroep op onvoorziene omstandigheden onder deze toezegging wilde uitkomen, oordeelde de Hoge Raad dat het beroep hierop om de hiervoor genoemde reden niet kon worden gedaan (HR 19 november 1993, NJ 1994, 156, Campina/Van Jole).

Let wel: het betreft hier onvoorziene omstandigheden. Waren de omstandigheden te *voorzien* ten tijde van het sluiten van de desbetreffende overeenkomsten, dan behoort dit gewoon tot het risico van de contractpartijen. Het beroep op ontbinding van de overeenkomst op grond van onvoorziene omstandigheden kan contractueel niet worden uitgesloten. Het is volgens art. 6:250 BW van dwingend recht.

Onvoorziene omstandigheden

Voorzienbare omstandigheden

7

7.3.3 Precontractuele fase

Soms kan een lange onderhandelingstijd nodig zijn voordat partijen uiteindelijk tot het sluiten van een overeenkomst overgaan. Men kan zich afvragen vanaf welk moment in de onderhandelingsfase een van de contractpartijen zich nog vrijblijvend uit de onderhandelingen kan terugtrekken.

Met de onderhandelingsfase bedoelt men de tijd vóórdat de overeenkomst tot stand komt, de *precontractuele fase*.

Precontractuele fase

Uiteraard bestaan er in deze periode geen verplichtingen uit overeenkomst; eenvoudigweg omdat er nog geen overeenkomst is. Toch blijkt het soms nodig te zijn partijen gedurende deze periode enige rechtsbescherming te bieden. Daarom wordt ook in de onderhandelingsfase de verhouding tussen de contractpartijen beheerst door de regels van redelijkheid en billijkheid.

De Hoge Raad heeft hierover het volgende arrest gewezen.

> **HR 18 juni 1982, NJ 1983,723 (Plas/Valburg)**
>
> Plas Bouwonderneming BV diende op verzoek van de gemeentesecretaris van Valburg een offerte in voor de bouw van een overdekt zwembad. Daarna diende hij een herziene offerte in, waarvoor hij op eigen kosten adviezen van deskundigen had moeten inwinnen. De gemeente gaf een andere aannemer, die goedkoper was, de opdracht het zwembad te bouwen volgens het herziene ontwerp van Plas. Plas vorderde daarom van de gemeente vergoeding van de gemaakte voorbereidingskosten en de gederfde winst. Beide vorderingen werden toegewezen, omdat de onderhandelingen al in een dusdanig stadium waren dat partijen naar redelijkheid konden verwachten dat er een contract tot stand zou komen.

Dit standpunt is door de Hoge Raad in latere jurisprudentie gehandhaafd. Zo heeft de Hoge Raad onder andere gesteld dat als maatstaf voor de beoordeling van de schadevergoedingsplicht bij afgebroken onderhandelingen moet gelden dat ieder van de onderhandelende partijen, die overigens verplicht zijn hun gedrag mede door elkaars gerechtvaardigde belangen te laten bepalen, vrij is de onderhandelingen af te breken, tenzij dit op grond van het gerechtvaardigde vertrouwen van de wederpartij in het tot stand komen van de overeenkomst of in verband met de andere omstandigheden van het geval onaanvaardbaar zou zijn (HR 14-06-1996, NJ 1997, 481 De Ruiterij/MBO Ruiters).

Daarbij dient rekening te worden gehouden met de mate waarin en de wijze waarop de partij die de onderhandelingen afbreekt tot het ontstaan van dat vertrouwen heeft bijgedragen en met de gerechtvaardigde belangen van deze partij. Hierbij kan ook van belang zijn of zich in de loop van de onderhandelingen onvoorziene omstandigheden hebben voorgedaan. Als de onderhandelingen ondanks de gewijzigde omstandigheden over een lange tijd worden voortgezet, is wat betreft dit vertrouwen doorslaggevend hoe daarover ten slotte op het moment van afbreken van de onderhandelingen moet worden geoordeeld tegen de achtergrond van het gehele verloop van de onderhandelingen. Het ging in het onderhavige geval over een vordering tot schadevergoeding wegens onrechtmatig handelen ingesteld door Projecten bv (JPO) tegen Centraal Bureau Bouwtoezicht (CBB) doordat deze de in de eindfase geraakte onderhandelingen met betrekking tot de aanschaf van een stuk grond en de bouw van een kantoorgebouw had afgebroken (HR 12 augustus 2005, RvdW 2005, 93, JOL 2005 440 CBB /JPO).

Ook is het voorgekomen dat een beroep op dwaling werd toegekend, omdat een contractpartij bij het nemen van het besluit om de bewuste overeenkomst aan te gaan, afgegaan was op mededelingen die afkomstig waren van haar wederpartij en zodoende tot een verkeerde voorstelling van zaken was gekomen (zie voor dwaling subpar. 5.3.1). In het ene geval (HR 15 november 1957, NJ 1958, 67, Baris/Riezenkamp) betrof het mededelingen van de wederpartij inzake de kostprijs van rijwielhulpmotoren, die achteraf veel hoger dan geraamd bleken te zijn. In het tweede geval (HR 21 januari 1966, NJ 1966, 183, Booy/Wisman ofwel Mobiele Kraan) ging het om de mededeling dat er een kentekenbewijs verleend zou worden voor een kraan die ook op de openbare weg moest kunnen rijden en waarvoor dan een kentekenbewijs noodzakelijk is. Achteraf bleek de kraan niet de juiste afmetingen te hebben en te zwaar te zijn, zodat er geen kentekenbewijs werd verleend. De rechter was hier van oordeel dat 'partijen door in onderhandeling te treden over het sluiten van een overeenkomst tot elkaar in een bijzondere door de goede trouw beheerste rechtsverhouding komen te staan, die met zich meebrengt dat zij hun gedrag mede moeten laten bepalen door de gerechtvaardigde belangen van de wederpartij. Dit brengt onder meer met zich mee dat voor degene die overweegt een overeenkomst aan te gaan tegenover de wederpartij een gehoudenheid bestaat om binnen redelijke grenzen maatregelen te treffen om te voorkomen dat hij onder de invloed van onjuiste voorstellingen zijn toestemming geeft en dat de omvang van deze gehoudenheid mede hierdoor wordt bepaald, dat men in de regel mag afgaan op de juistheid van door de wederpartij gedane mededelingen.'

7.3.4 Standaardregelingen

Een overeenkomst kan behalve aan de wettelijke bepalingen ook onderworpen zijn aan standaardregelingen. *Standaardregelingen* kunnen op een overeenkomst van toepassing zijn als deze overeenkomst door één der contractpartijen in de uitoefening van zijn bedrijf of beroep wordt gesloten en zij voor de bedrijfstak waartoe het bedrijf of het beroep behoort, gelden. Kenmerk van standaardregelingen is dat zij een wet in materiële zin zijn, dus voor eenieder verbindend zijn (art. 6:214 BW).

Standaardregelingen

Een standaardregeling wordt vastgesteld, gewijzigd en ingetrokken door een daartoe door de minister van Veiligheid en Justitie benoemde commissie. Zij moet door de regering zijn goedgekeurd en afgekondigd in de *Staatscourant*, wil zij van kracht zijn.

De standaardregeling mag van de wet afwijken in die gevallen waarin men ook bij overeenkomst van de wet mag afwijken.

Partijen mogen van een standaardregeling afwijken. Deze afwijking kan wel aan vormvoorschriften worden gebonden.

Men moet de standaardregeling, die in feite wetgeving is, niet verwarren met de in subparagraaf 7.3.5 behandelde algemene voorwaarden, bedingen die partijen in hun contract kunnen opnemen.

7.3.5 Algemene voorwaarden

Omdat het in het handelsverkeer, waar veel contracten worden gesloten, lastig is om met iedere contractpartner afzonderlijk over elk onderdeel van de overeenkomst, zoals de verkoopcondities, de exoneratieclausules, en de leverings- en betalingsvoorwaarden, in onderhandeling te treden, legt een bedrijf – de gebruiker volgens art. 6:231 sub b BW – deze in algemene voorwaarden vast. Bij elke overeenkomst die gesloten wordt, worden dan de algemene voorwaarden van toepassing verklaard. Men kan in zo'n geval volstaan met een verwijzing op briefpapier naar de algemene voorwaarden en waar deze zijn in te zien, bijvoorbeeld op het bedrijf zelf, bij de Kamer van Koophandel of op de griffie van een rechtbank.

Ook bij de overeenkomst die langs elektronische weg tot stand komt, kunnen algemene voorwaarden worden gehanteerd. De elektronische gebruiker is verplicht informatie over de algemene voorwaarden die hij hanteert en over de toepassing ervan, op zijn website op te nemen. Een redelijke mogelijkheid tot kennisneming van de algemene voorwaarden wordt geboden als aan de klant een duurzame drager, zoals een cd-rom of een te downloaden bestand, ter beschikking wordt gesteld (art. 6:234 lid 2 BW).

Het gevolg van het gebruik van algemene voorwaarden is dat de inhoud van de overeenkomst eigenlijk maar door één van de contractpartijen wordt vastgesteld. Diens wederpartij kan dan zelf geen invloed meer uitoefenen op de inhoud ervan. De wet beschermt de contractpartners tegen elkaar door een regeling te geven voor de algemene voorwaarden, die van *dwingend recht* is (art. 6:231 e.v. BW). Dit betekent dat het partijen op straffe van nietigheid niet is toegestaan van de in de wet gegeven regeling af te wijken (art. 6:246 BW).

Dwingend recht

We bekijken nu achtereenvolgens wat algemene voorwaarden precies inhouden, in hoeverre partijen gebonden zijn aan de algemene voorwaarden en op welke wijze de wederpartij beschermd wordt, waarbij speciaal ingegaan wordt op de bescherming die de wet biedt aan de wederpartij/consument.

Begripsomschrijving

Algemene voorwaarden

Gebruiker

Kernbeding

Volgens de wet (art. 6:231 sub a BW) zijn *algemene voorwaarden* bedingen die door een der partijen, de *gebruiker* genoemd, geregeld in overeenkomsten zijn of zullen worden gebruikt. Algemene voorwaarden mogen geen bedingen betreffen die de kern van de te verrichten prestatie aangeven. Met de kern van de prestatie wordt bijvoorbeeld bedoeld de bepaling van prijs, kwaliteit of hoeveelheid. Een beding is een kernbeding als bij afwezigheid ervan de overeenkomst niet zou ontstaan wegens onvoldoende bepaalbaarheid van de verbintenissen.

VOORBEELD 7.11

Pot zal op grond van een koopovereenkomst een airconditioningsinstallatie aan Lagemaat leveren. Op de achterkant van de offerte die Lagemaat toegezonden krijgt, staat dat de algemene verkoopvoorwaarden van toepassing zijn. De inhoud van deze verkoopvoorwaarden betreft onder andere een eigendomsvoorbehoud van Pot totdat de gehele koopsom door Lagemaat betaald is. Verder staat er in de verkoopvoorwaarden dat betaling binnen veertien dagen na de aflevering van de installatie moet plaatsvinden. Zo niet, dan moet er vanaf die datum 15,4% rente over de koopsom betaald worden.

Genoemde bedingen, het eigendomsvoorbehoud en het beding betreffende de betaling van de koopsom, zijn algemene voorwaarden, omdat zij niet de kern van de overeenkomst betreffen. Zonder deze bedingen komt er namelijk ook gewoon een koopovereenkomst tot stand, zodra partijen het eens zijn over de verkochte zaak en de daarvoor verschuldigde prijs. De overeenkomst is dan voldoende bepaalbaar. We zien dat Pot deze algemene verkoopvoorwaarden eenzijdig aan Lagemaat oplegt. Zij vormen geen punt van

onderhandeling. Toch bindt ook Lagemaat zich bij bestelling aan deze algemene voorwaarden, aangezien zij een onderdeel vormen van de met Pot te
sluiten overeenkomst. Als hij met Pot in zee gaat, heeft Lagemaat zich onderworpen aan de door hem opgestelde regels.

Gebondenheid aan algemene voorwaarden

Ook bij de algemene voorwaarden spelen natuurlijk aanbod en aanvaarding
een rol willen zij tot contractinhoud worden. Algemene voorwaarden worden
contractinhoud doordat de *wederpartij* (art. 6:231 sub c BW) hun gelding als
zodanig, dus als geheel, aanvaardt. Als de wederpartij het geheel van algemene voorwaarden heeft aanvaard, is zij aan ieder afzonderlijk onderdeel
daarvan, betalingsvoorwaarde of exoneratieclausule, gebonden. Dit is ook
het geval als de gebruiker begreep of had moeten begrijpen dat de ander,
de wederpartij genoemd, de inhoud daarvan niet kende (art. 6:232 BW).
Zo is in voorbeeld 7.11 Lagemaat gebonden aan het eigendomsvoorbehoud
en de betalingsvoorwaarden van Pot.

Gebondenheid wederpartij

Bescherming van de wederpartij

Het nadeel van het feit dat de wederpartij aan de algemene voorwaarden
gebonden is, soms zelfs zonder de inhoud ervan te kennen, wordt ondervangen door twee mogelijkheden om de wederpartij te beschermen:
1 vernietiging van (een beding van) de algemene voorwaarden;
2 onredelijk-bezwarendverklaring.

Bescherming wederpartij

Ad 1 Vernietiging
Voor de wederpartij bestaat een ruime mogelijkheid om de algemene voorwaarden te vernietigen. De wederpartij kan deze vernietigbaarheid niet alleen inroepen als hij op de hiervoor beschreven wijze aan de algemene
voorwaarden gebonden is, maar ook als hij uitdrukkelijk een bepaald beding
heeft aanvaard.
Een beding in de algemene voorwaarden is vernietigbaar:
• indien het, gelet op de aard en de overige inhoud van de overeenkomst,
  de wijze waarop de voorwaarden tot stand zijn gekomen, de wederzijds
  kenbare belangen van partijen en de overige omstandigheden van het
  geval, onredelijk bezwarend is voor de wederpartij (art. 6:233 sub a BW);
• indien de gebruiker aan de wederpartij niet een redelijke mogelijkheid
  heeft geboden om van de algemene voorwaarden kennis te nemen (art.
  6:233 sub b BW).

Onredelijk bezwarend

Geen redelijke mogelijkheid kennisneming

Bij de eerste voorwaarde (art. 6:233 sub a) moet de wederpartij kunnen bewijzen dat de algemene voorwaarden gezien de omstandigheden van het geval, onredelijk bezwarend voor hem zijn.
Ook Lagemaat zou dus kunnen proberen onder de algemene voorwaarden
van Pot uit te komen, door te bewijzen dat deze onredelijk bezwarend voor
hem zijn.

De wet geeft in art. 6:234 BW aan wanneer de gebruiker aan de tweede
voorwaarde heeft voldaan. Dit is het geval als hij vóór of bij het sluiten van
de overeenkomst de algemene voorwaarden aan de wederpartij ter hand
heeft gesteld of heeft medegedeeld dat zij bij hem ter inzage liggen, of bij
een door hem opgegeven Kamer van Koophandel of griffie van een rechtbank zijn gedeponeerd (art. 6:234 lid 1 sub a en b BW).

7

Echter, een redelijke en op de praktijk afgestemde uitleg van art. 6:234 lid 1 BW brengt met zich mee dat de wederpartij zich niet op de vernietigbaarheid van een beding in algemene voorwaarden kan beroepen wanneer hij ten tijde van het sluiten van de overeenkomst met dat beding bekend was of geacht kon worden daarmee bekend te zijn. Ook kunnen zich omstandigheden voordoen waarin een beroep op vernietigbaarheid naar de maatstaven van redelijkheid en billijkheid onaanvaardbaar is (HR 1 oktober 1999, nr. C98/070HR; JOL 1999, 53; RvdW 1999, 135, Geurtzen/Kampstaal BV). De Hoge Raad wees hier een beroep op de vernietigbaarheid van een exoneratieclausule in de algemene voorwaarden op grond van art. 6:233 sub b BW af, omdat partijen verschillende malen (aanneem)overeenkomsten hadden gesloten, waarbij telkens op dezelfde wijze (in de schriftelijke offerte) naar de algemene voorwaarden werd verwezen.

Elektronische algemene voorwaarden

Bij een overeenkomst die langs elektronische weg tot stand komt, moeten de algemene voorwaarden voor of bij het sluiten van de overeenkomst aan de wederpartij langs elektronische weg ter beschikking worden gesteld en wel op zodanige wijze dat deze door hem kunnen worden opgeslagen en voor hem toegankelijk zijn ten behoeve van latere kennisneming. Mocht dit laatste redelijkerwijs niet mogelijk zijn, dan moet hij voor het sluiten van de overeenkomst aan de wederpartij bekendmaken waar deze van de voorwaarden langs elektronische weg kan kennisnemen, alsmede dat zij op verzoek langs elektronische weg of op andere wijze zullen worden toegezonden (art. 6:234 lid 2 BW).

Consument

De wet wijkt van de hiervoor beschreven regeling betreffende de vernietiging af als de wederpartij een *consument* is. Een consument is een natuurlijk persoon die niet handelt in de uitoefening van een beroep of bedrijf (art. 6:236 en 237 lid 1 BW; art. 7:5 BW).

VOORBEELD 7.12

Jan en Annie Pleus hebben een nieuwe cv-installatie in hun huis laten plaatsen door Heemskerk. Aangezien de cv-installatie nog steeds niet goed werkt, hebben zij de rekening van Heemskerk nog niet volledig betaald. Installateur Heemskerk weigert echter te repareren zolang zij de rekening nog niet helemaal hebben voldaan. Hij verwijst daarbij naar de algemene leverings- en betalingsvoorwaarden die van toepassing zijn op contracten die met hem worden gesloten. Hierin staat onder andere als clausule dat ook bij klachten omtrent de geïnstalleerde installaties de betaling ervan niet mag worden opgeschort. Dat zou in dit geval dus betekenen dat Heemskerk gelijk heeft.

Op grond van de wettelijke regeling van de algemene voorwaarden is deze bepaling echter hoogst onredelijk en in strijd met de wet. Wat zouden Jan en Annie Pleus nu moeten doen?
Zij kunnen met een beroep op art. 6:236 sub c BW bewerkstelligen dat het genoemde beding in de algemene voorwaarden van Heemskerk wordt vernietigd, omdat het onredelijk bezwarend is. Het beding in de algemene voorwaarden van Heemskerk staat namelijk op de zogenoemde zwarte lijst.

Zwarte lijst

Art. 6:236 BW somt in deze *zwarte lijst* bedingen op die jegens een consument onredelijk bezwarend worden geacht. Tegenbewijs is niet toegestaan.

Telkens als een op de zwarte lijst staand beding in de algemene voorwaarden voorkomt en een consument een beroep doet op de vernietigbaarheid ervan, zal een dergelijk beding worden vernietigd. De consument hoeft hier dus niet te bewijzen dat gezien de omstandigheden het desbetreffende beding onredelijk bezwarend voor hem is. Art. 6:237 BW geeft een opsomming van een aantal bedingen die vermoed worden onredelijk bezwarend te zijn voor de consument. Tegenbewijs door de gebruiker is hier wel toegestaan. De bedingen in algemene voorwaarden die op de *grijze lijst* staan, zullen dus op verzoek van de wederpartij worden vernietigd, tenzij de gebruiker erin slaagt aan te tonen dat zij niet onredelijk bezwarend voor de wederpartij zijn. Zo zal bijvoorbeeld een consument die geconfronteerd wordt met de algemene voorwaarden van een internetaanbieder waarin deze zijn aansprakelijkheid voor indirecte of directe schade uitsluit, dit beding kunnen vernietigen, omdat het op de grijze lijst voorkomt (art. 6:237 sub f BW). Bedingen die niet voorkomen op de zwarte of grijze lijst kunnen natuurlijk ook voor vernietiging worden voorgedragen. De wederpartij moet in dat geval wel kunnen bewijzen dat zij gezien de concrete omstandigheden onredelijk bezwarend voor hem zijn. In dat geval is dus gewoon art. 6:233 sub a BW van toepassing.

Grijze lijst

Een beding in de algemene voorwaarden kan worden vernietigd door een buitengerechtelijke verklaring of door een rechterlijk vonnis (art. 3:50 en 51 BW). Voorwaarde voor vernietiging is wel dat de wederpartij actie onderneemt. Een beding in de algemene voorwaarden is immers vernietigbaar. Dit betekent dat het beding geldig is totdat het op verzoek van een belanghebbende (hier: de wederpartij) wordt vernietigd. Laat de wederpartij het er dus bij zitten, dan blijft het beding uit de algemene voorwaarden gewoon van kracht.

7

Ad 2 Onredelijk-bezwarendverklaring
De wet kent naast een beroep op de vernietigbaarheid van het beding door de wederpartij nog een tweede beschermingsmogelijkheid tegen bedingen in algemene voorwaarden.
Bepaalde rechtspersonen die de belangen van de betrokkenen behartigen, zoals de Consumentenbond, kunnen een eis indienen bij het Gerechtshof te Den Haag teneinde een bepaald in de algemene voorwaarden voorkomend beding *onredelijk bezwarend te verklaren* (art. 6:240 en 241 BW). Voorwaarde is wel dat eerst in onderling overleg geprobeerd is de algemene voorwaarden te wijzigen (art. 6:240 lid 4 BW).
Naast de onredelijk-bezwarendverklaring door het Gerechtshof kan bovendien nog op vordering van de eiser een verbod op het gebruik van het bewuste beding opgelegd worden (art. 6:241 lid 3 BW).

Onredelijk bezwarend-verklaring

7.4 Overeenkomsten en derden

Over het algemeen zijn bij de totstandkoming van een overeenkomst en de ten gevolge daarvan ontstane verbintenis(sen) slechts de contractpartijen zelf betrokken. Voor anderen dan deze contractpartijen, *derden* genoemd, ontstaan er in de regel geen rechten en/of plichten uit deze overeenkomst. De wet drukt dit als volgt uit: 'Een overeenkomst is een meerzijdige rechtshandeling, waarbij een of meer partijen jegens een of meer andere een verbintenis aangaan' (art. 6:213 lid 1 BW).

Derden

De rechten en verplichtingen die uit deze verbintenis(sen) ontstaan, komen daarom alleen op de bij de overeenkomst betrokken partijen te liggen. Alleen zij zijn gebonden; alleen voor hen ontstaan de in de overeenkomst bepaalde rechten en plichten.

VOORBEELD 7.13
Wijntjes koopt voor zijn expeditiebedrijf een nieuwe vrachtwagen met oplegger van het merk DAF/Volvo bij garagebedrijf Roosendaal te Sneek voor €60.000.

Uit deze koopovereenkomst ontstaan weer, zoals we al eerder hebben gezien, twee verbintenissen, namelijk één tot eigendomsoverdracht en aflevering van de vrachtwagen met oplegger, en één tot betaling van de koopsom van €60.000. Wijntjes kan alleen Roosendaal aanspreken tot levering van de vrachtwagen. Omgekeerd kan Roosendaal alleen Wijntjes aanspreken tot betaling van de koopsom van €60.000 en niemand anders.
Toch kan het voorkomen dat derden betrokken worden bij een overeenkomst die door twee contractpartijen is gesloten.
De wet noemt een aantal van die gevallen in de afdeling die gaat over de rechtsgevolgen van overeenkomsten (art. 6:249 BW e.v.). Het betreft:
- de rechtsopvolging onder algemene titel (art. 6:249 BW);
- de kwalitatieve rechten (art. 6:251 BW);
- de kwalitatieve verplichtingen (art. 6:252 BW);
- het derdenbeding (art. 6:253 t/m 256 BW);
- de paardensprong (art. 6:257 BW).

Deze gevallen worden hierna achtereenvolgens kort besproken. Tot slot komt de derdenwerking van exoneratieclausules aan de orde.
De kwalitatieve rechten en verplichtingen hebben betrekking op de rechtsopvolging onder bijzondere titel.

Rechtsopvolging onder algemene titel

Rechtsopvolger onder algemene titel

Een rechtsopvolger onder algemene titel volgt zijn rechtsvoorganger op in een geheel vermogen of in een evenredig deel daarvan. Zowel diens rechten als diens plichten gaan dus op hem over.

VOORBEELD 7.14
Een maand voor zijn overlijden heeft Vermeulen het koopcontract getekend voor zijn buitenhuisje op Walcheren. De overdracht zou drie maanden na het opmaken van de koopakte plaatsvinden. Aangezien Vermeulen geen testament heeft gemaakt en zijn echtgenote reeds is overleden, zijn diens beide zoons zijn enige erfgenamen.

Erfgenamen volgen de erflater (hier: Vermeulen) op in een geheel vermogen of een evenredig deel (hier: ieder de helft) van een vermogen. Tot het vermogen van hun vader behoren de rechten (de koopsom) en de plichten (overdracht van het buitenhuisje) uit de één maand voor diens overlijden gesloten koopovereenkomst. Deze gaan nu op de beide zoons over.

Waarom is dat zo? Erfgenamen zijn volgens de wet (art. 3:80 lid 2 BW) rechtsopvolgers onder algemene titel. Rechtsopvolgers onder algemene titel verkrijgen niet alleen de rechten, maar ook de plichten van hun rechtsvoorganger. Daarom zijn de erfgenamen van Vermeulen verplicht de door hun overleden vader gesloten koopovereenkomst na te komen en hebben zij recht op de daarvoor aan hun vader verschuldigde koopprijs.
De wet formuleert het aldus: 'De rechtsgevolgen (van een overeenkomst) gelden mede voor rechtsverkrijgenden onder algemene titel, tenzij uit de overeenkomst iets anders voortvloeit' (art. 6:249 BW).
De wet geeft in art. 3:80 lid 2 BW nog een aantal voorbeelden van rechtsverkrijging onder algemene titel, zoals boedelmenging, fusie en splitsing. Deze opsomming is echter niet uitputtend. Op dit onderwerp is in paragraaf 3.1 uitvoerig ingegaan. Het wordt daarom op deze plek niet verder besproken.

Rechtsopvolging onder bijzondere titel

Bij *rechtsopvolging onder bijzondere titel* volgt iemand zijn rechtsvoorganger alleen op in diens rechten op een bepaald goed en niet (automatisch) in diens verplichtingen. De belangrijkste wijzen van rechtsopvolging onder bijzondere titel zijn overdracht, verjaring en onteigening (art. 3:80 lid 3 BW). Deze opsomming is echter niet uitputtend (zie art. 3:80 lid 3 slot BW); zie subparagraaf 2.4.2.
Bij de rechtsopvolging onder bijzondere titel is de vraag aan de orde of de kwalitatieve rechten en verplichtingen mee overgaan op de rechtsopvolger.

Rechtsopvolging onder bijzondere titel

De kwalitatieve rechten zijn reeds in subparagraaf 2.4.2 besproken. We komen er hier volledigheidshalve nog even op terug.

VOORBEELD 7.15
Blaauw installeert een heteluchtverwarming in het fabrieksgebouw van Smulders. Afgesproken wordt dat Blaauw gedurende één jaar gratis onderhoud zal verrichten. Een halfjaar na de installatie doet Smulders de fabriek over aan zijn schoonzoon Ruud Bossers.

De vraag is nu of het recht op een jaar gratis onderhoud van de heteluchtverwarming bij de overdracht van de fabriek ook overgaat op schoonzoon Ruud Bossers. Het antwoord op deze vraag luidt bevestigend, aangezien het recht op gratis onderhoud 'in zodanig verband staat met een aan de schuldeiser toebehorend goed, dat hij bij dat recht slechts belang heeft, zolang hij dat goed behoudt'. In zo'n geval, zegt de wet (art. 6:251 lid 1 BW), gaat het recht over op degene die dat goed onder bijzondere titel verkrijgt. Het is een *kwalitatief recht*.
Is voor het recht een tegenprestatie bedongen – Smulders moet bijvoorbeeld €100 betalen voor het onderhoud – dan gaat deze verplichting mee over (art. 6:251 lid 2 BW).

Kwalitatief recht

Verplichtingen gaan bij rechtsopvolging onder bijzondere titel niet automatisch mee over. Soms zal echter wel de behoefte bestaan om met een bepaald goed ook een daarmee verband houdende verplichting over te dragen. De wet regelt deze mogelijkheid voor *kwalitatieve verplichtingen*, dat zijn verplichtingen om iets niet te doen of te dulden die betrekking hebben

Kwalitatieve verplichtingen

Registergoed

op een registergoed (art. 6:252 BW). Een *registergoed* is een goed 'voor welker overdracht of vestiging inschrijving in daartoe bestemde openbare registers noodzakelijk is' (art. 3:10 BW). Registergoederen zijn bijvoorbeeld gebouwen, percelen grond en schepen van een bepaald tonnage.

VOORBEELD 7.16

Omdat zijn huis met omringende tuin grenst aan een vaart, moet Tonino een omweg van een kwartier maken om de openbare weg te bereiken. Hij heeft met zijn buurman Ophof afgesproken dat hij en zijn gezin gebruik mogen maken van het door de tuin van Ophof lopende voetpad. Als Ophof wegens ouderdomsgebreken opgenomen wordt in het plaatselijke bejaardentehuis, besluit hij zijn huis te verkopen. Al gauw biedt Beukers zich als gegadigde aan.

Moet Beukers nu op zijn beurt de familie Tonino toestaan over het voetpad door zijn tuin te lopen?
In principe natuurlijk niet, aangezien verplichtingen bij rechtsopvolging onder bijzondere titel niet overgaan op rechtsopvolgers. Wat hadden Tonino en Ophof nu moeten doen om te bewerkstelligen dat bovengenoemde verplichting wel overgaat op de rechtsopvolgers van Ophof? Zij hadden van deze verplichting een notariële akte moeten laten opmaken en deze laten inschrijven in de openbare registers. Dan kan Beukers zien dat hij mét de eigendom van het huis tevens de daarop rustende verplichting met betrekking tot het voetpad verwerft.

Erfdienst-baarheid

Terzijde: genoemde kwalitatieve verplichting kan ook worden opgenomen in het beperkte (zakelijke) recht van erfdienstbaarheid. Een *erfdienstbaarheid* wordt ten laste van het ene erf, het dienend erf, gevestigd ten voordele van een ander erf, het heersend erf, en moet bestaan uit een dulden of nietdoen (art. 5:70 e.v. BW). Beperkte rechten op onroerend goed worden gevestigd door het opmaken van een notariële akte en inschrijving daarvan in de openbare registers (art. 3:81 BW).

VOORBEELD 7.17

Een gemeente wil dat haar woningbestand in eerste instantie toekomt aan de inwoners van de gemeente. Dit betekent dat iedere inwoner die zijn huis wil overdragen, dat eerst aan de inwoners van de gemeente moet aanbieden.

Hoe kan de gemeente bewerkstelligen dat dit ook werkelijk gebeurt? Aangezien de wet geen kwalitatieve verplichtingen toestaat die een rechthebbende beperken in zijn bevoegdheid het goed te vervreemden en te bezwaren, bestaat de mogelijkheid om deze verplichting als kwalitatieve verplichting in de openbare registers in te laten schrijven niet (art. 6:252 lid 5 BW). Verder kan er als het een verplichting om iets te geven of te doen betreft, ook geen sprake zijn van een kwalitatieve verplichting.

Kettingbeding

De praktijk heeft daarom in dit soort gevallen een andere oplossing bedacht, namelijk het kettingbeding. Een *kettingbeding* is een beding in een overeenkomst waarbij de ene partij een bepaalde verplichting ten aanzien van een bepaalde zaak oplegt aan zijn wederpartij en daarbij tevens bepaalt dat deze laatste, als hij de zaak op zijn beurt vervreemdt, deze verplichting ook aan zijn rechtsopvolgers oplegt.

Stel dat de gemeente een van de woningen van het gemeentelijk woningbestand verkoopt. Om te bewerkstelligen dat de koper, als hij op zijn beurt het huis vervreemdt, het verkoopt aan een inwoner van de gemeente, neemt zij in de koopakte de volgende clausule op: bij vervreemding moet de desbetreffende woning overgedragen worden aan een inwoner van de gemeente met de verplichting dat deze dezelfde clausule op zijn beurt weer in de koopakte opneemt als hij het huis van de hand doet. Houdt een van de latere vervreemders zich niet aan het kettingbeding, dan verkrijgt de oorspronkelijke vervreemder, de gemeente, een vorderingsrecht jegens deze latere verkrijger. Daarom wordt het kettingbeding beschouwd als een derdenbeding, zoals onder het volgende kopje besproken.

Derdenbeding

Een *derdenbeding* is een beding in een overeenkomst waarbij aan een derde een eigen vorderingsrecht ten aanzien van een van de contractpartijen wordt toegekend (art. 6:253 lid 1 BW). Voorwaarde voor gebondenheid is dat de derde het beding aanvaardt. Dit laatste is een regel van dwingend recht (art. 6:250 BW). Dit betekent dat het partijen op straffe van nietigheid niet is toegestaan contractueel de voorwaarde voor aanvaarding van de derde uit te sluiten.

Het gevolg van de voorwaarde voor aanvaarding is dat de derde partij wordt bij de overeenkomst (art. 6:254 BW).

Derdenbeding

VOORBEELD 7.18
De studentenvereniging Pigmentum heeft ten behoeve van haar leden bedongen dat deze op vertoon van hun lidmaatschapskaart 10% korting krijgen bij de Burger King op het Leidseplein.

Er is hier sprake van een derdenbeding, omdat de student-leden een eigen recht hebben op 10% korting bij hun aankopen. Door een cheeseburger te gaan eten bij Burger King aanvaarden de studenten het beding.
Hieronder staan nog een paar voorbeelden van derdenbedingen.

VOORBEELD 7.19
Vos te Heerhugowaard wil een postpakket laten bezorgen bij Stam in Groningen. Tussen Vos en de TNT Post wordt een vervoersovereenkomst gesloten, waaraan de geadresseerde Stam een zelfstandig recht ontleent. Dat recht is het recht op afgifte van het postpakket.

VOORBEELD 7.20
Barendse sluit een levensverzekering af bij Aegon ten gunste van zijn echtgenote. De verzekeringsovereenkomst wordt gesloten tussen Barendse en Aegon. Mevrouw Barendse ontleent aan deze verzekeringsovereenkomst een zelfstandig recht op uitkering bij het overlijden van haar echtgenoot.

Een derdenbeding kan, net als een aanbod, nog voordat het is aanvaard worden *herroepen* (art. 6:253 lid 2 en 3 BW). Zo kan men bij een levensverzekering de begunstiging wijzigen zolang deze nog niet is aanvaard.

Als een derdenbeding wordt herroepen of niet wordt aanvaard, kan degene die het beding heeft vastgesteld zichzelf of een ander als rechthebbende aanwijzen (art. 6:255 BW). Laat hij dit laatste na, dan wordt hij geacht zichzelf als rechthebbende aangewezen te hebben als hij niet binnen een door degene van wie de prestatie is bedongen gestelde redelijke termijn, een aanwijzing heeft uitgebracht (art. 6:253 lid 2 BW).

Het is mogelijk dat partijen het derdenbeding *onherroepelijk* maken. Zij kunnen dan niet meer op hun toezegging terugkomen als de derde het beding aanvaardt. Betreft het een onherroepelijk derdenbeding dat jegens de derde om niet is gemaakt, dan geldt het als aanvaard zodra het ter kennis van de derde is gekomen en door deze niet onverwijld is afgewezen (art. 6:253 lid 4 BW).

De paardensprong

Soms kan het voorkomen dat een contractpartij haar aansprakelijkheid heeft uitgesloten. Zij verricht echter de prestatie niet zelf, maar draagt de uitvoering van de overeenkomst op aan een van haar werknemers. Als er nu schade ontstaat ten gevolge van het niet goed uitvoeren van dat werk door de werknemer, vangt de wederpartij bot bij haar contractpartner, die immers haar aansprakelijkheid heeft uitgesloten. Het is dan uiteraard heel verleidelijk om te proberen de schade te verhalen op de werknemer die deze heeft veroorzaakt. Dit noemt men de *paardensprong* (art. 6:257 BW).

Paardensprong

VOORBEELD 7.21

Meinderts, leverancier van keukenapparatuur, heeft zijn aansprakelijkheid voor fouten die zijn werknemers maken tijdens de plaatsing van keukenapparatuur, contractueel uitgesloten. Tijdens de plaatsing van een keuken door zijn werknemers Koning en Uitenboogaard bij mevrouw Hasebroek is er kortsluiting ontstaan, die een kleine brand heeft veroorzaakt. De schade bedraagt €800.

Kan mevrouw Hasebroek, nu Meinderts zelf zijn aansprakelijkheid heeft uitgesloten, Koning en Uitenboogaard aanspreken tot schadevergoeding? Nee, zegt de wet (art. 6:257 BW). Als de werkgever zich op een bepaald verweermiddel (hier: exoneratieclausule) kan beroepen, dan kan de werknemer (ondergeschikte) dat ook.

Derdenwerking van exoneratieclausules

In hoeverre een partij bij een overeenkomst zich tegenover een derde op een exoneratieclausule kan beroepen, is in het volgende arrest van de Hoge Raad aan de orde geweest.

HR 7 maart 1969, NJ 69, 249 (Gegaste uien)

De Klerk had het reinigingsbedrijf van de gemeente Rotterdam, de Roteb, opdracht gegeven tot het met gas ontsmetten van door de larven van de uienmot aangetaste uien die in zijn cellen lagen opgeslagen. De uien behoorden ten dele toe aan De Klerk en ten dele aan NV Noordermeer, die aan De Klerk toestemming had gegeven haar uien door de Roteb te laten gassen. Toen de gemeente het karwei aannam, had zij er De Klerk nadrukkelijk op gewezen dat zij geen enkele ervaring had met het gassen van uien en niet wist of uien een gasbehandeling konden verdragen. Daarom kon zij er niet voor instaan dat de uien niet door het gas zouden worden aangetast. Na de behandeling moesten de gegaste uien worden vernietigd. NV Noordermeer stelde de gemeente aansprakelijk voor de door haar geleden schade.

De vraag die hier speelde, was de volgende. Kon de gemeente zich ook tegenover een derde, die geen partij was bij de gesloten overeenkomst, beroepen op de uitsluiting van haar aansprakelijkheid? De rechter was van oordeel dat Noordermeer de 'afspraken' onder de zich hier voordoende omstandigheden in redelijkheid toch tegen zich moest laten gelden, ook al was zij zelf geen partij. De reden hiervoor was dat zij zonder enige beperking of nadere omschrijving aan De Klerk toestemming gegeven had haar uien, die in de cellen van De Klerk waren opgeslagen, door de Roteb te laten gassen en daarmee De Klerk de vrije hand had gegeven. Daardoor had zij een situatie in het leven geroepen waarin de gemeente, zo zij alle aansprakelijkheid voor de gevolgen die de gasbehandeling voor de uien zou hebben, had uitgesloten, ervan kon uitgaan dat die aansprakelijkheidsbeperking voor alle in De Klerks cellen opgeslagen en aan de Roteb ter behandeling gegeven uien zou gelden.

Op grond van deze uitspraak kunnen we vaststellen dat ook een derde soms om redenen van redelijkheid en billijkheid een exoneratieclausule tegen zich zal moeten laten gelden, hoewel hij geen partij is geweest bij de overeenkomst.

7

Kernbegrippenlijst

Aanbod	Eenzijdige gerichte rechtshandeling die alle elementen moet bevatten die noodzakelijk zijn voor de totstandkoming van de beoogde overeenkomst (art. 6:217 lid 1 BW).
Aanvaarding	Wilsverklaring die moet aansluiten op het gedane aanbod om de beoogde overeenkomst tot stand te brengen (6:217 lid 1 BW).
Aanvullend of regelend recht	Bepalingen in de wet die slechts van toepassing zullen zijn op een door partijen gesloten overeenkomst voor zover er door partijen zelf niet van is afgeweken en voor zover partijen zelf geen regeling hebben getroffen (art. 6:248 lid 1 BW).
Algemene voorwaarden	Een of meer bedingen die zijn opgesteld teneinde in een aantal overeenkomsten te worden opgenomen (art. 6:231 sub a BW).
Consument	Een natuurlijk persoon die niet handelt in de uitoefening van een beroep of bedrijf (art. 6:236 en 237 BW).
Contractvrijheid	Het beginsel dat partijen zelf de inhoud en vorm van hun overeenkomst mogen bepalen, mits deze niet in strijd komen met dwingende wetsbepalingen, de openbare orde of de goede zeden (art. 3:40 BW).
Derden	Buitenstaanders; iedereen die buiten een overeenkomst staat (geen partij is bij de overeenkomst) is een derde ten opzichte van partijen die de overeenkomst aangaan.
Derdenbeding	Een beding in een overeenkomst waarbij een derde het recht verwerft van een van de partijen een prestatie te vorderen of op andere wijze een beroep op de overeenkomst te doen (art. 6:253 BW).
Derogerende werking	Beperkende werking van de redelijkheid en billijkheid waardoor bepaalde contractuele bedingen (exoneratieclausules) buiten werking gesteld worden op grond van de redelijkheid en billijkheid (art. 6:248 lid 2 BW).
Dwingend recht	Wetsbepalingen waarvan partijen op straffe van nietigheid niet mogen afwijken (art. 3:40 lid 2 BW).

7

Eenzijdige overeenkomst	Meerzijdige rechtshandeling waarbij slechts één verbintenis tot stand komt (art. 6:213 lid 1 BW).
Elektronische overeenkomst	Een overeenkomst die langs elektronische weg tot stand is gekomen (art. 6:227a, 227b en 227c BW).
Gebruiker	Degene die algemene voorwaarden in een overeenkomst gebruikt (art. 6:231 sub b BW).
Gewoonterecht	Regels die door herhaald gebruik zijn ontstaan en die de inhoud van een overeenkomst kunnen aanvullen of buiten werking stellen.
Goede zeden	Burgerlijke moraal.
Grijze lijst	Lijst van bedingen voorkomend in algemene voorwaarden waarbij een consument wederpartij is. Het uitgangspunt van de wet is dat deze algemene voorwaarden vermoedelijk onredelijk bezwarend zijn. De gebruiker mag echter bewijzen dat dit niet het geval is (art. 6:237 BW).
Kettingbeding	Een beding in een overeenkomst waarbij de vervreemder een last (meestal: een doen) legt op de verkrijger en diens rechtsopvolgers.
Kwalitatief recht	Een uit een overeenkomst voortvloeiend, voor overgang vatbaar recht dat in zodanig verband staat met een aan de schuldeiser toebehorend goed dat hij bij dat recht slechts belang heeft zolang hij het goed behoudt, en dat overgaat op degene die dat goed onder bijzondere titel verkrijgt (art. 6:251 lid 1 BW).
Kwalitatieve verplichting	Een verplichting om iets te dulden of niet te doen ten aanzien van een aan een van de partijen toebehorend registergoed en waarvan partijen kunnen bepalen dat het mede overgaat op een rechtsopvolger onder bijzondere titel (art. 6:252 BW).
Meerzijdige rechtshandeling	Rechtshandeling waarbij twee of meer personen nodig zijn om de beoogde rechtsgevolgen tot stand te brengen (overeenkomst) (art. 3:32 e.v. BW).
Onherroepelijk aanbod	Een aanbod dat niet kan worden herroepen omdat het een termijn voor de aanvaarding inhoudt of omdat de onherroepelijkheid ervan op andere wijze uit het aanbod volgt (art. 6:219 lid 1 BW).
Onredelijk-bezwarendverklaring	Verklaring waarin bedingen in algemene voorwaarden onredelijk bezwarend verklaard worden (art. 6:240 BW).

7

Ontvangsttheorie	Een tot een bepaalde persoon gerichte verklaring moet, om haar werking te hebben, die persoon hebben bereikt (art. 3:37 BW).
Onvoorzienbare omstandigheden	Al die omstandigheden die partijen niet hebben kunnen voorzien bij het sluiten van hun overeenkomst en die van dien aard zijn dat de wederpartij naar maatstaven van redelijkheid en billijkheid ongewijzigde instandhouding van de overeenkomst niet mocht verwachten (art. 6:258 BW).
Openbare orde	Maatschappelijke belangen.
Optierecht	Een beding waarbij een der partijen zich verbindt om, indien de wederpartij dit wenst, met haar een bepaalde overeenkomst te sluiten (art. 6:219 lid 3 BW).
Overeenkomst	Meerzijdige rechtshandeling waarbij een of meer partijen jegens een of meer andere een verbintenis aangaan (art. 6:213 BW).
Paardensprong	Rechtsfiguur waarbij een verweermiddel (exoneratieclausule) van de opdrachtgever toekomt aan diens ondergeschikte (art. 6:257 BW).
Precontractuele fase	De onderhandelingsfase, de periode die voorafgaat aan de totstandkoming van een overeenkomst.
Rechtsopvolging onder algemene titel	Opvolging in een geheel vermogen of een evenredig deel ervan. Opvolging in zowel de rechten als de verplichtingen van zijn rechtsvoorganger (art. 3:80 lid 2 BW).
Rechtsopvolging onder bijzondere titel	Opvolging in de rechten op een bepaald goed (art. 3:80 lid 3 BW).
Redelijkheid en billijkheid	Omstandigheden waarmee op grond van algemeen erkende rechtsbeginselen, de in Nederland levende rechtsovertuigingen en de maatschappelijke en persoonlijke belangen rekening wordt gehouden (art. 3:12 BW).
Registergoed	Goed voor welker overdracht of vestiging inschrijving in de daarvoor bestemde openbare registers noodzakelijk is (art. 3:10 BW).
Standaardregeling	Wettelijke regeling die geldt voor een bepaalde bedrijfstak of beroep, en die van toepassing is op alle overeenkomsten die in die bepaalde bedrijfstak of dat beroep tot stand komen (art. 6:214 BW).
Uitnodiging tot het doen van een aanbod	Een aanbod dat niet alle elementen bevat die noodzakelijk zijn voor de totstandkoming van de beoogde overeenkomst.

Voorzienbare omstandigheden	Al die omstandigheden die partijen konden voorzien toen zij hun overeenkomst sloten en die daarom tot hun risico (volgens verkeersopvatting) behoren (art. 6:75 BW).
Vrijblijvend aanbod	Een aanbod dat nog herroepen kan worden zolang het niet door de wederpartij is aanvaard of zolang deze nog niet een mededeling betreffende de aanvaarding heeft verzonden. Bevat het aanbod de mededeling dat het vrijblijvend is gedaan, dan kan de herroeping nog onverwijld na de aanvaarding geschieden (art. 6:219 BW).
Wederkerige overeenkomst	Meerzijdige rechtshandeling waarbij twee verbintenissen tot stand komen en waarvan de partijen over en weer elkaars schuldeiser en schuldenaar zijn (art. 6:213 lid 1 BW).
Wederpartij	(bij algemene voorwaarden) Degene die door ondertekening van een geschrift of op andere wijze de gelding van algemene voorwaarden heeft aanvaard (art. 6:231 sub c BW).
Zwarte lijst	Lijst van bedingen in algemene voorwaarden waarbij een consument wederpartij is. Het uitgangspunt van de wet is dat deze algemene voorwaarden onredelijk bezwarend zijn. Een op de lijst geplaatst beding dat voorkomt in de hiervoor aangegeven algemene voorwaarden, kan door de wederpartij voor vernietiging worden voorgedragen (art. 6:236 BW).

7

Meerkeuzevragen

7.1 Een overeenkomst is een meerzijdige rechtshandeling, omdat
a er twee verbintenissen ontstaan.
b er aan de ene kant van de verbintenis een schuldeiser en aan de andere kant van de verbintenis een schuldenaar staat.
c er anders geen sprake is van een rechtshandeling.
d wilsovereenstemming van minimaal twee personen noodzakelijk is.

7.2 All Wave biedt in de plaatselijke krant gedurende de gehele maand januari 2013 een kleurentelevisie van een bekend merk aan voor €725 in plaats van €825. Er is hier sprake van
a een onherroepelijk aanbod.
b een uitnodiging om in onderhandeling te treden.
c een uitnodiging tot het doen van een aanbod.
d een herroepelijk aanbod.

7.3 Ravesteyn biedt zijn Mercedes te koop aan voor €15.000 aan De Jong. Als De Jong echter €12.500 biedt, is
a er toch een overeenkomst tot stand gekomen.
b het aanbod herroepen.
c het aanbod onherroepelijk.
d het aanbod verworpen.

7.4 Suzanne Wonders bestelt een encyclopedie uit de folder van NBC. In de folder staat vermeld dat de encyclopedie besteld moet worden vóór 1 juni. Suzanne verzendt de bestelling op 30 mei. Deze arriveert op 1 juni bij NBC.
a NBC is niet meer gebonden aan haar aanbod, want de aanvaarding is te laat ontvangen.
b NBC is niet meer gebonden aan haar aanbod, want de aanvaarding is te laat verzonden.
c Omdat Suzanne haar bestelling op 30 mei verzonden heeft, kan NBC het aanbod niet meer herroepen.
d Omdat Suzannes bestelling op 1 juni bij NBC arriveert, kan er geen overeenkomst meer tot stand komen.

7.5 De Hogeschool van Midden-Holland zoekt wegens uitbreiding van het aantal studenten een gebouw dat geschikt is als dependance. Er is in de directie afgesproken dat men, zodra een geschikt gebouw gevonden is, een optie vraagt van drie maanden voor een huurovereenkomst. Het definitieve huurcontract zal pas tot stand komen nadat de onderhandelingen over de huurprijs en de servicekosten zijn afgesloten. Deze optie is
a een herroepelijk aanbod, aangezien het nog niet vaststaat dat er een huurcontract tot stand zal komen.

b een onherroepelijk aanbod, omdat de verhuurder zolang de optie geldt niet met een andere gegadigde een huurovereenkomst kan aangaan.
c een uitnodiging om in onderhandeling te treden.
d een vrijblijvend aanbod, omdat beide partijen zich nog uit de onderhandelingen terug kunnen trekken.

7.6 De rechtsgevolgen van een overeenkomst worden in de eerste plaats bepaald door
a de afspraak van partijen.
b de redelijkheid en billijkheid.
c de regels van regelend recht.
d het gewoonterecht.

7.7 Algemene voorwaarden zijn
a alleen verbindend voor de wederpartij als hij ze uitdrukkelijk heeft aanvaard.
b bedingen die door een van de contractpartijen geregeld in overeenkomsten worden gebruikt.
c regelingen die naast de wettelijke bepalingen van toepassing kunnen zijn en die gelden voor een bepaalde bedrijfstak.
d van rechtswege nietig als de wederpartij kan aantonen dat ze onredelijk bezwarend zijn.

7.8 Ankie Nooijens koopt een trainingspak bij de Smart Rabbit in de Kalverstraat. Achter op de bon staat dat ook ingeval de geleverde kleding niet voldoet, geen geld teruggegeven wordt.
a Ankie is aan deze voorwaarde gebonden, nu zij deze door de bon te accepteren uitdrukkelijk heeft aanvaard.
b Ankie is niet aan deze voorwaarde gebonden, omdat deze niet geldig is ten opzichte van consumenten.
c Ankie kan deze voorwaarde alleen maar vernietigen als zij erin slaagt te bewijzen dat zij onredelijk bezwarend voor haar is.
d Ankie kan deze voorwaarde laten vernietigen, omdat zij onredelijk bezwarend voor haar is. Hier wordt haar immers het recht op ontbinding van de koopovereenkomst onthouden.

7.9 Oliemaatschappij Caltron installeert enige tanks bij het benzinestation Arie Halfweg langs de A8. Omdat de installatie van dergelijke tanks nogal wat investeringen vergt van de oliemaatschappij, heeft zij er belang bij dat de afname van haar producten gedurende een aantal jaren wordt gegarandeerd. Zij wil daarom bereiken dat ook de rechtsopvolgers van Arie Hogeweg verplicht worden producten van Caltron af te nemen.
a Aangezien het hier een verplichting betreft met betrekking tot een registergoed, kan Caltron deze het beste als kwalitatieve verplichting in de openbare registers doen opnemen.
b Caltron kan de verplichting Caltronproducten af te nemen alleen maar aan de rechtsopvolgers onder algemene titel van Arie Halfweg opleggen.
c Caltron kan deze verplichting ook aan de rechtsopvolgers onder bijzondere titel van Arie Halfweg opleggen door dit als contractueel beding in de koopovereenkomst met Arie Halfweg op te nemen.
d Een dergelijke verplichting kan alleen in de vorm van een beperkt zakelijk recht aan rechtsopvolgers onder bijzondere titel worden opgelegd.

7

7.10 In welke van de onderstaande gevallen is er sprake van een derdenbeding?
   a Grutter geeft verhuizer Zwart de opdracht zijn meubilair te bezorgen bij M. Bakker, met wie hij van plan is samen te gaan wonen.
   b Jan en Kees schenken hun vriend Hans een boek.
   c Tennisclub RKV huurt ten behoeve van haar leden enige banen bij Gold-star.
   d Wim Voogd geeft de bank opdracht de maandelijkse huur te storten op rekening van makelaar Kamper.

7.11 Frederiek, die op de hogeschool Zuyd is begonnen aan een hbo-studie, koopt de door de hogeschool voorgeschreven wetteneditie via bol.com. De verschuldigde koopprijs wordt via iDEAL betaald en het boek wordt de volgende dag per post thuisbezorgd. De koopovereenkomst tussen Frederiek en bol.com is tot stand gekomen zodra:
   a de verschuldigde koopprijs op de rekening van bol.com is bijgeschreven.
   b het mailtje van Frederiek bol.com heeft bereikt.
   c bol.com de ontvangst van de mail van Frederiek heeft bevestigd.
   d de ontvangst van de wetteneditie door Frederiek is bevestigd.

7.12 Autodealer Trans bv biedt via het internet tweedehandsauto's te koop aan. Frank, die net zijn rijbewijs heeft gehaald, koopt een Fiat Panda voor €2.000 ondanks het feit dat hij bij het raadplegen van de site van Trans bv onvoldoende informatie kan vinden over de wijze waarop de overeenkomst tot stand zal komen en de stappen hij moet doorlopen voordat het contract gesloten is. De overeenkomst tussen Trans bv en Frank:
   a is onaantastbaar, nu er overeenstemming is over de verkochte auto en de daarvoor verschuldigde prijs.
   b is onaantastbaar, omdat beide contractpartijen handelingsbekwaam zijn.
   c is vernietigbaar, omdat de autodealer onvoldoende informatie heeft verstrekt over de wijze waarop de overeenkomst tot stand zal komen.
   d kan zodra de levering en betaling hebben plaatsgevonden niet meer ontbonden worden.

7

Oefenvragen

7.1 De Vries bestelt uit de catalogus van Hendrik-Jan de tuinman, een grasmaaimachine voor €59,50. Als hij echter op zaterdag in de stad gaat winkelen, ziet hij diezelfde machine aangeboden voor €49,50 op de tuinafdeling
van een groot warenhuis. Op aandrang van zijn vrouw koopt hij deze goed-
kopere grasmaaimachine. Hetzelfde weekend nog schrijft hij een brief aan
Hendrik-Jan waarin hij zijn bestelling annuleert. Deze brief komt dinsdagmorgen aan. De orderbevestiging van Hendrik-Jan is echter maandagmorgen de deur al uitgegaan en bereikt De Vries woensdag.
a Heeft De Vries zijn bestelling bijtijds geannuleerd?
b Wanneer komt in het algemeen een overeenkomst tot stand?
c Aan welke vereisten moet een aanbod voldoen, wil het een geldig aanbod zijn?
d Wanneer spreekt men van een onherroepelijk aanbod?
e Wat is een vrijblijvend aanbod?

7.2 Melkert, procuratiehouder bij handelsbedrijf AMHA bv, biedt aan groothandel Bodega bv een partij door hem geïmporteerde sherry aan voor een naar
zijn zeggen concurrerende prijs. Hij vraagt om een antwoord per fax. Zeddam, directeur van Bodega bv, geeft de administratie opdracht te faxen dat
hij niet op het aanbod van Melkert ingaat. Het woord 'niet' komt echter bij
vergissing te vervallen.
a Is er een overeenkomst tot stand gekomen?
b Zou het verschil maken als Zeddam de fax als middel van verzending
gekozen had?
c Wat wordt bedoeld met de ontvangsttheorie?

7.3 Natasja heeft een drukke baan bij een bank. Daarom heeft zij weinig tijd om
te winkelen. Zij heeft dan ook op haar werk vast een jas voor de komende
winter, die zij zag staan op de site van Zalando voor de prijs van €65, via de
computer op haar werk besteld. Deze zal volgens de informatie van de verkoper binnen drie dagen gratis via de post worden thuisbezorgd. Zalando
hanteert algemene voorwaarden.
a Wanneer is er in dit geval een overeenkomst tot stand gekomen?
b Wanneer zijn de overeenkomsten van een internetaanbieder vernietigbaar?
c Aan welke vereisten moet een internetaanbieder voldoen als hij algemene
voorwaarden wil gebruiken?
d Wat wordt bedoeld met de ontvangsttheorie? Hoe werkt de ontvangsttheorie bij overeenkomsten die via het internet worden gesloten?
e Is hier sprake van een onherroepelijk aanbod? Beredeneer uw antwoord.

7.4 Serge Delfgaauw heeft namens de vereniging van appartementseigenaren
schildersbedrijf Kees Swart bv opdracht gegeven tot het reinigen, voegen en
schilderen van de voorgevel van zijn grachtenpand. Hij heeft dit eigenmachtig
gedaan als voorzitter van de vereniging van appartementseigenaren zonder

formeel de toestemming van zijn mede-eigenaren te vragen. Aangezien het pand van een bijzonder soort zandsteen is vervaardigd, durft Kees Swart geen gunstig resultaat te garanderen. 'Ik wil het wel doen, maar dan is het risico voor u', heeft hij dan ook tegen Serge Delfgaauw gezegd. Hij sluit zijn aansprakelijkheid voor een eventuele schade contractueel uit. Ondanks alle verwoede pogingen blijft een goed resultaat uit. Piet en Marijke de Greeve, eigenaren van een appartement in het desbetreffende pand, overwegen Kees Swart aansprakelijk te stellen voor de door hen geleden schade.

a Wat is een exoneratieclausule?
b Kan een contractpartij altijd een geslaagd beroep doen op een exoneratie-clausule?
c Welke mogelijkheid heeft de wederpartij als zo'n clausule deel uitmaakt van de algemene voorwaarden?
d Wat kan een consument doen als hij met een dergelijk beding in de alge-mene voorwaarden geconfronteerd wordt?
e Zou Swart ook tegenover Piet en Marijke de Greeve een beroep kunnen doen op de exoneratieclausule?

7.5 Nico Maas, student rechten aan de Rijksuniversiteit te Leiden, werkt als parttimemedewerker bij Blits bv, de koeriersdienst van de Leidse studen-ten. Gebruikmakend van zijn ov-jaarkaart moet hij een pakje met een zeld-zaam serum voor het Academisch Ziekenhuis te Leiden brengen naar het Academisch Ziekenhuis te Maastricht. In de haast de trein te halen, verliest hij een doosje met een paar ampullen.

a Tussen wie is de vervoersovereenkomst tot stand gekomen?
b Hoe zou men in juridische zin de positie van het Academisch Ziekenhuis Maastricht kunnen omschrijven?
c Wie is (zijn) aansprakelijk voor het verlies van de ampullen? Betrek in uw antwoord tevens op grond waarvan een dergelijke aansprakelijkheid bestaat en noem de bijbehorende wetsartikelen.
d Omschrijf de positie van Nico Maas als Blits bv haar aansprakelijkheid voor beschadiging of verlies heeft uitgesloten.

7.6 Frits Vreugdenhil bestelt op 21 december 2013 bij busbedrijf Sneevliet bv telefonisch een bus voor een bedrijfsbezoek op 29 januari 2014 van een aantal studenten van de hogeschool. Afgesproken wordt dat Frits Vreugden-hil de hem door het busbedrijf toegezonden orderbevestiging zo spoedig mogelijk zal terugzenden. De orderbevestiging wordt naar de hogeschool gezonden, maar bereikt ten gevolge van de kerstvakantie Frits Vreugdenhil niet op tijd. Dit betekent dat de orderbevestiging niet wordt teruggezonden. Busbedrijf Sneevliet bv stuurt echter wel – door een misverstand – op 29 december een bus naar de hogeschool. De bus wacht voor een gesloten deur. Het is kerstvakantie en het is bovendien ook nog zaterdag.
Een werknemer van het busbedrijf belt op 4 januari 2014 Frits Vreugdenhil thuis op en eist van hem betaling van de huur van de bus.

a Is in dit geval een overeenkomst tot stand gekomen?
b Moet Frits Vreugdenhil de huurprijs van de bus van 29 december betalen?
c Tot welk tijdstip kan Henk Sneevliet zijn aanbod nog annuleren?
d Wie draagt hier het risico voor het feit dat de orderbevestiging Frits Vreug-denhil niet tijdig bereikt? En waarom?
e Op welk moment zou hier de overeenkomst tot stand komen?
f Wanneer zou de overeenkomst tot stand zijn gekomen als Frits Vreugdenhil de bus via internet had geboekt?

8
Rechtmatige
en onrechtmatige daad

8.1   Rechtmatige daad
8.2   Onrechtmatige daad
8.3   Wie zijn aansprakelijk?
8.4   Productenaansprakelijkheid
8.5   Oneerlijke handelspraktijken
8.6   Misleidende reclame
8.7   Aansprakelijkheid bij elektronisch rechtsverkeer

Naast de overeenkomst zijn er nog andere bronnen van verbintenissen, te weten de onrechtmatige daad en de rechtmatige daad. Zowel bij de onrechtmatige als bij de rechtmatige daad ontstaan de verbintenissen buiten de wil van de handelende personen om.

Volledigheidshalve wordt eerst kort op de drie rechtmatige daden ingegaan (par. 8.1). Het grootste gedeelte van dit hoofdstuk behandelt evenwel de onrechtmatige daad (par. 8.2). Daarna wordt kort ingegaan op de vraag in hoeverre natuurlijke personen en rechtspersonen aansprakelijk gesteld kunnen worden op grond van een onrechtmatige daad en op het probleem van de aansprakelijkheid als er meerdere plegers zijn van één onrechtmatige daad (par. 8.3).

Het hoofdstuk wordt afgesloten met vier bijzondere regelingen met betrekking tot de onrechtmatige daad, te weten de productenaansprakelijkheid (par. 8.4), oneerlijke handelspraktijken (par. 8.5), de misleidende reclame (par. 8.6) en de aansprakelijkheid bij elektronisch rechtsverkeer (par. 8.7).

8.1 Rechtmatige daad

Een *rechtmatige daad* is een rechtens toelaatbare handeling waaraan het (objectieve) recht rechtsgevolgen verbindt, terwijl dat niet de bedoeling was van de handelende persoon.

Rechtmatige
daad

De wet kent drie rechtmatige daden, namelijk:
1 zaakwaarneming
2 onverschuldigde betaling
3 ongerechtvaardigde verrijking.

De wet noemt dit 'verbintenissen die uit andere bron dan onrechtmatige daad of overeenkomst ontstaan'.
Alle drie de rechtmatige daden komen hier aan de orde.

Zaakwaarneming

Zaakwaarneming

Er is sprake van *zaakwaarneming* als iemand zonder daartoe opdracht te hebben gekregen willens en wetens het belang van een ander behartigt (art. 6:198 BW). Degene die het belang van een ander waarneemt, wordt *zaakwaarnemer* genoemd en degene wiens belang behartigd wordt, *belanghebbende*. Het woord *zaak* in 'zaakwaarneming' betekent hier 'belang'.

Zaakwaarnemer
Belanghebbende
Zaak

VOORBEELD 8.1

Op een donkere herfstavond wordt er bij de familie Jongejans, die gedurende de herfstvakantie in de Belgische Ardennen vertoeft, ingebroken. Aris, de buurman van de familie, geeft de volgende dag een slotenmaker opdracht een nieuw slot op de voordeur te monteren.

In voorbeeld 8.1 is sprake van zaakwaarneming, omdat Aris zonder daartoe opdracht te hebben gekregen willens en wetens het belang van zijn buren behartigt. Het gevolg van zaakwaarneming is dat er verbintenissen ontstaan, die rechten en plichten voor zowel de zaakwaarnemer als de belanghebbende scheppen. Zo moet de zaakwaarnemer de zaakwaarneming voortzetten en verantwoording afleggen aan de belanghebbende (art. 6:199 lid 1 en lid 2 BW), en moet de belanghebbende de zaakwaarnemer de schade vergoeden die deze door de zaakwaarneming heeft geleden en eventueel een vergoeding voor zijn verrichtingen betalen (art. 6:200 lid 1 en lid 2 BW).

Onverschuldigde betaling

Onverschuldigde betaling

Bij *onverschuldigde betaling* heeft iemand een ander zonder rechtsgrond een goed gegeven (art. 6:203 lid 1 BW). De verbintenis die hieruit ontstaat, brengt uiteraard met zich mee dat degene die het goed onterecht gegeven heeft, dit goed terug kan vorderen en de (onterechte) ontvanger de verplichting heeft dit terug te geven.

VOORBEELD 8.2

Max, chauffeur bij DHL, levert een pakje af bij het verkeerde adres.

Het is duidelijk dat de overdracht van het pakje onverschuldigd was, aangezien er geen plicht tot overdracht van het pakje aan het desbetreffende (foute) adres was.

Als iemand een geldsom onverschuldigd heeft betaald, dan heeft hij het recht een gelijk bedrag als onverschuldigd terug te vorderen (art. 6:203 lid 2 BW).

VOORBEELD 8.3
Gea Havelaar betaalt per abuis tweemaal dezelfde rekening.

In dit geval bestaat er geen plicht tot betaling meer, omdat de verbintenis door de eerste betaling reeds teniet was gegaan. Gea kan dus het bedrag van de tweede betaling als onverschuldigd betaald terugvorderen.

Ongerechtvaardigde verrijking

Er is sprake van *ongerechtvaardigde verrijking* als de ene persoon ten koste van een ander is verrijkt. Uit de wet is een aantal vereisten voor ongerechtvaardigde verrijking af te leiden:

1 Verrijking van de een (verkregen voordeel of afgewend nadeel).
2 Schade van de ander (geleden verlies of gederfde winst; art. 6:96 BW).
3 Verband tussen verrijking en schade; de verrijking ging ten koste van de ander.
4 De verrijking is ongerechtvaardigd. Hiervan is sprake als voor de verrijking geen redelijke grond bestaat.

Ongerechtvaardigde verrijking

De verbintenis uit ongerechtvaardigde verrijking bestaat uit een verplichting de benadeelde zijn schade te vergoeden (art. 6:212 BW). Art. 6:95 e.v. BW zijn dan van toepassing (zie hierover hoofdstuk 11). De vergoeding gaat echter niet verder dan het bedrag van de verrijking en wordt alleen toegekend voor zover zij redelijk is. Zo heeft ook de Hoge Raad beslist in het volgende arrest.

> HR 30 januari 1959, NJ 1959, 548 (Quint/Te Poel)
> Quint heeft in opdracht van Hubertus te Poel een woonwinkelpand gebouwd op de grond van diens broer Heinrich te Poel. Heinrich wordt nu door natrekking eigenaar van het woonwinkelpand zonder dat daar een prestatie van zijn kant tegenover staat. Hij is dus ongerechtvaardigd verrijkt. De rechter heeft dat ook toegegeven, maar de vordering van Quint echter afgewezen op grond van het systeem dat de wet kent voor registergoederen. Aangezien Quint nagelaten had het voor registergoederen bestemde register te raadplegen, werd hij om die reden niet beschermd.

Er is geen sprake van ongerechtvaardigde verrijking als bijvoorbeeld iemand iets wat hij heeft gekocht, later met veel winst kan verkopen. De verrijking is ontstaan doordat diegene een hogere koopprijs heeft kunnen bedingen.

VOORBEELD 8.4
Vroom verkoopt een Egyptisch beeldje voor €1.250 aan Prange. Achteraf blijkt dit beeldje een zeer zeldzaam en kostbaar exemplaar te zijn. Prange slaagt er dan ook in het beeldje voor het tienvoudige te verkopen. Hier is geen sprake van ongerechtvaardigde verrijking van Prange ten koste van Vroom.

8.2 Onrechtmatige daad

De onrechtmatige daad wordt in de wet als de eerste bron van verbintenis behandeld. De verbintenis die uit een onrechtmatige daad ontstaat, bestaat over het algemeen uit een schadevergoedingsverplichting (art. 6:162 lid 1 BW). Degene die de schade moet betalen, is de schuldenaar of debiteur van deze verbintenis en degene die recht heeft op de schadevergoeding, is de schuldeiser of crediteur.

Een schadevergoedingsverbintenis ontstaat in dit geval omdat de wet dat zegt. Immers, het is in dit geval absoluut niet de bedoeling van de handelende persoon om een verbintenis in het leven te roepen. Deze ontstaat als rechtsgevolg van zijn handelen, omdat de wet, het (objectieve) recht, aan dit handelen een schadevergoedingsverbintenis als rechtsgevolg verbindt.

VOORBEELD 8.5
De heer Barendrecht, docent algemene economie aan een hogeschool, neemt zonder toestemming van de uitgever passages over uit het pas verschenen boek *Grondbeginselen der algemene economie* van Halbertsma en Anema, teneinde een reader ten behoeve van zijn studenten te kunnen samenstellen.

VOORBEELD 8.6
In de ochtendspits veroorzaakt Theo Hoogendoorn een aanrijding met een autobus van het Gemeentelijk Vervoersbedrijf. De bus loopt daarbij aanzienlijke schade op.

VOORBEELD 8.7
Huisman stort zijn vuilnis in de sloot die langs zijn tuin loopt. Daardoor ontstaat er voor zijn buren stank en overlast door ongedierte.

Als men deze drie voorbeelden bekijkt, kan men zich waarschijnlijk goed voorstellen dat het handelen van de desbetreffende personen nadeel aan anderen toebrengt. Het is vanzelfsprekend dat de wet voorschrijft dat dit nadeel, deze schade, door de schadetoebrenger vergoed moet worden. De schade betreft in voorbeeld 8.5 bijvoorbeeld het mislopen van de auteursrechtelijke vergoeding, in voorbeeld 8.6 de schade aan de autobus en eventueel de schade van chauffeur en passagiers, en in voorbeeld 8.7 de kosten die gemaakt moeten worden om de overlast op te heffen en eventuele schade te herstellen.

Toch is er echter pas sprake van een onrechtmatige daad als er aan een aantal in de wet gestelde vereisten is voldaan, te weten:
- daad: doen of nalaten (subpar. 8.2.1);
- onrechtmatigheid (subpar. 8.2.2);
- toerekenbaarheid (subpar. 8.2.3);
- schade en causaal verband (subpar. 8.2.4);
- relativiteit (subpar. 8.2.5).

Deze vereisten worden hierna besproken. Daarbij moet – terzijde – nog opgemerkt worden dat het feit of men eventueel geleden schade vergoed krijgt, natuurlijk ook afhangt van hetgeen men in een procedure kan bewijzen.

8.2.1   Daad: doen of nalaten

Een daad kan bestaan uit een 'doen', bijvoorbeeld een steen door een abri gooien of iemand aanrijden, dat een onrechtmatige daad oplevert, maar ook uit een niet-doen, een nalaten. Wat moet men zich bij een nalaten voorstellen?

Daad

Doen

Nalaten

VOORBEELD 8.8

Een gemeente laat na het wegdek te herstellen. Ten gevolge van grote gaten in dit wegdek komt een motorrijder ten val.

De motorrijder kan nu de gemeente aanspreken tot betaling van de schade die hij ten gevolge van die val heeft geleden, omdat de gemeente heeft nagelaten het wegdek te herstellen.

8.2.2   Onrechtmatigheid

De volgende vraag die men zich moet stellen, is: wanneer is een daad onrechtmatig? Een andere vraag luidt: kan het voorkomen dat de onrechtmatigheid van een bepaalde (onrechtmatige) gedraging ontbreekt, omdat er sprake is van een zogenoemde rechtvaardigingsgrond? Op beide vragen gaan we hierna in.

Wanneer is een daad onrechtmatig?

De wetgever definieert de onrechtmatige daad als volgt: 'Als onrechtmatige daad worden aangemerkt een inbreuk op een recht en een doen of nalaten in strijd met een wettelijke plicht of met hetgeen volgens het ongeschreven recht in het maatschappelijk verkeer betaamt, een en ander behoudens de aanwezigheid van een rechtvaardigingsgrond', aldus art. 6:162 lid 2 BW. Er zijn dus volgens de wet drie factoren die bepalen of een daad onrechtmatig is:

Onrechtmatige daad

1 een inbreuk op een recht;
2 een doen of nalaten in strijd met een wettelijke plicht;
3 een doen of nalaten in strijd met hetgeen volgens het ongeschreven recht in het maatschappelijk verkeer betaamt.

Ad 1 Inbreuk op een recht

Een *inbreuk op een recht* is een inbreuk op een (subjectief) recht, bijvoorbeeld iemands eigendomsrecht op een huis of auto, iemands auteursrecht, iemands handelsnaam of iemands recht op lichamelijke integriteit. De eerste drie zijn zoals we hebben gezien absolute rechten, het laatste behoort tot de persoonlijkheidsrechten. De andere categorie rechten die we kennen, de persoonlijke of relatieve rechten, worden, met als uitzondering het huurrecht, niet beschermd door art. 6:162 e.v. BW. De schending van relatieve rechten wordt immers geregeld in art. 6:74 e.v. BW.
De voorbeelden (8.5, 8.6 en 8.7) die hiervoor zijn genoemd, betreffen inbreuken op rechten. Bij voorbeeld 8.5 gaat het om een inbreuk op het auteursrecht, bij 8.6 betreft het zaaksbeschadiging, een beschadiging van het

Inbreuk op een recht

voorwerp van een subjectief recht, en bij 8.7 is sprake van hinder en misbruik van recht. Natuurlijk mag ieder met zijn eigendom doen wat hij wil, maar hij moet daarbij wel rekening houden met anderen.

Ad 2 Wettelijke plicht

Wettelijke plicht
Wat wordt bedoeld met een wettelijke plicht? Het begrip *wettelijke plicht* wordt hier ruim opgevat, namelijk als algemeen verbindend voorschrift; dus een wet in materiële zin. Dit betekent dat niet alleen het handelen of nalaten in strijd kan zijn met de wet in formele zin, maar dat ook handelen of nalaten in strijd met bijvoorbeeld een gemeentelijke verordening onrechtmatig kan zijn jegens een ander.

VOORBEELD 8.9
Bootsma rijdt met zijn auto door rood licht heen. Ten gevolge daarvan komt hij in botsing met de zojuist het kruispunt oprijdende auto van Zoeter.

Het is op grond van het Reglement Verkeersregels en Verkeerstekens (art. 68) verboden door rood licht te rijden. Het rijden door rood licht is dus handelen in strijd met een wettelijke plicht. Daarnaast levert de botsing ten opzichte van Zoeter een onrechtmatige daad op.

Ad 3 Maatschappelijke betamelijkheid

Maatschappelijke betamelijkheid
De Hoge Raad heeft de maatschappelijke betamelijkheid als de derde factor voor onrechtmatigheid aanvaard in het arrest Lindenbaum-Cohen (HR 31 januari 1919, NJ 1919, 161). Hij heeft dit standpunt in latere jurisprudentie gehandhaafd.

Vóór 1919 was de Hoge Raad nog van mening dat er alleen sprake kon zijn van een onrechtmatige daad bij inbreuk op een subjectief recht of schending van een rechtsplicht. Zo oordeelde hij nog in 1910 dat het verlenen van hulp wettelijk alleen verplicht was in bepaalde gevallen. Als er geen sprake was van zo'n geval, was de weigering hulp te verlenen niet onrechtmatig in de zin van de wet, omdat er geen rechtsplicht zou bestaan om daadwerkelijk rekening te houden met de schade die een ander eventueel zou kunnen lijden. Het betrof hier de weigering van de bewoonster van een bovenwoning om, toen een waterleidingbuis in het zich onder haar woning gelegen pakhuis was gesprongen, de hoofdkraan die zich in haar woning bevond af te sluiten. Dit had als gevolg dat het pakhuis onder water kwam te staan en de daarin opgeslagen vellen leer aanzienlijke schade opliepen (HR 10 juni 1910, W. 9038, Zutphense waterleiding). Dergelijk gedrag is uitermate onfatsoenlijk (onbetamelijk) ten opzichte van medeburgers. Toch werd een dergelijk gedrag nog tot 1919 getolereerd door de Hoge Raad. Maar zoals gezegd veranderde de Hoge Raad in 1919 van mening. Wat was hier het geval?

HR 31 januari 1919, NJ 1919, 161 (Lindenbaum-Cohen)

Cohen liet een ex-werknemer, die inmiddels in dienst was getreden bij drukkerij Lindenbaum, spioneren om zodoende achter de bedrijfsgeheimen van Lindenbaum te komen. Tot op dat moment kon Lindenbaum echter de werknemer op grond van een tekortschieten in de nakoming van zijn verbintenis uit arbeidsovereenkomst (wanprestatie) aanspreken. Cohen was dus de lachende derde. Echter, helaas voor hem, volgde de Hoge Raad de volgende redenering. Het handelen van Cohen kan opgevat worden als een handelen in strijd met ongeschreven fatsoensnormen. Het is een handelen in strijd met de zorgvuldigheid die in het maatschappelijk verkeer betaamt ten aanzien van een anders persoon of goed. Cohen kon nu op basis van de onrechtmatige daad aansprakelijk gesteld worden voor de schade die door zijn handelen was veroorzaakt.

Wat het begrip 'zorgvuldigheidsnorm' precies kan inhouden, is in latere jurisprudentie verder uitgewerkt; het gaat immers om de zorgvuldigheid die in het maatschappelijk verkeer betaamt ten aanzien van een anders persoon of goed (zie ook art. 6:162 lid 2 BW). Hierna volgen een paar voorbeelden uit de jurisprudentie. Het is slechts een selectie.

Zorgvuldigheids-
norm

In het Kelderluikarrest (HR 05-11-1965, NJ 1966, 136) deed zich het volgende voor. Sjouwerman, in dienst van de Coca Cola Company, heeft bij het plaatsen van kratten frisdrank in de kelder van café De Munt een kelderluik open laten staan. Een bezoeker van het café, Mathieu Duchateau uit Maastricht, lette, toen hij het café bezocht, op weg naar de wc niet goed op en viel in het openstaande kelderluik, waardoor hij ernstige verwondingen opliep. Volgens de HR had Sjouwerman onzorgvuldig gehandeld doordat hij nagelaten had om met eenvoudige maatregelen – bijvoorbeeld het barricaderen van de doorgang naar het toilet – te voorkomen dat onoplettende bezoekers zich zouden bezeren. Hij had rekening moeten houden met het feit dat er waarschijnlijk wel eens een gevaarlijke situatie zou kunnen ontstaan als bijvoorbeeld iemand niet goed zou opletten. Daarom pleegde hij volgens de Hoge Raad een onrechtmatige daad. Men noemt dit verschijnsel *gevaarzetting*, het in het leven roepen van een gevaar waarmee een normaal handelend en denkend persoon geen rekening hoeft te houden.

Gevaarzetting

Overigens was in dit geval Duchateau op grond van eigen schuld (waarover later; zie subparagraaf 11.3.3) aansprakelijk voor de helft van de schade.

Eenzelfde vraag, namelijk wat is de mate van waarschijnlijkheid dat het voorval zich kan voordoen en zijn er op grond daarvan voldoende veiligheidsmaatregelen getroffen, deed zich voor in een later arrest (HR 28 mei 2004,ECLI: NL: HR: 2004: A0224, NJ 2005, 105 Jetblast). Daar gebeurde het volgende. Mevrouw Hartmann stond ondanks een waarschuwingsbord als toerist bij het hek van het vliegveld Princess Juliana op Sint Maarten te kijken naar de vliegtuigen. Als een Boeing 747 de straalmotor wijd open zet, wordt mevrouw Hartmann door een blast een paar meter verder tegen de rotsen geworpen. Zij stelt de luchthaven aansprakelijk voor de door haar geleden schade. De Hoge Raad acht het voor de aansprakelijkheid van de luchthaven van doorslaggevende betekenis of het te verwachten valt dat het plaatsen van borden leidt tot een handelen of nalaten waardoor het gevaar wordt gemeden.

Een voorbeeld waarin er werd beslist dat er geen strijd met de zorgvuldigheid was, is het arrest Werink/Hudepohl (HR 9 december 1994, NJ 1996, 403 Zwiepende tak). Vier jongens maakten een boswandeling. Een van hen, de 17-jarige Werink, gaf een schop tegen een tak, die terugzwiepte en ernstig oogletsel veroorzaakte bij de achter hem lopende Hudepohl. De Hoge Raad achtte Werink niet aansprakelijk voor de schade, omdat de kans dat een ongeval kan ontstaan mede bepaalt of iemand zich moet onthouden van een bepaald gedrag. Het was in dit geval niet voldoende duidelijk of Werink rekening had moeten houden met het feit dat door tegen de tak te schoppen er waarschijnlijk gevaar voor de achter hem lopende Hudepohl zou kunnen ontstaan.

Rechtvaardigingsgronden

Rechtvaardi-gingsgrond

'... een en ander behoudens de aanwezigheid van een rechtvaardigings-grond' (art. 6:162 lid 2 slot BW).
Een *rechtvaardigingsgrond* maakt dat een bepaalde daad, hoewel deze strikt genomen wel onder de definitie van de onrechtmatige daad valt, toch niet onrechtmatig is. Een rechtvaardigingsgrond haalt dus de onrechtmatig-heid van de gedraging af. Dit betekent dat de dader niet aansprakelijk is en daarom ook geen schadevergoeding hoeft te betalen.

VOORBEELD 8.10

Jan zit driehoog te studeren op zijn zolderkamer. Er breekt brand uit. Omdat er slechts een houten trap naar beneden voert, die gezien de situatie niet meer te betreden is, verlaat Jan het pand via het zolderraam. Door de dak-goot lopend bereikt hij de koekoek van de buren. Door een raam in te slaan kan hij via de trap van de buren het vege lijf redden.

Mag iemand het raam van een ander inslaan? Nee, op zich is dit een on-rechtmatige gedraging. Echter, nu Jan dit doet om zijn leven te redden, han-**Noodtoestand** delt hij in een *noodtoestand*. Dit handelen is daarom niet onrechtmatig.
Een ander voorbeeld van een rechtvaardigingsgrond is de automobilist die moet uitwijken voor een overstekend kind en door deze manoeuvre een ge-parkeerde auto beschadigt. Dit is een geval van overmacht.
Voorbeelden van rechtvaardigingsgronden zijn:
- noodtoestand (hiervoor genoemd);
- overmacht (hiervoor genoemd);

Noodweer
- noodweer (een tasjesdief een dreun verkopen om te voorkomen dat hij er met je tas vandoor gaat);
- toestemming van de benadeelde (de gemeentelijke reinigingsdienst toe-stemming verlenen het wrak van een oude fiets mee te nemen);
- ambtelijk bevel (een politieagent die een verdachte van een misdaad van zijn bed licht);
- wettelijk voorschrift (de curator die de goederen van de gefailleerde ver-koopt).

Risicoaanvaarding
Ook risicoaanvaarding wordt door sommigen wel eens opgevat als recht-vaardigingsgrond. Risicoaanvaarding is echter volgens de Hoge Raad (HR 28 juni 1991, NJ 1992, 622 Natrappende voetballer) geen rechtvaardi-gingsgrond, omdat de vragen die zich hierbij kunnen voordoen ofwel tot de gewone vereisten voor de onrechtmatige daad behoren ofwel – en meestal – tot het terrein van de eigen schuld (zie ook subpar. 11.3.3). Een speler kan volgens de Hoge Raad aansprakelijk gesteld worden voor de blessure van een tegenstander als zijn overtreding niet uit het spel zelf voortkomt. Dat zijn overtredingen die een speler niet hoeft te verwachten. Hoewel er in sport en spelsituaties zwaardere eisen gesteld worden, wil er sprake zijn van een onrechtmatige gedraging, omdat de deelnemers aan de sport nu eenmaal een bepaald risico voor gevaarlijke gedragingen van medespelers

8

moeten dragen, mogen ondanks dat spelers er wel van uitgaan dat andere spelers zich zodanig gedragen dat onnodige blessures worden voorkomen.

In casu trapte Dekker tijdens een voetbalwedstrijd tegen de knie van Van der Heide aan, waardoor deze zijn knie blesseerde. Naderhand bleek dat Dekker de bal al had gespeeld, waardoor de trap van Dekker als natrappen viel te kwalificeren. Van der Heide sprak Dekker aan tot het betalen van schadevergoeding. Dekker was echter van mening dat Van der Heide eigen schuld had, omdat er bij voetbal nu eenmaal een risico is dat je gewond raakt. De vraag was hier: moet Dekker de schade van Van der Heide vergoeden of treft Van der Heide eigen schuld wegens risicoaanvaarding? Hier werd geoordeeld dat Dekker wel de schade van Van der Heide moet vergoeden, omdat Dekker een spelregel door een abnormale en gevaarlijke gedraging had overtreden.

8.2.3   Toerekenbaarheid van de onrechtmatige daad

Een onrechtmatige daad kan aan de dader worden *toegerekend*, indien hij te wijten is aan zijn schuld of aan een oorzaak welke krachtens de wet of de in het verkeer geldende opvattingen voor zijn rekening komt (art. 6:162 lid 3 BW). We zien hier dat de toerekenbaarheid van een onrechtmatige gedraging afhangt van:

Toereken-baarheid

- schuld
- risico.

Schuld is verwijtbaar gedrag. In hoeverre kan de dader de onrechtmatige daad verweten worden?

Schuld

Risico is hier datgene wat krachtens de wet en de verkeersopvattingen toerekenbaar is.

Risico

Iemand is dus aansprakelijk voor de schade die veroorzaakt is door zijn onrechtmatige daad, omdat hij schuldig is of omdat hij volgens de wet of de verkeersopvatting bepaalde omstandigheden voor zijn rekening (risico) moet nemen. We spreken in dit verband enerzijds van *schuldaansprakelijkheid* en anderzijds van *risicoaansprakelijkheid*.

Schuldaan-sprakelijkheid

Risicoaan-sprakelijkheid

Bij schuldaansprakelijkheid speelt het probleem dat de benadeelde moet bewijzen dat de dader schuldig is, dat er sprake is van verwijtbaar gedrag (of nalaten) van de dader. Dat is bij risicoaansprakelijkheid niet het geval. De dader is in dat geval aansprakelijk. Hij mag echter proberen te bewijzen dat er bijvoorbeeld sprake is geweest van overmacht. Zo wordt de automobilist die een fietser aanrijdt, aansprakelijk geacht voor de schade (art. 185 Wegenverkeerswet). Hij mag echter bewijzen dat hij de schade heeft veroorzaakt doordat hij moest uitwijken voor een overstekend kind. Dat men daar niet altijd in slaagt, blijkt uit het volgende geval.

HR 11 november 1983, NJ 1984, 331 (Meppelse ree)

Vos reed op een avond met een snelheid van 80 km per uur over de tweebaansweg van Meppel naar Eursinge. Ondanks het feit dat hij een waarschuwingsbord voor overstekend wild passeerde, matigde hij zijn snelheid niet. Toen plotseling een ree de weg overstak, week hij uit naar links en kwam daarbij in botsing met de auto van Lanting, die goed rechtshoudend op de andere baan reed. Lanting en Vos vonden de dood en de vrouw en kinderen van Lanting raakten ernstig gewond. Mevrouw Lanting spande een procedure aan tegen de WA-verzekeraar van Vos.

Volgens de Hoge Raad heeft Vos in een gevaarlijke situatie een verkeerde manoeuvre gemaakt door op een tweebaansweg naar links uit te wijken, terwijl het mogelijk moest zijn geweest minder gevaarlijk te reageren. Vos had bovendien ondanks het feit dat hij een waarschuwingsbord voor overstekend wild was gepasseerd, geen snelheid teruggenomen. Daarom kan niet worden gezegd dat Vos geen verwijt trof. Het gevolg hiervan was dat de verzekeraar veroordeeld werd de schade die door mevrouw Lanting geleden was, te vergoeden.

Bij risicoaansprakelijkheid kan iemand:
- aansprakelijk zijn op grond van een eigen gedraging die tot zijn risico behoort;
- aansprakelijk zijn voor andere personen en aansprakelijk zijn als bezitter van een zaak, als bezitter van een opstal en als bezitter van een dier (art. 6:169 t/m 179 BW), kwalitatieve aansprakelijkheid genoemd.

Beide soorten risicoaansprakelijkheid komen hier aan de orde.

Risicoaansprakelijkheid voor eigen gedraging
Er is volgens de wet in twee gevallen sprake van een risicoaansprakelijkheid voor eigen gedraging:
1 als er sprake is van een geestelijke of lichamelijke tekortkoming;
2 als iemand deel uitmaakt van een bepaalde groep.

Ad 1 Geestelijke of lichamelijke tekortkoming

Geestelijke of lichamelijke tekortkoming

Iemand, ouder dan 14 jaar, is ook aansprakelijk voor een als doen te beschouwen gedraging als de daad verricht is onder invloed van een geestelijke of lichamelijke tekortkoming (art. 6:165 BW).
Als iemand bijvoorbeeld een aanrijding veroorzaakt omdat hij onder het rijden een hartaanval krijgt, wordt de onrechtmatige daad hem toch toegerekend en is hij in principe verplicht de schade te vergoeden die de ander door het ongeval heeft geleden. Het gebrek is dus zijn risico.
Doordat de wetgever uitdrukkelijk over een als 'doen' te beschouwen gedraging spreekt, wordt onrechtmatigheid op grond van zuiver nalaten uitgesloten. Uiteraard moet dat nalaten niet opzettelijk worden veroorzaakt. Er mag in ieder geval geen sprake zijn van schuld, van een verwijtbaar nalaten.
Men kan hierbij denken aan de dove die de roep van de drenkeling niet hoort, aan een onwillekeurige reflexbeweging of aan het vallen als gevolg van bewusteloosraken.
Het feit dat dit soort gebreken onder risicoaansprakelijkheid valt, heeft te maken met de omstandigheid dat men in veel gevallen verzekerd is voor dit soort gebeurtenissen. Het ligt niet in de bedoeling van de wetgever het voordeel van het gebrek toe te schuiven naar de verzekeringsmaatschappij in plaats van naar de benadeelde.

Ad 2 Deel uitmaken van een bepaalde groep

Deel uitmaken van een bepaalde groep

Een persoon die deel uitmaakt van een bepaalde groep, is ook aansprakelijk voor het onrechtmatig toebrengen van schade door een van de tot die *groep* behorende personen als de kans op het aldus toebrengen van schade deze personen had behoren te weerhouden van hun gedragingen in groepsverband. De benadeelde kan in zo'n geval iedere persoon die tot de groep behoort, aanspreken voor de volledige schade. Er ontstaat dus een *hoofdelijke aansprakelijkheid* voor de leden van de groep (art. 6:166 BW). Zo zal dus iemand die tot de F-side van een voetbalclub behoort, zich van de groep moeten distantiëren, wil hij niet aansprakelijk gesteld worden voor de schade die de groep bijvoorbeeld na een verloren wedstrijd aan de plaatselijke winkeliers berokkent. Zie voor de hoofdelijke aansprakelijkheid paragraaf 9.5.

Kwalitatieve aansprakelijkheid
Kwalitatieve aansprakelijkheid betekent dat personen aansprakelijk zijn in een bepaalde kwaliteit, namelijk als:

1 ouder of voogd;
2 werkgever (of opdrachtgever) voor een ondergeschikte;
3 opdrachtgever voor een niet-ondergeschikte;
4 vertegenwoordigde voor een vertegenwoordiger;
5 bezitter van een bepaalde roerende zaak;
6 bezitter van een opstal;
7 bezitter van een dier;
8 eigenaar of houder van een motorvoertuig.

Ad 1 Ouder of voogd
De aansprakelijkheid van ouders of voogden verschilt naar gelang de leeftijd van de minderjarige. Er wordt een onderscheid gemaakt met betrekking tot:
• kinderen beneden de 14 jaar;
• kinderen van 14 of 15 jaar.

Minderjarigen van 16 jaar of ouder zijn zelf aansprakelijk voor hun onrechtmatige gedragingen.
Ouders of voogden zijn in ieder geval aansprakelijk voor schade die een kind dat *de leeftijd van 14 jaar nog niet* heeft bereikt, aan iemand anders heeft toegebracht (art. 6:169 lid 1 BW). Het kind zelf is in dit geval niet aansprakelijk, omdat de daad hem niet kan worden toegerekend (art. 6:164 lid 1 BW). Dat betekent dat als bijvoorbeeld 5-jarig Jantje plotseling de rijweg oprent waardoor een toevallig passerende automobilist bij zijn uitwijkpoging schade oploopt, niet Jantje zelf als veroorzaker van de schade aansprakelijk is, maar zijn ouders of voogd. Deze laatsten zijn dus aansprakelijk in hun kwaliteit van ouder. Zelf hebben ze immers de daad niet gepleegd. Ouders zijn verder alleen aansprakelijk als het kind iets heeft gedaan, niet als het kind iets heeft nagelaten.

Ouders zijn eveneens aansprakelijk voor schade die veroorzaakt is door een kind dat op dat moment *14 of 15 jaar oud* is (art. 6:169 lid 2 BW).
In deze situatie is er een verschil met de vorige situatie. Het kind kan een toerekenbare onrechtmatige daad plegen. Er is dan sprake van een *fout* van het kind, en dan zijn naast het kind zelf ook de ouders of voogden aansprakelijk. Ouders en voogden mogen hier proberen te bewijzen dat hun niet kan worden verweten dat zij de gedraging van het kind niet hebben belet. Er is hier sprake van een schuldaansprakelijkheid met omkering van de bewijslast. Kunnen de ouders of voogden bewijzen dat hun in dit opzicht niets valt te verwijten (schuld), dan zijn zij niet aansprakelijk voor de door het kind veroorzaakte schade. Men noemt dit *disculperen*. Een benadeelde zal als eerste de ouders of voogden aanspreken en pas als deze zich kunnen disculperen, het kind zelf aansprakelijk stellen.

Kwalitatieve aansprakelijkheid

Kinderen beneden 14 jaar

8

Kinderen van 14 of 15 jaar

Fout

Disculperen

VOORBEELD 8.11
15-jarige Jan mag de bromfiets van zijn vader lenen en veroorzaakt een ongeluk.

Het is duidelijk dat de vader hier niet onder zijn aansprakelijkheid uit kan komen.

VOORBEELD 8.12
Jan gaat na schooltijd met wat vriendjes op een terrein buiten de stad crossen met de bromfiets van zijn vader, die hij stiekem uit de schuur gehaald heeft, en veroorzaakt schade.

In dit geval kan zijn vader zich wel disculperen. Ouders kunnen immers 15-jarige kinderen niet voortdurend in de gaten houden. Hetzelfde is het geval als kinderen van die leeftijd op weg naar school door een ongelukkige manoeuvre een verkeersongeval veroorzaken.

Ad 2 Werkgever (of opdrachtgever) voor een ondergeschikte
Iemand kan aansprakelijk gesteld worden voor schade die veroorzaakt is door een fout van een *ondergeschikte* (art. 6:170 BW). Er is sprake van ondergeschiktheid als er een juridische gezagsverhouding bestaat. Daarbij wordt in de eerste plaats aan werknemers gedacht. Maar het begrip is ruimer. Zo kunnen ook bijvoorbeeld uitgeleende arbeidskrachten en vrijwilligers ondergeschikt genoemd worden.

Ondergeschikte

VOORBEELD 8.13
De Klerk bv moet in opdracht van de deelraad Zuid de nieuwe bestrating van een woonwijk aanleggen. John Bijvoet, die in dienst is van De Klerk bv, heeft daarbij met zijn bulldozer per ongeluk het hek van de voortuin van De Graaf beschadigd.

Volgens art. 6:170 BW is degene in wiens dienst de ondergeschikte stond, aansprakelijk voor de schade die door een fout van de ondergeschikte bij de uitoefening van zijn werkzaamheden is veroorzaakt.
Ook hier geldt als eerste vereiste dat er sprake moet zijn van een fout van de ondergeschikte, dus van een gedraging die de ondergeschikte als een onrechtmatige daad kan worden toegerekend. De werknemer zelf is aansprakelijk, namelijk op grond van art. 6:162 BW. Pas als zijn gedrag na toetsing aan de vereisten van de wet als een onrechtmatige daad die hem kan worden toegerekend, wordt gekwalificeerd, is ook de werkgever hoofdelijk aansprakelijk (art. 6:102 BW). Zie paragraaf 9.5. Verder vereist de wet:
• dat de kans op de fout door de opdracht is vergroot;
• dat degene bij wie hij in dienst was, uit hoofde van de desbetreffende rechtsbetrekking zeggenschap had over de gedragingen waarin de fout was gelegen.

Dit laatste betekent in de praktijk dat de verantwoordelijkheid van de werkgever zich in principe niet verder uitstrekt dan de werktijd. Heeft de werknemer echter bijvoorbeeld in werktijd toegang gehad tot een bepaald bedrijf en gaat hij op basis van de daar verkregen gegevens in het weekend inbreken, dan kan de werkgever wel voor deze gedraging aansprakelijk gesteld worden.

Dat ook een bedrijfsuitje kan leiden tot aansprakelijkheid van de werkgever op grond van art. 6:170 BW zien we in het volgende arrest.

HR 9 november 2007, RvdW 2007, 960 Groot Kievitsdal

Op een bedrijfsuitje werd door een van de werknemers overigens onder aansporing van de directeur van het bedrijf lampolie op een brandende barbecue gegooid met als gevolg dat het restaurant Groot Kievitsdal door brand volledig werd verwoest. De schade beliep in de miljoenen. De eigenaren stellen voor de niet door de verzekering gedekte schade de directeur, de vennootschappen (Cultuurtechniek en Workshop) en drie werknemers aansprakelijk.

Het ging hier om de vraag of de werkgevers aansprakelijk gesteld kunnen worden voor gedragingen van werknemers tijdens een bedrijfsuitje. Allereerst moet dan beoordeeld worden of de fout van de werknemers in relatie stond met het werk. Dat was volgens de Hoge Raad inderdaad het geval, omdat de werknemers immers alleen maar bij het bedrijfsuitje aanwezig waren vanwege het feit dat zij werknemer waren en het feest georganiseerd werd om onder andere de saamhorigheid in het bedrijf en de motivatie van de werknemers te bevorderen. In de tweede plaats is daarnaast ook het gedrag van de directeur van belang. Hoewel de wet niet eist dat degene die namens de werkgever zeggenschap had over de gedragingen, een verwijt valt te maken van de fout van de ondergeschikte, is dat echter als de leidinggevende daarvan wél een verwijt valt te maken, wel van belang bij de beoordeling van de vraag of de werkgever aansprakelijk is op grond van art. 6:170 BW. Verder speelde ook de omstandigheid dat de werkgevers en werknemers ter plaatse waar de schade door een of meer van de werknemers is veroorzaakt, als een zekere eenheid naar buiten optraden.

Er wordt in lid 2 van art. 6:170 BW een *uitzondering* gemaakt voor personeel dat in dienst is van een natuurlijk persoon, maar niet werkzaam is voor een beroep of bedrijf van deze persoon. De aansprakelijkheid van de werkgever gaat in dit geval minder ver; de aansprakelijkheid betreft namelijk alleen de fouten die de ondergeschikte maakt bij de uitoefening van zijn taak.

Uitzondering

VOORBEELD 8.14

De huishoudster van de familie Van Meegeren stoot bij het uitkloppen van haar stofdoek een bloempot naar beneden, die door het glazen dak van de serre van de benedenburen heen gaat.

Deze fout is begaan in de uitoefening van haar taak. Dus is de werkgever, de familie Van Meegeren – naast de huishoudster zelf – aansprakelijk voor de schade. De werkgever is echter niet aansprakelijk als de huishoudster een kostbaar halssnoer van een logé steelt.

We hebben gezien dat als er sprake is van een fout van een ondergeschik-te, de werkgever aansprakelijk is voor de schade en dat naast deze ook de werknemer zelf aansprakelijk is. Een vraag die echter nog gesteld moet worden, is: kan een werkgever verhaal zoeken op zijn werknemer als hij de door hem aangerichte schade heeft vergoed?

Verhaal op werk-nemer

De wet geeft in lid 3 van art. 6:170 BW als volgt antwoord op deze vraag. Zijn de ondergeschikte en degene in wiens dienst hij stond beiden voor de schade aansprakelijk, dan behoeft de ondergeschikte in hun onderlinge ver-houding niet in de schadevergoeding bij te dragen, tenzij de schade een ge-volg is van *opzet* of van *bewuste roekeloosheid*. Uit de omstandigheden van het geval, mede gelet op de aard van hun verhouding, kan anders voort-vloeien dan in de vorige zin is bepaald. Dat betekent dat in een normale si-tuatie een fout van de werknemer tot het bedrijfsrisico van de werkgever behoort en niet aan de werknemer doorberekend kan worden, tenzij de werknemer opzet of bewuste roekeloosheid verweten kan worden.

VOORBEELD 8.15

Buschauffeur De Bont van de Zuid-Ooster Autobusdiensten veroorzaakte een aanrijding met een personenauto, waarvan de bestuurder plotseling stopte om de weg te vragen. De verhouding in de schuld tussen de bus-chauffeur en de bestuurder van de auto werd door de rechter vastgesteld op 1:3. Aangezien de schade aan de auto veel groter was, moest de bus-maatschappij toch nog bijdragen aan de schadevergoeding. Deze schade berekende zij door aan de buschauffeur.

Dit was niet terecht, aangezien de ondergeschikte in hun onderlinge verhou-ding niet aan de schadevergoeding behoeft bij te dragen (HR 26 juni 1959, NJ 1959, 551). Het zou anders geweest zijn als de chauffeur de schade ver-oorzaakt had doordat hij bijvoorbeeld dronken achter het stuur zat.

Ad 3 Opdrachtgever voor een niet-ondergeschikte

Er bestaat eveneens aansprakelijkheid voor schade veroorzaakt door een niet-ondergeschikte die in opdracht van een ander werkzaamheden ter uit-oefening van diens bedrijf verricht (art. 6:171 BW). Hierbij heeft de wetge-ver met name gedacht aan de aansprakelijkheid van aannemers voor hun onderaannemers. Als bijvoorbeeld een aannemer bij de bouw van een huis de bekleding van het dak, de aanleg van de riolering en de aanleg van de elektrische bedrading aan anderen overlaat, is hij, als er sprake is van een fout van deze onderaannemers, aansprakelijk voor de door hen veroorzaak-te schade. De hierachter liggende gedachte is dat een buitenstaander die schade lijdt en voor wie niet kenbaar is of deze schade is te wijten aan een fout van een ondergeschikte of van een ander die ter uitoefening van het desbetreffende bedrijf werkzaamheden verricht, dat bedrijf aansprakelijk kan stellen.

Niet-ondergeschikte

De in art. 6:171 BW voorkomende woorden 'werkzaamheden tot uitoefe-ning van een bedrijf' houden echter een belangrijke beperking in. Alleen de-gene die zelf aan de bedrijfsuitoefening van de opdrachtgever deelneemt, valt onder de werking van art. 6:171 BW. Aansprakelijkheid kan niet worden aangenomen als de benadeelde de dader en het bedrijf van diens opdrachtgever niet als een zekere eenheid kan beschouwen. De schade behoort dan niet tot de risicosfeer van de opdrachtgever. Dat heeft de Hoge Raad onlangs nog beslist in het volgende arrest.

HR 21 december 2001, nr. C00/095HR; JOL 2001, 780
Aannemingsbedrijf J. Baas Waddinxveen BV heeft in opdracht van Energie Delfland NV te Delft op het terrein van de Stoeterij te Bleiswijk werkzaamheden verricht. De werkzaamheden betroffen het vernieuwen van elektriciteitskabels na een stroomstoring. Omdat er door de graafwerkzaamheden een schade van ƒ 4.638,57 (ca. €2.100) was ontstaan, heeft de Stoeterij Delfland daarvoor aansprakelijk gesteld. Volgens haar was de schade ontstaan door onrechtmatig handelen van Baas in het kader van de door Delfland aan Baas gegeven opdracht, dan wel door handelen van iemand voor wiens fout Baas aansprakelijk was (art. 6:171 BW).
De Hoge Raad oordeelde dat de aansprakelijkheid voor onrechtmatig handelen van een niet-ondergeschikte opdrachtnemer alleen bestaat indien het gaat om werkzaamheden die een opdrachtgever ter uitoefening van zijn bedrijf door de opdrachtnemer laat verrichten. Aansprakelijkheid kan niet worden aangenomen indien de benadeelde de dader en het bedrijf van diens opdrachtgever niet als een eenheid kan beschouwen. De schade behoort dan niet tot de risicosfeer van de opdrachtgever.

Ad 4 Vertegenwoordigde (opdrachtgever)
Een vertegenwoordigde is aansprakelijk voor onrechtmatige gedragingen (fout) van een vertegenwoordiger bij de uitoefening van de hem als zodanig toekomende bevoegdheden (art. 6:172 BW). Een vertegenwoordiger is een persoon die bevoegd is voor rekening van een ander rechtshandelingen te verrichten; een *rechtshandeling* is een handeling van een persoon waaraan het (objectieve) recht de rechtsgevolgen verbindt die beoogd werden. Hij kan dat doen in eigen naam en in naam van die andere persoon. In dit laatste geval spreken we van een volmacht (art. 3:60 BW). Het verschijnsel 'vertegenwoordiging' is in hoofdstuk 6 besproken.

Vertegen-
woordigde

Rechtshandeling

8

VOORBEELD 8.16
Iemand laat een handelsagent goederen verkopen. Deze licht zijn afnemers op. Oplichting is een strafbaar feit, dus een onrechtmatige daad. Naast de handelsagent is dan ook diens opdrachtgever aansprakelijk voor de door de benadeelden geleden schade.

Ad 5 Bezitter van een roerende zaak
Ook de bezitter van een roerende zaak kan aansprakelijk worden gesteld voor de schade die door deze zaak is ontstaan (art. 6:173 BW). *Bezitter* is iemand die een zaak onder zich heeft met de bedoeling hem voor zichzelf te houden (art. 3:107 BW). Bezit slaat op de feitelijke situatie. Zie voor bezit ook subparagraaf 3.2.3.
Voorwaarde voor de aansprakelijkheid is dat de betreffende zaak niet aan de eisen voldoet die men in de gegeven omstandigheden aan een dergelijke zaak mag stellen (hij heeft een mankement), dat de zaak daardoor (door dit mankement) een bijzonder gevaar oplevert voor personen of andere zaken, en tot slot dat het gevaar ook werkelijkheid wordt; wat men vreest, gebeurt dus ook echt.

Bezitter

VOORBEELD 8.17

Wouters Materialenverhuur verhuurt een tapijtreiniger aan doe-het-zelver Smit. Ten gevolge van een technisch mankement beschadigt de machine de vloerbedekking van Smit.

Smit kan de bezitter van de zaak (Wouters) aansprakelijk stellen voor de door hem geleden schade. Hij moet dan wel bewijzen dat de schade veroorzaakt is door de defecte tapijtreiniger. Er is hier dus sprake van een risico-aansprakelijkheid voor de bezitter van een zaak die ten gevolge van een mankement schade aan derden veroorzaakt.

Geen aansprake-lijkheid bezitter

De bezitter van de zaak kan in de volgende gevallen onder zijn aansprakelijkheid uitkomen:

- Hij kan aantonen dat ook al had hij het gevaar gekend, de aansprakelijkheid voor de schade zou hebben ontbroken. Hij had, ondanks het feit dat hij op de hoogte was van het gevaar dat de zaak voor derden opleverde, toch een beroep op overmacht. Dit beroep kan alleen slagen als hij kan bewijzen dat de zaak voordat het overmacht veroorzakende voorval zich voordeed, in uitstekende staat verkeerde.
- Hij kan aantonen dat de schade die veroorzaakt is, onder de producten-aansprakelijkheid valt. In dit geval is niet hij, maar de producent aansprakelijk (zie par. 8.4).

Er zijn enkele uitzonderingen waarbij niet de bezitter, maar een ander aansprakelijk is:

Exploitant

- Niet de bezitter, maar de *exploitant* is aansprakelijk als de zaak wordt gebruikt in de uitoefening van een beroep of bedrijf. Wordt de zaak ter beschikking gesteld aan het bedrijf van een ander, dan is die ander aansprakelijk (art. 6:181 lid 1 en 2 BW).

Eigendoms-voorbehoud

- Is er bij de overdracht van de zaak een *eigendomsvoorbehoud* gemaakt (eigendom van de zaak gaat pas over op de verkrijger als de totale koopsom is betaald), dan ligt het risico vanaf de feitelijke overdracht, de aflevering, op de verkrijger, ook al is deze op dat moment slechts houder (art. 6:180 lid 2 BW).

Producent

- Als de zaak niet aan de gestelde eisen voldoet omdat er sprake is van een gebrekkig product, is niet de bezitter aansprakelijk, maar de *producent* (art. 6:173 lid 2 sub b BW). De productenaansprakelijkheid komt in paragraaf 8.4 aan de orde.

Twee bezitters

Als er *twee bezitters* zijn van de betreffende zaak – men spreekt dan van medebezitters – ontstaat er een hoofdelijke aansprakelijkheid (art. 6:180 lid 1 BW). Als een kind beneden de 14 jaar de bezitter van de zaak is, zijn in zijn plaats zijn ouders of voogden aansprakelijk (art. 6:183 lid 2 BW).

Ad 6 Bezitter van een opstal

Opstal

Eenzelfde aansprakelijkheid als voor de bezitter van een roerende zaak geldt voor de bezitter van een opstal (art. 6:174 BW). Met opstallen worden hier bedoeld gebouwen en werken die duurzaam met de grond zijn verenigd, hetzij rechtstreeks, hetzij door vereniging met andere gebouwen of werken (art. 6:174 lid 4 BW). Zo werd bijvoorbeeld in het arrest betreffende de Amercentrale (HR 13 juni 1975, NJ 1975, 509) de PNEM als eigenaar van een opengescheurde olietank aansprakelijk gesteld voor de daardoor ontstane schade. Dit arrest wordt in subparagraaf 8.2.4 besproken.

Ook de bezitter van een opstal kan onder deze aansprakelijkheid uitkomen door te bewijzen dat bijvoorbeeld de boom op zijn grond vóór de storm kaarsrecht stond en geen enkel gevaar opleverde, en pas daarna scheef kwam te staan, om een paar uur later het dak van buurmans auto te beschadigen.

Ook hier worden er een paar uitzonderingen gemaakt, als de opstal wordt gebruikt bij de uitoefening van:
- het eigen bedrijf;
- het bedrijf van iemand anders.

Art. 6:181 BW stelt degene die de opstal gebruikt in de uitoefening van zijn *bedrijf* aansprakelijk voor eventuele schade. Degene die het bedrijf uitoefent, kan onder zijn aansprakelijkheid uitkomen als hij kan bewijzen dat het ontstaan van de schade niet met de uitoefening van het bedrijf in verband staat.

Eigen bedrijf

VOORBEELD 8.18

Boerema heeft een loods gehuurd. Door gebrekkig onderhoud waaien golfplaten van het dak en beschadigen geparkeerde auto's.

De schade aan de auto's heeft niets te maken met de uitoefening van het bedrijf van Boerema. Boerema is daarom niet aansprakelijk.

Boerema zou wel aansprakelijk zijn geweest als de golfplaten ten gevolge van de ontploffing van een machine van het dak waren gevlogen.

Als de opstal ter beschikking gesteld wordt aan het *bedrijf van een ander*, dan is die ander aansprakelijk (art. 6:181 lid 2 BW).

Bedrijf van een ander

Ad 7 Bezitter van een dier

De bezitter van een dier is aansprakelijk voor de schade die het dier heeft veroorzaakt (art. 6:179 BW). Er is hier sprake van een risicoaansprakelijkheid. Het bezitten van het dier maakt dat men als zodanig aansprakelijk gesteld kan worden. De bezitter kan slechts onder zijn aansprakelijkheid uitkomen als hij kan bewijzen dat, ook als hij het dier wel in zijn macht had gehad, er sprake was van overmacht. Het volgende arrest is hier een voorbeeld van.

Dier

> **HR 7 maart 1980, NJ 1980, 353 (Stierkalf)**
> Van der Witte werd, toen hij door een afgesloten wei liep, door een van de zich in de wei bevindende jonge stieren op de horens genomen. Bosch, de bezitter van het dier, werd aansprakelijk gesteld voor de door het dier toegebrachte schade.

Ook hier wordt er in een paar gevallen een uitzondering gemaakt.

Als een *kind beneden de 14 jaar bezitter* van het dier is, zijn de ouders of voogden in zijn plaats aansprakelijk voor de door het dier veroorzaakte schade (art. 6:183 lid 2 BW).

Ook *medebezitters* van het dier kunnen door een benadeelde aansprakelijk worden gesteld (art. 6:180 BW). Het betreft in dit geval een hoofdelijke aansprakelijkheid.

Eveneens geldt de regel dat als het dier in de uitoefening van een *bedrijf* wordt gebruikt, degene die het bedrijf uitoefent, aansprakelijk is voor de door het dier veroorzaakte schade (art. 6:181 lid 1 BW). Wordt het dier ter beschikking gesteld aan *het bedrijf van een ander*, dan is die ander aansprakelijk (art. 6:181 lid 2 BW).

Ad 8 Eigenaar of houder van een motorvoertuig
De eigenaar van een motorvoertuig is aansprakelijk voor schade aan niet door dat motorvoertuig vervoerde personen of zaken, die ontstaan is doordat het motorvoertuig betrokken was bij een verkeersongeval.

Motorvoertuig Als de eigenaar van een motorvoertuig (auto of motorfiets) een ander zijn auto of motorfiets laat besturen, is hij aansprakelijk voor de schade indien de bestuurder betrokken is bij een verkeersongeval waardoor schade wordt toegebracht aan een voetganger, een fietser, een bromfietser of een stilstaand motorvoertuig (art. 185 lid 2 WVW). Indien de eigenaar het verkeersongeval heeft veroorzaakt, is hij uiteraard zelf aansprakelijk voor de schade (art. 185 lid 1 WVW). De eigenaar kan altijd een beroep op overmacht doen.

8.2.4 Schade en causaal verband

De benadeelde kan slechts een vordering tot schadevergoeding instellen, als hij kan bewijzen dat hij schade heeft geleden. De inhoud van een schadevergoedingsverbintenis is in de wet echter niet bij de onrechtmatige daad geregeld, maar in een aparte afdeling (art. 6:95 e.v. BW). Deze wordt in hoofdstuk 11 besproken. Wel komt hier aan de orde de vraag welke schade het gevolg is van een bepaalde onrechtmatige gedraging. We noemen dit **Causaal verband** het *causaal verband*: slechts die schade hoeft vergoed te worden die het gevolg is van de onrechtmatige daad. Dit kunnen we lezen in de definitie van de onrechtmatige daad: 'Hij die jegens een ander een onrechtmatige daad pleegt, welke hem kan worden toegerekend, is verplicht de schade die de ander dientengevolge lijdt, te vergoeden' (art. 6:162 lid 1 BW). Het woord 'dientengevolge' in de tekst van het wetsartikel slaat dus op het causale verband dat tussen de schade en de onrechtmatige daad moet bestaan.

VOORBEELD 8.19
Duivesteyn komt door een verkeerde inhaalmanoeuvre in botsing met de auto van Vink. De schade bedraagt €4.500.

Het is duidelijk dat de schade veroorzaakt wordt door de fout (schadeveroorzakende gebeurtenis die de dader kan worden toegerekend) van Duivesteyn. Kortom, er is een causaal verband tussen de schadeveroorzakende gebeurtenis en de schade.

Het vereiste van het causale verband wordt door de wetgever verder uitgewerkt in de aparte afdeling die de inhoud van de schadevergoedingsverbintenis behandelt (art. 6:98 e.v. BW).

De wetgever somt in art. 6:98 BW een aantal factoren op die een rol kunnen spelen bij de beoordeling of en in hoeverre er sprake kan zijn van een causaal verband.

Volgens genoemd wetsartikel komt voor vergoeding slechts schade in aanmerking die in zodanig verband staat met de gebeurtenis (onrechtmatige daad) waarop de aansprakelijkheid van de schuldenaar berust, dat zij hem, mede gezien de aard van de aansprakelijkheid en van de schade, als een gevolg van deze gebeurtenis kan worden toegerekend. De factoren waarmee volgens de wet rekening moet worden gehouden voor de toerekening van een bepaalde onrechtmatige gedraging, zijn:

a de conditio sine qua non;
b de voorzienbaarheid;
c de aard van de aansprakelijkheid;
d de aard van de schade;
e de aard van de gedraging.

Het is niet precies aan te geven welke de invloed van een bepaalde factor is. Het hangt veelal van de concrete situatie af welke factor de rechter in een bepaald geval van belang acht.

Ad a Conditio sine qua non

De *conditio sine qua non* (voorwaarde zonder welke de schade niet zou zijn ontstaan) geeft antwoord op de vraag in hoeverre de schade als het directe gevolg van de onrechtmatige daad opgevat moet worden. Men krijgt antwoord op deze vraag door zich af te vragen of de schade ook zou zijn ontstaan als de onrechtmatige daad niet had plaatsgevonden. Luidt het antwoord op deze vraag ontkennend, dan is de schade het gevolg van de gebeurtenis. Als we naar voorbeeld 8.19 kijken, moeten we ons dus afvragen: zou de schade aan de auto van Vink ook zijn ontstaan als er geen aanrijding door Duivesteyn was veroorzaakt? Het antwoord is uiteraard 'nee'. Dus is de schade het directe gevolg van de onrechtmatige daad (hier: de aanrijding).

Conditio sine qua non

Ad b Voorzienbaarheid

Bij de factor van de voorzienbaarheid van de onrechtmatige gedraging moet men zich afvragen of de schade het redelijkerwijs te verwachten gevolg is van de onrechtmatige daad. Naarmate de schade meer als een gevolg van de onrechtmatige daad te voorzien is, wordt zij eerder toegerekend aan de dader. De voorzienbaarheid van de schade moet in beginsel beoordeeld worden op het moment waarop de onrechtmatige daad werd gepleegd. In voorbeeld 8.19 dus het moment van de aanrijding.

Voorzienbaarheid

Stel dat de auto van Vink weggesleept moet worden na de aanrijding. De wagen wordt niet goed vastgezet, glijdt van de sleepwagen en is total loss. De schade die nu ontstaat, is eveneens een gevolg van de (eerste) aanrijding, omdat de schade niet ontstaan was als de aanrijding niet had plaatsgevonden. De tweede vraag die daarbij gesteld moet worden, is of deze schade te voorzien was op het moment van de aanrijding. Het antwoord is waarschijnlijk ontkennend.

Ad c Aard van de aansprakelijkheid

Als we de aard van de aansprakelijkheid beschouwen, kunnen twee factoren een rol spelen, te weten:

1 de soort aansprakelijkheid: schuld of risico;
2 de soort norm: verkeers- of veiligheidsnormen en zorgvuldigheidsnormen.

Schuld of risico

Bij de aard van de aansprakelijkheid speelt in de eerste plaats de *soort aansprakelijkheid* een rol. Bij schuld hebben we te maken met verwijtbaar gedrag van de dader. Bij risico is de dader, hoewel er geen sprake is van verwijtbaar gedrag, aansprakelijk op grond van omstandigheden die krachtens de wet, rechtshandeling of verkeersopvatting voor zijn rekening komen. Bij verwijtbaar gedrag van de dader is er dus sprake van schuldaansprakelijkheid en als dat niet het geval is, van risicoaansprakelijkheid (art. 6:162 lid 3 BW). Schuldaansprakelijkheid en risicoaansprakelijkheid zijn reeds in subparagraaf 8.2.3 in verband met de toerekenbaarheid besproken.

Bij risicoaansprakelijkheid wordt er een nauwer causaal verband tussen de schade en de onrechtmatige daad aangenomen. Dit heeft tot gevolg dat er minder schade toegerekend wordt dan bij schuldaansprakelijkheid. Er valt de dader immers geen verwijt te maken. Het hierna volgende arrest van de Hoge Raad is hier een voorbeeld van.

HR 13 juni 1975, NJ 1975, 509 (Amercentrale)

De PNEM werd als eigenaar van een olietank die openscheurde, aansprakelijk gesteld voor de schade die ontstond doordat de olie het water van het riviertje de Amer ernstig verontreinigde (art. 6:174 BW). Het betrof hier de risicoaansprakelijkheid van de bezitter van een opstal. De Hoge Raad besliste daarom dat slechts die schade vergoed behoeft te worden die het typische gevolg is van de schadeveroorzakende gebeurtenis. De Hoge Raad achtte de vervuiling van het water schade die het typische gevolg was van het scheuren van een olietank.

Soort norm

In de tweede plaats speelt een rol *welke soort norm* door de onrechtmatige daad wordt overtreden. Is er sprake van overtreding van verkeers- of veiligheidsnormen, of van zorgvuldigheidsnormen?

Zorgvuldigheids-normen

Bij de overtreding van verkeers- en veiligheidsnormen wordt een ruimer causaal verband aangenomen dan bij overtreding van *zorgvuldigheidsnormen*, dat zijn ongeschreven fatsoensnormen. Bij overtreding van verkeers- en veiligheidsnormen wordt met name gedacht aan verkeers- en arbeidsongevallen. De volgende arresten zijn hier een goed voorbeeld van.

HR 21 maart 1975, NJ 1975, 372 (Aangereden hartpatiënt)

Een tractor gaf een op een rijwielpad van een voorrangsweg rijdende bromfietser geen voorrang met als gevolg dat deze kwam te vallen. De bromfietser raakte daardoor zo van streek dat hij korte tijd later aan een hartaanval overleed. Het bleek naderhand dat hij een hartafwijking had. De vraag was hier of het overlijden van de bromfietser een gevolg van de verkeersfout (onrechtmatige daad) van de bestuurder van de tractor was of niet. De Hoge Raad heeft deze vraag bevestigend beantwoord. Hij was van oordeel dat het overlijden van de bromfietser in een niet zó ver verwijderd verband stond met de verkeersfout van de dader dat zij hem daarom redelijkerwijs niet toegerekend zou kunnen worden. De Hoge Raad nam hier dus een ruimer causaal verband aan. Normaal hebben het feit dat iemand komt te vallen en het feit dat hij later een hartaanval krijgt niets met elkaar te maken. De Hoge Raad vond dat hier dus wel het geval.

Uiteraard heeft het feit dat bestuurders van motorvoertuigen volgens de Wet Aansprakelijkheidsverzekering Motorrijtuigen (WAM) een aansprakelijkheidsverzekering moeten afsluiten mede een rol gespeeld bij de beslissing van de Hoge Raad.

HR 2 november 1979, NJ 1980, 77 (Vader Versluis)

Mia Versluis wilde voordat zij in het huwelijk zou treden een hielcorrectie ondergaan, waardoor het mogelijk zou zijn op haar trouwdag hoge hakken te dragen. Tijdens de operatie echter raakte zij ten gevolge van een fout in de anesthesie in een coma, waaruit zij nooit meer is ontwaakt. Mia is uiteindelijk in 1971 overleden. Vader Versluis verweet het ziekenhuis Ziekenzorg dat hij in die periode niet goed was begeleid, waardoor hij in 1968 volledig was ingestort. Hij eiste daarom schadevergoeding van het ziekenhuis. Zijn vordering is niet toegewezen, omdat het hier een zo uitzonderlijke vorm van schade betrof en er sprake was van een zo ver verwijderd verband met de gedragingen van het ziekenhuis, dat deze schade niet als een gevolg van deze gedragingen kon worden toegerekend. Vader Versluis verweet het ziekenhuis overtreding van een zorgvuldigheidsnorm.

Ad d Aard van de schade

De aard van de schade betreft de verschillende soorten schade die men kan oplopen, zoals beschadiging van een zaak, letselschade, de dood van een bepaalde persoon en zuivere milieuschade. Er wordt aangenomen dat overlijdens- en letselschade eerder moeten worden toegerekend dan zaakschade, en zaakschade eerder dan vermogensschade. De aard van de schade moet echter mede bekeken worden aan de hand van de aard van de aansprakelijkheid. De vraag is dan of de schade het typische gevolg is van de onrechtmatige daad of niet (HR 13 juni 1975, NJ 1975, 509, Amercentrale).

Aard schade

Ad e Aard van de gedraging

Bij de aard van de gedraging gaat het erom dat naarmate de schuld aan de onrechtmatige gedraging groter is, de schade eerder wordt toegerekend. Hierbij kan bijvoorbeeld ook het feit of de onrechtmatige daad beroeps- of bedrijfsmatig is gepleegd of niet, een rol spelen. In het eerste geval wordt de schade uiteraard weer eerder toegerekend dan in het laatste geval.

Aard gedraging

8

8.2.5   Relativiteit

Met *relativiteit* wordt bedoeld het verband tussen de overtreden norm en het belang dat door deze norm wordt beschermd. Art. 6:163 BW zegt het aldus: 'Geen verplichting tot schadevergoeding bestaat, wanneer de geschonden norm niet strekt tot bescherming tegen de schade zoals de benadeelde die heeft geleden.' Het volgende arrest is hier een voorbeeld van.

Relativiteit

HR 17 januari 1958, NJ 1961, 568 (Tandartsen)

Dorenbos oefende jarenlang onbevoegd in Tilburg de tandheelkundige praktijk uit; dit tot grote ergernis van de plaatselijke tandartsen. Zij spanden een procedure aan tegen Dorenbos, omdat zij ten gevolge van het overtreden door Dorenbos van de wet van 24 juni 1876, wegens het onbevoegd uitoefenen van de tandheelkunde materiële en morele schade zouden hebben geleden. De Hoge Raad wees deze vordering af, omdat de bescherming van de volksgezondheid en de bescherming van het publiek tegen onbevoegde beroepsuitoefening het doel waren van de betreffende wet, en niet de bescherming van de belangen van tandartsen tegen hen die onbevoegd hun beroep uitoefenen.

De Hoge Raad heeft overigens wel, maar dan op een andere grond, de vordering van de tandartsen toegewezen, namelijk op grond van oneerlijke concurrentie. Het is namelijk niet eerlijk dat de een pas na jarenlange studie en het behalen van de vereiste diploma's de tandartsenpraktijk mag uitoefenen, zoals overigens ook de wet eist, en anderen zonder deze diploma's dezelfde tandartsenpraktijk en nog wel onbevoegd zouden mogen uitoefenen.

8.3 Wie zijn aansprakelijk?

Als er voldaan is aan de vijf in paragraaf 8.2 opgesomde vereisten (daad, onrechtmatigheid, toerekenbaarheid, schade en causaal verband, en relativiteit), kan men concluderen dat er op grond daarvan aansprakelijkheid voor de dader ontstaat. Vervolgens moeten we ons afvragen wie zoal aansprakelijk gesteld kunnen worden.

Aansprakelijk voor onrechtmatige daden zijn: rechtssubjecten, dus natuurlijke personen en rechtspersonen. Een bepaalde persoon kan als enige schuldig zijn aan een onrechtmatige daad, maar het is ook mogelijk dat meer personen tegelijk schuld hebben aan dezelfde onrechtmatige daad.

Natuurlijke personen

Natuurlijke personen

Natuurlijke personen zijn aansprakelijk, tenzij zij de leeftijd van 14 jaar nog niet hebben bereikt (art. 6:164 BW). We hebben gezien dat ouders of voogden aansprakelijk zijn voor de door een kind veroorzaakte schade (art. 6:169 BW).

Rechtspersonen

Rechtspersonen

Een nv of bv, een vereniging of een stichting kunnen een onrechtmatige daad plegen. Hetzelfde is het geval met de Staat der Nederlanden, een gemeente, een provincie of een waterschap. Aangezien rechtspersonen optreden via hun organen, is er in de praktijk meestal sprake van een afgeleide aansprakelijkheid, hetzij op grond van een werkgevers-werknemersverhouding, hetzij op grond van vertegenwoordigingsbevoegdheid.

De aansprakelijkheid van rechtspersonen voor daden van hun organen is belangrijk uitgebreid door het volgende arrest.

> **HR 6 april 1979, NJ 1980, 34 (Knabbel en Babbel)**
>
> Het dak van een aan de gemeente Zwolle verhuurde kleuterschool stort in. De wethouder van Onderwijs van Zwolle zegt in een radio-interview dat het dak waarschijnlijk ten gevolge van een constructiefout is ingestort en dat de aannemer waarschijnlijk aansprakelijk gesteld zal kunnen worden voor de schade. Achteraf blijkt zijn bewering niet waar te zijn. Reuvers, de bouwer van het dak, stelt de gemeente Zwolle aansprakelijk voor de schade die hij ten gevolge van deze bewering heeft geleden.
>
> De gemeente acht zich niet aansprakelijk, aangezien een wethouder alléén geen orgaan is van de gemeente. Daarom kan de gemeente ook niet aansprakelijk gesteld worden voor de uitlating van haar wethouder.
>
> De Hoge Raad zegt dat de gedragingen van een wethouder ook een onrechtmatige daad van de gemeente opleveren wanneer zij in het maatschappelijk verkeer als gedragingen van de gemeente hebben te gelden.

Bij de publiekrechtelijke rechtspersonen heeft zich via de onrechtmatige daad, in de tijd dat een volledige en systematische regeling ontbrak voor de bescherming van de burger tegen overheidsoptreden, het leerstuk van de *onrechtmatige overheidsdaad* ontwikkeld. Daar waar voldoende rechtsbescherming ontbrak, is de gewone rechter bereid geweest deze leemte in de rechtsbescherming van de burger tegen de overheid op te vullen. Tegenwoordig biedt de Algemene wet bestuursrecht de burger volledige rechtsbescherming.

Een probleem dat in dit soort gevallen rijst met betrekking tot de bevoegdheid van de rechter, is dat de rechter niet op de stoel van de overheid mag gaan zitten. De rechter mag zich niet bemoeien met het beleid van de overheid. De rechter acht zich echter wel bevoegd in concrete situaties overheidsbeslissingen te toetsen. De rechter vraagt zich dan bijvoorbeeld af of de overheid in dit geval in redelijkheid tot deze beslissing had mogen komen en bijvoorbeeld niet naar willekeur heeft gehandeld. Dit toetsen van de rechter noemt men *marginale toetsing*. Naast het willekeurcriterium zijn er in de jurisprudentie nog een aantal criteria ontwikkeld, zoals gelijke behandeling in gelijke gevallen, de zorgvuldigheidsnorm, misbruik van bevoegdheid (abus de pouvoir), bevoegdheid gebruiken voor een ander doel dan waarvoor zij is gegeven (détournement de pouvoir), motiveringsbeginsel en het beginsel van fair play. Deze beginselen worden de *algemene beginselen van behoorlijk bestuur* genoemd. Een aantal van deze criteria is in de moderne wetgeving als voorschrift voor de wijze van optreden van de overheid opgenomen.

Soms worden er ten aanzien van overheidsoptreden *uitzonderingen* gemaakt (art. 6:168 BW). De rechter is in dat geval bevoegd een verbod van een onrechtmatige handeling af te wijzen op grond van zwaarwegende maatschappelijke belangen. Het overheidsorgaan is dan wel verplicht de benadeelde burger schadeloos te stellen.

Marginale toetsing

Meerdere daders

Als meer mensen tegelijk één onrechtmatige daad plegen, denk bijvoorbeeld aan verkeersongevallen en kettingbotsingen, dan zijn alle daders aansprakelijk, en wel *hoofdelijk* (art. 6:102 BW). Dat betekent voor het slachtoffer dat hij elke dader voor de volledige schade aansprakelijk kan stellen. Onderling moeten de daders dan verrekenen en wel naar de *mate* van ieders schuld. Voordeel van deze regeling voor slachtoffers is dat de daders onderling het risico dragen van de insolvabiliteit van een van hen. Aldus besliste de Hoge Raad in het volgende arrest.

Meerdere daders

Hoofdelijke aansprakelijkheid

8

HR 4 november 1955, NJ 1956, 1 (London & Lancashire/Huygen)

Toen chauffeur Beek met zijn vrachtauto plotseling linksaf sloeg op de Harderwijkse Straatweg te Emmen, moest De Lange, die de vrachtauto net aan het inhalen was, plotseling remmen. Het gevolg hiervan was dat hij van achteren aangereden werd door een door Huygen bestuurde auto, waardoor zijn wagen werd beschadigd. Huygen werd door de verzekeringsmaatschappij van De Lange, London & Lancashire, aansprakelijk gesteld voor de schade. Huygen beweerde niet hoofdelijk voor de volledige schade aansprakelijk te zijn, aangezien chauffeur Beek eveneens schuldig was aan het veroorzaken van de aanrijding. Hij kreeg geen gelijk van de Hoge Raad. Deze was namelijk van oordeel dat als er meerdere veroorzakers zijn van één onrechtmatige daad zij allemaal jegens de benadeelde aansprakelijk zijn voor de vergoeding van de gehele schade. Degene die de volledige schade vergoed heeft, heeft een *regresrecht* (verhaal) op zijn mededaders. Als verdeelsleutel hiervoor geldt de mate van ieders schuld aan de onrechtmatige daad. In dit arrest was Beeks aandeel 80% en dat van Huygen 20%.

Regresrecht

8.4 Productenaansprakelijkheid

Productenaan-
sprakelijkheid

De *productenaansprakelijkheid* is een bijzondere regeling met betrekking tot de onrechtmatige daad.

Het volgende arrest is de eerste beslissing van de Hoge Raad betreffende de productenaansprakelijkheid.

> **HR 2 februari 1972, NJ 1973, 315 (Lekkende kruik/Jumbo-arrest)**
> Een fabrikant (Jumbo) brengt een warmwater-bedkruik met schroefdop, een zogenoemde patentsluiting, in de handel. Van een van deze kruiken blijkt de schroefdop niet goed te sluiten met als gevolg dat heet water uit de kruik lekt. Daardoor loopt een pasgeboren baby, in wiens wieg de kruik door een kraamverzorgster was gelegd, ernstige brandwonden op en moet hij in het ziekenhuis worden opgenomen en verpleegd.
> Het betrof hier de vraag of de fabrikant aansprakelijk gesteld kon worden voor de kosten van verzorging en medische behandeling van de baby. De Hoge Raad was van oordeel dat dit inderdaad het geval was. Het behoort namelijk tot het risico van een fabrikant als een product met een gebrek door hem in de handel wordt gebracht. De fabrikant kan in zo'n geval niet onder zijn aansprakelijkheid uitkomen door proberen aan te tonen dat het ongeval zich niet zou hebben voorgedaan als alle voorzorgsmaatregelen in acht zouden zijn genomen.

In dit arrest wordt dus een producent aansprakelijk gesteld voor de schade veroorzaakt door een gebrek aan zijn product. Het feit dat het letsel mede was ontstaan door een fout van de kraamverpleegster, speelt hierbij geen rol (art. 6:185 lid 3 BW). Andere bekende zaken betreffende gebrekkige producten zijn bijvoorbeeld de Planta- en de Exota-affaire. In het eerste geval betrof het een nieuw soort margarine waarvan veel mensen huiduitslag kregen als zij het gebruikten. De Exota-affaire betrof glazen flessen met limonadegazeuse die uit elkaar spatten, waardoor mensen aan handen en gezicht gewond raakten. In al deze gevallen is de producent aansprakelijk gesteld voor de schade.

Deze materie wordt in een aparte afdeling bij de onrechtmatige daad in het Burgerlijk Wetboek geregeld. De regeling is de neerslag van een Richtlijn van de EU. De uitleg van de wettelijke bepalingen is de taak van het Europese Hof. Deze kan afwijken van het nationale recht van een land van de EU.

Voorwaarden

De *voorwaarden* voor deze aansprakelijkheid, zoals geformuleerd door de wetgever (art. 6:188 BW), zijn:
- schade
- gebrek
- causaliteit.

Dit betekent dus dat de *schade* moet zijn ontstaan *ten gevolge* van een *gebrek* in een product (art. 6:185 BW).

Bij productenaansprakelijkheid is geen sprake van schuldaansprakelijkheid, er hoeft geen sprake te zijn van verwijtbaar gedrag van de producent, maar van *risicoaansprakelijkheid*. Het voordeel is – zoals hiervoor al is besproken – dat de benadeelde de schuld van de dader niet hoeft aan te tonen. Daarnaast houdt de benadeelde natuurlijk de mogelijkheid de producent aansprakelijk te stellen op grond van art. 6:162 BW, waarbij wel de schuld van de producent bewezen moet worden.

De schade die door de producent aan de benadeelde vergoed moet worden, betreft de zogenoemde *gevolgschade*, de schade die ontstaat doordat er een gebrekkig product geleverd is. Gevolgschade is bijvoorbeeld schade ten gevolge van verwondingen, ontstaan na het ontploffen van een gasfles of schade ten gevolge van een brand die ontstaan is doordat een ondeugdelijk apparaat kortsluiting heeft veroorzaakt.

Gevolgschade

De producent kan zijn aansprakelijkheid voor schade in dit geval niet uitsluiten of beperken (art. 6:192 BW).

De wet geeft nauwkeurig aan wanneer er sprake is van een gebrekkig product, wie als producent beschouwd kan worden en wanneer en in hoeverre deze laatste aansprakelijk gesteld kan worden.

Gebrekkig product

Een *product* is een roerende zaak. Het kan een zelfstandige zaak zijn, maar het kan ook een bestanddeel zijn gaan vormen van een andere roerende of onroerende zaak (art. 6:187 lid 1 BW).

Product

Een product is *gebrekkig* als het niet de veiligheid biedt die men (het grote publiek) ervan mag verwachten. Daarbij wordt met alle omstandigheden rekening gehouden, maar er wordt in het bijzonder gelet op:

Gebrekkig product

a de presentatie van het product;
b het redelijkerwijs te verwachten gebruik van het product;
c het tijdstip waarop het product in het verkeer is gebracht (art. 6:186 BW).

Ad a Presentatie

De producent moet bijvoorbeeld adequate instructies geven; hij moet zorgen voor een behoorlijke toelichting in de Nederlandse taal. Hij moet ook zorgen voor een kindvriendelijke verpakking.

Presentatie

Ad b Te verwachten gebruik

De producent moet rekening houden met het feit dat de gebruiker het product voor andere doeleinden gebruikt dan eigenlijk de bedoeling was; denk bijvoorbeeld aan het gebruiken van een krukje als trapje.

Te verwachten gebruik

Ad c Tijdstip van in het verkeer brengen

De gebrekkigheid van een product wordt beoordeeld naar de veiligheidsnormen die van toepassing waren op het tijdstip dat het product in de handel werd gebracht (door hemzelf of door anderen). Aansprakelijkheid ontbreekt bijvoorbeeld als de producent kan aantonen dat het op grond van de stand van de wetenschappelijke en technische kennis van het moment waarop hij het product in de handel bracht, onmogelijk was het bestaan van het gebrek te ontdekken (art. 6:185 lid 1 sub e BW).

Tijdstip in het verkeer brengen

Producent

De wet geeft in art. 6:187 BW nauwkeurig aan wie producent is of als zodanig kan worden beschouwd. *Producent* is:

Producent

- de fabrikant van het eindproduct;
- de producent van een grondstof;
- de fabrikant van een onderdeel;
- degene die zich als zodanig presenteert door zijn naam, zijn merk (bijvoorbeeld huismerk) of een ander onderscheidingsteken op het product aan te brengen (art. 6:187 lid 2 BW);

- de importeur, als het product ingevoerd is in de EU met het doel om het daar te verkopen, verhuren of leasen (art. 6:187 lid 3 BW);
- iedere leverancier, als niet kan worden vastgesteld wie de producent is. De leverancier kan zich van zijn aansprakelijkheid bevrijden door de benadeelde binnen een redelijke termijn de naam van de producent of degene die hem het product geleverd heeft, te noemen (art. 6:187 lid 4 BW). Als het product in de EU is ingevoerd, is de leverancier zelf aansprakelijk tenzij hij de naam van de importeur kan noemen.

We zien dat hier elke schakel in de distributieketen aansprakelijk gesteld kan worden voor een gebrekkig product. Het kan dus ook voorkomen dat er meer personen aansprakelijk zijn voor de door de benadeelde geleden schade. In dat geval bestaat er voor hen een hoofdelijke aansprakelijkheid (art. 6:189 BW).

Aansprakelijkheid producent

Aansprakelijkheid producent

Zoals hiervoor al is gezegd, is de producent aansprakelijk voor de zogenoemde gevolgschade, schade die ontstaat omdat er een ondeugdelijk (gebrekkig) product is geleverd. Aangezien het contract dat ten grondslag ligt aan de levering van het betreffende product in de meeste gevallen een koopovereenkomst is, is de regeling van de productenaansprakelijkheid – afdeling 3 van titel 3 van Boek 6 – doorgetrokken naar de schadevergoedingsregeling bij de zogenoemde *consumentenkoop* (art. 7:24 lid 2 BW). De schade waarvoor een producent aansprakelijk gesteld kan worden, betreft:

a de schade die de dood of het lichamelijk letsel tot gevolg heeft (art. 6:190 lid 1 sub a BW);
b de schade aan een andere zaak.

Ad a Dood of lichamelijk letsel

Dood of lichamelijk letsel

Het feit dat de producent de schade die dood of lichamelijk letsel tot gevolg heeft moet vergoeden, betekent dat als iemand gewond is geraakt door een gebrekkig product (snijwonden door het glas van de ontploffende fles), de producent rechtstreeks aansprakelijk gesteld kan worden voor de schade: dokterskosten en eventueel smartengeld. De koper hoeft zich in dat geval dus niet eerst tot de leverancier van het product te wenden (zie figuur 8.1). Deze is slechts aansprakelijk voor schade aan de zaak zelf. Hij moet deze bijvoorbeeld repareren of een andere zaak leveren (art. 7:21 lid 1 BW). Subparagraaf 12.2.3 behandelt dit onderwerp.

FIGUUR 8.1 Aansprakelijkheid bij dood of lichamelijk letsel

Ad b Zaakschade

Zaakschade

Daarnaast kan de producent aansprakelijk gesteld worden voor schade aan een andere zaak die ontstaan is doordat er een gebrekkig product geleverd was. Doordat er bijvoorbeeld een ondeugdelijk apparaat is geleverd, is er kortsluiting ontstaan die een grote uitslaande brand tot gevolg had. Daardoor is er brand- en waterschade aan het meubilair. Voor deze schade kan de producent in principe aansprakelijk gesteld worden. Er worden echter wel *voorwaarden* aan de betreffende aansprakelijkheid gesteld:

1 De zaak die schade heeft opgelopen, moet gewoonlijk voor gebruik in de *privésfeer* zijn bestemd en door de benadeelde ook hoofdzakelijk in de privésfeer zijn gebruikt. Als het beschadigde meubilair zich dus in de woonkamer van de benadeelde bevond, kan men ervan uitgaan dat aan de door de wet gestelde voorwaarde is voldaan.

2 Er bestaat een *franchise* van €500. Dat betekent dat de schade slechts gevorderd kan worden van de producent voor zover deze meer bedraagt dan de franchise (art. 6:190 lid 1 sub b BW). Voor schades die minder bedragen dan €500 kan de benadeelde koper zich tot de verkoper wenden (art. 7:24 lid 2 sub c BW) (zie figuur 8.2).

De schadevergoedingsvordering verjaart na verloop van drie jaren na aanvang van de dag volgende op die waarop de benadeelde met de schade, het gebrek en de identiteit van de producent bekend is geworden of had moeten worden (art. 6:191 lid 1 BW). Het recht op schadevergoeding verjaart na tien jaar (art. 6:191 lid 2 BW).

FIGUUR 8.2   Aansprakelijkheid bij zaakschade

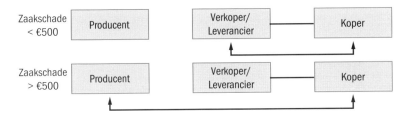

Ter bescherming van de producent bepaalt de wet tot slot dat als de producent een product verbeterd heeft, dit niet automatisch betekent dat het verouderde product als een gebrekkig product kan worden beschouwd (art. 6:186 lid 2 BW).

8.5   Oneerlijke handelspraktijken

De Richtlijn Oneerlijke Handelspraktijken (Richtlijn nr. 2005/29/EG) verbiedt oneerlijke handelspraktijken van ondernemingen jegens consumenten op de interne markt. Zij is in het Nederlandse Burgerlijk Wetboek opgenomen in afd. 6.3.3a, art. 6:193a e.v. BW.

Een consument kan op basis van deze regeling een actie uit onrechtmatige daad instellen tegen een handelaar. De bewijslast ligt bij de handelaar, tenzij deze kan bewijzen dat hij geen schuld had en er ook geen sprake was van risico voor hem (art. 6:193j BW).

Een handelaar handelt onrechtmatig tegenover een consument, als hij een oneerlijke handelspraktijk verricht (art. 6:193b lid 1 BW). Een handelaar is een natuurlijk persoon of rechtspersoon die handelt in de uitoefening van een beroep of bedrijf of degene die ten behoeve van hem handelt (art. 6:193a lid 1 sub b BW). Een consument is een natuurlijk persoon die niet handelt in de uitoefening van een beroep of bedrijf (art. 6:193a lid 1 sub a BW).

Oneerlijke handelspraktijk

Er is sprake van een oneerlijke handelspraktijk:

1 als de handelaar handelt in strijd met de vereisten van professionele toewijding waardoor het vermogen van de gemiddelde consument om een geïnformeerd besluit te nemen merkbaar is beperkt of kan worden beperkt (art. 6:193b lid 1 en 2 BW);
2 als er sprake is van een misleidende handelspraktijk (art. 6:193c BW).

Misleidende handelspraktijk

Een handelspraktijk is misleidend,

* indien informatie wordt verstrekt die feitelijk onjuist is of die de gemiddelde consument misleidt of kan misleiden. Dit kan onder andere betreffen het bestaan van de aard van het product, en de voornaamste kenmerken, zoals beschikbaarheid, voordelen, risico's, marketing (misleidende reclame);
* als er sprake is van een misleidende omissie (art. 6:193d BW). Bij misleidende omissie is er bijvoorbeeld sprake van het weglaten van essentiële informatie die nodig is voor de consument om een goed geïnformeerd besluit over de transactie te kunnen nemen;
* als er sprake is van een agressieve handelspraktijk.

Als een handelaar een uitnodiging tot een aankoop doet, moeten alle essentiële kenmerken genoemd worden, bijvoorbeeld de prijs, de specifieke kenmerken van het product, de identiteit en het adres van de handelaar en zijn handelsnaam (art. 6:193 e BW).

Onder alle omstandigheden misleidend wordt geacht een onjuiste bewering van een gedragscode, kwaliteitslabel of bijvoorbeeld zoiets als erkenning door een publiekrechtelijke instantie (art. 6:193f BW).

Toezichthouders zijn de Consumentenautoriteit en de Autoriteit Financiële Markten.

8

8.6 Misleidende reclame

Misleidende reclame

Bij *misleidende reclame* is er sprake van onjuiste mededelingen betreffende bijvoorbeeld een bepaald product, waardoor concurrenten en consumenten niet meer weten waar zij precies aan toe zijn.

VOORBEELD 8.20

Een autofabrikant stelde het benzinegebruik van een bepaald type auto in zijn prijslijst zo gunstig voor dat dit in de praktijk nooit haalbaar bleek. De fabrikant was echter vergeten in de prijslijst op te nemen volgens welke metingen de gehanteerde gegevens tot stand waren gekomen. Er bestaan namelijk verschillende methoden om het brandstofgebruik van een auto te meten en deze leveren verschillende cijfers op. Het was zodoende onmogelijk het brandstofgebruik van de betreffende auto met dat van andere auto's te vergelijken. De desbetreffende reclame werd daarom door de *Reclame Code Commissie* misleidend geacht.

Reclame Code Commissie

Als iemand van oordeel is dat een reclameboodschap voor een bepaald product misleidend is, kan hij bij deze commissie een klacht indienen.

Het is ook mogelijk om op grond van art. 6:194 BW e.v. een eis tot schade-vergoeding in te dienen bij degene die een mededeling openbaar maakt of laat openbaar maken die in een of meer opzichten misleidend is omtrent goederen of diensten die door hem of degene ten behoeve van wie hij handelt (importeur) in de uitoefening van een beroep of bedrijf worden aangeboden. Het doen van deze (misleidende) mededeling wordt dan opgevat als een onrechtmatige daad. Deze regeling is bedoeld om zowel concurrenten onderling als consumenten te beschermen tegen misleidende reclame.
De wetgever somt in art. 6:194 BW vervolgens een aantal feiten op waarover men misleidende mededelingen kan doen, zoals:

Misleidende mededelingen

- de aard, samenstelling, hoeveelheid, hoedanigheid, eigenschappen of gebruiksmogelijkheden;
- de herkomst of het tijdstip van vervaardigen;
- de omvang van de voorraad;
- de prijs of de wijze van berekening daarvan;
- de aanleiding of het doel van de aanbieding;
- de toegekende onderscheidingen, getuigschriften of andere door derden uitgebrachte beoordelingen of gedane verklaringen, of de gebezigde wetenschappelijke of vaktermen, technische bevindingen of statistische gegevens;
- de voorwaarden waaronder goederen worden geleverd, diensten worden verricht of de betaling plaatsvindt;
- de omvang, inhoud of tijdsduur van de garantie;
- de identiteit, hoedanigheden, bekwaamheid of bevoegdheid van degene door wie, onder wiens leiding of toezicht, of met wiens medewerking de goederen zijn of worden vervaardigd of aangeboden of de diensten worden verricht.

Degene tegen wie de desbetreffende vordering wordt ingesteld, moet bewijzen dat de in de mededeling vervatte feiten juist en volledig zijn. Dat betekent dat degene die de vordering instelt, niet hoeft aan te tonen dat de gegevens niet juist zijn. Er is dus sprake van een omkering van de bewijslast. Ook in dit verband bestaat er dus een risicoaansprakelijkheid voor degene die de inhoud en inkleding van de mededeling geheel of ten dele zelf heeft bepaald of doen bepalen, tenzij deze *bewijslastverdeling* onredelijk zou zijn (art. 6:195 lid 1 slot BW).
Art. 6:194a BW gaat over vergelijkende reclame. *Vergelijkende reclame* is volgens dat artikel elke vorm van reclame waarbij een concurrent dan wel een door een concurrent aangeboden goed of dienst uitdrukkelijk of impliciet wordt genoemd. Men kan hierbij denken aan een supermarktketen die zijn prijzen afzet tegen die van zijn concurrenten. Vergelijkende reclame is toegestaan mits deze niet misleidend is, goederen of diensten vergelijkt die in dezelfde behoeften voorzien en op objectieve wijze een of meer wezenlijke, relevante controleerbare en representatieve kenmerken van deze goederen en diensten, zoals de prijs, met elkaar vergelijkt. Zie verder de opsomming van art. 6:194a lid 2 BW.

Vergelijkende reclame

Hoewel het natuurlijk mogelijk is schadevergoeding te eisen op grond van misleidende mededelingen, kan een benadeelde in zo'n geval ook eisen dat de rechter zo iemand een *verbod* oplegt om een dergelijke mededeling openbaar te maken of openbaar te laten maken, of hem veroordeelt een *rectificatie* van die mededeling openbaar te maken (art. 6:196 lid 1 BW). Men kan dit niet alleen eisen als men ten gevolge van de onjuiste mededelingen schade geleden heeft, maar ook als men door een dergelijke onjuiste mededeling schade dreigt te lijden.

8.7 Aansprakelijkheid bij elektronisch rechtsverkeer

In aansluiting op de regeling voor de elektronische handtekening (art. 3:15a BW), certificaatdienstverleners (art. 3:15b BW) en de totstandkoming van de overeenkomst langs elektronische weg (art. 6:227a, 227b en 227c BW) is er in de wet een regeling opgenomen die de aansprakelijkheid (uit onrechtmatige daad) van certificaatdienstverleners regelt (art. 6:196b

Certificaatdienstverleners

BW). *Certificaatdienstverleners* zijn zogenoemde trusted third parties die een unieke code koppelen aan een persoon en dit vastleggen in een digitaal certificaat, waarmee in het rechtsverkeer een elektronische handtekening kan worden geverifieerd. Een certificaatdienstverlener moet aan een aantal in de wet (Telecommunicatiewet) gestelde kwaliteitseisen voldoen, wil hij gekwalificeerde certificaten kunnen afgeven. Partijen mogen in het rechtsverkeer op dergelijke certificaten afgaan. De aansprakelijkheid voor fouten in de gegevens die in die certificaten zijn opgenomen, ligt bij de certificaatdienstverlener (art. 6:196b lid 1 en 2 BW). De certificaatdienstverlener mag proberen te bewijzen dat hij in dezen niet onzorgvuldig heeft gehandeld. De certificaatdienstverlener kan in een gekwalificeerd certificaat beperkingen ten aanzien van het gebruik ervan opnemen en hij kan in het certificaat een grens aangeven voor de waarde van de transacties waarvoor het certificaat kan worden gebruikt. Op deze manier kan hij zijn aansprakelijkheid beperken (art. 6:196b lid 3 en 4 BW).

Providers

Er zijn ook providers – de wet spreekt hier van degene die een dienst als bedoeld in art. 3:15d lid 3 BW verricht –, dit zijn dienstverleners die alleen maar als tussenschakel op de elektronische snelweg optreden. Dat doen ze doordat ze:

Mere conduit
1 alleen maar informatie doorgeven ('mere conduit');
2 tijdelijk informatie opslaan in het kader van gegevensverwerking
Caching ('caching');
Hosting
3 voor onbepaalde tijd informatie opslaan ('hosting').

Een dergelijke provider is niet aansprakelijk ten opzichte van degene die schade heeft geleden ten gevolge van onrechtmatige informatie.

Ad 1 Alleen informatie doorgeven
Degene die alleen maar informatie van een ander doorgeeft, is niet aansprakelijk als deze informatie onrechtmatig blijkt te zijn, mits hij:
• niet het initiatief tot het doorgeven van informatie neemt;
• niet degene is die bepaalt aan wie de informatie wordt doorgegeven;
• de doorgegeven informatie niet heeft geselecteerd of gewijzigd (art. 6:196c lid 1 BW).

Onder het enkel en alleen doorgeven van informatie en het enkel en alleen verschaffen van toegang tot een communicatienetwerk wordt ook begrepen de geautomatiseerde, tussentijdse en tijdelijke opslag van de doorgegeven informatie, voor zover deze uitsluitend geschiedt ten behoeve van het doorgeven van die informatie en de duur van de opslag niet langer is dan redelijkerwijs noodzakelijk is (art. 6:196c lid 2 BW).

Ad 2 Tijdelijk informatie opslaan

De dienstverlener die alleen maar informatie opslaat, is ten opzichte van de informatiemaatschappij (informationprovider) niet aansprakelijk voor schade die ontstaan is als gevolg van het automatisch, tussentijds en tijdelijk opslaan van informatie als zodanig, als hij:

- de informatie niet wijzigt;
- de toegangsvoorwaarden voor de informatie in acht neemt;
- de in de bedrijfstak geldende of gebruikelijke regels betreffende de bijwerking van de informatie naleeft;
- niet de in de bedrijfstak geldende of gebruikelijke technologie voor het verkrijgen van gegevens over het gebruik van de informatie wijzigt;
- direct de nodige maatregelen neemt om de informatie te verwijderen of toegang daartoe onmogelijk te maken, zodra dit op grond van bepaalde omstandigheden nodig is (art. 6:196c lid 3 BW).

Ad 3 Informatie voor onbepaalde tijd opslaan

De dienstverlener die diensten als bedoeld in art. 3:15d lid 3 BW voor de informatiemaatschappij verricht, die slechts bestaan uit het op verzoek opslaan van van een ander afkomstige informatie, is niet aansprakelijk voor de opgeslagen informatie, als hij:

- niet weet dat de van die ander afkomstige informatie een onrechtmatig karakter heeft en, met het oog op een mogelijke (civielrechtelijke) schadevergoedingsvordering, redelijkerwijs niet op de hoogte hoeft te zijn van het onrechtmatige karakter van de informatie;
- de informatie onmiddellijk verwijdert of ontoegankelijk maakt zodra hij weet of behoort te weten dat de informatie een onrechtmatig karakter heeft (art. 6:196c lid 4 BW).

Een dienstverlener die van een ander afkomstige informatie opslaat, weet of behoort in ieder geval te weten dat die informatie een onrechtmatig karakter heeft als hij daarop door een derde is gewezen, mits aan de juistheid van de kennisgeving redelijkerwijs niet hoeft te worden getwijfeld. Dat laatste is het geval als deze informatie afkomstig is van (een derde met machtiging van) een rechter of als de betreffende informatie onmiskenbaar onrechtmatig is.

Ondanks het feit dat de dienstverlener op grond van art. 6:196c lid 1 tot en met 4 BW niet aansprakelijk is, blijft het mogelijk een rechterlijk verbod of bevel tegen hem te verkrijgen. Men kan dit alleen eisen als het ten opzichte van de dienstverlener redelijk is, het technisch gezien mogelijk is en tegen aanvaardbare kosten kan geschieden.

Op grond van het strafrecht kan de provider alleen maar worden vervolgd als hij zijn eigen identiteit of die van de (hoofd)dader niet bekendmaakt of nalaat maatregelen te treffen om strafbare uitlatingen te voorkomen. De provider kan niet aansprakelijk worden gesteld voor informatie-uitwisseling die bijvoorbeeld particulieren via e-mail doen (art. 54a Sr).

Kernbegrippenlijst

Belanghebbende	Degene wiens belang door de zaakwaarnemer wordt behartigd (art. 6:200 BW).
Causaal verband	De relatie tussen de schade en de schadeveroorzakende gebeurtenis (wanprestatie of onrechtmatige daad). Geeft antwoord op de vraag welke schade het (redelijkerwijs) te verwachten gevolg was van de schadeveroorzakende gebeurtenis en is daardoor van invloed op de hoogte van de uit te keren schadevergoeding (art. 6:98 BW).
Caching	Tussentijds en tijdelijk informatie opslaan door een provider (art. 6:196c lid 3 BW).
Certificaat-dienstverlener	Een zogenoemde trusted third party die een unieke code koppelt aan een persoon en dit vastlegt in een digitaal certificaat, waarmee in het rechtsverkeer een elektronische handtekening kan worden geverifieerd.
Consument	Een natuurlijk persoon, die niet handelt in de uitoefening van een beroep of bedrijf (art. 6:193a lid 1 sub a BW).
Disculperen	Bevrijden van de aansprakelijkheid voor de fout van een ander.
Dwangsom	De door de rechter in zijn vonnis opgelegde som geld, die de veroordeelde verbeurt zodra, zo dikwijls of zolang hij niet aan het veroordelend vonnis voldoet.
Fout	Een aan de dader toerekenbare gedraging.
Gebrekkig product	Een product dat gezien alle omstandigheden en in het bijzonder de presentatie van het product, het redelijkerwijs te verwachten gebruik van het product en het tijdstip waarop het product in het verkeer werd gebracht niet de veiligheid biedt die men daarvan mag verwachten (art. 6:186 BW).
Gevaarzetting	Het in het leven roepen van een gevaar, waarmee een normaal handelend en denkend mens geen rekening hoeft te houden.

8

Gevolgschade	Schade die ontstaat als gevolg van een ondeugdelijke prestatie en die leidt tot een aanvullende schadevergoeding.
Handelaar	Een natuurlijk persoon of rechtspersoon die handelt in de uitoefening van een beroep of bedrijf of degene die ten behoeve van hem handelt (art. 6:193a lid 1 sub b BW).
Handelsnaam	De naam waaronder een onderneming wordt gedreven, bijvoorbeeld Philips, Albert Heijn en Heineken.
Hoofdelijke aansprakelijkheid	Als er sprake is van meerdere veroorzakers van een onrechtmatige daad, kan de benadeelde elk van hen aanspreken voor de totale schade, ongeacht hun aandeel in de schadeveroorzakende daad.
Hosting	Het voor onbepaalde tijd opslaan van informatie door een provider (art. 6:196c lid 4 BW).
Inbreuk op een recht	Inbreuk op een subjectief absoluut recht, zoals iemands eigendomsrecht, auteursrecht of persoonlijkheidsrecht.
Mere conduit	Het alleen maar doorgeven van informatie door een provider (art. 6:196c lid 1 en 2 BW).
Misleidende reclame	Het openbaar maken of doen openbaar maken van mededelingen die in een of meer opzichten misleidend zijn (art. 6:194 BW).
Noodtoestand	Rechtvaardigingsgrond. Situatie die de onrechtmatigheid van een bepaald noodzakelijk handelen wegneemt.
Noodweer	Rechtvaardigingsgrond. Verdediging van lijf of goed. Is afkomstig uit het strafrecht.
Ondergeschikte	Iemand die – meestal in een arbeidsverhouding – instructies van een ander, meestal de werkgever, moet opvolgen.
Oneerlijke handelspraktijken	Als een handelaar handelt in strijd met de vereisten van professionele toewijding of als er sprake is van een misleidende handelspraktijk, waardoor het vermogen van de gemiddelde consument om een geïnformeerd besluit te nemen merkbaar is beperkt of kan worden beperkt (art. 6:193b lid 1 en 2 BW, 6:193c BW).
Ongerechtvaardigde verrijking	Ontstaat als de ene persoon zonder redelijke grond ten koste van een andere persoon is verrijkt (art. 6:212 BW).

8

Onrechtmatig	Handelen in strijd met een (subjectief) recht, met een wettelijke plicht, of met de zorgvuldigheid die in het maatschappelijk verkeer betaamt ten aanzien van een anders persoon of goed (art. 6:162 lid 2 BW).
Onrechtmatige daad	Een rechtens niet toelaatbare handeling of nalaten, waaraan het (objectieve) recht rechtsgevolgen – het ontstaan van een schadevergoedingsverbintenis – verbindt, terwijl dat niet de bedoeling was van de handelende persoon.
Opstal	Gebouwen en werken die duurzaam met de grond zijn verenigd, hetzij rechtstreeks, hetzij door vereniging met andere gebouwen of werken (art. 6:174 lid 3 BW).
Overmacht	Rechtvaardigingsgrond. Omstandigheid die de dader niet wordt toegerekend.
Producent	• Fabrikant van een eindproduct. • Producent van een grondstof. • Fabrikant van een onderdeel. • Ieder die zich door zijn naam, zijn merk of een ander onderscheidingsteken op het product aan te brengen, als producent presenteert. • De importeur van een product in de EU. • Elke leverancier, als de identiteit van de producent niet kan worden vastgesteld (art. 6:187 lid 2 BW).
Product	Een zelfstandige roerende zaak of een roerende zaak die een bestanddeel is gaan vormen van een andere roerende of onroerende zaak, of elektriciteit, met uitzondering van landbouwproducten en producten van de jacht (art. 6:187 lid 1 BW).
Productenaansprakelijkheid	(Risico)aansprakelijkheid voor (gevolg)schade voor de producent van een gebrekkig product (art. 6:185 e.v. BW).
Provider	Een dienstverlener die alleen maar als tussenschakel op de elektronische snelweg optreedt doordat hij elektronische informatie doorgeeft of tijdelijk of voor onbepaalde tijd opslaat. De wet spreekt hier van degene die een dienst als bedoeld in art. 3:15d lid 3 verricht (art. 6:196c BW).
Rechtmatige daad	Een rechtens toelaatbare handeling waaraan het (objectieve) recht rechtsgevolgen verbindt, terwijl dat niet de bedoeling was van de handelende persoon.
Rechtshandeling	Handeling van een persoon waaraan het (objectieve) recht de rechtsgevolgen verbindt die beoogd werden.
Rechtvaardigingsgrond	Omstandigheid die de onrechtmatigheid van een bepaalde gedraging wegneemt.

Reclame Code Commissie	Instantie waarbij men bezwaar kan aantekenen tegen een bepaalde (reclame)boodschap.
Regres	Verhaal dat (in dit geval) een hoofdelijk aansprakelijke dader kan halen op zijn mededaders. Het regres wordt bepaald door ieders aandeel in de onrechtmatige daad, dus naar de mate van ieders schuld.
Relativiteit	Verband tussen de geschonden norm en het belang van de benadeelde. Geeft antwoord op de vraag of een bepaald voorschrift tot doel heeft de benadeelde te beschermen tegen de schade zoals hij deze heeft geleden (art. 6:163 BW).
Risico	Omstandigheden op grond waarvan een onrechtmatige daad of een tekortschieten in de nakoming van een verbintenis iemand kan worden toegerekend met als gevolg dat deze aansprakelijk gesteld kan worden tot betaling van schadevergoeding. Deze omstandigheden zijn bij onrechtmatige daad oorzaken die krachtens de wet of de in het verkeer geldende opvattingen voor iemands rekening komen (art. 6:162 lid 3 BW). Bij wanprestatie komen oorzaken voor iemands rekening krachtens wet, rechtshandeling en de in het verkeer geldende opvattingen (art. 6:75 BW).
Risicoaansprakelijkheid	Aansprakelijkheid die ontstaat op grond van het feit dat bepaalde omstandigheden (zie hiervoor) voor iemands rekening komen. Men gaat in dit geval uit van het feit dát iemand aansprakelijk is. De benadeelde hoeft de schuld van de dader niet aan te tonen.
Schuld	Verwijtbaar gedrag (handelen of nalaten) op grond waarvan een onrechtmatige daad of een tekortschieten in de nakoming van een verbintenis iemand kan worden toegerekend en waardoor deze aansprakelijk gesteld kan worden tot betaling van schadevergoeding.
Schuldaansprakelijkheid	Aansprakelijkheid die pas ontstaat als de benadeelde de schuld van de dader kan bewijzen.
Toerekenbaarheid	Omstandigheid (schuld of risico) waardoor iemand aansprakelijk gesteld kan worden tot betaling van schadevergoeding op grond van wanprestatie (toerekenbaar tekortschieten in de nakoming van een verbintenis) of op grond van onrechtmatige daad.
Vergelijkende reclame	Elke vorm van reclame waarbij een concurrent dan wel een door een concurrent aangeboden goed of dienst uitdrukkelijk of impliciet wordt genoemd.

8

Wettelijke plicht	Wet in materiële zin, een algemeen verbindend voorschrift dat voor herhaalde toepassing vatbaar is.
Zaak (bij zaakwaarneming)	Belang.
Zaakwaarnemer	Degene die willens en wetens en op redelijke grond de belangen van een ander behartigt (art. 6:199 BW).
Zaakwaarneming	Het zich willens en wetens en op redelijke grond inlaten met de behartiging van een anders belang, zonder de bevoegdheid daartoe aan een rechtshandeling of een elders in de wet geregelde rechtsverhouding te ontlenen (art. 6:198 BW).
Zorgvuldigheidsnorm	Ongeschreven fatsoensnormen, waarvan de overtreding een onrechtmatige daad kan opleveren.

Meerkeuzevragen

8.1 Wat is onjuist?
De onrechtmatigheid van een gedraging
a is een van de vereisten die uiteindelijk leiden tot een schadevergoedingsverbintenis.
b kan pas worden vastgesteld als de daad is gepleegd.
c staat los van de schuld van de dader.
d wordt door een rechtvaardigingsgrond weggenomen.

8.2 We kennen schuldaansprakelijkheid en risicoaansprakelijkheid. In welk van de onderstaande gevallen is er sprake van schuldaansprakelijkheid?
a De ouders van de 11-jarige Elisabeth Kamerbeek zijn aansprakelijk voor de schade aan de motorfiets van Frederiks, die viel doordat hij moest uitwijken voor Elisabeth.
b Een oliemaatschappij is aansprakelijk voor de schade aan het milieu die ontstaat doordat een goed onderhouden olietank scheurt.
c Nadat fabrikant Peters een werknemer van de concurrent aangezet heeft tot bedrijfsspionage, kan hij een procédé voor de vervaardiging van plastic gebruiken dat door de concurrent is ontwikkeld.
d Werkgever Harm Leenderts is aansprakelijk voor een verkeersongeval dat door zijn werknemer Richard in de auto van de zaak is veroorzaakt.

8.3 Koster is in dienst van Van Duivenboden. Koster veroorzaakt in diensttijd een verkeersongeval met een bedrijfsauto. De aansprakelijkheid van Van Duivenboden voor de schade die ten gevolge van dit ongeval is veroorzaakt, is afhankelijk van
a de fout van Koster.
b de schuld van Van Duivenboden.
c het risico van Van Duivenboden.
d verwijtbare nalatigheid van Koster.

8.4 Met het woord 'fout' wordt bedoeld
a een gedraging die de dader als een onrechtmatige daad kan worden toegerekend.
b een onrechtmatige daad.
c omstandigheden die voor rekening van de dader komen.
d toerekenbaar tekortschieten in de nakoming van een of meer verbintenissen.

8.5 Bij de onrechtmatige daad
a hangt de aansprakelijkheid van de dader af van het feit of de daad hem toegerekend kan worden.
b levert slechts schending van een wettelijke plicht of een subjectief recht een grondslag op voor de onrechtmatigheid van een bepaalde gedraging.

8

c moet de benadeelde altijd de schuld van de dader bewijzen.

d speelt risico geen rol bij de toerekenbaarheid van de dader.

8.6 In welke van de onderstaande gevallen is er sprake van aansprakelijkheid op grond van schuld?

a De ouders van de 13-jarige Gert-Jan zijn aansprakelijk voor alle onrechtmatige daden van hun zoon.

b De 15-jarige Tessa Lindeman veroorzaakt een verkeersongeval.

c De 7-jarige Marijntje de Wit gooit een sneeuwbal door de ramen van een schoolgebouw.

d De 17-jarige Yvonne de Graaf veroorzaakt schade aan een stadsbus, doordat zij plotseling onwel wordt en de macht over het stuur van haar bromfiets verliest.

8.7 Roosje, die 4 jaar is, slaagt erin de dop van een fles bleekwater los te peuteren. Denkend dat het limonade is, neemt zij er een slok van. Zij moet in allerijl in het ziekenhuis worden opgenomen. De kosten hiervoor ad €4.300 probeert de Zorgverzekeraar te verhalen op de fabrikant. Deze kan echter onder zijn aansprakelijkheid uitkomen als hij bewijst dat de moeder van Roosje de fles niet zorgvuldig genoeg heeft opgeborgen. Deze bewering is onjuist, omdat

a hij alleen maar aansprakelijk is voor schade als de Zorgverzekeraar erin slaagt te bewijzen dat hij nalatig is geweest.

b hij als producent altijd aansprakelijk is voor een dergelijke schade.

c hij zich alleen maar kan disculperen als hij bewijst dat de doppen van de flessen pas na zeer zorgvuldige controle de fabriek verlaten hebben.

d hij zich alleen maar kan disculperen als hij kan aantonen dat door een vergissing de verkeerde flessen de fabriek verlaten hebben.

8.8 Klaverdijk moet met zijn bromfiets plotseling uitwijken voor een overstekende hond. Door deze manoeuvre wordt de langs het trottoir geparkeerde auto van Evers beschadigd (schade €423).

a Klaverdijk heeft een beroep op een rechtvaardigingsgrond en is daarom niet aansprakelijk.

b Klaverdijk is niet aansprakelijk voor de schade op grond van art. 185 Wegenverkeerswet.

c Klaverdijk is aansprakelijk voor de schade op grond van art. 185 Wegenverkeerswet, tenzij hij kan bewijzen dat er sprake was van overmacht.

d Klaverdijk is niet aansprakelijk, omdat de bezitter van de hond aansprakelijk is.

8.9 Mevrouw De Reede rijdt plotseling met haar auto een kruising op. De heer Barends moet om een aanrijding te voorkomen, krachtig remmen. De heer De Zeeuw botst daarbij tegen de achterkant van de auto van Barends, omdat hij te weinig afstand bewaarde. De schade aan de auto van Barends bedraagt €1.200. De bijdrage van mevrouw De Reede en de heer De Zeeuw aan het ongeval is respectievelijk 5:1. Barends spreekt De Zeeuw aan tot schadevergoeding. Hoeveel moet De Zeeuw betalen?

a Niets, want mevrouw De Reede is de hoofdschuldige. Zij moet maar zien het restant van De Zeeuw te krijgen.

b €1.200, de totale schade, want hij is hoofdelijk aansprakelijk.

c €200, te weten 1/6 gedeelte van de door Barends geleden schade.

d €600, de helft van de schadevergoeding. Voor het te veel betaalde heeft hij een regresrecht op mevrouw De Reede.

8.10 Veenstra is zonder vergunning een garage- en autoverhuurbedrijf begonnen in de Eemsstraat. Dit tot groot ongenoegen van de buurtbewoners, die een grote overlast aan stank, lawaai en geparkeerde auto's in hun straat vrezen. De buurtbewoners richten daarom de vereniging Eemsstraat Belang op. De voorzitter van de vereniging, Kuipers, spant namens de vereniging een procedure aan. Veenstra zou onrechtmatig handelen omdat hij zonder daartoe een vergunning te hebben verkregen, een garage- en autoverhuurbedrijf in een woonbuurt uitoefent. De eis zal worden afgewezen, omdat niet voldaan was aan het vereiste van
a onrechtmatigheid.
b relativiteit.
c schuld.
d toerekenbaarheid.

8.11 Welke van de volgende beweringen is juist?
a Als een zaakwaarnemer in eigen naam rechtshandelingen namens de belanghebbende verricht, is hij zelf niet gebonden aan deze rechtshandeling.
b Er is geen sprake meer van zaakwaarneming als de zaakwaarnemer naast het belang van de belanghebbende ook zijn eigen belang nastreeft.
c Het gevolg van zaakwaarneming is dat er verbintenissen kunnen ontstaan.
d Zaakwaarneming is slechts mogelijk voor feitelijke handelingen.

8.12 De HEMA heeft kortgeleden in een krantenbericht laten weten dat onderdelen van de door haar geproduceerde roze prinsessentaart loslieten als ze met water in aanraking kwamen. Kopers konden het product komen inleveren en kregen dan hun geld terug. Welke uitspraak is juist?
a Door publicatie in de krant is de HEMA niet meer aansprakelijk voor eventuele schade.
b De HEMA kan als producent zijn schade niet uitsluiten; mocht er toch onverhoopt schade worden geleden, dan blijft zij daarvoor aansprakelijk.
c Als de HEMA zich kan disculperen, is zij niet meer aansprakelijk.
d De HEMA is slechts aansprakelijk voor de schade aan het product zelf en niet voor de gevolgschade.

8.13 De schade die een producent moet vergoeden, betreft altijd
a gevolgschade.
b immateriële schade.
c vermogensschade.
d vervangende schade.

8.14 Als mevrouw Lena Gerritsen in de tuin koffie zit te drinken, zakt zij door een tuinstoel. Zij heeft de betreffende tuinstoel nog niet zo lang geleden gekocht in een tuincentrum. De hete koffie veroorzaakt brandwonden aan haar gezicht. De littekens daarvan zijn waarschijnlijk blijvend. Bovendien zit haar kleding vol koffievlekken. Een stomerijbeurt is dan ook noodzakelijk. Wie kan mevrouw Gerritsen aansprakelijk stellen en voor welke schade?
a De fabrikant voor zowel materiële als immateriële schade betreffende de verwondingen en de stomerijkosten.
b De leverancier voor volledige schade.
c De leverancier voor de schade betreffende de tuinstoel en de stomerijkosten.
d De fabrikant voor de volledige schade: stoel, stomerijkosten en de schade – materieel en immaterieel – betreffende de verwondingen.

8

Oefenvragen

8.1 Piet Scheffers is sinds een halfjaar in dienst bij Hoogenboom Beveiligingen bv. Hij is na een interne opleiding van drie maanden aangesteld als installateur van alarminstallaties. Door tegenslag in financiële problemen gekomen, laat hij zich onder het genot van een gratis borrel overhalen een plattegrond te tekenen van een bankfiliaal waar hij die dag een alarminstallatie heeft geïnstalleerd. In het weekend wordt er in het bewuste filiaal ingebroken. Er worden kluizen van particulieren opengebroken en de kas contant geld van de bank wordt geleegd. De dieven blijken amateurs. Na de lange nacht van zwoegen en spanning besluiten zij eerst te gaan slapen voordat zij de buit in veiligheid gaan brengen. Door toeval ontdekt de politie de buit. Zij worden van hun bed gelicht en slaan spoedig door. Ook noemen zij de naam van Piet Scheffers.

a Wanneer is in het algemeen een werkgever aansprakelijk voor onrechtmatige daden van zijn werknemers? En waarom?

b Kan Hoogenboom bv voor het optreden van Piet Scheffers aansprakelijk gesteld worden? Beredeneer uw antwoord.

c Omschrijf het verschil tussen schuld- en risicoaansprakelijkheid en betrek in uw antwoord tevens de gevolgen van dit verschil op de aansprakelijkheid voor de onrechtmatige gedraging.

d Kan Hoogenboom bv, in het geval hij aansprakelijk geacht zou worden voor de onrechtmatige daad van Piet Scheffers, de schade verhalen op Piet Scheffers zelf? Beredeneer uw antwoord.

e Zouden de gedupeerde eigenaars van de kluizen de bank aansprakelijk kunnen stellen en op grond waarvan?

8.2 Dijkstra, die als chauffeur in dienst is van het expeditiebedrijf De Snelle Visser bv, moet als hij bestellingen rondbrengt, uitwijken voor de plotseling overstekende 7 jaar oude Klaasje Teunissen. Door deze manoeuvre ramt hij echter de voorkant van de auto van Portegies. Bovendien botst Wagenaar, die te weinig afstand bewaarde, ook nog eens tegen de achterkant van de auto van Portegies.

a Wie zijn allemaal aansprakelijk? Geef bij uw antwoord aan waarom en op grond van welke wetsartikelen.

b Hoe is de aansprakelijkheid uit onrechtmatige daad geregeld als er sprake is van meerdere daders?

c Wie zullen in bovengenoemde situatie uiteindelijk schadevergoeding aan Portegies moeten betalen en wie niet? Beargumenteer uw antwoord.

d Stel dat Wagenaar weigert schadevergoeding te betalen. Is er dan sprake van wanprestatie of van onrechtmatige daad?

8.3 Limonadefabriek Bijma bv brengt ananas-, sinaasappel- en limoenlimonade in de handel onder de naam Exotica. De limonade wordt in de fabriek gebotteld in flessen die afkomstig zijn van Geelhoed bv. Er worden gezien het feit dat het koolzuurhoudende limonade betreft, speciale eisen gesteld aan de dikte van de flessen en de sluiting. Door een nog onbekende oorzaak blijken in een aantal gevallen de flessen uit elkaar te spatten. Dit heeft onder andere tot gevolg dat de 8-jarige Basje Molenaar zodanig gewond wordt aan zijn gezicht en handen dat hij in het ziekenhuis moet worden behandeld. Hoogstwaarschijnlijk zal hij het licht in een oog voortaan moeten missen.

a Kunnen de ouders van Basje de limonadefabriek aanspreken namens Basje voor de door hem geleden schade?

b Binnen welke termijn zullen zij deze actie moeten instellen?

c Zou de limonadefabrikant zich kunnen disculperen? Beargumenteer uw antwoord.

d Zou het de fabrikant baten als hij kan bewijzen dat Basje voordat hij de fles opende, eerst lange tijd met de fles heeft geschud?

8

9
Verbintenis

9.1   Wat is een verbintenis?
9.2   Bronnen van een verbintenis
9.3   Inhoud van een verbintenis
9.4   Twee partijen: schuldeiser en schuldenaar
9.5   Pluraliteit van schuldenaren en hoofdelijke verbondenheid
9.6   Eenzijdige en wederkerige verbintenisscheppende overeenkomsten
9.7   Voorwaardelijke verbintenissen en verbintenissen onder tijdsbepaling
9.8   Natuurlijke verbintenis
9.9   Overgang en tenietgaan van verbintenissen

In de hoofdstukken 7 en 8 zijn de bronnen van verbintenissen besproken. In dit hoofdstuk gaan we in op de verbintenis zelf. Gezien de opzet van dit boek zullen bepaalde aspecten aan de orde komen die ook al eerder zijn behandeld. Wij willen echter de verbintenis zo compleet mogelijk neerzetten. We beperken ons tot de relatieve of (vermogens)rechten, vorderingsrechten genoemd, die uit een verbintenis ontstaan. Allereerst wordt behandeld wat een verbintenis is (par. 9.1) en waardoor er een verbintenis ontstaat (par. 9.2); dat deze ontstaat uit een (on)rechtmatige daad of een overeenkomst, is in hoofdstuk 7 en 8 al besproken en komt hier dus kort aan de orde. Verder is het van belang te weten wat de inhoud van een verbintenis kan zijn (par. 9.3) en wat de positie is van de partijen die bij een verbintenis zijn betrokken, de schuldeiser en de schuldenaar (par. 9.4). En dat het kan voorkomen dat er meer dan één schuldeiser of schuldenaar is (par. 9.5).

Meestal ontstaan er uit een overeenkomst twee verbintenissen, soms ook niet. We spreken dan van respectievelijk eenzijdige en wederkerige verbintenisscheppende overeenkomsten; een onderscheid met verschillende gevolgen in de praktijk (par. 9.6).

Het is ook belangrijk om te weten dat er naast de gewone verbintenis nog andere kunnen voorkomen. Verbintenissen kunnen namelijk worden aangegaan onder een bepaalde voorwaarde of onder tijdsbepaling (par. 9.7). Verder krijgt men in de praktijk soms te maken met zogenoemde natuurlijke verbintenissen (par. 9.8). Het hoofdstuk wordt afgesloten met de overgang en het tenietgaan van verbintenissen (par. 9.9).

9.1 Wat is een verbintenis?

Verbintenis

Een gewone of civiele *verbintenis* kan men omschrijven als een vermogens-rechtelijke rechtsbetrekking (band) tussen twee of meer personen, waarbij de ene persoon – de schuldeiser of crediteur – het recht heeft op een bepaalde prestatie, die de andere persoon – de schuldenaar of debiteur – verplicht is te verrichten. We zullen dit toelichten aan de hand van enkele voorbeelden.

VOORBEELD 9.1
Een chauffeur van wasserij Willems veroorzaakt een aanrijding met een tram. Willems moet de schade à €2.250 aan het Gemeentelijk Vervoersbedrijf betalen. Hij heeft een WA-verzekering gesloten bij de Nationale. Deze betaalt het verschuldigde bedrag uit.

VOORBEELD 9.2
De chauffeur is in dienst van Willems. Aan het einde van iedere maand krijgt hij zijn salaris uitbetaald.

VOORBEELD 9.3
Na afloop van zijn werkdag neemt de chauffeur de tram om naar huis te gaan en hij rekent af met zijn ov-chipkaart.

In de voorbeelden 9.1 tot en met 9.3 ontstaan er rechtsbetrekkingen tussen bepaalde personen:
1 tussen het Gemeentelijk Vervoersbedrijf en Willems;
2 tussen Willems en de Nationale;
3 tussen de chauffeur en Willems;
4 tussen de chauffeur en het Gemeentelijk Vervoersbedrijf.

We zien dat Willems het Gemeentelijk Vervoersbedrijf €2.250 verschuldigd is vanwege de aanrijding en dat de Nationale dit bedrag zal uitbetalen op grond van de verzekeringsovereenkomst.
De chauffeur heeft aan het einde van de maand recht op uitbetaling van zijn salaris. Als hij 's avonds met de tram naar huis wil gaan, moet hij betalen met zijn ov-chipkaart.
In al deze gevallen is er sprake van een verbintenis.

9.2 Bronnen van een verbintenis

Bron verbintenis

Een verbintenis ontstaat nooit zomaar. Een verbintenis ontstaat pas als er iets aan ten grondslag ligt. Die grondslag wordt in het recht de *bron van de verbintenis* genoemd. In art. 6:1 BW staat dat er slechts verbintenissen kunnen ontstaan als dit uit de wet voortvloeit. Dat betekent dus dat alleen de wet aangeeft wanneer er verbintenissen kunnen ontstaan. Er kunnen geen verbintenissen buiten de wet om ontstaan. Hiermee wil de wet aangeven dat het niet nodig is dat elke verbintenis rechtstreeks op een wetsartikel steunt. Wel moet een verbintenis die niet rechtstreeks op een wetsartikel steunt, passen in het stelsel van de wet en aansluiten bij in de wet geregelde gevallen. Aldus heeft de Hoge Raad in een standaardarrest beslist (HR 30 januari 1959, NJ 1959, 548, Quint-Te Poel; zie paragraaf 8.1). De wet noemt achtereenvolgens als bronnen van een verbintenis, zoals die ook zijn besproken in hoofdstuk 7 en 8:

1 de onrechtmatige daad (art. 6:162 BW) (zie par. 8.2 e.v.);
2 de rechtmatige daad, te weten zaakwaarneming (art. 6:198 BW), onver-schuldigde betaling (art. 6:203 BW) en ongerechtvaardigde verrijking (art. 6:212 BW) (zie par. 8.1);
3 de overeenkomst (art. 6:213 BW) (zie hoofdstuk 7).

VOORBEELD 9.4
Stefan Klaverwei bekladt de muren van het stadhuis met een spuitbus. Schade €1.500.

Dit is *onrechtmatige daad*. De pleger van deze onrechtmatige daad, Stefan Klaverwei, is verplicht de gemeente de schade te vergoeden. Er ontstaat hier dus een verbintenis tot het betalen van schadevergoeding.

Onrechtmatige daad

VOORBEELD 9.5
Berit van Noord neemt een postpakketje aan voor haar kamergenote Denise Hendriks.

Dit is *zaakwaarneming*. Op grond hiervan heeft Berit de verplichting het pakketje te zijner tijd aan Denise af te geven. Ook hier ontstaat dus een verbintenis.

Zaakwaarneming

9

VOORBEELD 9.6
Klaas en Maaike huren ieder een fiets bij de fietsenstalling op het Amstelstation voor €8,50 per persoon per dag.

Ook in voorbeeld 9.6 ontstaan verbintenissen omdat er een *huurovereenkomst* tot stand is gekomen tussen Klaas en Maaike en de beheerder van de fietsenstalling. Deze verbintenissen brengen enerzijds voor de beheerder van de fietsenstalling de verplichting met zich mee de fietsen ter beschikking te stellen en anderzijds voor Klaas en Maaike de verplichting om elk €8,50 te betalen.

In al deze voorbeelden is er sprake van handelingen van personen (rechtssubjecten). Deze handelingen brengen *rechtsgevolgen* met zich mee, te weten het ontstaan van een of meer verbintenissen (schadevergoeding betalen,

Rechtsgevolgen

pakketje afgeven, fietsen ter beschikking stellen, huurprijs per dag betalen). In de eerste twee voorbeelden (9.4 en 9.5) ontstaan deze verbintenissen omdat de wet dat aangeeft. Het is niet de bedoeling van de handelende personen dat deze verbintenissen als gevolg van hun handelen ontstaan. In voorbeeld 9.6 ontstaan de verbintenissen omdat de handelende personen de (rechts)gevolgen op zich willen nemen.

Figuur 9.1 geeft de bronnen van verbintenis nog eens schematisch weer.

FIGUUR 9.1 Bronnen van verbintenis

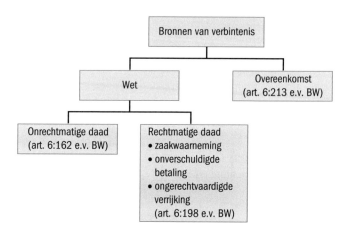

Zoals we in de voorbeelden hebben gezien, kunnen er ook verbintenissen ontstaan als dat niet de bedoeling van de handelende persoon was. En dan komen we terecht bij de rechtmatige en de onrechtmatige daad. In voorbeeld 9.4 ontstaat er een verplichting tot schadevergoeding voor Stefan Klaverwei, omdat het bekladden van de muren van het stadhuis juridisch opgevat wordt als een onrechtmatige daad. En de verplichting van Berit om aan Denise het pakketje af te geven (voorbeeld 9.5), ontstaat uit een rechtmatige daad, te weten zaakwaarneming. De rechtmatige en onrechtmatige daad zijn de onderwerpen van hoofdstuk 8.

FIGUUR 9.2 Handelingen van personen

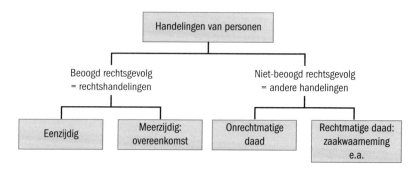

Een *overeenkomst* is een meerzijdige rechtshandeling. Een rechtshandeling is een handeling waarbij de handelende persoon het rechtsgevolg, hier het ontstaan van een verbintenis, heeft gewild. De overeenkomst is in hoofdstuk 7 uitvoerig besproken. En een rechtshandeling is meerzijdig als twee of meer personen het ontstaan van het rechtsgevolg beogen (willen) (zie figuur 9.2).

Overeenkomst

Het is dus de bedoeling van de handelende persoon of personen dat uit zijn of hun handelen een recht of een plicht ontstaat; zoals in voorbeeld 9.6 de huurovereenkomst tussen Klaas en Maaike en de beheerder van de fietsenstalling op het Amstelstation. Zie voor de rechtshandeling hoofdstuk 5.

9.3 Inhoud van een verbintenis

De inhoud van een verbintenis, dus datgene waar het om gaat, wordt *prestatie* genoemd. Een prestatie kan bijvoorbeeld zijn de overdracht van een zaak, het betalen van een koopsom of van schadevergoeding, het verrichten van de bedongen arbeid, de bouw van een huis, het nietverbouwen van het gehuurde huis of een publicatieverbod.

Prestatie

Ontstaat de verbintenis uit een rechtshandeling (overeenkomst), dan bepalen partijen zelf de inhoud ervan. Het verbintenissenrecht bestaat immers grotendeels uit regels van regelend recht. Dat wil zeggen dat de wet regelt voor zover partijen dit hebben nagelaten. De partijafspraak komt dus op de eerste plaats. De factoren die de inhoud van de verbintenis uit overeenkomst bepalen, zijn uitvoerig in paragraaf 7.3 besproken. Daarom zal er in dit hoofdstuk niet verder op worden ingegaan. De verbintenis uit overeenkomst moet volgens de wet voldoende bepaalbaar zijn (art. 6:227 BW). Dat wil zeggen dat de inhoud naar van tevoren vastgestelde criteria te bepalen is. Het vereiste van een bepaald onderwerp geldt overigens voor alle rechtshandelingen, maar is behalve voor de verbintenisscheppende overeenkomst slechts geregeld voor de overdracht (art. 3:84 lid 2 BW) en de vestiging van zekerheidsrechten (art. 3:231 lid 2 en 239 lid 1 BW).

De wet geeft wel bijzondere bepalingen betreffende de verbintenissen tot aflevering van zaken (art. 6:27 en 28 BW) en de betaling van een geldsom (art. 6:111 e.v. BW), en zij regelt de wettelijke verplichting tot betaling van schadevergoeding, hetgeen in beginsel natuurlijk ook geldschulden zijn (art. 6:95 e.v. BW). Deze onderwerpen zullen bij de behandeling van de nakoming van verbintenissen apart worden besproken (hoofdstuk 10).

9.4 Twee partijen: schuldeiser en schuldenaar

Uit de omschrijving van een verbintenis (par. 9.1) blijkt dat er bij een verbintenis twee partijen tegenover elkaar staan, waarvan de één het recht heeft op een bepaalde prestatie die de ander verplicht is te verrichten (zie figuur 9.3). De persoon die het recht heeft, wordt de crediteur of schuldeiser genoemd. Degene die de plicht heeft, is de debiteur of schuldenaar.

Het recht van de crediteur noemt men een *vorderingsrecht*. Een vorderingsrecht is een relatief vermogensrecht (art. 3:6 BW). Dat heeft ten eerste tot gevolg dat de crediteur zijn vorderingsrecht slechts kan uitoefenen tegenover één persoon, zijn wederpartij, de debiteur. Het tweede gevolg is dat er tussen de crediteuren geen rangorde bestaat. Zij zijn allemaal gelijk. Daarom worden zij de *concurrente crediteuren* genoemd.

Vorderingsrecht

9

FIGUUR 9.3 Gewone of civiele verbintenis

Zij zijn elkaars concurrent, want hoe meer crediteuren er zijn, des te geringer is het percentage dat elk van hen van zijn vordering krijgt toebedeeld (art. 3:277 BW). Het vorderingsrecht wordt in rechte – dus als de schuldeiser gaat procederen – *rechtsvordering* genoemd.

Schuld De plicht van de debiteur heet *schuld*.

Figuur 9.4 zal dit nog eens verduidelijken.

FIGUUR 9.4 Vorderingsrecht en schuld

Schuldeiser en schuldenaar zijn verplicht zich tegenover elkaar overeenkomstig de eisen van *redelijkheid en billijkheid* te gedragen (art. 6:2 lid 1 BW).

Redelijkheid en billijkheid Dat betekent dat zij tot meer verplicht kunnen worden dan de wet strikt van hen eist. Het is dus niet voldoende dat zij precies datgene doen wat de wet, de gewoonte of de rechtshandeling van hen vraagt. Zij moeten soms meer doen dan dat. Men noemt dit de aanvullende werking van de redelijkheid en billijkheid.

Bovendien kan een regel die krachtens wet, gewoonte of rechtshandeling tussen hen geldt, niet van toepassing zijn voor zover dit in de gegeven omstandigheden naar maatstaven van redelijkheid en billijkheid onaanvaardbaar zou zijn (art. 6:2 lid 2 BW). We noemen dat de beperkende of derogerende werking van de redelijkheid en billijkheid. De aanvullende en beperkende werking van de redelijkheid en billijkheid zijn in subparagraaf 7.3.1 bij de factoren die de inhoud van de overeenkomst bepalen reeds ter sprake gekomen. In de praktijk zal men alleen in uitzonderlijke gevallen van deze uitzondering gebruik kunnen maken.

⬛9.5 Pluraliteit van schuldenaren en hoofdelijke verbondenheid

We zijn er tot nu toe van uitgegaan dat er bij een verbintenis slechts één schuldeiser tegenover één schuldenaar staat. Maar dat hoeft niet altijd het geval te zijn. Soms komen er verbintenissen voor met meer schuldeisers of schuldenaren. Wij zullen in deze paragraaf hoofdzakelijk de verbintenis met meer schuldenaren bespreken, omdat de verbintenis met meer schuldeisers in de praktijk veel minder voorkomt. Als er bij één en dezelfde verbintenis één schuldeiser staat tegenover meerdere schuldenaren, spreekt men van *pluraliteit* van schuldenaren. Bij pluraliteit van schuldenaren is dus één en dezelfde prestatie door verschillende schuldenaren (twee of meer) tegelijk verschuldigd. Hoofdregel is in zo'n geval dat elk van de schuldenaren aansprakelijk is voor een gelijk deel (art. 6:6 BW). Er kan sprake zijn van gewone pluraliteit van schuldenaren of van een speciale vorm, hoofdelijkheid genoemd.

Pluraliteit

VOORBEELD 9.7
Drie broers lenen gezamenlijk €60.000 van de bank om een wereldreis per zeilboot te kunnen bekostigen.

Dat betekent, dat zij elk voor 1/3 deel, dus voor €20.000 aansprakelijk zijn. Tenzij zij natuurlijk iets anders afspreken, bijvoorbeeld broer A en B elk €25.000 en broer C €10.000, of er sprake is van hoofdelijke verbondenheid. Bij *hoofdelijkheid* of hoofdelijke verbondenheid kan de crediteur elke debiteur aanspreken voor de totale verschuldigde som. In voorbeeld 9.7 zou de bank dan iedere broer voor €60.000 kunnen aanspreken (art. 6:7 BW). Met dien verstande natuurlijk dat als een van de schuldenaren heeft betaald, ook de andere schuldenaren tegenover de schuldeiser van hun schuld zijn bevrijd (art. 6:7 lid 2 BW). Kwijtschelding van de een bevrijdt ook de andere medeschuldenaren (art. 6:9 BW).
De schuldenaar die de schuldeiser heeft voldaan, kan vervolgens ieder van zijn medeschuldenaren aanspreken voor hun deel van de schuld. Men spreekt in dat geval van een regresrecht. De wet formuleert dit als volgt: de schuldenaar die de schuldeiser heeft voldaan, heeft een regresrecht op zijn medeschuldenaren voor het gedeelte dat boven datgene wat hij zelf moet betalen, uitgaat (art. 6:10 lid 2 BW).
Hoofdelijkheid ontstaat (art. 6:6 lid 2 BW):
1 uit de wet;
2 als de prestatie ondeelbaar is;
3 uit overeenkomst.

Hoofdelijkheid

Ad 1 Wet
Voorbeelden van hoofdelijkheid uit de wet zijn:
- De aansprakelijkheid voor schadevergoeding als er meerdere plegers zijn van dezelfde onrechtmatige daad, bijvoorbeeld bij een gecompliceerd verkeersongeval (art. 6:102 BW).
- De aansprakelijkheid van de beherende vennoten bij een vennootschap onder firma voor verbintenissen die zij namens de vof zijn aangegaan (art. 18 WvK).
- De aansprakelijkheid van echtgenoten die iets voor de normale gang van zaken van de huishouding aanschaffen (art. 1:85 BW).

Wet

Ad 2 Ondeelbare prestatie
Hoofdelijkheid ontstaat ook als de prestatie ondeelbaar is, bijvoorbeeld de levering van één koe door meerdere personen of de bouw van een huis

Ondeelbare prestatie

9

door twee aannemers. Ieder der schuldenaren kan slechts aan zijn verplichting voldoen door de gehele prestatie te leveren.

Ad 3 Overeenkomst

Overeenkomst

In voorbeeld 9.7 kan er sprake zijn van hoofdelijke aansprakelijkheid als de bank dit als voorwaarde voor de lening bedingt en de drie broers met deze voorwaarde akkoord gaan. Banken bedingen in dit soort gevallen over het algemeen een hoofdelijke aansprakelijkheid. Hoofdelijkheid ontstaat in dit geval dus uit overeenkomst en dient als vorm van zekerheid die vergelijkbaar is

Borgtocht

met *borgtocht*. Want ook bij borgtocht kan een ander dan de schuldenaar, de borg, verplicht worden diens schuld te betalen (art. 7:850 e.v. BW). Het voordeel voor de schuldeiser is dat hij zich voor zijn vordering op meerdere vermogens tegelijk kan verhalen. Is het ene vermogen niet voldoende, dan kan hij het andere vermogen aanspreken.

Zoals gezegd komt pluraliteit van schuldeisers minder vaak voor. De wet zegt in art. 6:15 BW dat als meer dan één schuldeiser gerechtigd is tot dezelfde prestatie, elk van hen gerechtigd is tot een gelijk percentage, tenzij uit de wet, de gewoonte of rechtshandeling een andere verdeling voortvloeit.

⬤9.6 Eenzijdige en wederkerige verbintenisscheppende overeenkomsten

Eenzijdige overeenkomst

Wederkerige overeenkomst

In paragraaf 9.5 hebben we gezien dat het kan voorkomen dat er bij een en dezelfde verbintenis meerdere schuldeisers of meerdere schuldenaren zijn. Verbintenissen kunnen ontstaan uit een overeenkomst (par. 9.2). Soms is dat er slechts één; meestal zijn dat er twee. Eerstgenoemde zijn de *eenzijdige* (verbintenisscheppende) *overeenkomsten*, zoals de schenkingsovereenkomst, en laatstgenoemde zijn de *wederkerige* (verbintenisscheppende) *overeenkomsten*, zoals de koop-, de huur-, de arbeids- en de verzekeringsovereenkomst. Kenmerk van een wederkerige verbintenisscheppende overeenkomst is dat partijen over en weer elkaars crediteur en debiteur zijn. Als men in de ene verbintenis de crediteur is, is men in de andere verbintenis automatisch de debiteur. Zie figuur 9.5.

FIGUUR 9.5 Wederkerige overeenkomst

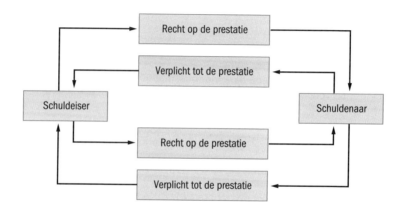

VOORBEELD 9.8

Jan Hendriks treedt in dienst bij een automatiseringsbedrijf. Als beginnend IT'er kon hij gemakkelijk een baan vinden tegen een goed salaris.

VOORBEELD 9.9

Trudy Klaver sluit een WA-verzekering af voor haar nieuwe auto met verzekeringsmaatschappij De Nationale nv. Zij zal daarvoor een maandelijkse premie betalen.

In de voorbeelden 9.8 en 9.9 ontstaan er dus twee verbintenissen. Dat wordt schematisch weergegeven in figuur 9.6.

FIGUUR 9.6 Wederkerige overeenkomst met twee verbintenissen

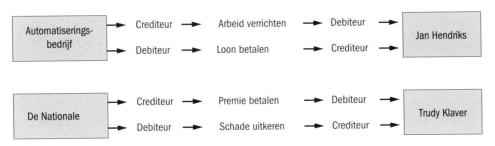

Maar als bijvoorbeeld bedrijf X €10.000 schenkt aan het Rode Kruis, ontstaat er slechts één verbintenis, namelijk een verbintenis waarbij het Rode Kruis als crediteur betaling van de €10.000 kan eisen en bedrijf X als debiteur dit bedrag aan het Rode Kruis moet betalen. Daartegenover staat geen enkele verplichting van de kant van het Rode Kruis waarop bedrijf X aanspraak kan maken. De meeste overeenkomsten zijn echter wederkerig.

9.7 Voorwaardelijke verbintenissen en verbintenissen onder tijdsbepaling

In paragraaf 9.2 hebben we gezien hoe verbintenissen ontstaan.
Het ging tot nu toe over de gewone verbintenis. Daarnaast zijn er nog een paar bijzondere verbintenissen: de voorwaardelijke verbintenissen en de verbintenissen onder tijdsbepaling. De natuurlijke verbintenis wordt in paragraaf 9.8 besproken.
Art. 3:38 BW zegt dat tenzij uit de wet of uit de aard van de rechtshandeling anders voortvloeit, een rechtshandeling onder een tijdsbepaling of onder een voorwaarde kan worden verricht. Dat betekent dat partijen kunnen afspreken dat het ontstaan van een verbintenis afhankelijk kan worden gesteld van:
- het voldoen aan een bepaalde voorwaarde (subpar. 9.7.1) of
- het aanbreken van een bepaald tijdstip (subpar. 9.7.2).

9.7.1   Voorwaarde

Voorwaardelijke verbintenis

De voorwaardelijke verbintenis wordt geregeld in art. 6:21 t/m 26 BW. Een verbintenis is voorwaardelijk wanneer bij rechtshandeling haar werking van een toekomstige onzekere gebeurtenis afhankelijk is gesteld (art. 6:21 BW). Een voorwaarde is een toekomstige gebeurtenis die niet alleen voor partijen, maar objectief gezien voor iedereen onzeker is. Het staat van tevoren niet vast of deze gebeurtenis zal plaatsvinden. Vindt de gebeurtenis wel plaats, dan kan dat tot gevolg hebben dat de verbintenis aanvangt of ver-

Opschortende voorwaarde

Ontbindende voorwaarde

valt. Een verbintenis die pas ontstaat nadat de onzekere gebeurtenis heeft plaatsgevonden, noemen we *verbintenis onder opschortende voorwaarde*. Een verbintenis die vervalt nadat de gebeurtenis heeft plaatsgevonden, is een *verbintenis onder ontbindende voorwaarde* (art. 6:22 BW).

VOORBEELD 9.10

Groothandelaar Baars wil een nieuwe opslagloods laten bouwen op het industrieterrein te Almere. Hij geeft aannemer Leenderts de opdracht tot de bouw van de loods, zodra hij van de gemeente Almere een bouwvergunning verkregen zal hebben.

Zodra de bouwvergunning door de gemeente Almere wordt verleend, vangt de verbintenis tussen Baars en Leenderts tot het bouwen van de opslagloods aan. Het verlenen van de vergunning is een opschortende voorwaarde.

VOORBEELD 9.11

Groothandelaar Baars heeft inmiddels een voorlopige bouwvergunning van de gemeente Almere verkregen. Hij geeft aannemer Leenderts opdracht vast met de bouw van de loods in Almere te beginnen behoudens de verlening van de definitieve vergunning van de gemeente Almere.

Mocht de gemeente de bouwvergunning niet verlenen, dan vervalt de verbintenis tussen Leenderts en Baars. Het vervallen van de verbintenis heeft geen terugwerkende kracht, dat wil zeggen dat de rechtsgevolgen achteraf geacht zouden worden niet te zijn ontstaan (art. 3:38 lid 2 BW). Wel heeft de schuldeiser de verplichting om de prestaties die reeds zijn verricht ongedaan te maken (art. 6:24 BW).

9.7.2   Tijdsbepaling

Opschortende tijdsbepaling

Ontbindende tijdsbepaling

Bij een verbintenis onder tijdsbepaling vangt de verbintenis aan (*opschortende tijdsbepaling*) of eindigt deze (*ontbindende tijdsbepaling*) door het aanbreken van een bepaald tijdstip (art. 3:38 BW). Er is hier sprake van een zekere toekomstige gebeurtenis. Het staat dus vast dat het ooit gebeurt. Wel moet het tijdstip ooit aanbreken.

VOORBEELD 9.12

Mevrouw Frederiks spreekt op 1 februari met Het Sportcentrum af dat zij de komende zomer gedurende de gehele maand juli een recreatiebungalow zal huren.

Dit is een voorbeeld van een verbintenis onder opschortende tijdsbepaling.

VOORBEELD 9.13
Maurits Smit gaat een arbeidsovereenkomst aan voor drie maanden, te weten de maanden mei tot en met juli.

In dit geval is er sprake van een verbintenis onder ontbindende tijdsbepaling.

9.8 Natuurlijke verbintenis

Het kan voorkomen dat een crediteur van een verbintenis de schuldenaar niet (meer) in rechte kan aanspreken. In dat geval hebben we te maken met een *natuurlijke verbintenis* (art. 6:3 BW).

Natuurlijke verbintenis

De debiteur mag wel aan een natuurlijke verbintenis voldoen, maar kan, als hij vrijwillig hieraan heeft voldaan, het betaalde bedrag niet meer als onverschuldigd betaald – als zou er geen schuld zijn – van de crediteur terugvorderen. Zie voor de onverschuldigde betaling hoofdstuk 8. Bij de natuurlijke verbintenis is de schuld er wel, maar de schuldeiser kan die niet meer in rechte afdwingen.

Een natuurlijke verbintenis kan ontstaan uit (art. 6:3 lid 2 BW):
- de wet;
- een rechtshandeling;
- een dringende verplichting van moraal en fatsoen.

De voorbeelden 9.14 en 9.15 laten zien wanneer er een natuurlijke verbintenis ontstaat uit de wet.

VOORBEELD 9.14
In art. 7:28 BW staat dat bij een consumentenkoop de rechtsvordering tot betaling van de koopprijs verjaart door verloop van twee jaren.

Verjaring betekent dat de verkoper/crediteur de koper in geval van een consumentenkoop na twee jaar niet meer in rechte kan aanspreken tot betaling van de koopprijs. Zijn rechtsvordering is verjaard. Maar niet de schuld van de koper/debiteur; de schuld blijft bestaan. De koper mag na twee jaren betalen, maar hoeft dat niet. Betaalt hij echter toch vrijwillig, dus zonder daartoe aangesproken te zijn door de verkoper/ crediteur, dan kan hij de betaalde koopsom niet terugvorderen door te beweren dat hij geen schuld had, dus 'onverschuldigd' heeft betaald.

Verjaring

VOORBEELD 9.15
Een gefailleerde kan zijn concurrente crediteuren een akkoord aanbieden (art. 138 e.v. Fw).

Akkoord

Een *akkoord* is een overeenkomst tussen de schuldenaar en zijn concurrente crediteuren, waarbij hij hun aanbiedt een bepaald percentage van hun vordering te voldoen. Hebben de crediteuren het akkoord aanvaard, dan is de schuldenaar niet langer in zijn vermogen aansprakelijk voor het restant van de vordering. Dat betekent dat zij (de crediteuren) hem niet meer kunnen aanspreken voor dat restant. Betaalt de schuldenaar later vrijwillig toch dat restant van de vorderingen, dan heeft hij niet onverschuldigd betaald. Kortom: er ontstaat na een faillissementsakkoord een natuurlijke verbintenis. Partijen kunnen zelf ook bepalen dat de verbintenis die zij aangaan niet afdwingbaar zal zijn voor de crediteur. Een voorbeeld daarvan is het zogenoemde 'gentlemen's agreement'. Ook is het mogelijk dat een schuldenaar met een of meer schuldeisers overeenkomt dat indien hij een bepaald gedeelte van zijn schulden heeft betaald, de schuldeisers van de afdwingbaarheid van de rest van hun vorderingen afzien.

Rechtshandeling

Een natuurlijke verbintenis kan ook krachtens een rechtshandeling ontstaan. Zo kan bijvoorbeeld een schuldenaar met een of meer van zijn schuldeisers overeenkomen dat als hij een bepaald deel van zijn schulden voldoet, de schuldeisers voor het restant van de afdwingbaarheid van hun voorrang afzien.

Moraal en fatsoen

Tot slot kan een natuurlijke verbintenis uit moraal en fatsoen ontstaan. Het volgende arrest is hier een bekend voorbeeld van.

> **HR 13 maart 1926, NJ 1926, 777 (De Goudse Bouwmeester)**
> De gemeentearchitect van Gouda had steekpenningen aangenomen van een aannemer. Toen dit dreigde uit te lekken, stortte de gemeentearchitect de steekpenningen in de gemeentekas. Hij hoopte hiermee zijn baan en goede naam te redden. Zijn hoop bleek tevergeefs. Daarom kreeg hij spijt van het feit dat hij de steekpenningen in de gemeentekas had gestort. Hij vorderde dan ook het bewuste bedrag van de gemeente Gouda terug op grond van onverschuldigde betaling. Immers, hij had geen rechtsplicht om de steekpenningen aan de gemeente te betalen. De Hoge Raad gaf hem geen gelijk. Er is hier weliswaar geen sprake van een rechtsplicht, zo oordeelde de Hoge Raad, maar er is wel een plicht ontstaan uit moraal en fatsoen, een natuurlijke verbintenis

9

Omzetting

Een natuurlijke verbintenis kan worden *omgezet* in een gewone verbintenis en dus afdwingbaar worden, als de schuldenaar en schuldeiser daarover een overeenkomst sluiten. Als de schuldenaar de schuldeiser het aanbod doet om hierover een overeenkomst te sluiten, geldt dat aanbod als aanvaard als de schuldeiser het niet onverwijld, dus niet meteen, heeft afgewezen (art. 6:5 lid 1 en 2 BW).

Verder bepaalt de wet dat het voldoen aan een natuurlijke verbintenis geen schenking is (art. 6:5 lid 3 BW). Dit is van belang voor de schenkbelasting die over schenkingen aan de Belastingdienst betaald moeten worden. Men krijgt vermindering van schenkbelasting als men kan aantonen dat men heeft voldaan aan een natuurlijke verbintenis.

Het belang van de natuurlijke verbintenis is in de praktijk niet erg groot. Het zal niet vaak voorkomen dat iemand met opzet een natuurlijke verbintenis creëert. De natuurlijke verbintenis wordt veelal door de schuldenaar als *verweermiddel* (middel ter verdediging) in een procedure gebruikt om onder zijn betalingsverplichting uit te kunnen komen.

Verweermiddel

9.9   Overgang en tenietgaan van verbintenissen

Zowel het vorderingsrecht van de schuldeiser als de schuld van de schuldenaar kunnen overgaan op een ander (subpar. 9.9.1 en 9.9.2). Uiteraard kan
ook de hele verbintenis op anderen overgaan. We spreken in dat geval van
contractoverneming (subpar. 9.9.3). Ook zullen de wijzen van tenietgaan
van verbintenissen aan de orde komen (subpar. 9.9.4).

*Contract-
overneming*

9.9.1   Overgang van vorderingsrechten
Vorderingsrechten zijn vermogensrechten, zoals we hebben gezien. Dat
komt omdat vorderingsrechten overdraagbaar zijn (art. 3:83 BW). Kenmerk
van een vermogensrecht is namelijk dat het overdraagbaar is (art. 3:6 BW).
Vermogensrechten zijn op hun beurt weer goederen (art. 3:1 BW). De overgang van vorderingsrechten zal dus plaatsvinden op dezelfde wijze waarop
goederen worden overgedragen. Er zijn twee wijzen van overgang, te weten
rechtsopvolging onder algemene titel en rechtsopvolging onder bijzondere
titel. Bij *rechtsopvolging onder algemene titel* volgt de rechtsopvolger op in
een geheel vermogen of een evenredig deel daarvan en gaan zowel de rechten als de plichten op hem over. Voorbeelden van rechtsopvolging onder algemene titel zijn erfopvolging, boedelmenging en fusie en splitsing, een
van verkrijging die voorkomt in het ondernemingsrecht en de goedkeuring
van een overdrachtsplan (art. 3:80 lid 2 BW). Bij *rechtsopvolging onder bijzondere titel* gaan alleen de rechten over (art. 3:80 BW). Een voorbeeld van
rechtsopvolging onder bijzondere titel is overdracht (art. 3:80 lid 3 BW). De
overdracht van een vordering geschiedt door middel van cessie (art. 3:94
BW). Aangezien deze materie in hoofdstuk 3 uitvoerig besproken is, volstaan we hier met het noemen van de mogelijkheden en gaan we er verder
niet op in. Een andere wijze van de overgang van een vorderingsrecht op iemand anders is de subrogatie. Deze wordt hierna kort besproken. Daarna
worden de gevolgen van de overgang van vorderingsrechten behandeld.

*Rechtsopvolging
onder algemene
titel*

*Rechtsopvolging
onder bijzondere
titel*

Subrogatie
Subrogatie is de overgang van een vordering op een derde die de schuld
van de schuldenaar voldoet. De verbintenis gaat hier dus niet teniet door
betaling, maar krijgt een andere schuldeiser in de persoon van degene die
de schuld heeft voldaan. De nieuwe schuldeiser wordt slechts in zoverre gesubrogeerd als hij betaald heeft (art. 6:151 lid 1 BW). In de praktijk komt
subrogatie eigenlijk alleen maar bij geldschulden voor.
Subrogatie kan op twee manieren ontstaan, namelijk op grond van:
• de wet;
• een overeenkomst (art. 6:150 BW).

Subrogatie

9

De *wet* somt op in welke gevallen subrogatie voorkomt (art. 6:150 BW).
Deze opsomming is niet uitputtend, want ook elders in de wet komen gevallen van subrogatie voor, zoals borgtocht (art. 7:850 lid 3 BW) en de subrogatie van de schadeverzekeraar (art. 7:926 lid 1 BW).
Subrogatie krachtens *overeenkomst* ontstaat door een overeenkomst
tussen de derde die de vordering voldoet en de schuldenaar. Vereist is bovendien dat de schuldeiser op het tijdstip van de voldoening deze overeenkomst kende of dat hem daarvan kennis was gegeven (art. 6:150 BW). Het
is dus niet zo dat iedereen die de schuld van een ander betaald heeft, automatisch gesubrogeerd wordt in de rechten van de schuldeiser. Een verbintenis kan namelijk door een ander dan de schuldenaar nagekomen worden,

Wet

Overeenkomst

tenzij de inhoud of strekking van de verbintenis zich daartegen verzet (art. 6:30 BW). Wil degene die de schuld van een ander betaald heeft, buiten de gevallen van wettelijke subrogatie om, gesubrogeerd worden in de rechten van de schuldeiser, dan zal hij dit uitdrukkelijk moeten bedingen.

Gevolgen van de overgang van vorderingen

Rechten nieuwe schuldeiser

Bij de overgang van een vordering op een nieuwe schuldeiser verkrijgt deze laatste:
- het vorderingsrecht;
- de nevenrechten, zoals de rechten van pand en hypotheek en uit borgtocht (art. 6:142 lid 1 en lid 2 BW).

Subrogatie vormt hier een *uitzondering*, want de nieuwe schuldeiser wordt slechts gesubrogeerd als hij betaald heeft (art. 6:151 lid 1 BW). En de rechten van de schuldeiser jegens borgen en personen die geen schuldenaar zijn, gaan slechts op de derde over tot ten hoogste de bedragen waarvoor de schuld ieder van hen aangaat in hun verhouding tot de schuldenaar (art. 6:151 lid 2 BW).
Het feit dat hij een nieuwe schuldeiser krijgt, heeft weinig invloed op de positie van de *schuldenaar*. De overgang van een vordering laat de verweermiddelen onverlet (art. 6:145 BW). Dat betekent dat de verweermiddelen uit de oude verhouding mogen worden aangevoerd, zoals het beroep op een opschortingsrecht, vernietigbaarheid en het feit dat de verbintenis reeds is tenietgegaan.

9.9.2 Overgang van schulden

Een schuld is geen goed (art. 3:1 BW). Soms is een schuld toch vatbaar voor overgang:
- bij verkrijging onder algemene titel;
- bij schuldoverneming.

Verkrijging onder algemene titel

Als er sprake is van *verkrijging onder algemene titel* volgt iemand zijn rechtsvoorganger op in een geheel vermogen of een evenredig deel van een vermogen (art. 3:80 BW). Een vermogen bestaat uit goederen (zie par. 2.1). Maar een vermogen bevat ook schulden. Daarom gaan bij rechtsopvolging onder algemene titel niet alleen de goederen over op de rechtsopvolger, maar ook de schulden.

Schuldoverneming

Schuldoverneming is een tweezijdige (niet-verbintenisscheppende) overeenkomst tussen een schuldenaar en een derde, waarbij de derde de schuld van de schuldenaar overneemt (art. 6:155 BW). Er vindt hier dus wijziging plaats van de persoon van de schuldenaar. De schuldoverneming heeft pas werking tegenover de schuldeiser indien deze zijn toestemming geeft nadat partijen hem van de overneming kennis hebben gegeven. Een schuldeiser kan ook bij voorbaat zijn toestemming voor schuldoverneming verlenen (art. 6:156 lid 1 BW). De bij de vordering behorende nevenrechten worden na het tijdstip van de overgang tegen de nieuwe in plaats van tegen de oude schuldenaar uitgeoefend (art. 6:157 lid 1 BW). Pand- en hypotheekrechten, voor zover ze niet op goederen rusten die aan partijen toebehoren, en borgtocht gaan teniet tenzij de pand- of hypotheekhouder of de borg in de handhaving ervan heeft toegestemd (art. 6:157 lid 2 BW). Hetzelfde is het geval met bijzondere voorrechten, bedongen renten en boeten, en dwangsommen die vóór de overgang aan de schuldenaar werden opgelegd (art. 6:157 lid 3 en 4 BW).

9.9.3 Contractoverneming

Contractoverneming is een zelfstandige wijze van overgang van rechten en plichten. Het is een driezijdige (niet-verbintenisscheppende) rechtshandeling, waarbij een van de partijen bij een overeenkomst haar gehele rechtsverhouding tot de wederpartij met medewerking van de wederpartij aan een derde overdraagt. Contractoverneming komt in de praktijk bijvoorbeeld voor bij overname of fusie van bedrijven. Naast de vorderingsrechten en schulden kunnen dan ook volledige contracten op de verkrijger overgaan. Zie figuur 9.7.

Contract-overneming

FIGUUR 9.7 Contractoverneming

Voor contractoverneming zijn een akte vereist en medewerking van de wederpartij. De medewerking van de wederpartij is niet aan een bepaalde vorm gebonden (art. 6:159 BW). Het gevolg van een geldige contractoverneming is dat alle rechten en verplichtingen overgaan op de derde, voor zover niet ten aanzien van bijkomstige of reeds opeisbaar geworden rechten of verplichtingen anders is bepaald (art. 6:159 lid 2 BW). Art. 6:156 en 157 lid 1 tot en met 3 zijn ook van toepassing op contractoverneming (art. 6:159 lid 3 BW).

De nieuwe schuldenaar kan ten opzichte van de schuldeiser gebruikmaken van dezelfde verweermiddelen als de oude schuldenaar had, omdat de schuld ongewijzigd blijft voortbestaan.

9.9.4 Tenietgaan van verbintenissen

Het presteren van de schuldenaar heeft tot gevolg dat de verbintenis tenietgaat. Er zijn echter nog andere wijzen van tenietgaan van verbintenissen. Verbintenissen kunnen tenietgaan door:
- nakoming (art. 6:27 e.v. BW);
- verrekening (art. 6:127 e.v. BW);
- vervulling van een ontbindende voorwaarde (art. 6:22 BW);
- nietigheid, vernietiging, ontbinding of rechterlijke wijziging van de overeenkomst waaruit de verbintenis is ontstaan;
- afstand (art. 6:160 BW);
- vermenging (art. 6:161 BW).

Nakoming wordt in hoofdstuk 10 besproken, evenals ontbinding of rechterlijke wijziging. Nietigheid en vernietiging zijn behandeld in hoofdstuk 6. Verrekening, afstand en vermenging worden hier besproken.

We gaan eerst nog in op de vervulling van de *ontbindende voorwaarde* als wijze van tenietgaan van een verbintenis.

Vervulling ontbindende voorwaarde

Een voorwaarde is (zie par. 9.7) een toekomstige onzekere gebeurtenis. Als partijen een ontbindende voorwaarde in een overeenkomst opnemen, heeft

Ontbindende voorwaarde

dat tot gevolg dat als de onzekere gebeurtenis zich voordoet, bijvoorbeeld het niet verkrijgen van een bouwvergunning, de verbintenis tenietgaat (art. 6:22 BW).

Verrekening

Verrekening

Verrekening kan plaatsvinden als partijen over en weer elkaars schuldeiser en schuldenaar zijn.

VOORBEELD 9.16

Jo den Brabander heeft een vordering van €750 wegens geleverde accu's op garage Beerepoot bv. Garage Beerepoot bv heeft een vordering van €375 op Jo den Brabander voor de reparatie van diens Harley Davidson.

Jo den Brabander en garage Beerepoot BV kunnen hun respectieve vorderingen met elkaar verrekenen. Verrekening betekent dat de kleinste vordering tegen de grootste wegvalt. Er blijft dus na verrekening een vordering van €375 over van Jo den Brabander op Beerepoot bv.

De wet zegt dit als volgt: wanneer een schuldenaar die de bevoegdheid tot verrekening heeft aan zijn schuldeiser verklaart dat hij zijn schuld met een vordering verrekent, gaan beide verbintenissen tot hun gemeenschappelijke beloop teniet (art. 6:127 lid 1 BW). Verrekening, ook wel *compensatie* genoemd, komt tot stand door een vormvrije verrekeningsverklaring van een schuldenaar die daartoe bevoegd is.

Compensatie

Eisen aan schuldenaar

De wet stelt een aantal eisen aan de schuldenaar:
- De schuldenaar moet zowel een schuld als een vordering hebben tegenover dezelfde wederpartij.
- Het moet gelijksoortige prestaties betreffen (beantwoordt aan zijn schuld). In de meeste gevallen betreft het geldvorderingen.
- De schuldenaar moet bevoegd zijn de schuld te betalen.
- De schuldenaar moet als schuldeiser van de tegenvordering bevoegd zijn de betaling van zijn vordering af te dwingen. Dat betekent dat zijn vordering opeisbaar moet zijn (art. 6:38 en 39 BW).

De verrekening werkt terug tot het tijdstip waarop de bevoegdheid tot verrekening is ontstaan (art. 6:129 lid 1 BW). Het is vooral bij een faillissement gunstig om een beroep op verrekening te kunnen doen, omdat het concurrente crediteuren een mogelijkheid biedt geheel of gedeeltelijk buiten het faillissement te blijven. Het beroep op verrekening in faillissement zal in deel 2 van deze uitgave besproken worden.

Afstand

Afstand

Een verbintenis gaat teniet door een overeenkomst van de schuldeiser met de schuldenaar, waarbij hij (de schuldeiser) van zijn vorderingsrecht *afstand* doet (art. 6:160 lid 1 BW). De schuldeiser kan om niet afstand doen van zijn vorderingsrecht, maar hij kan ook een tegenprestatie in de vorm van een nieuwe verbintenis eisen.

Doet de schuldeiser afstand om niet – men zou van kwijtschelden kunnen spreken – dan geldt zijn aanbod om afstand te doen als aanvaard, als de schuldenaar het niet onverwijld heeft afgewezen (art. 6:160 lid 2 BW).

Alleen als de schuldenaar er belang bij heeft te kunnen presteren, moet hij het aanbod van de schuldeiser onverwijld (zo spoedig mogelijk) afwijzen.

Vermenging

Er is sprake van *vermenging* als de hoedanigheden van schuldeiser en schuldenaar zich in één persoon verenigen (art. 6:161 lid 1 BW). Dit is het geval als door de overgang van een vordering of door de overgang van een schuld, schuld en vorderingsrecht in één hand komen. Vermenging kan zich voordoen bij opvolging onder algemene titel en onder bijzondere titel.

Vermenging

VOORBEELD 9.17
Jan heeft een schuld van €7.500 aan zijn vader uit een geldlening. Na het overlijden van zijn vader is Jan diens enige erfgenaam. Hij erft dus ook de vordering van zijn vader op hemzelf.

VOORBEELD 9.18
Paula Notermans koopt de etage aan het Oosterpark die zij huurt van haar verhuurder. De huurvordering valt nu samen met de huurschuld.

In de voorbeelden 9.17 en 9.18 gaat de verbintenis door vermenging te-niet. Tenietgaan van een verbintenis door vermenging laat de op de vorde-ring rustende *rechten van derden onaangetast* (art. 6:161 lid 3 BW). Men kan daarbij denken aan bijvoorbeeld een pandrecht, een voorrecht of aan een recht van vruchtgebruik.
Vermenging is niet toegestaan:
- als de vordering en de schuld in twee gescheiden vermogens vallen, bij-voorbeeld als één persoon privé optreedt én als directeur van een bv;
- als het de overdracht betreft van een order- of toonderpapier;
- als het een rechtshandeling onder ontbindende voorwaarde betreft, zo-lang niet vaststaat dat de voorwaarde niet meer in vervulling zal gaan (art. 6:161 lid 2 BW). Het zou anders mogelijk zijn dat de verbintenis waarvan de voorwaarde nog niet in vervulling is gegaan, door vermenging teniet zou gaan en later, wanneer de voorwaarde alsnog in vervulling zou gaan, niet zou herleven. Dit komt omdat de ontbindende voorwaarde geen terugwerkende kracht heeft (art. 3:38 lid 3 BW).

9

Kernbegrippenlijst

Afstand	Wijze van tenietgaan van een verbintenis door een overeenkomst van de schuldeiser met de schuldenaar, waarbij hij (de schuldeiser) van zijn vorderingsrecht afstand doet (art. 6:160 lid 1 BW).
Borgtocht	De overeenkomst waarbij de ene partij, de borg, zich tegenover de andere partij, de schuldeiser, verbindt tot nakoming van een verbintenis die een derde, de hoofdschuldenaar, tegenover de schuldeiser heeft of zal verkrijgen (art. 7:850 BW).
Compensatie	Verrekening.
Contractoverneming	Een zelfstandige wijze van overgang van rechten en plichten. Het is een driezijdige (niet-verbintenisscheppende) rechtshandeling, waarbij een der partijen bij een overeenkomst haar gehele rechtsverhouding tot de wederpartij met medewerking van de wederpartij aan een derde overdraagt (art. 6:159 BW).
Eenzijdige overeenkomst	Een meerzijdige rechtshandeling waaruit slechts één verbintenis ontstaat.
Hoofdelijkheid of hoofdelijke verbondenheid	Men spreekt van hoofdelijkheid als er sprake is van één crediteur en twee of meer debiteuren, en de crediteur elk van de debiteuren voor de totale verschuldigde prestatie kan aanspreken.
Natuurlijke verbintenis	Een verbintenis waarvan de crediteur de debiteur niet (meer) in rechte kan aanspreken (art. 6:3 BW).
Onrechtmatige daad	Een rechtens niet-toelaatbare handeling, waaraan het objectieve recht rechtsgevolgen verbindt zonder dat dat de bedoeling was van de persoon die de daad verrichtte, en waaruit dientengevolge een verbintenis ontstaat, meestal bestaande uit een verplichting tot het betalen van schadevergoeding (art. 6:162 e.v. BW).
Overeenkomst	Een meerzijdige rechtshandeling waaruit een of meer partijen jegens een of meer andere partijen een verbintenis aangaan (art. 6:213 BW).

9

Pluraliteit	Men spreekt van pluraliteit als er sprake is van meerdere crediteuren die tot dezelfde prestatie gerechtigd zijn, of van meerdere debiteuren die tot dezelfde prestatie gehouden zijn (art. 6:6 en 15 BW).
Prestatie	De inhoud van de verbintenis.
Rechtmatige daad	Een rechtens toelaatbare handeling waaraan het objectieve recht rechtsgevolgen verbindt zonder dat dat de bedoeling was van de persoon die de daad verrichtte, en waaruit dientengevolge een verbintenis ontstaat.
Rechtsopvolging onder algemene titel	De rechtsopvolger volgt zijn rechtsvoorganger op in een geheel vermogen of in een evenredig deel van een vermogen (art. 3:80 lid 2 BW).
Rechtsopvolging onder bijzondere titel	De rechtsopvolger volgt zijn rechtsvoorganger op in de rechten op een bepaald goed (art. 3:80 lid 3 BW).
Schuld	De verplichting die de schuldenaar heeft ten opzichte van de schuldeiser om de prestatie waarop hij recht heeft, te verrichten.
Schuldoverneming	Een tweezijdige (niet-verbintenisscheppende) overeenkomst tussen een schuldenaar en een derde, waarbij de derde de schuld van de schuldenaar overneemt (art. 6:155 BW).
Subrogatie	Als een derde de vordering voldoet, mag deze op grond van de betaling de plaats innemen van de oorspronkelijke schuldeiser; diens vorderingsrecht gaat dus op hem over (art. 6:12 en 150 BW).
Verbintenis	Een vermogensrechtelijke rechtsbetrekking (band) tussen twee of meer personen, waarbij de ene persoon, de crediteur of schuldeiser, gerechtigd is tot een bepaalde prestatie, die de andere persoon, de debiteur of schuldenaar, verplicht is te verrichten.
Verbintenis onder ontbindende tijdsbepaling	Een verbintenis die tenietgaat als een bepaald tijdstip is aangebroken (art. 3:38 BW).
Verbintenis onder ontbindende voorwaarde	Een verbintenis die tenietgaat als een bepaalde onzekere gebeurtenis zich voordoet (art. 6:22 BW).
Verbintenis onder opschortende tijdsbepaling	Een verbintenis die pas in werking treedt als een bepaald tijdstip is aangebroken (art. 3:38 BW).
Verbintenis onder opschortende voorwaarde	Een verbintenis die pas in werking treedt als een bepaalde onzekere gebeurtenis heeft plaatsgevonden (art. 6:22 BW).
Verbintenis onder tijdsbepaling	Een verbintenis die ontstaat of tenietgaat op een bepaald tijdstip (art. 3:38 BW).

Vermenging	Wijze van tenietgaan van een verbintenis die zich voordoet als de hoedanigheden van schuldeiser en schuldenaar zich in één persoon verenigen (art. 6:161 lid 1 BW).
Verrekening	De schuldenaar verrekent zijn schuld met een vordering die hij op de schuldeiser heeft (art. 6:127 BW).
Verweermiddel	Een middel waarmee een schuldenaar zich in rechte kan verdedigen, zoals een beroep op de nietigheid of vernietigbaarheid, onbekwaamheid enzovoort.
Voorwaarde	Een toekomstige onzekere gebeurtenis (art. 3:38 en 6:21 BW).
Voorwaardelijke verbintenis	Een verbintenis die ontstaat of tenietgaat door het intreden van een toekomstige onzekere gebeurtenis (art. 6:21 en 22 BW).
Vorderingsrecht	Wordt ook wel vordering of rechtsvordering genoemd (art. 3:296 BW). Een vorderingsrecht is het recht dat de schuldeiser heeft om zijn schuldenaar aan te spreken de door hem verschuldigde prestatie te verrichten. Het is een relatief ofwel persoonlijk vermogensrecht.
Wederkerige overeenkomst	Een meerzijdige rechtshandeling waaruit twee verbintenissen ontstaan (art. 6:261 BW).

Meerkeuzevragen

9.1 Wat is onjuist? Vorderingsrechten zijn
  a absolute rechten.
  b goederen.
  c relatieve rechten.
  d vermogensrechten.

9.2 Max Teunissen veroorzaakt met zijn fiets een aanrijding. Bij deze aanrijding wordt de auto van Klaver beschadigd. De schade bedraagt €250. Dit is een verbintenis uit
  a een rechtmatige daad.
  b een onrechtmatige daad.
  c een overeenkomst.
  d een rechtshandeling.

9.3 Welke van de volgende beweringen is juist?
  a Als een ontbindende voorwaarde in vervulling gaat, is de verbintenis vervallen.
  b Als een ontbindende voorwaarde in vervulling is gegaan, zijn de prestaties die reeds verricht zijn onverschuldigd betaald.
  c Een ontbindende voorwaarde heeft terugwerkende kracht.
  d Een ontbindende voorwaarde moet wel in vervulling gaan.

9.4 Als Henk Sneevliet bv een opslagloods koopt onder de voorwaarde dat er een bankgarantie voor de betaling van de koopsom wordt gegeven, is er sprake van
  a een tijdelijke verbintenis.
  b een ontbindende voorwaarde.
  c een onvoorwaardelijke verbintenis.
  d een opschortende voorwaarde.

9.5 Bij zaakwaarneming
  a is er een rechtsgevolg zonder dat dat de bedoeling was van de handelende persoon.
  b is er sprake van een rechtshandeling.
  c is er sprake van een overeenkomst.
  d is het rechtsgevolg gewild door de handelende persoon.

9.6 Welke van de volgende beweringen is juist?
  a Elke verbintenis heeft een rechtsgevolg dat beoogd is.
  b Er kunnen verbintenissen buiten de wet om ontstaan.
  c Uit een wederkerige overeenkomst ontstaan twee verbintenissen.
  d Verbintenissen kunnen alleen maar uit rechtshandelingen ontstaan.

9.7 Als de wet in art. 7:28 BW zegt dat de rechtsvordering tot betaling van de koopprijs bij de consumentenkoop na twee jaar verjaard is, betekent dat
a dat betaling aan de schuldeiser onverschuldigd is.
b dat de schuldenaar niet meer mag betalen.
c dat de vordering teniet is gegaan.
d dat er een natuurlijke verbintenis is ontstaan.

9.8 Thomas Drayer heeft in juli een week in de promotiestand op de Rotterdamse honkbalweek gestaan. Het reclamebureau Van Vliet te Zandvoort heeft de vergoeding hiervoor ad €225 in augustus overgemaakt op de girorekening van Thomas. In september wordt nogmaals eenzelfde bedrag aan Thomas overgemaakt. Deze tweede betaling is
a geen nakoming van een verbintenis, aangezien het rechtsgevolg niet was beoogd.
b een onverschuldigde betaling.
c het voldoen aan een natuurlijke verbintenis.
d het voldoen aan een gewone verbintenis.

9.9 De vennootschap onder firma Boonebakker en Moeskops wordt omgezet in een bv. De overeenkomst die de vennootschap onder firma gesloten heeft met Vischjager bv betreffende de leverantie van grondstoffen wordt overgenomen door de bv. Er is hier sprake van
a cessie.
b contractoverneming.
c rechtsopvolging onder algemene titel.
d schuldoverneming.

9.10 Een verbintenis gaat teniet door
a schuldoverneming.
b subrogatie.
c verjaring.
d verrekening.

Oefenvragen

9.1 Frans, Peter en Monique ruïneren in een ballorige bui 's nachts het plaatselijke busstation. Frans is de hoofdschuldige. Opgejut door Peter heeft hij de
meeste vernielingen aangebracht, terwijl Monique hoofdzakelijk lachend
heeft staan toekijken. Uiteraard zijn zij verplicht de door hen veroorzaakte
schade te vergoeden.
a Waarom zullen Frans, Peter en Monique verplicht zijn de door hen veroorzaakte schade te vergoeden?
b De wet zegt dat er in dit soort situaties een hoofdelijke aansprakelijkheid
ontstaat. Wat wordt daarmee bedoeld?
c Hoe noemt men in het verbintenissenrecht Frans, Peter en Monique?
d Hoeveel zou elk van hen in de schuld moeten bijdragen als er geen sprake
van hoofdelijkheid zou zijn?

9.2 'Vorderingsrechten zijn vermogensrechten', beweert Yvonne in de koffieka-
mer tegen haar medestudenten.
a Waarom zijn vorderingsrechten vermogensrechten?
b Hoe kan men vorderingsrechten nog meer noemen?
c Wat zijn de kenmerken van vorderingsrechten?
d Wat staat tegenover een vorderingsrecht?

9.3 Sanders heeft een koopovereenkomst gesloten met directeur Beukema van
Beukema bv. Afgesproken wordt dat Sanders uiterlijk zes weken na de datum van de totstandkoming van de koopovereenkomst voor €4.000 machineonderdelen zal leveren aan Beukema bv.
a Hoe wordt een koopovereenkomst genoemd? En waarom?
b Wat voor soort rechtshandeling is een koopovereenkomst? En waarom?
c Omschrijf de verbintenissen die hier ontstaan.
d Wat is de ontstaansgrond van deze verbintenissen?
e Waaruit kan de inhoud van een verbintenis bestaan?

9.4 Jan en Annie Bakker hebben jarenlang een goedlopende zaak in huishoudelijke artikelen gehad. Omdat zij met pensioen gaan, bieden zij hun bedrijf aan
hun neef Bart Veenstra aan. Deze laatste wendt zich tot u om advies over de
volgende kwesties. Er is een aantal lopende contracten bij de groothandel,
er is een rekening van de aannemer voor reparatie van het dak en er zijn nog
een paar vorderingen voor geleverd materiaal op de firma Verzijlberg.
a Wat adviseert u ten aanzien van de contracten met de groothandel?
b Is voor de overname van de rekening van de aannemer diens toestemming
vereist?
c Kunnen de vorderingen op de firma Verzijlberg worden overgenomen door
Bart?
d Bart wil tevens weten wat er bedoeld wordt met hoofdelijke aansprakelijkheid. Kunt u hem dat uitleggen?

9

10

Nakoming en niet-nakoming van verbintenissen

10.1 Nakoming
10.2 Verweermiddelen van de schuldenaar
10.3 Niet-nakoming en toerekenbaarheid
10.4 Gevolgen van het toerekenbaar niet-nakomen
10.5 Niet-toerekenbaar tekortschieten: overmacht
10.6 Schuldeisersverzuim

Hoofdstuk 9 ging over de verbintenis op zich. Bij een verbintenis zijn twee personen betrokken, de schuldeiser en de schuldenaar. Dit hoofdstuk behandelt de vraag wat er gebeurt als een van beiden niet aan zijn verplichtingen voldoet. Daaraan voorafgaand komen de nakoming zelf aan de orde (par. 10.1) en de wijze waarop de schuldenaar zich kan verweren tegen de aanspraken van de eiser (par. 10.2).

Bij niet-nakoming is het van belang of deze wel of niet toerekenbaar is (par. 10.3): toerekenbare niet-nakoming kan leiden tot schadevergoeding (par. 10.4), terwijl dit bij niet-toerekenbare niet-nakoming niet het geval is (par. 10.5).

Ten slotte is het van belang te onderkennen dat niet alleen de schuldenaar in verzuim kan zijn; ook de schuldeiser kan in verzuim raken (par. 10.6).

10

10.1 Nakoming

De bedoeling van *nakoming* is dat de schuldenaar van zijn schuld wordt bevrijd en dat de eraan ten grondslag liggende verbintenis tenietgaat. Het verrichten van deze prestatie wordt nakomen, betalen of presteren genoemd. Ook spreekt men wel eens van het voldoen aan een verbintenis.

Nakoming

Let op: betalen wordt in het juridisch taalgebruik niet alleen gebezigd voor het betalen van een geldsom, zoals in het normale dagelijkse leven. Betalen betekent juridisch het voldoen aan een verbintenis. Dat kan net zo goed het leveren van machineonderdelen of het bouwen van een huis zijn.

Een uitzondering op het principe dat de schuldenaar door na te komen van zijn schuld wordt bevrijd, vormen de zogenoemde duurovereenkomsten. Bij duurovereenkomsten zit er continuïteit in de prestaties. Voorbeelden van duurovereenkomst zijn de huur- en de arbeidsovereenkomst. De huurder is verplicht elke maand, wanneer dat zo afgesproken is, de verschuldigde huurprijs te voldoen. Ook een werkgever moet de werknemer na elke maand (of week, dat hangt van de afspraak tussen partijen af) het verschuldigde loon betalen. Door de betaling gaat de verbintenis niet teniet, want de huur- of arbeidsovereenkomst loopt gewoon door.

Bedenk dat verbintenissen niet alleen uit overeenkomst kunnen ontstaan, maar ook uit een rechtmatige (zaakwaarneming, onverschuldigde betaling en ongerechtvaardigde verrijking) en uit een onrechtmatige daad.

Nakoming is in de wet geregeld in de zesde afdeling van de eerste titel van Boek 6 BW (art. 6:27 e.v.) en in Boek 3 titel 11 BW (Rechtsvordering), de nakoming in rechte.

Bij de nakoming kan zich een aantal vragen voordoen, die in de volgende subparagrafen besproken worden:
- Wanneer kan de schuldeiser de schuldenaar aanspreken tot nakoming (subpar. 10.1.1)?
- Wie kan bevrijdend nakomen (subpar. 10.1.2)?
- Aan wie moet betaald worden (subpar. 10.1.3)?
- Wat zijn de vereisten voor de nakoming (subpar. 10.1.4)?

10.1.1 Opeisbaarheid van de vordering

In het algemeen geldt dat de schuldeiser de schuldenaar tot nakoming kan

Opeisbare vordering

aanspreken als de *vordering opeisbaar* is. Het moment van het opeisbaar zijn van een vordering hangt af van het feit of partijen een termijn voor nakoming bepaald hebben.

10

VOORBEELD 10.1

Kantoorboekhandel Hermans bestelt een nieuwe voorraad kantoorbenodigdheden bij kantoorgroothandel Groha om zijn winkelvoorraad aan te vullen. Er wordt niets afgesproken omtrent de datum van levering.

De wet zegt dat als partijen niets hebben afgesproken omtrent het tijdstip van nakoming, de vordering terstond opeisbaar is (art. 6:38 BW). Dat betekent dus dat Hermans Groha *terstond* tot nakoming (levering van kantoorbenodigdheden) kan aanspreken.

Hebben partijen daarentegen wel afgesproken dat er op een bepaald tijdstip moet worden nagekomen, dan is de vordering vanaf die datum, de *ver-*

Vervaldag

valdag genoemd, opeisbaar (art. 6:39 lid 1 BW). Dat betekent dat de schuldeiser de schuldenaar vanaf de afgesproken datum kan aanspreken tot nakoming van de verbintenis.

VOORBEELD 10.2
Houtzagerij Klaas Kan & Zonen heeft op 3 mei een nieuwe zaagmachine gekocht bij machinehandel Boogaards bv. Er wordt afgesproken dat de machine 15 juni geleverd zal worden.

Het is duidelijk vanaf welk moment Houtzagerij Klaas Kan & Zonen Boogaards kan aanspreken tot levering van de machine, namelijk vanaf de vervaldag, 15 juni. De vordering is vanaf 15 juni opeisbaar.

Dit is een vrij simpele oplossing, waarbij echter toch nog vragen kunnen rijzen. In de eerste plaats kan men zich afvragen of de crediteur de debiteur vóór de vervaldag mag aanspreken tot nakoming. Het antwoord is nee. Als er een tijd voor nakoming is bepaald, dan wordt vermoed dat dit slechts belet dat eerdere nakoming wordt gevorderd (art. 6:39 lid 1 BW). De schuldeiser mag de schuldenaar dus niet vóór de vervaldag aanspreken. In ons voorbeeld kan Klaas Kan Boogaards bv niet vóór 15 juni aanspreken tot het leveren van de zaagmachine. In voorbeeld 10.1 doet dit probleem zich uiteraard niet voor.

Vervolgens is een vraag of de schuldenaar vóór de vervaldag mag betalen. Dat is inderdaad mogelijk, maar als de schuldenaar vóór de vervaldag heeft betaald, kan hij het betaalde niet meer als onverschuldigd van de schuldeiser terugvorderen (art. 6:39 lid 2 BW). Als Boogaards bv de zaagmachine vóór 15 juni aflevert, kan hij deze niet meer terugvorderen. De aflevering is definitief en de eigendom van de zaagmachine is overgegaan op Klaas Kan.

10.1.2　Wie kan bevrijdend nakomen?

Bevrijdend nakomen is het op een zodanige manier voldoen aan een verbintenis dat men als schuldenaar van zijn schuld is bevrijd. Nakoming door de schuldenaar zelf lijkt zo vanzelfsprekend, maar we zullen zien dat dit soms toch anders is.

De schuldenaar zelf kan bevrijdend nakomen. Dit is zo duidelijk dat de wetgever het niet met zoveel woorden zegt. De wet zegt hierover slechts dat een verbintenis door een ander dan de schuldenaar kan worden nagekomen, tenzij haar inhoud of strekking zich daartegen verzet (art. 6:30 BW).

Iedereen kan dus de verbintenis van een ander nakomen, mits hij de bedoeling heeft voor die ander te betalen. Als iemand de schuld voor een ander betaalt, bijvoorbeeld omdat hij zich vergist heeft, is de schuldenaar natuurlijk niet bevrijd van zijn schuld. Dan heeft degene die onterecht betaald heeft, een actie uit *onverschuldigde betaling* tegen degene die hij onterecht heeft betaald (art. 6:203 BW). Er was namelijk geen rechtsgrond tot betaling.

De wet geeft één beperking: de inhoud of strekking van de verbintenis mag zich niet tegen nakoming door een *ander* dan de schuldenaar verzetten (art. 6:30 lid 1 slot BW). Als iemand bijvoorbeeld een bekend beeldend kunstenaar de opdracht geeft de wand van zijn nieuwe kantoor te verfraaien met een kunstwerk, kan alleen de kunstenaar zelf deze verbintenis nakomen. En het spreekt voor zich dat als iemand machineonderdelen besteld heeft bij een bepaalde groothandel, niet de concurrent deze onderdelen mag leveren. In principe mag de schuldeiser nakoming door een ander dan zijn schuldenaar niet weigeren. Het is zelfs zo dat als hij nakoming door een ander dan de schuldenaar weigert, hij in *crediteurs- of schuldeisersverzuim* raakt. Een crediteur raakt in schuldeisersverzuim als hij de nakoming van de verbintenis bemoeilijkt of onmogelijk maakt (art. 6:58 BW). Hij mag alleen nakoming door een ander dan de schuldenaar weigeren als de schuldenaar zelf niet wil dat die ander in plaats van hem (schuldenaar) nakomt (art. 6:30 lid 2 BW). De wet zegt het precies andersom: 'Een schuldeiser komt niet in verzuim, indien hij een door een derde aangeboden voldoening weigert met goedvinden van de schuldenaar' (art. 6:30 lid 2 BW). Tegenovergesteld: hij komt dus wel in verzuim als hij de door een derde aangeboden voldoening weigert, terwijl de schuldenaar zelf er geen enkel bezwaar tegen heeft dat een ander dan hijzelf wil nakomen. Schuldeisersverzuim wordt in paragraaf 10.6 verder besproken.

Crediteurs-of schuldeisersverzuim (margin)

10.1.3 Aan wie moet betaald worden?

Nu we weten wie bevrijdend kan nakomen, is de volgende vraag aan wie er betaald moet worden. Bevrijdende betaling moet in de eerste plaats geschieden aan de schuldeiser zelf.

VOORBEELD 10.3

Expeditiebedrijf Van Steensel & co heeft een vracht bezorgd bij Barends. De bezorgkosten bedragen €379 exclusief btw.

Aan wie moet Barends de €379 betalen? Uiteraard aan Van Steensel, omdat deze de *crediteur* van deze verbintenis is.

Soms is het niet goed mogelijk om aan de crediteur zelf te betalen. Dit is bijvoorbeeld het geval als iemand inkopen doet in een warenhuis. Het is dan natuurlijk onmogelijk dat de eigenaar zelf achter elke toonbank of kassa staat. Men krijgt dan te maken met het winkelpersoneel, dat op grond van zijn aanstelling bevoegd is te verkopen en de uit de koopovereenkomst voortvloeiende rechten en plichten uit te oefenen. Er is dan sprake van iemand die krachtens *volmacht* bevoegd is namens iemand anders een rechtshandeling te verrichten (art. 3:60 e.v. BW). De schuldenaar kan dus ook bevrijdend betalen aan het winkelpersoneel. Deze problematiek is in subparagraaf 6.1.1 besproken.

Volmacht (margin)

Hetzelfde probleem doet zich voor als de wederpartij geen natuurlijk persoon is maar een rechtspersoon, die nu eenmaal alleen maar via zijn organen kan optreden. Men voldoet in zo'n geval eigenlijk altijd aan iemand die bevoegd is de betaling namens de rechtspersoon in ontvangst te nemen. Het komt ook voor dat de schuldenaar alleen maar bevrijdend kan betalen aan degene die bevoegd is de betaling *namens* de schuldeiser in ontvangst te nemen. Dat is het geval als de schuldeiser iets mankeert, dat wil zeggen *handelingsonbekwaam* (minderjarig of onder curatele gesteld) of inningsonbevoegd is. Een schuldeiser is *inningsonbevoegd* als er bijvoorbeeld beslag op een bepaald vermogensbestanddeel van hem rust of als er een faillissementsbeslag op zijn vermogen rust. Hoofdregel is hier: betaalt de schulde-

Handelings-onbekwaam (margin)

Innings-onbevoegd (margin)

Hoofdregel (margin)

naar aan de handelingsonbekwame of inningsonbevoegde schuldeiser zelf, dan is hij niet van zijn schuld bevrijd.

Bij betaling aan een *handelingsonbekwame* schuldeiser wordt echter wel een uitzondering gemaakt (art. 6:31 BW). De schuldenaar is in de volgende gevallen bij betaling aan de onbekwame zelf wel bevrijd van zijn schuld:

- De betaling heeft de handelingsonbekwame tot werkelijk voordeel gestrekt. Hij heeft bijvoorbeeld voor het bedrag studieboeken aangeschaft, heeft het gebruikt voor zijn levensonderhoud, heeft er de tandartsrekening van betaald of heeft het geld anderszins nuttig besteed.
- De betaling is in handen gekomen van de wettelijk vertegenwoordiger. Hij heeft het bedrag bijvoorbeeld aan zijn ouders/voogd of curator afgedragen.

Bevrijdende betaling

Bij betaling aan de *inningsonbevoegde* schuldeiser wordt er geen uitzondering gemaakt en geldt de hiervoor vermelde hoofdregel onverkort. Men kan dit afleiden uit art. 6:33 BW: is de betaling gedaan in weerwil van een (faillissements)beslag of terwijl de schuldeiser wegens een beperkt recht, een bewind of een soortgelijk beletsel onbevoegd was haar te ontvangen, en wordt de schuldenaar deswege genoodzaakt opnieuw te betalen, dan heeft hij verhaal op de schuldeiser. Dat de wetgever hier zegt dat de schuldenaar genoodzaakt kan worden opnieuw te betalen, houdt in dat hij door die eerste betaling (aan de inningsonbevoegde schuldeiser) niet bevrijd is van zijn schuld.

VOORBEELD 10.4

Firma Holysloot & Holysloot, handelaars in bouwmaterialen, is failliet verklaard. Aannemer Beukema betaalt een nog openstaande schuld aan de firma contant aan een van de firmanten in plaats van aan de faillissementscurator mr. Dijksma.

Beukema is in dit geval niet bevrijd van zijn schuld. Hij kan namelijk nog eens, maar nu door de curator, aangesproken worden tot betaling van hetzelfde bedrag. Heeft hij, aangesproken door de curator, ten tweede male betaald, dan heeft hij verhaal op de firma Holysloot & Holysloot. Dit laatste zal hem niet veel baten, aangezien de firma failliet is verklaard. Hij kan zich hooguit voor zijn vordering op de lijst van de concurrente schuldeisers laten plaatsen.

Bij betaling aan een vertegenwoordiger van de schuldeiser kunnen problemen ontstaan als de vertegenwoordiger op zijn beurt weer niet bevoegd was de betaling in ontvangst te nemen.

Onbevoegde vertegenwoordiger

Hoofdregel is ook hier weer dat als de schuldenaar aan een onbevoegde vertegenwoordiger betaalt, hij niet van zijn schuld bevrijd is.

Ook hier maakt de wet uitzonderingen. De schuldenaar die betaald heeft aan een onbevoegde vertegenwoordiger, is wel bevrijd van zijn schuld:

a als degene aan wie betaald moest worden (de eigenlijke schuldeiser) de betaling heeft bekrachtigd;

b als degene aan wie betaald moest worden door de betaling is gebaat;

c als de schuldenaar in redelijkheid mocht veronderstellen dat degene aan wie betaald moest worden, de crediteur zelf was of dat hij bevoegd was de betaling namens de crediteur in ontvangst te nemen (art. 6:32, 34, 35 en 36 BW).

10

Ad a Bekrachtiging

Bekrachtiging

Bekrachtiging door de eigenlijke schuldeiser heeft tot gevolg dat de schuldenaar alsnog bevrijd is van zijn schuld (art. 3:69 BW). Het volgende voorbeeld laat zien hoe bekrachtiging kan plaatsvinden.

VOORBEELD 10.5

Smit heeft nog een schuld bij Woudenberg openstaan. Hij geeft zijn jongste bediende opdracht een enveloppe met daarin het verschuldigde bedrag aan Woudenberg af te geven. Deze geeft de enveloppe echter niet af aan Woudenberg zelf, maar aan een op het terrein lopende magazijnbediende van Woudenberg.

Uiteraard is een magazijnbediende niet bevoegd betalingen in ontvangst te nemen. Smit is dus niet van zijn schuld bevrijd; althans niet volgens de hoofdregel, maar wel als Woudenberg tegen Smit zegt dat het in orde is. Woudenberg heeft de betaling aan de magazijnbediende, die daartoe niet bevoegd was, bekrachtigd. Als de magazijnbediende het geld in eigen zak had gestoken, had Smit nogmaals moeten betalen aan Woudenberg. En dan zou hij een vordering wegens onverschuldigde betaling jegens de magazijnbediende hebben.

Ad b De schuldeiser is door de betaling gebaat

Schuldeiser door betaling gebaat

De schuldeiser is door de betaling gebaat als de prestatie uiteindelijk in zijn vermogen terecht is gekomen.

VOORBEELD 10.6

De magazijnbediende Joosten heeft met het geld dat hij van Smit heeft ontvangen, de schoonmaakdienst betaald, omdat de administrateur tot wiens taak dit behoorde, ziek naar huis was gegaan.

Smit is nu wel bevrijd van zijn schuld, omdat de betaling ten goede is gekomen aan het vermogen van Woudenberg.

Ad c Vertrouwensbeginsel

Vertrouwensbeginsel

De schuldenaar is ook bevrijd van zijn schuld als hij betaald heeft aan iemand die hij voor de schuldeiser mocht houden, of aan iemand van wie hij mocht veronderstellen dat hij als vertegenwoordiger bevoegd was de betaling in ontvangst te nemen. Uiteraard geldt hier natuurlijk ook het vertrouwensbeginsel van art. 3:61 lid 2 BW. Het vertrouwensbeginsel houdt in dat de wederpartij bevrijd is van zijn schuld als hij op grond van verklaringen of gedragingen van de schuldeiser zelf mocht veronderstellen dat degene die de betaling in ontvangst heeft genomen, daartoe bevoegd was.

Zo mag iemand bijvoorbeeld veronderstellen dat een winkelbediende die achter de kassa in een supermarkt zit, bevoegd is. Iemand mag ook veronderstellen dat het hoofd Boekhouding nog steeds in dienst is en dus bevoegd om betalingen in ontvangst te nemen, als niet uitdrukkelijk is medegedeeld dat hij inmiddels vertrokken is. Betaling aan deze personen is dus bevrijdend voor de schuldenaar. Het risico van hun onbevoegdheid rust

10

op de schuldeiser; het is aan hem te wijten dat de schuldenaar niet op de hoogte was (zie verder par. 6.1).

De schuldenaar heeft de mogelijkheid om bij twijfel aan wie de betaling moet geschieden, de betaling op te schorten (art. 6:37 BW). Dat betekent dat hij mag weigeren te betalen totdat hij zeker weet aan wie hij moet betalen en dat deze weigering hem niet als een tekortschieten in de nakoming van zijn verbintenis kan worden toegerekend.

10.1.4   Vereisten voor de nakoming

De wetgever somt in de eerste drie artikelen van de zesde afdeling van de eerste titel van Boek 6 BW (art. 6:27, 28 en 29 BW) een drietal vereisten op die aan de wijze van nakoming gesteld kunnen worden:

1 Als een schuldenaar een *bepaalde of specieszaak*, bijvoorbeeld een auto met kentekenbewijs, moet afleveren, moet hij als een zorgvuldig schuldenaar zorg voor deze zaak dragen (art. 6:27 BW). Een *specieszaak* is een zaak die niet door een andere kan worden vervangen. | Specieszaak

2 Moet een zaak die slechts naar de *soort* – men spreekt in dat geval van een *genus- of soortzaak* – is bepaald (een dozijn fietsen, dertig kilo kaas) worden afgeleverd, dan hoeft hij niet de beste kwaliteit af te leveren. De wet zegt (art. 6:28 BW) dat de kwaliteit niet beneden de goede gemiddelde kwaliteit mag liggen: niet het beste, maar ook niet het slechtste. | Genuszaak

3 Tot slot hoeft de schuldeiser geen genoegen te nemen met betaling in gedeelten. De wet formuleert dit als volgt: de schuldenaar is zonder toestemming van de schuldeiser niet bevoegd het verschuldigde in gedeelten te voldoen (art. 6:29 BW). | Betaling in gedeelten

VOORBEELD 10.7

Brederode is Hooft €10.000 verschuldigd uit geldleen. Brederode verzoekt Hooft deze lening in vijf maandelijkse termijnen van €2.000 te mogen betalen. Als Hooft nee zegt, is Brederode verplicht de €10.000 ineens te voldoen.

Hoewel de genoemde artikelen gelden voor alle verbintenissen, ook die met betrekking tot het betalen van een geldsom, wordt in art. 6:111 e.v. BW een aparte regeling gegeven voor verbintenissen tot betaling van een geldsom. Deze regeling betreft onder andere: | Betaling geldsom

a het nominaliteitsbeginsel;
b de verplichting in gangbaar geld te betalen;
c de zogenoemde girale betaling;
d de plaats van betaling.

Ad a Het nominaliteitsbeginsel

Het *nominaliteitsbeginsel* (art. 6:111 BW) houdt in dat bij verbintenissen tot betaling van een geldsom voor de omvang van de verschuldigde prestatie slechts het nominale bedrag van de geldsom van belang is. Met wisselingen in de reële koopkracht van het geld behoeft in de regel dus geen rekening te worden gehouden. Dat betekent dat als afgesproken is dat Klaas Kan (voorbeeld 10.2) voor de zaagmachine €6.150 zal betalen, de koopsom €6.150 blijft. Kortom: er wordt geen rekening gehouden met geldontwaarding. | Nominaliteitsbeginsel

Ad b De verplichting in gangbaar geld te betalen

Een schuldenaar die een geldsom moet betalen, moet dit doen in *gangbaar geld* (art. 6:112 BW). Het geld moet gangbaar zijn in het land in welks geld | Gangbaar geld

10

de betaling geschiedt (art. 6:112 BW). Met de term 'gangbaar geld' wordt 'wettig betaalmiddel' bedoeld. Wat Nederlands wettig betaalmiddel is, is geregeld in de Muntwet en in de Bankwet. De eerste betreft de munten en de tweede de bankbiljetten. Partijen kunnen afspreken dat betaling plaats moet vinden in vreemde valuta. De schuldenaar mag echter in zo'n geval ook bijvoorbeeld in Nederlandse valuta (in euro's) voldoen (art. 6:121 BW). Uit wet, rechtshandeling, gewoonte of redelijkheid en billijkheid kan voortvloeien dat de schuldenaar uitsluitend in het geld der verbintenis mag voldoen, dat wil zeggen in vreemde valuta. De schuldeiser mag dan wel de betaling in Nederlands geld weigeren (art. 6:121 lid 2 BW).

Ad c De girale betaling

Girale betaling

Een geldschuld kan ook door girale betaling worden voldaan (art. 6:114 BW). De schuldenaar is in dat geval pas bevrijd van zijn schuld als het bedrag is bijgeschreven op de rekening van de schuldeiser; als diens rekening dus is gecrediteerd. Bij het elektronisch betalen, het pinnen, geeft de schuldenaar een opdracht aan de bank. Dat doet hij door middel van een speciale pas die voorzien is van een pincode. Zodra de schuldenaar alle voorgeschreven handelingen bij de betaalautomaat verricht heeft, is de opdracht tot stand gekomen en kan deze niet meer ingetrokken worden. De bank mag deze betaling dan automatisch van de rekening van de schuldenaar/opdrachtgever afboeken. Alle betalingen die door middel van de pas worden gedaan, komen automatisch voor rekening van de rekeninghouder. Betaling kan ook op het internet plaatsvinden. Elk geldig betaalmiddel is daarbij toegestaan.

Online betalen

Men kan *online betalen* door internetbankieren of door te betalen met een creditcard, digitale acceptgiro (onlinegiro) of de eigen bankrekening via bijvoorbeeld PayPal of iDEAL, de twee bekendste online betalingssystemen. Aankopen die gedaan zijn via een webwinkel, kunnen via iDEAL betaald worden. Men kan dan op het scherm aangeven via welke bank er betaald moet worden, waarna men de bank opdracht kan geven het verschuldigde bedrag over te maken naar het rekeningnummer van de leverancier. PayPal werkt op dezelfde manier, maar heeft als extra een chargebackregeling. Dat betekent dat men zijn geld terugkrijgt als de leverancier niet kan bewijzen dat hij aan zijn verplichtingen heeft voldaan. Ook creditcards kennen een chargebackregeling. Uiteraard geldt ook in deze gevallen dat er pas betaald is als de rekening van de schuldeiser is gecrediteerd.

Ad d De plaats van betaling

Plaats betaling

Art. 6:115 t/m 118 BW regelen waar de schuldenaar moet betalen (nakomen). De hoofdregel is dat er betaald moet worden aan de woonplaats van de schuldeiser, tenzij deze een andere plaats heeft aangewezen (art. 6:116 BW). De geldschuld is dus volgens de wet een *brengschuld*. Is de schuld ontstaan bij de uitoefening van bedrijfs- of beroepsbezigheden van de schuldeiser, dan geldt als woonplaats de plaats van vestiging waar die bezigheden worden uitgeoefend (art. 6:118 BW).

10.2 Verweermiddelen van de schuldenaar

Tot nu toe hebben we gezien wat de mogelijkheden zijn voor de schuldeiser met betrekking tot de verplichting tot nakoming van de schuldenaar. In deze paragraaf wordt besproken wat de schuldenaar zoal kan aanvoeren tegen de aanspraken van de schuldeiser.

De schuldeiser heeft op grond van zijn vorderingsrecht de mogelijkheid de schuldenaar aan te spreken tot het voldoen aan de verbintenis. De schuldenaar kan zich van zijn verplichtingen bevrijden door na te komen. Het kan echter voorkomen dat de schuldenaar, hoewel aangesproken door de schuldeiser, meent dat hij niet of niet meer behoeft na te komen. Hij kan daarvoor een aantal argumenten aanvoeren. Deze argumenten worden in juridisch taalgebruik *verweermiddelen* genoemd. De verweermiddelen worden in subparagraaf 10.2.1 besproken. Hoewel opschorting ook een verweermiddel is, verdient het de voorkeur deze in een afzonderlijke subparagraaf (subpar. 10.2.2) te behandelen.

Verweermiddelen

10.2.1   Verweermiddelen

Er zijn de volgende verweermiddelen:
1 de verbintenis bestaat niet (meer);
2 de vordering is nog niet opeisbaar;
3 het vorderingsrecht van de schuldeiser bestaat niet meer;
4 de nakoming van de verbintenis is tijdelijk of blijvend onmogelijk;
5 een beroep op de nietigheid of vernietigbaarheid;
6 opschorting van de nakoming (zie subpar. 10.2.2)

Ad 1 De verbintenis bestaat niet (meer)
De schuldenaar kan ter verdediging aanvoeren dat de verbintenis waarop de schuldeiser zijn vordering heeft gebaseerd, niet bestaat of reeds is tenietgegaan. Een voorbeeld van een verbintenis die *niet bestaat*, is de situatie dat iemand een rekening toegestuurd krijgt voor een bestelling die hij niet heeft geplaatst. Een voorbeeld van een verbintenis die reeds is *tenietgegaan*, is de situatie dat iemand ten gevolge van een computerfout nog eens een rekening toegestuurd krijgt nadat hij de vorige reeds heeft voldaan.
In deze situaties is het zinvol dat de debiteur verweer voert en wel schriftelijk, liefst per aangetekend schrijven. De debiteur loopt anders het risico dat de schuldeiser in rechte zijn vordering toegewezen krijgt, omdat de schuldenaar geen verweer heeft gevoerd.

Niet-bestaande verbintenis

Tenietgegane verbintenis

Ad 2 De vordering is nog niet opeisbaar
Een ander verweermiddel dat de schuldenaar kan aanvoeren, is dat de vordering *nog niet opeisbaar* is. De schuldenaar kan dit gebruiken in de situatie dat er een bepaalde datum voor nakoming is afgesproken. Het verweer is dan terecht, want de schuldeiser mag, zoals we hebben gezien in paragraaf 10.1, de schuldenaar niet vóór de vervaldag aanspreken (art. 6:39 BW).

Vordering nog niet opeisbaar

10

Ad 3 Het vorderingsrecht van de schuldeiser bestaat niet meer
De schuldenaar kan ook aanvoeren dat de schuldeiser geen vorderingsrecht meer heeft, omdat er sprake is van een natuurlijke verbintenis (art. 6:3 BW). Er ontstaat bijvoorbeeld een natuurlijke verbintenis na verjaring of na een faillissementsakkoord dat de schuldenaar zijn schuldeisers heeft aangeboden. De natuurlijke verbintenis is al in paragraaf 9.8 behandeld.

Vorderingsrecht bestaat niet meer

Ad 4 De nakoming is tijdelijk of blijvend onmogelijk
Nakoming van een prestatie is tijdelijk onmogelijk als bijvoorbeeld de loods waar de te leveren goederen lagen opgeslagen door brand is verwoest of als de goederen door een exportverbod tijdelijk niet geleverd kunnen worden.

Blijvend onmogelijk

Een prestatie is blijvend onmogelijk als iemand bijvoorbeeld een schilderij twee keer heeft verkocht. Hij kan maar aan een van de schuldeisers leveren. Ten aanzien van de andere schuldeiser is de prestatie dan blijvend onmogelijk geworden. Het blijvend onmogelijk worden van een prestatie komt in de praktijk eigenlijk alleen voor bij species- of bepaalde zaken. Deze zijn namelijk uniek en niet door andere soortgelijke zaken te vervangen. Zo kan bijvoorbeeld een occasion, die vlak voor de aflevering total loss wordt gereden, nooit meer geleverd worden. De levering van de ene occasion kan namelijk niet vervangen worden door de levering van een andere occasion, zelfs als het hetzelfde merk of type zou betreffen. Species- of bepaalde zaken zijn bijvoorbeeld tweedehands spullen, zaken uit showrooms, uitverkoop en dergelijke, en zaken die uit hun aard uniek zijn, zoals kunstwerken. Het al dan niet blijvend onmogelijk zijn van een prestatie wordt in paragraaf 10.6 verder behandeld.

Ad 5 Beroep op de nietigheid of vernietigbaarheid
Een ander verweermiddel, dat in de praktijk niet vaak voorkomt, is een beroep op de nietigheid (handelen in strijd met dwingende wetsbepalingen, openbare orde of goede zeden) of vernietigbaarheid (handelingsonbekwaamheid, wilsgebreken) van de rechtshandeling (overeenkomst) die aan de verbintenis ten grondslag ligt. *Nietig* is bijvoorbeeld een testament dat niet in een notariële akte is vastgelegd. *Vernietigbaar* is de koop van een bromscooter door een 15-jarige; een minderjarige is namelijk handelingsonbekwaam (art. 3:32 lid 2 BW).

Nietig
Vernietigbaar

Nietigheid werkt van rechtswege maar op vernietigbaarheid moet een beroep worden gedaan. Beide hebben *terugwerkende kracht*. Dit betekent dat achteraf de rechtsgevolgen geacht worden niet te zijn ontstaan. Zo zal bij een koopovereenkomst de verbintenis tot betaling van de koopsom of die van de levering van het verkochte goed achteraf niet zijn ontstaan.

Terugwerkende kracht

Een nietige rechtshandeling wordt geacht de beoogde rechtsgevolgen nooit gehad te hebben. Een vernietigbare rechtshandeling daarentegen is geldig totdat zij wordt vernietigd. Als dat gebeurt, wordt ook zij geacht de beoogde rechtsgevolgen nooit gehad te hebben. De nietigheid en vernietigbaarheid zijn in paragraaf 5.3 bij de bespreking van de rechtshandelingen behandeld.

10.2.2 Opschorting van de nakoming

De schuldenaar kan zich ook beroepen op een zogenoemd *opschortingsrecht*. Let wel: ook het opschortingsrecht is een verweermiddel.
In dit verband zijn de volgende vragen van belang:
- Wat houdt het opschortingsrecht in?
- Aan welke vereisten moet een beroep op opschortingsrecht voldoen?
- Wat zijn bijzondere opschortingsrechten?
- Kan het opschortingsrecht alleen tegen de crediteur worden ingeroepen?
- In welke gevallen kan geen beroep op opschorting worden gedaan?
- Wat zijn de gevolgen van opschorting?

Het opschortingsrecht

Opschortingsrecht

Een *opschortingsrecht* is de bevoegdheid die een debiteur heeft om de nakoming van zijn verbintenis uit te stellen totdat zijn crediteur voldoet aan een opeisbare vordering die de debiteur op hem heeft (art. 6:52 BW).

10

VOORBEELD 10.8

Bob de Vries, eigenaar van een zaak in sportartikelen, koopt altijd in bij de Coöperatieve Inkoopcombinatie Samen Streven WA. In de verkoopcondities van de Inkoopcombinatie is bepaald dat een afnemer binnen veertien dagen na de aflevering moet betalen. Bob de Vries heeft in januari een aantal nieuwe trainingspakken en sportschoenen besteld en ontvangen. Hij heeft echter nagelaten de koopprijs te betalen. In maart bestelt hij tenniskleding en -schoeisel. De Inkoopcombinatie weigert de bestelling af te leveren totdat de vorige leverantie – die van de trainingspakken en sportschoenen – is betaald.

De eerste verbintenis in dit voorbeeld is de verbintenis tot levering van de trainingspakken en sportschoenen, waarvan Bob de Vries de schuldeiser en de Inkoopcombinatie de schuldenaar is. Van de daartegenoverstaande verbintenis, die tot betaling van de koopsom, is Bob de Vries de schuldenaar en de Inkoopcombinatie de schuldeiser. Schematisch weergegeven:

		Trainingspakken		
	DEB	—————————	CRED	
Inkoopcombinatie				Bob de Vries
	CRED	Koopsom	DEB	
		—————————		

Vervolgens zien we de verbintenis tot levering van de tenniskleding en het schoeisel, waarvan ook weer Bob de Vries de schuldeiser en de Inkoopcombinatie de schuldenaar is. Van de daartegenoverstaande verbintenis, die tot betaling van de koopsom, is Bob de Vries weer de schuldenaar en de Inkoopcombinatie de schuldeiser. In schema gezet:

		Tenniskleding		
	DEB	—————————	CRED	
Inkoopcombinatie				Bob de Vries
	CRED	Koopsom	DEB	
		—————————		

De Inkoopcombinatie heeft aan haar verplichting uit de eerste verbintenis voldaan, want de trainingspakken en sportschoenen zijn afgeleverd. Bob de Vries heeft de tegenhangende verplichting, de betaling van de koopprijs, niet voldaan.

De Inkoopcombinatie weigert nu aan haar verplichting tot levering van de nieuwe bestelling te voldoen, totdat Bob de Vries de koopprijs van de trainingspakken en sportschoenen heeft betaald.

De weigering van de Inkoopcombinatie is terecht, omdat Bob de Vries tekortschiet als debiteur in de verbintenis tot betaling van de koopsom van de trainingspakken en sportschoenen die hij jegens de Inkoopcombinatie heeft. De Inkoopcombinatie doet hier dus een beroep op een opschortingsrecht.

Vereisten voor opschorting

De wet stelt vier vereisten aan het beroep op een opschortingsrecht:

1 Partijen moeten over en weer elkaars crediteur en debiteur zijn.
2 Er moet sprake zijn van een tekortkoming van de crediteur (als debiteur) van een samenhangende verbintenis.

*Vereisten op-
schorting*

10

3 De tekortkoming moet de opschorting rechtvaardigen, dat wil zeggen van zodanige aard zijn dat er terecht een beroep op wordt gedaan. Het is bijvoorbeeld niet terecht de volledige betaling van de koopsom op te schorten als van een zending van 150 apparaten er een paar defect blijken te zijn.

4 Er moet voldoende samenhang tussen de twee verbintenissen bestaan (art. 6:52 lid 1 BW). Dit is het geval als de verbintenissen voortvloeien uit dezelfde rechtsverhouding, bijvoorbeeld een wederkerige overeenkomst (koopovereenkomst), of uit zaken die partijen regelmatig met elkaar doen (art. 6:52 lid 2 BW).

Als we de vereisten die de wet stelt, toetsen aan voorbeeld 10.8, zien we dat de Inkoopcombinatie en Bob de Vries over en weer elkaars crediteur en debiteur zijn. Aan de eerste vereiste wordt dus voldaan.
Ten aanzien van de tweede en derde vereiste schiet Bob de Vries als debiteur van een tegenhangende verbintenis, namelijk die tot betaling van de trainingspakken en sportschoenen, inderdaad tekort jegens zijn crediteur, de Inkoopcombinatie.
Aan de vierde vereiste – voldoende samenhang – is voldaan, want partijen doen regelmatig zaken met elkaar.
Omdat Bob de Vries niet aan alle vereisten voldoet, mag de Inkoopcombinatie als debiteur van de volgende verbintenis, die tot levering van de tenniskleding en het schoeisel, terecht weigeren na te komen jegens de crediteur van deze verbintenis, Bob de Vries.

Soms kan het onduidelijk zijn wie van beide partijen bevoegd is op te schorten. Dat is bijvoorbeeld het geval als bepaald is dat de betaling tegelijk met de aflevering plaatsvindt, zoals bij de koopovereenkomst (art. 7:26 lid 2 BW). Wie kan dan opschorten? Dat is degene wiens wederpartij niet wil meewerken aan het feit dat de betaling tegelijk met de aflevering moet plaatsvinden ('gelijk oversteken'). In alle andere gevallen kan de partij wiens wederpartij het eerst moest presteren, opschorten wanneer de wederpartij nog niet gepresteerd heeft.
De algemene regels van de opschortingsrechten staan in art. 6:52 e.v. BW. Deze regels gelden voor alle opschortingsrechten, voor zover deze zelf geen afwijkende bepalingen inhouden.

Bijzondere opschortingsrechten
De bijzondere opschortingsrechten zijn verspreid in de wet geregeld. De meest voorkomende zijn:
a de exceptio non adimpleti contractus (art. 6:262 BW);
b de onzekerheidsexceptie (art. 6:263 BW);
c het retentierecht (art. 6:57 en 3:290 BW).

Ad a Exceptio non adimpleti contractus

Exceptio non adimpleti contractus

De *exceptio non adimpleti contractus* (vertaald: het verweermiddel vanwege het niet-nakomen van een contractuele afspraak) is een opschortingsrecht dat speciaal van toepassing is op wederkerige (verbintenisscheppende) overeenkomsten. Het houdt in dat een van de partijen zijn verplichting uit een wederkerige overeenkomst opschort totdat zijn wederpartij aan diens tegenhangende verplichting heeft voldaan.

VOORBEELD 10.9

Houtsma is met Raatgever overeengekomen dat de door hem aan Raatgever verkochte keuken tegen contante betaling afgeleverd zal worden. Als Houtsma de keuken wil afleveren, blijkt Raatgever geen contanten in huis te hebben. Houtsma mag nu weigeren de keuken af te leveren.

VOORBEELD 10.10

Voogd heeft een nieuwe auto gekocht bij Garagebedrijf Baas bv. Nadat alle papieren zijn getekend, wordt afgesproken dat Voogd de volgende zaterdag de auto op mag komen halen. Hij moet er dan wel voor zorgen dat de koopsom op de rekening van het garagebedrijf is gestort.
Als Voogd de betreffende zaterdag de auto komt ophalen, weigert Baas, de directeur van het bedrijf, de auto af te leveren, omdat de koopsom nog niet op zijn rekening is bijgeschreven.

De weigering is terecht, omdat afgesproken is dat Voogd als eerste moet presteren. Zolang hij dat niet heeft gedaan, is zijn wederpartij bevoegd de nakoming van zijn verplichting op te schorten.
Het volgende arrest laat zien dat het ook kan voorkomen dat er bij wederkerige overeenkomsten niet automatisch voldoende samenhang is.

> **HR 30 juni 1978, NJ 1978, 693 (Theunissen/Verstappen)**
> Theunissen heeft een horecapand gehuurd van Verstappen. Theunissen weigert de huur te betalen zolang Verstappen niet aan zijn onderhoudsverplichtingen ten aanzien van het café heeft voldaan. Verstappen eist nu ontruiming van het pand, omdat Theunissen niet voldoet aan zijn verplichtingen uit de huurovereenkomst.
> Volgens de Hoge Raad hangen betalings- en onderhoudsverplichting bij een overeenkomst van huur en verhuur niet zodanig met elkaar samen dat achterstallig onderhoud een opschorting van de betaling van de huurpenningen rechtvaardigt.

Bij de huurovereenkomst zijn namelijk de tegenhangende verplichtingen slechts het verschaffen van het genot van de gehuurde zaak en de betaling van de huurpenningen.

Ad b Onzekerheidsexceptie
Ook de onzekerheidsexceptie kan alleen gebruikt worden bij wederkerige overeenkomsten (art. 6:263 BW). Bij de *onzekerheidsexceptie* is het juist degene die het eerst moet presteren die een beroep doet op de exceptie in de situatie dat hij terecht vreest dat zijn wederpartij – na voldoening door hem – niet aan diens verplichting zal kunnen voldoen.

Onzekerheidsexceptie

10

VOORBEELD 10.11

Speelgoedfabrikant De Poppendokter bv heeft een grote partij kinderspeelgoed verkocht aan de speelgoedketen De Bonte Harlekijn. Afgesproken wordt dat het speelgoed uiterlijk 1 oktober wordt geleverd en dat betaling plaatsvindt binnen veertien dagen na aflevering. Arie Zoet, directeur van de Poppendokter bv, verneemt echter half september dat voor De Bonte Harlekijn surséance van betaling is aangevraagd.

Wat moet De Poppendokter bv doen als zij door De Bonte Harlekijn wordt aangesproken tot levering van het speelgoed?

Zij kan zich dan beroepen op de onzekerheidsexceptie. Er is hier namelijk sprake van onvoorziene omstandigheden (art. 6:263 BW), die haar goede grond geven te vrezen dat de wederpartij haar tegenhangende verplichting niet zal voldoen.

Ad c Retentierecht

Retentierecht Het *retentierecht* geeft een crediteur de bevoegdheid om in bij de wet aangegeven gevallen de nakoming van een verplichting tot aflevering van een zaak aan zijn schuldenaar op te schorten totdat zijn vordering wordt voldaan (art. 6:57 j° 3:290 BW).

VOORBEELD 10.12

Bruinsma heeft de antieke klok van Everaars gerepareerd. De reparatienota bedraagt €110. Everaars wil niet betalen. Bruinsma mag nu weigeren de klok af te geven totdat Everaars de nota heeft voldaan.

Opschortingsrecht en crediteur

Opschortings-recht t.a.v. anderen dan crediteur Een opschortingsrecht kan niet alleen ingeroepen worden tegen de crediteur zelf, maar ook tegen zijn crediteuren en eventueel de faillissementscurator en de rechtsopvolgers (art. 6:53 BW). Dat kunnen zowel rechtsopvolgers onder algemene titel zijn, zoals een erfgenaam, als rechtsopvolgers onder bijzondere titel, zoals een koper aan wie de verkochte zaak geleverd is.

VOORBEELD 10.13

Voornoemde Everaars betaalt de rekening van de klokkenmaker niet, omdat hij in financiële moeilijkheden verkeert, die uiteindelijk leiden tot zijn faillissement. De klok is eigendom van Everaars. De curator in faillissement vordert (revindiceert) daarom de klok van Bruinsma. Deze mag weigeren de klok aan de curator te geven totdat deze op diens beurt de reparatienota uit de boedel heeft betaald.

10

Geen opschorting

In een paar gevallen is het de schuldenaar niet toegestaan een beroep op een opschortingsrecht te doen. Een debiteur kan *niet* opschorten:

1 als hijzelf in crediteursverzuim verkeert (art. 6:54 sub a BW);
2 als de nakoming blijvend onmogelijk is geworden (art. 6:54 sub b BW).

Schuldeisers-verzuim Een schuldenaar die zelf in crediteursverzuim (schuldeisersverzuim) verkeert ten aanzien van de verbintenis die de wederpartij moet nakomen, kan niet meer opschorten (art. 6:54 sub a BW). Een schuldeiser raakt namelijk op zijn beurt in verzuim als de nakoming door de schuldenaar verhinderd wordt doordat hij de daartoe noodzakelijke medewerking niet verleent of doordat een ander beletsel van zijn zijde opkomt (art. 6:58 BW); zie paragraaf 10.6.

In het voorbeeld 10.12 mag Everaars natuurlijk niet weigeren te betalen, omdat Bruinsma de klok niet wil afgeven. Hij is zelf als eerste in *debiteursverzuim* (schuldenaarsverzuim) ten aanzien van de betaling van de reparatienota; hij schiet als debiteur toerekenbaar tekort in de nakoming van een verbintenis. Daardoor raakt hij ten aanzien van zijn recht tot afgifte van de klok in schuldeisersverzuim.

Schuldenaars-verzuim

Opschorten heeft geen zin als de nakoming door de ander blijvend onmogelijk is geworden (art. 6:54 sub b BW). Het is dan zeker dat de wederpartij toch nooit aan zijn verplichtingen zal kunnen voldoen.

Er is wel een *uitzondering*: ook als de prestatie blijvend onmogelijk is geworden, kan een beroep worden gedaan op de exceptio non adimpleti contractus en de onzekerheidsexceptie. Art. 6:264 BW verklaart art. 6:54 BW namelijk niet van toepassing op bovengenoemde opschortingsrechten. De reden hiervoor is dat een beroep op de exceptio non adimpleti contractus gezien wordt als een voorstadium van de ontbinding. Zoals hiervoor reeds gezegd komt het blijvend onmogelijk worden van een prestatie in de praktijk echter alleen bij specieszaken voor.

VOORBEELD 10.14

Een tweedehandsauto is tweemaal verkocht, eenmaal aan Jansen en eenmaal aan Pietersen.

Als de auto is overgedragen aan Pietersen, kan hij niet meer aan Jansen overgedragen worden. De prestatie is ten aanzien van Jansen blijvend onmogelijk geworden. Mag Jansen de betaling van de koopsom met een beroep op de exceptio non adimpleti contractus opschorten? Ja, want anders zou hij eerst moeten betalen en vervolgens na ontbinding van de koopovereenkomst de koopsom weer terug moeten vorderen van de verkoper met het risico dat deze insolvent blijkt te zijn. Het beroep op de exceptio gaat hier vooraf aan de ontbinding van de koopovereenkomst.

Gevolgen van opschorting

Wat zijn de gevolgen van het feit dat de debiteur (terecht) opschort? Een debiteur die terecht opschort, blijft altijd tot nakoming bevoegd. Hij hoeft zich namelijk niet op zijn opschortingsbevoegdheid te beroepen. Een opschortingsbevoegdheid is een van de verweermiddelen die een debiteur kan aanwenden als hij door de crediteur tot nakoming wordt aangesproken. Beroept hij zich echter wel op een opschortingsrecht, dan betekent dit dat de crediteur ten aanzien van deze verbintenis geen nakoming meer kan eisen totdat hij aan zijn tegenhangende verplichting heeft voldaan. Het niet-nakomen van de debiteur wordt hem in zo'n geval niet toegerekend. Dit heeft weer tot gevolg dat de crediteur geen schadevergoeding kan eisen over deze periode en dat hij de overeenkomst, indien zij wederkerig is, niet wegens wanprestatie kan ontbinden. Om dit te kunnen doen, moet een debiteur immers in verzuim zijn, en dat is hij, als hij terecht opschort, natuurlijk niet. Een ander gevolg is dat de crediteur wiens debiteur terecht opschort, in crediteursverzuim raakt (art. 6:59 BW). Hij wordt dan geacht een schuldeiser te zijn die de nakoming van zijn schuldenaar verhindert.

Gevolgen opschorting

10

10.3 Niet-nakoming en toerekenbaarheid

In de praktijk komt de schuldenaar in de meeste gevallen gewoon na als hij terecht door de schuldeiser wordt aangesproken. In een klein aantal gevallen komt de schuldenaar echter niet na, hetzij opzettelijk, bijvoorbeeld omdat hij het met de eis van de crediteur niet eens is, hetzij omdat er sprake is van bepaalde omstandigheden. Soms wordt hem dit toegerekend, in een ander geval echter niet.

Toerekenbaar niet-nakomen

Als de schuldenaar het niet-nakomen kan worden toegerekend, is hij verplicht de schade die zijn schuldeiser hierdoor lijdt, te vergoeden (art. 6:74 lid 1 BW).

VOORBEELD 10.15

Handelsbedrijf Nelissen heeft bij Van Stolk goederen besteld ter waarde van €15.000. Hoewel de goederen op tijd zijn afgeleverd, weigert Van Stolk de koopsom van €15.000 te betalen.

Doordat Van Stolk de €15.000 die hij verschuldigd is niet betaalt, schiet hij tekort in de nakoming van een verbintenis. De gevolgen van het niet-nakomen van een verbintenis worden in de wet in afdeling 9 van de eerste titel van Boek 6 BW geregeld. Bij iedere tekortkoming in de nakoming van een verbintenis is de schuldenaar volgens de wet verplicht de schade die de schuldeiser daardoor lijdt te vergoeden, tenzij de tekortkoming de schuldenaar niet kan worden toegerekend (art. 6:74 BW). Dat betekent dus voor Van Stolk dat hij de schade die handelsbedrijf Nelissen lijdt moet vergoeden, tenzij het tekortschieten hem niet kan worden toegerekend.

Daarom moet men zich eerst afvragen of dit tekortschieten in de betaling van €15.000 Van Stolk ook kan worden toegerekend. Luidt het antwoord op deze vraag 'ja', dan is Van Stolk volgens de wet verplicht de schade die handelsbedrijf Nelissen door zijn tekortschieten lijdt te vergoeden. Luidt het antwoord op deze vraag 'nee', dan hoeft hij geen schadevergoeding te betalen. De toerekenbaarheid van niet-nakomen is van belang voor de vraag of de gevolgen van het niet-nakomen voor de schuldeiser of voor de schuldenaar zijn. Hierbij gaat het om de volgende vragen:
- Welke factoren zijn van invloed op de toerekenbaarheid (subpar. 10.3.1)?
- Op welke manieren kan een schuldenaar toerekenbaar tekortschieten (subpar. 10.3.2)?
- Vanaf welk moment kan het tekortschieten de schuldenaar toegerekend worden (subpar. 10.3.3)?

10.3.1 Factoren die van invloed zijn op de toerekenbaarheid van de niet-nakoming

Wanprestatie

Wanneer wordt het tekortschieten in de nakoming van een verbintenis de schuldenaar toegerekend en is er dus sprake van een *wanprestatie*? Daarbij spelen twee factoren een rol, te weten:
1 schuld (verwijtbaarheid) of risico;
2 inspannings- of resultaatsverbintenis.

Schuld en risico

Het niet-nakomen door de schuldenaar wordt hem toegerekend als het te wijten is aan zijn schuld of aan omstandigheden die voor zijn rekening komen (risico). De wet geeft slechts aan wanneer een tekortschieten van de schuldenaar niet toerekenbaar is (art. 6:75 BW).

Men spreekt van *schuld* als er sprake is van een verwijtbare gedraging (of nalaten). Voorbeeld 10.16 geeft aan wanneer dat het geval kan zijn.   **Schuld**

VOORBEELD 10.16
Groot, directeur van GROHA bv, laat een bedrijfshal leasen. Omdat hij een zo laag mogelijke prijs wil betalen, zoekt hij uiteraard naar het leasebedrijf met de gunstigste voorwaarden. Nadat hij een contract heeft gesloten met Amsterdam-Lease, komt hij tot de ontdekking dat een ander leasebedrijf goedkoper is. Nadat hij met dit laatste bedrijf in zee is gegaan, weigert hij zijn verplichtingen jegens Amsterdam-Lease na te komen.

Bij *risico* is er sprake van omstandigheden die de schuldenaar krachtens wet, rechtshandeling (overeenkomst) of verkeersopvattingen (ongeschreven recht: wat men vindt) kunnen worden toegerekend. Er behoeft bij risico geen sprake van verwijtbaar gedrag te zijn. Toch moet de schuldenaar de nadelige gevolgen van het niet-nakomen, het betalen van schadevergoeding (zie par. 10.4), voor zijn rekening nemen.   **Risico**

VOORBEELD 10.17
Expeditiebedrijf Haanstra Logistiek bv vervoert goederen voor Warenhuis Bergsma's Bijenkorf. Door een mankement aan de vrachtauto schuift deze van de weg en kantelt. De goederen die zich in de auto bevinden, zijn zwaar beschadigd.

Haanstra moet Warenhuis Bergsma's Bijenkorf de schade vergoeden, omdat het mankement aan de vrachtauto tot zijn risico behoort (art. 6:77 BW).

Het begrip 'schuld' wordt niet verder uitgewerkt in art. 6:75 BW. Dat is wel het geval met het begrip 'risico'. Risico omvat omstandigheden die voor rekening van de schuldenaar komen. Deze omstandigheden kunnen zich voordoen op grond van:
a de wet;
b een rechtshandeling (overeenkomst);
c in het verkeer geldende opvattingen.

Ad a Wet
De wet legt in twee gevallen het risico bij de schuldenaar, te weten: **Risico bij de schuldenaar**
1 in al die gevallen waarin de schuldenaar andere personen gebruikt bij de uitvoering van een verbintenis (art. 6:76 BW);
2 voor het materiaal dat de schuldenaar bij de uitvoering van een verbintenis gebruikt (art. 6:77 BW); zie voorbeeld 10.17.

De wet maakt hier echter twee uitzonderingen. De *eerste uitzondering* geldt in de situatie dat het toekennen van het risico aan de schuldenaar gezien de omstandigheden van het geval, de rechtsverhouding van partijen en de   **Uitzonderingen**

10

overige omstandigheden van het geval onredelijk zou zijn (art. 6:77 slot BW). De tekst van de wet is de neerslag van een bekend arrest van de Hoge Raad.

> **HR 5 januari 1968, NJ 1968, 102 (Zentveld/Fokker) (Vliegtuigvleugel)**
> Zentveld zou voor Fokker een vliegtuigvleugel vervoeren voor ƒ 17,50 (ca. €8) per uur. Bij het heffen van de vleugel brak een bout van de kraanwagen. Het gevolg was dat de vliegtuigvleugel zwaar beschadigd was. De schade bedroeg ƒ 120.000 (ca. €55.000). De verzekeringsmaatschappij waarbij Fokker het vervoer van de vleugel had verzekerd, probeerde het uitgekeerde schade-bedrag te verhalen op Zentveld. Zentveld droeg immers het risico voor het defect van de kraanwagen. De Hoge Raad was echter van oordeel dat of en in hoeverre een schuldenaar aansprakelijk is voor de gebreken van de door hem gebruikte zaken, afhankelijk is van de aard van de overeenkomst, de verkeers-opvattingen en de redelijkheid en billijkheid. Het is niet redelijk, gezien de bedongen tegenprestatie van ƒ 17,50 (ca. €8) per uur, de schade van ƒ 120.000 (ca. €55.000) voor rekening van Zentveld te laten komen. Dit was ook niet de bedoeling van partijen geweest. Uit het feit dat niet Zentveld, maar Fokker het transport had verzekerd, blijkt dat het de bedoeling van partijen geweest was om Fokker het risico van het vervoer te laten dragen.

De *tweede uitzondering* kan zich voordoen als de prestatie blijvend onmoge-lijk is geworden tijdens het verzuim van de schuldenaar (art. 6:84 BW). Als de schuldenaar ten gevolge van bijvoorbeeld een vertraging in de nakoming in verzuim raakt, komt elke oorzaak waardoor zijn nakoming tijdens het ver-zuim tijdelijk of blijvend onmogelijk wordt, voor zijn rekening en is deze dus zijn risico.

VOORBEELD 10.18

Rietveld heeft een schilderij van een beroemd kunstenaar gekocht op de tentoonstelling in Galerie Zwartvoet. Het is de bedoeling van Rietveld dat het schilderij in de hal van zijn nieuwe kantoorgebouw komt te hangen. Hij sommeert dan ook als fatale termijn de datum van de opening. Op de be-wuste vrijdagmiddag is het schilderij niet geleverd. De opening gaat vanzelf-sprekend gewoon door. In het weekend breekt brand uit in de galerie. Enige kunstwerken, waaronder dat van Rietveld, gaan verloren.

Het beroep van de galerie op overmacht zal in dit geval niet slagen, omdat de galerie in verzuim verkeert, nu zij de fatale termijn heeft laten verstrijken. De wetgever legt in dit geval het risico bewust bij de schuldenaar, omdat de schuldeiser geen nadeel mag ondervinden van het feit dat de schuldenaar niet heeft gepresteerd. Het zou er in feite op neerkomen dat de schulde-naar door niet te presteren alsnog een beroep op overmacht zou kunnen hebben, waardoor hij helemaal niet meer hoeft na te komen en ook geen verplichting heeft om de schade te vergoeden die de wederpartij ten gevol-ge van zijn niet-presteren lijdt. De schuldeiser komt dan met lege handen te staan en dat zou niet terecht zijn. Er is één uitzondering: als de schulde-naar erin slaagt te bewijzen dat de schuldeiser de schade ook bij behoorlijke en tijdige nakoming zou hebben geleden (art. 6:84 slot BW) is de schade niet voor zijn rekening.

Dit zou in voorbeeld 10.18 van het schilderij van Rietveld betekenen dat Galerie Zwartvoet zou mogen bewijzen dat het schilderij ook verloren was gegaan als het in het kantoorgebouw van Rietveld had gehangen; dan zou daar dus ook brand uitgebroken moeten zijn in hetzelfde weekend. Of hij zou moeten bewijzen dat het schilderij in hetzelfde weekend tijdens een inbraak in Rietvelds kantoorgebouw meegenomen zou zijn. Dit ziet er allemaal nogal vreemd uit. Vandaar dat het duidelijk moet zijn dat de schuldenaar er alleen in zeer uitzonderlijke situaties (bijvoorbeeld een natuurramp: half Nederland loopt onder water) in zal slagen dit aan te tonen. En dan nog blijft het twijfelachtig of het schilderij dan ook verloren zou zijn gegaan!

Ad b Rechtshandeling (overeenkomst)
In het geval van een rechtshandeling, dus bijvoorbeeld op basis van een afspraak die men bij het sluiten van een overeenkomst heeft gemaakt, kan het risico op de schuldenaar worden afgewenteld; zie de tekst van art. 6:75 BW. Er zijn hierbij twee mogelijkheden:
1 De schuldenaar kan zijn risico *verzwaren*. De schuldenaar doet dit bijvoorbeeld door contractueel zijn beroep op overmacht uit te sluiten of door bepaalde *garanties* in het contract op te nemen. Als men zijn beroep op overmacht uitsluit, wordt het tekortschieten in de nakoming van de verbintenis de schuldenaar altijd toegerekend. Garandeert de schuldenaar bijvoorbeeld een bepaalde kwaliteit van een product of garandeert hij de aflevering op een bepaald tijdstip, dan is hij als datgene wat gegarandeerd is niet doorgaat, altijd aansprakelijk, omdat het tekortschieten toerekenbaar is. *[Verzwaren]* *[Garanties]*
2 De schuldenaar kan ook zijn risico *beperken*. Dit doet hij bijvoorbeeld als hij een vrijtekeningsbeding of exoneratieclausule in zijn contract opneemt. In zo'n *exoneratieclausule* sluit de schuldenaar zijn aansprakelijkheid voor eventuele schade uit die ten gevolge van een niet-nakomen zijnerzijds kan ontstaan, of beperkt hij deze. De bekendste exoneratieclausule is het bordje dat bij de garderobe van de schouwburg, bioscoop of restaurant staat met de tekst: 'De directie stelt zich niet aansprakelijk voor diefstal of verlies van in bewaring gegeven voorwerpen.' *[Beperken]* *[Exoneratieclausule]*

Men kan zich afvragen hoever een schuldenaar kan gaan in het uitsluiten van zijn eigen aansprakelijkheid. De Hoge Raad heeft in een oud arrest (HR 14 april 1950, BW 1951, 17, Röntgenstralen) bepaald dat een schuldenaar nooit eigen grove schuld en opzet kan uitsluiten, maar wel die van zijn ondergeschikten. Het ging in dit arrest om een verkeerde medische behandeling. Het was toen de behandeling werd toegepast al bekend dat zij zeer grote risico's voor de gezondheid van de patiënt meebracht. Desondanks paste de arts de behandelingsmethode toe. Toen het slachtoffer na de fatale afloop schadevergoeding eiste, beriep de arts zich op een exoneratieclausule. De Hoge Raad was echter van oordeel dat een beroep op een dergelijke contractuele uitsluiting van de aansprakelijkheid in dit geval in strijd was met de goede zeden. De arts kon zich dus niet vrijspreken.
Het is bovendien altijd mogelijk een exoneratieclausule te laten toetsen aan de redelijkheid en billijkheid en eventueel op grond daarvan deze clausule buiten werking te laten stellen (zie HR 19 mei 1967, NJ 1967, 261, Saladin/HBU; dit arrest is reeds in subpar. 7.3.1 besproken).
Op grond van de regeling inzake de algemene voorwaarden wordt het ook voor consumenten mogelijk dergelijke clausules als onredelijk bezwarend te

10

laten vernietigen (art. 6:231 e.v. BW). Algemene voorwaarden zijn schrifte-lijke bedingen die gewoonlijk in overeenkomsten worden opgenomen. Zij zijn in subparagraaf 7.3.5 besproken.

Uitsluiten

Een contractpartij kan ook zijn aansprakelijkheid uitsluiten. Als hij de pres-tatie echter niet zelf verricht, maar deze heeft opgedragen aan bijvoorbeeld een werknemer en deze werknemer veroorzaakt schade, dan zou de weder-partij die bot vangt bij zijn contractpartner in de verleiding kunnen komen over diens hoofd heen de schade te verhalen op de werknemer. Dit noemt

Paardensprong

men de *paardensprong*.

De paardensprong is reeds kort besproken in paragraaf 7.4. Als voorbeeld is daar keukeninstallateur Meinderts gegeven (voorbeeld 7.21), die zijn aansprakelijkheid voor fouten die zijn werknemers maken tijdens de plaat-sing van keukenapparatuur contractueel heeft uitgesloten. We hebben ge-zien dat hier de vraag aan de orde is of de benadeelde de schade die bij de installatie van de keuken is ontstaan, wel kan verhalen op de werknemer. Het antwoord op deze vraag luidt ontkennend, omdat namelijk in dit geval ook de ondergeschikte een beroep kan doen op de exoneratieclausule (art. 6:257 BW). Men noemt dit de *paardensprong*, omdat de benadeelde er niet in zal slagen om over het hoofd van Meinderts heen diens werknemer aan te spreken. Het verweermiddel van de opdrachtgever komt zijn onderge-schikte toe.

De regeling van art. 6:257 BW heeft te maken met het feit dat als een on-dergeschikte, bijvoorbeeld een werknemer, een ander schade toebrengt, deze benadeelde de opdrachtgever (werkgever) aansprakelijk kan stellen op grond van wanprestatie (art. 6:76 BW) of op grond van onrechtmatige daad (art. 6:170 BW). Maar als de opdrachtgever zijn aansprakelijkheid heeft uit-gesloten, zou de werknemer kans lopen de schade te moeten betalen. Hier-tegen wordt de werknemer door de regeling van art. 6:257 BW beschermd. Is de wederpartij consument, dan wordt een dergelijk beding in de algeme-ne voorwaarden vermoed onredelijk bezwarend te zijn (art. 6:237 sub f BW) en is het dus vernietigbaar (art. 6:233 sub a BW).

Ad c Verkeersopvatting

Verkeers-opvatting

Volgens de regels van het ongeschreven recht – de verkeersopvatting – kan het risico bij de schuldenaar worden gelegd. Tot het risico krachtens ver-keersopvatting behoren:

a de *omstandigheden* die *voorzienbaar* waren ten tijde van het sluiten van het contract;

b de persoonlijke omstandigheden van de schuldenaar, zoals financieel on-vermogen, onbekwaamheid, onervarenheid en staking. Ziekte levert over-macht op bij verbintenissen die aangegaan zijn met betrekking tot de specifieke eigenschappen van een bepaalde persoon, tenzij die persoon een slechte gezondheid heeft.

In de arbeidsovereenkomst wordt het risico van ziekte van de werknemer uitdrukkelijk bij de werkgever gelegd (art. 7:629 lid 1 BW). Dat ook in geval van bijzondere omstandigheden, zoals een oorlogssituatie, een beroep op overmacht niet altijd gerechtvaardigd wordt, zien we in het volgende arrest.

HR 17 juni 1949, NJ 1949, 544 (AKU/Stalen Steiger)
AKU had in 1944 tijdens de Tweede Wereldoorlog voor ƒ 2.300 (ca. €1.050) stalen steigers gehuurd van NV Stalen Steiger 'Holland' te Haarlem. Kort

nadat de steigers in Arnhem waren gearriveerd, werd Arnhem geëvacueerd en kon AKU de stalen steigers niet meer gebruiken. Toen NV Stalen Steiger 'Holland' na de oorlog betaling van de huurpenningen vorderde, meende AKU met een beroep op overmacht niet tot betaling verplicht te zijn. De Hoge Raad was echter van mening dat het feit dat AKU de stalen steigers niet had kunnen gebruiken, behoorde tot de persoonlijke omstandigheden van AKU – namelijk vanwege het feit dat juist zij in Arnhem gelegen was – en niet tot de persoonlijke omstandigheden van de NV Stalen Steiger 'Holland'.

Zie voor de verdeling van het risico bij werkstakingen subparagraaf 14.4.1.

Resultaats- en inspanningsverbintenis

Een andere factor die bepalend is voor de toerekenbaarheid van het niet-nakomen, hangt samen met de vraag of we te maken hebben met een re-sultaats- of met een inspanningsverbintenis.

Een *resultaatsverbintenis* is een verbintenis waaraan de schuldenaar kan voldoen door het bereiken van een bepaald resultaat. Voorbeelden van een resultaatsverbintenis zijn: het bouwen van een huis, het afleveren van de bestelde grondstoffen, het betalen van de maandelijkse huur. Het is duide-lijk dat als het huis niet op tijd wordt opgeleverd, de bestelde grondstoffen te laat worden afgeleverd of de huur pas drie maanden later wordt betaald, dit als een toerekenbaar niet-nakomen kan worden opgevat.

Resultaats-verbintenis

Een *inspanningsverbintenis* is een verbintenis waaraan de schuldenaar kan voldoen door, rekening houdend met hetgeen onder de gegeven omstandig-heden van hem verwacht mag worden, behoorlijk zijn best te doen.

Bij een inspanningsverbintenis, zoals de behandeling van een arts of het voorbereiden van een student op een tentamen door een docent, is het moeilijker aan te tonen dat er toerekenbaar niet nagekomen is door de schuldenaar. Dan zou het er in de praktijk op neerkomen dat een arts die er niet in slaagt een patiënt volledig te genezen of een docent die niet be-reikt dat de student zijn tentamen haalt, tekortgeschoten zou zijn in de na-koming van een verbintenis. Dat kan natuurlijk niet. Men slaagt hier alleen maar in als de arts of de docent in vergelijking met hetgeen onder de gege-ven omstandigheden van hem kan worden verwacht, niet behoorlijk zijn best heeft gedaan en ernstig tekort is geschoten. Men zal zelden kunnen bewijzen dat er van zo'n ernstig tekortschieten sprake is geweest.

Inspannings-verbintenis

10.3.2 Manieren van toerekenbaar tekortschieten

Een schuldenaar kan op drie manieren niet-nakomen, namelijk:
1 door te laat te zijn met nakomen;
2 door ondeugdelijk of maar gedeeltelijk na te komen;
3 door helemaal niet na te komen.

Het betreft hier overigens een onderscheid dat de wetgever niet maakt. Het enige criterium dat de wetgever ten aanzien van deze materie (men gebruikt ook de term 'wanprestatie' of 'verzuim') hanteert, is in hoeverre de presta-tie nog mogelijk is of niet. Dit komt in paragraaf 10.5 aan de orde.

Ad 1 Te late nakoming
Het eerste wat men zich bij een te laat zijn met nakomen moet afvragen, is: wanneer kan het niet-nakomen de debiteur nu worden toegerekend? Dus vanaf welk moment schiet hij tekort in de nakoming van zijn verbintenis en moet hij dientengevolge schadevergoeding betalen?

10

VOORBEELD 10.19

Firma Grootendorst heeft een nieuw kantoorgebouw laten bouwen. Voor de feestelijke opening van dit gebouw op 1 oktober heeft Grootendorst het cateringbedrijf Bouma opdracht gegeven een koud buffet te verzorgen.

Het is duidelijk dat als het koud buffet niet op 1 oktober wordt afgeleverd, er sprake is van toerekenbaar niet-nakomen – dus wanprestatie – van cateringbedrijf Bouma.

VOORBEELD 10.20

Drogisterij Rooswijck bestelt op 1 mei aanvulling van haar voorraad toiletartikelen bij de groothandel. De groothandel zegt in zijn orderbevestiging toe de bestelde toiletartikelen vanaf 20 mei te zullen afleveren.
Op 25 mei heeft Rooswijck de bestelde toiletartikelen nog niet ontvangen.

Is er nu al sprake van toerekenbaar niet-nakomen van de groothandel? Nee, want de datum van 20 mei is pas die van het opeisbaar worden van de vordering tot levering. We zagen dat de crediteur vanaf dat moment bevoegd was de debiteur tot nakoming aan te spreken. Niet-nakoming op dat of tot dat moment levert nog geen wanprestatie op. De schuldenaar is nog niet in verzuim.

Te laat nakomen
Het blijkt dus dat bij te laat presteren eerst het moment van wanprestatie nauwkeurig moet worden vastgesteld. Bij *te laat nakomen* heeft de schuldenaar weliswaar het tijdstip waarop hij had moeten presteren, voorbij laten gaan, maar het is nog niet onmogelijk om op een voor de schuldeiser bevredigende manier na te komen.

Ad 2 Ondeugdelijke en gedeeltelijke nakoming

Ondeugdelijk nakomen
Een schuldenaar *komt ondeugdelijk na* als hij niet datgene doet wat afgesproken is. Bijvoorbeeld: hij levert een product met mankementen, zoals een defecte machine, of hij heeft in het huis dat hij heeft gebouwd geen kunststoframen geplaatst, zoals afgesproken, maar aluminiumramen. Of hij komt slechts gedeeltelijk na, doordat hij niet de afgesproken hoeveelheid goederen aflevert.

Ad 3 Schuldenaar komt helemaal niet na

Helemaal niet nakomen
Een schuldenaar komt helemaal niet na als hij de tekortkoming niet kan opheffen door alsnog te presteren of door vervanging, aanvulling of herstel alsnog aan zijn verplichting kan voldoen. Dit is bijvoorbeeld het geval met de aflevering van een kerstboom, die uiteraard niet na de kerst, of de aflevering van een bruidsjapon, die niet na de bruiloft kan plaatsvinden.
Een prestatie is niet *onmogelijk* zolang niet iedere door de verbintenis toegelaten wijze van nakoming verhinderd is. Het maakt daarbij verschil of men te maken heeft met een bepaalde zaak of een soortzaak. Een soortzaak kan men namelijk vervangen door een andere soortgelijke zaak, een bepaalde zaak niet. Men kan bijvoorbeeld niet twee keer de eigendom van hetzelfde huis overdragen. Overdracht aan de ene crediteur maakt de overdracht aan de ander onmogelijk. Men kan daarentegen wel twee crediteuren de

overdracht van tien televisietoestellen uit een bepaalde serie van een bekend merk toezeggen. Is aan de ene crediteur geleverd, dan kunnen – eventueel later – aan de andere crediteur ook tien van die toestellen worden overgedragen.

10.3.3 Moment van toerekening

We hebben nu gezien op welke manieren een schuldenaar zoal kan tekortschieten in de nakoming van een verbintenis. Nu komt aan de orde vanaf welk moment het tekortschieten hem kan worden toegerekend, dus wanneer het *verzuim* intreedt.

Verzuim

Het verzuim van de schuldenaar kan intreden:
- na ingebrekestelling;
- zonder ingebrekestelling.

Het kan voorkomen dat er wel een ingebrekestelling gezonden moet worden, maar dat deze slechts een aansprakelijkstelling hoeft in te houden. Het is ook mogelijk dat de rechtsgevolgen van de niet nakoming al intreden vóórdat de vordering opeisbaar is; we noemen dat een 'anticipatory breach'.

Verzuim na ingebrekestelling

Een *ingebrekestelling* is een schriftelijke aanmaning van de schuldeiser gericht tot zijn schuldenaar waarin hij hem aanzegt vóór een bepaalde datum, die in de praktijk meestal varieert van twee tot vijf dagen na dagtekening van de brief (de wet spreekt hier van een redelijke termijn), alsnog deugdelijk te presteren. Of een bepaalde termijn redelijk is, hangt ook af van de aard van de te verrichten prestatie. Het maakt verschil of de schuldenaar een geldsom moet betalen of een gebouw moet opleveren. Daarnaast hangt de lengte van de termijn af van de benodigde voorbereidende handelingen. De schuldenaar mag daarmee niet wachten totdat hij wordt aangemaand. In ieder geval hoeft de termijn niet zo lang te zijn dat de schuldenaar alsnog een langdurig karwei, waaraan hij te laat begonnen is, kan voltooien. Voldoet de schuldenaar vóór of op deze datum niet aan de eis van de schuldeiser, dan wordt hij door deze laatste aansprakelijk gesteld voor de schade die ten gevolge van het te late presteren voor hem ontstaat. Enerzijds geeft een ingebrekestelling een bepaalde (redelijke) termijn waarvóór de debiteur moet presteren, anderzijds is zo'n ingebrekestelling een aansprakelijkstelling van de debiteur. In een ingebrekestelling wordt dus het moment waarop de debiteur in verzuim zal zijn, vastgesteld. Laten we nog eens voorbeeld 10.20 bekijken.

Ingebrekestelling

Moment van verzuim

Het gaat in het betreffende voorbeeld over Drogisterij Rooswijck die op 1 mei aanvulling van haar voorraad toiletartikelen bestelt en waarbij afgesproken wordt dat de bestelling vanaf 20 mei zal worden afgeleverd. Op 25 mei blijken de toiletartikelen nog niet ontvangen te zijn. We hebben gezien dat de datum van 20 mei slechts die van het opeisbaar worden van de vordering is. Op 25 mei is er dus nog geen sprake van verzuim van de kant van de groothandel. Het feit dat de toiletartikelen nog niet afgeleverd zijn, is dus geen wanprestatie ten aanzien van de verbintenis tot aflevering van de bestelde toiletartikelen. Er zijn in dit stadium nog geen nadelige consequenties voor het te late nakomen voor de groothandel. Dit betekent dus dat de groothandel nog niet verplicht is schadevergoeding te betalen (art. 6:81 BW).

10

Wil er hier dus sprake zijn van toerekenbaar tekortschieten in de nakoming van een verbintenis met als gevolg het ontstaan van een verplichting tot het betalen van schadevergoeding, dan moet Rooswijck eerst de groothandel in gebreke stellen. Hij verzendt de ingebrekestelling op 26 mei. In de ingebrekestelling sommeert hij de groothandel de bestelde toiletartikelen te leveren binnen één week na de dagtekening van de ingebrekestelling, dus vóór 2 juni. Pas als Rooswijck op 2 juni de bestelde toiletartikelen nog niet heeft ontvangen, is de groothandel in verzuim en levert deze dus een wanprestatie.

Termijn verkorten

Een schuldeiser kan de termijn verkorten door de schuldenaar de ingebrekestelling al vóórdat de vordering opeisbaar is, toe te sturen. Hij kan dan de vervaldag tot fatale uiterste termijn maken. Komt de schuldenaar op de aangegeven datum niet na, dan is hij meteen in verzuim, met alle voor hem nadelige gevolgen van dien. Voordeel voor de schuldeiser is dat hij bijvoorbeeld al vanaf een eerder tijdstip schadevergoeding kan eisen. De schuldeiser mag echter niet in zijn ingebrekestelling het verzuim vóór de vervaldag laten intreden.

VOORBEELD 10.21

Rooswijck stuurt op 15 mei al een ingebrekestelling, waarin hij de groothandel aansprakelijk stelt voor de schade ingeval hij de toiletartikelen niet uiterlijk op 20 mei heeft geleverd.

De groothandel is dus al op 21 mei in verzuim. Schadevergoeding wordt vanaf dat moment berekend.

Zoals gezegd kan de schuldenaar op drie manieren tekortschieten in de nakoming van zijn verbintenis, namelijk door te laat, door ondeugdelijk of slechts gedeeltelijk, en door helemaal niet te presteren. We kunnen ons vervolgens afvragen wanneer in deze gevallen een ingebrekestelling naar de debiteur verzonden moet worden om het moment van zijn wanprestatie vast te stellen.

Te laat presteren, dan ingebrekestelling

De wetgever echter stelt het moment van het tekortschieten niet afhankelijk van de soort wanprestatie, maar van het objectieve gegeven: is de prestatie blijvend onmogelijk geworden of niet? Dit komt er in feite op neer dat de schuldeiser als er sprake is van te laat presteren, praktisch altijd, op een enkele uitzondering na, in gebreke moet stellen, omdat het bijna nooit voorkomt dat de prestatie blijvend onmogelijk geworden is.

Blijvend onmogelijke prestatie, dan direct verzuim

Bij een ondeugdelijke prestatie hangt het ervan af hoe ondeugdelijk de prestatie is en in hoeverre herstel mogelijk blijkt. Pas als dit niet het geval is, is de prestatie blijvend onmogelijk geworden. Daarbij speelt uiteraard ook weer een rol of er sprake is van een bepaalde of specieszaak. In dat geval is de prestatie blijvend onmogelijk en behoeft er dus nooit in gebreke gesteld te worden. De debiteur is dan meteen in verzuim.

Onthoud echter dat geld een genus- of soortzaak bij uitstek is. Dat betekent dat er bij geldvordering altijd eerst in gebreke gesteld moet worden; anders is de schuldenaar niet in verzuim. Een uitzondering vormen de verbintenissen tot betaling van schadevergoeding (art. 6:83 sub b BW). Bij

10

gedeeltelijke nakoming is het over het algemeen wel mogelijk het verzuim te herstellen. Een ingebrekestelling is in zo'n geval dus vereist.

Verzuim zonder ingebrekestelling
Verzuim zonder ingebrekestelling kan zich in een viertal gevallen voordoen:
1 als de prestatie blijvend onmogelijk is;
2 als er een fatale termijn is afgesproken;
3 als er sprake is van een schadevergoedingsverbintenis;
4 als de schuldeiser uit een mededeling van de schuldenaar moet afleiden dat hij niet van plan is na te komen.

Ad 1 De prestatie is blijvend onmogelijk
Het moment van het toerekenen van het niet-nakomen hangt in de eerste plaats af van het feit of de prestatie blijvend onmogelijk is geworden of niet.

Een *prestatie is blijvend onmogelijk* als het niet meer mogelijk is om op bevredigende wijze jegens de crediteur na te komen. In feite is dan elke wijze van nakoming onmogelijk geworden. Dit doet zich uiteraard in de praktijk voornamelijk voor bij bepaalde of specieszaken, omdat als zo'n zaak verloren is gegaan zij niet door een andere soortgelijke zaak kan worden vervangen. Bij genuszaken of soortzaken is er uiteraard meestal hooguit sprake van tijdelijke onmogelijkheid van de nakoming. Als bijvoorbeeld de goederen die afgeleverd moeten worden enorme waterschade oplopen ten gevolge van een breuk in de waterleiding, is het duidelijk dat de schuldenaar pas aan zijn leveringsverplichting zal kunnen voldoen als hij zijn voorraden heeft aangevuld.

Blijvend onmoge-lijke prestatie

Is de prestatie blijvend onmogelijk geworden, dan is de debiteur meteen vanaf het moment dat de prestatie blijvend onmogelijk is geworden, in verzuim en wordt het niet-nakomen hem toegerekend (art. 6:74 lid 2 BW). Dit betekent dus dat de schuldenaar in ieder geval vanaf dat moment aansprakelijk is voor de schade die de schuldeiser ten gevolge van het tekortschieten lijdt, en hij die schade moet vergoeden.

Is de prestatie niet blijvend onmogelijk geworden, dan is hij pas in verzuim na ingebrekestelling (art. 6:74 lid 2 en 6:81 en 82 BW).

Ad 2 Fatale termijn
Ook als er een zogenoemde fatale termijn is afgesproken, is er geen ingebrekestelling meer vereist en is er na het verstrijken van deze termijn meteen sprake van verzuim. De wet zegt dat verzuim zonder ingebrekestelling intreedt als een voor de voldoening bepaalde termijn verstrijkt zonder dat de verbintenis is nagekomen, tenzij blijkt dat de termijn een andere strekking heeft (art. 6:83 lid 1 sub a BW). In ieder geval moet uit de aard van de overeenkomst of uit de bedoeling van partijen duidelijk zijn dat er hier sprake is van een uiterste termijn.

Fatale termijn

10

Het is vanzelfsprekend dat als het vliegtuig vertrokken is vóórdat het ticket is ontvangen, de debiteur meteen in verzuim is en er niet in gebreke gesteld hoeft te worden. Hetzelfde is natuurlijk het geval met de kerstboom die na de kerst of de bruidsjapon die na de bruiloft wordt afgeleverd. Hier volgt uit de aard van de overeenkomst dat de bedoelde termijn een fatale termijn was. Dat is ook het geval in voorbeeld 10.19 van Firma Grootendorst, die natuurlijk op de officiële opening van het kantoorgebouw, op 1 oktober, een koud buffet moet hebben. Is er op die datum geen koud buffet aanwezig, dan is er meteen sprake van verzuim. Een ingebrekestelling is in dit geval niet nodig.

We kunnen ervan uitgaan dat een voor de nakoming gestelde termijn in principe fataal is. De schuldenaar raakt door het enkele verstrijken van die termijn in verzuim. De gestelde termijn moet echter voldoende bepaald zijn, wil zij als fatale termijn gelden, met als gevolg dat er geen ingebrekestelling nodig is. Het is echter niet nodig dat er een kalenderdatum is genoemd. Voldoende kan dus ook zijn: betaling binnen veertien dagen na de aflevering. Er is echter één uitzondering, hetgeen blijkt uit de woorden 'tenzij blijkt dat de termijn een andere strekking heeft'. Het kan namelijk voorkomen dat op grond van de inhoud van de overeenkomst, de aard van de verbintenis of de omstandigheden van het geval de termijn niet bedoeld is als fatale termijn, maar slechts inhoudt dat de schuldenaar niet vóór de aangegeven datum hoeft te presteren. In de praktijk neemt een advocaat of procureur in zo'n geval geen risico dat er geen sprake zou kunnen zijn van een fatale termijn: hij stelt dus altijd in gebreke.

Ad 3 Schadevergoedingsverbintenis
Vervolgens is er geen ingebrekestelling nodig wanneer de verbintenis voortvloeit uit een onrechtmatige daad (art. 6:162 BW) of strekt tot schadevergoeding als bedoeld in art. 6:74 lid 1 BW, en de verbintenis niet terstond wordt nagekomen. Bedoeld worden hier alle schadevergoedingsverbintenissen, hetzij ontstaan uit onrechtmatige daad, hetzij uit wanprestatie. Bij onrechtmatige daad moeten we bijvoorbeeld denken aan verkeersongevallen, vandalisme en oneerlijke concurrentie, waardoor voor anderen schade ontstaat. De onrechtmatige daad wordt hier niet verder besproken, maar is in paragraaf 8.2 uitgebreid aan de orde gekomen.

Ad 4 Mededeling van de schuldenaar
Tot slot is er geen ingebrekestelling nodig wanneer de schuldeiser uit een mededeling van de schuldenaar moet afleiden dat deze in de nakoming van de verbintenis zal tekortschieten.

VOORBEELD 10.22
De verhuurder van een terrein zegt uitdrukkelijk tegen de huurder dat hij niet van plan is het gehuurde terrein voor de datum van het ingaan van de huurovereenkomst te ontruimen.

Aansprakelijkstelling
Soms is het slechts nodig de debiteur aansprakelijk te stellen. Dat betekent dat de schuldeiser wel een ingebrekestelling stuurt, maar alleen met het doel de schuldenaar aansprakelijk te stellen voor de schade en niet met het doel hem een 'redelijke' termijn te geven om alsnog na te komen (art. 6:82 lid 2 BW). Dit is het geval:
• als de schuldenaar tijdelijk (voor onbepaalde tijd) niet kan nakomen;
• als uit de houding van de schuldenaar blijkt dat aanmaning nutteloos zou zijn.

VOORBEELD 10.23
Doodeman heeft tropische producten besteld bij Koedooder. Er blijkt een tijdelijk invoerverbod voor deze producten te zijn.

Voldoende bepaald

Schadevergoedingsverbintenis

Mededeling schuldenaar

10

Aansprakelijkstelling

Aangezien een termijnstelling hier zinloos is, is een aansprakelijkstelling voldoende.

VOORBEELD 10.24
Olieslager heeft souvenirs verkocht aan De Haas. De Haas hoort van de secretaresse van Olieslager dat deze laatste zijn hele voorraad souvenirs verkocht heeft aan een Duitse handelaar, omdat hij wil gaan rentenieren.

Ook hier is een termijnstelling zinloos en is een aansprakelijkstelling voldoende.

Rechtsgevolgen van niet nakoming vóórdat de vordering opeisbaar is (anticipatory breach)

Hiervoor hebben we gezien dat als de vordering opeisbaar is, de schuldeiser de schuldenaar kan aanspreken tot nakoming en als de schuldenaar nog niet een opeisbare vordering voldoet, er nog geen sprake is van wanprestatie, een tekortschieten in de nakoming van een verbintenis. Zie subparagraaf 10.1.1.

Het kan echter voorkomen dat de gevolgen van de tekortkoming reeds vóór de opeisbaarheid intreden. We noemen dat ook wel een 'anticipatory breach'. Deze vervroegde intreding van de rechtsgevolgen doet zich voor in drie gevallen:

> Anticipatory breach

1 Het staat vast dat de nakoming zonder tekortkoming – blijvend of tijdelijk – geheel of gedeeltelijk onmogelijk zal zijn (art. 6:80 lid 1 sub a BW).
2 De schuldeiser moet uit een mededeling van de schuldenaar afleiden dat deze in de nakoming zal tekortschieten. Het moet dan wel volkomen duidelijk zijn dat de wil van de schuldenaar om na te komen ontbreekt (6:80 lid 1 sub b BW).
3 De schuldeiser heeft goede gronden te vrezen dat de schuldenaar zal tekortschieten en de schuldenaar voldoet niet aan een schriftelijke aanmaning om zich binnen redelijke termijn bereid te verklaren zijn verplichtingen na te komen (art. 6:80 lid 1 sub c BW). De aanmaning moet de gronden voor de vrees van de schuldeiser bevatten, een verzoek aan de schuldenaar om zich bereid te verklaren om na te komen en een redelijke termijn voor beantwoording. De schuldenaar hoeft zich slechts bereid te verklaren om na te komen. Als de schuldenaar zich bereid verklaart na te komen, moet de schuldeiser het tijdstip van de opeisbaarheid afwachten. Als de schuldenaar zich niet bereid verklaart na te komen of hij antwoordt niet, kan de schuldeiser de gevolgen van niet-nakoming inroepen, tenzij er (achteraf gezien) geen concrete reden bestond om een aanmaning te sturen.

Dat betekent dat in bovenstaande drie situaties de crediteur al vervangende schadevergoeding kan vorderen, mits de niet-nakoming toerekenbaar is, of een wederkerige overeenkomst kan ontbinden. Ook het opschorten van een tegenprestatie is mogelijk (art. 6:262 BW), omdat dit laatste gezien wordt als een voorstadium van de ontbinding.

Het oorspronkelijke tijdstip van opeisbaarheid blijft evenwel gelden voor de vergoeding van vertragingsschade en de omkering van het risico bij verzuim van de schuldenaar (art. 6:80 lid 2, 6:84 BW).

10

⑩.④ Gevolgen van het toerekenbaar niet-nakomen

Het toerekenbaar niet-nakomen van de schuldenaar heeft een aantal gevolgen:
- verplichting tot betaling van schadevergoeding (art. 6:74 BW) (subpar. 10.4.1);
- verplichting alsnog na te komen, indien dit mogelijk is (art. 3:296 BW) (subpar. 10.4.2);
- ontbinding van de (wederkerige) overeenkomst (art. 6:265 BW) (subpar. 10.4.3).

In subparagraaf 10.4.4 zal kort uiteengezet worden in welke gevallen het verzuim van de schuldenaar kan eindigen.

10.4.1 Verplichting tot betaling van schadevergoeding

Het belangrijkste gevolg van het toerekenbaar niet-nakomen van een verbintenis door de schuldenaar is het feit dat er ten aanzien van de schuldeiser een schadevergoedingsverplichting ontstaat (art. 6:74 BW).
Deze schadevergoedingsverplichting kan bestaan uit:
- vervangende schadevergoeding;
- aanvullende schadevergoeding.

Causaal verband

Daarnaast eist de wet dat er naast toerekenbaarheid, verzuim en schade ook een *causaal verband* bestaat tussen de schade en de wanprestatie. Dit houdt in dat slechts die schade vergoed behoeft te worden die een gevolg is van het niet-nakomen van de schuldenaar. Deze laatste eis kan men afleiden uit het woord 'daardoor' in de tekst van art. 6:74 BW. De inhoud van de schadevergoedingsverplichting wordt verder uitgewerkt in afdeling 10. In afdeling 9 wordt slechts aangegeven wanneer een verplichting tot betaling van schadevergoeding ontstaat.

Soms wordt bij het sluiten van de overeenkomst al afgesproken welk bedrag de schuldenaar aan schadevergoeding moet betalen indien hij tekortschiet in de nakoming van zijn verbintenis. Zo'n contractuele clausule noemt men een boetebeding. Achtereenvolgens bespreken we:
- de vervangende schadevergoeding;
- de aanvullende schadevergoeding;
- het boetebeding.

Vervangende schadevergoeding

Vervangende schadevergoeding

Zoals hiervoor al is gezegd, blijft de schuldeiser bevoegd nakoming te eisen. Daarnaast kan de schuldeiser, als hij geen prijs meer stelt op nakoming, schadevergoeding eisen in plaats van nakoming, tenzij de tekortkoming van te geringe betekenis is. We spreken dan van *vervangende schadevergoeding* (art. 6:87 BW). Vervangende schadevergoeding is dus schadevergoeding die komt in plaats van de prestatie (nakoming).
Als we echter te maken hebben met een wederkerige overeenkomst, heeft de schuldeiser de keuze tussen ontbinding of vervangende schadevergoeding. Vervangende schadevergoeding kan in zo'n geval alleen maar door de schuldeiser worden geëist als hij zijn eigen verplichting wil nakomen, als het een duurovereenkomst betreft of als het niet om een hoofdverplichting gaat.
De schuldeiser moet de schuldenaar wel door middel van een schrijven op de hoogte stellen van het feit dat hij geen prijs meer stelt op nakoming,

maar in plaats daarvan vervangende schadevergoeding eist (art. 6:87 BW). Men noemt dit een *omzettingsverklaring*. De schuldeiser behoeft echter niet te wachten met zijn omzettingsverklaring totdat de schuldenaar in verzuim is. Hij kan deze ook tegelijk met de ingebrekestelling verzenden. Hij zegt dan in de ingebrekestelling zijn schuldenaar aan dat, indien deze niet vóór de in de ingebrekestelling vermelde datum voldoet, hij in plaats van nakoming een bepaald bedrag aan vervangende schadevergoeding eist.

Hier zit echter de volgende consequentie aan vast. Eist de schuldeiser vervangende schadevergoeding, dan kan hij daarnaast geen nakoming meer eisen of eventueel, ingeval er sprake is van een wederkerige overeenkomst, ontbinding daarvan.

Omzettings-verklaring

VOORBEELD 10.25
Antoine, bekend modeontwerper in de hoofdstad, heeft het gebouw van Felix Meritis afgehuurd voor de show van zijn wintercollectie. De huurprijs is reeds bij voorbaat voldaan. Tot zijn grote schrik hoort hij een week voor de show van de verhuurder dat de bewuste zaal al een jaar geleden verhuurd was voor een theaterevenement.

Antoine kan in zo'n geval vervangende schadevergoeding eisen.

Aanvullende schadevergoeding
We hebben gezien dat de schuldeiser bevoegd blijft nakoming van de verbintenis te eisen, ondanks het tekortschieten daarin van de schuldenaar. Als hij schade lijdt doordat hij bijvoorbeeld de goederen drie weken later ontvangt dan waarop hij gerekend had, kan hij deze schade natuurlijk op zijn schuldenaar verhalen. Hij eist dan naast nakoming een zogenoemde aanvullende schadevergoeding.

Aanvullende schadevergoeding – het woord zegt het al – komt dus naast iets: nakoming, vervangende schadevergoeding of ontbinding van de overeenkomst.

Aanvullende schadever-goeding

Aanvullende schadevergoeding kan betrekking hebben op:
a   vertragingsschade bij te laat presteren (art. 6:85 BW);
b   gevolgschade bij ondeugdelijk presteren.

Ad a Vertragingsschade
Vertragingsschade bij te laat presteren is alle schade die ontstaan is ten gevolge van het feit dat de schuldenaar niet op tijd aan zijn verplichtingen heeft voldaan.

Vertragings-schade

10

VOORBEELD 10.26
Fabrikant Salland heeft grondstoffen besteld. Ten gevolge van de te late aflevering van deze grondstoffen ontstaat er stagnatie in het productieproces, waardoor hij niet op tijd aan zijn verplichtingen jegens zijn afnemers kan voldoen.

Het is duidelijk dat fabrikant Salland de schade die hij ten gevolge van de te late aflevering lijdt, kan verhalen op de leverancier van de grondstoffen. Uiteraard voor zover er een causaal verband is en een en ander bewezen kan worden.

Wettelijke rente

Bij de verbintenis tot betaling van een geldsom is de omvang van de vertragingsschade in de wet gefixeerd op de *wettelijke rente* (art. 6:119 en 120 BW). Hier behoeft de schuldeiser de omvang van zijn schade niet te bewijzen maar wordt – ook door de rechter ambtshalve – de wettelijke rente als schadevergoeding berekend. Ook de schadevergoeding die bedrijven onderling bij te late betaling van een geldsom moeten betalen, bestaat uit de wettelijke rente over het verschuldigde bedrag (art. 6:119a lid 1 BW). Voor overeenkomsten tussen bedrijven en overheden is bij te late betaling eveneens de wettelijke rente verschuldigd (art. 6:119b lid 1 BW).

Betalings-termijnen

Voor bedrijven onderling of tussen bedrijven en overheden gelden verder nog aparte regels met betrekking tot *betalingstermijnen*. Als partijen geen betalingstermijn zijn overeengekomen, geldt voor bedrijven onderling een termijn van dertig dagen na ontvangst van de factuur. Partijen mogen in afwijking daarvan een termijn van zestig dagen overeenkomen. Een langere termijn is alleen toegestaan als dit niet nadelig is voor beide partijen (art. 6:119a lid 2 BW). Voor contracten tussen *bedrijven en overheden* geldt een termijn van dertig dagen na ontvangst van de factuur. Een langere termijn (maximaal zestig dagen) is slechts toegestaan als dit uitdrukkelijk in de overeenkomst is opgenomen en de bijzondere aard of eigenschappen van de overeenkomst dit objectief rechtvaardigen (art. 6:119b lid 5 BW). Zolang het verzuim van de schuldenaar duurt, mag de schuldeiser zelfs de nakoming weigeren als de schuldenaar niet ook betaling aanbiedt van de inmiddels tevens verschuldigde schadevergoeding en van de kosten (art. 6:86 BW). Dit betekent dat de schuldeiser niet door nakoming te weigeren op zijn beurt in (schuldeisers)verzuim raakt; zie art. 6:58 BW.

Incassokosten

De schuldenaar die niet op tijd betaalt, krijgt naast het verschuldigde *bedrag* en de eventuele schadevergoeding ook te maken met buitengerechtelijke *incassokosten* (art.6:96 lid 2 BW). Administratiekosten zijn daarvan een voorbeeld. Voor consumenten geldt dat de schuldenaar in verzuim moet zijn (art. 2 Besluit vergoeding van buitengerechtelijke incassokosten en art. 6:96 lid 2 en lid 6 BW). Zie voor de verdere bespreking van de buitengerechtelijke incassokosten subparagraaf 11.2.1.

Ad b Gevolgschade

Gevolgschade

Gevolgschade is de schade die kan ontstaan bij een ondeugdelijke prestatie. Bij een ondeugdelijke prestatie wordt er bijvoorbeeld een product met een defect geleverd.

VOORBEELD 10.27

Aan fabrikant Salland wordt een machine geleverd die na installatie een defect blijkt te hebben, waardoor er stagnatie ontstaat in het productieproces. De machine is immers steeds een tijd buiten werking. De schade die nu ontstaat, is gevolgschade, omdat zij ontstaan is ten gevolge van het feit dat er een ondeugdelijke machine is geleverd.

De gevolgschade speelt in de praktijk met name een rol bij de zogenoemde productenaansprakelijkheid. De productenaansprakelijkheid betreft een speciale aansprakelijkheid voor de producent van een gebrekkig product, als gevolg waarvan derden schade hebben geleden. De productenaansprakelijkheid is geregeld bij de onrechtmatige daad (art. 6:185 e.v. BW) en is reeds in paragraaf 8.4 besproken.

10

Boetebeding

Zoals hiervoor al is aangegeven, is er sprake van een *boetebeding* als er bij het sluiten van de overeenkomst al afgesproken wordt welk bedrag de schuldenaar aan schadevergoeding moet betalen ingeval hij tekortschiet in de nakoming van zijn verbintenis. De wet regelt het boetebeding in art. 6:91 tot en met 94 BW. Een boetebeding heeft twee doelen:
1 aansporing tot nakoming;
2 vaststelling van de hoogte van de schadevergoeding.

Boetebeding

Volgens de wet komt de boete in plaats van de schadevergoeding die de schuldeiser op grond van de wet kan vorderen. Bovendien kan de schuldeiser naast nakoming van het boetebeding geen nakoming van de verbintenis vorderen (art. 6:92 BW). Het gevolg hiervan is dat de schuldeiser, als hij nakoming van het boetebeding eist, ook ingeval er sprake is van een wederkerige overeenkomst geen gebruik kan maken van de mogelijkheid deze overeenkomst te ontbinden. De schuldeiser kan namelijk niet tegelijkertijd nakoming van de overeenkomst en ontbinding ervan eisen. De wet zegt dit echter nergens. We moeten dit dus uit de context afleiden.

De regeling betreffende het boetebeding is evenals de gehele regeling van de wanprestatie aanvullend recht en er kan dus contractueel van afgeweken worden. We hebben gezien dat volgens de wet naast nakoming van het boetebeding geen nakoming van de verbintenis door de schuldeiser gevorderd kan worden (art. 6:92 lid 2 BW). Deze bepaling kan contractueel worden uitgesloten. Dit is bijvoorbeeld het geval als partijen de boete alleen maar bedoeld hebben als aansporing voor de schuldenaar om (op tijd) na te komen.

Aanvullend recht

VOORBEELD 10.28

Iemand laat een huis bouwen. In verband met de verplichte levering van zijn oude huis op een bepaalde datum bedingt hij dat de aannemer, als het nieuw gebouwde huis niet uiterlijk voor die datum wordt opgeleverd, een bepaald bedrag aan boete per dag vertraging moet betalen.

Het is duidelijk dat in deze situatie het niet de bedoeling van partijen is dat de boete in plaats van de nakoming komt. Het is niet zo dat de opdrachtgever het nieuwe huis nu niet meer wil hebben. Hij wil alleen bereiken dat de aannemer het huis op tijd oplevert.

Men kan zich afvragen of iemand onvoorwaardelijk aan de bepalingen van zo'n contract vastzit als er bij het sluiten van het contract een boeteclausule bedongen is. Dat is niet het geval. De *rechter* is immers altijd bevoegd op verzoek van de schuldenaar de bedongen boete op basis van de regels van redelijkheid en billijkheid te matigen. De rechter mag echter nooit zoveel matigen dat de schuldeiser minder zou krijgen dan hetgeen hem op grond van de wettelijke regeling van de schadevergoeding toegekend zou worden (art. 6:94 lid 1 BW).

Matiging

De rechter kan ook, maar nu op verzoek van de schuldeiser, naast de boete een aanvullende schadevergoeding toekennen als de redelijkheid en billijkheid dat vereisen. Dit zal bijvoorbeeld het geval zijn als de werkelijke schade voor de schuldeiser veel hoger uitgevallen is dan het bedrag dat hij op grond van het boetebeding zou krijgen.

Aanvullende schadevergoeding

10

Wanneer kan de schuldeiser nakoming van het boetebeding eisen?
Voor nakoming van het boetebeding is vereist dat de schuldenaar in verzuim is (art. 6:93 BW). Dit betekent dus dat als de prestatie blijvend onmogelijk is, de schuldenaar meteen in verzuim is. Als dat niet het geval is, kan
de schuldeiser pas nakoming van het boetebeding eisen als hij de schuldenaar in gebreke heeft gesteld.

10.4.2 Verplichting alsnog na te komen

Tussenkomst rechter

Het is mogelijk de schuldenaar door de rechter te laten veroordelen om alsnog na te komen (art. 3:296 BW). Dit betekent dat de schuldeiser altijd nakoming kan eisen.
Van zijn kant mag de schuldenaar, ook al is hij in verzuim, alsnog nakomen
(art. 6:86 BW). De wet verbindt er wel de voorwaarde aan dat de schuldenaar dan tevens de verschuldigd geworden schadevergoeding en de kosten
betaalt. De schuldeiser mag zelfs als dit laatste het geval is nakoming niet
weigeren. Nakoming moet uiteraard wel mogelijk zijn. Dit zal dus nooit het
geval zijn als de prestatie blijvend onmogelijk is geworden.

10.4.3 Ontbinding van de overeenkomst

Het kan voorkomen dat een schuldeiser nakoming door de schuldenaar die
in verzuim is, niet meer wenselijk acht of dat dit niet meer mogelijk is. Hij
kan dan ook kiezen voor ontbinding van de overeenkomst.

Ontbinding

Ontbinding is de laatste mogelijkheid die de schuldeiser heeft als de schul-
denaar tekortschiet in de nakoming van een verbintenis (art. 6:265 BW). Er
moet dan echter wel sprake zijn van een wederkerige verbintenisscheppen-
de overeenkomst.
In dit verband zijn de volgende vragen van belang:
• Wat zijn redenen voor ontbinding?
• Op welke wijze komt de ontbinding tot stand?
• Welke eisen worden aan de ontbinding gesteld?
• Wat zijn de gevolgen?

Redenen ontbinding

De schuldeiser zal voor ontbinding van de overeenkomst kiezen als de prestatie blijvend onmogelijk geworden is, hetzij omdat er sprake is van overmacht, hetzij omdat hij als tweede koper het huis nooit meer geleverd zal
kunnen krijgen. Maar ook in situaties waarin bijvoorbeeld de schuldeiser om
de schade veroorzaakt door de wanprestatie van zijn wederpartij voor zichzelf te beperken een zogenoemde *dekkingskoop* sluit (art. 7:37 BW), kan het
voorkomen dat hij geen prijs meer stelt op de prestatie van zijn wederpartij.

VOORBEELD 10.29

Beekman heeft bakkerijgrondstoffen gekocht bij Pruim & co. Afgesproken
wordt dat de grondstoffen, die Beekman dringend nodig heeft om zijn
bedrijfsactiviteiten te kunnen continueren, uiterlijk veertien dagen na de
besteldatum afgeleverd worden. De grondstoffen worden ook na ingebrekestelling niet geleverd, aangezien Pruim & co geliquideerd wordt. Beekman
ziet zich nu gedwongen elders grondstoffen in te kopen. Dit lukt hem. Hij
heeft dus niet meer de bakkerijgrondstoffen van Pruim & co nodig. Hij deelt
dit schriftelijk mede en eist ontbinding van de overeenkomst met Pruim &
co. Pruim & co kan nu niet meer nakomen door middel van aflevering van
de desbetreffende grondstoffen.

Iltelijke
ding

Gedeeltelijke ontbinding (art. 6:265 BW) komt bijvoorbeeld voor in de situatie dat de koopprijs verminderd wordt omdat de afgeleverde zaak een gebrek blijkt te hebben. Of in de situatie dat van een bepaalde hoeveelheid goederen slechts de helft geleverd wordt. De overeenkomst wordt dan slechts voor wat betreft de andere hoeveelheid goederen ontbonden.

Wijze van ontbinding

Als de debiteur in verzuim is, kan de schuldeiser de overeenkomst ontbinden door een buitengerechtelijke schriftelijke *ontbindingsverklaring* (zie voorbeeld 10.29). Uiteraard blijft natuurlijk ook de rechter bevoegd dit te doen (art. 6:267 BW). Ook hier geldt weer: is de prestatie blijvend of tijdelijk onmogelijk, dan kan de schuldeiser *rauwelijks ontbinden* (ontbinden zonder dat een ingebrekestelling is vereist) en is dat niet het geval, dan moet hij de schuldenaar eerst in gebreke stellen (art. 6:265 lid 2 BW). Hij zet dan in zijn ingebrekestelling dat als de schuldenaar niet voor een bepaalde datum heeft voldaan, hij de overeenkomst zal ontbinden.

Let goed op. Art. 6:265 BW zegt dat *iedere* tekortkoming in de nakoming van een van haar verbintenissen de wederpartij de bevoegdheid geeft om de overeenkomst geheel of gedeeltelijk te ontbinden, tenzij de tekortkoming gezien haar bijzondere aard of geringe betekenis deze ontbinding met haar gevolgen niet rechtvaardigt. Aangezien de wetgever hier spreekt over 'iedere tekortkoming' betekent dit dat de toerekenbaarheid geen rol speelt. De schuldeiser kan dus zowel de overeenkomst ontbinden bij een tekortkoming die te wijten is aan schuld of veroorzaakt is door omstandigheden die tot het risico van de schuldenaar behoren, als bij omstandigheden waarbij dit niet het geval is – er is dus sprake van overmacht. Aangezien bij een geslaagd beroep op overmacht er meestal sprake is van een prestatie die blijvend onmogelijk is geworden, zal hij de schuldenaar niet eerst in gebreke hoeven te stellen.

Eisen aan ontbinding

Aan de ontbinding van de overeenkomst worden de volgende *eisen* gesteld:
- Er moet sprake zijn van een wederkerige (verbintenisscheppende) overeenkomst.
- Er moet sprake zijn van een tekortkoming van de schuldenaar; dat wil zeggen: de schuldenaar voldoet niet aan een opeisbare vordering.
- Er moet sprake zijn van verzuim van de schuldenaar. Deze eis geldt niet als de prestatie tijdelijk of blijvend onmogelijk is. Dan kan de schuldeiser meteen – rauwelijks – ontbinden en is er geen ingebrekestelling nodig (art. 6:265 lid 2 BW).
- Er is een schriftelijke ontbindingsverklaring nodig of een rechterlijke uitspraak. Is de overeenkomst langs elektronische weg tot stand gekomen, dan kan deze ook door een langs elektronische weg uitgebrachte verklaring worden ontbonden. Art. 6:227a BW is dan van overeenkomstige toepassing (art. 6:267 BW). De overeenkomst is dan ontbonden op het moment dat de ontbindingsverklaring de schuldenaar heeft bereikt (art. 3:37 lid 3 BW) of, als de overeenkomst door een rechterlijke uitspraak is ontbonden, op het moment waarop de rechter vonnis heeft gewezen.

Margin notes: Ontbindings-verklaring — Rauwelijks ontbinden — Iedere tekortkoming — Eisen aan ontbinding

10

Gevolgen van ontbinding

Wat zijn de gevolgen van de ontbinding van de overeenkomst? Ontbinding heeft géén terugwerkende kracht (art. 6:269 BW). Dat betekent dat elke rechtshandeling die vóór de ontbinding is verricht rechtsgrond had. De rechtsgevolgen van zo'n rechtshandeling hebben dus wel degelijk plaatsgevonden.

Rechtsgrond

VOORBEELD 10.30

Computerbedrijf Borsa bv heeft tien computers geleverd aan administratiekantoor ADKO bv. Drie maanden na de levering zijn de computers nog niet betaald. Op grond daarvan eist Borsa bv ontbinding van de koopovereenkomst.

Wie is nu eigenaar van de computers? Omdat de koopovereenkomst rechtsgrond had, heeft de levering van de computers krachtens geldige titel plaatsgevonden en is de eigendom van de computers overgegaan op ADKO bv. Ondanks de ontbinding van de overeenkomst is ADKO bv eigenaar gebleven van de computers, omdat ontbinding geen terugwerkende kracht heeft. Het is logisch dat de computers wel terug moeten naar Borsa bv. Maar de eigendom gaat niet automatisch door de ontbinding weer op Borsa bv over. Er ontstaat na de ontbinding de verplichting om de reeds verrichte prestaties ongedaan te maken (art. 6:271 BW). Dit betekent dus dat er na de ontbinding een verbintenis ontstaat tot ongedaanmaking van de reeds verrichte prestaties, ook wel *ongedaanmakingsverbintenis* genoemd, waarvan in ons voorbeeld Borsa bv de schuldeiser en ADKO bv de schuldenaar is.

Ongedaanmakingsverbintenis

Op grond van deze verbintenis ontstaat voor ADKO bv de verplichting de eigendom van de tien computers (weer) over te dragen aan Borsa bv. Pas als deze overdracht heeft plaatsgevonden, is Borsa bv weer eigenaar van de computers. Deze situatie is natuurlijk nadelig voor Borsa bv als ADKO bv inmiddels, dus voor de overdracht, failliet is verklaard. Borsa bv heeft dan slechts een persoonlijk recht op levering van de computers en kan op grond daarvan alleen maar als concurrente schuldeiser opkomen in het faillissement van ADKO bv.

Zo'n ongedaanmakingsverbintenis is dus een verbintenis uit de wet, op grond waarvan een persoonlijk vorderingsrecht ontstaat jegens degene die voor de ontbinding een prestatie ontving.

Als de prestatie echter bestaan heeft uit de betaling van een bepaalde som geld, de koopsom voor de computers was bijvoorbeeld al wel betaald maar Borsa bv weigert de computers te leveren, dan was deze betaling niet zonder rechtsgrond. Dit betekent dat de schuldenaar de betaling niet op grond van onverschuldigde betaling kan terugeisen. Ook hier zal weer een ongedaanmakingsverbintenis ontstaan, waarvan ADKO bv nu schuldeiser en Borsa bv schuldenaar is.

Een ongedaanmakingsverbintenis is verder een gewone verbintenis, waarin de schuldenaar *tekort kan schieten*. Dit is in voorbeeld 10.30 het geval als de eigendom van de computers niet wordt overgedragen aan Borsa bv (en in het andere geval als de koopsom niet terugbetaald wordt aan ADKO bv). De schuldenaar, die de computers moet overdragen, kan ook tekortschieten in de nakoming van zijn ongedaanmakingsverbintenis door niet dezelfde hoeveelheid computers of computers die zich niet meer in dezelfde staat bevinden, over te dragen.

Wanneer wordt het tekortschieten in de ongedaanmakingsverbintenis de schuldenaar van die verbintenis *toegerekend*? Het uitgangspunt is hier dat een goed moet worden teruggegeven in de staat waarin het zich bij ontvangst bevond. De wet legt een zorgplicht op de schuldenaar door te eisen **Zorgplicht** dat de partij die een prestatie heeft ontvangen, vanaf het tijdstip dat hij met een ontbinding rekening moet houden, verplicht is er als een zorgvuldig schuldenaar zorg voor te dragen dat hij aan de verbintenis tot ongedaanmaking van de prestatie kan voldoen (art. 6:273 BW).
Dit betekent dus dat de schuldenaar er vanaf dat moment voor moet zorgen dat de afgeleverde zaken niet meer in kwaliteit of hoeveelheid achteruitgaan. Gebeurt dit wel, dan is hij aansprakelijk voor de daardoor ontstane schade. Zo mag men bijvoorbeeld een televisietoestel dat men terug moet geven, niet vast buiten zetten. Televisietoestellen kunnen nu eenmaal niet tegen regen. Bovendien bestaat er natuurlijk ook een grote kans dat het toestel meegenomen wordt door een 'eerlijke vinder'.
Dateert het achteruitgaan in kwaliteit of hoeveelheid echter van vóór het moment dat de schuldenaar rekening moest houden met de ontbinding, dan is hij niet aansprakelijk voor de daardoor ontstane schade. Was het televisietoestel bijvoorbeeld al beschadigd vóór dat moment, dan kan dit de schuldenaar niet toegerekend worden. Een probleem vormt hier uiteraard wel het bewijs van het een en ander!

De aansprakelijkheid voor de tekortkoming in de nakoming van de ongedaanmakingsverbintenis is dus afhankelijk van het moment waarop de te- **Moment** kortkoming is ontstaan. Daarbij kan onderscheid gemaakt worden tussen **tekortkoming** de volgende situaties:
- De overeenkomst was nog niet ontbonden en de ontvanger behoefde ook nog geen rekening met de ontbinding te houden. In dit geval is het tekortschieten in de ongedaanmakingsverbintenis niet toerekenbaar en mag de schuldenaar de prestatie teruggeven in de staat waarin zij zich op dat moment bevindt.
- De overeenkomst was nog niet ontbonden, maar de ontvanger moest redelijkerwijs wel met ontbinding rekening houden. Het tekortschieten is toerekenbaar als de schuldenaar niet als een zorgvuldig schuldenaar er zorg voor heeft gedragen dat de ingevolge de ontbinding verschuldigde ongedaanmaking van de prestatie mogelijk is (art. 6:273 BW).
- De overeenkomst is ontbonden als de tekortkoming ontstaat. In deze situatie geldt de regeling van art. 6:74 e.v. BW.

10

Wist echter degene die de prestatie ontving, al op het moment van ontvangst dat de overeenkomst ontbonden zou worden of kon hij dat vermoeden, was hij dus een *ontvanger te kwader trouw*, dan is hij al vanaf het moment van ontvangst in verzuim en wordt vrijwel elk tekortschieten in de nakoming van de verbintenis tot ongedaanmaking hem toegerekend (art. 6:274 BW). Vergelijk art. 6:84 BW. Goede trouw ontbreekt – en is dan kwade trouw – niet alleen als een bepaalde persoon de feiten of het recht waarop zijn goede trouw betrekking moet hebben, kende, maar ook indien hij ze in de gegeven omstandigheden behoorde te kennen (art. 3:11 BW). De wet legt bij twijfel een onderzoek naar de feiten op. Wordt dit onderzoek achterwege gelaten, dan kan men zich niet meer beroepen op de goede trouw.

VOORBEELD 10.31
Cafébaas Jacques Honing weet op het moment dat enkele door hem bestelde vaten pils en flessen frisdrank bezorgd worden dat zijn drankvergunning waarschijnlijk door de gemeente zal worden ingetrokken, aangezien hij zich niet aan de door de gemeente gestelde voorwaarden heeft gehouden. Kort daarop ontbindt hij de overeenkomst met de brouwerij vanwege het ontbreken van een drankvergunning. Hij beroept zich daarbij op onvoorziene omstandigheden.

Jacques Honing is een ontvanger te kwader trouw. Een eventueel verloren gaan van de geleverde zaken wordt hem – ook als er sprake zou zijn van overmacht – toegerekend.

Waardevergoeding

Soms brengt de aard van de prestatie met zich mee dat zij niet ongedaan gemaakt kan worden. De prestatie wordt in dat geval omgezet in een *waardevergoeding*, waarvan de waarde bepaald wordt door het tijdstip van ontvangst (art. 6:272 BW).
Het kan ook voorkomen dat de prestatie toevallig onmogelijk geworden is. In dat geval ontstaat er een ongedaanmakingsverbintenis tot schadevergoeding.

Als iemand ontbinding kiest terwijl er een wijziging heeft plaatsgevonden in de waardeverhouding van de wederzijdse prestaties ten gunste van hemzelf, dan is hij verplicht door bijbetaling de oorspronkelijke waardeverhouding te herstellen indien aannemelijk is dat hij zonder deze wijziging niet voor de mogelijkheid van ontbinding zou hebben gekozen (art. 6:278 BW). Hiervoor hebben we al gezien dat aanvullende schadevergoeding naast ontbinding geëist kan worden. Daarnaast verplicht de wetgever in art. 6:277 BW degene wiens tekortkoming een grond voor ontbinding heeft opgeleverd, de schade te vergoeden die zijn wederpartij lijdt ten gevolge van het feit dat de overeenkomst wordt ontbonden. Dit is de zogenoemde *ontbindingsschade*.

Ontbindingsschade

10.4.4 Einde van het verzuim van de schuldenaar

Einde verzuim schuldenaar

Het verzuim van de schuldenaar eindigt in de volgende gevallen:
- De schuldenaar komt alsnog na. De schuldenaar moet dan tevens betaling van schadevergoeding en kosten aanbieden, anders – zo hebben we gezien – mag de schuldeiser de nakoming weigeren zonder dat hij in schuldeisersverzuim komt (art. 6:86 BW).
- De schuldeiser weigert een aanbod tot nakoming, waarbij de schuldenaar tevens schadevergoeding en betaling van de kosten aanbiedt. De schuldeiser komt nu zelf in verzuim (art. 6:61 en 86 BW). Het verzuim van de schuldeiser maakt een einde aan het verzuim van de schuldenaar.
- De nakoming wordt alsnog blijvend onmogelijk.
- De schuldeiser heeft in plaats van nakoming vervangende schadevergoeding geëist (art. 6:87 BW).

- De schuldeiser stelt een vordering tot ontbinding in. De schuldenaar kan dan niet meer nakomen (art. 6:269 BW).
- De rechtshandeling/overeenkomst wordt vernietigd. De rechtsgrond voor de verbintenis komt dan uiteraard te vervallen. De schuldenaar kan dan niet meer nakomen.

⑩.⑤ Niet-toerekenbaar tekortschieten: overmacht

Art. 6:74 BW zegt dat iedere tekortkoming in de nakoming van een verbintenis de schuldenaar verplicht de schade die de schuldeiser daardoor lijdt te vergoeden, *tenzij* de tekortkoming de schuldenaar niet kan worden toegerekend.

Vervolgens zegt de wet dat een tekortkoming de schuldenaar niet kan worden toegerekend indien zij niet is te wijten aan zijn schuld, noch krachtens wet, rechtshandeling of in het verkeer geldende opvattingen voor zijn rekening komt (art. 6:75 BW). Dit noemen we *overmacht*. In een overmachtssituatie komt de schuldenaar weliswaar niet na, maar dit niet-nakomen valt hem niet te verwijten – geen schuld – noch is er sprake van omstandigheden die tot zijn risico behoren.

Overmacht

Als er sprake is van een overmachtssituatie, kan de schuldeiser de schuldenaar niet aanspreken tot betaling van schadevergoeding (zie de tekst van art. 6:74 lid 1 BW).

Er is echter één uitzondering. Als de schuldenaar ten gevolge van het onmogelijk worden van de prestatie voordeel geniet dat hij anders niet zou hebben gehad, bijvoorbeeld een verzekeringsuitkering, dan moet hij dit voordeel op grond van de regels van de ongerechtvaardigde verrijking aan zijn wederpartij afstaan (art. 6:78 BW). Men noemt dit *voordeelstoerekening*.

Voordeel-stoerekening

We kunnen ons echter afvragen of een van de andere mogelijkheden die de schuldeiser daarnaast nog heeft, zoals nakoming, opschorting of ontbinding, door hem gebruikt kunnen worden.

Kan de schuldeiser, als de schuldenaar een beroep doet op overmacht, nog *nakoming* eisen? Het antwoord op deze vraag hangt in de eerste plaats af van het feit of er sprake is van een blijvende onmogelijkheid van de prestatie. We hebben gezien dat er eigenlijk alleen sprake kan zijn van een blijvende onmogelijkheid in de nakoming van een verbintenis als het voorwerp van de verbintenis een specieszaak betreft. Bij genuszaken kan er hooguit sprake zijn van tijdelijke overmacht. Het komt namelijk praktisch nooit voor dat een genuszaak nooit meer geleverd kan worden. Als bijvoorbeeld een opslagloods in vlammen opgaat, kan de eigenaar van de daarin opgeslagen producten hooguit een beroep op overmacht doen om zijn voorraden weer te kunnen aanvullen. Daarna herrijst gewoon zijn verplichting tot nakoming van de verbintenis tot levering van de desbetreffende producten aan zijn crediteuren.

Hetzelfde onderscheid speelt een rol bij de vraag of de schuldeiser als schuldenaar van een tegenhangende verplichting, deze verplichting mag opschorten. Op grond van art. 6:54 sub b BW bestaat er geen bevoegdheid tot *opschorting* voor de schuldenaar, voor zover de nakoming van de verbintenis van de wederpartij blijvend onmogelijk is. Maar dit artikel geldt niet als we te maken hebben met een wederkerige (verbintenisscheppende) overeenkomst (art. 6:264 BW). De reden is dat de opschorting hier gezien wordt als een voorstadium van ontbinding.

10

VOORBEELD 10.32

Buikhuizen heeft een staand horloge uit de zeventiende eeuw gekocht bij Draaisma in de Spiegelstraat/hoek Kerkstraat te Amsterdam. Tijdens het vervoer wordt de klok in een onbewaakt ogenblik uit de auto gestolen. Draaisma kan niet meer aan zijn leveringsverplichting voldoen, aangezien het staand horloge een uniek exemplaar is. Buikhuizen schort nu zijn verplichting de koopprijs te betalen op.

Buikhuizen mag zijn betalingsverplichting *opschorten*, omdat het zeker is dat de overeenkomst ontbonden zal worden. Zou hij wel betalen, dan zou hij later toch weer de betaalde koopprijs terug moeten vorderen, met het risico dat zijn wederpartij Draaisma dit bedrag wellicht niet meer kan betalen.

VOORBEELD 10.33

Instrumentenhandel Zevenkamp bv heeft een speciale machine voor het slijpen van fijne instrumenten gekocht bij Brighton Instruments Inc. te Londen. In de leveringscondities staat dat de koper eerst de helft van de koopprijs voldaan moet hebben voordat de machine afgeleverd mag worden. Het restant van de betaling volgt dan veertien dagen na de aflevering. Zevenkamp leest echter in de krant dat er door een Amerikaanse fabrikant een bod gedaan is tot overname van Brighton Instruments. De importeur heeft geen machines meer in voorraad. Zevenkamp beroept zich nu tegenover de importeur op de onzekerheidsexceptie. Dit wil zeggen: hij schort zijn betalingsverplichting op totdat zeker is dat Brighton Instruments aan zijn leveringsverplichting zal voldoen.

Als de prestatie blijvend onmogelijk is geworden, kan de schuldenaar dus wel een beroep doen op de exceptio non adimpleti contractus en de onzekerheidsexceptie; zie ook paragraaf 10.2.

De laatste vraag die we ons moeten stellen, is: kan de schuldeiser ook in een overmachtssituatie de overeenkomst *ontbinden*? Het antwoord op deze vraag is 'ja'. En als er sprake is van een prestatie die blijvend onmogelijk is, dan kan dit meteen. Een ingebrekestelling is in zo'n geval niet nodig (art. 6:265 lid 2 BW). Men noemt dit *rauwelijks ontbinden*. In de praktijk wordt beroep op overmacht veelal door de schuldenaar gebruikt als verweermiddel tegen de aanspraken van de schuldeiser. De schuldeiser eist nakoming van een verbintenis, bijvoorbeeld de leverantie van een bepaalde speciaal voor hem vervaardigde vrachtwagen. Maar de schuldenaar kan aan deze eis niet voldoen, omdat de auto bij een proefrit total loss is geraakt. Omdat we hier te maken hebben met een specieszaak, kan niet meer dezelfde auto geleverd worden. De prestatie is dus blijvend onmogelijk.
Hoe groot is de kans van slagen van een beroep op overmacht? We hebben gezien dat als de schuldenaar een geslaagd beroep op overmacht doet, de schuldeiser geen schadevergoeding en geen nakoming kan eisen, en dat er slechts een beperkte mogelijkheid bestaat een tegenhangende verplichting op te schorten. Het gevolg van zo'n geslaagd beroep op overmacht is dat de prestatie van de debiteur wegvalt en dat bovendien de crediteur voor dit wegvallen geen schadevergoeding kan eisen. Degene die dus in feite in de

kou komt te staan, is de schuldeiser. Er zou grote rechtsonzekerheid bestaan als de schuldenaar voor elk evenement een geslaagd beroep op overmacht zou kunnen doen. In de praktijk slaagt een beroep op overmacht dan
ook zelden.

Het verschil tussen overmacht en risico is de toerekenbaarheid. In beide
gevallen valt de schuldenaar geen verwijt te maken dat hij tekortschiet in
de nakoming van een verbintenis. In het ene geval echter wordt hem dit wel
toegerekend, omdat het tekortschieten te wijten is aan omstandigheden die
krachtens wet, rechtshandeling of in het verkeer geldende opvattingen voor
zijn rekening (risico) komen. In het andere geval wordt het tekortschieten
hem niet toegerekend, omdat de genoemde omstandigheden niet voor zijn
rekening komen (art. 6:75 BW).
In figuur 10.1 is nog eens samengevat welke gevolgen niet-nakoming kan
hebben.

*Toereken-
baarheid*

FIGUUR 10.1   Niet-nakoming

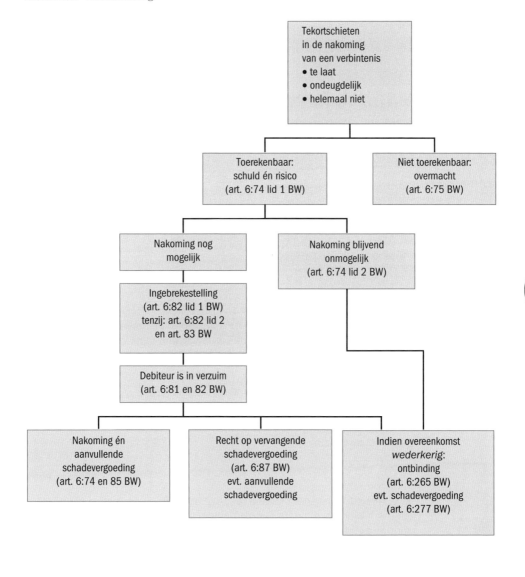

🔟6 Schuldeisersverzuim

Schuldeisers-verzuim

Ook de schuldeiser kan op zijn beurt in verzuim raken. Dat kan in een twee-tal situaties het geval zijn:
1 De nakoming door de schuldenaar wordt verhinderd doordat de schuldei-ser daartoe de noodzakelijke medewerking niet verleent of er een ander beletsel van zijn kant is. Het feit dat de schuldenaar niet kan nakomen is dus te wijten aan de schuld van de schuldeiser of aan omstandighe-den die tot diens risico behoren (art. 6:58 BW).
2 De wederpartij van de schuldeiser maakt gebruik van een opschortings-bevoegdheid (art. 6:59 BW).

Ad 1 De schuldeiser weigert medewerking

Geen medewer-king schuldeiser

Wat moet men zich voorstellen bij een schuldeiser die weigert medewerking te verlenen aan het voldoen van de verplichtingen door de schuldenaar? We zullen dit verduidelijken aan de hand van de volgende voorbeelden.

VOORBEELD 10.34
De vof De Graaf en Van der Torren laat de leverancier van grondstoffen een aantal malen tevergeefs proberen deze grondstoffen af te leveren.

VOORBEELD 10.35
Schuitema weigert categorisch zijn bankrekeningnummer op te geven, zodat de schuldenaar het verschuldigde bedrag niet kan overmaken.

VOORBEELD 10.36
Varkensfokker Barendse kan de door boer Fransen gekochte varkens niet afleveren, omdat in het gebied waar boer Fransen zijn bedrijf uitoefent, van overheidswege een algeheel verbod om varkens te vervoeren is uitgespro-ken vanwege gevaar voor besmetting met varkenspest.

10

Ad 2 De wederpartij maakt gebruik van zijn opschortingsbevoegdheid

Opschorting schuldenaar

Bij de behandeling van de opschortingsrechten in paragraaf 10.2 is reeds ter sprake gekomen dat de schuldeiser in verzuim raakt als gevolg van het feit dat de schuldenaar terecht opschort.

VOORBEELD 10.37
Postma eist betaling van bepaalde goederen vóórdat deze – zoals afgespro-ken is – zijn afgeleverd. Zijn wederpartij beroept zich op de exceptio non adimpleti contractus.

Dit is terecht, aangezien Postma tekortschiet in een verplichting die hij je-gens zijn wederpartij heeft. Gevolg hiervan is dat hij ten aanzien van zijn recht op betaling van de koopsom in schuldeisersverzuim raakt. Als de wederpartij zich beroept op een opschortingsrecht komt hij weliswaar niet na, maar dit tekortschieten is niet toerekenbaar, omdat het niet te wijten is aan zijn schuld, noch aan omstandigheden die tot zijn risicosfeer behoren.

De *gevolgen* van schuldeisersverzuim zijn:

- De schuldeiser die in crediteursverzuim verkeert, heeft geen recht op nakoming (art. 6:62 BW).
- Hij kan een tegenhangende verplichting van hemzelf niet meer opschorten (art. 6:54 sub a BW). Hetzelfde geldt als het opschortingsrecht de exceptio non adimpleti contractus of de onzekerheidsexceptie betreft (art. 6:264 BW).
- Hij heeft geen recht op schadevergoeding. Het tekortschieten van de debiteur is immers niet toerekenbaar (art. 6:74 BW). Hij heeft alleen recht op schadevergoeding als de schade reeds voor het intreden van het schuldeisersverzuim is geleden (art. 6:61 BW) of als er sprake is van ongerechtvaardigde verrijking aan de kant van de schuldenaar (art. 6:78 BW).
- Indien er sprake is van een wederkerige overeenkomst, kan hij deze overeenkomst niet ontbinden (art. 6: 266 BW).
- Zolang het schuldeisersverzuim duurt, vindt er een verlichting plaats van de aansprakelijkheid van de schuldenaar voor het geval behoorlijke nakoming geheel of gedeeltelijk onmogelijk is geworden (art. 6:64 BW).

Gevolgen

VOORBEELD 10.38
Vonk heeft door nalatigheid van zijn schuldeiser Feddema de door deze laatste bestelde lampen niet af kunnen leveren. Daardoor staan deze nog steeds in zijn loods opgeslagen. Op een donkere herfstavond wordt de loods van Vonk door een paar jeugdige vandalen opengebroken. De in de loods opgeslagen goederen, waaronder de lampen die bestemd zijn voor Feddema, worden grotendeels beschadigd. Vonk slaagt er niet in dezelfde lampen binnen korte tijd te leveren, aangezien hij afhankelijk is van zijn Italiaanse leverancier.

Kan Feddema Vonk aansprakelijk stellen voor de schade die hij hierdoor lijdt? Dat hangt ervan af. De schuldenaar is tijdens het schuldeisersverzuim namelijk alleen aansprakelijk als hijzelf of een ondergeschikte verwijtbaar tekortgeschoten is in de zorg die van hem in de gegeven omstandigheden verwacht mocht worden. De schuldeiser moet dit echter wel kunnen aantonen. In voorbeeld 10.38 hangt de aansprakelijkheid van Vonk bijvoorbeeld af van het feit of de loods wel goed afgesloten of beveiligd was.

Het schuldeisersverzuim doet de verbintenis niet tenietgaan. De schuldenaar blijft verplicht tot nakoming zodra het schuldeisersverzuim is beëindigd. De schuldenaar kan echter de rechter verzoeken hem van zijn verbintenis te bevrijden (art. 6:60 en art. 6:258 BW voor de verbintenis uit overeenkomst). De schuldenaar kan als de verbintenis de betaling van een geldsom of de aflevering van een zaak betreft, de zaak of de geldsom in bewaring doen stellen (art. 6:63, 66 t/m 71 BW). Het in bewaring stellen van een bepaalde zaak geschiedt bij een speciaal daarvoor aangewezen bewaarder. De inbewaringstelling van een geldbedrag geschiedt door storting van dat bedrag in een consignatiekas, die gehouden wordt op een registratiekantoor van de Rijksbelastingdienst.

10

Kernbegrippenlijst

Aanvullende schadevergoeding	Schadevergoeding die naast nakoming, vervangende schadevergoeding of ontbinding van de overeenkomst kan worden opgelegd.
Anticipatory breach	De gevolgen van de tekortkoming treden in een drietal gevallen reeds vóór de opeisbaarheid van de vordering in. Zie: art. 6:80 lid 1 BW.
Bevrijdend betalen	Op een zodanige manier voldoen aan een verbintenis dat men als schuldenaar van zijn schuld is bevrijd.
Blijvend onmogelijke prestatie	De schuldenaar kan op geen enkele manier meer de schuldeiser voldoen. Of een prestatie blijvend onmogelijk is, hangt ervan af of men te maken heeft met een specieszaak of met een genuszaak (soortzaak).
Boetebeding	Clausule in een overeenkomst waarbij de schuldenaar ingeval hij in verzuim is, een bepaalde som geld aan de schuldeiser moet betalen of een andere prestatie moet verrichten, hetzij bedoeld als schadevergoeding, hetzij als aansporing om na te komen (art. 6:91 BW).
Causaal verband	Het verband tussen het tekortschieten van de schuldenaar en de schade die daardoor is ontstaan (art. 6:74 BW).
Crediteurs- of schuldeisersverzuim	Ontstaat als de schuldeiser of crediteur zelf de schuldenaar verhindert na te komen of als dit te wijten is aan omstandigheden die voor rekening van de crediteur komen (art. 6:58 en 59 BW). Zie ook 'Schuldeisersverzuim'.
Debiteurs- of schuldenaarsverzuim	Het toerekenbaar tekortschieten van de schuldenaar in de nakoming van een verbintenis (art. 6:74 BW). Zie ook 'Verzuim van de debiteur'.
Exceptio non adimpleti contractus	De bevoegdheid van een partij bij een wederkerige verbintenisscheppende overeenkomst om de nakoming van een verbintenis op te schorten totdat zijn wederpartij aan een tegenhangende verplichting jegens hem heeft voldaan (art. 6:262 BW).
Exoneratieclausule	Bepaling in een contract waarin een contractpartij aansprakelijkheid voor eventuele schade uitsluit of beperkt.

10

Garantie	Toezegging van de debiteur dat hij een bepaalde kwaliteit goederen zal leveren of dat hij vóór een bepaald tijdstip zal nakomen, of waarin hij een beroep op overmacht uitsluit.
Genus- of soortzaak	Een zaak die door andere soortgelijke zaken kan worden vervangen.
Gevolgschade	Schade die onstaat als gevolg van een ondeugdelijke prestatie.
Handelingsonbekwaamheid	Het onbekwaam zijn om onaantastbare rechtshandelingen te verrichten. Dit strekt zich ook uit tot het in ontvangst nemen van een betaling.
Ingebrekestelling	Een schriftelijke aanmaning bestemd voor de schuldenaar, waarin hij gesommeerd wordt binnen een redelijke termijn alsnog te presteren en waarin hij, zo dit laatste niet het geval is, aansprakelijk wordt gesteld voor de daardoor door de schuldeiser geleden schade (art. 6:82 BW).
Inningsonbevoegdheid	Het niet-bevoegd zijn van een schuldeiser om zijn vorderingen te innen, dus om betalingen of de levering van goederen in ontvangst te nemen. Inningsonbevoegdheid is het spiegelbeeld van beschikkingsonbevoegdheid.
Inspanningsverbintenis	Een verbintenis waaraan de schuldenaar kan voldoen door, overeenkomstig hetgeen onder de gegeven omstandigheden van hem verwacht mag worden, behoorlijk zijn best te doen.
Nakomen/betalen/presteren	Het voldoen aan een verbintenis.
Nominaliteitsbeginsel	Voor de betaling van een bepaalde geldsom gaat men uit van de nominale waarde van het geld. Dit betekent dat met eventuele wijzigingen in de geldwaarde geen rekening wordt gehouden (art. 6:111 BW).
Omzettingsverklaring	Een schriftelijke mededeling van de schuldeiser aan de schuldenaar waarin hij in plaats van nakoming van de verbintenis vervangende schadevergoeding eist (art. 6:87 BW).
Ondeugdelijk nakomen	De schuldenaar is weliswaar nagekomen, maar niet op een voor de schuldeiser bevredigende wijze.
Ongedaanmakingsverbintenis	Verbintenis die ontstaat na ontbinding in de situatie dat er al (gedeeltelijk) is gepresteerd (art. 6:271 BW).
Ontbinding	Mogelijkheid van de schuldeiser van een verbintenis uit een wederkerige overeenkomst om ingeval de schuldenaar tekortschiet in de nakoming van zijn verbintenis, de overeenkomst te beëindigen (art. 6:265 BW).

10

Ontbindingsschade	Schade die ontstaat doordat de schuldeiser kiest voor ontbinding in plaats van nakoming of vervangende schadevergoeding (art. 6:277 BW).
Ontbindingsverklaring	Schriftelijke mededeling aan de schuldenaar van de schuldeiser waarin hij hem aanzegt de tussen hen gesloten overeenkomst te (zullen) ontbinden vanwege of in geval van een tekortschieten in de nakoming van een verbintenis door de schuldenaar. Een ontbindingsverklaring kan ook reeds in de ingebrekestelling worden opgenomen (art. 6:267 BW).
Onverschuldigde betaling	Nakoming zonder rechtsgrond (art. 6:203 BW).
Onzekerheidsexceptie	De partij bij een wederkerige overeenkomst die verplicht is het eerst te presteren, mag deze verplichting opschorten als hem na het sluiten der overeenkomst omstandigheden ter kennis zijn gekomen die hem goede grond geven te denken dat de wederpartij haar daartegenoverstaande verplichting niet zal nakomen (art. 6:263 BW).
Opeisbare vordering	Een vordering waarvan de crediteur de debiteur tot nakoming kan aanspreken (art. 6:38 en 39 BW).
Opschortingsrecht	De bevoegdheid van een schuldenaar de nakoming van zijn verbintenis uit te stellen totdat zijn crediteur aan een tegenhangende verplichting jegens hemzelf heeft voldaan (art. 6:52 BW).
Overmacht	Het niet-toerekenbaar tekortschieten van de schuldenaar in de nakoming van zijn verbintenis (art. 6:75 BW).
Rauwelijks ontbinden	Ontbinding zonder dat er een ingebrekestelling is vereist. Dit is altijd het geval als de prestatie blijvend onmogelijk is (art. 6:265 lid 2 BW).
Resultaatsverbintenis	Een verbintenis waaraan de schuldenaar kan voldoen door het bereiken van een bepaald resultaat, bijvoorbeeld de bouw van een huis.
Retentierecht	Een bevoegdheid die in de bij wet gegeven gevallen aan een schuldeiser toekomt om als debiteur van een tegenhangende verplichting, de nakoming van een verplichting tot afgifte van een zaak aan zijn schuldenaar – rechthebbende op de betreffende zaak – op te schorten totdat de vordering wordt voldaan (art. 6:59 BW).
Risico	De omstandigheden die op grond van de wet, rechtshandeling of in het verkeer geldende opvattingen voor rekening van de schuldenaar komen ondanks het feit dat hem geen verwijt treft (af te leiden uit art. 6:75 BW).

10

Schuld	• Verwijtbaar gedrag op grond waarvan het tekortschieten in de nakoming van een verbintenis de debiteur wordt toegerekend. • Verplichting van de debiteur tot nakoming van een verbintenis.
Schuldeisersverzuim	Ontstaat als de schuldenaar niet kan nakomen ten gevolge van het handelen van de schuldeiser zelf of van omstandigheden die voor rekening van de schuldeiser komen (art. 6:58 BW).
Specieszaak	Een zaak die niet door een andere zaak kan worden vervangen.
Te laat nakomen	De schuldenaar heeft weliswaar het tijdstip waarop hij gepresteerd zou moeten hebben, voorbij laten gaan, maar het is nog niet onmogelijk om op een voor de schuldeiser bevredigende manier na te komen.
Terugwerkende kracht	De gevolgen van een bepaalde gebeurtenis werken terug tot het moment van het tot stand komen van de rechtshandeling (art. 6:269 BW).
Vertragingsschade	Schade die ontstaat als er sprake is van een te laat presteren (art. 6:85 BW).
Vervaldag	De datum waarop een vordering opeisbaar wordt.
Vervangende schadevergoeding	Schadevergoeding die komt in de plaats van nakoming (art. 6:87 BW).
Verzuim van de debiteur	• De debiteur komt niet na en dit wordt hem toegerekend. • Het tijdstip waarop het tekortschieten in de nakoming van een verbintenis de schuldenaar wordt toegerekend.
Voordeelstoerekening	De schuldeiser heeft een voordeel dat hij niet zou hebben gehad als er geen sprake zou zijn geweest van een tekortkoming van de schuldenaar (art. 6:78 BW).
Vrijtekeningsbeding	Exoneratieclausule.
Wanprestatie	Toerekenbaar tekortschieten in de nakoming van een verbintenis door de schuldenaar (art. 6:74 BW).
Wettelijke rente	Rente die bij algemene maatregel van bestuur wordt vastgesteld en die als schadevergoeding betaald moet worden als de schuldenaar tekortschiet in de nakoming van een verbintenis tot betaling van een geldsom (art. 6:119 BW).

10

Meerkeuzevragen

10.1 Oudewater huurt een bedrijfspand van Projectgroep BeNes bv. Afgesproken wordt dat hij de maandelijkse huur ad €1.070 vóór de eerste van de maand op de bankrekening van de bv zal overmaken. Hij maakt de huur voor de maand mei over op 20 april. Het bedrag wordt een dag later op de bankrekening van de bv bijgeschreven.
Wanneer is Oudewater bevrijd van de huurschuld over de maand mei?

a Aan het einde van de maand mei.
b 1 mei, de datum waarop de huur betaald moet zijn.
c 20 april, de datum van overschrijving.
d 21 april, de datum van bijschrijving op de rekening van de bv.

10.2 Vleeswarenfabriek Stegemann bv levert slagerij Beekman elke maand een aantal worsten en gerookte hammen. De vleeswarenfabriek weigert in de maand november te leveren, omdat er nog een rekening van €659 openstaat van vorige leveranties, die Beekman nog niet heeft voldaan. Het gevolg hiervan is dat

a Beekman de betaling kan opschorten, mits er voldoende samenhang tussen de beide verbintenissen bestaat.
b Beekman de overeenkomst met Stegemann kan ontbinden.
c Beekman geen verdere leveranties kan eisen.
d Stegemann bv niet meer kan nakomen.

10.3 Welke van de volgende beweringen is juist?
Een opschortingsrecht kan alleen

a in geval van een tekortschieten in de nakoming van een verbintenis van de schuldenaar worden uitgeoefend.
b tegenover de schuldeiser uitgeoefend worden.
c worden uitgeoefend als er sprake is van een tekortkoming van de schuldeiser in een tegenhangende verplichting jegens de schuldenaar.
d worden uitgeoefend tegenover een schuldeiser die niet in schuldeisersverzuim verkeert.

10.4 Jolanda Udink heeft een rekening ontvangen van een postorderbedrijf ad €76,31 voor de levering van twee door haar bestelde truien. Welke van de hieronder opgesomde verweermiddelen kan Jolanda *niet* gebruiken?

a De mij toegezonden truien zijn niet de truien die ik heb besteld. Ik eis eerst toezending van de goede truien voordat ik de koopsom betaal.
b Ik betaal de €76,31 pas als de truien, zoals is afgesproken, zijn bezorgd.
c Ik hoef niet te betalen, want ik heb al een maand geleden betaald.
d Ik hoef nog niet te betalen, want de vordering is nog niet opeisbaar.

10

10.5 Freelancejournalist Onno Bovenkerk heeft de opdracht gekregen een artikel in een groot landelijk dagblad te schrijven over de toenemende kleine criminaliteit buiten de grote steden. Aangezien hij het nogal druk heeft, laat hij het artikel door zijn vriendin Sonja schrijven, die bovendien sociologie heeft gestudeerd.

a De krant mag het artikel alleen weigeren als Onno heeft laten weten dat ook hij niet wil dat het artikel van Sonja geplaatst wordt.

b De krant mag het artikel van Sonja niet weigeren, omdat in de wet staat dat iedereen voor een ander kan nakomen, mits hij maar de bedoeling heeft voor die ander op te treden.

c De krant mag het artikel van Sonja niet weigeren, omdat hij anders in crediteursverzuim komt.

d De krant mag het artikel van Sonja weigeren, omdat het hier een persoonlijke prestatie betreft, die alleen Onno Bovenkerk zelf kan nakomen.

10.6 Een schuldenaar is in beginsel in verzuim

a nadat hij in gebreke gesteld is.

b zodra de in de ingebrekestelling genoemde uiterste termijn verstreken is.

c zodra de vordering opeisbaar is.

d zodra hij op de afgesproken datum niet nakomt.

10.7 Welke van de volgende beweringen is juist?

a Alleen als de tekortkoming de schuldenaar kan worden toegerekend, ontstaat er een verplichting tot betaling van schadevergoeding.

b Bij overmacht is er weliswaar sprake van een tekortschieten in de nakoming van een verbintenis, maar de schuldenaar is niet in verzuim.

c Iedere tekortkoming in de nakoming van een verbintenis kan de schuldenaar worden toegerekend.

d Ook als de prestatie blijvend onmogelijk is geworden, is de schuldenaar pas na ingebrekestelling in verzuim.

10.8 Als de tekortkoming in de nakoming de schuldenaar niet kan worden toegerekend

a kan de schuldeiser de overeenkomst altijd rauwelijks ontbinden.

b kan hij de overeenkomst pas ontbinden nadat hij een ingebrekestelling heeft ontvangen.

c is de tekortkoming niet te wijten aan zijn schuld.

d is hij niet verplicht schadevergoeding te betalen.

10.9 Geef aan in welke van de onderstaande gevallen een ingebrekestelling vereist is.

a De Vries heeft de schade ad €406 die hij veroorzaakt heeft aan de auto van Duizenberg en die op 18 maart betaald zou moeten worden op 21 maart nog niet voldaan.

b Dufour heeft een partij groenten in blik besteld bij de groothandel en afgesproken dat er vanaf veertien dagen na de bestelling geleverd wordt. Een maand later heeft Dufour de bestelde blikken nog niet ontvangen.

c Jan Veerman heeft zijn piano verkocht aan zijn vriend Kees Zomerdijk. Bij het naar beneden takelen van de piano wordt deze onherstelbaar beschadigd.

d Rogier Barendse ontvangt de door hem bestelde toegangskaarten voor het concert van 4 november 2005 pas op 5 november.

10

10.10 Tuingroothandel Oost/West te Aalsmeer levert de bestelde bomen en strui-ken te laat af bij hovenier Boer. Het gevolg hiervan is dat Boer vijf dagen vertraging oploopt bij de aanleg van de tuin rondom het nieuwe kantoorge-bouw van Bastiaanse in Amsterdam-Zuidoost. Deze schade is

a door Bastiaanse als vertragingsschade van de tuingroothandel te vorde-ren.

b door Bastiaanse als gevolgschade van de tuingroothandel te vorderen.

c door Boer als gevolgschade van de tuingroothandel te vorderen.

d door Bastiaanse als vertragingsschade van Boer te vorderen.

10.11 In welke van de onderstaande gevallen is er sprake van een resultaatsver-bintenis?

a De opdracht aan een makelaar een huis te verkopen.

b Het verhuizen van een inboedel naar een ander adres.

c Het geven van een cursus voor het diploma NIMA-A.

d De verzorging van een aantal bejaarden.

10.12 Als de prestatie blijvend onmogelijk is geworden

a kan de schuldenaar geen beroep meer doen op de exceptio non adim-pleti contractus.

b kan de schuldenaar de nakoming van zijn verbintenis opschorten.

c is er in ieder geval sprake van een niet-toerekenbaar niet-nakomen.

d is voor ontbinding van de overeenkomst geen ingebrekestelling vereist.

10.13 Het beroep op overmacht van de schuldenaar is toegestaan. Wat kan de schuldeiser nu nog vorderen?

a Nakoming.

b Ontbinding.

c Opschorting.

d Schadevergoeding.

10.14 Of er sprake is van een toerekenbaar tekortschieten van de schuldenaar hangt in de eerste plaats af van

a de partijafspraak.

b de redelijkheid en billijkheid.

c de schuld van de schuldenaar.

d regels van dwingend recht.

10.15 De Leeuw weigert volgende leveranties zolang Mascini de vorige nog niet heeft betaald. Wat is het gevolg?

a De Leeuw raakt in schuldenaarsverzuim.

b Mascini raakt in schuldeisersverzuim.

c Mascini moet De Leeuw in gebreke stellen.

d Overmacht van De Leeuw.

10.16 Er is geen ingebrekestelling vereist

a als een van de contractpartijen de overeenkomst wil ontbinden.

b als uit de gedragingen van de debiteur valt af te leiden dat hij niet van plan is na te komen.

c indien de prestatie blijvend onmogelijk is geworden.

d zodra de termijn voor de opeisbaarheid van de vordering is verstreken.

10.17 Als Janssen verdere leveranties aan Groothandel Deco weigert zolang deze niet aan zijn betalingsverplichtingen uit het verleden heeft voldaan, kan Groothandel Deco
a de onderliggende overeenkomst ontbinden.
b geen nakoming van Janssen meer vorderen.
c in ieder geval vertragingsschade eisen.
d verdere betalingen opschorten.

10.18 Welke van de onderstaande beweringen is juist?
a Er moet terstond worden nagekomen als er geen tijdstip voor nakoming is afgesproken.
b Als de schuldenaar betaalt vóórdat de vordering opeisbaar is, kan hij het te vroeg betaalde terugvorderen op grond van onverschuldigde betaling.
c Het niet-voldoen aan een opeisbare vordering betekent voor de schuldenaar dat hij aansprakelijk wordt voor de daardoor ontstane schade.
d Het is de schuldenaar niet toegestaan de vordering na te komen zolang deze nog niet opeisbaar is.

10.19 Als expeditiebedrijf Hoogervorst Logistiek bv een aanbetaling heeft gedaan voor de aanschaf van een nieuwe oplegger en de koopovereenkomst wordt ontbonden, kan deze het aanbetaalde bedrag terugvorderen op grond van
a een persoonlijke vordering tot ongedaanmaking.
b ongerechtvaardigde verrijking.
c onverschuldigde betaling.
d verzuim van de wederpartij.

10.20 Een opschortingsrecht is een
a bevoorrechte vordering.
b vordering van de schuldenaar.
c verweermiddel.
d zekerheidsrecht.

10.21 Jan Groen koopt de bestelauto van Henk Tromp. De aflevering zal vanaf 1 maart plaatsvinden. Op 17 februari echter raakt Henk Tromp bij een verkeersongeval betrokken met als gevolg dat de bestelauto total loss wordt verklaard en dus op 1 maart niet meer geleverd kan worden. In een ingebrekestelling sommeert Jan Groen, die niet op de hoogte is van het feit dat de bestelauto total loss is, Henk Tromp de bestelauto uiterlijk 6 maart te leveren. Wanneer is Henk Tromp in verzuim?
a Vanaf 17 februari.
b Vanaf 6 maart.
c Vanaf 1 maart.
d Nooit.

10.22 Bouwmaterialenhandel BOMA nv moet aannemer Harm Leenderts golfplaten leveren. BOMA nv weigert echter aan zijn verplichtingen jegens Leenderts te voldoen zolang deze enige nog openstaande rekeningen voor vorige leveranties niet heeft betaald. Wat kan Harm Leenderts, die de golfplaten dringend nodig heeft, het beste doen?
a BOMA nv aansprakelijk stellen voor vertragingsschade wegens te late levering.
b De overeenkomst ontbinden, zodat hij elders golfplaten kan gaan kopen.
c Een beroep doen op de exceptio non adimpleti contractus.
d Zo snel mogelijk de nog openstaande rekeningen betalen.

10

10.23 Cateraar De Geus staat een dag na het feest op de stoep van het jubile-rende bedrijf Faber De Jong met de hapjes voor de receptie. Faber De Jong kan de overeenkomst met De Geus

a helaas niet meer ontbinden.

b rauwelijks ontbinden.

c slechts ontbinden na ingebrekestelling.

d pas ontbinden na een aansprakelijkstelling.

10.24 Er is sprake van onverschuldigde betaling

a bij het voldoen aan een natuurlijke verbintenis.

b bij ontbinding van een wederkerige overeenkomst ten aanzien van reeds verrichte prestaties.

c bij vernietiging van de overeenkomst wegens misbruik van omstandighe-den.

d bij voldoening van een nog niet opeisbare vordering.

Oefenvragen

10.1 George Douglas uit Minnesota USA koopt op 19 maart vliegtuigonderdelen bij Fokker Aerospace Group. Er wordt afgesproken dat de eerste levering een halfjaar na het sluiten van de koopovereenkomst zal plaatsvinden, de daaropvolgende levering drie maanden daarna en de allerlaatste weer drie maanden later. Betaling zal telkens na iedere aflevering van de vliegtuigonderdelen plaatsvinden en wel in US-dollars.

Als de eerste vliegtuigonderdelen op 17 oktober worden afgeleverd, blijkt dat de koers van de dollar aanmerkelijk in waarde is gedaald. Als de levering van de laatste vliegtuigonderdelen moet plaatsvinden, blijkt dat de vorige leverantie nog steeds niet betaald is.

a Kan Fokker Aerospace, gezien de lage koers van de dollar, betaling in een Nederlands wettig betaalmiddel eisen?

b Hoe noemt men dit principe?

c Mag Fokker Aerospace de derde aflevering van de vliegtuigonderdelen weigeren af te leveren? Beargumenteer uw antwoord.

d George Douglas betaalt per bank. Op welk moment heeft hij aan zijn betalingsverplichting voldaan?

10.2 De Bruin is enig directeur van een eenmanszaak die handelt in computerapparatuur. Vanwege de enorme concurrentie op de computermarkt die De Bruin niet het hoofd heeft kunnen bieden, wordt hij op 15 oktober failliet verklaard. Op 28 oktober echter int hij nog een vordering van €1.650 bij een van zijn afnemers.

a Is De Bruin bevoegd deze vordering te innen?

b Is de betreffende afnemer door de betaling van €1.650 aan De Bruin bevrijd van zijn schuld?

c Moet de afnemer als hij door de curator in het faillissement van De Bruin aangesproken wordt tot betaling van €1.650, aan deze vordering voldoen?

10.3 De afdeling Inkoop van warenhuis Snoek heeft voor haar wintercollectie in juni wollen mutsen, shawls en handschoenen besteld bij grossier Winkelman. Levering zal plaatsvinden op of omstreeks 15 september. De koopprijs zal veertien dagen na de aflevering worden betaald. Als de bestelling op 30 september nog niet is afgeleverd, neemt chef-inkoop Albert Peters telefonisch contact op met Winkelman. Die zegt wat vertraging opgelopen te hebben ten aanzien van de levering van wollen artikelen, omdat de Italiaanse fabrikant niet op tijd aan zijn verplichtingen heeft voldaan. Maar hij verzekert dat de bestelling zo spoedig mogelijk afgeleverd zal worden.

a Is Winkelman al in verzuim? Beredeneer uw antwoord.

b Heeft Winkelman, omdat de Italiaanse fabrikant te laat heeft afgeleverd, een beroep op overmacht? Beredeneer uw antwoord.

10

c Wat is het verschil tussen wanprestatie en overmacht?
d Wat moet een ingebrekestelling inhouden?
e In welke (vier) gevallen is er volgens de wet geen ingebrekestelling nodig?

10.4 Helaas doen zich nog meer complicaties voor. Als Irma de Vries, die de eta-lage moet opmaken voor het aanstaande Sinterklaasfeest, in oktober bij de afdeling Inkoop informeert naar de wollen artikelen, blijken deze nog niet aanwezig te zijn. Albert Peters bestelt nu in allerijl soortgelijke artikelen bij de groothandel. Op 3 november arriveren eindelijk de bij Winkelman bestel-de mutsen, shawls en handschoenen.

a Stel dat Winkelman vanaf 15 oktober reeds in verzuim was ten aanzien van de levering van de wollen artikelen. Mag hij dan op 3 november nog nako-men?
b Raakt warenhuis Snoek in crediteursverzuim als Albert Peters de levering van de artikelen op 3 november weigert? Beredeneer uw antwoord.
c Over welke periode moet Winkelman eventueel schadevergoeding betalen?
d Hoe wordt de schadevergoeding genoemd die Winkelman moet betalen?
e Wat had Albert Peters moeten doen om te voorkomen dat hij met een dub-bele partij kwam te zitten?
f Kan Albert Peters de overeenkomst met Winkelman ontbinden als bijvoor-beeld maar de helft van de artikelen afgeleverd zou zijn?
g Stel dat de debiteurenadministratie van Winkelman per abuis de factuur ten aanzien van de betaling van de koopprijs reeds op 1 oktober verzonden heeft. Is warenhuis Snoek dan verplicht te betalen?

10.5 Door een grote uitslaande brand op 19 maart in het pakhuis van IJzerman bv gaan alle daarin opgeslagen goederen verloren. Ook de partij leren meu-belen van Gisbers Meubeltoonzalen bv is verloren gegaan. Een aantal bank-stellen van de partij is al verkocht, onder andere aan Berkenbosch en Ma-tena. Het bankstel van Berkenbosch had reeds op 3 februari afgeleverd moeten worden. Berkenbosch heeft Gisbers Meubeltoonzalen bv op aanra-den van de Consumentenbond op 19 februari per brief in gebreke gesteld. Volgens de ingebrekestelling had het bankstel op of vóór 15 maart bij Ber-kenbosch afgeleverd moeten zijn. Het bankstel van Matena zou volgens af-spraak op 17 maart worden afgeleverd.

a Heeft Gisbers Meubeltoonzalen bv ten opzichte van Berkenbosch een be-roep op overmacht? Beredeneer uw antwoord.
b Heeft Gisbers Meubeltoonzalen bv ten opzichte van Matena een beroep op overmacht? Beredeneer uw antwoord.
c Waarvan hangt het af of een prestatie blijvend onmogelijk is?
d Is in bovenstaande situatie de prestatie van Gisbers Meubeltoonzalen bv blijvend onmogelijk geworden?
e Kan Matena de koopovereenkomst zonder ingebrekestelling ontbinden?
f Wat zijn de gevolgen van de ontbinding van een overeenkomst?
g Welke vereisten stelt de wet aan de ontbinding van een overeenkomst?

10

11
Schadevergoeding

11.1   Wat is schade?
11.2   Welke schade wordt vergoed?
11.3   Vaststelling van de hoogte van de schadevergoeding
11.4   Schadevergoeding bij letsel en overlijden

Schadevergoedingsverbintenissen kunnen ontstaan ten gevolge van het tekortschieten in de nakoming van een verbintenis of ten gevolge van het plegen van een onrechtmatige daad.
In beide gevallen zijn voor het toekennen van schadevergoeding vereist:
• schade;
• toerekenbaarheid van degene die de schade veroorzaakt heeft;
• causaal verband tussen de schade en de gebeurtenis ten gevolge waarvan de schade is ontstaan (art. 6:74 en 162 BW).

De toerekenbaarheid en het causaal verband zijn reeds ter sprake gekomen
in de hoofdstukken 8 en 10. We hebben gezien dat toerekenbaar zijn het tekortschieten in de nakoming van een verbintenis of de onrechtmatige daad
op grond van schuld (verwijtbaarheid) of op grond van risico (art. 6:75 en 162
BW). Het causaal verband geeft aan welke schade als gevolg van het tekortschieten in de nakoming of de onrechtmatige gedraging gezien kan worden.
De inhoud van schadevergoedingsverbintenissen wordt door de wet in een
afzonderlijke afdeling behandeld, omdat deze op verschillende rechtsverhoudingen van toepassing is. Dit heeft tot gevolg dat deze afdeling zowel van
toepassing is op de schadevergoeding op grond van wanprestatie als op de
schadevergoeding op grond van onrechtmatige daad (art. 6:95 e.v. BW).
Dit betekent dat van de schadevergoedingsverbintenissen hier slechts besproken wordt wat schade is (par. 11.1), welke schade voor vergoeding in
aanmerking komt (par. 11.2) en de wijze waarop de hoogte van de schadevergoeding wordt vastgesteld (par. 11.3). Het betreft dan wel schadevergoedingsverbintenissen die op grond van de wet zijn ontstaan. Hier valt zowel
de wanprestatie als de onrechtmatige daad onder. Een en ander heeft tot
gevolg dat deze regeling niet van toepassing is op schadevergoedingsverbintenissen die zijn ontstaan op grond van een overeenkomst, bijvoorbeeld een
schadevergoedingsregeling in de algemene voorwaarden (art. 6:231 e.v.

11

BW) of een boetebeding (art. 6:91 BW). Het boetebeding is in subparagraaf 10.4.1 aan de orde geweest.

Tot slot gaan we in op een speciale schadevergoedingsregeling bij letsel en overlijden (par. 11.4). Het bijzondere daaraan is dat niet alleen het slachtoffer zelf schade kan claimen, maar ook derden.

11.1 Wat is schade?

Zoals al is gezegd ontstaat een verbintenis tot betaling van schadevergoeding enerzijds als er sprake is van een toerekenbaar tekortschieten in de nakoming van een verbintenis en anderzijds bij een toerekenbare onrechtmatige daad.

VOORBEELD 11.1
Firma Adelaar & co levert pas een maand na de in de ingebrekestelling vermelde datum de door Snooker- en biljartcentrum Pool bv bestelde biljarttafels af. De geplande opening van het centrum moest daardoor veertien dagen uitgesteld worden, hetgeen een inkomstenderving voor Pool bv betekende.

Firma Adelaar moet de schade vergoeden die Pool bv ten gevolge van het te laat nakomen ondervindt. De wet zegt immers dat iedere tekortkoming in de nakoming van een verbintenis de schuldenaar verplicht de schade te vergoeden die de schuldeiser daardoor lijdt, tenzij de tekortkoming de schuldenaar niet kan worden toegerekend (art. 6:74 BW).

VOORBEELD 11.2
Dick Schroeder tracht met een spuitbus een aantal wagons van de metro te 'verfraaien'. Het gemeentelijk vervoerbedrijf stelt hem aansprakelijk voor de schade.

Ook Dick Schroeder moet de schade vergoeden, bestaande uit de kosten voor de verwijdering van de verf, omdat er in dit geval sprake is van een onrechtmatige daad. De wet zegt namelijk in art. 6:162 BW dat hij die jegens een ander een onrechtmatige daad pleegt welke hem kan worden toegerekend, verplicht is de schade te vergoeden die de ander dientengevolge lijdt.

Schade

Schade is het (nadelige) verschil tussen de toestand zoals die is als gevolg van de gebeurtenis waarop de aansprakelijkheid berust (wanprestatie of onrechtmatige daad), en de situatie die er zou zijn geweest als die gebeurtenis wel (levering) of niet (onrechtmatige daad) zou hebben plaatsgevonden. Dit betekent dat men zich in voorbeeld 11.1 moet afvragen hoe groot de inkomsten van Pool bv geweest zouden zijn als er geen sprake zou zijn geweest van de te late aflevering van de biljarttafels. Met deze situatie wordt dan de vermogenstoestand van dat moment, dus de toestand die ontstaan

is ten gevolge van het te late nakomen, vergeleken. Het verschil tussen beide situaties geeft een indicatie voor de hoogte van de schadevergoeding.

Schematisch:

de toestand die er zou zijn geweest als de wanprestatie niet was gepleegd
de toestand die ontstaan is ten gevolge van de wanprestatie

— _____

= schade die vergoed moet worden

11.2 Welke schade wordt vergoed?

Nu we gezien hebben wat het begrip 'schade' inhoudt, bekijken we op welke
schade de schadevergoeding betrekking kan hebben (subpar. 11.2.1) en in
welke vorm schadevergoeding uitgekeerd kan worden (subpar. 11.2.2).

11.2.1   Waarop kan schadevergoeding betrekking hebben?
De schade die op grond van een wettelijke verplichting tot schadevergoeding moet worden vergoed, bestaat uit:
- vermogensschade;
- ander nadeel, voor zover de wet op vergoeding hiervan recht geeft (art.
  6:95 BW).

Vermogensschade
Vermogensschade is materiële schade en omvat:
a geleden verlies en gederfde winst;
b redelijke kosten ter voorkoming of beperking van schade die mocht worden verwacht als gevolg van de gebeurtenis waarop de aansprakelijkheid
   berust;
c redelijke kosten tot vaststelling van schade en aansprakelijkheid;
d redelijke kosten ter verkrijging van voldoening buiten rechte voor de kosten onder b en c, behoudens voor zover in het gegeven geval krachtens
   art. 241 van het Wetboek van Burgerlijke Rechtsvordering de regels betreffende de proceskosten van toepassing zijn (art. 6:96 BW).

Ad a Geleden verlies en gederfde winst
Geleden verlies en gederfde winst betekent dat niet alleen het vermogensnadeel dat ontstaan is door de schadeveroorzakende gebeurtenis, vergoed
moet worden (geleden verlies), maar ook het voordeel dat de benadeelde
ten gevolge van de gebeurtenis misloopt (gederfde winst).

Ad b Kosten ter voorkoming of beperking van schade
De benadeelde is binnen redelijke grenzen verplicht om maatregelen te nemen ter voorkoming of beperking van de schade (art. 6:101 BW). Als ver-
volg op dit uitgangspunt is het redelijk dat de kosten die de benadeelde
daarvoor moet maken, vergoed worden.

Ad c Kosten tot vaststelling van schade en aansprakelijkheid
Men moet bij kosten tot vaststelling van schade en aansprakelijkheid denken aan expertisekosten, kosten gemaakt voor juridisch advies en verzame-
ling van bewijs, mits het redelijk is deze kosten te maken en de omvang
ervan binnen redelijke grenzen blijft.

Vermogens-
schade

Geleden verlies
en gederfde
winst

11

Voorkomen of
beperken van
schade

Vaststelling
schade en aan-
sprakelijkheid

Ad d Kosten ter verkrijging van voldoening buiten rechte

Verkrijging voldoening buiten rechte

Met kosten ter verkrijging van voldoening buiten rechte worden de kosten van ingebrekestelling en buitengerechtelijke incassokosten bedoeld. In subparagraaf 10.4.1 hebben we gezien dat de schuldenaar die niet op tijd betaalt naast het verschuldigde *bedrag* en de eventuele schadevergoeding

Incassokosten

ook te maken krijgt met buitengerechtelijke *incassokosten* (art.6:96 lid 2 BW). Hij moet dan wel in verzuim zijn (art. 2 Besluit vergoeding voor buitengerechtelijke incassokosten en art. 6:96 lid 2 en lid 6 BW). Als de leverancier voor de inning van deze kosten een incassobureau inschakelt, kan het bedrag nog meer oplopen. Daarom is de maximale hoogte van de incassokosten voor consumenten wettelijk beperkt (Besluit vergoeding voor buitengerechtelijke incassokosten). Bedrijven mogen ten aanzien van onderlinge schulden wel andere afspraken maken over de hoogte van de incassokosten.

Consumenten

Voor *consumenten* wordt de hoogte van de incassokosten berekend als percentage van het verschuldigde bedrag. Dit percentage daalt naarmate het verschuldigde bedrag hoger is (art. 2 lid 2 Besluit vergoeding voor buitengerechtelijke incassokosten).
De volgende percentages zijn van toepassing:

Hoofdsom	Percentage ten hoogste	Vergoeding incassokosten
Over de eerste € 2.500	15%	Minimum € 40
Over de volgende € 2.500	10%	
Over de volgende € 5.000	5%	
Over de volgende €190.000	1%	
Over het meerdere	0,5%	Maximum €6.775

VOORBEELD 11.3
Maurits heeft Jurriaan van timmerbedrijf J. Eelman bv een boekenkast laten inbouwen in zijn studeerkamer. De totale kosten bedragen €3.500. Ook na ingebrekestelling blijft Maurits hardnekkig weigeren het verschuldigde bedrag te betalen. Jurriaan kan nu boven het verschuldigde bedrag in totaal €475 aan incassokosten berekenen; dat wil zeggen 15% over €2.500 + 10% over €1.000 = €375 + €100.
Het minimumbedrag van €40 is nodig om de incassokosten te kunnen vergoeden. Een percentage van de verschuldigde som zou in dit geval te weinig opleveren om de kosten die daarvoor door de leverancier zijn gemaakt te kunnen vergoeden (art. 2 lid 2 Besluit vergoeding voor buitengerechtelijke incassokosten). Consumentenorganisaties hebben met name bezwaar tegen het feit dat het minimumbedrag van €40 ook voor zeer geringe vorderingen door consumenten betaald moet worden. Bij bedrijven kan het minimumbedrag van €40 gevorderd worden zonder dat een aanmaning is vereist (Richtlijn nr. 2011/EU, PbEU L48/1).

11

Ook hier geldt weer dat het redelijk moet zijn deze kosten te maken en dat de omvang ervan binnen redelijke grenzen moet blijven.

Er is echter één *uitzondering* ten aanzien van de kosten die genoemd zijn onder *c* en *d*. Er bestaat namelijk de mogelijkheid dat als het tot een proces komt, deze kosten dubbel worden gemaakt. Het is dan niet de bedoeling dat ze van twee kanten vergoed worden. Daarom bepaalt de wet dat als de kosten onder de regeling van de vergoeding van de proceskosten vallen, ze niet of niet volledig op basis van art. 6:96 BW gevorderd kunnen worden.

Ander nadeel

Bevat vermogensschade de zogenoemde materiële schade, bij *ander nadeel* moeten we denken aan de zogenoemde immateriële schadevergoeding, ook wel *smartengeld* genoemd. Immateriële schadevergoeding poogt de benadeelde genoegdoening te geven voor het leed dat hij heeft geleden ten gevolge van de schadeveroorzakende gebeurtenis, meestal een onrechtmatige daad.

Ander nadeel

Smartengeld

De wet kent slechts in bepaalde gevallen aan de benadeelde de mogelijkheid toe om immateriële schadevergoeding te eisen, te weten bij letsel of bij aantasting van eer en goede naam van hemzelf of van de nagedachtenis aan zijn naaste familieleden (belediging). Zo kreeg een moeder van wie het vijfjarige dochtertje dodelijk verongelukt was, wel de immateriële schade vergoed vanwege het feit dat zij haar dochtertje dood op straat had zien liggen en het geestelijke letsel dat dat bij haar had veroorzaakt, de zogenoemde shockschade, omdat art. 6:106 lid 1 sub b BW daarvoor voldoende aanknopingspunten bood. De immateriële schade voor het feit dat zij haar kind verloren had, de zogenoemde affectieschade, kreeg zij daarentegen niet vergoed, omdat dat volgens de Hoge Raad (nog) niet in het stelsel van de wet paste. De Hoge Raad wilde nog niet vooruitlopen op een eventuele toekomstige wijziging van de wet in die richting (HR 22 februari 2002, ECLI:NL:2002:AD 5356, nr. C00/227 HR, NJ 2002, 91, RvdW 2002, 48, VR 2002, 91; JOL 2002, 121). Verder eist de wet dat de aansprakelijke persoon de bedoeling had zodanig nadeel toe te brengen (art. 6:106 lid 1 sub a BW).

11.2.2 Vorm van de schadevergoeding

Bij schadevergoeding denkt men over het algemeen aan de verplichting een bepaald geldbedrag aan de benadeelde uit te keren. De wet geeft de benadeelde echter nog andere mogelijkheden. De rechter kan namelijk op vordering van de benadeelde schadevergoeding in andere vorm dan betaling van een *geldsom* toekennen. Wordt niet binnen redelijke termijn aan een zodanige uitspraak voldaan, dan herkrijgt de benadeelde zijn bevoegdheid om schadevergoeding in geld te verlangen (art. 6:103 BW).

VOORBEELD 11.4

Harmsen laat aan de achterzijde van zijn huis een keuken aanbouwen. Dit heeft tot gevolg dat de buren aan de ene kant van hun tuin een blinde muur krijgen, die veel zon wegneemt. Vervolgens geeft Harmsen een aannemer opdracht om op het dak van de keuken een terras aan te leggen. Hij hoeft daarvoor slechts het raam van de zijkamer in een deur te veranderen. Nu protesteren de buren echt, want als Harmsen op zijn terras vertoeft, kijkt hij in de slaapkamer van de buren. Harmsen laat zijn advocaat, want spreken doen ze inmiddels niet meer met elkaar, het volgende compromis voorstellen: hij zal op het terras een wand van ondoorzichtig glas laten aanbrengen, zodat hij niet meer naar binnen kan kijken. Als de gemeentelijke bouwvergunning verstrekt is, begint de aannemer met het aanbrengen van de deur naar het terras. Nu spannen de buren een kort geding aan, waarin zij eisen dat de deur weer veranderd wordt in een raam (herstel in de oude toestand) en dat Harmsen, behoudens voor onderhoud, het dak niet mag betreden. De rechter wijst de vordering toe.

11

We zien dat de rechter hier op vordering van de eisers een herstel in de oude toestand toekent, gecombineerd met een verbodsactie. Er wordt in dit geval geen schadevergoeding in geld geëist en toegewezen.

Vorderingen die naast of in plaats van schadevergoeding ingesteld kunnen worden, zijn:
- het *verbod van een bepaalde gedraging* (bijvoorbeeld een verbod om een bepaalde foto of een bepaald artikel te publiceren of, zoals in voorbeeld 11.3, een verbod het dak te betreden);
- een *gebod* (bijvoorbeeld herstel in de oude toestand);
- een *rectificatie* (art. 6:167 BW). Dit kan op vordering van de benadeelde aan iemand worden opgelegd als deze in een bepaalde publicatie onvolledige of onjuiste gegevens van feitelijke aard heeft gepubliceerd.

VOORBEELD 11.5

De *Haagse Post* nam een aantal jaren geleden een artikel op over de vermeende betrokkenheid van Philips bij de Duitse bezetters gedurende de Tweede Wereldoorlog. Op de cover van het betreffende nummer werd het wapen van Philips afgedrukt met daarin een aantal hakenkruizen.
Philips spande een procedure aan tegen de *Haagse Post*. De rechter achtte het optreden van de *Haagse Post* onrechtmatig jegens Philips. De *Haagse Post* werd op grond daarvan veroordeeld de bedoelde uitspraken te rectificeren op de cover van het eerstvolgende nummer door middel van publicatie van het rechterlijk vonnis.

In de praktijk worden deze vorderingen nogal eens via een kort geding ingesteld; zie voor het kort geding deel 2 van deze uitgave.

Dwangsom

Het burgerlijk procesrecht geeft de mogelijkheid om een ge- of verbodsactie of rectificatie kracht bij te zetten door middel van een *dwangsom*, een door de rechter aan de veroordeelde opgelegde som geld die de veroordeelde verbeurt zodra, zo dikwijls of zolang hij niet aan een veroordelend vonnis voldoet.

Bovendien geeft de wet de mogelijkheid om een onrechtmatigedaadsactie in te stellen als men schade *dreigt* te leiden. Eiser kan de rechter de gedaagde dan een ge- of verbod met betrekking tot een bepaald (toekomstig) handelen laten opleggen omdat het onrechtmatig is (zie voorbeeld 11.4). Daarnaast geeft de wet ook de mogelijkheid dat toekomstige schade vergoed wordt (art. 6:105 BW).

11.3 Vaststelling van de hoogte van de schadevergoeding

Hoe wordt de schadevergoeding berekend en welke factoren kunnen daarnaast nog een rol spelen bij de vaststelling van de hoogte van de uit te keren schadevergoeding?
De hoogte van de schadevergoeding kan volgens twee methoden bepaald worden, de concrete en de abstracte schadeberekening genoemd. Bij deze

methodes speelt het al dan niet rekening houden met de concrete omstandigheden een rol (subpar. 11.3.1).

Bij de schadevergoeding in het contractenrecht daarentegen speelt daarnaast nog het zogenoemde positieve en negatieve contractbelang (subpar. 11.3.2). Bij de onrechtmatige daad kan eigen schuld of medeschuld van invloed zijn op de hoogte van de uit te keren schadevergoeding. Verder kan het feit dat de benadeelde naast schade ook voordeel heeft, de hoogte van de schadevergoeding bepalen. Men spreekt in dat geval van voordeelstoerekening (subpar. 11.3.3).

Uiteraard speelt de rechter een belangrijke rol bij het begroten van de toe te kennen schadevergoeding en heeft de rechter daarnaast nog de mogelijkheid de schadevergoeding te matigen (subpar. 11.3.4).

11.3.1   Concrete en abstracte schadeberekening

Er zijn twee methoden om de schadevergoeding te berekenen:
* de concrete schadeberekening;
* de abstracte schadeberekening.

Bij de *concrete schadeberekening* wordt bij het vaststellen van de schade-vergoeding rekening gehouden met de concrete omstandigheden waarin de benadeelde zich bevindt. Hier hanteert men dus een subjectief criterium. Er wordt in zo'n geval rekening gehouden met het feit of de benadeelde een eventuele schade aan een voorwerp wel of niet laat herstellen.

Concrete schadeberekening

Bij de *abstracte berekening* wordt de schade vastgesteld aan de hand van vermogensvermindering die normaal gesproken bij dergelijke gevallen optreedt. Er wordt dus een objectief criterium gebruikt. De abstracte methode wordt gebruikt bij:

Abstracte berekening

a niet-levering
b zaaksbeschadiging.

Ad a Niet-levering
De wet formuleert de schadevergoeding bij niet-levering bij de koopovereenkomst als volgt: 'in geval van ontbinding der koop is, wanneer de zaak een bepaalde dagprijs heeft, de schadevergoeding gelijk aan het verschil tussen de in de overeenkomst bepaalde prijs en de dagprijs ten dage van de niet-nakoming' (art. 7:36 BW). Dit wordt ook wel de *marktprijsregel* genoemd. Het is echter niet zo dat in geval van niet-leveren sowieso schadevaststelling geschiedt volgens de abstracte methode. Zij is namelijk concreet als de schade bestaat uit het verschil tussen de koopprijs en een daadwerkelijk gepleegde vervangende koop of verkoop, de zogenoemde dekkingskoop, mits deze laatste op redelijke wijze is voldaan (art. 7:37 BW). Volgens de opvatting van de Hoge Raad is de benadeelde in beginsel vrij om tussen de twee methodes te kiezen. Zijn wederpartij moet dan wel de mogelijkheid hebben om te bewijzen dat de benadeelde een dekkingskoop heeft gesloten die hem bevoordeelt boven vaststelling van de schade volgens de marktprijsregel.

Niet-levering

Ad b Zaaksbeschadiging
In geval van zaaksbeschadiging wordt de schade berekend op basis van de normale herstel- respectievelijk vervangingskosten, ongeacht of de benadeelde in werkelijkheid tot herstel of vervanging overgaat. De basis hiervoor geeft art. 6:97 BW. De abstract berekende schade is echter steeds een minimum. Lijdt de eiser in werkelijkheid een nadeel dat groter is, dan kan de eiser zijn werkelijke (concrete) schade vorderen. Wat hiermee precies wordt bedoeld, wordt aan de hand van voorbeeld 11.6 uitgelegd.

Zaaksbeschadiging

11

VOORBEELD 11.6
Als Klaartje Lagewey met haar auto door de smalle Raamstraat rijdt, valt er een hek op de neus van haar auto. Dat hek diende als afscheiding voor werkzaamheden van Muntendam. De schade aan de auto wordt op €1.000 begroot.

Volgens de abstracte methode krijgt Klaartje die €1.000, ongeacht of zij daarvoor de auto laat herstellen. Volgens de concrete methode zou zij alleen €1.000 ontvangen als zij de auto hersteld zou hebben. Aangezien er hier sprake is van zaaksbeschadiging, wordt de schade volgens de abstracte methode berekend.

11.3.2 Positief en negatief belang
Bij het tekortschieten in de nakoming van een verbintenis (uit overeenkomst) kan er van twee uitgangspunten worden uitgegaan:
1 Men gaat uit van de situatie als was er goed nagekomen: positief belang.
2 Men gaat uit van de toestand alsof de overeenkomst niet zou zijn gesloten: negatief belang.

Ad 1 Positief belang
Bekijken we nog eens voorbeeld 11.1. Firma Adelaar & co levert pas een maand na de in de ingebrekestelling vermelde datum de door Snooker- en biljartcentrum Pool bv bestelde biljarttafels, hetgeen inkomstenderving voor Pool bv betekende. Firma Adelaar moet daarom de schade vergoeden die Pool bv ten gevolge van het te laat nakomen lijdt. We hebben gezien dat dit betekent dat men zich moet afvragen hoe groot de inkomsten van Pool bv geweest zouden zijn als er geen sprake was geweest van de te late aflevering van de biljarttafels en dat daarmee de toestand vergeleken moest worden die ontstaan is ten gevolge van het te late nakomen. Er is dus uitgegaan van de situatie als was er goed nagekomen. Men spreekt hier van
Positief belang *positief belang*.

Ad 2 Negatief belang
Wat negatief belang is, wordt uitgelegd aan de hand van voorbeeld 11.7.

VOORBEELD 11.7
Mosselman bv heeft onderdelen besteld bij IJzer bv. Na opening van de dozen blijkt het verkeerde type onderdeel te zijn gestuurd. De onderdelen worden door een vervoersmaatschappij in opdracht van Mosselman geretourneerd. Vervolgens wordt de koopovereenkomst ontbonden, aangezien IJzer bv de gevraagde onderdelen niet meer in voorraad heeft. Gelukkig slaagt Mosselman er spoedig in de benodigde onderdelen elders te verkrijgen.

Mosselman heeft nu recht op vergoeding van de kosten van het vervoer. Die kosten had hij niet gemaakt als de overeenkomst goed was uitgevoerd. Door de vergoeding van de vervoerskosten wordt hij in dezelfde positie gebracht als was er geen overeenkomst tot stand gekomen. Dit noemt men
Negatief belang het *negatieve belang*.

11.3.3 Voordeelstoerekening, eigen schuld en medeschuld

Factoren die van invloed kunnen zijn op de hoogte van de schadevergoeding, zijn:
1 de zogenoemde voordeelstoerekening;
2 het verschijnsel eigen schuld en medeschuld.

Voordeelstoerekening

Voordeelstoerekening houdt in dat er rekening gehouden wordt met het feit dat de benadeelde naast schade ook voordeel heeft van de schadeveroorzakende gebeurtenis (art. 6:100 BW). Zo wordt er bij het berekenen van de schadevergoeding rekening gehouden met een eventuele verzekeringsuitkering die de benadeelde ten gevolge van het plaatsvinden van het voorval krijgt, en met kosten die hij niet hoeft te maken.

Voordeelstoerekening

VOORBEELD 11.8
Het pakhuis van firma Bovelander wordt door vandalen in brand gestoken. De schade aan verloren gegane voorraden en het gebouw bedraagt €120.000. De verzekering betaalt €115.000 uit, aangezien er een eigen risico van €5.000 is.

De voordeelstoerekening heeft tot gevolg dat de daders slechts €5.000 als schadevergoeding aan firma Bovelander moeten betalen.
Ook een door de rechter opgelegde dwangsom die door de veroordeelde aan de eiser moet worden betaald, wordt in mindering gebracht op de opgelegde schadevergoeding. Schadevergoeding is namelijk in principe bedoeld om geleden nadeel weg te werken, niet om te bevoordelen (art. 6:110 BW). Niet in mindering echter worden gebracht uitkeringen door derden uit vrijgevigheid gedaan. Het is namelijk niet de bedoeling dat de dader voordeel heeft vanwege de vrijgevigheid van derden jegens de benadeelde.

VOORBEELD 11.9
De woning van Jeannie Molenkamp en haar dochtertje Bianca is door John, de ex-vriend van Jeannie, kort en klein geslagen. De schade bedraagt enige duizenden euro's. Onder aanvoering van buurvrouw Marianne Weiland wordt er in de buurt een inzamelingsactie gehouden, die €750 oplevert.

11

Het zou onredelijk zijn deze €750 in mindering te brengen op de schadevergoeding die John aan Jeannie moet betalen.

Eigen schuld en medeschuld

Het kan voorkomen dat het slachtoffer zelf – naast de dader – schuldig is aan een ongeval, omdat hij zich bijvoorbeeld niet aan de verkeersregels heeft gehouden.

VOORBEELD 11.10
Kees negeert een rood voetgangerslicht en steekt plotseling de weg over, omdat hij de tram nog wil halen. Hij wordt aangereden door de auto van Rademakers.

Eigen schuld

Bij de bepaling van de hoogte van de schadevergoeding wordt er rekening mee gehouden dat Kees zelf medeschuldig is aan het ongeval; men spreekt in dit verband van *eigen schuld*. De wet bepaalt namelijk dat de schadevergoeding wordt verminderd als de schade mede veroorzaakt is door een omstandigheid die de benadeelde zelf kan worden toegerekend. De schadevergoeding wordt dan onder dader en benadeelde verdeeld naar rato van de aan ieder van hen toe te rekenen omstandigheden (art. 6:101 BW). We hebben gezien dat ook in het Kelderluikarrest de benadeelde voor de helft van de schade aansprakelijk werd gesteld. Zie subparagraaf 8.2.2. Bij verkeersongevallen wordt in de rechtspraak hiervoor de zogenoemde 50%-regel toegepast. De 50%-regel houdt in dat indien overmacht van de bestuurder van het motorrijtuig niet aannemelijk is gemaakt, maar er wel een fout van de fietser of voetganger is, zonder dat sprake is van opzet of aan opzet grenzende roekeloosheid, in ieder geval 50% van de schade van de fietser of voetganger ten laste van de eigenaar van het motorrijtuig wordt gebracht. Zie ook subparagraaf 8.2.3. Er wordt daarbij ook rekening gehouden met het feit of de benadeelde voldoende maatregelen heeft genomen ter voorkoming of beperking van de schade (zie ook subpar. 11.2.1).

VOORBEELD 11.11
Tuinstra, groothandelaar in fruit, wil bij supermarkt Woudstra het bestelde fruit afleveren. De zaak blijkt echter wegens onvoorziene omstandigheden gesloten te zijn. Dit betekent dat Tuinstra het fruit niet kan afleveren. Ter voorkoming van verdere schade biedt hij het fruit tegen een zeer scherpe prijs te koop aan aan Polman, die een kraam op de Dappermarkt heeft.

Tuinstra kan in dit geval het nadelige verschil in rekening brengen bij supermarkt Woudstra (art. 7:37 BW). Zou hij echter het fruit hebben laten wegrotten, dan zou er eventueel bij de berekening van de hoogte van de schadevergoeding rekening mee gehouden kunnen worden.

Medeschuld

We spreken van *medeschuld* als meerdere personen tegelijk aansprakelijk zijn voor één en dezelfde onrechtmatige daad. In zo'n geval zijn al deze personen hoofdelijk aansprakelijk voor de door hen veroorzaakte schade. De benadeelde kan in zo'n geval elk van de veroorzakers van de schade aanspreken voor de totale schade (art. 6:102 BW); zie voor medeschuld verder paragraaf 8.3.

11.3.4 De rol van de rechter
Het is vanzelfsprekend dat de rechter invloed heeft op het bepalen van de hoogte van de schade. De bevoegdheid van de rechter gaat echter nog verder: hij kan namelijk de berekende schade op een lager bedrag vaststellen (matigen).

De hoogte van de schade

De rechter begroot de schade op de wijze die het meest met de aard ervan in overeenstemming is. Kan de omvang van de schade niet nauwkeurig worden vastgesteld, dan wordt hij geschat (art. 6:97 BW).

In het burgerlijk procesrecht kent men de zogenoemde *schadestaatproce-dure* (art. 612 Rv). Daar is bepaald dat de rechter, als de begroting van de schade in zijn vonnis niet mogelijk blijkt te zijn, een veroordeling uitspreekt tot schadevergoeding op te maken 'bij staat'. De tenuitvoerlegging van een veroordeling tot schadevergoeding op te maken bij staat vangt aan met de betekening aan de wederpartij van een staat waarin het beloop van de schade waarvan de vereffening wordt gevorderd, gespecificeerd wordt opgegeven (art. 613 lid 1 Rv). Daarna volgt dan ter terechtzitting een procedure over deze schadeposten.

Schadestaat-procedure

Als iemand die op grond van onrechtmatige daad of een tekortkoming in de nakoming van een verbintenis jegens een ander aansprakelijk is, door die daad of tekortkoming winst heeft genoten, kan de rechter op vordering van die ander de schade begroten op het bedrag van die winst of een gedeelte ervan (art. 6:104 BW).

VOORBEELD 11.12

Opticom bv, fabrikant van optische instrumenten, heeft van een procedé dat uitgedokterd is door opticien Brekelmans gebruikgemaakt zonder hem daarvoor toestemming te vragen of hem een vergoeding te betalen. Het procedé levert een enorme besparing op bij de fabricage van lenzen. Brekelmans had nog geen octrooi aangevraagd voor zijn uitvinding. Het is ook niet precies te bewijzen welk gedeelte van het procedé precies is toegevoegd door Brekelmans. Opticom bv ziet door het toepassen van het procedé wel zijn omzet groeien.

In zo'n geval is het redelijk dat Opticom een gedeelte van die winst afstaat aan Brekelmans, omdat zijn optreden ten opzichte van deze laatste in strijd met de zorgvuldigheid is.

De rechter zal bovengenoemde schadevergoeding over het algemeen opleggen in situaties waarin verdere schade moeilijk te bewijzen is. Het is hem niet toegestaan daarnaast ook nog vergoeding van gederfde winst van de benadeelde op te leggen.

Matigingsrecht van de rechter

Het is de bedoeling dat in principe alle schade vergoed wordt, maar de rechter heeft in sommige gevallen een matigingsrecht (art. 6:109 BW). De rechter kan de schadevergoeding matigen als toekenning van volledige schadevergoeding gezien de gegeven omstandigheden tot onaanvaardbare gevolgen zou leiden. Deze omstandigheden zijn:

Matigingsrecht

- de aard van de aansprakelijkheid;
- de tussen partijen bestaande rechtsverhouding;
- de draagkracht van partijen.

Zo matigt de rechter eerder in situaties waarin er sprake is van aansprakelijkheid buiten schuld dan in situaties waarin de dader een verwijt valt te

11

maken. En het speelt ook een rol of de schadeveroorzaker een tegenprestatie heeft ontvangen of niet.

VOORBEELD 11.13

Bram Tullekens neemt iedere dag twee collega's gratis mee naar het werk. Op een dag komt Bram in de mist in een kettingbotsing terecht, waardoor ook de twee collega's gewond raken.

Bram is aansprakelijk voor de schade, omdat er in ieder geval sprake is van een toerekenbare onrechtmatige daad. Op grond daarvan is Bram dan ook verplicht de schade van zijn twee collega's te vergoeden. De rechter houdt echter bij het bepalen van de hoogte van de schadevergoeding rekening met het feit dat hij hen gratis meenam.

Bij de bepaling van de hoogte van de schadevergoeding wordt ook rekening gehouden met de vermogens- en inkomenspositie van partijen. De rechter kan echter niet matigen tot een lager bedrag dan waarvoor de schuldenaar zijn aansprakelijkheid door verzekering heeft gedekt of had behoren te dekken (art. 6:109 lid 2 BW).

11.4 Schadevergoeding bij letsel en overlijden

Lichamelijk letsel of de dood van een bepaalde persoon kan soms het gevolg zijn van een onrechtmatige gedraging. De wet geeft een aparte schadevergoedingsregeling voor dit soort gevallen.

Letsel

Schadevergoeding bij *letsel* kan niet alleen de vergoeding van de schade van de benadeelde betreffen, maar ook de vergoeding van kosten van derden. Het gaat hier om kosten die een derde anders dan krachtens verzekering ten behoeve van de gekwetste heeft gemaakt en die de gekwetste, zo hij ze zelf zou hebben gemaakt, van de aansprakelijke had kunnen vorderen (art. 6:107 BW). Gedacht kan hierbij bijvoorbeeld worden aan verpleegkosten en reiskosten.

Bij de vaststelling van de hoogte van de schadevergoeding bij letsel houdt de rechter rekening met de *aanspraak op loon* die het slachtoffer krachtens art. 7:629 lid 1 BW of cao heeft (art. 6:107a lid 1 BW). De werkgever van het slachtoffer, die verplicht is om het loon van deze laatste gedurende diens ziekte of arbeidsongeschiktheid door te betalen, heeft als de ongeschiktheid tot werken het gevolg is van de gebeurtenis (bijvoorbeeld ongeval) waarvoor een ander aansprakelijk is, recht op schadevergoeding voor het door hem doorbetaalde loon (art. 6:107a lid 2 BW). Er hoeft echter nooit meer te worden betaald dan het bedrag dat verschuldigd zou zijn als er geen verplichting tot doorbetaling van loon bestond. Als de aansprakelijke persoon een werknemer is, kan de werkgever alleen als er sprake is geweest van opzet of bewuste roekeloosheid van de werknemer de schadevergoeding op hem verhalen (art. 6:107a lid 3 BW). Deze bepaling sluit aan bij de regeling van de aansprakelijkheid van de werkgever voor fouten van zijn werknemer (art. 6:170 lid 3 BW); zie subparagraaf 8.2.3.

Overlijden

Schadevergoeding bij *overlijden* betreft ook weer schade die een ander dan de benadeelde lijdt ten gevolge van diens overlijden.

11

Deze schadevergoeding kan betreffen:
1 schadevergoeding op grond van het derven (moeten missen) van levensonderhoud;
2 kosten van lijkbezorging.

Schadevergoeding op grond van het derven van *levensonderhoud* kan
gevorderd worden door de echtgenoot, de minderjarige kinderen en andere
bloed- en aanverwanten van de overledene die voor hun levensonderhoud
afhankelijk waren van de overledene. Bovendien wordt er ook een vordering
tot levensonderhoud toegekend aan anderen dan familieleden, mits zij in
gezinsverband met hem woonden of een gemeenschappelijke huishouding
met hem gevoerd hebben en voor hun levensonderhoud geheel of grotendeels afhankelijk waren van de overledene (art. 6:108 lid 1 BW).

**Derving levens-
onderhoud**

De kosten van *lijkbezorging* kunnen gevorderd worden door degene die ze
heeft gemaakt (art. 6:108 lid 2 BW).

**Kosten
lijkbezorging**

Degene tegen wie zij de vordering in rechte instellen, mag dezelfde verweermiddelen gebruiken die hij ook tegenover de overledene zelf zou hebben
kunnen aanvoeren (art. 6:108 lid 3 BW).

11

Kernbegrippenlijst

Abstracte schadeberekening	Wijze van schadeberekening waarbij de schade wordt vastgesteld aan de hand van vermogensvermindering die normaal gesproken in dergelijke gevallen optreedt (art. 7:36 en 6:97 BW). Abstracte schadeberekening vindt alleen plaats bij niet-levering en bij zaaksbeschadiging.
Ander nadeel	Immateriële schade/smartengeld: genoegdoening van het leed dat de benadeelde ten gevolge van de schadeveroorzakende gebeurtenis heeft geleden. De wet staat dit slechts toe bij letsel en bij belediging (art. 6:106 BW).
Concrete schadeberekening	Wijze van schadeberekening waarbij rekening wordt gehouden met de concrete omstandigheden waarin de benadeelde zich bevindt.
Eigen schuld	Er is sprake van eigen schuld als de schade mede veroorzaakt is door een omstandigheid die de benadeelde zelf toegerekend kan worden (art. 6:101 BW). Dit heeft tot gevolg dat de schadevergoeding wordt verminderd.
Medeschuld	Er is sprake van medeschuld als meerdere personen tegelijk aansprakelijk zijn voor een en dezelfde onrechtmatige daad (art. 6:102 BW).
Negatief belang	Wijze van berekening van de schade die uitgaat van de toestand die er zou zijn als er geen overeenkomst was gesloten.
Positief belang	Wijze van berekening van de schade die uitgaat van de situatie die er zou zijn als er goed was nagekomen.
Schade	Het nadelige verschil tussen de toestand zoals die is als gevolg van de gebeurtenis waarop de aansprakelijkheid berust (wanprestatie of onrechtmatige daad) en de situatie die er zou zijn geweest als de gebeurtenis niet had plaatsgevonden.
Schadestaatprocedure	Procedure waarbij de rechter die de begroting van zijn schade niet in zijn vonnis kan vastleggen, een veroordeling tot schadevergoeding uitspreekt, op te maken 'bij staat' (art. 612 Rv).

11

Vermogensschade	Materiële schade, bestaande uit geleden verlies en gederfde winst, redelijke kosten ter voorkoming of beperking van schade enzovoort (art. 6:95 BW).
Voordeelstoerekening	Bij voordeelstoerekening wordt rekening gehouden met het feit dat de benadeelde naast schade ook voordeel van de schadeveroorzakende gebeurtenis heeft gehad (art. 6:100 BW).

11

Meerkeuzevragen

11.1 Muys heeft Valk pas veertien dagen na het verstrijken van de fatale termijn de bestelde producten geleverd. Muys moet Valk daarom vertragingsschade betalen. Er is hier sprake van
a een contractuele schadevergoedingsverbintenis.
b een natuurlijke verbintenis.
c een onrechtmatige daad.
d een wettelijke schadevergoedingsverbintenis.

11.2 De aansprakelijkheid van iemand tot betaling van schadevergoeding hangt af van de vraag of
a de benadeelde zelf ook schuldig is.
b de dader schadevergoeding kan betalen.
c er sprake is van schuld- of van risicoaansprakelijkheid.
d ook iemand anders schuldig is aan de onrechtmatige daad.

11.3 Welke van de volgende stellingen is juist?
a Als iemand een verbintenis tot betaling van schadevergoeding te laat voldoet, is er sprake van een onrechtmatige daad.
b Als iemand een verbintenis tot betaling van schadevergoeding te laat voldoet, is hij pas na ingebrekestelling in verzuim.
c Bij het tekortschieten in de nakoming van een verbintenis ontstaat er een contractuele verplichting tot betaling van schadevergoeding.
d Bij onrechtmatige daad ontstaat er een wettelijke verplichting tot betaling van schadevergoeding.

11.4 Bij een botsing waarbij drie personenauto's betrokken zijn, wordt het aandeel van twee van de bestuurders geraamd op 2:1. De schade bedraagt €1.200. De derde bestuurder, die geen schuld aan de aanrijding heeft, wil de twee anderen aanspreken voor de genoemde schade. Wat kan hij van elk van hen vorderen?
a Respectievelijk €800 en €400.
b €1.200.
c €400.
d €600.

11.5 Of de rechter de opgelegde schadevergoeding kan matigen, hangt in de eerste plaats af van
a de draagkracht van beide partijen.
b de mate van schuld van de dader.
c de tussen partijen bestaande rechtsverhouding.
d kennelijk onaanvaardbare gevolgen.

11

11.6 In welk van de volgende gevallen wordt de schade volgens de abstracte methode berekend?
a De chauffeur van Bravo bv beschadigt het toegangshek van Proto bv.
b Firma Uilenbroek levert een beschadigde bestelwagen af.
c Leo Been perst Hakvoort, eigenaar van café Animo, €5.000 af.
d Olivier Slager slaat Bastiaan Vriend een tand uit zijn mond.

Oefenvragen

11.1   Geitenbeek is in botsing gekomen met de vrachtwagen van expeditiebedrijf Vliegensvlug bv, omdat deze laatste hem geen voorrang verleende. De auto van Geitenbeek is total loss. De vervangingswaarde van de auto is €6.000. De verzekeringsmaatschappij van Geitenbeek betaalt hem slechts de dagwaarde van de auto uit, te weten €3.500. Geitenbeek spreekt Vliegensvlug bv aan tot betaling van €6.000.

    a Volgens welke methode zal de schade hier berekend worden en waarom?

    b Met welk argument kan Vliegensvlug bv de hoogte van de vordering van Geitenbeek bestrijden?

    c Welk bedrag zal Vliegensvlug bv uiteindelijk moeten betalen?

    d Wanneer zou Geitenbeek ook immateriële schadevergoeding kunnen vorderen?

11.2   Scheepsreparateur Steur bv heeft het vissersvaartuig van Jan Tol gerepareerd. Bij de eerste vaart op zee bemerkt Jan Tol dat de nieuw geplaatste motor niet voldoet. Daardoor kan hij niet op volle kracht varen. Ook de rails waarlangs de netten in zee worden uitgezet, lopen stroef. Bij een poging het net sneller langs de rails te laten glijden, verwondt matroos Piet Schilder zijn rechterhand. Hij gaat daardoor drie weken de Ziektewet in. Een en ander komt Jan Tol op een aanzienlijk omzetverlies te staan. Hij wil Steur bv aanspreken tot schadevergoeding.

    a Op welke grond moet Jan Tol zijn vordering tot schadevergoeding baseren?

    b Volgens welke methode wordt deze schade berekend?

    c Welke eisen stelt de wet, wil een vordering tot schadevergoeding toegewezen worden?

    d Zal er bij de berekening van schade in dit geval sprake zijn van positief of van negatief belang?

    e Jan heeft werknemer Piet Schilder bij de bedrijfsvereniging tegen de gevolgen van ziekte verzekerd. Zou met dit feit rekening gehouden worden bij de berekening van de hoogte van de schadevergoeding?

    f Zou een vordering tot schadevergoeding van Piet Schilder persoonlijk tegen Steur bv succes hebben? Beredeneer uw antwoord.

11

12
Koopovereenkomst

12.1   Koop en consumentenkoop
12.2   Rechten van de koper
12.3   Rechten van de verkoper
12.4   Koop op afbetaling

Nadat in de voorgaande hoofdstukken hoofdzakelijk de algemene regels van het vermogensrecht zijn behandeld, komen in de volgende hoofdstukken een paar bijzondere contracten ter sprake, te beginnen met de koopovereenkomst.

De koopovereenkomst is de overeenkomst die in de praktijk het meest voorkomt. Immers, dagelijks doen we allemaal wel 'boodschappen'. Juridisch gezien is de koopovereenkomst een wederkerige verbintenisscheppende (obligatoire) overeenkomst, die geregeld is in Boek 7 van het Burgerlijk Wetboek. Omdat Boek 7 slechts die bepalingen bevat waarin de koopovereenkomst afwijkt van de algemene regels, moeten we soms ook de Boeken 6 en 3 (overeenkomst en rechtshandeling) raadplegen.

In de eerste paragraaf van dit hoofdstuk wordt de gewone koopovereenkomst als uitgangspunt genomen. Daarin komt een aantal soorten koopovereenkomsten aan de orde, te beginnen met de zogenoemde 'consumentenkoop' (par. 12.1). In de volgende twee paragrafen worden de positie van de koper en verkoper meer specifiek behandeld (par. 12.2 en 12.3). Tot slot wordt een paragraaf gewijd aan de koop op afbetaling, waaronder ook de huurkoop en leasing vallen (par. 12.4).

12

12.1 Koop en consumentenkoop

Als we de koopovereenkomst bestuderen, zien we dat er altijd twee elementen zijn, namelijk aan de ene kant een zaak en aan de andere kant een bepaalde prijs. Die zaak en die prijs zijn voorwerp van een verbintenis. Eén verbintenis om een zaak te leveren en één verbintenis om daarvoor een bepaalde prijs te betalen.

Voorwerp van verbintenis

VOORBEELD 12.1

Bakker Grootendorst koopt voor €1.150 bakkerijgrondstoffen in bij Pruim & Zonen, groothandelaar voor bakkerijproducten.

VOORBEELD 12.2

Marieke koopt een ijsje van €1,50 bij Jamin op de hoek.

VOORBEELD 12.3

Clemens en Anneke van Vliet kopen een leunstoel bij Meubelstad nv in Diemen voor €1.600.

VOORBEELD 12.4

Expeditiebedrijf Hollandia Export bv koopt drie wagens met oplegger à €62.500 bij DAF Trucks nv.

De voorbeelden 12.1 tot en met 12.4 zijn allemaal voorbeelden van koopovereenkomsten.

De twee verbintenissen die uit de koopovereenkomst ontstaan, hangen met elkaar samen en wel zodanig dat degene die in de ene verbintenis, namelijk die om een zaak te leveren, de schuldeiser of crediteur is (de koper), in de andere verbintenis automatisch de schuldenaar of debiteur is, want hij moet voor de geleverde zaak een bepaalde prijs betalen. Omgekeerd is de debiteur van de verbintenis tot levering van de zaak, de verkoper, in de verbintenis tot betaling van de koopprijs de crediteur. Daarom wordt de koopovereenkomst een wederkerige verbintenisscheppende overeenkomst genoemd. Partijen, koper en verkoper, zijn over en weer elkaars crediteur en debiteur (zie figuur 12.1).

FIGUUR 12.1 Koopovereenkomst

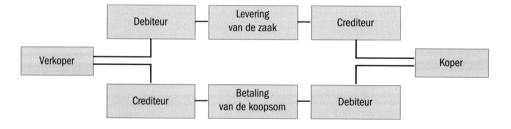

Koopovereen-
komst

De wetgever omschrijft de *koopovereenkomst* daarom in art. 7:1 BW als volgt: 'Koop is de overeenkomst waarbij de een zich verbindt een zaak te geven en de ander om daarvoor een prijs in geld te betalen.'

Het is mogelijk een koopovereenkomst te sluiten zonder dat van tevoren een *prijs* is bepaald. De wet zegt dat in zo'n geval een redelijke prijs verschuldigd is. Er wordt bij de bepaling van de prijs rekening gehouden met de door de verkoper ten tijde van het sluiten van de overeenkomst gewoonlijk bedongen prijzen (art. 7:4 BW). Wat betreft de betaling van de prijs zijn de bepalingen betreffende de betaling van een geldsom (art. 6:111 e.v. BW) van toepassing. Wij verwijzen daarvoor naar subparagraaf 10.1.4.

Prijs

Staat tegenover de verbintenis om een zaak te geven een andere om een zaak te geven, dan spreken we van een *ruilovereenkomst* (art. 7:49 BW).

Ruilovereenkomst

VOORBEELD 12.5
Jan ruilt zijn vishengel voor de voetbal van Peter.

Jan is dan schuldeiser ten opzichte van Peter ten aanzien van de levering van de voetbal. Peter kan op zijn beurt als schuldeiser van Jan de levering van de vishengel eisen.
Dit is het enige verschil tussen de ruil- en de koopovereenkomst. Voor de rest zijn de bepalingen van de koopovereenkomst ook van toepassing op ruil (art. 7:50 BW).
De wet spreekt in art. 7:1 BW alleen over de verbintenis tot het geven van een zaak. Een zaak is een voor de menselijke beheersing vatbaar stoffelijk object (art. 3:2 BW). Kan een koopovereenkomst alleen een zaak betreffen? Dat zou namelijk betekenen dat vermogensrechten niet verkocht zouden kunnen worden. Dat is echter niet het geval. Denk maar aan de overdracht van vorderingsrechten of de verkoop van bijvoorbeeld een recht op octrooi of merk of van een aandeel in een nv of bv. De koop van vermogensrechten wordt echter pas in de tiende afdeling genoemd. Volgens art. 7:47 BW kan een koop ook op een vermogensrecht betrekking hebben. In dat geval zijn de bepalingen van de vorige afdelingen van toepassing voor zover dat in overeenstemming is met het recht.
Kortom: een koopovereenkomst kan goederen betreffen, dus zowel zaken als vermogensrechten.

Zaken en vermogensrechten

In de regeling van de koopovereenkomst is een stuk consumentenbescherming opgenomen. Er wordt namelijk een onderscheid gemaakt of de koopovereenkomst gesloten wordt tussen bijvoorbeeld twee ondernemers of twee particulieren of tussen een ondernemer en een consument. Naast deze zogenoemde consumentenkoop (subpar. 12.1.1) bestaat er nog een aantal varianten van koopovereenkomsten, zoals de koop met eigendomsvoorbehoud, de koop op afstand, de koop op proef en de onderhandse en openbare verkoop (subpar. 12.1.2 tot en met 12.1.5). Een apart soort koopovereenkomst is colportage. Colportage is in een aparte wet, de Colportagewet, geregeld en is dus niet te vinden bij de koopovereenkomst in Boek 7 BW (subpar. 12.1.6).
Er zijn echter nog twee verschijnselen betreffende de koopovereenkomst, te weten: de ongevraagde toezending van zaken en de zogenoemde koopoptie. In beide gevallen is er sprake van een aanbod om een koopovereenkomst te sluiten (subpar. 12.1.7 en 12.1.8).

12

12.1.1 Consumentenkoop

In de voorbeelden 12.1 tot en met 12.4 werden voorbeelden van koopovereenkomsten gegeven. Twee van deze voorbeelden betreffen een consumentenkoop, namelijk Marieke, die een ijsje koopt voor €1,50 (voorbeeld 12.2),
en Clemens en Anneke van Vliet, die een leunstoel kopen voor €1.600
(voorbeeld 12.3).

**Consumenten-
koop**

In deze voorbeelden is sprake van een *consumentenkoop*, omdat het een
koopovereenkomst is die:
* een roerende zaak niet-registergoed betreft;
* plaatsvindt tussen een verkoper die handelt in de uitoefening van een
  beroep of bedrijf (detailhandelaar) en een koper, natuurlijke persoon, die
  dat niet doet (art. 7:5 BW).

In de wet is in het algemeen *dwingend* voorgeschreven, dat – behalve bij
een standaardregeling (zie subpar. 7.3.4) – bij een consumentenkoop niet
ten nadele van de koper van de bepalingen van de wet mag worden afgeweken (art. 7:6 BW). De koper kan in zo'n geval de koopovereenkomst door
een buitengerechtelijke verklaring vernietigen. Er wordt in art. 7:6 lid 2 BW
een uitzondering gemaakt voor art. 7:11, 12, 13, 26 en 35 BW. Deze
bepalingen regelen onder meer het risico, de kosten van aflevering en de
betaling van de koopprijs bij de consumentenkoop. Bedingen in algemene
voorwaarden echter waarin ten nadele van de koper van de hiervoor genoemde artikelen wordt afgeweken, worden als onredelijk bezwarend aangemerkt (art. 7:6 lid 2 slot BW); met als gevolg dat ook deze bedingen kunnen worden vernietigd (art. 6:233 BW); zie subparagraaf 7.3.5.

Garantie

Art. 7:6a geeft een regeling over de garantie. Een *garantie* houdt in het algemeen in dat een contractpartij instaat voor het uitblijven van bepaalde
gebeurtenissen, handelingen of feiten en dat hij aansprakelijk is voor de
schadelijke gevolgen indien deze toch optreden. Een garantie bij een koopovereenkomst is een door de verkoper of producent tegenover de consument aangegane verplichting om de betaalde prijs terug te betalen, of om
de consumptiegoederen te vervangen of te herstellen, of om er zich op enigerlei wijze aan gelegen te laten liggen, indien de goederen niet overeenstemmen met de beschrijving in het garantiebewijs of in de desbetreffende
reclame. In de praktijk betreft het meestal een garantie met betrekking tot
de (afwezigheid) van bepaalde gebreken in de (te verkopen) zaak, die veelal

Garantiebewijs

wordt neergelegd in een *garantiebewijs*. De aansprakelijkheid van de verkoper wordt echter in veel garanties uitgesloten of beperkt; zo worden bijvoorbeeld vaak zeer krappe termijnen gehanteerd. Voor zover daarbij afbreuk
wordt gedaan aan rechten die de koper op grond van de wet heeft, zijn deze
niet geldig (art. 7:6 lid 1 BW).
Een garantiebewijs kan de koper ook rechten geven die hij anders niet zou
hebben. Zo kan de verkoper bijvoorbeeld de goede werking van een bepaald product garanderen. Het voordeel van een dergelijke garantie voor de
koper is dat hij niet hoeft te bewijzen dat de zaak een gebrek heeft. De verkoper zal in dat geval het gebrek moeten herstellen, tenzij hij op zijn beurt
kan bewijzen dat er bijvoorbeeld sprake is van een onjuist gebruik.

Fabrieksgarantie

In de praktijk komt men ook de zogenoemde *fabrieksgarantie* tegen. Met de
fabrieksgarantie geven fabrikanten en importeurs rechtstreeks garantie aan
de consument. Juridisch ziet men deze garantie als een aparte overeenkomst die losstaat van de koopovereenkomst. De producent kan in deze
garantieovereenkomst de koper beperktere rechten toekennen. Dat is toe-

12

gestaan, omdat hij niet verplicht is een dergelijke garantie te geven. Door deze fabrieksgarantie krijgt de koper er in feite een tweede debiteur bij, de fabrikant.

Het is de fabrikant echter niet toegestaan zijn aansprakelijkheid op grond van art. 6:185 BW, productenaansprakelijkheid, helemaal uit te sluiten. Dit onderwerp komt later nog in dit hoofdstuk ter sprake. Zie voor een uitgebreide behandeling van de productenaansprakelijkheid paragraaf 8.4.

De wet geeft een aparte regeling van de consumentenkoop om de koper/consument te beschermen tegen de verkoper. Maar aangezien in de praktijk de winkelier ingeklemd zit tussen de koper aan de ene kant en zijn leverancier (groothandelaar, producent, importeur) aan de andere kant, strekt de regeling in een aantal gevallen ook ter bescherming van hem.

Uitgangspunt van de wetgever is de gewone koopovereenkomst. Is er sprake van een consumentenkoop, dan volgen de afwijkende bepalingen na de bepalingen betreffende de gewone koopovereenkomst. Zo regelt art. 7:10 BW de overgang van het risico bij de gewone koopovereenkomst. Het risico gaat in dat geval over bij de aflevering van de zaak. Art. 7:11 BW zegt vervolgens dat het risico bij de consumentenkoop overgaat op het moment van de bezorging (zie voor verdere behandeling van het risico subpar. 12.2.2). Zijn er geen afwijkingen, dan zijn de bepalingen van de wet zowel van toepassing op de gewone koopovereenkomst als op de consumentenkoop.

De koper, consument, van een *onroerende zaak* wordt eveneens beschermd. In de eerste plaats moet de koopovereenkomst schriftelijk worden gesloten (art. 7:2 lid 1 BW). Ten tweede moet een exemplaar van de koopakte of een afschrift ervan aan de koper ter hand worden gesteld. Ten derde krijgt de koper een bedenktijd van drie dagen, waarbinnen hij nog zonder voor hem nadelige gevolgen de koopovereenkomst kan ontbinden. De bedenktijd van drie dagen gaat lopen vanaf de terhandstelling van de koopakte aan de koper (art. 7:2 lid 2 BW).

Onroerende zaak

Bedenktijd van drie dagen

Volgens de Hoge Raad (HR 19 december 2011, LJN BU 7412) kan ook een verkoper/consument zich op het schriftelijkheidsvereiste beroepen om onder de mondeling gesloten koopovereenkomst uit te komen. De professionele verkoper kan dit niet.

De verkoper/consument kan dus bij het ontbreken van een schriftelijk vastgelegde koopakte niet tot medewerking aan de koopakte worden gedwongen of tot schadevergoeding worden veroordeeld. Dat is wel het geval bij de professionele verkoper. Wel kan het volgens de Hoge Raad in theorie naar de maatstaven van redelijkheid en billijkheid onaanvaardbaar zijn dat de verkoper/consument of koper/consument zich op het ontbreken van een schriftelijke vastlegging van de wilsovereenstemming kan beroepen. Dat zal in de praktijk niet veel voorkomen omdat het schriftelijkheidsvereiste zowel koper als verkoper nu juist de ruimte biedt om van de (mondelinge) koop af te zien. Dat betekent dat als de verkoper bijvoorbeeld een beter bod krijgt of de koper toch liever een ander huis wil kopen, er geen sprake hoeft te zijn van strijd met de redelijkheid en billijkheid.

Het is mogelijk de koopakte in te laten schrijven in de openbare registers. Willen koper en verkoper de koopakte al tijdens de bedenktijd laten inschrijven, dan moet de koopakte zijn opgesteld en medeondertekend door een notaris (art. 7:3 lid 2 BW). Voordeel van deze inschrijving is dat de koper tegenover allerlei handelingen van de verkoper, zoals een tweede verkoop

12

of een beslaglegging, beschermd wordt (art. 7:3 lid 3 sub a en f BW). Bij de koop van een nieuwgebouwde woning kan de koper 5% van de koopsom (aanneemsom) in een depot bij de notaris storten in verband met eventuele gebreken die zich na de oplevering voordoen (art. 7:8 j° 7:768 lid 1 BW).

12.1.2 Koop met eigendomsvoorbehoud

Bij koop met eigendomsvoorbehoud bedingt de verkoper dat hij eigenaar van de afgeleverde zaak blijft totdat de totale koopsom door de koper is voldaan. De koper krijgt de zaak in dit geval wel in zijn macht – hij is houder – maar niet als eigenaar/bezitter (art 7:9 lid 3 BW).

VOORBEELD 12.6

Bouwmarkt bv verkoopt op rekening aan aannemer Hendriks 25 dakspanten à €197,50 en 3.000 oudhollandse dakpannen à €1,60. Betaling moet volgens afspraak plaatsvinden binnen drie weken na aflevering. Bouwmarkt bv bedingt echter dat de eigendom van de geleverde zaken pas zal overgaan op Hendriks nadat deze laatste de totale koopsom zal hebben voldaan (art. 3:92 BW).

De overeenkomst die tussen Bouwmarkt bv en Hendriks tot stand komt, is een koopovereenkomst met een zogenoemd eigendomsvoorbehoud.

Eigendoms-voorbehoud

Volgens de wet is een *eigendomsvoorbehoud* een levering onder opschortende voorwaarde (art. 3:91 BW). Het eigendomsvoorbehoud is in subparagraaf 3.2.3 reeds besproken.

Het voordeel voor de vervreemder van het eigendomsvoorbehoud is dat hij bij een eventueel faillissement van de verkrijger bij de curator afgifte van de verkochte zaak kan vorderen, aangezien hij eigenaar is gebleven. Het eigendomsvoorbehoud werkt echter alleen maar zolang de afgeleverde zaak een zelfstandige zaak is. Zodra de zaak een bestanddeel van een andere zaak is geworden, volgt zij door *natrekking* goederenrechtelijk het lot van de hoofdzaak (art. 3:4 BW). In voorbeeld 12.6 gebeurt dit zodra Hendriks de dakspanten en dakpannen heeft aangebracht op het dak van het huis van zijn opdrachtgever. Deze laatste is dan door natrekking eigenaar van de dakspanten en dakpannen geworden.

Een ander nadeel van de koop met eigendomsvoorbehoud voor de verkoper is dat de koper beschikkingsbevoegd lijkt. Hij kan echter, als het een roerende zaak betreft, als beschikkingsonbevoegde de eigendom van de zaak aan een ander overdragen. De wet beschermt namelijk deze laatste als hij te goeder trouw is (art. 3:86 BW). Dat is in voorbeeld 12.6 het geval als Hendriks de pannen en dakspanten tegen een redelijke prijs doorverkoopt aan zijn nietsvermoedende collega Engelkamp.

Leverings-voorwaarden

Een eigendomsvoorbehoud zal in de praktijk meestal een van de *leveringsvoorwaarden* of -condities zijn die de verkoper de koper oplegt. Deze zijn over het algemeen ondergebracht bij de zogenoemde algemene voorwaarden (zie subpar. 7.3.5).

12.1.3 Koop op proef

Koop op proef

Koop op proef is een koopovereenkomst onder de opschortende voorwaarde dat de zaak de koper voldoet (art. 7:45 lid 1 BW).

12

VOORBEELD 12.7

Stephanie bestelt uit de catalogus van postorderbedrijf Otto een avondjapon. In de voorwaarden van het postorderbedrijf is als bepaling opgenomen dat de verkochte zaak, indien hij niet bevalt, binnen acht dagen geretourneerd kan worden. Zo niet, dan gaat het bedrijf ervan uit dat de koopovereenkomst gesloten is.

De wet formuleert dit laatste aldus: laat de koper een termijn, voldoende om de zaak te beoordelen, voorbijgaan zonder de verkoper van zijn beslissing in kennis te stellen, dan kan hij de zaak niet meer weigeren (art. 7:45 lid 2 BW).

12.1.4 Koop op afstand

Koop op afstand is de koopovereenkomst die gesloten wordt door een consument die zich thuis bevindt en een leverancier die zich elders bevindt. Daarbij zijn twee situaties denkbaar, te weten:

1 een aanbieder die via internet verkoopinformatie verschaft en een consument die met behulp van zijn pc aankopen kan verrichten, *teleshopping* genoemd;
2 een consument die zich thuis bevindt en een leverancier die zich elders bevindt, zoals bij postorderverkoop, of telefonische bestelling van op tv of in de krant genoemde producten.

Koop op afstand

Bij de koop op afstand wordt tot en met het sluiten van de overeenkomst gebruikgemaakt van technieken voor communicatie op afstand (art. 7:46a BW). De koop op afstand is in afdeling 9A van Boek 7 BW geregeld. De regeling geldt zowel voor de consumentenkoop als voor de 'koop' van diensten. De regeling is van dwingend recht (art. 7:46j lid 1 BW). De koop van onroerend goed valt buiten deze regeling (art. 7:46b BW).

De regels met betrekking tot de verkoop aan consumenten zullen waarschijnlijk per 13 juni 2014 worden aangescherpt. Zo moet bijvoorbeeld bij de koop op afstand de consument zowel bij bestelling als bij betaling uitdrukkelijk vermelden dat hij akkoord gaat. Ook wordt de bedenktijd om de zaak zonder opgave van redenen te retourneren verlengd naar minimaal veertien dagen. Bovendien zal het risico voor achteruitgaan in kwaliteit of het verloren gaan van de gekochte zaak pas overgaan op de koper na ontvangst van het product.

De verkoper moet de consumentkoper van tevoren *informatie* verschaffen over onder meer zijn gegevens, de kernpunten uit de koopovereenkomst, de kosten voor bezorging, de duur van het aanbod, de duur van de overeenkomst en de mogelijkheid van ontbinding (art. 7:46c lid 1 BW). Daarnaast eist de wet dat de informatie uiterlijk bij de aflevering schriftelijk of op een 'duurzame gegevensdrager' wordt verstrekt (art. 7:46c lid 2 BW). Met name wordt daarbij geëist dat het bezoekadres van de verkoper vermeld wordt, zodat de klant weet waar hij moet klagen (art. 7:46c lid 2 sub c BW).

Informatie

De koper heeft het recht gedurende zeven dagen na de ontvangst van de zaak de koop op afstand zonder opgave van redenen te ontbinden (art. 7:46d lid 1 BW). Als de leverancier niet aan zijn informatieverplichting voldoet, wordt de termijn verlengd tot maximaal drie maanden (art. 7:46c lid 1 BW). De koper die gebruikmaakt van zijn recht op ontbinding, hoeft alleen de kosten voor het terugzenden van de zaak te betalen. Voor de rest is de

Recht op ontbinding

12

koper geen enkele vergoeding verschuldigd. Lid 4 van art. 7:46d BW geeft aan wanneer ontbinding niet mogelijk is.

Als de koper niet alleen een koopovereenkomst gesloten heeft, maar ook een financieringsovereenkomst, heeft ontbinding van de koop ook ontbinding van de geldlening tot gevolg (art. 7:46e BW).

De verkoper moet binnen dertig dagen leveren (art. 7:46f BW). Deze eis is van regelend recht (art. 7:46j lid 2 BW). Als de verkoper niet binnen dertig dagen levert, is hij zonder ingebrekestelling in verzuim (art. 7:46f lid 1 BW). Ook de betaling kan online plaatsvinden, bijvoorbeeld door internetbankieren of door betaling met een creditcard, digitale acceptgiro (onelinegiro) of iDEAL of PayPal. Zie ook subparagraaf 10.1.4. Als de aangekondigde wetswijziging ter bescherming van consumenten per 13 juni 2014 doorgaat, mag de verkoper geen geld meer vragen voor bijvoorbeeld betaling met een creditcard.

12.1.5 Onderhandse en openbare verkoop

Onderhandse verkoop

Bij een onderhandse verkoop bepalen partijen zelf de voorwaarden waaronder zij de koopovereenkomst willen aangaan. Een *onderhandse verkoop* is dus een gewone koopovereenkomst die partijen samen aangaan en waarvan zij zelf de inhoud bepalen.

Openbare verkoop

Bij *openbare verkoop* worden zaken bij opbod verkocht op een veiling. Het is iedereen toegestaan vrijwillig zijn eigendommen in het openbaar te laten verkopen. Men spreekt dan van een *vrijwillige openbare verkoop*.

In een aantal gevallen schrijft de wet echter voor dat goederen in het openbaar bij opbod verkocht moeten worden. In dat geval is er sprake van een *gedwongen openbare verkoop*.

Er is onder andere sprake van zo'n gedwongen openbare verkoop bij verkoop door:
- de pand- en hypotheekhouder;
- de beslagleggende schuldeiser;
- de curator in faillissement.

Pand- en de hypotheekhouder

In hoofdstuk 4 hebben we gezien bij de behandeling van het recht van parate executie van de pand- en de hypotheekhouder dat zij het verbonden goed in principe in het openbaar moeten verkopen. Voor pand (subpar. 4.1.1) betekent dit dat het goed in het openbaar naar de plaatselijke gewoonten en op de gebruikelijke voorwaarden verkocht moet worden (art. 3:250 lid 1 BW). Dat betekent in de praktijk dat het wordt geveild. Verhypothekeerde goederen (subpar. 4.2.3) moeten eveneens in het openbaar, maar nu ten overstaan van een notaris verkocht worden (art. 3:268 lid 1 BW). Op verzoek van partijen kan het verbonden goed met toestemming van de voorzieningenrechter van de rechtbank ook onderhands verkocht worden (art. 3:251 en 268 lid 2 BW).

Executerende schuldeiser

Curator

Ook elke andere executerende schuldeiser moet de goederen van de schuldenaar waar hij beslag op heeft laten leggen, in principe in het openbaar verkopen (art. 463 en 519 Rv). Hetzelfde geldt voor de curator in faillissement (art. 176 Fw). Een openbare veiling kan ook online plaatsvinden. Dat geldt zowel voor de vrijwillige als voor de gedwongen openbare verkoop. Gegadigden kunnen dan online biedingen doen (art. 3:251 BW). Zie bijvoorbeeld de site van de HNVI (Het Nederlands VeilingInstituut; www.hnvi.nl). In alle hiervoor genoemde gevallen is er dus sprake van een gedwongen openbare verkoop.

12

12.1.6 Colportage

Bij colportage is er sprake van een bepaalde persoon, de colporteur, die roerende zaken of diensten te koop aanbiedt door persoonlijk bezoek aan particulieren (huis-aan-huisverkoop) of daartoe samengebrachte groepen personen. De voorbeelden 12.8 en 12.9 beschrijven deze twee vormen van colportage.

VOORBEELD 12.8

Mevrouw Remmers heeft een elektrische stoompan aan de deur gekocht voor €37,50.

VOORBEELD 12.9

De dames Boelema en Punselie hebben op een bijeenkomst die georganiseerd werd tijdens een busreisje naar de Duitse Eifel ieder een schapenwollen dekbed aangeschaft voor €114,50 het stuk.

In beide voorbeelden is er dus sprake van colportage. Een *colporteur* is iemand die bij de uitoefening van zijn bedrijf of beroep roerende zaken of diensten te koop aanbiedt door persoonlijk bezoek aan particulieren (huis-aan-huisverkoop) of daartoe samengebrachte groepen personen.
De wet onderscheidt drie soorten colporteurs, te weten:
1 de afbetalingscolporteur;
2 de contantcolporteur;
3 de kredietcolporteur (art. 1 lid 1 sub c Colportagewet).

Colporteur

Ad 1 Afbetalingscolporteur
Een *afbetalingscolporteur* tracht een particulier te bewegen tot het als afnemer deelnemen aan een afbetalingstransactie. Bij afbetalingstransacties vindt de betaling van de prijs in termijnen plaats. Zie voor koop op afbetaling paragraaf 12.4.

Afbetalings-colporteur

Ad 2 Contantcolporteur
Een *contantcolporteur* tracht een particulier te bewegen tot het sluiten van een overeenkomst, strekkende tot het aan deze anders dan om niet verschaffen van genot van een roerende zaak of tot het aan deze anders dan om niet verlenen van een dienst.

Contant-colporteur

Ad 3 Kredietcolporteur
Een *kredietcolporteur* tracht een particulier te bewegen tot het als kredietnemer deelnemen aan een overeenkomst van kredietverlening.
Het is niet geoorloofd als kredietcolporteur kredieten aan te bieden (art. 6 Colportagewet). Een overeenkomst die het onmiddellijk gevolg is van kredietcolportage, is vernietigbaar. Alleen de kredietnemer kan een beroep op de vernietigbaarheid doen (art. 23 lid 2 Colportagewet).

Krediet-colporteur

12

Een colporteur kan zowel goederen en diensten uit eigen bedrijf aanbieden als goederen en diensten van iemand anders. In dat laatste geval treedt hij op als vertegenwoordiger, bijvoorbeeld Handelsreiziger.

Colporteren, waar dit in de wet verplicht is gesteld, zonder dat dit als zodanig ingeschreven is in het handelsregister, is een *economisch delict*.

Een colporteur moet voor elke overeenkomst die het onmiddellijk gevolg is van zijn werkzaamheid, een *akte in tweevoud* opstellen die gelijkluidend is en door beide partijen ondertekend moet worden. Bovendien moet uit onderling uitgewisselde ondertekende ontvangstbewijzen blijken dat door elk van beide partijen een exemplaar van die akte is ontvangen (art. 24 lid 1 Colportagewet). De colporteur is verplicht deze akte door de Kamer van Koophandel van een *vaste dagtekening* te laten voorzien (art. 25 lid 2 en 3 Colportagewet).

Opzegging

De klant kan, als het transacties betreft waarvoor hij meer dan €34 moet betalen, de overeenkomst binnen acht dagen na de dagtekening opzeggen (art. 26 lid 1 Colportagewet). Dat betekent dus dat zowel mevrouw Remmers als de dames Boelema en Punselie de door hen gesloten koopovereenkomsten binnen acht dagen na de dagtekening van de akte kunnen annuleren. Dat betekent dat pas vanaf de negende dag door ieder der partijen nakoming kan worden gevorderd (art. 25 lid 2 en 3 Colportiagewet).

Financiële dienstverlening

Colportage komt ook voor in de financiële dienstverlening, bijvoorbeeld wanneer een verkoper bij een consument thuis een overeenkomst sluit met betrekking tot een lening. Het moet hierbij om een bezoek aan huis gaan waarbij het initiatief van het thuisbezoek bij de verkoper ligt, bijvoorbeeld door het ongevraagd bellen van een consument voor het maken van een afspraak thuis. Als de consument zelf een telefonische afspraak heeft gemaakt, is er dus geen sprake van colportage. Een hypotheek verlenen via colportage is niet meer toegestaan.

Koop op afstand

Bij een *koop op afstand* is het zo dat zolang er geen huisbezoek plaatsvindt, de verkoper wel mag bellen en het gehele advies- en bemiddelingsproces via de telefoon en de post mag laten plaatsvinden. De consument heeft dan voldoende tijd om de offerte en de voorwaarden van de lening goed door te nemen. In het telefoongesprek moet de verkoper wel vertellen dat hij belt over een lening (commercieel doel) en zeggen wie hij is (identiteit bekendmaken).

Consumenten kunnen hun aankoop(overeenkomst) laten vernietigen als deze door colportage tot stand is gekomen. Zij hebben daar een jaar de tijd voor nadat zij op deze mogelijkheid zijn gewezen door de geldverstrekker.

De AFM houdt toezicht op colportage op grond van de Wet handhaving consumentenbescherming. Bij overtreding kan de AFM een boete opleggen. Bij andere producten dan geldleningen kan men dit melden bij de Consumentenautoriteit (www.consuwijzer.nl).

12.1.7 Ongevraagde toezending van zaken

Ongevraagde toezending

Er is sprake van *ongevraagde toezending van zaken* als iemand zonder dat hij daar zelf om heeft gevraagd, een zaak toegezonden krijgt met de bedoeling om hem tot het sluiten van een koopovereenkomst aan te zetten.

VOORBEELD 12.10

Uitgeverij Heidelberg bv te Den Bosch stuurt aan mevrouw De Wit, de directeur van de plaatselijke basisschool, een boekje toe met de nieuwste rekenmethode voor het basisonderwijs. Bij het boekje treft zij een brief aan waarin haar wordt verzocht om, indien zij het boekje niet binnen veertien dagen heeft geretourneerd, via de bijgeleverde acceptgiro de koopprijs van het boekje te betalen.

Mevrouw De Wit hoeft niet aan dit verzoek te voldoen, omdat zij het boekje niet besteld heeft. Zij mag de zaak om niet (gratis) behouden. 'Om niet' betekent dat zij geen tegenprestatie in de vorm van een koopprijs hoeft te leveren (art. 7:7 BW).

Weliswaar wordt het ongevraagde toezenden gezien als een aanbod om een koopovereenkomst te sluiten, maar er komt alleen een koopovereenkomst tot stand als de ontvanger dit aanbod heeft aanvaard.

Er blijft echter nog het probleem bestaan of de ontvanger die niet op het aanbod in wil gaan, dan verplicht kan worden de (ongevraagd) toegezonden zaak terug te zenden. Er zou in dat geval namelijk sprake kunnen zijn van onverschuldigde betaling van de kant van de verzender. Art. 7:7 BW geeft aan dat de ontvanger de zaak om niet mag behouden of als hij dat niet wil, de zaak op kosten van de verzender mag retourneren.

12.1.8   Koopoptie

Een *koopoptie* is een eenzijdige verkoopbelofte. Deze belofte geldt als een onherroepelijk aanbod (art. 6:219 lid 3 BW).

Koopoptie

VOORBEELD 12.11

In de pachtovereenkomst die Harmsen met Van Henegouwen heeft gesloten, is als clausule opgenomen dat wanneer Van Henegouwen de verpachte boerderij wil verkopen en overdragen, Harmsen als eerste mag kopen tegen de getaxeerde waarde.

VOORBEELD 12.12

Van Tiggelen heeft zijn machinepark laten leasen bij Leasemaatschappij LPM bv. Na afloop van het driejarige leasecontract mag Van Tiggelen het machinepark kopen voor €1.

In beide gevallen is hier dus een koopoptie verleend. Dat betekent dat pachter Harmsen respectievelijk gebruiker Van Tiggelen na afloop van het contract de verpachte respectievelijk geleaste zaak kunnen kopen. Deze koopoptie geldt, zoals gezegd, als een onherroepelijk aanbod van de verpachter of leasemaatschappij. Dat betekent dat Harmsen en Van Tiggelen de koopovereenkomst moeten sluiten met hun wederpartij, ook al zouden zij dat op dat moment niet meer willen (zie voor het onherroepelijk aanbod subpar. 7.2.1).

12.2 Rechten van de koper

12

De rechten van de koper uit de koopovereenkomst zijn de verplichtingen van de verkoper. De koper is immers de schuldeiser en de verkoper de schuldenaar van deze verbintenis uit de koopovereenkomst. We bespreken in deze paragraaf eerst welke rechten de koper in het algemeen heeft (subpar. 12.2.1). Daarna wordt ingegaan op de overgang van het risico (subpar. 12.2.2). Ten slotte komt aan de orde welke rechten de koper heeft als de verkoper niet aan zijn verplichtingen voldoet (subpar. 12.2.3).

12.2.1 Wat kan de koper eisen?

Voor wat betreft de leveringshandeling stelt de wet een drietal vereisten aan de verkoper, te weten:

1 eigendomsoverdracht
2 aflevering
3 conformiteit (art. 7:9 en 17 BW).

Ad 1 Eigendomsoverdracht

Eigendoms-overdracht

De verkoper is in de eerste plaats verplicht de eigendom van de verkochte zaak over te dragen aan de koper (art. 7:9 lid 1 BW). De verkoper moet echter, wil hij de eigendom van de verkochte zaak kunnen overdragen, eerst aan de drie vereisten van art. 3:84 BW voldoen. Dat zijn een rechtsgeldige titel, beschikkingsbevoegdheid van de rechtsvoorganger en een leveringshandeling (zie voor de overdracht par. 3.2).

Ad 2 Aflevering

Afleveren

Vervolgens moet de verkoper de verkochte zaak afleveren. *Afleveren* is volgens art. 7:9 lid 2 BW het stellen van de zaak in het bezit van de koper. Afleveren is dus bezit verschaffen (art. 3:90 lid 1 BW). Bezitter zijn betekent dat men de feitelijke macht heeft (art. 3:107 BW).

Als ik bijvoorbeeld een brood koop, vallen de momenten van eigendoms- en bezitsverschaffing samen. Dat hoeft evenwel niet altijd het geval te zijn. Ik word pas feitelijk bezitter van een huis zodra mij de sleutel door de vorige eigenaar wordt overhandigd. Eigenaar word ik zodra de transportakte bij de notaris is gepasseerd en deze ingeschreven is in de openbare registers (art. 3:89 lid 1 BW).

Problemen rijzen in dit verband bij de koop met eigendomsvoorbehoud. In voorbeeld 12.6 van de koopovereenkomst van Bouwmarkt bv en Hendriks, worden de dakspanten en dakpannen wel degelijk afgeleverd op het bouwterrein van Hendriks. Hendriks wordt echter volgens afspraak geen eigenaar en geen bezitter, maar houder. Hoe kan Bouwmarkt bv nu aan zijn leveringsverplichting voldoen? Hij kan dat door de zaak in de macht van de koper (Hendriks) te brengen (art. 7:9 lid 3 BW).

Blijft wat betreft de aflevering nog over de vraag wie de kosten van de aflevering moet betalen.

De kosten van de aflevering zijn volgens de wet voor de verkoper (art. 7:12 BW). Maar omdat hier sprake is van regelend (aanvullend) recht, kunnen koper en verkoper anders overeenkomen. Bij de consumentenkoop zijn dergelijke kosten slechts door de koper verschuldigd voor zover er bij het sluiten van de overeenkomst uitdrukkelijk een afspraak over is gemaakt (art. 7:13 BW).

De koper moet de kosten voor het afhalen van de gekochte zaak en de kosten van een koopakte en van de overdracht betalen (art. 7:12 lid 2 BW). Daarom staan bijvoorbeeld in de advertentie voor de verkoop van een huis de letters 'k.k' (kosten koper). Dat betekent dus dat de kosten voor het opmaken van de koopakte en de transportakte voor rekening van de koper komen, tenzij anders is afgesproken.

Ad 3 Conformiteit

Conformiteit

De derde verplichting van de verkoper is een zaak leveren die beantwoordt aan de overeenkomst (art. 7:17 lid 1 BW). Dat betekent dat de verkoper pas aan zijn leveringsverplichting heeft voldaan als de zaak is afgeleverd die volgens de afspraak tussen koper en verkoper geleverd moet worden.

De wet somt twee gevallen op waarin de afgeleverde zaak *niet* aan de overeenkomst beantwoordt, te weten:

- De afgeleverde zaak heeft niet de eigenschappen die de koper mocht verwachten (art. 7:17 lid 2 BW).
- Er is een andere zaak geleverd of een andere soort zaak (art. 7:17 lid 3 BW).

Een afgeleverde zaak beantwoordt niet aan de overeenkomst als de zaak niet de eigenschappen bezit die de koper op grond van de gemaakte afspraak met de verkoper mocht verwachten. Daarbij spelen de overeengekomen prijs en de mededelingen van de koper eveneens een rol. Welke eigenschappen worden zoal bedoeld? Men kan bijvoorbeeld denken aan het feit dat een geleverde boekenkast onbeschadigd moet zijn, dat een paard bestemd voor de drafsport daarvoor geschikt moet zijn en dat als men een Bechsteinvleugel koopt, het ook werkelijk een Bechsteinvleugel is. Daartegenover staat datgene wat de koper mocht verwachten. Uitgangspunt hiervoor is dat de verkoper rekening moet houden met het normale gebruik van de zaak en met wat hij weet over het bijzondere gebruik dat de koper van de zaak gaat maken.

Dat betekent dat als iemand vloerbedekking koopt de verkoper ervan uit mag gaan dat deze voor huishoudelijk gebruik is en dat het niet de bedoeling is haar in een drukbezochte praktijk te leggen. Mag de koper in dit geval de verkoper verwijten dat de afgeleverde vloerbedekking niet aan de overeenkomst beantwoordt? Nee, zegt de wet in art. 7:17 lid 2 BW, tenzij hij uitdrukkelijk bij het sluiten van de overeenkomst heeft gemeld dat hij de vloerbedekking voor zijn praktijk nodig had.

Niet de verwachte eigenschappen

De afgeleverde zaak beantwoordt ook niet aan de overeenkomst als er een andere zaak of een andere soort zaak wordt afgeleverd dan is afgesproken (art. 7:17 lid 3 BW).

Andere (soort) zaak

VOORBEELD 12.13

Mevrouw Bouma heeft een wasdroger van het merk Bauknecht gekocht. In plaats daarvan wordt een wasmachine afgeleverd op de afgesproken datum. Of er wordt geen wasdroger afgeleverd van het merk Bauknecht, maar een Zanussi.

VOORBEELD 12.14

Groenteman Bakker krijgt geen appels geleverd zoals afgesproken is, maar aardappels. Of hij krijgt geen Golden Delicious geleverd, maar Granny Smith.

12

Wat betreft de eigenschappen van de zaak mag de koper afgaan op de mededelingen van de verkoper. Heeft de verkoper bijvoorbeeld uitdrukkelijk gezegd dat een bepaald type boormachine geschikt is voor het boren in beton, en dit blijkt niet het geval te zijn, dan beantwoordt de zaak dus niet aan de overeenkomst. In de praktijk kan het een probleem zijn om een en ander te bewijzen, maar strikt genomen kan het. Bij de consumentenkoop gelden bij de beoordeling van de vraag of de afgeleverde zaak aan de overeenkomst beantwoordt ook de mededelingen van een vorige verkoper als mededelingen van de verkoper. Het woord 'mededeling' dekt alle vormen van reclame, ook direct mail of reclame via internet (art. 7:18 lid 1 BW). Bovendien gaat men bij de consumentenkoop uit van het vermoeden dat de afgeleverde zaak niet aan de overeenkomst heeft beantwoord, als de afwijking van wat overeengekomen is zich binnen zes maanden na de aflevering openbaart, tenzij de aard van de zaak of de aard van de afwijking zich daartegen verzet (art. 7:18 lid 2 BW). Bij de consumentenkoop geldt eveneens dat als de verkoper verplicht is te zorgen voor de installatie van de zaak en deze ondeugdelijk is uitgevoerd, er ook sprake kan zijn van non-conformiteit. Datzelfde geldt als de installatie door de koper zelf ondeugdelijk is uitgevoerd en dit te wijten is aan de bij de levering verstrekte montagevoorschriften (art. 7:18 lid 3 BW).

Garantie

Is daarentegen een bepaalde eigenschap *gegarandeerd*, dan beantwoordt de zaak niet aan de overeenkomst als de gegarandeerde eigenschappen ontbreken. Een garantie is niet het enige dat bepalend is voor wat de koper mag verwachten, omdat ook andere factoren, zoals de voor het product gemaakte reclame en de wijze waarop de koper soortgelijke producten in het maatschappelijk verkeer ziet functioneren, een rol kunnen spelen. In dit laatste geval kan het mede van belang zijn dat voor soortgelijke producten twee jaar garantie door de producent wordt gegeven in plaats van een half-jaar. Zie voor de garantie en consumentenkoop subparagraaf 12.1.1.

Mededelings-plicht verkoper onroerende zaak

Op de verkoper van een *onroerende zaak* rust bovendien een mededelings-plicht. Volgens art. 7:15 BW is de verkoper namelijk verplicht de koper op de hoogte te stellen van alle rechten die anderen op de zaak hebben, ongeacht of deze in de openbare registers zijn ingeschreven of niet. Men kan hierbij bijvoorbeeld denken aan een kwalitatief recht, zoals het recht van overpad. De koper hoeft alleen rekening te houden met de rechten van anderen – de wet spreekt van lasten en beperkingen – die hij uitdrukkelijk heeft aanvaard.

Vervolgens moet de verkoper van een onroerende zaak garanderen dat het huis de eigenschappen bezit die nodig zijn voor een normaal gebruik (art. 7:17 lid 2 BW). De verkoper moet de koper dus op de hoogte stellen van gebreken die een normaal gebruik van de verkochte zaak in de weg staan. De verkoper is niet meer aansprakelijk als de koper de gebreken door een inspectie van het huis had kunnen ontdekken. Voor gebreken die de koper tijdens een inspectie niet had kunnen ontdekken, blijft de verkoper echter wel aansprakelijk. Voor de vermelding van de oppervlakte wordt een uitzondering gemaakt. De vermelding van de oppervlakte wordt namelijk slechts vermoed een aanduiding te zijn, zonder dat de zaak daaraan behoeft te beantwoorden (art. 7:17 lid 6 BW).

Is de koopovereenkomst een consumentenkoop, dan mag de koper ook afgaan op de mededelingen van de verkoper van zijn verkoper (art. 7:18 BW). Bedoeld wordt hiermee bijvoorbeeld de Sterreclame voor een product van een bepaald merk, die over het algemeen door de producent zelf wordt verzorgd. De mededeling van de winkelier zal in zo'n geval slechts ten dele een rol spelen. Men kan in dit verband ook denken aan een folder met gebruiksaanwijzing.

12

Als de koper verondersteld heeft dat de verkochte zaak bepaalde eigenschappen had die zij achteraf niet blijkt te hebben, dan kan er sprake van
dwaling zijn. De koper heeft dan zijn wil gevormd onder invloed van een bepaalde onjuiste voorstelling van zaken (art. 6:228 BW); zie paragraaf 5.3.
Als aan de koper een monster of model is getoond of verstrekt, dan moet
de zaak daarmee overeenstemmen, tenzij het slechts bij wijze van aanduiding werd verstrekt zonder dat de zaak daaraan behoefde te beantwoorden
(art. 7:17 lid 4 BW).

Dwaling

12.2.2 Overgang van het risico

Het moment van het overgaan van het risico van de verkoper op de koper,
is bepalend voor de aansprakelijkheid van de verkoper voor een eventueel
tekortschieten in de nakoming van zijn verbintenis uit de koopovereenkomst. Het *risico* betreft hier het risico van het achteruitgaan in kwaliteit of
het verloren gaan van de verkochte zaak.

Risico

Het risico gaat van de verkoper over op de koper vanaf de aflevering van de
zaak, zelfs al is de eigendom nog niet overgedragen (art. 7:10 BW); dat is
het moment waarop de koper in het bezit van de zaak wordt gesteld (art.
7:9 lid 2 BW). Als er een eigendomsvoorbehoud is gemaakt, betekent afleveren het stellen van de zaak in de macht van de koper (art. 7:9 lid 3 BW).

Afleveren van de zaak

Er bestaat een afwijkende regeling voor de overgang van het risico bij de
consumentenkoop. Bij de consumentenkoop gaat het risico namelijk pas
over op de koper nadat de zaak is bezorgd (art. 7:11 BW). Het risico van
het verloren of beschadigd raken van de verkochte zaak, bijvoorbeeld tijdens het vervoer, wordt hier door de wetgever bij de verkoper gelegd. Het
betreft in dit geval echter wel zaken die bij de koper bezorgd moeten worden. Neemt de koper de gekochte zaak zelf mee, dan draagt hij ook in geval
van een consumentenkoop zelf het risico vanaf de aflevering. Het is de bedoeling dat in de toekomst (waarschijnlijk per 13 juni 2014) het risico pas
op de koper zal overgaan op het moment dat de koper/consument het product ontvangt.

Bezorging van de zaak

VOORBEELD 12.15
Jan Klok koopt een wasmachine uit de showroom bij BCC voor €735. Afge-
sproken wordt dat de machine een week later bij Jan thuisbezorgd wordt.
Tijdens het vervoer wordt de wasmachine zwaar beschadigd.

BCC draagt in dit geval het risico, omdat de wasmachine nog niet bezorgd
is bij Jan Klok.
Het overgaan van het risico betekent dus dat de koper geen schadevergoeding kan eisen voor of ontbinding kan eisen wegens het achteruitgaan in
kwaliteit van de zaak na de aflevering en bij de consumentenkoop eventueel na de bezorging.

12.2.3 Rechten van de koper bij niet-nakoming door de verkoper

In het algemeen geldt dat de schuldeiser schadevergoeding kan eisen als
de schuldenaar tekortschiet in de nakoming van zijn verbintenis (art. 6:74
BW). Daarnaast blijft de mogelijkheid bestaan alsnog nakoming te eisen en,

als er sprake is van een wederkerige overeenkomst, de overeenkomst te ontbinden (art. 6:265 BW). Deze mogelijkheden heeft de koper als crediteur ook (art. 7:22 BW).

Afwijkende regels

De algemene regels gelden voor zover er niet in de (bijzondere) regeling van de koopovereenkomst van wordt afgeweken. Deze afwijkende regels betreffen:
* speciale regeling ten aanzien van nakoming;
* conformiteit en consumentenkoop;
* speciale bepalingen bij schadevergoeding en ontbinding;
* ontbinding en consumentenkoop;
* schadevergoeding en ontbinding;
* gevolgschade bij consumentenkoop.

Speciale regeling ten aanzien van nakoming

Afgeleverde zaak beantwoordt niet aan overeenkomst

Als de afgeleverde zaak niet aan de koopovereenkomst beantwoordt, kan de koper eisen:
* aflevering van het ontbrekende;
* herstel van de afgeleverde zaak indien dit mogelijk blijkt;
* vervanging van de afgeleverde zaak indien de zaak niet hersteld kan worden (art. 7:21 BW). Als het gebrek van de geleverde zaak te gering is, dan is vervanging niet toegestaan.

VOORBEELD 12.16
Groenteman Bakker bestelt vijftien mud aardappelen. Op de afgesproken datum van levering ontvangt hij slechts tien mud aardappelen.

De afgeleverde zaak beantwoordt hier niet aan de overeenkomst. Groenteman Bakker kan uiteraard aflevering van de ontbrekende vijf mud eisen.

VOORBEELD 12.17
De wasdroger van mevrouw Bouma blijkt niet goed te functioneren. Oorzaak is een defect aan de beveiligde deursluiting.

Ook hier beantwoordt de afgeleverde zaak niet aan de overeenkomst. Mevrouw Bakker moet eerst herstel van de machine eisen. Het gebrek is niet zodanig dat zij meteen een nieuwe wasdroger kan vorderen. Pas als herstel niet mogelijk blijkt, kan zij vervanging, dus levering van een andere wasdroger, eisen.
De kosten van bovengenoemde verplichtingen kunnen niet aan de koper in rekening worden gebracht (art. 7:21 lid 2 BW). Bovendien moet de verkoper deze verplichtingen binnen redelijke tijd nakomen (art. 7:21 lid 3 BW).
De koper kan er geen beroep meer op doen dat hetgeen is afgeleverd niet aan de overeenkomst beantwoordt, indien hij de verkoper daarvan niet binnen bekwame tijd nadat hij dit heeft ontdekt of redelijkerwijs had behoren te ontdekken, op de hoogte heeft gesteld. Blijkt echter aan de zaak een eigenschap te ontbreken die deze volgens de verkoper bezat of heeft de

afwijking betrekking op feiten die hij kende of behoorde te kennen, doch die hij niet heeft meegedeeld, dan moet de kennisgeving binnen bekwame tijd na de ontdekking geschieden (art. 7:23 lid 1 BW). Als de koper dat niet doet, verspeelt hij zijn mogelijkheid om aflevering van het ontbrekende, herstel of vervanging te vorderen.

Men kan zich overigens afvragen wanneer deze periode waarin de koper kennis moet geven van het gebrek begint. Wat is 'bekwame tijd'? Dit is een vraag die herhaaldelijk aan de Hoge Raad is voorgelegd. Is er bijvoorbeeld nog ruimte voor een onderzoek door deskundigen? De Hoge Raad vond dat de lengte van deze termijn afhangt van de omstandigheden van het geval en besliste dan ook in een zaak waarbij de koper van een huis een vordering instelde op grond van het feit dat de afgeleverde zaak niet aan de overeenkomst beantwoord had (non-conformiteit art. 7:17 BW; zie hierna), dat een particuliere koper van een huis in redelijkheid een onderzoek door een deskundige mag laten uitvoeren en dat deze pas na dat onderzoek de verkoper op de hoogte hoefde te stellen van het bestaan van het gebrek (HR 29 juni 2007, NJ 2008, 606, BR 2007, 911, JOR 2007, 260, RvdW 2007, 636, RN 2007, 89, ECLI:NL:HR:AZ7617 Pouw-Visser). Het ging hier om een door Pouw van Visser gekochte woning in Onderdijk waarvan het schot, de raamkozijnen en de windveren drie jaar na het sluiten van de koopovereenkomst aangetast bleken te zijn door houtrot en schimmel.

Conformiteit en consumentenkoop

We hebben in subparagraaf 12.2.1 gezien dat een van de verplichtingen van de verkoper respectievelijk rechten van de koper uit de koopovereenkomst is dat de afgeleverde zaak aan de overeenkomst moet beantwoorden (art. 7:17 BW). De regeling van de *consumentenkoop* wijkt in twee opzichten hiervan af.

Conformiteit

In de eerste plaats heeft de koper in afwijking van wat in art. 7:21 lid 1 BW is bepaald – namelijk dat herstel of vervanging alleen maar geëist kan worden als de verkoper hieraan redelijkerwijs kan voldoen – alleen dan geen recht op herstel of vervanging als *herstel of vervanging onmogelijk* is of van de verkoper niet geëist kan worden (art. 7:21 lid 4 BW). Ten aanzien van herstel kan bijvoorbeeld het feit dat de verkoper de reparatie moet uitbesteden omdat hij geen eigen reparatieafdeling heeft, onaanvaardbare kosten voor hem mee brengen.

Het zal in de praktijk uitmaken of men te maken heeft met een *soortzaak*, die eigenlijk altijd wel vervangen kan worden, of een *speciale zaak*, zoals een zaak uit het tweedehandse circuit. Ook bij soortzaken kan het echter voorkomen dat vervanging redelijkerwijs niet van de verkoper kan worden gevergd. Als bijvoorbeeld het geleverde artikel het laatste is uit een bepaalde serie, dan kan vervanging levering van een soortgelijk artikel uit een nieuwe serie betekenen, wat van invloed kan zijn op de prijs. Het nadelige verschil komt dan voor rekening van de verkoper. Volgens de wet kan herstel of vervanging niet van de verkoper worden gevergd wanneer de kosten daarvan in geen verhouding staan tot de kosten van de uitoefening van een ander recht (art. 7:21 lid 5 BW). Factoren die daarbij een rol kunnen spelen zijn bijvoorbeeld: de waarde van de zaak, de grootte van het gebrek en de vraag hoe lang de koper de zaak zal moeten missen.

In de tweede plaats wijkt de regeling van de consumentenkoop af doordat de koper na ingebrekestelling de zaak op kosten van de verkoper door een derde kan laten herstellen (art. 7:21 lid 6 BW) als de verkoper weigert de zaak te herstellen.

12

De koper/consument kan ook, als herstel of vervanging niet mogelijk is, de koopovereenkomst ontbinden of de prijs naar evenredigheid verminderen (art. 7:22 lid 1 en 2 BW).

Speciale bepalingen bij schadevergoeding en ontbinding

Ook met betrekking tot de vordering tot schadevergoeding en ontbinding zijn er afwijkingen van de algemene regels.

In subparagraaf 12.2.2 hebben we gezien dat de aansprakelijkheid voor het achteruitgaan in kwaliteit of het verloren gaan van de verkochte zaak vanaf het moment van de aflevering op de koper rust; als het een consumenten-koop betreft, is dit het geval vanaf het moment van de bezorging. Dit heeft tot gevolg dat de koper geen schadevergoeding kan eisen voor of ontbin-ding kan eisen wegens het achteruitgaan in kwaliteit van de zaak na de af-levering respectievelijk bezorging.

Na de ontbinding wordt de koper het tekortschieten in de ongedaanma-kingsverbintenis om die reden toegerekend vanaf het moment dat hij reke-ning moest houden met de ontbinding en hij dan niet heeft gezorgd voor het behoud van de zaak (art. 6:271, 7:10 lid 3 en 4 en 7:29 BW).

Ontbinding en consumentenkoop

Bij de consumentenkoop kan de koper de koopovereenkomst door een schriftelijke verklaring ontbinden als de verkoper krachtens een bij het slui-ten van de overeenkomst gemaakt beding, bijvoorbeeld 'prijswijzigingen voorbehouden', de prijs verhoogt en de aflevering binnen drie maanden plaatsvindt (art. 7:35 BW). Zie voorbeeld 12.18.

VOORBEELD 12.18

Alfred en Claudia kopen in december 2008 een bankstel van Italiaanse ma-kelij bij Meerwijks Meubelpaleis. In de verkoopvoorwaarden is onder andere de clausule 'prijswijzigingen voorbehouden' opgenomen. Als het bankstel in januari wordt afgeleverd, blijkt de koopprijs inmiddels door de Italiaanse fa-brikant met 10% te zijn verhoogd, hetgeen het Meubelpaleis uiteraard door-berekent in de verkoopprijs.

Alfred en Claudia hebben nu de keuze voor het bankstel de hogere prijs te betalen of af te zien van de koopovereenkomst. Bovendien kan de koper de koopovereenkomst ook ontbinden als herstel of vervanging niet mogelijk is (art. 7:22 lid 1 sub a BW). Zie hiervoor.

Schadevergoeding bij ontbinding

Voor de berekening van de schadevergoeding bij ontbinding wordt van de zogenoemde abstracte methode van schadeberekening uitgegaan. De scha-devergoeding is gelijk aan het verschil tussen de overeengekomen prijs en de dagprijs op de dag waarop niet wordt nagekomen (art. 7:36 BW).

In het handelsverkeer kan de koper, als de verkoper niet levert, zijn schade beperken door het sluiten van een zogenoemde *dekkingskoop*. Hij koopt dan elders in om zijn afnemers tevreden te kunnen stellen. Uiteraard kan hij niet zo'n scherpe prijs bedingen. Dit verlies ten gevolge van het prijsver-schil kan hij als schadevergoeding van de verkoper vorderen (art. 7:37 BW). Omgekeerd kan de verkoper, als de koper de koopsom niet wil betalen,

12

Dekkingskoop

eveneens een dekkingskoop sluiten. Zie voor de abstracte schadeberekening subparagraaf 11.3.1.

Gevolgschade bij consumentenkoop

Als ondeugdelijk product is geleverd, kan de verkoper aansprakelijk gesteld
worden voor:
- de gevolgschade;
- kosten met betrekking tot koop en overdracht;
- taxatie- en incassokosten.

De consumentenkoop kent een aparte regeling voor de gevolgschade. *Ge-*
volgschade is schade die ontstaat doordat er een ondeugdelijk product geleverd wordt dat de schade veroorzaakt. Men is van mening dat het onterecht
is deze gevolgschade volledig te verhalen op de verkoper/winkelier. De consument moet deze schade maar verhalen op de producent. Aangezien er
geen contractuele band bestaat tussen de consument en de producent, kan
de consument deze laatste alleen op basis van een actie uit onrechtmatige
daad aanspreken. De wet heeft de zogenoemde productenaansprakelijkheid
in een aparte afdeling in Boek 6 BW geregeld, namelijk afdeling 3 artikel
185 e.v. De aansprakelijkheid van de producent voor schade toegebracht
aan een zaak is, in tegenstelling tot schade die ontstaan is ten gevolge van
dood of letsel, afhankelijk gesteld van een franchise van €500 (art. 6:190
lid 1 sub b BW). De producent is dus aansprakelijk voor alle schade die ligt
boven die €500. Voor schade die ligt beneden het franchisebedrag, moet
de consument/koper zijn verkoper aansprakelijk stellen op basis van wanprestatie (art. 7:24 lid 2 BW). Zie voor de productenaansprakelijkheid ook
paragraaf 8.4. De verkoper blijft overigens wel aansprakelijk voor de schade
aan het ondeugdelijke product zelf dat is geleverd. Er is in dat geval sprake
van non-conformiteit (art. 7:17 BW) en de koper kan dus conform art. 7:21
BW bijvoorbeeld herstel of vervanging eisen.

De verkoper kan eveneens rechtstreeks aansprakelijk gesteld worden voor
de *kosten met betrekking tot koop en overdracht* en voor eventuele *taxatie-*
en incassokosten, als de koper deze heeft moeten maken.

De verkoper die schadevergoeding heeft betaald aan de koper, heeft een
regresrecht op zijn verkoper (art. 7:25 BW). Voorwaarde voor regres is wel
dat de verkoper handelt in de uitoefening van een beroep of bedrijf, bijvoorbeeld als producent of importeur. Ook eventuele kosten van verweer, zoals
redelijke kosten ter vaststelling van schade en aansprakelijkheid, redelijke
kosten ter verkrijging van voldoening buiten rechte en zowel de aan de koper betaalde als zelfgemaakte kosten, kunnen worden verhaald.

De verkoper/winkelier kan zijn schade niet verhalen op zijn verkoper (produ-
cent/importeur):
- als hij bij de verkoop al wist dat de afgeleverde zaak niet zou voldoen
  aan wat de consument op grond van de koopovereenkomst mocht verwachten. Dit doet zich bijvoorbeeld voor als de verkoper bij het sluiten
  van de koopovereenkomst een te gunstig beeld van de verkochte zaak
  heeft geschetst;
- als de afwijking van wat de consument op grond van de koopovereenkomst
  mocht verwachten, is ontstaan nadat de zaak in het bezit van de verkoper/
  winkelier is gekomen. Het gebrek is bijvoorbeeld ontstaan tijdens het vervoer of in het magazijn van de verkoper/winkelier (art. 7:25 lid 3 BW);
- als de koper de verkoper op grond van een door hem gegeven garantie
  aanspreekt (art. 7:25 lid 4 BW).

Gevolgschade

Kosten koop
en overdracht

Taxatie- en
incassokosten

Als de regeling van de productenaansprakelijkheid van toepassing is, kan de verkoper rechtstreeks de producent aanspreken (art. 7:24 lid 2 BW). De regeling van art. 7:25 BW blijft dan buiten toepassing (art. 7:25 lid 6 BW). Bovendien moet men zich realiseren dat iedere schakel in het proces, bijvoorbeeld winkelier-groothandel-producent, deze mogelijkheid heeft (art. 7:25 lid 5 BW).

12.3 Rechten van de verkoper

Ook bij de rechten van de verkoper moet er een onderscheid worden gemaakt naar diens rechten in de reguliere situatie (subpar. 12.3.1) en diens rechten bij niet-nakoming van de koper (subpar. 12.3.2), waarbij tevens het zogenoemde recht van reclame een rol speelt (subpar. 12.3.3).

12.3.1 Wat kan de verkoper eisen?

Betalen koopprijs

De belangrijkste verplichting van de koper is het *betalen van de koopprijs* (art. 7:26 BW). Tenzij anders is afgesproken – we hebben te maken met regelend of aanvullend recht – moet de koopprijs tegelijk met de aflevering betaald worden: gelijk oversteken dus.

Behoud zaak

Als de koper van plan is de zaak te weigeren, moet hij als een goed schuldenaar voor het *behoud van de zaak* zorgen, anders verspeelt hij zijn recht op vervanging of moet hij schadevergoeding betalen bij ontbinding (art. 7:29 BW). Als het niet mogelijk is de zaak te bewaren – er is bijvoorbeeld sprake van waren die aan bederf onderhevig zijn – dan moet hij deze verkopen (art. 7:30 BW). Is er sprake van een consumentenkoop, dan gelden er afwijkende regels.

Omdat de verkoper met betrekking tot de betaling van de koopprijs de koper voor hem nadelige verplichtingen kan opleggen, bepaalt de wet dat als er sprake is van een consumentenkoop, de koper niet gedwongen kan worden meer dan de helft van de koopprijs vooruit te betalen (art. 7:26 lid 2 BW). Bovendien verjaart de vordering van de verkoper in geval van een consumentenkoop al na twee jaar (art. 7:28 BW).

Ook bij de koopovereenkomst van onroerende zaken is het niet mogelijk de koper te dwingen de koopprijs vooruit te betalen. De koopsom moet wel door de koper worden gestort, maar mag pas na de inschrijving van de notariële akte ter beschikking van de verkoper worden gesteld (art. 7:26 lid 3 BW). Wel kan afgesproken worden dat de koper tot zekerheid van de nakoming van zijn verplichtingen een bedrag, dat niet hoger mag zijn dan 10% van de koopprijs, in depot stort bij een notaris of daarvoor een vervangende zekerheid stelt (art. 7:26 lid 4 en 5 BW).

12.3.2 Rechten van de verkoper bij niet-nakoming door de koper

12

Ook als de koper niet aan zijn verplichtingen uit de koopovereenkomst voldoet, gelden de algemene regels van het verbintenissenrecht. Omdat het hier de betaling van een koopsom betreft, zal er in principe altijd in gebreke gesteld moeten worden om het verzuim van de koper in te laten gaan (art. 6:81 BW). Betaling van geld is immers nooit blijvend onmogelijk, omdat er altijd vermogensobjecten te gelde gemaakt kunnen worden.

Wat betreft de schadevergoeding verwijzen we naar de bepalingen met betrekking tot de betaling van een geldsom (art. 6:111 BW). In subparagraaf 12.2.3 is reeds gezegd dat ook de verkoper een *dekkingskoop* kan sluiten. Dat betekent in dit geval dat de verkoper de verkochte zaken aan iemand

Dekkingskoop

anders verkoopt, omdat de koper ze niet wil afnemen. Het voor hem nadelige prijsverschil kan hij dan bij de koper als schadevergoeding in rekening
brengen (art. 7:37 BW). Hij zal dat bijvoorbeeld doen in de situatie dat de
verkochte waren aan bederf onderhevig zijn.
De wet geeft de verkoper in een drietal gevallen de mogelijkheid de koopovereenkomst te *ontbinden*:

Ontbinding

- De verkoper mag de koopovereenkomst ontbinden als een zaak op een
  bepaalde dag afgeleverd moet worden en de koper deze niet in ontvangst neemt (art. 7:33 BW).
- Verder mag de verkoper de koopovereenkomst door middel van een
  schriftelijke verklaring ontbinden als het feit dat de koper de verkochte
  zaak niet in ontvangst neemt, hem goede grond geeft te vrezen dat de
  koopprijs *niet betaald* zal worden (art. 7:34 BW).
- Een derde mogelijkheid om de overeenkomst te ontbinden, biedt het
  recht van reclame de verkoper van een roerende zaak. Dit wordt in subparagraaf 12.3.3 afzonderlijk behandeld.

12.3.3   Recht van reclame

Het *recht van reclame* geeft de verkoper van een roerende zaak niet-registergoed de mogelijkheid de eigendom van de zaak terug te krijgen en de
koopovereenkomst te ontbinden als de koper tekortschiet in de nakoming
van zijn verplichting de koopprijs te betalen (art. 7:39 BW).

**Recht van
reclame**

VOORBEELD 12.19
Rijwielhandelaar Jan Jansen verkoopt zijn buurjongen David Gras een race-
fiets van €1.500. Zij spreken af dat David de fiets vast mag meenemen.
David belooft de €1.500 binnen twee weken op Jans giro over te maken.
Na drie weken blijkt David nog niets gegireerd te hebben en het ziet er voor-
lopig niet naar uit dat hij dat alsnog zal doen.

Welke mogelijkheden heeft Jan Jansen nu? Theoretisch kan hij natuurlijk
alsnog betaling van de €1.500 eisen, maar dat lijkt gezien de omstandigheden niet zinvol. Schadevergoeding eisen is evenmin reëel. Er blijft hem dus
niets anders over dan de koopovereenkomst met David te ontbinden, waarbij hij slechts bereikt dat hij crediteur van een ongedaanmakingsverbintenis
tot het geven van de racefiets wordt. Maar hij kan ook het recht van reclame uitoefenen. Door de uitoefening van het recht van reclame bereikt hij
niet alleen dat de koopovereenkomst wordt ontbonden, maar ook dat hij de
eigendom van de zaak terugkrijgt.
De wet stelt wel een aantal vereisten aan de uitoefening van het reclamerecht:

**Vereisten
uitoefening
reclamerecht**

12

- De koopovereenkomst moet een roerende zaak niet-registergoed betreffen.
- De zaak moet zijn afgeleverd.
- De koopsom is opeisbaar, maar nog niet betaald.
- De zaak moet nog als zodanig aanwezig zijn (art. 7:41 BW). Als bijvoorbeeld de koopovereenkomst een aantal deuren betreft, kan het recht van
  reclame niet meer worden uitgeoefend vanaf het moment, dat de deuren
  zijn aangebracht in het desbetreffende gebouw. Het reclamerecht kan

ook niet meer uitgeoefend worden ten aanzien van een aantal zakken meel, zodra het meel tot brooddeeg is verwerkt.

- De zaak moet nog niet om baat (onder bezwarende titel) en met bezitsverschaffing aan een derde te goeder trouw zijn verkocht en geleverd (art. 7:42 BW). Als David dus de racefiets voor €1.450 verkocht had aan een nietsvermoedende vriend, dan zou Jan Jansen het reclamerecht niet meer kunnen uitoefenen.
- Het reclamerecht moet binnen zes weken nadat de koopsom opeisbaar is geworden of binnen zestig dagen nadat de koper de zaak verkregen heeft, worden uitgeoefend (art. 7:44 BW).
- Het reclamerecht wordt uitgeoefend door middel van een schriftelijke verklaring.

Gevolgen

Als de verklaring de koper heeft bereikt, zijn er twee gevolgen:
1 De koopovereenkomst is ontbonden.
2 De verkoper krijgt het eigendomsrecht van de zaak terug.

Het normale gevolg van een ontbinding is dat er ten aanzien van zaken die al geleverd zijn, een ongedaanmakingsverbintenis ontstaat. De verkoper is dan (concurrent) crediteur van deze verbintenis. Daarom biedt het recht van reclame voordeel in een eventueel faillissement van de koper. Omdat de verkoper (weer) eigenaar is, kan hij de zaak revindiceren en is hij separatist in het faillissement. Dat wil zeggen dat hij niet hoeft mee te delen in de faillissementskosten. De curator mag alleen afgifte van de zaak weigeren als hij (de curator) de koopsom betaalt of daarvoor zekerheid stelt (art. 7:40 BW). Dat laatste zal hij doen als de zaak inmiddels in waarde is gestegen. Denk bijvoorbeeld aan een schilderij van een plotseling beroemd geworden meester.

12.4 Koop op afbetaling

Tot nu toe zijn we bij de behandeling van de koopovereenkomst uitgegaan van de situatie dat de koopsom (behoudens een aanbetaling) in zijn geheel werd betaald en dat de eigendom van de verkochte zaak – behoudens het geval dat er een eigendomsvoorbehoud was bedongen – direct van de verkoper op de koper overging. Er zijn echter koopovereenkomsten die op een of meer punten van dit uitgangspunt afwijken. Dat zijn de koop op afbetaling en de huurkoop.

Koop en verkoop op afbetaling

Koop en verkoop op afbetaling is de koop en verkoop waarbij partijen overeenkomen dat de koopprijs wordt betaald in termijnen, waarvan twee of meer verschijnen nadat de verkochte zaak aan de koper is afgeleverd (art. 7A:1576 BW).
Kenmerkend voor de koop op afbetaling is:
1 dat de koopprijs wordt betaald in termijnen, waarvan er minimaal twee moeten liggen na de aflevering;
2 dat hij geen registergoederen kan betreffen (art. 7A:1576 lid 4 BW).

Betaling in termijnen

Het verschil tussen de koop op afbetaling en de gewone koopovereenkomst is dat de betaling in termijnen plaatsvindt. In de praktijk vinden er voor een afbetalingstransactie altijd minimaal drie betalingen plaats. Een voor de aflevering en twee daarna.

De wet kent twee vormen van koop op afbetaling:
- de gewone koop en verkoop op afbetaling;
- huurkoop.

Omdat er bij huurkoop naast de mogelijkheid om in termijnen te betalen ook nog een eigendomsvoorbehoud bestaat, komt deze vorm van koop op afbetaling in de praktijk het meeste voor. We beperken ons bij de behandeling dan ook tot de huurkoop (subpar. 12.4.1).

Er heeft zich in de praktijk een nieuw contract ontwikkeld dat betrekking heeft op de financiering van duurzame productiemiddelen, leasing genoemd. Leasing stamt uit het Angelsaksische recht en is in Nederland niet wettelijk geregeld. Omdat leasing in de praktijk steeds vaker voorkomt, wordt het apart behandeld (subpar. 12.4.2).

12.4.1 Huurkoop

Huurkoop is de koop en verkoop op afbetaling waarbij partijen overeenkomen dat de verkochte zaak niet door enkele aflevering in eigendom overgaat, maar pas door vervulling van de *opschortende voorwaarde* van algehele betaling van wat door de koper uit hoofde van de koopovereenkomst verschuldigd is (art. 7A:1576h lid 1 BW).

Huurkoop

VOORBEELD 12.20

Franssen koopt een nieuwe auto voor €16.728 bij garagebedrijf Dutmer te Appingedam. Voor het inruilen van zijn oude auto ontvangt hij €3.500. De rest van de koopsom wil hij laten financieren. Hij sluit daarom een huurkoopovereenkomst, waarbij bepaald wordt dat hij gedurende 36 maanden maandelijks €41,25 zal betalen aan rente en aflossing.

Het feit dat Franssen een huurkoopovereenkomst sluit, houdt in dat hij pas na afloop van die 36 maanden eigenaar is van de auto.

Het verschil tussen de gewone koop op afbetaling en de huurkoop is het moment waarop de eigendom van de verkochte zaak overgaat op de koper. Bij koop en verkoop op afbetaling gaat de eigendom direct door bezitsverschaffing bij de aflevering over op de koper; bij huurkoop gaat de eigendom pas op de koper over nadat hij de laatste termijn heeft betaald. De huurkoper heeft wel meteen het genot van de zaak; hij is dan geen bezitter, maar houder. De verkoper is namelijk verplicht de verkochte zaak aan de koper te leveren door aan deze de macht over de zaak te verschaffen (art. 7A:1576l lid 1 BW). Voor het overige zijn de bepalingen van de gewone koopovereenkomst van toepassing (afdeling 1, 2 en 3).

Huurkoop is in feite een bijzondere vorm van een koopovereenkomst met eigendomsvoorbehoud.

Eigendomsvoorbehoud

Huurkoop wordt aangegaan bij authentieke of onderhandse akte die voldoet aan de bepalingen van art. 7A:1576j BW (art. 7A:1576i BW). Als de huurkoop is aangegaan bij onderhandse akte, dan moet deze in tweevoud worden opgesteld en worden ondertekend door beide partijen (art. 7A:1576i lid 3 en 4 BW). Huurkoop is dus in tegenstelling tot de gewone koop en verkoop op afbetaling een formele overeenkomst.

Ontbreekt een akte die voldoet aan genoemde voorwaarden, dan geldt de overeenkomst niet als huurkoop, maar als een gewone koop op afbetaling.

12

Het eigendomsvoorbehoud werkt dan dus niet. De wet formuleert dit aldus: 'ontbreekt een akte welke voldoet aan genoemde voorwaarden, dan geldt de overeenkomst niet als huurkoop, doch wordt de koop en verkoop op afbetaling geacht te zijn gesloten zonder beding, dat de verkochte zaak niet door enkele aflevering aan de koper overgaat' (art. 7A:1576j lid 3 BW).

Akte van huurkoop

De akte van huurkoop moet het volgende inhouden:
- de gehele koopprijs, als bedoeld in art. 7A:1576c BW;
- het plan van regelmatige afbetaling, als bedoeld in art. 7A:1576f BW;
- de bedingen betreffende voorbehoud en overgang van eigendom (art. 7A:1576j lid 1 BW).

Het is ook van belang er rekening mee te houden dat voor het aangaan van een koop op afbetaling, dus ook voor huurkoop, een echtgenoot toestemming nodig heeft van de andere echtgenoot (art. 1:88 lid 1 sub d BW). Bij het ontbreken van die toestemming kan de andere echtgenoot de overeenkomst vernietigen (art. 1:89 BW).

Verder kunnen er in de huurkoopakte nog andere bedingen voorkomen. Uitgangspunt van de wet is wel dat van de bepalingen van deze afdeling slechts mag worden afgeweken indien en voor zover dit daaruit blijkt (art. 7A:1576a BW). Deze bedingen zijn:
a het schadevergoedings- of boetebeding (art. 7A:1576b BW);
b het beding van vervroegde opeisbaarheid (art. 7A:1576c BW);
c het beding tot cessie van loon (art. 7A:1576f BW);
d het terugnemingsbeding (art. 7A:1576s BW).

Ad a Schadevergoedings- of boetebeding

Schadevergoedings- of boetebeding

Schadevergoedings- of boetebedingen zijn bedingen waarbij of krachtens welke de schuldenaar voor het geval hij enige verplichting uit de overeenkomst niet vervult, de betaling van zekere som als schadevergoeding of enige straf wordt of kan worden opgelegd. Voordat de koper de schadevergoeding of boete verbeurt, moet hij eerst in gebreke zijn gesteld (art. 7A:1576d BW). De wet stelt als voorwaarde voor het schadevergoedings- of boetebeding dat het alleen bij *schriftelijk* aangegane overeenkomst kan worden gemaakt.

Een schadevergoedings- of boetebeding kan gezien de plaatsing in de wet zowel bij de gewone koop en verkoop op afbetaling, als bij de huurkoop als bijzondere vorm van koop en verkoop op afbetaling voorkomen.

De rechter heeft een onbeperkt matigingsrecht en kan het beding zelfs geheel buiten werking stellen als de overeengekomen of opgelegde schadevergoeding of straf hem ten aanzien van het hem voorgelegde geval bovenmatig voorkomt (art. 7A:1576b lid 2 BW).

Ad b Het beding van vervroegde opeisbaarheid

Beding van vervroegde opeisbaarheid

Het *beding van vervroegde opeisbaarheid* bepaalt dat als de koper nalatig is in de afbetaling van termijnen, de totale som vervroegd opeisbaar wordt (art. 7A:1576c lid 1 BW). Dat betekent dus dat de verkoper van de koper kan eisen dat hij de totale som voldoet.

Ook hier moet de koper voordat hij verplicht wordt deze som te betalen, eerst in gebreke worden gesteld (art. 7A:1576d BW).

Ter bescherming van de koper eist de wet in dit geval dat er een bepaalde achterstand in de betalingen moet zijn, en wel ten aanzien van één termijn ten minste een tiende en ten aanzien van meerdere termijnen ten minste een twintigste deel van de gehele koopprijs. Onder de *gehele koopprijs*

12

wordt verstaan de som van alle betalingen waartoe de koper bij regelmatige nakoming van de overeenkomst gehouden is (art. 7A:1576c lid 2 BW). De rechter kan in dit geval niet matigen of het beding opheffen (art. 7A:1576c lid 3 BW).

Ad c Het beding tot cessie van loon

Over het beding tot cessie van loon zegt de wet dat overdracht, inpandgeving of elke andere handeling waardoor de koper aan de verkoper of een derde enig recht toekent op zijn loon, pensioen of andere periodieke inkomsten wegens arbeidsovereenkomst, ter zake van koop en verkoop op afbetaling, behalve voor opeisbare verplichtingen, alleen kan geschieden voor betalingen waartoe de koper bij regelmatige nakoming van de overeenkomst gehouden zal zijn, en voor de kosten (art. 7A:1576f lid 1 BW). Dat betekent dat looncessie alleen mogelijk is voor reeds vervallen termijnen en voor termijnen die de koper volgens het plan van aflossing moet betalen, en voor de kosten. Looncessie is dus niet mogelijk voor eventueel verbeurde boetes of schadevergoedingen.

Beding tot

Ad d Het terugnemingsbeding

Het terugnemingsbeding is het enige beding dat uitsluitend bij huurkoop kan voorkomen. Het *terugnemingsbeding* geeft de verkoper de mogelijkheid de in huurkoop afgeleverde zaak terug te nemen als de koper zijn verplichtingen niet tijdig nakomt (art. 7A:1576s BW). Het gevolg van het inroepen van het terugnemingsbeding door de verkoper is dat tevens de huurkoopovereenkomst wordt ontbonden, tenzij anders is afgesproken. Ook hier vereist de wet dat de koper eerst in gebreke wordt gesteld (art. 7A:1576q BW).

Terugnemings-beding

De huurkoper kan binnen veertien dagen de zaak inlossen door alsnog de verschenen termijnen en de eventuele verschuldigde rente, boeten en kosten te betalen (art. 7A:1576v BW).

Als bij ontbinding van de overeenkomst wegens het niet-nakomen door de koper van zijn verplichtingen de verkoper in een betere vermogenstoestand zou komen dan bij het in stand blijven van de overeenkomst, vindt volledige verrekening plaats (art. 7A:1576t BW). In zo'n geval moet nagegaan worden wat de financieringsmaatschappij ontvangen zou hebben als de zaak normaal was afgewikkeld. Uitgangspunt is het moment van de laatste wanprestatie. Boetes tellen niet mee.

VOORBEELD 12.21

Drukker Bertelink heeft een kopieerapparaat laten financieren door Fina bv. De looptijd van het huurkoopcontract is drie jaar. Na een jaar is er een achterstand in betaling van twee termijnen. Als Bertelink alsnog de achterstallige termijnen en de verschuldigde boete betaald heeft, wordt de huurkoopovereenkomst voortgezet. Na twee jaar neemt Fina de kopieermachine terug, omdat Bertelink weer in verzuim is ten aanzien van de betaling van twee termijnen.

12

Hoe wordt er nu verrekend? Er wordt in de praktijk in zo'n geval berekend wat de zaak nog waard is. Is die waarde hoger dan hetgeen de verkoper nog van de koper aan achterstallige termijnen, boetes en kosten te vorderen heeft, dan moet het meerdere worden terugbetaald aan de koper.

De huurkoper is houder van de verkochte zaak zolang hij de laatste termijn nog niet heeft betaald. Hij heeft wel de macht over de zaak. De huurverkoper is eigenaar/bezitter en blijft als zodanig bevoegd om de zaak te vervreemden. Deze vervreemding breekt evenwel de huurkoop niet (art. 7A:1576l lid 2 BW). Men kan in dit verband denken aan cessie aan een financieringsmaatschappij. Men kan zich voorstellen dat garagebedrijf Dutmer (voorbeeld 12.20) niet zelf de huurkoopovereenkomst met Franssen voortzet, maar de vordering op deze laatste aan een financieringsmaatschappij cedeert.

12.4.2 Leasing

In de praktijk onderscheidt men twee soorten leasing:
1 financiële leasing;
2 operationele leasing.

Ad 1 Financiële leasing

Financiële leasing

Financiële leasing is een vorm van financiering van de aanschaf van een duurzaam productiemiddel waarbij het middel van een financieringsinstelling wordt gehuurd. De leasemaatschappij (lessor) verwerft een roerend of onroerend bedrijfsmiddel in eigendom en staat dit af aan de gebruiker (lessee) voor een periode die ten hoogste gelijk is aan de economische levensduur van de zaak. De gebruiker verplicht zich de aankoopsom vermeerderd met de kosten en de winst, aan de leasemaatschappij te betalen. Aangezien de leaseovereenkomst niet opzegbaar is, draagt de gebruiker het economisch risico (waardeverandering) van de zaak. Na afloop van de overeenkomst kan de gebruiker de zaak teruggeven aan de leasemaatschappij, haar tegen een vooraf in de overeenkomst vastgelegd gering bedrag (bijvoorbeeld €1) kopen of de leaseovereenkomst op nader overeen te komen voorwaarden voortzetten.

VOORBEELD 12.22

Drukker Bertelink financiert de aanschaf van een aantal nieuwe machines door een leaseovereenkomst met een looptijd van drie jaar af te sluiten. Bepaald wordt dat hij de onderhoudskosten voor zijn rekening zal nemen en na afloop van de drie jaar de machines mag kopen van de leasemaatschappij voor €1.

Aangezien de technische levensduur van de machines dan nog niet verstreken is, zal Bertelink, ondanks de waarschijnlijk hogere kosten voor onderhoud en dergelijke, toch tot de aanschaf van de machine overgaan.

Ad 2 Operationele leasing

Operationele leasing

Bij *operationele leasing* is er sprake van exploitatie/verhuur van een duurzaam productiemiddel, waarbij de verhuurder alle onderhoud verzorgt en meestal ook het gehuurde na een bepaalde periode vervangt. De leasemaatschappij koopt in dat geval eveneens een roerend of onroerend bedrijfsmiddel en staat dat af aan de gebruiker, maar nu voor een periode die korter dan of ten hoogste gelijk is aan de economische levensduur van die zaak. De gebruiker neemt de verplichting op zich om voor dat gebruik een periodieke vergoeding aan de leasemaatschappij te betalen. Het economisch risico van de zaak (waardeverandering) komt hier ten laste van de leasemaatschappij, hetzij omdat de overeenkomst tijdens haar looptijd opzegbaar is, hetzij omdat de duur van de overeenkomst korter is dan de econo-

12

mische levensduur van het goed. De gebruiker moet na afloop van de overeenkomst of na de opzegging ervan de zaak aan de leasemaatschappij teruggeven, tenzij hij deze op grond van een aan hem verleende koopoptie voor een reëel bedrag koopt.

De kern van het verschil tussen financiële en operationele leasing zit hem in de vraag wie het *risico* voor de waardeverandering draagt.

VOORBEELD 12.23
Directeur Soeteman van Soeteman bv rijdt een leaseauto voor rekening van de bv. De looptijd van de leaseovereenkomst is een jaar. De onderhouds-kosten zijn voor rekening van de leasemaatschappij. Na afloop van de leaseovereenkomst mag Soeteman de auto kopen voor de dagwaarde van dat moment of moet hij de auto teruggeven aan de leasemaatschappij.

Zoals hiervoor al is gezegd, komt leasing niet als overeenkomst voor in de Nederlandse wetgeving. Men moet zich dan ook afvragen welke rechtsre-gels van toepassing zijn op een leaseovereenkomst.
Een aanknopingspunt vormt art. 7A:1576h lid 2 BW. Daar staat dat alle overeenkomsten die dezelfde strekking hebben als huurkoop, als huurkoop worden aangemerkt, ook al zijn ze onder een andere benaming aangegaan. De strekking van huurkoop is het in eigendom verwerven van een zaak te-gen betaling in termijnen.
De leaseovereenkomst is een huurkoopovereenkomst als de contractpar-tijen de bedoeling hebben de zaak te verkopen respectievelijk kopen, en de eigendom van de verkoper naar de koper te doen overgaan. Deze bedoeling kan blijken uit het feit dat in het contract een plicht om te kopen is opgeno-men of dat er sprake is van feitelijke omstandigheden waaruit deze bedoe-ling valt af te leiden. Verder kan de bedoeling blijken uit het feit dat er in de leaseovereenkomst een zeer gunstige koopoptie is opgenomen voor de ge-bruiker. Er is sprake van een gunstige koopoptie als het niet-uitoefenen van de koopoptie economisch nadeel voor de gebruiker oplevert. Als een con-tract aan deze voorwaarden voldoet, heeft het dezelfde strekking als huur-koop en zijn de bepalingen betreffende de huurkoop (art. 7A:1576 e.v. BW) van toepassing. Uit de definiëring van financiële leasing kunnen we afleiden dat deze vorm van leasing vaker aansluiting zal vinden bij de bepalingen van de huurkoop dan de operationele leasing.
In de rechtspraak wordt bij de beoordeling of een leaseovereenkomst de strekking heeft van een huurkoop gekeken naar het feit of de zaak nog steeds gebruikswaarde heeft, waardoor het aannemelijk wordt dat de gebrui-ker tot de koop zou overgaan. Daarbij speelt mede een rol of bijvoorbeeld onderhouds- of servicekosten voor rekening van de gebruiker zijn gekomen. Ook bij het leasecontract dat als huurkoop valt aan te merken, maar dat niet voldoet aan de voorwaarden die de wet aan de totstandkoming van huurkoop stelt (art. 7A:1576j BW), geldt dat dan geen sprake is van huur-koop, maar van gewone koop en verkoop op afbetaling, met als gevolg dat het eigendomsvoorbehoud niet werkt.

In alle andere gevallen zijn op de leaseovereenkomst de bepalingen van huur en verhuur van toepassing (art. 7:201 e.v. BW). De huurovereenkomst komt in hoofdstuk 13 aan de orde.

12

Kernbegrippenlijst

Afbetalingscolporteur	Iemand die tracht particulieren te bewegen tot het als afnemer deelnemen aan een afbetalingstransactie (art. 1 lid 1 sub c Colportagewet).
Afleveren	Het stellen van de zaak in het bezit van de koper (art. 7:9 lid 2 BW).
Beding tot cessie van loon	Overdracht, inpandgeving of elke andere handeling waardoor de koper aan de verkoper of een derde enig recht toekent op zijn loon, pensioen of andere periodieke inkomsten wegens arbeidsovereenkomst (art. 7A:1576f BW).
Beding van vervroegde opeisbaarheid	Beding dat bepaalt dat als de koper nalatig is in de afbetaling van termijnen, de totale som vervroegd opeisbaar wordt (art. 7A:1576c lid 1 BW).
Colporteur	Iemand die bij de uitoefening van zijn bedrijf of beroep roerende zaken of diensten te koop aanbiedt door persoonlijk bezoek aan particulieren of daartoe samengebrachte groepen personen (art. 1 Colportagewet).
Consumentenkoop	Een koopovereenkomst betreffende een roerende zaak die gesloten wordt tussen een verkoper die handelt in de uitoefening van een beroep of bedrijf, en een koper die dat niet doet (art. 7:5 BW).
Contantcolporteur	Iemand die tracht particulieren te bewegen tot het sluiten van een overeenkomst strekkende tot het aan deze anders dan om niet verschaffen van genot van een roerende zaak of tot het aan deze anders dan om niet verlenen van een dienst (art. 1 lid 1 sub c Colportagewet).
Dekkingskoop	De koper koopt elders de zaken die de verkoper nalaat te leveren, of de verkoper verkoopt de reeds verkochte zaken aan iemand anders als de koper deze weigert af te nemen. Koper en verkoper kunnen een dekkingskoop afsluiten om de schade die veroorzaakt is door het verzuim van hun wederpartij, te beperken (art. 7:37 BW).
Eigendomsvoorbehoud	Levering onder opschortende voorwaarde (art. 3:91 BW).

Fabrieksgarantie	Garantie van een fabrikant of importeur die rechtstreeks aan de consument wordt gegeven.
Financiële leasing	Financiering van de aanschaf van een duurzaam productiemiddel waarbij de gebruiker (lessee) het van een leasemaatschappij (lessor) huurt voor een periode die ten hoogste gelijk is aan de economische levensduur ervan, nadat deze laatste de eigendom van het productiemiddel heeft verworven.
Garantie	Een door de verkoper of producent tegenover de consument aangegane verplichting om de betaalde prijs terug te betalen, of om de consumptiegoederen te vervangen, te herstellen of om er zich op enigerlei wijze aan gelegen te laten liggen, indien de goederen niet overeenstemmen met de beschrijving in het garantiebewijs of in de desbetreffende reclame.
Gevolgschade	Schade die ontstaat doordat een ondeugdelijk product geleverd wordt. Voor schade aan zaken die boven de €500 gaat, kan de koper de producent rechtstreeks aanspreken. Voor schade die ontstaan is ten gevolge van dood of letsel is de producent altijd volledig aansprakelijk (art. 6:185 e.v. BW, productenaansprakelijkheid).
Huurkoop	De koop en verkoop op afbetaling waarbij partijen overeenkomen dat de verkochte zaak niet door enkele aflevering in eigendom overgaat, maar pas door vervulling van de opschortende voorwaarde van algehele betaling van wat door de koper uit hoofde van de koopovereenkomst verschuldigd is (art. 7A:1576h lid 1 BW).
Koop en verkoop op afbetaling	De koop en verkoop waarbij partijen overeenkomen dat de koopprijs wordt betaald in termijnen, waarvan twee of meer verschijnen nadat de verkochte zaak aan de koper is afgeleverd (art. 7A:1576 e.v. BW).
Koop op afstand	De koopovereenkomst die gesloten wordt door een consument die zich thuis bevindt, en een leverancier die zich elders bevindt.
Koop op proef	Koopovereenkomst onder de opschortende voorwaarde dat de zaak de koper voldoet (art. 7:45 lid 1 BW).
Koopoptie	Eenzijdige verkoopbelofte die geldt als een onherroepelijk aanbod (art. 6:219 lid 3 BW).
Koopovereenkomst	Overeenkomst waarbij de een zich verbindt een zaak te geven en de ander om daarvoor een prijs in geld te betalen (art. 7:1 BW).

12

Kredietcolporteur	Iemand die tracht een particulier te bewegen tot het als kredietnemer deelnemen aan een overeenkomst van kredietverlening (art. 1 lid 1 sub c Colportagewet).
Leveringsvoorwaarden	Algemene voorwaarden (art. 6:231 e.v. BW).
Onderhandse verkoop	Koopovereenkomst waarbij partijen zelf de voorwaarden (prijs) bepalen waaronder zij de koopovereenkomst aan willen gaan.
Ongevraagde toezending van zaken	Er is sprake van ongevraagde toezending van zaken wanneer iemand zonder dat hij daar zelf om heeft gevraagd, een zaak toegezonden krijgt met de bedoeling om hem tot het sluiten van een koopovereenkomst aan te zetten (art. 7:7 BW).
Openbare verkoop	Verkoop in het openbaar waarbij zaken bij opbod worden verkocht op een veiling. Verkoop van onroerende zaken geschiedt ten overstaan van een notaris. We kennen de vrijwillige en de gedwongen openbare verkoop (hypotheekhouder, beslagleggende schuldeiser, faillissementscurator). Openbare verkopen kunnen ook online plaatsvinden.
Operationele leasing	Vorm van dienstverlening waarbij de leasemaatschappij een duurzaam productiemiddel verhuurt voor een periode die korter of gelijk is aan de economische levensduur ervan en daarbij de onderhoudskosten voor haar rekening neemt.
Recht van reclame	Recht dat toekomt aan de verkoper van een roerende zaak, niet-registergoed om de eigendom van de verkochte en reeds afgeleverde zaak terug te krijgen als de koper tekortschiet in de nakoming van zijn verplichting de koopprijs te betalen (art. 7:39 BW).
Ruilovereenkomst	Overeenkomst waarbij partijen zich verbinden over en weer een zaak in de plaats van een andere te geven (art. 7:49 BW).
Schadevergoedings- of boetebeding	Bedingen waarbij of krachtens welke de schuldenaar voor het geval hij enige verplichtingen uit de overeenkomst niet vervult, de betaling van een zekere som als schadevergoeding of als enige straf wordt of kan worden opgelegd (art. 7A:1576b BW).
Terugnemingsbeding	Beding dat de verkoper de mogelijkheid geeft om ingeval de koper niet tijdig aan zijn verplichtingen voldoet, de in huurkoop verkochte zaak terug te nemen met als gevolg dat daardoor tevens de huurkoopovereenkomst is ontbonden (art. 7A:1576s BW).

12

Meerkeuzevragen

12.1 Hetty Groenendijk heeft een mixer gekocht bij Koldewijn. De kloppers van de mixer lopen steeds vast, omdat het mechanisme om de mixer aan te zetten niet deugt. Wat kan Hetty van Koldewijn eisen?
a Een andere mixer, maar nu een zonder gebreken.
b Reparatie van de mixer.
c Ontbinding van de koopovereenkomst en teruggave van de koopprijs.
d Niets, want ze moet de fabrikant aanspreken.

12.2 Welke van de onderstaande stellingen is juist?
Bij een consumentenkoop
a kan de koper verplicht worden de gehele koopprijs vooruit te betalen.
b kan de koper voor alle door hem geleden schade de leverancier aanspreken.
c kan het recht van de koper op ontbinding van de koopovereenkomst contractueel worden uitgesloten.
d mag de koper de overeenkomst ontbinden als de verkoper de bedongen koopprijs conform hetgeen overeengekomen is bij het sluiten van de overeenkomst, verhoogt.

12.3 Voorwaarde voor een consumentenkoop is dat
a een koper handelt in de uitoefening van een beroep of bedrijf.
b een verkoper handelt in de uitoefening van een beroep of bedrijf.
c er sprake is van een roerende of onroerende zaak.
d de eigendom door middel van bezitsverschaffing wordt overgedragen.

12.4 Welke van de onderstaande stellingen is juist?
a Als de geleverde goederen na de aflevering sterk in kwaliteit achteruit zijn gegaan, kan de koper de koopovereenkomst op grond van wanprestatie ontbinden.
b Als iemand een elektrisch apparaat koopt dat ondeugdelijk blijkt te zijn, is de verkoper zonder meer verplicht een ander apparaat te leveren.
c Een van de verplichtingen van de verkoper is dat hij dezelfde soort zaak moet leveren als overeengekomen is.
d Het is regel dat de koper eerst de koopprijs moet betalen voordat de verkoper aan zijn leveringsverplichting hoeft te voldoen.

12.5 Wil de verkoper een beroep kunnen doen op het recht van reclame, dan moet er sprake zijn van
a een nog niet opeisbare vordering tot betaling van de koopsom.
b een roerende of onroerende zaak.
c een zaak die zich nog in dezelfde staat bevindt.
d een zaak waarvan de aflevering nog niet heeft plaatsgevonden.

12

12.6 Stanislas heeft machineonderdelen afgeleverd op het fabrieksterrein van Bovema bv. Op grond van de algemene leveringsvoorwaarden heeft hij zich de eigendom van de geleverde machineonderdelen voorbehouden totdat de gehele koopsom door Bovema bv betaald is. Ten gevolge van sabotage breekt er brand uit op het fabrieksterrein, waarbij de machineonderdelen verloren gaan.
Welke van onderstaande stellingen is/zijn juist?

a Bovema bv kan de koopovereenkomst door middel van een buitengerechtelijke verklaring ontbinden en is dan vrij om elders nieuw materiaal aan te schaffen.

b Bovema bv kan Stanislas aanspreken tot levering van nieuwe machineonderdelen, waar hij uiteraard niets meer voor hoeft te betalen.

c Bovema bv moet toch de koopprijs betalen, omdat ondanks het eigendomsvoorbehoud het risico bij hem als koper ligt.

d Het risico is voor Stanislas, omdat hij op grond van het eigendomsvoorbehoud nog steeds eigenaar van de machineonderdelen is.

12.7 De diepvriezer van Boot vertoont al sinds de aankoop in januari 2013 mankementen. Er is al verscheidene malen een reparateur langs geweest, maar het euvel is nog steeds niet verholpen. Als het koelgedeelte van de machine in maart 2014 weer niet naar behoren werkt, weigert de leverancier verdere reparaties gratis te verrichten, aangezien de garantietermijn van één jaar inmiddels is verstreken. Welke van de volgende beweringen is het *meest* juist?

a Aangezien het mankement zich vóór het verstrijken van de garantietermijn heeft voorgedaan, kan Boot zich op de garantietermijn blijven beroepen.

b Boot kan weliswaar eisen dat de leverancier de gekochte zaak repareert, maar moet wel de reparatienota betalen.

c De leverancier heeft gelijk. Nu de garantietermijn is verstreken, hoeft hij niet meer in te staan voor gebreken van het geleverde.

d Ook al is de garantietermijn verstreken, het blijft wel mogelijk herstel van de afgeleverde zaak te eisen voor rekening van de leverancier.

12.8 Op welke van de volgende punten bestaat er geen verschil tussen huurkoop en koop op afbetaling?

a De beschikkingsbevoegdheid van de koper.

b De wijze van betaling.

c De wijze van totstandkoming.

d Het moment van eigendomsovergang.

12.9 In het huurkoopcontract dat Romein gesloten heeft met een financieringsmaatschappij, is bepaald dat als Romein niet binnen veertien dagen na de vervaldag heeft betaald, het verschuldigde bedrag verhoogd wordt met 10%. Dit noemt men een

a beding van vervroegde opeisbaarheid.

b beding tot cessie van loon.

c schadevergoedings- of boetebeding.

d verrekeningsbeding.

12.10 Peter Bogaards wil een restaurant openen in de Utrechtse binnenstad. De aanschaf van de keuken en het interieur van het restaurant laat hij financieren bij leasemaatschappij Veeneman. Er wordt een akte opgemaakt waarin opgenomen zijn het totale verschuldigde bedrag en een plan van afbetaling.

12

Peter Bogaards krijgt bovendien het recht na afloop van het financierings-
contract de genoemde bedrijfsmiddelen te kopen voor €1. De kosten van
onderhoud komen voor rekening van Peter Bogaards. Dit leasecontract
wordt in het Nederlandse recht opgevat als
a huurkoop.
b huur en verhuur.
c koop op afbetaling.
d een onbenoemd contract.

12.11   De Wit heeft aan Vos een defecte stofzuiger van het merk Luxor geleverd.
Ten gevolge van het defect is een schade ten bedrage van €437,50 ontstaan aan de vaste vloerbedekking van Vos. Wat kan Vos van De Wit eisen?
a Een andere stofzuiger en een schadevergoeding van €437,50.
b Een nieuwe stofzuiger.
c Herstel van de stofzuiger.
d Herstel van de stofzuiger en een schadevergoeding van €437,50.

12.12   Welke van de volgende beweringen is juist?
a Als de huurkoopovereenkomst vanwege verzuim van de huurkoper ontbonden is, mag deze de in huurkoop verkochte zaak houden totdat er
verrekening heeft plaatsgevonden.
b Als er bij het sluiten van de huurkoopovereenkomst geen akte is opgemaakt, is de huurkoopovereenkomst nietig.
c Bij vervroegde aflossing kan de huurkoper een boete opgelegd worden.
d Zolang het huurkoopcontract loopt, is de huurverkoper niet bevoegd de
in huurkoop verkochte zaak te vervreemden.

12

Oefenvragen

12.1 De nieuwe wasmachine van Jurgen Draaisma, die hij drie maanden geleden gekocht heeft bij Witgoed bv, is door een defect oververhit geraakt, waardoor het wasgoed is gekrompen. De schade aan (dure) sportkleding bedraagt €397,80. De fabrikant van de machine heeft een jaar garantie gegeven.
  a Is hier sprake van een consumentenkoop? Beredeneer uw antwoord.
  b Wat zijn in het algemeen de verplichtingen van de verkoper?
  c Aan welke van deze verplichtingen heeft Witgoed bv niet voldaan?
  d Wat moet Jurgen in dit geval eisen en waarom?
  e Wie is aansprakelijk voor de gevolgschade?

12.2 Schildersbedrijf Verver plaatst een order voor een aantal verfbussen bij Sickens bv. In de verkoopcondities van Sickens is bepaald dat betaling van de geleverde producten veertien dagen na de aflevering moet plaatsvinden. Bovendien is er een eigendomsvoorbehoud in opgenomen. Een maand na de aflevering van de verfbussen gaat het schildersbedrijf failliet. De koopsom is dan nog niet aan Sickens betaald.
  a Stel dat er in de verkoopcondities niets bepaald was omtrent de tijdstippen van aflevering en betaling. Welke regel zou dan gelden?
  b Wat bedoelt de wet hier met aflevering?
  c Wie draagt hier het risico voor het verloren gaan of vermindering van kwaliteit en vanaf welk moment?
  d Wat is het voordeel van het eigendomsvoorbehoud, nu Verver failliet is verklaard?
  e Welke nadelen kleven aan een eigendomsvoorbehoud voor de verkoper?
  f Met welk speciaal recht zou Sickens bv hetzelfde resultaat bereikt hebben? Beargumenteer uw antwoord.

12.3 Ulla Bloemen heeft een auto in huurkoop gekocht bij garagebedrijf De Schinkel bv. Omdat De Schinkel zelf niet over een incassoafdeling beschikt, heeft hij zijn vordering op Ulla Bloemen overgedragen aan financierder Albert Bakker bv.
  a Aan welke vereisten moet zijn voldaan, wil er een geldige huurkoopovereenkomst tot stand komen?
  b Welke sanctie staat op het niet in acht nemen van deze voorschriften?
  c Noem enige verschillen tussen huurkoop en een gewone koopovereenkomst.
  d Mag Ulla vervroegd aflossen?
  e In de akte is een terugnemingsbeding opgenomen. Wat betekent dat?
  f Nadat Ulla driekwart van de termijnen heeft betaald, raakt zij in verzuim ten aanzien van de verdere betaling van de rente en aflossing. De verkoper oefent het terugnemingsbeding uit. Krijgt Ulla helemaal niets meer van haar geld terug? Beredeneer uw antwoord.
  g Ulla had de auto ook kunnen leasen. Welke factor bepaalt of de situatie gelijk is aan die van huurkoop?

12

13
Huur en verhuur

13.1   Algemene bepalingen huur en verhuur
13.2   Woonruimte
13.3   Bedrijfsruimte

Na de koopovereenkomst is de tweede bijzondere overeenkomst die in dit boek wordt behandeld, de overeenkomst van huur en verhuur.
De huurovereenkomst wordt geregeld in titel 4 van Boek 7 BW (art. 7:201 e.v. BW). In dit hoofdstuk wordt voor de behandeling van de huurovereenkomst uitgegaan van de volgorde zoals deze in de wet is geregeld:
- algemene bepalingen (par. 13.1);
- woonruimte (par. 13.2);
- bedrijfsruimte (par. 13.3).

13.1 Algemene bepalingen huur en verhuur

Volgens de wettelijke omschrijving is een *huurovereenkomst* een overeenkomst waarbij de ene partij, de *verhuurder*, zich verbindt aan de andere partij, de *huurder*, een zaak of gedeelte daarvan in gebruik te verstrekken en de huurder zich verbindt tot een tegenprestatie (art. 7:201 BW).

Huurover-
eenkomst

VOORBEELD 13.1
Tinie en Paul Roozeboom willen deze zomer een trektocht gaan maken. Zij besluiten daarom voor vier weken een camper te huren bij Travel Car bv. De huurprijs bedraagt €800 per week, all in.

13

VOORBEELD 13.2

Zeeman wil de gevel van zijn woning zelf schilderen. Hij huurt daarom een paar steigers bij Bomij bv voor €75 per dag.

VOORBEELD 13.3

P. Vos huurt namens Vos bv een loods voor de opslag van meubels op het industrieterrein Overamstel voor €130 per vierkante meter.

VOORBEELD 13.4

De familie Matena huurt een flat in de Eerste Tuindwarsstraat te Amsterdam voor €443 per maand.

VOORBEELD 13.5

Piet Schipper heeft een café gehuurd in de binnenstad van Alkmaar voor €537 per maand.

In de voorbeelden 13.1 tot en met 13.5 verkrijgt de ene partij door het sluiten van een huurovereenkomst het gebruik van een bepaalde zaak (een camper, steigers, een loods, een flat of een café) tegen betaling van een bepaalde prijs. Uit de wettelijke omschrijving kunnen we afleiden dat ook de overeenkomst van huur en verhuur een wederkerige overeenkomst is. Er ontstaan immers twee verbintenissen, waarvan de beide partijen, huurder en verhuurder, over en weer schuldenaar en schuldeiser zijn. Een huurovereenkomst is zelfs altijd wederkerig, omdat de betaling van een bepaalde prijs essentieel is voor de huurovereenkomst. Wordt er namelijk geen tegenprestatie in de vorm van een huurprijs voor het gebruik van een bepaalde zaak bedongen, dan is er geen sprake van een huurovereenkomst, maar **Bruikleen** van een overeenkomst van bruikleen. *Bruikleen* is de overeenkomst waarbij iemand een ander om niet, dus zonder een tegenprestatie te bedingen, het gebruik van een bepaalde zaak verschaft (art. 7A:1777 BW). In het gewone spraakgebruik heet dit 'lenen'.

De voornaamste verplichting van de verhuurder is, zoals gezegd, het verschaffen van het gebruik van een zaak. Dit kan zowel een roerende zaak (auto, kleurentelevisie, dvd, apparaat om tapijt te reinigen) als een onroerende zaak zijn (art. 7:201 lid 1 BW). Ook vermogensrechten kunnen verhuurd worden, bijvoorbeeld een jachtrecht (art. 7:102 lid 2 BW). De pachtovereenkomst wordt niet als huur aangemerkt (art. 7:201 lid 3 BW). **Pacht-overeenkomst** Er is sprake van een *pachtovereenkomst* als de ene partij zich verbindt aan de andere partij tegen voldoening van een tegenprestatie een onroerende zaak of een gedeelte daarvan in gebruik te verstrekken ter uitoefening van de landbouw (art. 7:311 BW).

Het Burgerlijk Wetboek kent een speciale regeling voor met name de huur en verhuur van woonruimte en bedrijfsruimte (art. 7:232 e.v. en 7:290 e.v. BW). Wat betreft de bedrijfsruimte moet het dan wel bedrijfsruimte zijn die valt onder de definitie die art. 7:290 lid 2 BW hiervoor geeft.

13

Maar ook *onroerende zaken die niet onder de definitie van art. 7:290 lid 2 BW* vallen, zoals een kantoorgebouw, tennishal of sportveld, kunnen verhuurd worden (art. 7:230a BW). Op deze huurovereenkomsten zijn de bepalingen van de eerste vier afdelingen van toepassing.

Na deze inleiding bespreken we een aantal speciale onderwerpen aangaande de huurovereenkomst, zoals de wijze van totstandkoming van de huurovereenkomst (subpar. 13.1.1), de plichten van zowel de verhuurder als de huurder (subpar. 13.1.2 en 13.1.3) en de wijzen van beëindiging van de huurovereenkomst (subpar. 13.1.4). Soms wordt de huurder beschermd tegen vervreemding door de verhuurder van het door de huurder gehuurde object. Men spreekt in dat geval van 'Koop breekt geen huur'. Tot slot van deze paragraaf wordt kort op de betekenis van deze regel ingegaan (subpar. 13.1.5).

13.1.1 Totstandkoming van de huurovereenkomst

Aan de totstandkoming van een huurovereenkomst worden behalve wilsovereenstemming van partijen, geen specifieke eisen gesteld. De huurovereenkomst wordt daarom een vormvrij of consensueel contract genoemd. Over het algemeen wordt in de praktijk wel een akte tussen partijen opgemaakt, maar deze dient alleen als bewijsmiddel. Voor huurovereenkomsten van woon- en bedrijfsruimte wordt daarbij over het algemeen gebruikgemaakt van standaardcontracten. Het is voor particulieren daarnaast ook mogelijk gebruik te maken van bijvoorbeeld modelhuurcontracten, die onder andere door consumentenorganisaties zoals de Consumentenbond tegen geringe vergoeding verstrekt worden. Modelhuurcontracten geven een voorbeeld van hoe een huurcontract moet worden opgesteld.

Consensueel contract

Een huurovereenkomst kan voor bepaalde tijd (voorbeelden 13.1 en 13.2) of voor onbepaalde tijd (voorbeelden 13.3, 13.4 en 13.5) worden aangegaan.

13.1.2 Verplichtingen van de verhuurder

De voornaamste verplichtingen van de verhuurder zijn:
1 het ter beschikking stellen van het gehuurde (art. 7:203 BW);
2 het verhelpen van gebreken (art. 7:204, 7:206 BW);
3 het onderhoud van het gehuurde (art. 7:204 lid 2 BW).

Ad 1 Het ter beschikking stellen van het gehuurde
De verhuurder hoeft de zaak alleen maar ter beschikking van de huurder te stellen. Hij hoeft de eigendom ervan niet over te dragen. Dat betekent in de genoemde voorbeelden dat de camper op de afgesproken datum gedurende vier weken ter beschikking staat van Tinie en Paul Roozeboom, dat de steiger gedurende de afgesproken periode wordt afgestaan door Bomij bv en datzelfde geldt uiteraard voor de opslagloods, de flat in de Eerste Tuindwarsstraat en het café in de binnenstad van Alkmaar.

Ter beschikking stellen zaak

Ad 2 Het verhelpen van gebreken
De verhuurder moet de huurder het genot verschaffen dat hij op grond van de huurovereenkomst verwachten mag. Als dat laatste niet het geval is, kan men zich afvragen in hoeverre de verhuurder aansprakelijk is voor de omstandigheden die dat genot hebben verhinderd, 'gebreken' genoemd.

13

Gebrek

Een *gebrek* is een staat of eigenschap van de zaak of een andere niet aan de huurder toe te rekenen omstandigheid waardoor de zaak aan de huurder niet het genot kan verschaffen dat een goed huurder bij het aangaan van de overeenkomst mag verwachten van een goed onderhouden zaak van de soort als waarop de overeenkomst betrekking heeft (art. 7:204 lid 2 BW). Uitgangspunt hierbij is datgene wat de huurder mag verwachten. Dat komt overeen met het begrip conformiteit bij de koopovereenkomst (zie par. 12.2). In de praktijk zal dat betekenen dat zowel een slechte staat van onderhoud of ongedierte als een wettelijk voorschrift dat een bepaald gebruik verbiedt, een gebrek kan vormen. Ook de bij het aangaan van de overeen-

Zichtbaar gebrek

komst aanwezige zichtbare gebreken vallen onder het begrip gebrek (art. 7:206 BW). Het staat de verhuurder echter vrij – er is immers sprake van aanvullend recht – te bedingen dat het onderhoud voor de huurder zal zijn of dat deze voor het herstel van de gebreken zal zorgen, hetgeen natuurlijk tot uitdrukking zal komen in de huurprijs. Dit is echter niet toegestaan als het woonruimte betreft. De gebrekenregeling is namelijk voor woonruimte van dwingend recht, zodat ook de zichtbare en in de huurprijs verdisconteerde gebreken in dat geval door de verhuurder moeten worden verholpen (art. 7:242 BW).

Stoornis door derden

Een feitelijke stoornis door derden, zoals overlast of verkeerslawaai, valt niet onder het begrip gebrek, behalve als het overlast betreft die veroorzaakt wordt door een andere huurder (art. 2:204 lid 3 BW). In dat geval heeft de verhuurder de mogelijkheid de overlastveroorzaker de huur op te zeggen op grond van art. 7:274 lid 1 sub a BW: de huurder gedraagt zich niet als een goed huurder.

Dreiging verstoring huurgenot

Verder valt onder het begrip gebrek de dreiging van verstoring van het huurgenot wanneer geen normaal onderhoud wordt gepleegd. Daaruit kan men een verplichting tot het plegen van preventief onderhoud afleiden.

Wat kan de huurder doen als er sprake is van een gebrek?
Er zijn verschillende mogelijkheden:

Verhelpen gebreken

1 De verhuurder is verplicht om op vordering van de huurder *de gebreken te verhelpen*, tenzij dit onmogelijk is of uitgaven vereist die in de gegeven omstandigheden niet van de verhuurder zijn te vergen (art. 7:206 lid 1 BW). Hierop zijn twee uitzonderingen: het verrichten van kleine herstellingen waartoe de huurder zelf verplicht is en gebreken voor het ontstaan waarvan de huurder jegens de verhuurder aansprakelijk is (art. 7:206 lid 2 BW). De huurder mag, als de verhuurder met het verhelpen in verzuim is, zelf de gebreken verhelpen en de kosten daarvan, voor zover deze redelijk waren, verhalen op de verhuurder, desgewenst door verrekening met de huurprijs (art. 7:206 lid 3 BW). Deze bepaling kan niet contractueel worden uitgesloten.

Huurprijs- vermindering

2 De huurder kan bij de kantonrechter op grond van art. 7:207 BW *huurprijsvermindering* eisen, mits hij de verhuurder tijdig op de hoogte heeft gesteld van het gebrek of als dit al in voldoende mate aan de verhuurder bekend was.

13

Opschorting

Daarnaast houdt de huurder uiteraard alle rechten uit het algemene vermogensrecht, zoals opschorting. Er kan bij een gebrek, waardoor de huurder niet het genot heeft dat hij mocht verwachten, sprake zijn van een tekortkoming in de zin van art. 6:74 BW (art. 7:205 BW).

De aanwezigheid van een gebrek is een tekortkoming in de nakoming van een verbintenis van de verhuurder. Voor het geval dat deze tekortkoming (het bestaan of ontstaan van een gebrek) toerekenbaar is, is de verhuurder aansprakelijk voor de *schade* die ontstaat ten gevolge van dit gebrek (art. 7:208 BW). Het is mogelijk deze aansprakelijkheid contractueel uit te sluiten. Dit is echter niet toegestaan als het woonruimte betreft (art. 7:242 BW). Van de art. 7:206 lid 1 en 2, 207 en 208 BW mag niet contractueel worden afgeweken ten nadele van de huurder voor zover het gebreken betreft die de verhuurder bij het aangaan van de overeenkomst kende of behoorde te kennen (art. 7:209 BW).

Schade

Zowel de huurder als de verhuurder kunnen de overeenkomst door middel van een schriftelijke verklaring *ontbinden* wanneer de verhuurder op grond van art. 7:206 BW niet verplicht is een gebrek te verhelpen en dit het genot dat de huurder mocht verwachten geheel onmogelijk maakt. Van dit laatste is sprake als weliswaar nog enig genot mogelijk is, maar dit genot door de beperking ten gevolge van het gebrek een wezenlijk ander genot is dan de huurder mocht verwachten (art. 7:210 BW). Als het verhuurde goed door toeval verloren is gegaan, betekent dat eveneens vermindering van het genot en wel zo dat het genot anders is dan de huurder op grond van de overeenkomst mocht verwachten. De verhuurder kan de overeenkomst ook ontbinden als het gebrek aan zijn schuld te wijten is (art. 7:210 BW). Daarbij blijft deze natuurlijk wel verplicht de huurder de eventuele schade te vergoeden, ook de schade die ontstaat ten gevolge van het beëindigen van de huur (art. 7:210 lid 2 BW). Zie ook subparagraaf 13.1.4.

Ontbinden

Als *door een derde een rechtsvordering* wordt ingesteld tot uitwinning of verlening van een (persoonlijk of kwalitatief) recht waarmee de verhuurde zaak niet belast had mogen zijn, moet de verhuurder na kennisgeving hiervan door de huurder in het geding komen om de belangen van de huurder te verdedigen en moet hij de huurder de (werkelijke) kosten vergoeden (art. 7:211 BW). Laat de huurder na de verhuurder op de hoogte te stellen, dan heeft hij slechts recht op vergoeding van de kosten die ontstaan zijn vanaf de kennisgeving. Aan de andere kant is de huurder verplicht de verhuurder de schade te vergoeden die ontstaan is doordat hij zich niet gehouden heeft aan zijn meldingsplicht (art. 7:222 BW).

Rechtsvordering derde

Ad 3 Het onderhoud van het gehuurde
De verhuurder moet – zoals onder ad 2 al is aangegeven – gebreken verhelpen. Deze verplichting ontstaat pas als er sprake is van een gebrek. Toch mag men op grond van het bepaalde in art. 7:204 BW aannemen dat er een verplichting tot preventief onderhoud bestaat, omdat alleen al een dreiging van de verstoring van het genot als een gebrek kan worden aangemerkt. Het gaat hier wel om zogenoemd 'groot onderhoud', aangezien klein onderhoud door de huurder moet worden verricht (art. 7:217 BW).

Groot onderhoud

13.1.3 Verplichtingen van de huurder
De voornaamste verplichtingen van de huurder zijn:
1 de tegenprestatie voldoen (art. 7:212 BW);
2 het gehuurde als een 'goed' huurder gebruiken (art. 7:213 BW);
3 het gehuurde in overeenstemming met de bestemming gebruiken (art. 7:214 BW);

13

4 het toelaten van werkzaamheden en renovatie (art. 7:220 BW);
5 kleine herstelwerkzaamheden voor zijn rekening nemen (art. 7:217 BW);
6 het gehuurde na afloop van de huurovereenkomst teruggeven in de staat waarin het is ontvangen (art. 7: 215, 216, 218, 219, 224 en 225 BW).

De huurder heeft dus zes, naast andere, belangrijke verplichtingen. Deze komen hier alle zes aan de orde. Vervolgens wordt kort ingegaan op de verschijnselen overlast (art. 7:204 lid 3 BW) en onderhuur (art. 7:221 en 244 BW).

Ad 1 De tegenprestatie voldoen

Tegenprestatie voldoen

De huurder is verplicht de tegenprestatie op de overeengekomen wijze en tijdstippen te voldoen (art. 7:212 BW). Dit is een hoofdverplichting uit de huurovereenkomst. Dat betekent dat het alleen dan toegestaan is de voldoening van de tegenprestatie op te schorten als aan de andere hoofd-verplichting, te weten het ter beschikking stellen van het gehuurde, niet is voldaan. Volgens de rechtspraak bestaat er niet voldoende samenhang tussen bijvoorbeeld de onderhoudsverplichting van de verhuurder en het betalen van de huur om opschorting van de tegenprestatie te rechtvaardigen (art. 6:52 e.v. BW).

Ad 2 Het gehuurde als een 'goed' huurder gebruiken

Gebruik als goed huurder

De huurder is verplicht zich ten aanzien van het gebruik van de gehuurde zaak als een goed huurder te gedragen (art. 7:213 BW). Wat er in dit opzicht van de huurder wordt verwacht, hangt van de omstandigheden af. Over het algemeen kan men er wel van uitgaan dat daarmee in ieder geval bedoeld wordt dat de huurder de woonruimte of bedrijfsruimte ook feitelijk gebruikt. In de jurisprudentie worden bijvoorbeeld het achterlaten van de woning en het afstaan van de huur aan de kinderen opgevat als wanprestatie (HR 22 juni 1984, NJ 1984, 766).

Ad 3 Het gehuurde overeenkomstig de bestemming gebruiken

Gebruik voor overeengekomen doel

Het gehuurde moet voor het overeengekomen doel worden gebruikt. Dat betekent dat woonruimte als woonruimte, en bedrijfsruimte als bedrijfs-ruimte moet worden gebruikt. Bedrijfsruimte zal namelijk in waarde dalen als ze als woonruimte wordt gebruikt. Als er geen uitdrukkelijke bestem-ming is overeengekomen, dan is het gebruik van de zaak beperkt tot dat-gene waartoe de zaak naar zijn aard is bestemd (art. 7:214 BW). Daarbij is het niet voldoende dat de huurder een bepaald feitelijk gebruik van de zaak maakt, waarmee de verhuurder instemt. Beslissend is of uit de om-standigheden zoals die zich ten tijde van het sluiten van de huurovereen-komst voordeden, in onderling verband beschouwd, moet worden afgeleid dat de huurder niet alleen maar gerechtigd is om het gehuurde voor een bepaald doel te gebruiken, maar daartoe ook verplicht is (aldus HR 26 juni 1998, NJ 1998, 728).

Er komen in huurcontracten regelmatig clausules voor die het gebruik door de huurder beperken. Zou de verhuurder de huurovereenkomst willen ont-binden op grond van het feit dat de huurder de bepalingen in de clausule heeft overtreden, dan kan ontbinding van de overeenkomst slechts met tus-senkomst van de rechter plaatsvinden (art. 7:231 lid 1 BW).

13

Ad 4 Het toelaten van werkzaamheden en renovatie
De verhuurder moet de verhuurde zaak onderhouden; het plegen van onderhoud is een van de verplichtingen van de verhuurder, zoals we hiervoor hebben gezien (subpar. 13.1.2).

Maar daartegenover staat de plicht van de huurder *dringende werkzaamheden*, die niet tot de beëindiging van de huurovereenkomst uitgesteld kunnen worden, toe te laten. Onder dringende werkzaamheden vallen ook herstel van schade en voorkoming van schade (art. 7:220 lid 1 BW). De huurder is eveneens verplicht de verhuurder toegang te geven om op te nemen of, en zo ja welke, werkzaamheden moeten worden verricht. Ook in andere niet in de wet genoemde gevallen kan er sprake zijn van een gedoogplicht. Partijen kunnen daarover in hun huurovereenkomst een uitdrukkelijke regeling opnemen. Bovendien kan deze plicht ook ontstaan op grond van de redelijkheid en billijkheid. **Dringende werkzaamheden**

De huurder is eveneens verplicht de uitvoering van een redelijk renovatieplan toe te staan (art. 7:220 lid 2 BW). Onder *renovatie* wordt zowel verstaan gedeeltelijke vernieuwing door verandering, als sloop met vervangende nieuwbouw. De bestaande huurovereenkomst wordt dan gewoon voortgezet. **Renovatie**

De verhuurder moet de huurder een redelijk voorstel tot renovatie doen. Als de huurder het voorstel niet aanvaardt, kan de verhuurder vorderen dat de huurder wordt veroordeeld om mee te werken aan de renovatie. Van belang hierbij zijn de aard van de werkzaamheden, de noodzaak van medewerking van de huurder, de financiële consequenties voor de verhuurder, de huurprijsverhoging voor de huurder, de beschikbaarheid van een vervangend huurobject en de overige omstandigheden van het geval. De veroordeling kan gepaard gaan met een bevel tot gehele of gedeeltelijke tijdelijke ontruiming.
Als een geheel complex tegelijkertijd moet worden gerenoveerd – er komt bijvoorbeeld dubbele beglazing of de centraal gestookte cv-installatie moet vervangen worden – wordt verondersteld dat het voorstel redelijk is als 70% of meer van de huurders ermee heeft ingestemd (art. 7:220 lid 3 BW). In dat geval zijn alle huurders, ook degenen die niet met de renovatie hebben ingestemd, verplicht de werkzaamheden te gedogen. De huurder die niet met de renovatie heeft ingestemd, kan binnen acht weken na de schriftelijke kennisgeving van de verhuurder aan hem dat 70% of meer van de huurders met het voorstel heeft ingestemd, een beslissing van de rechter vorderen omtrent de redelijkheid van het voorstel. Daarna is weerlegging van het vermoeden dat de renovatie redelijk is, niet meer mogelijk. Zou de huurder dan toch niet meewerken, dan levert dat een tekortkoming in de nakoming van een verbintenis jegens de verhuurder op en zal deze de huur kunnen opzeggen.

Ad 5 Kleine herstelwerkzaamheden
Herstelwerkzaamheden die nodig zijn door een normaal gebruik van het gehuurde, komen voor rekening van de huurder. Daaronder valt ook herstel dat nodig is voor schade veroorzaakt door overmacht (art. 7:217 BW). Het gaat hier om herstel van schade die een gevolg is van een normaal gebruik van de woning. Herstelwerkzaamheden die nodig zijn door het tekortschieten van de verhuurder in de nakoming van zijn verplichting tot het voorkomen van gebreken, komen uiteraard voor kosten van de verhuurder. Bij AMvB kunnen herstellingen worden aangewezen die als kleine herstellingen

13

moeten worden aangemerkt (art. 7:240 BW). Deze herstelverplichting kan niet ten nadele van de huurder worden aangewend.

Ad 6 Het gehuurde na afloop van de huurovereenkomst teruggeven in de staat waarin het is ontvangen

Veranderingen en toevoegingen door huurder

De huurder is bevoegd met schriftelijke toestemming van de verhuurder veranderingen aan te brengen. De verhuurder moet deze toestemming in ieder geval verlenen als de voorgenomen veranderingen de verhuurbaarheid van het gehuurde niet schaden of niet leiden tot waardevermindering (art. 7:215 lid 1 en 2 BW). Wil de verhuurder deze toestemming niet verlenen, dan kan de huurder van de kantonrechter vorderen hem te machtigen tot het aanbrengen van de veranderingen. Deze vordering wordt toegewezen als de veranderingen noodzakelijk zijn voor een doelmatig gebruik van het gehuurde door de huurder of als de verandering het huurgenot voor de huurder verhoogt, behoudens zwaarwichtige bezwaren van de kant van de verhuurder (art. 7:215 lid 3 en 4 BW). Een zwaarwichtig bezwaar is bijvoorbeeld het aanbrengen van een zo ontsierend balkon aan een gebouw dat de waarde van het gebouw daardoor wordt aangetast. De verhuurder kan naar aanleiding van de aangebrachte

Verhoging huurprijs

veranderingen en toevoegingen een verhoging van de huurprijs vorderen; het woongenot wordt immers verhoogd (art. 7:215 lid 5 BW). Van deze regeling mag niet ten nadele van de huurder worden afgeweken (art. 7:215 lid 6 BW).

De huurder mag tot de ontruiming de door hem aangebrachte veranderingen en toevoegingen ongedaan maken, mits de zaak in de toestand wordt gebracht die bij het einde van de huur redelijkerwijs in overeenstemming met de oorspronkelijke kan worden geacht (art. 7:216 BW). Hierbij wordt rekening gehouden met de verandering van gewoonten en opvattingen in de loop der tijd. Als bijvoorbeeld jaren geleden een oude kolenkachel vervangen is door centrale verwarming, dan mag deze laatste niet verwijderd worden; een centraleverwarmingsinstallatie behoort tegenwoordig tot de normale voorzieningen in een gebouw. Soms kunnen de veranderingen en toevoegingen door de huurder niet ongedaan gemaakt worden, omdat dat bijvoorbeeld te veel beschadiging met zich meebrengt. De huurder heeft dan kosten gemaakt en als hij deze niet kan terugverdienen of vergoed krijgen door een nieuwe huurder, kan de verhuurder verrijkt worden ten koste van de huurder. Dat is bijvoorbeeld het geval als de huurder een nieuwe douche heeft laten aanbrengen. Levert het resultaat redelijkerwijs voor de verhuurder voordeel op waarvan hij werkelijk profijt heeft, zoals een hogere huur van de volgende huurder, dan is er sprake van ongerechtvaardigde ver-

Ongerechtvaardigde verrijking

rijking. Als er sprake is van ongerechtvaardigde verrijking, kan de huurder aanspraak maken op een vergoeding.

De huurder kan zijn wegneemrecht niet overdragen aan de nieuwe huurder. Omdat art. 7:216 BW van aanvullend recht is, is het mogelijk in de huurovereenkomst te bepalen dat de huurder niet bevoegd zal zijn de veranderingen ongedaan te maken of dat hij daartoe juist verplicht zal zijn.

Overlast

Ergens wonen, betekent geconfronteerd worden met buren. Aardige buren, maar ook buren die overlast kunnen veroorzaken. Je kunt een buurman treffen die de geluidsknop van zijn stereo-installatie of televisie naar het hoogste volume draait, of die in drugs handelt, of die allemaal auto's in de omgeving parkeert voor de verkoop enzovoort.

13

Soms kan overlast van buren opgevat worden als een gebrek in de zin van art. 7:204 lid 2 BW. Door de overlast wordt immers het genot van de huurder beperkt en daarvoor kan men de verhuurder aanspreken. De huurder kan dan direct na de mededeling van het gebrek aan de verhuurder huurvermindering aanvragen (art. 7:207 j°. 257 lid 1 BW). Overlast echter die door anderen dan huurders wordt veroorzaakt, is geen gebrek (art. 7:204 lid 3 BW).

Overlast

In de rechtspraak wordt een onderscheid gemaakt tussen de verhouding tussen de verhuurder en de huurder die overlast veroorzaakt enerzijds en die tussen de verhuurder en de huurder die overlast ondervindt anderzijds. In het eerste geval levert het veroorzaken van overlast door de huurder een schending op van art. 7:213 BW, de huurder heeft zich dan niet als een 'goed' huurder gedragen.

Als de huurder degene is die overlast ondervindt die wordt veroorzaakt door een andere huurder, moet deze in eerste instantie zelf proberen om de overlast te beëindigen. Soms echter kan de verhuurder toch verplicht worden tegen de overlastveroorzaker op te treden, bijvoorbeeld door ontbinding van de overeenkomst te eisen wegens wanprestatie op grond van het feit dat de huurder omwonenden niet te dulden overlast bezorgt (art. 7:208 BW). De huurder heeft recht op schadevergoeding van de verhuurder als de verhuurder maatregelen had moeten nemen en dit heeft nagelaten. Andere omwonenden, niet-huurders, kunnen schadevergoeding van de verhuurder eisen op grond van art. 6:162 BW. Er moet dan sprake zijn van een onrechtmatige daad, op grond van het feit dat de huurder fatsoensnormen (maatschappelijke betamelijkheid) heeft overtreden.

Bij overlast veroorzaakt door een buitenstaander hoeft de verhuurder in beginsel geen maatregelen te treffen. De huurder zal dan de overlastveroorzaker zelf moeten aanspreken (art. 7:204 lid 3 BW). In sommige gevallen echter kan het niet-nemen van maatregelen door de verhuurder gezien worden als het bijdragen aan die feitelijke stoornis. In dat geval is art. 7:204 lid 3 BW niet van toepassing.

Overlast door derde

Onderhuur

De huurder is bevoegd tot onderhuur, tenzij hij moest aannemen dat de verhuurder tegen het in gebruik geven aan die onderhuurders redelijke bezwaren zal hebben (art. 7:221 BW). Bij onderhuur ontstaat er een huurovereenkomst, waarbij de huurder verhuurder is en de onderhuurder de huurder. Een verhuurder die onderhuur niet wil toestaan, moet een verbod tot onderhuur in de huurovereenkomst opnemen.

Onderhuur

Onderhuur van woonruimte is niet toegestaan (art. 7:244 BW). Het is een huurder van een zelfstandige woonruimte wel toegestaan een gedeelte van de woning onder te verhuren, tenzij dit contractueel is uitgesloten.

13.1.4 Einde van de huurovereenkomst

Een huurovereenkomst die voor *bepaalde tijd* is aangegaan eindigt wanneer de afgesproken tijd is verstreken. Een opzegging is in dat geval niet nodig (art. 7:228 lid 1 BW). Een huurovereenkomst die voor *onbepaalde tijd* is aangegaan of voor onbepaalde tijd is verlengd, moet worden opgezegd. Heeft de huur betrekking op een onroerende zaak, die noch woonruimte noch een bedrijfsruimte ex art. 7:290 lid 2 BW is, dan dient de opzegging te geschieden tegen een voor de huurbetaling geldende dag, waarbij er een opzeggingstermijn van minimaal één maand moet worden aangehouden (art. 7:228 lid 2 BW). Art. 7:228 BW geldt niet voor woonruimte (art. 7:271

Verstrijken afgesproken huurtijd

13

lid 1 BW) en voor bedrijfsruimte ex art. 7:290 BW (art. 7:293 lid 1 BW en 300 lid 1 BW).

Overlijden van de huurder of verhuurder

Overlijden van de huurder of verhuurder doet de huurovereenkomst niet eindigen (art. 7:229 BW). Deze bepaling is van dwingend recht als het de huur van woonruimte betreft (art. 7:268 lid 8 BW). Erfgenamen hebben gedurende zes maanden het recht de huurovereenkomst op te zeggen. Zij moeten daarbij een opzeggingstermijn van één maand in acht nemen (art. 7:229 lid 2 BW). Bij bedrijfsruimte ex art. 7:290 lid 2 BW is de opzeggingstermijn zes maanden (art. 7:302 BW).

Als de huurder na afloop van de huurovereenkomst met goedvinden van de verhuurder het gebruik van het gehuurde behoudt, wordt daardoor, tenzij van een andere bedoeling blijkt, de huurovereenkomst voor onbepaalde tijd verlengd ongeacht de tijd waarvoor zij was aangegaan (art. 7:230 BW).

Ontbinding

Omdat de huurovereenkomst een wederkerige (verbintenisscheppende) overeenkomst is, zijn natuurlijk ook de bepalingen over de nakoming en niet-nakoming van verbintenissen uit Boek 6 BW en die betreffende de wederkerige overeenkomsten (art. 6:261 e.v. BW) van toepassing. Een huurovereenkomst kan dus op grond van het tekortschieten in de nakoming van de verplichtingen uit de huurovereenkomst worden *ontbonden* (art. 6:265 BW). De huurovereenkomst betreffende een gebouwde onroerende zaak kan in dat geval slechts door de rechter worden ontbonden (art. 7:231 lid 1 BW). Zie voor ontbinding op grond van een gebrek subparagraaf 13.1.2.

13.1.5 'Koop breekt geen huur'

In afwijking van de regel dat een overeenkomst alleen partijen bindt, bepaalt art. 7:226 BW dat de rechten en verplichtingen uit een huurovereenkomst bij eigendomsoverdracht van de verhuurde zaak mee overgaan: *koop breekt geen huur*.

Koop breekt geen huur

VOORBEELD 13.6

Vroom bewoont met zijn gezin een woning in Haarlem, die hij gehuurd heeft van Daan Zondag. Op een dag krijgt hij een schrijven waarin hem wordt medegedeeld dat de woningen van Daan Zondag per de eerste van de volgende maand overgedragen worden aan Spaarnestad Onroerend Goed bv.

VOORBEELD 13.7

Hanssen heeft een doe-het-zelfwinkel in Koog aan de Zaan. De winkelruimte heeft hij gehuurd van de firma Barends & co. Barends brengt zijn onroerend goed in in bv Barends.

13

De vraag die we ons bij de voorbeelden 13.6 en 13.7 moeten stellen, is of deze overdracht of deze inbreng in een bv van invloed is op de betreffende huurovereenkomsten. Deze vraag kan ontkennend worden beantwoord. Art. 7:226 heeft namelijk tot gevolg dat de overdracht respectievelijk inbreng geen invloed heeft op de huurovereenkomsten van Vroom en Hanssen.

De verkrijger (Spaarnestad Onroerend Goed bv/ bv Barends) treedt op het moment van de eigendomsoverdracht in de rechten en verplichtingen uit de huurovereenkomst van de vervreemder; hij moet de huurverhouding aanvaarden zoals hij haar aantreft. Dat wil zeggen dat de nieuwe eigenaar vastzit aan door zijn voorganger gemaakte afspraken omtrent de uitleg van het huurcontract en de huurprijs. En hij kan bijvoorbeeld zelfs van de huurder geen huur vorderen als de toekomstige huurtermijnen aan een derde gecedeerd blijken te zijn (art. 7:226 lid 2 BW).

Bedingen die geacht worden niet tot de essentie van de huurovereenkomst te behoren, zoals een koopoptie, gaan niet mee over.

Aangezien art. 7:226 BW van regelend recht is, kunnen partijen deze bepaling contractueel uitsluiten. Er is echter een uitzondering. Art. 7:226 BW is niet van toepassing op de huur van een gebouwde onroerende zaak of gedeelte daarvan (art. 7:226 lid 4 BW). Art. 7:226 BW is op dat punt een regel van dwingend recht. Dat betekent dat ten aanzien van huurders van woonruimte en bedrijfsruimte niet van de wet mag worden afgeweken.

Dwingend recht

13.2 Woonruimte

In deze paragraaf worden enkele specifieke onderwerpen die voorkomen bij de huur en verhuur van woonruimte besproken. Onder *woonruimte* wordt verstaan een gebouwde onroerende zaak die als een zelfstandige woning is verhuurd, of een als woning verhuurd gedeelte daarvan, alsmede de onroerende aanhorigheden (art. 7:233 BW). Met onroerende aanhorigheden wordt bijvoorbeeld een schuurtje in de tuin bedoeld. Een woning is een *zelfstandige woning* als zij een eigen toegang heeft en de bewoner haar kan bewonen zonder daarbij afhankelijk te zijn van wezenlijke voorzieningen buiten die woning (art. 7:234 BW).

Woonruimte

Zelfstandige woning

VOORBEELD 13.8
De driekamerwoning die Odile en Jasper huren, ligt op de derde etage. Ook de twee overige etages en de bel-etage zijn verhuurd. Alle woningen hebben een eigen voordeur, keuken en sanitaire voorzieningen. Odile en Jasper zijn van plan binnenkort te verhuizen naar een vrijstaande (huur)woning in Almere-stad.

Deze etages zijn zelfstandige gedeeltes van een woning, omdat zij niet afhankelijk zijn van wezenlijke voorzieningen buiten de woning. De woning die Odile en Jasper in Almere-Stad gaan bewonen, wordt ook als zelfstandige woning verhuurd.

De wettelijke regeling richt zich vooral op de bescherming van de huurder en wel in twee opzichten, namelijk met betrekking tot:
1 de hoogte van de huurprijs (subpar. 13.2.1);
2 de zogenoemde huurbescherming bij het beëindigen van de huurovereenkomst door de verhuurder (subpar. 13.2.4).

Bescherming huurder

13

Voorafgaand aan de subparagraaf over de huurbescherming worden de vereisten voor de opzegging door de huurder respectievelijk de verhuurder besproken (subpar. 13.2.2 en 13.2.3). Verder komen in deze paragraaf aan de orde de zogenoemde huisvestingsvergunning, die het gemeenten mogelijk maakt de verdeling van huurwoningen te reguleren (subpar. 13.2.5), het medehuurderschap (subpar. 13.2.6) en het verschijnsel dat de huurder zijn woning of een gedeelte daarvan aan anderen verhuurt, de wederverhuur en onderhuur (subpar. 13.2.7).

13.2.1 Huurprijs

De huurprijzen van woningen zijn geregeld in afdeling 5 van titel 7.4 BW. In de Uitvoeringswet huurprijzen woonruimte (Uhw) zijn regels voor de huurprijzen en andere vergoedingen (bijvoorbeeld servicekosten) opgenomen (art. 7:245 BW). Zij bevat ook regels over de zogenoemde huurcommissies.

In principe spreken partijen een huurprijs met elkaar af (art. 7:246 BW). Deze mogelijkheid wordt ter bescherming van de huurder in belangrijke mate beperkt door de huurprijsbepalingen, en is dan van dwingend recht (art. 7:265 BW).

De huurprijsbescherming (art. 7:233 t/m 265 BW) geldt echter niet voor:
- huurovereenkomsten die een gebruik van woonruimte betreffen dat naar zijn aard slechts van korte duur is (art. 7:232 lid 2 BW);
- huurovereenkomsten met betrekking tot zelfstandige woningen met een aanvangshuur die hoger lag dan de toenmalige huursubsidiegrens, indien de overeenkomst op of na 1 juli 1994 is tot stand gekomen ofwel betrekking heeft op een woning die tot stand gekomen is op of ná 1 juli 1989 (art. 7:247 BW). Deze laatste uitzondering is een gevolg van de zogenoemde huurliberalisatie, waardoor de verhuurder meer vrijheid krijgt om de huurprijs en de huurverhoging te bepalen.

Uitgangspunt van de wettelijke huurprijsbescherming is dat de hoogte van de huur(prijs) in overeenstemming moet zijn met de kwaliteit van de woning. Deze kwaliteit wordt vastgesteld via het zogenoemde puntenstelsel (art. 7:252 lid 3, art. 10 lid 1 Uhw). In het *puntenstelsel* worden aan bepaalde kenmerken van de (niet-geliberaliseerde) verhuurde woning punten toegekend, zoals het al dan niet aanwezig zijn van een centrale verwarming, het hebben van een bad- of douchegelegenheid, het aantal kamers, het al dan niet uitzicht hebben op een plantsoen, het feit dat de woning op de begane grond dan wel op de derde etage is gesitueerd, of de woning een tuin heeft of een balkon en zo ja, wat de oppervlakte ervan is enzovoort.

In elk rechtsgebied van een kantongerecht komt in de hoofdplaats van het kanton een huurcommissie voor. Een *huurcommissie* bestaat uit een voorzitter die voor zes jaar door de minister van Infrastructuur en milieu bij Koninklijk Besluit wordt benoemd, en een aantal leden die voor vier jaar door de minister van Infrastructuur en milieu worden aangesteld (art. 3b lid 1 Uhw). De huurcommissie heeft tot taak het vaststellen van de hoogte van de huren en het oplossen van geschillen daaromtrent tussen verhuurder en huurder. De huurder kan binnen zes maanden nadat hij een woning heeft gehuurd de hoogte van de huurprijs door de huurcommissie laten toetsen (art. 7:249 BW en art. 11 Uhw).

Een eenmaal afgesproken huurprijs is echter nooit definitief. Zij kan al naar gelang van de omstandigheden verhoogd en soms zelfs – na ingrijpen van de huurcommissie – verlaagd worden. We bespreken nu wanneer en hoe de

Puntenstelsel

Huurcommissie

13

verhuurder de huur van een woning kan verhogen en welke bezwaren hier
door de huurder tegen ingebracht kunnen worden.

Huurverhoging

De huur kan in beginsel slechts éénmaal per jaar worden verhoogd (art.
7:251 BW). Dit is bij niet-geliberaliseerde het wettelijk percentage, dat jaarlijks wordt vastgesteld en per 1 juli ingaat (art. 7:250 BW). De verhuurder
mag zonder daarvoor een reden aan te geven eenmaal per jaar de huur met
maximaal het wettelijk percentage verhogen. Het maximale wettelijke percentage bestaat uit twee onderdelen, te weten de jaarlijkse inflatie plus
een percentage dat afhankelijk is van het huishoudinkomen van de huurder
(art. 7:252a BW). Die extra percentages bedroegen bijvoorbeeld in 2013
respectievelijk 1,5% (een inkomen beneden €33.614), 2% (inkomen tussen
de €33.614 en €43.000) en 4% (inkomen boven de €43.000), afhankelijk
dus van het zogenoemde huishoudinkomen (art. 7:252a lid 2 BW). Het
huishoudinkomen wordt vastgesteld aan de hand van een zogenoemd peiljaar. Dat is het tweede jaar dat voorafgaat aan het kalenderjaar waarin de
voorgestelde huurverhoging ingaat. Stel het percentage van de inflatie van
een bepaald jaar is 2,5%. Dan bedragen de huurverhogingen dus respectievelijk 4%, 4,5% en 6,5%. De verhuurder is verplicht twee maanden vóór de
datum van ingang van de huurverhoging dit schriftelijk aan de huurder
mede te delen (art. 7:252 lid 1 BW). Tevens moet hij in dit schrijven aangeven op welke wijze en binnen welke termijn de huurder bezwaar kan aantekenen tegen de aangezegde huurverhoging (art. 7:252 lid 2 sub e BW).

Huurverhoging

Huishoud-
inkomen

Peiljaar

Bezwaarprocedure

De huurder kan zijn bezwaar tegen de aangezegde huurverhoging kenbaar
maken door middel van de modelbrief Bezwaarschrift jaarlijkse huurverhoging van de huurcommissie. Dit bezwaarschrift moet vóór de ingangsdatum
van de huurverhoging – meestal dus vóór 1 juli – bij de verhuurder ingele-
verd worden. De gronden van bezwaar kunnen onder andere zijn:

Bezwaar
huurverhoging

- De huurverhoging bedraagt meer dan de maximale huurverhoging.
- De huur komt door de verhoging boven de maximale huurprijsgrens volgens het puntensysteem te liggen.
- Het voorstel is verkeerd aangekondigd of het bevat fouten.
- Het voorstel is minder dan twee maanden voor de ingangsdatum verstuurd.
- De huur is door de huurcommissie tijdelijk verlaagd vanwege ernstige onderhoudsgebreken en de gebreken zijn nog niet verholpen (art. 7:257 lid
  2 BW, art. 16 lid 1 Uhw).

Tegen de inkomensafhankelijke extra huurverhoging (meer dan 4%) kan op
de volgende gronden bezwaar gemaakt worden:
- Het door de Belastingdienst aangegeven huishoudinkomen is onjuist.
- Het huishoudinkomen is onder de inkomensgrens gezakt.
- Het huishouden behoort tot een bepaalde groep (bijvoorbeeld gehandi-
  capten en chronisch zieken (art. 7:252a lid 6 sub a BW).

De verhuurder kan tot zes weken na het tijdstip van het indienen van het
bezwaarschrift de huurcommissie verzoeken uitspraak te doen over de *redelijkheid* van het voorstel (art. 7:253 lid 1 BW). Ook de huurder kan de huurcommissie binnen drie maanden na het indienen van het bezwaarschrift
verzoeken uitspraak over de redelijkheid van het voorstel tot huurverhoging

13

te doen, als hij bijvoorbeeld geen bezwaarschrift heeft ingediend of als hij door het niet betalen van de aangezegde huurverhoging aangeeft dat hij daarmee niet instemt (art. 7:253 lid 2 BW).

Verlaging huurprijs

De huurder kan als zijn inkomen beneden het huishoudinkomen is gedaald ook om *verlaging* van de huurprijs verzoeken (art. 7:252b lid 1 BW). Als de verhuurder daarmee niet instemt kan de huurder tot uiterlijk zes weken na het tijdstip waarop de huurverlaging had moeten ingaan, de huurcommissie verzoeken uitspraak te doen over de redelijkheid van het voorstel.

Onderhouds-klachten

De huurder kan zich als er sprake is van *onderhoudsklachten* tot de huur-commissie wenden wanneer hij maar wil. Hij hoeft dus niet te wachten tot 1 juli (art. 7:257 lid 2 en art. 16 Uhw). Ook in dit geval wordt als voorwaarde gesteld dat de huurder de verhuurder eerst schriftelijk op de hoogte stelt van de onderhoudsgebreken en hem verzoekt deze te herstellen. De huur-der kan pas zes weken na deze aanzegging een verzoekschrift bij de huur-commissie indienen (art. 7:257 lid 1 en 2 BW). De verhuurder krijgt dus zes weken de tijd de problemen te verhelpen. Na die periode heeft de huur-der nog zes maanden de tijd de huurcommissie in te schakelen. De huur-commissie beoordeelt of er echt sprake is van ernstig achterstallig onder-houd en wat een redelijke huurprijs is. Een gevolg kan zijn dat de huurprijs aanzienlijk wordt verlaagd (40, 50 of 60%).

Hoogte huur

In de situatie waarin de *hoogte van de huur* niet in overeenstemming is met de kwaliteit van de gehuurde woning kan zowel door de huurder als de ver-huurder een voorstel worden gedaan de huurprijs te verlagen (art. 7:254 BW en art. 14 Uhw). Ook hiervoor is een formulier bij de huurcommissie te verkrijgen. Men kan daarvoor een tijdstip onafhankelijk van de jaarlijkse huurverhoging uitkiezen. Huurders die pas een huurhuis hebben betrokken, krijgen zes maanden de tijd aan de huurcommissie te vragen of de overeen-gekomen huur redelijk is (art. 7:249 BW en art. 11 Uhw). Zie hiervoor. De huurcommissie kan aan een van de partijen opleggen een vergoeding aan de Staat te betalen (art. 7 lid 2 Uhw).

13.2.2   Opzegging door de huurder

De huurovereenkomst kan door de huurder worden opgezegd (art. 7:271 lid 1 en 2 BW). Er moet daarbij wel aan een aantal wettelijke vereisten worden voldaan, wil de opzegging rechtsgeldig gedaan zijn. De vereisten waaraan de huurder bij opzegging van de huurovereenkomst moet voldoen, zijn:

Wettelijke vereisten

Wettelijke vereisten

- opzegging per aangetekende brief of deurwaardersexploit (art. 7:271 lid 3 BW);
- een opzeggingstermijn in acht nemen. Deze bedraagt minimaal één maand en maximaal drie maanden, tenzij anders is afgesproken (art. 7:271 lid 5 sub a BW). Elk beding waarbij in strijd met lid 5 sub a een langere opzeggingstermijn wordt overeengekomen of waarbij van andere bepalingen van dit artikel wordt afgeweken, is nietig (art. 7:271 lid 7 BW).

13.2.3   Opzegging door de verhuurder

Ook de verhuurder kan de huurovereenkomst opzeggen (art. 7:271 lid 1 en 2 BW) en ook hij moet daarbij aan een aantal wettelijke vereisten voldoen, wil de opzegging rechtsgeldig zijn. De verhuurder moet daarbij aan de vol-gende vier vereisten voldoen, te weten:

- Hij moet de opzegging per aangetekende brief of deurwaardersexploit meedelen (art. 7:271 lid 3 BW).
- Hij moet een opzeggingstermijn in acht nemen (art. 7:271 lid 5 BW).
- In zijn opzeggingsbrief moet hij de huurder verzoeken hem binnen zes

weken schriftelijk te laten weten of hij al dan niet met de opzegging akkoord gaat (art. 7:271 lid 4 BW).
- Hij moet de gronden van opzegging in de opzeggingsbrief vermelden (art. 7:271 lid 4 BW).

De *opzeggingstermijn* bedraagt minimaal drie maanden en wordt telkens met één maand verlengd voor elk vol jaar dat de huurder de woning heeft bewoond, met een maximum van zes maanden (art. 7:271 lid 5 sub b BW). Elk beding waarbij in strijd met lid 5 sub b een kortere opzeggingstermijn wordt overeengekomen of waarbij van de andere bepalingen van dit artikel wordt afgeweken, is nietig (art. 7:271 lid 7 BW).

De verhuurder moet op straffe van nietigheid in zijn opzeggingsbrief de *gronden* aangeven waarom hij opzegt (art. 7:271 lid 4 BW). Hij mag daarbij alleen gebruikmaken van de gronden die de wet aangeeft (art. 7:274 lid 1 BW). Deze zijn:
1 De huurder gedraagt zich niet als een 'goed huurder'.
2 De huurder weigert de woning te ontruimen na het aflopen van een huurcontract voor bepaalde tijd.
3 De verhuurder heeft de woning dringend nodig voor eigen gebruik.
4 De huurder stemt niet in met een redelijk voorstel voor een nieuwe huurovereenkomst.
5 De verhuurder moet meewerken aan de uitvoering van een bestemmingsplan.
6 De verhuurder van een kamer heeft belangen die vóór die van de huurder gaan.

Ad 1 Geen 'goed huurder'
De huurder is geen 'goed' huurder; dit is bijvoorbeeld het geval bij achterstallige betaling van huurtermijnen, het veroorzaken van overlast of onbehoorlijk gebruik van het gehuurde (art. 7:212 en 213 BW). Daarbij geldt dat de huurder die wanpresteert geen goed huurder is. Omgekeerd hoeft er bij iemand die geen goed huurder is geen sprake te zijn van wanprestatie.

Geen goed huurder

Ad 2 Weigering van ontruiming
De huurder weigert bij een huurovereenkomst die voor bepaalde tijd is aangegaan tegen de afspraak in, de woning te ontruimen (art. 7:274 lid 1 sub b en lid 2 BW). Iemand vertoeft bijvoorbeeld een paar jaar in het buitenland en heeft voor deze periode zijn huis in Nederland verhuurd. Als de huurder na afloop van de afgesproken termijn weigert te vertrekken, kan de verhuurder dit argument aanvoeren.

Weigering ontruiming

Ad 3 Dringend nodig voor eigen gebruik
De verhuurder heeft de woning dringend nodig voor eigen gebruik. Hij moet dit wel aannemelijk kunnen maken (art. 7:274 lid 1 sub c BW).

Eigen gebruik

VOORBEELD 13.9
Baars heeft een dokterspraktijk, die hij uitoefent in een pand waarvan hij eigenaar is. De bovenwoning is echter verhuurd aan Haarsma. Aangezien Baars graag bij zijn praktijk wil wonen, zegt hij huurder Haarsma de huur van de bovenwoning op.

13

Baars zal nu aannemelijk moeten maken dat hij de woning zo dringend nodig heeft voor eigen gebruik dat bij afweging van de belangen van partijen niet van hem kan worden gevergd dat de huurovereenkomst wordt verlengd. Onder eigen gebruik vallen ook renovatie van de woning en het in gebruik geven van een daartoe aangepaste woning aan een gehandicapte of aan een oudere (art. 7:274 lid 3 BW).
Bovendien moet de verhuurder:
- *andere passende woonruimte* voor de huurder vinden; en
- een *tegemoetkoming in de verhuis- en inrichtingskosten* van de huurder betalen (art. 7:275 BW).

Als achteraf blijkt dat de wil om de woning in eigen gebruik te nemen niet aanwezig is geweest, dan wordt de verhuurder *schadeplichtig* jegens de (ex-) huurder. Dit kan zowel het geval zijn als de kantonrechter de vordering heeft toegewezen als wanneer de woning in onderling overleg om die reden is ontruimd (art. 7:276 BW).

Is de verhuurder een *rechtsopvolger* van een vorige verhuurder, dan kan hij de huurovereenkomst pas opzeggen drie jaar nadat hij de huurder hiervan schriftelijk op de hoogte heeft gesteld (art. 7:274 lid 5 BW). De vordering wordt dan door de rechter niet toegewezen. Dat is ook het geval als het een woning betreft waarvoor de vereiste huisvestingsvergunning – indien nodig – ontbreekt.

In de praktijk is het voor de verhuurder moeilijk aannemelijk te maken dat hij de verhuurde ruimte dringend nodig heeft voor eigen gebruik. Ook in ons voorbeeld 13.9 is het nog maar de vraag of de verhuurder van de kantonrechter gelijk zal krijgen. Iets anders zou het bijvoorbeeld zijn als de verhuurder een benedenwoning waarvan hij de eigenaar is, maar die is verhuurd, zelf wil gaan bewonen omdat hij invalide geworden is (art. 7:274 lid 3 BW).

Studentenwoning De verhuurder van een woonruimte die bestemd is voor studenten kan de huurovereenkomst beëindigen als de student is afgestudeerd. Het doel van deze regeling is een betere doorstroming van de woonruimte voor studenten. Een verhuurder van een studentenwoning kan in een huurovereenkomst bedingen dat de woonruimte voor studenten bestemd is en dat de huurovereenkomst kan worden beëindigd zodra de huurder niet meer als student staat ingeschreven, zodat deze aan een andere student kan worden verhuurd. Dat kan elke soort verhuurder, zowel particulier als sociaal, van studentenwoningen doen. Ter controle kan de verhuurder de student/huurder jaarlijks verzoeken om binnen drie maanden een kopie van zijn inschrijvingsbewijs van de instelling waar hij of zij studeert, bijvoorbeeld een universiteit of hogeschool, te overleggen (art. 7:274 lid 4 BW). Kan hij dat niet, dan kan de huurovereenkomst worden opgezegd op de grond 'dringend nodig voor eigen gebruik', waaronder dan ook 'verhuur aan een andere student' valt (art. 7:274 lid 1 sub c, 7:274 lid 4 BW). De verhuurder hoeft in dit geval niet voor een andere passende woonruimte te zorgen (art. 7:274 lid 1 sub c slot BW). De huurder die de woning heeft moeten verlaten, heeft recht op schadevergoeding als later blijkt dat de verhuurder de woonruimte niet opnieuw aan een student heeft verhuurd (art. 7:276 BW).

Het is altijd mogelijk dat een en ander tussen verhuurder en huurder in onderling overleg geregeld wordt, hetgeen waarschijnlijk een grotere kans van slagen biedt dan inschakeling van de kantonrechter. Een koper van een verhuurde woning moet zich goed realiseren dat hij er wellicht niet in zal slagen de huurder zonder meer de woning te laten ontruimen, als het hem al zou lukken.

Ad 4 Weigering nieuwe huurovereenkomst

De huurder stemt niet in met een redelijk voorstel voor een nieuwe huurovereenkomst voor dezelfde woonruimte (art. 7:274 lid 1 sub d BW), bijvoorbeeld na renovatie. Deze situatie mag echter niet gebruikt worden om
de huurprijs of de servicekosten te verhogen.

Weigering nieuwe huurovereen-komst

Ad 5 Uitvoering bestemmingsplan

De verhuurder moet meewerken aan de uitvoering van een bestemmingsplan (art. 7:274 lid 1 sub e BW). Hierbij kan men bijvoorbeeld denken aan
de stadsvernieuwing. In de praktijk heeft de huurder de keuze tussen ofwel
een andere passende woonruimte ofwel na de vernieuwing terugkeren in
dezelfde woning of een woning in de vernieuwde buurt. Uiteraard wordt er
dan een nieuw huurcontract aangeboden (zie ook ad 4).

Bestemmings-plan

Ad 6 Belangen kamerverhuurder

De huur van een kamer kan gemakkelijker worden opgezegd door de verhuurder dan die van een zelfstandige woning (art. 7:274 lid 1 sub f BW).
Kamerbewoners hebben namelijk pas na negen maanden recht op huurbescherming. Is in het tijdvak van die eerste negen maanden de huurovereenkomst tussen de verhuurder en de kamerbewoner niet opgezegd, dan kan
deze, ook al is de periode van negen maanden afgelopen, toch worden opgezegd als de verhuurder aannemelijk kan maken dat zijn belangen vóór die
van de huurder gaan (art. 7:232 lid 3 BW).

Belangen kamer-verhuurder

De huurder heeft in geval van opzegging door de verhuurder twee mogelijkheden: ofwel hij gaat akkoord met de gedane opzegging ofwel hij gaat daarmee niet akkoord. Als de huurder schriftelijk met de opzegging heeft ingestemd, wordt de huurovereenkomst beëindigd. Als de huurder echter laat
weten dat hij niet met de beëindiging van de huurovereenkomst instemt,
blijft de huurovereenkomst bestaan totdat de rechter definitief heeft beslist
op een verzoek van de verhuurder daaromtrent (art. 7:272 lid 1 BW). De zogenoemde huurbescherming gaat in dat geval werken (zie subpar. 13.2.4).

De verhuurder heeft dan de mogelijkheid om de kantonrechter te verzoeken
de huurovereenkomst te beëindigen. Hij kan dat ook doen wanneer de huurder niet binnen zes weken schriftelijk heeft laten weten of hij al dan niet
met de gedane opzegging instemt (art. 7:272 lid 2 BW). De kantonrechter
baseert zijn beslissing op een van de gronden die vermeld staan in art.
7:274 lid 1 en waaruit de verhuurder bij zijn opzegging een keuze heeft gemaakt (art. 7:273 lid 1 BW).
De rechter kan bij zijn beslissing de vordering van de verhuurder afwijzen of
hij kan de vordering van de verhuurder toewijzen.
Als de rechter het verzoek van de verhuurder tot beëindiging van de huurovereenkomst *afwijst*, wordt de overeenkomst van rechtswege verlengd. Dit
kan voor bepaalde of voor onbepaalde tijd zijn (art. 7:273 lid 2 BW).
Wijst de rechter daarentegen het verzoek van de verhuurder toe, dan stelt
hij tevens het tijdstip voor ontruiming vast (art. 7:273 lid 3 BW).

Onthoud dat opzegging niet de enige wijze van beëindiging van de huurovereenkomst is (zie subpar. 13.1.4).

13.2.4 Huurbescherming bij opzegging door de verhuurder

Huurbescher-
ming

Huurbescherming houdt in dat de huurovereenkomst blijft bestaan als de verhuurder heeft opgezegd en de huurder daarmee niet akkoord gaat. De huurder mag in dat geval de woning blijven bewonen totdat de huurovereenkomst op vordering van de verhuurder door de kantonrechter is beëindigd. De wet zegt dit zo: 'Een opgezegde huurovereenkomst blijft, tenzij de huurder de overeenkomst heeft opgezegd of na de opzegging door de verhuurder schriftelijk in de beëindiging ervan heeft toegestemd, na de dag waartegen rechtsgeldig is opgezegd van rechtswege van kracht, totdat de rechter onherroepelijk heeft beslist op een vordering van de verhuurder, als in het volgende lid bedoeld' (art. 7:272 lid 1 BW).

De vraag van de huurbescherming heeft ook een rol gespeeld bij de gemengde huur/arbeidsovereenkomst. Mag de huurder/werknemer de woning die hij gehuurd heeft van zijn werkgever, blijven bewonen als het dienstverband verbroken wordt? Het antwoord op deze vraag hangt af van het feit in hoeverre het wonen in verband staat met de te verrichten arbeid. Alleen als het wonen een essentieel onderdeel vormt van de arbeidsovereenkomst, heeft de huurder/werknemer geen recht op huurbescherming; in alle andere gevallen wel (art. 7:610 lid 2 BW). In de praktijk vallen daarom alleen bijvoorbeeld terreinbewakers en conciërges buiten de huurbescherming.

13.2.5 Huisvestingsvergunning

Op grond van de Huisvestingswet 1992 hebben de gemeenteraden de bevoegdheid om in een huisvestingsverordening woonruimte aan te wijzen die slechts bewoond mag worden als er een zogenoemde huisvestingsvergun-

Huisvestings-
vergunning

ning is verleend (art. 9, 14 Huisvestingswet). De *huisvestingsvergunning* wordt verstrekt door het college van burgemeester en wethouders (art. 18-20 Huisvestingswet). De voorwaarden die aan het verlenen van een vergunning worden gesteld, zijn dus een uitvloeisel van gemeentelijk beleid. Zo zijn er gemeenten die de eis stellen van economische of maatschappelijke gebondenheid aan de desbetreffende gemeente, maar de eisen verschillen per gemeente (art. 13a tot en met c Huisvestingswet). Men moet dus altijd nagaan of men naast het huurcontract ook nog een huisvestingsvergunning nodig heeft (art. 7 Huisvestingswet). Als men een woning zonder huisvestingsvergunning bewoont, leidt dit echter niet tot nietigheid van de huurovereenkomst. Wel loopt men het risico dat de woning op last van de burgemeester ontruimd wordt (art. 40 Huisvestingswet). Weigert de gemeente een huisvestingsvergunning af te geven, dan kan men daartegen in het kader van de Algemene wet bestuursrecht beroep instellen bij de afdeling Bestuursrechtspraak van de Raad van State. De instelling van het beroep heeft schorsende werking. Dat betekent dat er niet tot ontruiming wordt overgegaan zolang nog niet definitief over de vordering tot ontruiming is beslist.

13.2.6 Medehuurderschap

Het zal in heel veel gevallen voorkomen dat de verhuurder de woning niet alleen bewoont, maar samen met anderen. De regeling van het medehuurderschap regelt de positie van die anderen met betrekking tot de gehuurde woning.

Medehuurder-
schap

Het *medehuurderschap* komt toe aan bepaalde personen die hun hoofdverblijf in de gehuurde woning hebben. De *echtgenoot* of geregistreerde partner van de huurder is van rechtswege medehuurder, zolang deze in de gehuurde woonruimte zijn hoofdverblijf heeft (art. 7:266 lid 1 BW).

13

VOORBEELD 13.10

Paula heeft sinds 2001 een flat gehuurd van woningbouwcorporatie Eigen Haard. Toen zij op 16 februari 2008 trouwde met Joost, is deze laatste bij haar in de flat gaan wonen.

Joost is als echtgenoot van de huurder, Paula, van rechtswege medehuurder, zodra hij zijn hoofdverblijf in de woning heeft (art. 7:266 lid 1 BW). Het medehuurderschap van de echtgenoot of geregistreerde partner heeft de volgende gevolgen:

Gevolgen medehuurderschap

1 De medehuurder wordt vanaf dat moment hoofdelijk aansprakelijk voor de verplichtingen uit de huurovereenkomst (art. 7:266 lid 2 BW).
2 Als de huurovereenkomst ten aanzien van de huurder eindigt, wordt de medehuurder van rechtswege huurder (art. 7:266 lid 3 BW).
3 Als de verhuurder de huurovereenkomst wil opzeggen, moet hij de overeenkomst met zowel de hoofdhuurder als de medehuurder opzeggen (art. 7:271 lid 3 BW).

Ook anderen dan de echtgenoten of geregistreerde partners kan het medehuurderschap worden verleend.

VOORBEELD 13.11

Otto trekt na zijn echtscheiding in bij zijn vriendin Sandra. Sandra heeft een woning gehuurd van woningbouwvereniging Het Oosten.

Voorwaarde voor het medehuurderschap is dat de betreffende persoon zijn of haar hoofdverblijf in de gehuurde woonruimte heeft en met de huurder een duurzame gemeenschappelijke huishouding vormt (art. 7:267 lid 1 BW). Het kan zowel familieleden betreffen (ouder/kind of broers/zusters) als ongehuwd samenwonenden. Beide bewoners, huurder en degene met wie hij een duurzame gemeenschappelijke huishouding voert, kunnen zich daartoe in een gemeenschappelijk verzoek tot de verhuurder richten. Gaat de verhuurder niet binnen drie maanden akkoord, dan kunnen zij zich tot de *kantonrechter* wenden (art. 7:267 lid 1 BW). De kantonrechter wijst hun verzoek toe als zij kunnen aantonen dat:

Duurzame gemeenschappelijke huishouding

- de medehuurder gedurende twee jaren zijn hoofdverblijf in de desbetreffende woning heeft (art. 7:267 lid 3 sub a BW);
- zij een duurzame gemeenschappelijke huishouding voeren (art. 7:267 lid 3 sub b BW);
- de medehuurder uit financieel oogpunt voldoende waarborg biedt (art. 7:267 lid 3 sub c BW).

Als de kantonrechter het medehuurderschap aan anderen dan echtgenoten of geregistreerde parters heeft toegewezen, heeft dit de volgende gevolgen voor de medehuurder:

- De medehuurder wordt hoofdelijk aansprakelijk voor de verplichtingen uit de huurovereenkomst vanaf het moment dat hij medehuurder is geworden (art. 7:267 lid 4 BW).

13

- De bepalingen betreffende het eindigen van de huurovereenkomst zijn op beide personen afzonderlijk van toepassing, met dien verstande dat een persoon de hoedanigheid van medehuurder in ieder geval verliest als hij zijn hoofdverblijf niet langer in de woonruimte heeft (art. 7:267 lid 5 BW).
- Indien de huurovereenkomst ten aanzien van de huurder eindigt, wordt de medehuurder huurder (art. 7:267 lid 5 BW). Betreft het echter een woning waarop de Huisvestingswet 1992 van toepassing is, dan kan de medehuurder de huurovereenkomst slechts voortzetten als de kantonrechter heeft beslist op het verzoek dat hij binnen acht weken nadat hij huurder is geworden, heeft ingediend. De rechter wijst de vordering in ieder geval toe als de huurder een huisvestingsvergunning kan overleggen (art. 7:267 lid 6 BW).

Overlijden huurder

Ook in geval van *overlijden* van de huurder zet de medehuurder de huurovereenkomst als huurder voort. Hij kan echter binnen zes maanden na het overlijden van de huurder de huurovereenkomst per aangetekende brief of deurwaardersexploit opzeggen, met ingang van de eerste dag van de tweede maand na de opzegging (art. 7:268 lid 1 BW). Maar ook degene die geen medehuurder was, maar wel een duurzame gemeenschappelijke huishouding met de overleden huurder heeft gevoerd, kan gedurende zes maanden na het overlijden van de huurder de huurovereenkomst voortzetten. Hij zet de huurovereenkomst in ieder geval voort zolang de kantonrechter niet definitief heeft beslist omtrent zijn verzoek de huurovereenkomst te mogen voorzetten (art. 7:268 lid 2 en 3 BW). De kantonrechter zal de vordering afwijzen als de eiser niet aannemelijk kan maken dat hij aan de eisen van het vorige lid voldoet, als de eiser vanuit financieel oogpunt niet voldoende waarborgen biedt of als de eiser geen huisvestingsvergunning kan overleggen (art. 7:268 lid 3 BW).

De conclusie is dus dat Otto uit voorbeeld 13.11 de mogelijkheid heeft medehuurder te worden. Maar ook als hij geen medehuurder is, bestaat er een kans dat hij na het overlijden van Sandra de huurovereenkomst mag voortzetten. In ieder geval zal hij wel aan de door de wet gestelde vereisten met betrekking tot onder andere zijn financiële positie en het bezitten van een huisvestingsvergunning, moeten voldoen.

Bij *echtscheiding* geldt er een aparte regeling. Als er sprake is van echtscheiding of scheiding van tafel en bed, dan bepaalt de rechter op vordering onderscheidenlijk verzoek van een echtgenoot bij het echtscheidingsvonnis of het vonnis van scheiding van tafel en bed of bij latere uitspraak wie van de echtgenoten de huurder van de woning zal zijn (art. 7:266 lid 5 BW). Tot die uitspraak behoudt de partner die de woning op grond van de voorlopige voorzieningen heeft moeten verlaten, zijn rechten uit de huurovereenkomst (art. 7:266 lid 4 BW).

13.2.7 Wederverhuur en onderhuur

Wederverhuur

Het is in het algemeen de huurder van woonruimte verboden een zelfstandige nieuwe overeenkomst ten aanzien van het gehuurde met een derde te sluiten (art. 7:244 BW). Men spreekt van *wederverhuur* als de huurder de gehele woning aan iemand anders verhuurt. Betreft het gehuurde echter een huis of een woning die de huurder zelf bewoont, dan kan hij een gedeelte daarvan onder zijn verantwoordelijkheid aan een ander verhuren. Dit

Onderhuur

wordt *onderhuur* genoemd.

13

VOORBEELD 13.12
Christien is bedrijfskunde gaan studeren in Rotterdam. Gelukkig is zij erin geslaagd een kamer te huren bij mevrouw Bovenkamp. Mevrouw Bovenkamp heeft haar woning gehuurd van Hofstra Makelaardij bv.

Mevrouw Bovenkamp mag een kamer aan Christien verhuren als dat niet contractueel door de verhuurder is uitgesloten. Overtreding van het verbod kan wanprestatie opleveren, zodat de verhuurder ontbinding en ontruiming van de huurder en met hem van de onderhuurder kan vorderen (art. 6:265 lid 1 BW).
Ook degene die een kamer in onderhuur huurt, heeft recht op *huurbescherming*, echter alleen tegenover zijn eigen verhuurder, de onderverhuurder dus. Het recht op huurbescherming ontstaat echter voor kamerbewoners pas nadat zij de kamer minimaal negen maanden hebben gehuurd (art. 7:232 lid 3 BW) (zie subpar. 13.2.3).

13.3 Bedrijfsruimte

De wet kent een aparte regeling voor de huur en verhuur van bedrijfsruimte. Deze bedrijfsruimte moet dan wel vallen onder de definitie die art. 7:290 lid 2 BW geeft. Er is sprake van *bedrijfsruimte* in de zin van de wet wanneer het gaat om een gebouwde onroerende zaak of een gedeelte daarvan, die krachtens een huurovereenkomst bestemd is voor de uitoefening van:

Bedrijfsruimte

- een kleinhandelsbedrijf;
- een restaurant of cafébedrijf;
- een afhaal- of besteldienst;
- een ambachtsbedrijf.

Bovendien moet er een *voor het publiek toegankelijk lokaal* voor rechtstreekse levering van roerende zaken of voor dienstverlening aanwezig zijn, dan wel moet de contractuele bestemming hotel- of kampeerbedrijf zijn.

Voor het publiek toegankelijk lokaal

VOORBEELD 13.13
Barbara heeft een vertaalbureau. Zij heeft een bedrijfsruimte gehuurd in de binnenstad van Utrecht.

VOORBEELD 13.14
Robert Molenaar heeft het winkelpand waarin hij een slagerij heeft, gehuurd van projectmaatschappij OG.

VOORBEELD 13.15
Tennisclub Het Gouden Racket heeft ten behoeve van haar leden een paar tennisbanen gehuurd in het sportpark van Bovenkerk.

13

Welke van de hierboven genoemde bedrijfsruimtes vallen onder de definitie van art. 7:290 lid 2 BW? Niet de bedrijfsruimte van Barbara, want er is geen voor het publiek toegankelijk lokaal. En ook niet de tennisbanen. De slagerij van Robert Molenaar valt wel onder de definitie, aangezien het hier een kleinhandelsbedrijf (winkel) betreft met een voor het publiek toegankelijk lokaal.

Termijn-bescherming

Uitgangspunt voor de bescherming van de huurder van de hierboven omschreven bedrijfsruimte is een *termijnbescherming*. Het betreft in dit geval meestal middenstandsbedrijfsruimte. Middenstanders (bakker, slager, eigenaar van de koffieshop enzovoort) hebben er belang bij gedurende een bepaalde tijd te kunnen huren. Zij zijn namelijk afhankelijk van de vestigingsplaats van hun bedrijf voor het behoud van hun klantenkring. Daarom wordt de huurder van een dergelijke bedrijfsruimte in de wettelijke regeling een huurperiode van tien jaar gegarandeerd.

Bij een huurovereenkomst die voor *onbepaalde tijd* is aangegaan, wordt deze termijn gesplitst in een basistermijn van vijf jaar en een verlengingstermijn van vijf jaar (art. 7:292 lid 2 BW).

In een overeenkomst die voor *bepaalde tijd*, langer dan vijf jaar maar korter dan tien jaar wordt aangegaan, is de basistermijn de overeengekomen tijdsduur. Deze wordt aangevuld met een verlengingstermijn tot tien jaar (art. 7:292 lid 1 en 2 BW).

Een huurovereenkomst met een duur van *twee jaar of korter* is toegestaan (art. 7:301 lid 1 BW). Heeft het genot van een dergelijke overeenkomst langer geduurd dan twee jaar, dan geldt van rechtswege een overeenkomst op de tussen partijen laatstelijk geldende voorwaarden, doch voor vijf jaar, waarop de reeds verstreken twee jaar in mindering komen. Op deze overeenkomst zijn art. 7:291 tot en met 300 BW van toepassing (art. 7:301 lid 2 BW). In de praktijk wordt een dergelijke overeenkomst nooit verlengd.

Als de overeenkomst voor bepaalde tijd, maar langer dan tien jaar wordt aangegaan, dan geldt de termijnbescherming niet.

Als de huurder en de verhuurder de huurovereenkomst met wederzijds goedvinden willen beëindigen, is opzegging niet vereist (art. 7:293 lid 3 BW). Achtereenvolgens worden nu de vereisten voor de opzegging na vijf jaar (subpar. 13.3.1) en na tien jaar (subpar. 13.3.2) behandeld. Tot slot zal kort op de regeling van de huurprijs van bedrijfsruimte worden ingegaan (subpar. 13.3.3).

13.3.1 Opzegging na vijf jaar

Opzegging na vijf jaar

Zowel de huurder als de verhuurder kan na vijf jaar de huurovereenkomst door opzegging doen eindigen (art. 7:293 lid 1 BW). De huurder kan om wat voor reden dan ook besluiten de huurovereenkomst niet meer voort te zetten. De verhuurder echter kan slechts zeer beperkt de huurovereenkomst doen eindigen; dit laatste in verband met de termijnbescherming die de wet geeft.

Er kleeft daarentegen ook een *nadeel* aan deze termijnbescherming. Partijen kunnen de huurovereenkomst namelijk niet vóór die vijf jaar eenzijdig, dus tegen de wil van de andere partij, doen eindigen. Beide partijen, dus zowel de verhuurder als de huurder, zitten in dat geval aan de termijn van vijf jaar vast.

De enige oplossing kan in dit geval zijn een huurovereenkomst voor twee jaar of korter te sluiten. Het is dan mogelijk na afloop van de afgesproken termijn de overeenkomst op te zeggen (art. 7:301 lid 1 en 2 BW).

13

Een andere mogelijkheid voor de huurder is zich tot de kantonrechter te wenden met het verzoek dat hij gemachtigd wordt een ander in zijn plaats als huurder aan te wijzen met het motief dat hij het in het gehuurde gevestigde bedrijf aan die ander wil overdragen (art. 7:307 lid 1 BW).
In de praktijk kunnen wellicht de redelijkheid en billijkheid van art. 6:248 lid 2 en 6:258 BW bij de uitvoering van de overeenkomst uitkomst bieden.

Zoals hiervoor is gezegd, kunnen tegen het einde van de basistermijn beide partijen de huurovereenkomst opzeggen. De *vereisten voor de opzegging* zijn:

Formele vereisten

- De opzegging moet geschieden bij aangetekende brief of deurwaardersexploit.
- De opzeggingstermijn is voor beide partijen ten minste één jaar (art. 7:293 lid 2 BW).
- De verhuurder die de overeenkomst opzegt, moet de gronden vermelden die tot de opzegging hebben geleid (art. 7:294 BW).

De gevolgen van de opzegging zijn voor de huurder dat de huurovereenkomst wordt beëindigd en dat de basistermijn dus niet wordt verlengd (art. 7:293 lid 1 BW).
Voor de opzegging door de verhuurder geldt daarnaast nog dat de verhuurder bij zijn opzegging de *gronden* moet vermelden die tot de opzegging hebben geleid. Laat de verhuurder na de gronden te vermelden, dan is de opzegging *nietig* (art. 7:294 BW). Er zijn twee gronden waarop de huurovereenkomst door de verhuurder kan worden beëindigd (art. 7:296 lid 1 BW):

1 Het verhuurde is dringend nodig voor gebruik ofwel door hemzelf, zijn echtgenoot en zijn bloed- of aanverwanten in de eerste graad of een pleegkind; onder gebruik wordt vervreemding van de zaak niet begrepen. Vervreemding is bijvoorbeeld verkoop gevolgd door levering of inbreng in een bv of nv. Bloedverwanten in de eerste graad zijn slechts iemands ouders en/of zijn kinderen. Aanverwanten zijn echtgenoten van bloedverwanten. De graad van aanverwantschap wordt bepaald door de graad van bloedverwantschap van de echtgenoot (art. 7:296 lid 1 sub b BW). Een *pleegkind* is iemand die duurzaam als een eigen kind is verzorgd en opgevoed (art. 7:296 lid 2 slot BW). Renovatie is (waarschijnlijk) per 1 januari 2015 geen opzeggingsgrond meer.

Pleegkind

2 De bedrijfsvoering van de huurder is niet geweest zoals een goed huurder betaamt (art.7:296 lid 1 sub a BW).

Als de verhuurder, die *rechtsopvolger van een vorige verhuurder* is, opzegt omdat hij het verhuurde dringend nodig heeft voor eigen gebruik of voor dat van zijn gezinsleden (art. 7:296 lid 1 sub b BW), mag de kantonrechter de vordering niet toewijzen als de opzegging geschiedt binnen drie jaar nadat de verhuurder de huurder schriftelijk van de rechtsopvolging op de hoogte heeft gesteld (art. 7:296 lid 2 BW).

Rechtsopvolger van een vorige verhuurder

De huurovereenkomst die door de verhuurder is opgezegd, blijft van kracht als de huurder niet met de opzegging instemt (art. 7:295 lid 1 BW). Ook hier geldt dus de huurbescherming. Dat wil zeggen dat de huurder in ieder geval mag blijven huren totdat de huurovereenkomst door de kantonrechter is beëindigd.

Huurbescherming

13

De verhuurder moet in dat geval een beëindigingsverzoek tot de kantonrechter richten. Hij kan dat doen als de huurder niet instemt met de gedane opzegging of als deze niet binnen zes weken schriftelijk heeft laten weten of hij daarmee al dan niet instemt (art. 7:295 lid 1 en 2 BW).

De kantonrechter kan de vordering slechts toewijzen op een van de twee gronden van art. 7:296 lid 1 BW. Bij de eerste grond – dringend nodig voor eigen gebruik, echtgenoot of naaste familieleden – vindt geen belangenafweging plaats en wordt ook niet geëist dat de huurder andere passende bedrijfsruimte kan verkrijgen. Wel moet er een tegemoetkoming in de kosten door de verhuurder aan de huurder betaald worden (art. 7:297 lid 1 BW). Waarschijnlijk per 1 januari 2015 wordt het wel verplicht bij beëindiging wegens renovatie de verhuis- en inrichtingskosten van de huurder te vergoeden. Ook in dit geval geldt weer dat als de wil om de bedrijfsruimte persoonlijk in gebruik te nemen achteraf niet aanwezig blijkt te zijn geweest, de verhuurder de huurder een schadevergoeding moet betalen (art. 7:299 BW).

De kantonrechter kan ook bij huur en verhuur van bedrijfsruimte beslissen de vordering van de verhuurder af te wijzen of toe te wijzen.

Als de kantonrechter het beëindigingsverzoek van de verhuurder *afwijst*, wordt de huurovereenkomst van rechtswege voortgezet (art. 7:295 lid 1 BW).

Wordt daarentegen het beëindigingsverzoek van de verhuurder *toegewezen*, dan stelt de kantonrechter tevens het tijdstip van ontruiming vast (art. 7:295 lid 2 BW). De kantonrechter kan daarbij een andere periode aanhouden dan de wet.

13.3.2 Opzegging na tien jaar

Opzegging na tien jaar

De huurovereenkomst eindigt na afloop van tien jaar niet van rechtswege, maar kan door beide partijen worden opgezegd (art. 7:300 lid 1 BW). Als dat laatste niet gebeurt, loopt de overeenkomst voor onbepaalde tijd door, tenzij uit de overeenkomst een bepaalde tijd voortvloeit of partijen een bepaalde tijd overeenkomen (art. 7:300 lid 2 BW). Het is dus mogelijk een huurovereenkomst voor telkens vijf jaar te sluiten of een contract van vijftien jaar aan te gaan.

Formele vereisten

Voor de opzegging na tien jaar gelden voor zowel de huurder als de verhuurder dezelfde formele vereisten (art. 7:300 lid 3 BW), te weten:

- Opzegging moet geschieden bij aangetekende brief of deurwaardersexploit (art. 7:293 lid 2 BW).
- De opzeggingstermijn is voor beide partijen ten minste één jaar.

Als beide partijen met de beëindiging van de huurovereenkomst instemmen, is opzegging niet vereist (art. 7:293 lid 3 BW).

Toewijzing vordering van verhuurder

De rechter kan de vordering van de verhuurder toewijzen als hij op grond van een redelijke afweging van de belangen van de verhuurder bij beëindiging van de huurovereenkomst en die van de huurder (en eventuele onderhuurder) bij verlenging van de overeenkomst, van oordeel is dat het belang van de verhuurder prevaleert (art. 7:296 lid 3 BW).

Gronden

De rechter wijst de vordering van de verhuurder in ieder geval toe, als:

- de bedrijfsvoering van de huurder niet is geweest zoals een goed huurder betaamt;
- de verhuurder aannemelijk maakt dat hij de bedrijfsruimte dringend nodig heeft voor persoonlijk gebruik of voor zijn echtgenoot of geregis-

13

treerde partner of bloed- en aanverwanten in de eerste graad en pleeg-
kinderen;
- de huurder niet instemt met een redelijk aanbod tot het aangaan van
een nieuwe huurovereenkomst met betrekking tot dezelfde bedrijfsruimte, voor zover dit aanbod niet een wijziging van de huurprijs inhoudt;
- de verhuurder de bestemming van het gehuurde op grond van een geldig
bestemmingsplan wil realiseren (art. 7:296 lid 4 BW).

Het niet-vermelden van de opzeggingsgronden heeft – net als bij de opzegging na vijf jaar – nietigheid van de opzegging tot gevolg (art. 7:294 BW).
De rechter bepaalt bij toewijzing van de vordering van de verhuurder ook het
tijdstip van ontruiming (art. 7:296 lid 5 BW).
De rechter wijst de vordering van de verhuurder in ieder geval af indien van
de huurder bij een redelijke afweging van de belangen van zowel verhuurder
als huurder, niet kan worden gevergd het gehuurde te ontruimen (art. 7:296
lid 3 BW). Als de rechter de vordering van de verhuurder afwijst en in de
overeenkomst zelf niet een bepaalde termijn is afgesproken waartegen de
overeenkomst kan worden opgezegd, kan de overeenkomst slechts rechtsgeldig worden opgezegd één jaar nadat de afwijzing onherroepelijk is geworden (art. 7:300 lid 4 BW). De rechter kan bij zijn afwijzende beslissing
eventueel een langere termijn vaststellen.

*Afwijzing vorde-
ring van verhuur-
der*

13.3.3 Huurprijs

De kantonrechter is bevoegd op verzoek van de huurder of de verhuurder de
huurprijs nader vast te stellen als deze niet overeenstemt met de huurprijs
van vergelijkbare bedrijfsruimte ter plaatse (art. 7:303 BW). Bij de nadere
vaststelling van de huurprijs let de rechter op het gemiddelde van de huurprijzen ter plaatse van de afgelopen vijf jaar (art. 7:303 lid 2 BW). Voor een
huurovereenkomst die voor *bepaalde tijd* is aangegaan, kan het verzoek tot
nadere vaststelling na afloop van de overeengekomen duur worden ingediend
(art. 7:303 lid 1 sub a BW); voor de overeenkomst die voor *onbepaalde tijd*
is aangegaan, kan het verzoek om de vijf jaar worden ingediend (art. 7:303
lid 1 sub b BW). In veel huurcontracten is een clausule betreffende prijs-
indexatie van de huurprijs opgenomen. Er mag echter in een dergelijk beding
niet ten nadele van de huurder worden afgeweken (art. 7:291 lid 1 BW).

*Vaststelling
huurprijs*

13

Kernbegrippenlijst

Bedrijfsruimte	Gebouwde onroerende zaak of een gedeelte daarvan die krachtens een overeenkomst van huur en verhuur is bestemd voor de uitoefening van een kleinhandelsbedrijf, van een restaurant- of cafébedrijf, van een afhaal- en besteldienst of van een ambachtsbedrijf, ofwel een hotelbedrijf of kampeerbedrijf, een en ander indien in de verhuurde ruimte een voor het publiek toegankelijk lokaal voor rechtstreekse levering van goederen of voor dienstverlening aanwezig is (art. 7:290 lid 2 BW). Alleen voor de bedrijfsruimte die onder bovenvermelde definitie valt, geldt de regeling van art. 7:290 e.v. BW. Op andere bedrijfsruimten zijn de algemene bepalingen van huur en verhuur en de Huurwet van toepassing.
Bruikleen	De overeenkomst waarbij de ene partij aan de andere een zaak om niet ten gebruike geeft, onder voorwaarde dat degene die deze zaak ontvangt, deze na daarvan gebruik te hebben gemaakt of na een bepaalde tijd, zal teruggeven (art. 7A:1777 BW).
Duurcontract	Overeenkomst waarbij er tussen partijen gedurende een bepaalde tijd een rechtsverhouding bestaat, bijvoorbeeld een huurovereenkomst of een arbeidsovereenkomst.
Huisvestingsvergunning	Op basis van de Huisvestingswet 1992 is het niet toegestaan bepaalde categorieën woningen te huren zonder een door B & W verstrekte huisvestingsvergunning. De vereisten die daaraan gesteld worden, behoren tot het gemeentelijk beleid.
Huurbescherming	De huurovereenkomst blijft bestaan als de verhuurder de huurovereenkomst heeft opgezegd en de huurder daarmede niet instemt (art. 7:272 lid 1 en 7:295 lid 1 BW). De huurder van een woning of bedrijfsruimte mag blijven huren totdat de huurovereenkomst op verzoek van de verhuurder onherroepelijk is beëindigd.
Huurcommissie	Een op grond van de Uitvoeringswet huurprijzen woonruimte 2002 (Uhw) ingestelde commissie die tot taak heeft het vaststellen van de hoogte van de huren van woningen en het oplossen van geschillen daaromtrent (art. 7:238 BW).

13

Huurder	Partij bij een huurovereenkomst die het genot van een zaak verkrijgt tegen betaling van een bepaalde prijs.
Huurovereenkomst	Een wederkerige overeenkomst waarbij de ene partij zich verbindt om de andere het genot van een zaak te doen hebben gedurende een bepaalde tijd en tegen een bepaalde prijs, die de laatstgenoemde aanneemt te betalen (art. 7:201 BW).
Koop breekt geen huur	Door vervreemding wordt een van tevoren aangegane huurovereenkomst niet verbroken, tenzij dit bij de overeenkomst van huur en verhuur is voorbehouden (art. 7:226 en 227 BW). Art. 7:226 kan in een huurovereenkomst betreffende woonruimte (art. 7:226 lid 4 j° en 7:233 BW) en betreffende bedrijfsruimte (art. 7:290 lid 2 en 3 BW) niet worden uitgesloten.
Medehuurderschap	Een medehuurder wordt hoofdelijk aansprakelijk naast de huurder voor de verplichtingen uit de huurovereenkomst en wordt van rechtswege huurder als de huurovereenkomst ten aanzien van de huurder eindigt (art. 7:266 en 267 BW).
Onder(ver)huur	Er is sprake van onder(ver)huur als de huurder een gedeelte van de woning die hij zelf bewoont, onder zijn verantwoordelijkheid aan een ander verhuurt (art. 7:221 en 244 BW).
Pleegkind	Het kind dat duurzaam als een eigen kind is verzorgd en opgevoed (art. 7:296 lid 2 slot BW).
Puntenstelsel	Op grond van het Uitvoeringswet huurprijzen woonruimte 2002 (Uhw) wordt de hoogte van de huur bepaald door de kwaliteit van de woning. Om deze kwaliteit vast te kunnen stellen, hanteert men het zogenoemde puntenstelsel: aan bepaalde kwaliteiten van de woning worden punten toegekend.
Verhuurder	Partij bij een huurovereenkomst die verplicht is een ander het genot van een zaak te geven en daarvoor een bepaalde huurprijs ontvangt.
Wederverhuur	De huurder verhuurt de gehele door hem gehuurde woning aan iemand anders. Dit is de huurder van woonruimte niet toegestaan (art. 7:244 BW).
Woonruimte	Gebouwde onroerende zaak die als een zelfstandige woning is verhuurd, of een als woning verhuurd gedeelte daarvan, alsmede de onroerende aangehorigheden (art. 7:233 BW).
Zelfstandige woning	Een woning die een eigen toegang heeft en die de bewoner kan bewonen zonder daarbij afhankelijk te zijn van wezenlijke voorzieningen buiten die woning (art. 7:234 BW).

13

Meerkeuzevragen

13.1 Een huurder van woonruimte
a heeft bij het einde van de huurovereenkomst recht op vergoeding van de door hem aangebrachte verbeteringen.
b kan blijven huren als hij niet instemt met de opzegging van de verhuurder.
c mag weigeren huur te betalen bij achterstallig onderhoud.
d moet een voorstel tot verlaging van de huurprijs indienen bij de kantonrechter.

13.2 Een huurder van een woning is verplicht
a alle schade aan de verhuurde zaak die is ontstaan door een hem toe te rekenen tekortschieten in de nakoming van een verplichting uit de huurovereenkomst, te vergoeden.
b de gehuurde woning zonder meer te ontruimen als er sprake is van achterstand in de betaling van een of meer huurtermijnen.
c het groot onderhoud voor zijn rekening te nemen.
d na het beëindigen van het huurcontract alle door hem aangebrachte verbeteringen zonder meer te verwijderen.

13.3 Een bedrijfsruimte die valt onder de speciale wettelijke regeling van art. 7:290 lid 2 BW, is
a een apotheek.
b een kantoorruimte.
c een opslagloods.
d een tennisbaan.

13.4 Zalm heeft in september 2011 een woning in eigendom verkregen van Zwaan. De desbetreffende woning is al vijf jaar verhuurd aan Boot. Hij stelt Boot in november 2011 in een schrijven op de hoogte van het feit dat hij verhuurder van de woning geworden is. Zalm beweert de woning gekocht te hebben met het doel haar zelf te gaan bewonen. Wanneer kan hij de huurovereenkomst beëindigen?
a Per 1 maart 2012.
b Per 1 november 2013.
c Per 1 november 2011.
d Per 1 september 2013.

13 **13.5** Als een caféhouder de huur van zijn café wil opzeggen,
a moet hij de reden aangeven waarom hij opzegt.
b moet hij minimaal een jaar van tevoren een aangetekende brief zenden naar de verhuurder, waarin hij hem de huur opzegt.
c moet hij zich tot de kantonrechter wenden als de verhuurder niet met de opzegging instemt.

       d moet hij op straffe van nietigheid de verhuurder verzoeken hem binnen zes weken schriftelijk te laten weten of hij met de opzegging instemt.

13.6   *Stelling I* – De echtgenoot van de huurder wordt medehuurder zodra de verhuurder positief beslist heeft op het verzoek van echtelieden daaromtrent. *Stelling II* – Als een koper een verhuurde woning zelf wil gaan bewonen, kan hij de huurovereenkomst in ieder geval opzeggen.
       a Beide stellingen zijn juist.
       b Stelling I is juist; stelling II is onjuist.
       c Stelling I is onjuist; stelling II is juist.
       d Beide stellingen zijn onjuist.

13.7   Als de verhuurder van een middenstandsbedrijfsruimte toestemming krijgt van de kantonrechter om de huurovereenkomst te beëindigen omdat hij deze dringend nodig heeft voor eigen gebruik, moet deze
       a een nieuwe gelijkwaardige bedrijfsruimte aanbieden.
       b een tegemoetkoming betalen in de verhuis- en inrichtingskosten.
       c een opzeggingstermijn in acht nemen.
       d schadevergoeding betalen.

13.8   Huurbescherming betekent dat
       a de huurder de woning niet hoeft te ontruimen als deze door de verhuurder wordt verkocht.
       b de huurder de woning niet hoeft te ontruimen als hij niet akkoord gaat met de door de verhuurder gedane opzegging.
       c de huurder een woning niet hoeft te ontruimen als hij een huisvestingsvergunning heeft.
       d voor huurders met een inkomen beneden een bepaalde grens bepaalde goedkope woningen gereserveerd worden.

13.9   Haverkamp heeft in augustus een bedrijfspand gekocht dat op dat moment nog voor vijf jaar verhuurd is aan Verstappen, die er een winkel in elektrische apparatuur in uitoefent. Haverkamp wil de huurovereenkomst zo spoedig mogelijk opzeggen, aangezien hij van plan is in het bedrijfspand een herenmodezaak te vestigen. Hij deelt dit dan ook telefonisch mee aan Verstappen. De opzegging van Haverkamp is nietig, omdat
       a deze geschiedt binnen drie jaar nadat de eigendomsovergang schriftelijk aan Verstappen is medegedeeld.
       b hij vergeten is een opzeggingstermijn in acht te nemen.
       c hij de gronden voor opzegging niet heeft vermeld.
       d hij niet per aangetekende brief heeft opgezegd.

13.10   Reeberg wil het café dat hij drie jaar geleden begonnen is, overdoen aan Blauwhof. Hij heeft het pand waarin hij zijn café heeft, echter voor vijf jaar gehuurd van Projectontwikkelaar Zilverberg. Reeberg wendt zich nu tot u met het verzoek om hem te helpen een oplossing hiervoor te vinden. Wat zou u hem aanraden?
       a De huurovereenkomst per aangetekende brief opzeggen met inachtneming van de opzeggingstermijn van één jaar.
       b De kantonrechter verzoeken de huurovereenkomst wegens gewichtige redenen te ontbinden.

13

c De kantonrechter verzoeken Blauwhof in zijn plaats als huurder aan te stellen.

d De volledige termijn van vijf jaar maar vol te maken nu dat contractueel zo geregeld is.

13.11 De huurder van woonruimte die bezwaar wil aantekenen tegen de aangezegde huurverhoging wegens ernstig achterstallig onderhoud, moet het daarvoor bestemde formulier indienen bij de

a rechtbank.

b huurcommissie.

c kantonrechter.

d verhuurder.

13.12 Frank huurt sinds vijf jaar een woning aan de Bos en Lommerweg. Hij is sinds twee jaar gehuwd met Denise, die sinds één jaar bij hem woont. Denise is medehuurder

a na de beslissing van de kantonrechter op hun verzoekschrift.

b zodra de verhuurder daarmee heeft ingestemd.

c vanaf het moment van de huwelijkssluiting.

d sinds één jaar.

Oefenvragen

13.1 De sportartikelenzaak van Frank van Zutphen is gelegen in een drukke winkel-straat. Frank heeft het pand waarin zijn winkel gevestigd is, voor een periode van acht jaar kunnen huren van makelaar De Vries. Het huurcontract dateert van 1 mei 2006. De verhuurder wil de huurovereenkomst per 1 mei 2014 be-eindigen, omdat zijn zuster graag een modezaak in het pand wil starten.

a Aan welke vereisten moet de opzegging door de verhuurder voldoen?

b Wat kan makelaar De Vries doen als Frank van Zutphen niet met de opzeg-ging instemt?

c Zal de verhuurder erin slagen op 1 mei 2011 de huurovereenkomst met Frank van Zutphen te beëindigen als hij de huurovereenkomst op 1 mei 2010 heeft opgezegd?

13.2 De studenten Sonja en Bart bewonen samen een etage in Groningen. Zij zijn niet gehuwd. Aanvankelijk bewoonde Sonja de etage alleen. Later is zij daar met Bart gaan samenwonen.

De etage verkeert helaas in slechte staat van onderhoud. Er is onder an-dere een lek in het dak. Ondanks herhaaldelijk verzoek aan de verhuurder heeft deze het dak tot nu toe nog niet hersteld. In de maand mei ontvangen zij een schrijven van de verhuurder waarin wordt medegedeeld dat vanaf 1 juli de huur van de etage verhoogd zal worden. Zij besluiten de jaarlijkse huurverhoging niet te betalen.

a Welke stappen moeten zij ondernemen als zij de jaarlijkse huurverhoging niet willen betalen?

b Op grond van welke redenen kan een huurder weigeren de jaarlijkse huur-verhoging te betalen?

c Wat is het uitgangspunt van de Uitvoeringsregeling huurprijzen woonruimte?

d Waarom is het niet verstandig in zo'n geval de volledige huurbetaling op te schorten?

e Aan welke voorwaarden moet worden voldaan, wil Bart medehuurder worden van de etage?

f Welke rechten en welke verplichtingen zal het medehuurderschap voor hem meebrengen?

13.3 Markus heeft een auto voor drie dagen gehuurd bij Rent-a-Car. In het huurcon-tract staat dat de huurprijs van de auto €62,50 per dag bedraagt en €0,25 per kilometer. Bovendien is hij verplicht de auto met een volle tank terug te geven.

a Moet deze huurovereenkomst worden opgezegd? Beargumenteer uw antwoord.

b Wat zijn de verplichtingen van verhuurder Rent-a-Car?

c Op welke wijzen kan een huurovereenkomst zoal eindigen?

d Stel dat Markus de auto op het afgesproken tijdstip niet terugbrengt, is de huurovereenkomst dan ontbonden?

e Welke speciale wettelijke bepalingen zijn van toepassing op de huurover-eenkomst van een roerende zaak, zoals een auto?

13

14

Arbeidsovereenkomst

14.1   Wat is een arbeidsovereenkomst?
14.2   Flexibele arbeidscontracten
14.3   Totstandkoming van de arbeidsovereenkomst
14.4   Verplichtingen van de werkgever
14.5   Verplichtingen van de werknemer
14.6   Beëindiging van de arbeidsovereenkomst
14.7   Collectieve arbeidsovereenkomst

Het grootste gedeelte van de beroepsbevolking verricht zijn werk op basis van een arbeidsovereenkomst. Het gaat hier dan wel om mensen die werken in de zogenoemde particuliere sector. Natuurlijk zijn er ook mensen die bij de overheid, de publieke sector, werken en mensen die een eigen bedrijf hebben. Op hen is het arbeidsovereenkomstenrecht zoals het in dit hoofdstuk besproken wordt niet van toepassing.

In dit hoofdstuk komt vanzelfsprekend als eerste aan de orde wat een arbeidsovereenkomst is (par. 14.1) en welke arbeidsrelaties er zoal kunnen bestaan, waarbij een aparte paragraaf wordt gewijd aan de zogenoemde flexibele arbeidscontracten (par. 14.2). Vervolgens komt de totstandkoming van de arbeidsovereenkomst ter sprake (par. 14.3), en later de beëindiging ervan (par. 14.6). Ook zal kort worden ingegaan op de belangrijkste toekomstige wijzigingen in het ontslagrecht en de flexibele arbeidsovereenkomsten in het wetsvoorstel Werk en zekerheid. De waarschijnlijke data van invoering zijn 1 juli 2015 respectievelijk 1 juli 2014.

Uit de arbeidsovereenkomst vloeien uiteraard voor zowel de werkgever als de werknemer wederzijdse verplichtingen voort. De voornaamste zijn de verplichting van de werkgever tot betaling van loon en de verplichting van de werknemer om de bedongen arbeid te verrichten. Daarnaast is er voor beiden ook nog een aantal andere verplichtingen (par. 14.4 en 14.5).

Omdat het collectieve overleg tussen enerzijds werkgevers en anderzijds werknemers van grote invloed is op de inhoud van met name arbeidsovereenkomsten, wordt de laatste paragraaf (par. 14.7) gewijd aan de collectieve arbeidsovereenkomst (cao).

14

14.1 Wat is een arbeidsovereenkomst?

**Arbeids-
overeenkomst**

De *arbeidsovereenkomst* is een overeenkomst waarbij de ene partij, de werknemer, zich verbindt in dienst van de andere partij, de werkgever, tegen loon gedurende zekere tijd arbeid te verrichten (art. 7:610 BW).

VOORBEELD 14.1

Greet Hendriks treedt als verkoopster in dienst van Damesmodebedrijf Suzanne voor twintig uur per week. Haar salaris bedraagt €1.284 bruto.

VOORBEELD 14.2

Studenten Peter en Paul spreken met Drikus, de bedrijfsleider van het Brabants Friteshuis, af dat zij op de plaatselijke koopavonden en in de weekends in ieder geval voor minimaal tien uur per week frites zullen bakken voor €5 netto per uur.

VOORBEELD 14.3

Margriet van Traa treedt na haar afstuderen in dienst bij de afdeling P&O van een verzekeringsmaatschappij voor €1.750 bruto.

In al deze voorbeelden hebben we te maken met een arbeidsovereenkomst. Daarop is het arbeidsovereenkomstenrecht zoals weergegeven in Boek 7 BW van toepassing. De regeling van de arbeidsovereenkomst zoals het Burgerlijk Wetboek die geeft, is echter niet van toepassing op ambtenaren (art. 7:615 BW). Zij is wel van toepassing, zij het met afwijkingen, op de kapitein en zijn schepelingen (art. 397, 452 lid 2 en 3 en 452a WvK), de handelsvertegenwoordiger (art. 7:687-689 BW) en de bestuurder van een nv of bv (art. 2:131, 242, 134 lid 3 en 244 lid 3 BW). We bespreken eerst de kenmerken en dan de duur van de arbeidsovereenkomst.

Kenmerken van de arbeidsovereenkomst

**Kenmerken
arbeids-
overeenkomst**

Uit de definitie van de arbeidsovereenkomst kunnen drie kenmerken van de arbeidsovereenkomst worden afgeleid:
- arbeid
- loon
- ondergeschiktheid.

Arbeid en loon zijn de prestaties die uit de beide verbintenissen ontstaan. Want ook de arbeidsovereenkomst, is net als de koopovereenkomst en de huurovereenkomst, een wederkerige overeenkomst. De werkgever is dan ook de schuldeiser ten aanzien van de verplichting tot het verrichten van arbeid en hij is schuldenaar ten aanzien van de andere verplichting, die tot betaling van loon. Ten aanzien van de werknemer is het precies omgekeerd. Deze is schuldenaar ten aanzien van de te verrichten arbeid en schuldeiser ten aanzien van de betaling van het loon. Hierbij is *arbeid* de prestatie

14

Arbeid

waarvoor loon verschuldigd is, en *loon* de contractueel bedongen tegen-prestatie voor het verrichten van arbeid.

Daarnaast is een arbeidsovereenkomst een duurcontract, omdat er gedu-rende een bepaalde periode een rechtsverhouding tussen partijen bestaat.

Het derde kenmerk van de arbeidsovereenkomst, de ondergeschiktheid, moeten we afleiden uit de woorden 'in dienst' in de wettekst. Deze *onder-geschiktheid* brengt met zich mee dat de werknemer de instructies van de werkgever moet opvolgen (art. 7:660 BW). En we hebben gezien in het hoofdstuk over de onrechtmatige daad dat deze ondergeschiktheid bijvoor-beeld met zich mee kan brengen dat de werkgever naast de werknemer aansprakelijk kan zijn voor schade die in diensttijd veroorzaakt is door de werknemer. Deze aansprakelijkheid hangt samen met het feit dat de werk-nemer handelt volgens de aanwijzingen van de werkgever (art. 6:170 lid 1 BW). Verder bepaalt de wet dat als de ondergeschikte en de werkgever bei-den aansprakelijk zijn voor de schade, de ondergeschikte in hun onderlinge verhouding niet in de schadevergoeding hoeft bij te dragen, tenzij de scha-de het gevolg is van zijn opzet of bewuste roekeloosheid (art. 6:170 lid 3 BW); zie subparagraaf 8.2.3.

Art. 7:661 BW heeft dezelfde inhoud als art. 6:170 lid 3 BW, maar lid 2 voegt daar nog aan toe dat afwijking van lid 1 en art. 6:170 lid 3 BW ten nadele van de werknemer slechts mogelijk is bij schriftelijke overeenkomst en slechts voor zover de werknemer hiervoor is verzekerd.

Het kenmerk van ondergeschiktheid bepaalt of er sprake is van een ar-beidsovereenkomst. Dit kenmerk onderscheidt de arbeidsovereenkomst van de andere twee overeenkomsten tot het verrichten van arbeid, namelijk aanneming van werk en overeenkomst van opdracht.

Marginalia: Loon · Onder-geschiktheid

VOORBEELD 14.4

Beukema geeft de firma Potgieter opdracht een nieuwe opslagloods te bou-wen voor €60.000. Afgesproken wordt dat de loods op 1 november opgele-verd wordt.

VOORBEELD 14.5

Molenaar geeft belastingadviseur Boone opdracht om zijn jaarlijkse belas-tingaangifte te verzorgen. Boone berekent daarvoor €50 per uur.

In beide voorbeelden is er sprake van een overeenkomst tot het verrichten van arbeid. Toch zijn het geen arbeidsovereenkomsten. Er ontstaat namelijk geen ondergeschiktheidsverhouding tussen respectievelijk Beukema en Pot-gieter en Molenaar en Boone. De overeenkomst uit het eerste voorbeeld wordt aanneming van werk genoemd en die uit het tweede voorbeeld de overeenkomst van opdracht.

Aanneming van werk is de overeenkomst waarbij de ene partij, de aannemer (hier: firma Potgieter), zich verbindt voor de andere partij, de aanbesteder (hier: Beukema), tegen een bepaalde prijs een bepaald werk van stoffelijke aard tot stand te brengen (art. 7:750 BW).

Marginalia: Aanneming van werk

Overeenkomst van opdracht

De *overeenkomst van opdracht* is geregeld in art. 7:400 BW. Kenmerk van deze overeenkomst is dat de werkzaamheden uit iets anders moeten bestaan dan het tot stand brengen van een werk van stoffelijke aard en dat deze werkzaamheden buiten dienstverband verricht worden. Dit om de overeenkomst van opdracht enerzijds te onderscheiden van aanneming van werk en anderzijds van de arbeidsovereenkomst. Na de overeenkomst van opdracht in het algemeen regelt de wet vervolgens enige bijzondere overeenkomsten van opdracht, zoals lastgeving (zie par. 6.3).

Duur van de arbeidsovereenkomst

Bij de arbeidsovereenkomst kan een onderscheid gemaakt worden tussen de arbeidsovereenkomst die:
1 voor bepaalde of voor onbepaalde tijd is aangegaan;
2 voor een volledige werkweek wordt aangegaan of voor een kortere duur dan een werkweek.

Ad 1 Bepaalde of onbepaalde tijd

Bepaalde tijd

Een arbeidsovereenkomst die voor *bepaalde tijd* is aangegaan – men spreekt in dit verband van een tijdelijk contract – kan tussentijds niet worden opgezegd, tenzij dit uitdrukkelijk anders is overeengekomen. Dat betekent dat als iemand bijvoorbeeld voor zes maanden in dienst treedt, men het dienstverband niet al na vier maanden kan opzeggen. Daarnaast kent de arbeidsovereenkomst voor bepaalde tijd minder ontslagbescherming dan een arbeidsovereenkomst voor onbepaalde tijd, omdat de arbeidsovereenkomst voor bepaalde tijd van rechtswege eindigt wanneer de tijd waarvoor zij is aangegaan, is verstreken (art. 7:667 lid 1 BW). Is er echter sprake geweest van een aantal opvolgende tijdelijke arbeidsovereenkomsten, dan kan het tijdelijke arbeidscontract worden omgezet in een arbeidsovereenkomst voor onbepaalde tijd (art. 7:668a BW). Dat is het geval:
- als er sprake is van een aantal tijdelijke arbeidscontracten die elkaar met tussenperiodes van niet meer dan drie maanden (wordt zes maanden per 1 juli 2014 op grond van het wetsvoorstel Werk en zekerheid) hebben opgevolgd en deze in hun totaliteit inclusief de tussenperioden samen meer dan drie jaar beslaan;
- zodra werkgever en werknemer meer dan drie (wordt twee per 1 juli 2014 op grond van het wetsvoorstel Werk en zekerheid) elkaar opvolgende tijdelijke arbeidsovereenkomsten zijn aangegaan met tussenperiodes van niet meer dan drie maanden.

Deze omzetting vindt ook plaats als er sprake is van opeenvolgende arbeidsovereenkomsten tussen een werknemer en een aantal verschillende werkgevers die ten aanzien van de verrichte arbeid redelijkerwijs als elkaars opvolgers beschouwd kunnen worden (art. 7:668a lid 2 BW).

VOORBEELD 14.6

Frank Nix heeft eerst gedurende zes maanden gewerkt op de financiële afdeling bij een groot internationaal concern. Daarna is hij twee maanden op reis geweest. Vervolgens heeft hij op diezelfde afdeling achtereenvolgens gewerkt op basis van een arbeidsovereenkomst van twaalf maanden en daarna van achttien maanden.

Deze arbeidsovereenkomst zal niet meer van rechtswege eindigen, omdat
de termijn van 36 maanden is overschreden. Dat heeft tot gevolg dat de
laatste arbeidsovereenkomst voor bepaalde tijd door overschrijding van de
termijn is overgegaan in een voor onbepaalde tijd. Bij de bespreking van
het ontslagrecht wordt hier nog op teruggekomen (subpar. 14.6.3).
Een arbeidsovereenkomst die voor *onbepaalde tijd* is aangegaan, kan daarentegen altijd door zowel werkgever als werknemer worden opgezegd (art.
7:669 BW), mits voldaan is aan de voorwaarden die de wet daaraan stelt,
waarover later (zie subpar. 14.6.3). De opzegging, een eenzijdige rechtshandeling, zelf is vormvrij. Schriftelijke opgave van de reden van opzegging is
slechts verplicht als de wederpartij daarom verzoekt.

Onbepaalde tijd

Ad 2 Volledige werkweek of een kortere duur dan een werkweek
Een arbeidsovereenkomst kan echter niet alleen voor bepaalde of voor onbepaalde tijd worden aangegaan, maar ook voor een volledige werkweek of
voor een kortere duur dan een volledige werkweek (dat wil zeggen minder
dan 38 uren). In dit laatste geval hebben we te maken met *deeltijdwerk*. Een
werknemer heeft momenteel nog geen recht op een deeltijdbaan. Wel kan
de werkgever volgens de rechtspraak als goed werkgever (art. 7:611 BW)
verplicht worden een verzoek om in deeltijd te mogen werken te honoreren,
bijvoorbeeld wegens de geboorte van een kind, tenzij het bedrijfsbelang zich
daartegen verzet. Als de wijzigingen betreffende de flexibele arbeidsovereenkomsten in het wetsvoorstel Werk en zekerheid waarschijnlijk per 1 juli
2014 ook daadwerkelijk zullen worden ingevoerd, kan de werknemer eenmaal per jaar een verzoek indienen over het aantal te werken uren per
week. De werknemer kan ingeval er sprake is van onvoorziene omstandigheden binnen dat jaar een nieuw verzoek doen. De eventuele aanpassing van
de uren kan ook tijdelijk zijn.

Voltijd- of deeltijdbaan

14.2 Flexibele arbeidscontracten

Zowel deeltijdwerk als de tijdelijke contracten vallen onder het begrip 'flexibele arbeidsverhoudingen' als men dit in ruime zin opvat. Meestal verstaat
men echter onder *flexibele arbeidsverhoudingen* slechts de uitzendverhouding en de af- en oproepverhouding, met daarnaast nog de thuiswerker en
de freelancer.

Flexibele arbeidsverhoudingen

De uitzendverhouding
Een *uitzendovereenkomst* is de arbeidsovereenkomst waarbij de werknemer
– de uitzendkracht – door de werkgever – het uitzendbureau – in het kader
van het beroep of bedrijf van de werkgever ter beschikking wordt gesteld
van de onderneming van een derde – de inlener – om krachtens een door
deze aan de werkgever verstrekte opdracht arbeid te verrichten onder toezicht en leiding van die derde (art. 7:690 BW). Ook andere vormen van ter
beschikking stellen van arbeidskrachten, zoals detachering, vallen onder
deze regeling. Bij de uitzendrelatie zijn dus drie partijen betrokken:
- het uitzendbureau (werkgever);
- de uitzendkracht (werknemer);
- de inlener (derde).

Uitzendovereenkomst

De relatie tussen inlener en uitzendbureau wordt beschouwd als een *overeenkomst van opdracht* (art. 7:400 BW) en wordt verder geregeld in de Wet

14

allocatie arbeidskrachten door intermediairs (Waadi). Volgens de Waadi moet de werkgever onder andere dezelfde lonen en vergoedingen betalen als de inlener aan zijn eigen werknemers in gelijke of gelijkwaardige functies betaalt, mag het uitzendbureau de uitzendkracht geen geld of andere tegenprestatie vragen voor het uitzenden (art. 9 Waadi) en mag hij de uitzendkracht niet zenden naar een plek waar op dat moment gestaakt wordt (art. 10 Waadi). Ook moet het uitzendbureau de uitzendkracht van te voren inlichten over de arbeidsomstandigheden op de werkplek (art. 11 Waadi) en mag de uitzendkracht niet langer dan zes maanden naar één inlener gezonden worden. De Wet registratieplicht intermediairs die arbeidskrachten ter beschikking stellen verplicht iedereen die arbeidskrachten, bedrijfsmatig of niet, ter beschikking stelt, bijvoorbeeld uitzendbureaus, zich als zodanig in te schrijven in het Handelsregister bij de Kamer van Koophandel. Inleners kunnen controleren op de website van de Kamer van Koophandel of een uitzendbureau staat ingeschreven (www.kvk.nl/waadi). Op overtreding staat een boete voor zowel uitlener als inlener. De relatie tussen de inlener en het uitzendbureau wordt dus niet gezien als een arbeidsovereenkomst. Wel wordt de uitzendkracht die langer dan 24 maanden bij dezelfde inlener heeft gewerkt, aangemerkt als een 'in de onderneming werkzame persoon' in de zin van de Wet op de ondernemingsraden (art. 1 lid 3 WOR). Hij wordt dan als werknemer meegeteld en heeft de uit de WOR voortvloeiende rechten en plichten. Bovendien wordt het loon van de uitzendkracht niet betaald door de inlener, maar door het uitzendbureau, waardoor een van de drie kenmerken van de arbeidsovereenkomst ontbreekt. Verder brengt deze rechtsverhouding mee dat de uitzendkracht de door de inlener gegeven instructies moet opvolgen en zich moet houden aan de in diens onderneming geldende regels. De relatie tussen het uitzendbureau en de uitzendkracht is zoals we hiervoor hebben gezien wel een arbeidsovereenkomst. Toch is er een aantal verschillen met een gewone arbeidsovereenkomst.

Verschillen gewone arbeidsovereenkomst

- Een uitzendkracht is gewoonlijk niet verplicht een aanbod tot tewerkstelling te accepteren; evenmin is het uitzendbureau verplicht een dergelijk aanbod te doen.
- Daarnaast is het uitzendbureau niet verplicht tot doorbetaling van loon voor de tijd die ligt tussen twee uitzendperioden. Voor zover het uitzendbureau daartoe verplicht zou zijn op grond van art. 7:628 lid 1 BW, wordt dit meestal schriftelijk uitgesloten (art. 7:628 lid 5 BW). De cao voor uitzendkrachten kent eveneens een dergelijke uitsluiting.
- Art. 7:691 lid 1 BW bepaalt dat de bepalingen betreffende de verlengde tijdelijke arbeidsovereenkomst (art. 7:668a BW) pas van toepassing zijn zodra de werknemer in meer dan 26 weken arbeid heeft verricht.
- Ook kan schriftelijk in de uitzendovereenkomst worden bedongen dat die overeenkomst van rechtswege eindigt als de terbeschikkingstelling van de werknemer door de werkgever aan de derde op verzoek van die derde beëindigd wordt (art. 7:691 lid 2 BW). Indien zo'n beding in de uitzendovereenkomst is opgenomen, kan de werknemer die overeenkomst onverwijld opzeggen. Genoemd beding verliest zijn werking als de werknemer in meer dan 26 weken arbeid voor de werkgever heeft verricht (art. 7:691 lid 3 BW). Ook in dit geval bestaat de mogelijkheid bij cao van de in de wet genoemde termijnen af te wijken (art. 7:691 lid 7 BW).

Afroep- en oproepcontracten

Afroep- of oproepcontract

Als er sprake is van een afroep- of oproepcontract, kan de werknemer iedere keer dat de werkgever werk voor hem heeft arbeid verrichten. Afroep-

14

en oproepcontracten komen voor in verschillende juridische vormen. Er bestaan namelijk ten aanzien van afroep- en oproepcontracten twee opvattingen. De contractuele kant van de afroep- en oproepcontracten wordt daarin – arbeidsrechtelijk gezien – opgevat als:
1 een voorovereenkomst (intentieverklaring);
2 een overeenkomst met uitgestelde prestatieplicht.

Ad 1 Voorovereenkomst

Volgens de eerste opvatting wordt het oproepcontract niet gezien als een arbeidsovereenkomst, maar als een voorovereenkomst die de voorwaarden regelt voor het geval partijen zouden besluiten een arbeidsovereenkomst aan te gaan. Uit deze voorovereenkomst kunnen dan een of meer arbeidsovereenkomsten voor bepaalde tijd ontstaan. Deze tijdelijke arbeidsovereenkomsten eindigen van rechtswege. Is er echter sprake van meer dan drie tijdelijke contracten die elkaar met tussenperiodes van niet meer dan drie maanden hebben opgevolgd en een periode van 36 maanden overschrijden, dan geldt de laatste arbeidsovereenkomst als aangegaan voor onbepaalde tijd (art. 7:668a lid 1 BW). De werkgever is als er sprake is van een voorovereenkomst, niet verplicht de oproepkracht werk aan te bieden, ook al kan deze laatste bewijzen dat de werkgever werk voor hem heeft.

Voor-overeenkomst

Ad 2 Arbeidsovereenkomst met uitgestelde prestatieplicht

Het oproepcontract kan ook worden beschouwd als arbeidsovereenkomst met uitgestelde prestatieplicht. Er is dan sprake van een arbeidsovereenkomst voor onbepaalde tijd waarbij is afgesproken dat de werknemer alleen arbeid zal verrichten na daartoe te zijn opgeroepen en dat de werkgever alleen loon zal betalen over de uren waarin arbeid is verricht. Er zijn twee soorten afroep- en oproepcontracten:
1 *min-maxcontracten*, waarbij de werktijd binnen zekere grenzen is gegarandeerd;
2 *nulurencontracten*, waarbij geen minimumaantal uren is gegarandeerd.

Uitgestelde prestatieplicht

Bij *min-maxcontracten* wordt bijvoorbeeld gegarandeerd dat er minimaal 15 en maximaal 24 uur zal worden gewerkt. Er wordt in dit geval dus een minimumaantal uren opgelegd, maar er wordt tegelijkertijd afgesproken dat er tot een bepaald maximumaantal uren kan worden opgeroepen. Het voordeel van een min-maxcontract voor de werknemer is dat de werkgever in ieder geval verplicht is de werknemer op te roepen indien er werk of meer werk dan het minimumaantal bedongen arbeidsuren beschikbaar is. Dit betekent dus dat de werkgever het loon moet doorbetalen, ook al roept hij de werknemer niet op.

Min-max-contracten

Bij het *nulurencontract* spreken werkgever en werknemer af dat de werknemer tegen een bepaald uurloon bereid is bij een oproep werkzaamheden te verrichten in dienst van de werkgever. Er worden bij een nulurencontract in principe geen vaste uren afgesproken.

Nulurencontract

VOORBEELD 14.7

Marijke van der Loo heeft met de plaatselijke Stichting Thuiszorg Bejaarden afgesproken dat zij voor de Stichting kan komen werken nadat zij daartoe een oproep heeft ontvangen. Uiteraard krijgt zij slechts salaris betaald over de uren waarin zij daadwerkelijk arbeid heeft verricht.

14

De overeenkomst die Marijke met de Stichting Thuiszorg Bejaarden heeft gesloten, is een afroep- of oproepcontract. Aangezien de Stichting Marijke geen minimumaantal uren gegarandeerd heeft, is hier sprake van een zogenoemd nulurencontract. Hier geldt dus het principe 'geen werk, geen loon' van art. 7:627 BW.

Zo'n flexibel arbeidscontract heeft tot gevolg dat het risico van het al dan niet beschikbaar zijn van werk volledig wordt afgeschoven op de werknemer. Is er geen werk en wordt hij dus niet opgeroepen, dan verdient hij niets. Volgens art. 7:628 lid 5 BW is een dergelijke afspraak alleen gedurende de eerste zes maanden geldig, mits dit schriftelijk is vastgelegd. Wel is de werkgever volgens de jurisprudentie verplicht de oproepkracht met een arbeidsovereenkomst met uitgestelde prestatieplicht op te roepen als hij werk heeft waarvoor de oproepkracht in aanmerking komt (aldus HR 25 januari 1980, NJ 1980, 264). Daartegenover staat dat de werknemer verplicht is te verschijnen als hij wordt opgeroepen.

De wetgever komt de werknemer echter nog op een andere manier tegemoet. De wet kent namelijk een *minimumgarantie* van drie uur per oproep toe bij arbeidsovereenkomsten waarbij een arbeidstijd van minder dan vijftien uur is afgesproken en de arbeidstijd niet of niet eenduidig is vastgelegd (art. 7:628a BW). Dit betekent dat de werkgever, ook al heeft hij de werknemer slechts één uur nodig, in zo'n geval drie uur salaris verschuldigd is.

Minimumgarantie

VOORBEELD 14.8

Maurits Postma werkt als oproepkracht bij een grootwinkelbedrijf op basis van een nulurencontract. Meestal wordt hij opgeroepen voor de donderdagavond en de zaterdag of zondag voor een bepaald aantal uren. De dagen noch de uren staan vast. Dat kan dus per oproep verschillen.

Omdat er niet vaststaat wanneer Maurits Postma werkt en ook niet als hij werkt gedurende hoeveel uren, geldt in dit geval de minimumgarantie van drie uur per oproep.

De rechtspraak staat niet toe dat een werkgever een oproepkracht die aangenomen is op een nulurencontract en tegen een lagere beloning dan vaste krachten die voor onbepaalde tijd in dienst zijn, gedurende lange tijd – het betrof hier vijf jaar – hetzelfde werk als deze laat verrichten. In zo'n geval moet – mede met het oog op gelijke behandeling – de arbeidsverhouding van de oproepkracht gelijkgesteld worden met die van het vaste personeel (HR 8 april 1994, NJ 1994, 704, Agfa/Schoolderman). Een oproepovereenkomst kan overgaan in een vast dienstverband als er een vast arbeidspatroon ontstaat. Wanneer een werknemer drie maanden lang elke week of minimaal twintig uur per maand werkt, ontstaat er een zogenaamd 'rechtsvermoeden' van een arbeidsovereenkomst (art. 7:610a BW). Dit betekent dat de werknemer een vast dienstverband bij de werkgever kan afdwingen. De werkgever kan dan op zijn beurt proberen te bewijzen dat het bijvoorbeeld gaat om tijdelijk meerwerk en dat op grond daarvan het rechtsvermoeden niet juist is.

14

Thuiswerk- en freelanceverhouding

Thuiswerk is het thuis tegen betaling voor een onderneming of ondernemingen verrichten van arbeid. De thuiswerker werkt zelfstandig voor eigen rekening en naar eigen inzicht. Thuiswerk wordt gezien als aanneming van werk of opdracht. Het is voor de ondernemer een voordeel om thuiswerkers in te schakelen. Thuiswerkers kunnen namelijk flexibel worden ingezet en de regels van het arbeidsovereenkomstenrecht zijn op hen niet van toepassing. Ook bij *freelancewerk* gaat het om wisselend werk dat voor verschillende opdrachtgevers wordt verricht, waardoor er ook in dit geval sprake is van een overeenkomst van opdracht. Doordat ook freelancewerk flexibel kan worden ingezet, bespaart de opdrachtgever zich arbeidskosten.

Als er echter bij thuiswerk of freelancewerk slechts sprake is van *één enkele opdrachtgever*, blijkt de zelfstandigheid van de thuiswerker of freelancer slechts schijn. De rechtspraak kan dan – afhankelijk van de feitelijke situatie – aannemen dat er toch sprake is van een arbeidsovereenkomst, omdat de thuiswerker of freelancer voor zijn inkomen afhankelijk is van die ene opdrachtgever (HR 17 november 1978, NJ 1979, 140 Thuisponstypiste en HR 8 december 1978, NJ 1979, 206, Steenbergen/NOS).

> Thuiswerk
> Freelancewerk

⬛14.3 Totstandkoming van de arbeidsovereenkomst

De arbeidsovereenkomst is een *vormvrije overeenkomst*, dat wil zeggen dat zij tot stand komt door de wilsovereenstemming van partijen. In de praktijk wordt meestal wel een akte opgemaakt; het is dan gemakkelijker eventuele nadere afspraken schriftelijk vast te leggen. Voor sommige afspraken eist de wet dat ook, bijvoorbeeld bij de hierna te bespreken proeftijd en bij het concurrentiebeding. De kosten hiervoor zijn voor rekening van de werkgever (art. 7:654 BW). Ook het loonstrookje, dat de werkgever verplicht is bij elke uitbetaling van het loon aan de werknemer te verstrekken, kan natuurlijk als zodanig dienst doen (art. 7:619 BW). In de gevallen waarin er niets is vastgelegd, geeft de wetgever de werknemer toch de mogelijkheid om te bewijzen dat er tussen hem en de werkgever een arbeidsovereenkomst bestaat, en als dat inderdaad het geval is, wat de omvang van deze arbeidsovereenkomst qua uren is.

In art. 7:610a BW wordt uitgegaan van een vermoeden van het *bestaan* van een arbeidsovereenkomst. Er is sprake van een arbeidsovereenkomst als iemand aan een van de volgende voorwaarden voldoet:
- Hij heeft gedurende drie maanden iedere week gewerkt.
- Hij heeft gedurende drie maanden ten minste twintig uren per maand gewerkt.

Er bestaat ook een wettelijk vermoeden met betrekking tot de *omvang* van de arbeidsovereenkomst. De omvang van de arbeidsovereenkomst in uren wordt geacht gelijk te zijn aan het gemiddelde aantal gewerkte uren per maand in de voorafgaande drie maanden (art. 7:610b BW).

Allereerst komt nu de sollicitatiefase aan de orde, de fase die voorafgaat aan de totstandkoming van de arbeidsovereenkomst (subpar. 14.3.1). Vervolgens wordt de positie van de minderjarige bij de totstandkoming van de arbeidsovereenkomst behandeld (subpar. 14.3.2) en tot slot wordt ingegaan op de twee meest voorkomende bedingen in arbeidsovereenkomsten, de proeftijd en het concurrentiebeding (subpar. 14.3.3).

> Vormvrije overeenkomst

14

14.3.1 Sollicitatiefase

Met betrekking tot de fase die voorafgaat aan het sluiten van een arbeidsovereenkomst, de *sollicitatiefase*, is wettelijk nauwelijks iets geregeld. Wel
staat vast dat er bij het aangaan van de arbeidsovereenkomst geen onderscheid gemaakt mag worden tussen mannen en vrouwen (art. 7:646 BW).
Deze regeling is een uitvloeisel van de *Algemene wet gelijke behandeling*. Er
zijn een paar uitzonderingen. Er mag slechts een onderscheid gemaakt worden:

- als het *geslacht bepalend* is voor de functie;
- als het bedingen betreft die op de *bescherming van de vrouw*, met name
  in verband met zwangerschap of moederschap betrekking hebben;
- als het bedingen betreft die beogen vrouwelijke werknemers in bevoorrechte positie te plaatsen met het doel feitelijke ongelijkheden op te heffen of te verminderen, *positieve discriminatie* genoemd (art. 7:646 lid
  2,3 en 4 BW).

Bedingen in strijd met het discriminatieverbod zijn nietig (art. 7:646 lid 11
BW).

Het is mogelijk een schriftelijk verzoek te richten tot het College voor de
Rechten van de Mens (CRM) om te onderzoeken of het discriminatieverbod
van art. 7:646 BW wordt overtreden. Het oordeel van het CRM heeft echter
geen juridisch bindende betekenis. Om het advies van het CRM juridisch
effect te laten hebben, moet men daarna een procedure bij de kantonrechter aanspannen. Het is ook mogelijk zich rechtstreeks tot de kantonrechter
wenden.
De kantonrechter kan in ieder geval beslissen dat een ontslag dat gegeven
wordt omdat er een actie wordt ingesteld op grond van art. 7:646 BW nietig
is (art. 7:647 BW). Wel moet de werknemer binnen twee maanden een beroep op de nietigheid van het ontslag doen door kennisgeving daarvan aan
de werkgever. Een dergelijke opzegging leidt echter niet tot schadeplichtigheid van de werkgever (art. 7:647 lid 2 BW). Wel kan er in zo'n geval sprake zijn van een kennelijk onredelijk ontslag (art. 7:681 BW) en op die grond
van schadeplichtigheid.
Art. 7:648 BW verbiedt werkgevers een onderscheid te maken tussen werknemers op grond van *arbeidsduur*. Werknemers die in deeltijd werken, hebben op grond van dit artikel een wettelijke aanspraak op dezelfde behandeling als voltijdwerkers wat betreft de arbeidsvoorwaarden bij het aangaan,
het voortzetten en het beëindigen van de arbeidsovereenkomst, tenzij een
dergelijk onderscheid objectief gerechtvaardigd is.

Soms laten werkgevers werknemers formulieren invullen die met name betrekking hebben op de gezondheidstoestand van de werknemer. Heeft de
werknemer een kwaal verzwegen waarnaar de werkgever een gerichte vraag
heeft gesteld of waarvan de werknemer had moeten begrijpen dat deze
hem ongeschikt maakt voor het soort werk dat hij zou gaan verrichten, dan
heeft de werknemer in geval van ongeschiktheid wegens ziekte geen recht
op loon (art. 7:629 lid 3 sub a BW) en kan dit later voor de werkgever reden zijn de betreffende werknemer op staande voet te ontslaan.
De mogelijkheid om de sollicitant een medische *aanstellingskeuring* te laten
ondergaan, wordt beperkt in de Wet op de medische keuringen en het Besluit aanstellingskeuringen. De sollicitant mag slechts medisch worden ge-
keurd als aan de functie bijzondere eisen met betrekking tot de medische

Sollicitatiefase
*Discriminatie-
verbod*

*Positieve
discriminatie*

14

geschiktheid worden gesteld. De werkgever is verplicht het doel van de keuring, de vragen die daarbij worden gesteld en de medische onderzoeken die worden gedaan, van tevoren schriftelijk vast te leggen en de sollicitant tijdig daarover in te lichten. Bovendien mag de keuring slechts als sluitstuk van de selectieprocedure plaatsvinden.

14.3.2   Minderjarige werknemer

Arbeidsovereenkomsten kunnen met zowel meerderjarige als minderjarige werknemers worden aangegaan. Minderjarige werknemers kunnen echter geen onaantastbare rechtshandelingen aangaan, omdat zij handelingsonbekwaam zijn. Dat zou betekenen dat ouders of voogden de arbeidsovereenkomst op grond van de handelingsonbekwaamheid van de minderjarige werknemer kunnen vernietigen. De wetgever heeft hiervoor een oplossing gevonden.

Ten aanzien van minderjarige werknemers heeft de wet een onderscheid gemaakt naar leeftijd:

a   16 jaar en ouder;
b   jonger dan 16 jaar.

Ad a Minderjarigen van 16 jaar en ouder
Minderjarigen van 16 jaar en ouder zijn bekwaam een arbeidsovereenkomst aan te gaan en in rechte op te treden. Bovendien zijn zij gerechtigd tot hetzelfde als hetgeen meerderjarigen uit hoofde van een arbeidsovereenkomst toekomt (art. 7:612 lid 1 BW).

Minderjarigen van 16 jaar en ouder

Ad b Minderjarigen jonger dan 16 jaar
Een minderjarige jonger dan 16 jaar is daarentegen niet bekwaam een arbeidsovereenkomst aan te gaan. Heeft hij echter gedurende vier weken in dienst van de werkgever arbeid verricht zonder dat zijn wettelijk vertegenwoordigers een beroep hebben gedaan op de vernietiging op grond van diens onbekwaamheid, dan gaat men ervan uit dat hij toestemming van zijn wettelijk vertegenwoordigers heeft verkregen (art. 7:612 lid 2 BW).

Minderjarigen jonger dan 16 jaar

14.3.3   Bedingen in arbeidsovereenkomsten

De arbeidsovereenkomst is – zoals hiervoor al is aangegeven – een vormvrije overeenkomst. Dit betekent dat een akte niet noodzakelijk is voor haar ontstaan. Bepaalde bedingen in een arbeidsovereenkomst zijn echter alleen geldig als ze schriftelijk zijn aangegaan. Wij behandelen hier de proeftijd en het concurrentiebeding.

Proeftijd
Bij het aangaan van de arbeidsovereenkomst kan er een proeftijd worden bedongen. Zoals gezegd is deze afspraak een van de bedingen die *schriftelijk* moeten worden vastgelegd (art. 7:652 lid 2 BW).

Gedurende de *proeftijd* is ieder der partijen, zowel de werkgever als de werknemer, bevoegd de arbeidsovereenkomst te doen eindigen zonder opzegging, zonder inachtneming van de voor opzegging geldende bepalingen en zonder opgave van redenen (art. 7:652 en 676 BW). De wet stelt in art. 7:652 een aantal *voorwaarden* met betrekking tot de proeftijd.

Proeftijd

- De proeftijd moet op straffe van nietigheid *voor beide partijen gelijk* zijn (art. 7:652 lid 1 BW).
- De proeftijd bij een arbeidsovereenkomst die voor *onbepaalde tijd is* aangegaan, mag maximaal twee maanden bedragen (art. 7:652 lid 3 BW).

Voorwaarden

14

- Bij een arbeidsovereenkomst die voor *bepaalde tijd* is aangegaan, is de duur van de proeftijd afhankelijk van de tijdsduur van de arbeidsovereenkomst. De proeftijd bedraagt maximaal:
  a één maand als de arbeidsovereenkomst is aangegaan voor minder dan twee jaar;
  b twee maanden als de arbeidsovereenkomst is aangegaan voor twee jaren of langer (art. 7:652 lid 4 BW);
  c één maand als er bij een tijdelijk arbeidscontract geen kalenderdatum van beëindiging is afgesproken (art. 7:652 lid 5 BW).

Van hetgeen bepaald is onder a en onder b, kan bij cao worden afgeweken (art. 7:652 lid 6 BW).
In het wetsvoorstel Werk en zekerheid is bij een arbeidsovereenkomst die voor minder dan zes maanden is aangegaan, geen proeftijd toegestaan. Dat geldt ook voor een daarop volgend contract. De waarschijnlijke datum van invoering is 1 juli 2014.

VOORBEELD 14.9
Als Bas Nooteboom op 1 februari op basis van een arbeidsovereenkomst voor onbepaalde tijd in dienst treedt als lasser bij IJzergieterij Gebroeders De Reus, wil zijn werkgever natuurlijk weten of Bas geschikt is. Ook al heeft hij misschien de vereiste diploma's, dan nog weet men niet zeker of hij zal voldoen, omdat ook andere factoren dan het beschikken over de vereiste diploma's iemands geschiktheid voor een bepaalde functie bepalen.
Daarom heeft de werkgever een proeftijd van ten hoogste twee maanden bedongen. Zodra de proeftijd is afgelopen, dus vanaf 1 april, is Bas Nooteboom in vaste dienst bij IJzergieterij Gebroeders De Reus.

De proeftijd heeft tot gevolg dat als Bas in die eerste twee maanden niet voldoet, hij zonder meer door de werkgever kan worden ontslagen. Dat kan zelfs als hij ziek zou zijn, hoewel dat normaal gesproken onder de ontslagverboden valt (art. 7:670 BW).

Nietig

In een aantal gevallen is een proeftijd *nietig*:
- Elk beding waarbij de proeftijd niet voor beide partijen gelijk is, dan wel op langer dan twee maanden is gesteld, is nietig.
- Nietig is ook de proeftijd als door het aangaan van een nieuwe proeftijd de gezamenlijke proeftijden langer dan twee maanden worden (art 7:652 lid 7 BW).

Stel dat Bas vier weken ziek is tijdens de proeftijd. De werkgever stelt voor de proeftijd met vier weken te verlengen tot 1 mei. Op 16 april wordt Bas ontslagen.
Dit ontslag is niet geldig, omdat de proeftijd door de verlenging langer dan twee maanden is geworden en dus nietig is. De rechtspraak gaat er in zo'n geval van uit dat er geen proeftijd is bedongen. Dit betekent dat er een arbeidsovereenkomst zonder proeftijd is aangegaan. Bas is daarom al sinds 1 februari in vaste dienst. Zijn dienstverband kan dan ook alleen met inachtneming van de voor opzegging geldende bepalingen worden beëindigd.

14

In de praktijk worden de problemen van de wettelijke proeftijd, die werkgevers voor bepaalde functies te kort vinden, ondervangen doordat men de
werknemer in eerste instantie aanneemt op basis van een arbeidsovereenkomst voor bepaalde tijd, bijvoorbeeld zes maanden of één jaar. Deze eindigt namelijk van rechtswege als de tijd verstreken is (art. 7:667 lid 1 BW).
Bevalt de werknemer niet, dan wordt het dienstverband met hem niet voortgezet.

Concurrentiebeding

Een *concurrentiebeding* beperkt de werknemer in zijn bevoegdheid om na
het einde van de arbeidsovereenkomst gedurende bepaalde tijd op zekere
wijze op een bepaalde plaats werkzaam te zijn (art. 7:653 lid 1 BW). Een
concurrentiebeding wordt meestal gesloten bij het aangaan van de arbeidsovereenkomst, maar treedt pas in werking als de arbeidsovereenkomst is
beëindigd. Een concurrentiebeding is slechts geldig:

**Concurrentie-
beding**

- als het schriftelijk aangegaan is;
- als het aangegaan is met een op dat moment meerderjarige werknemer
  (art. 7:653 BW).

In de praktijk is aan overtreding van het beding een forse boete verbonden.
Een concurrentiebeding mag niet bij reglement of cao vastgesteld worden.
Als het wetsvoorstel Werk en zekerheid (waarschijnlijke invoerdatum 1 juli
2014) wordt ingevoerd, is een concurrentiebeding bij arbeidsovereenkomsten die korter duren dan zes maanden alleen toegestaan bij bijzondere
omstandigheden.

VOORBEELD 14.10

Programmeur Teunissen is drie jaar lang in dienst geweest bij computerbedrijf Compex bv. Hij was daar betrokken bij de ontwikkeling van nieuwe pro-
gramma's. Bij het aangaan van de arbeidsovereenkomst – hij was destijds
meerderjarig – heeft hij een concurrentiebeding ondertekend. Dit concurrentiebeding bepaalde dat Teunissen gedurende één jaar na het beëindigen
van de arbeidsovereenkomst niet in dienst mocht treden van een soortgelijk bedrijf als Compex bv. Teunissen krijgt een gunstig aanbod van concurrent Bull, die hem naast een beter salaris ook betere carrièremogelijkheden
biedt. Het concurrentiebeding echter verbiedt Teunissen om de felbegeerde
baan bij Bull aan te nemen.

Teunissen kan zich tot de kantonrechter wenden met het verzoek het beding geheel of gedeeltelijk buiten werking te stellen (art. 7:653 lid 2 BW).
Als het beding de werknemer onbillijk benadeelt en in belangrijke mate belemmert om anders dan in dienst van de werkgever werkzaam te zijn, kan
de rechter bepalen dat de werkgever de werknemer voor de duur van de beperking een schadevergoeding moet betalen (art. 7:653 lid 4 BW). Dit laatste komt bijvoorbeeld voor in situaties waarin de werknemer op de hoogte
is van de nieuwste ontwikkelingen in de branche, waarvan de concurrent
eventueel gebruik zou kunnen maken. Het is dan in het belang van de werkgever dat de werknemer voorlopig niet in dienst treedt bij iemand in diezelfde branche. In het geval van Teunissen zou bijvoorbeeld het feit dat hij
betrokken is geweest bij het ontwikkelen van nieuwe computerprogramma's,
een rol kunnen spelen.

Onbillijk

14

De werkgever kan de werknemer niet aan het concurrentiebeding houden als hij wegens de wijze waarop hij de dienstbetrekking heeft beëindigd, schadeplichtig is geworden (art. 7:653 lid 3 BW); zie hiervoor subparagraaf 14.6.3.

Het komt ook voor dat een concurrentiebeding tijdens de loop van de arbeidsovereenkomst gesloten wordt en het kan zelfs overeengekomen worden bij de beëindiging van het dienstverband.

14.4 Verplichtingen van de werkgever

Uit de arbeidsovereenkomst vloeien voor de twee betrokken partijen rechten en verplichtingen voort. In deze paragraaf komen de verplichtingen van de werkgever aan de orde. De verplichtingen van de werkgever hebben betrekking op:
* loon (subpar. 14.4.1);
* vakantie en vakantietoeslag (subpar. 14.4.2);
* onbetaald verlof (subpar. 14.4.3);
* informatie (subpar. 14.4.4);
* getuigschrift (subpar. 14.4.5);
* veiligheid (subpar. 14.4.6);
* reïntegratie van zieke werknemers (subpar. 14.4.7);
* gelijke behandeling (subpar. 14.4.8);
* goed werkgeverschap (subpar. 14.4.9).

14.4.1 Loon

Loon is de contractueel bedongen tegenprestatie voor de arbeid die door de werknemer verricht is.

In art. 7:617 BW wordt bepaald in welke vorm het loon mag worden uitgekeerd. De meest voorkomende vorm is uiteraard betaling in geld (art. 7:617 lid 1 sub a BW). Maar ook bijvoorbeeld het gebruik van een woning (art. 7:617 lid 1 sub c BW), scholing (art. 7:617 lid 1 sub d BW), dienstauto's en aandelenoptieregelingen kunnen onder het begrip 'loon' vallen (art. 7:617 lid 1 sub e BW).

De werkgever mag in zijn arbeidsvoorwaarden geen onderscheid maken tussen voltijd- en deeltijdwerk. Dat betekent dus dat een deeltijdwerker aanspraak kan maken op bijvoorbeeld hetzelfde uurloon als een voltijdwerker (art. 7:648 BW). De werkgever mag ook geen onderscheid maken tussen een vast en een tijdelijk dienstverband (art. 7:649 BW). De werkgever is verplicht de werknemer met een tijdelijk arbeidscontract tijdig op de hoogte te stellen van een vacature voor een vast arbeidscontract (art. 7:657 lid 1 BW). Deze regeling geldt niet voor uitzendkrachten (art. 7:657 lid 2 BW). Over de hoogte van het loon zwijgt het Burgerlijk Wetboek. Dit onderwerp wordt in principe aan partijen zelf overgelaten. Mocht er geen loon vastgesteld zijn, dan is het loon verschuldigd dat gebruikelijk is op het moment van het sluiten van de arbeidsovereenkomst, en anders een naar omstandigheden billijk loon (art. 7:618 BW).

De Wet minimumloon en minimumvakantiebijslag garandeert echter iedere werknemer van 23 tot en met 64 jaar die volledig werkt, een bepaald minimumloon. Werkt een werknemer minder (parttime), dan wordt het minimumloon naar evenredigheid verminderd. Werknemers die jonger dan 23 jaar zijn, hebben recht op het minimumjeugdloon (15- tot en met 22-jarigen).

Loon

Minimumloon

In bedrijven waar een collectieve arbeidsovereenkomst (cao) van toepassing is, is de hoogte van het loon in de cao geregeld. De werkgever is dan verplicht aan al zijn werknemers het cao-loon uit te betalen (art. 14 Wet cao). Loon wordt betaald na afloop van de periode waarin de werknemer heeft gewerkt; in de meeste gevallen na een week of na een maand (art. 7:623 BW). De betaling van het in geld vastgesteld loon moet geschieden in een Nederlands wettig betaalmiddel of door girale betaling conform art. 6:114 BW (art. 7:620 BW). Voldoening door de werkgever van het loon op andere wijze dan wettelijk (zie art. 7:617 en 620 BW) is voorgeschreven, is niet bevrijdend. Het recht van de werknemer op het betreffende loon blijft in dat geval bestaan en hij hoeft datgene wat hij reeds ontvangen heeft, niet terug te geven (art. 7:621 BW). Hij krijgt in voornoemde situatie zes maanden gelegenheid om de loonvordering in te stellen (art. 7:621 lid 3 BW).

Loon moet op tijd betaald worden. De wetgever geeft de werkgever in principe nog drie dagen de tijd om zonder voor hem nadelige gevolgen na te komen (art. 7:625 BW). Betaalt de werkgever niet binnen die termijn, dan heeft dat juridische consequenties. Welke dat precies zijn, wordt hierna behandeld. Loon is zoals gezegd de contractueel verbonden tegenprestatie voor het verrichten van arbeid. Dat houdt in dat als er geen arbeid is verricht, de werkgever ook geen loon verschuldigd is. Er zijn echter een paar uitzonderingen op dit uitgangspunt.

Te late betaling

Als de werkgever het loon te laat betaalt, wordt het loon bij wijze van boete verhoogd (art. 7: 625 BW). Deze zogenoemde wettelijke verhoging bedraagt van de vierde tot en met de achtste dag 5% per dag en daarna 1% per dag met een maximum van 50%. *Wettelijke verhoging*

De rechter is echter bevoegd om de verhoging te beperken tot een zodanig bedrag als hem met het oog op de omstandigheden van het geval billijk zal voorkomen (art. 7:625 lid 1 slot BW). Dat betekent dus dat de rechter een *matigingsrecht* heeft. In de praktijk matigen de meeste rechters dan ook. Over het algemeen zal een werknemer niet meteen de wettelijke verhoging van het loon eisen als de werkgever (iets) te laat is met betalen. De verhoging speelt echter wel een rol als de werknemer een *loonvordering* tegen de werkgever instelt. Hij zal dat doen omdat: *Loonvordering*

- er bijvoorbeeld in strijd met de Wet minimumloon of in strijd met de cao-afspraken een te laag loon door de werkgever betaald is;
- als er in verhouding tot het verdiende salaris te veel aan sociale premies ingehouden blijkt te zijn;
- de situatie zich voordoet dat de werknemer een beroep doet op de nietigheid van een ontslag op basis van de art. 6 en 9 Buitengewoon Besluit Arbeidsverhoudingen (BBA). Op dit punt zal later uitvoerig worden teruggekomen.

De loonvordering houdt echter niet alleen het achterstallige salaris en de wettelijke verhoging in; op grond van de algemene regels van het verbintenissenrecht kan er ook schadevergoeding geëist worden (art. 6:74, 81 en 82 BW). Deze schadevergoeding is, als het geldvorderingen betreft, door de wet gefixeerd op de wettelijke rente (art. 6:119 BW).

Een loonvordering houdt dus in:

- het achterstallige salaris;
- de wettelijke verhoging van maximaal 50%;
- de wettelijke rente over het gevorderde bedrag.

VOORBEELD 14.11
Buschauffeur Karel Spigt komt tot de ontdekking dat gedurende een aantal maanden te veel premies op zijn salaris zijn ingehouden, waardoor hij al die tijd een te laag nettoloon heeft ontvangen. Omdat hij meent alsnog recht te hebben op het volledige bedrag, stelt hij een loonvordering in tegen zijn werkgever.

Verjaring

Een loonvordering verjaart na vijf jaar (art. 3:307 en 308 BW). Dat betekent dat een werknemer geen loonvordering kan instellen tegen de werkgever als deze langer dan vijf jaar geleden is ontstaan. Men rekent in zo'n geval terug vanaf het moment dat de werknemer een loonvordering heeft ingesteld. Alle loonvorderingen die meer dan vijf jaar geleden zijn opengevallen, zijn dan verjaard.
Ook in dit geval kan het loonstrookje, dat de werkgever verplicht is aan de werknemer te verstrekken en dat aangeeft hoe de hoogte van het loon berekend is, tot bewijs dienen (art. 7:619 BW).

Geen werk, geen loon

Loon voor verricht werk

De verplichting van de werkgever om loon te betalen is hiervoor uitvoerig aan de orde geweest. Loon wordt betaald voor het werk dat is verricht. De algemene regel die hieruit kan worden afgeleid, is dat als de werknemer niet heeft gewerkt, de werkgever geen loon verschuldigd is (art. 7:627 BW).

VOORBEELD 14.12
Pim Visser uit Hilversum gaat dagelijks met de trein naar zijn werk in Amsterdam. Doordat er in de vroege ochtend een goederenwagon uit de rails is gelopen, ondervindt het treinverkeer vanuit het Gooi naar Amsterdam veel vertraging. Daardoor komt hij drie kwartier te laat op zijn werk.

Volgens art. 7:627 BW behoeft de werkgever van Pim Visser over de tijd dat Pim niet heeft gewerkt geen loon te betalen. Het te laat komen is voor risico van de werknemer.

Er bestaan echter een paar belangrijke *uitzonderingen* op de regel 'geen werk, geen loon'. Ondanks het feit dat de werknemer niet heeft gewerkt, moet de werkgever het loon toch doorbetalen bij:
1 ziekte, zwangerschap en bevalling van de werknemer;
2 omstandigheden die voor risico van de werkgever komen (bedrijfsrisico's;
3 het bijwonen van vergaderingen van de ondernemingsraad.

De werkgever moet eveneens de werknemer salaris doorbetalen tijdens de vakantie. Ook dit zou men als een van de uitzonderingen op de algemene regel 'geen werk, geen loon' kunnen beschouwen (zie ook subpar. 14.4.2).

Ad 1 Ziekte, zwangerschap of bevalling

Ziekte, zwangerschap, bevalling

Als de werknemer door ziekte of vanwege zwangerschap of bevalling niet in staat is te werken, behoudt de werknemer gedurende 104 weken recht op 70% van het naar tijdsruimte vastgestelde loon, maar de eerste 52 weken op ten minste het voor hem geldende wettelijk minimumloon (art. 7:629 lid 1 BW).

14

Het recht op uitkering tijdens het zwangerschaps- of bevallingsverlof is geregeld in de Wet arbeid en zorg en bedraagt 100% van het dagloon gedurende 16 weken (art. 3:1 en 3:8 Wet arbeid en zorg).

Een werknemer is ziek indien hij op medische gronden de bedongen arbeid niet kan of mag verrichten. Werknemers die recht hebben op doorbetaling van loon tijdens ziekte, hebben in beginsel geen recht op een uitbetaling krachtens de Ziektewet.

Het salaris van werknemers mag tijdens hun ziekte echter niet beneden het voor hen geldende minimumloon dalen. De werknemer heeft evenwel geen recht op doorbetaling van zijn salaris:

- als de ziekte door zijn opzet is veroorzaakt;
- als de ziekte het gevolg is van een gebrek waarover hij de werkgever bij het aangaan van de arbeidsovereenkomst valse inlichtingen heeft verstrekt (art. 7:629 lid 1 en 3 sub a BW);
- voor de tijd dat de werknemer door zijn toedoen zijn genezing belemmert of vertraagt (art. 7:629 lid 1 sub b BW);
- als hij zonder goede reden passend werk weigert dat zijn werkgever hem aanbiedt (art. 7:629 lid 3 sub c BW);
- gedurende de tijd waarin hij zonder deugdelijke reden geweigerd heeft passende arbeid conform art. 7:658a lid 3 BW te verrichten voor de werkgever of iemand anders (art. 7:629 lid 1 sub d BW);
- gedurende de tijd dat de werknemer weigert mee te werken aan het opstellen, evalueren en bijwerken van een plan van aanpak als bedoeld in art. 7:658a lid 3 BW.

De werkgever mag schriftelijk redelijke voorschriften geven omtrent het verstrekken van inlichtingen die hij nodig heeft om vast te stellen of de werknemer echt ziek is en dus recht heeft op doorbetaling van zijn loon. Houdt de werknemer zich daar niet aan, dan kan de werkgever de loonbetaling opschorten (art. 7:629 lid 6 BW). De werknemer zal dan naar de rechter moeten stappen om alsnog gelijk te krijgen (art. 7:629a BW).

Eindigt het dienstverband tijdens de ziekte, omdat er bijvoorbeeld sprake is van een tijdelijk contract of van een uitzendcontract, dan gaat de werknemer wel de Ziektewet in. Ziektegevallen die elkaar binnen vier weken opvolgen, worden als één doorlopend ziektegeval beschouwd. Zit er meer dan vier weken tussen de verschillende ziekmeldingen, dan begint voor de werkgever de periode gedurende welke hij het salaris moet doorbetalen, telkens opnieuw (art. 7:629 lid 10 BW).

In veel cao's en andere arbeidsovereenkomsten is geregeld dat de werkgever bij ziekte het volledige salaris doorbetaalt.

De periode van 104 weken waarin de werkgever het loon moet doorbetalen, kan met maximaal een jaar worden verlengd als de werkgever zich volgens het Uitvoeringsinstituut Werknemersverzekeringen (UWV) niet voldoende heeft ingespannen de werknemer te reïntegreren (art. 7:629 lid 11 BW). Als werkgever en werknemer zich met een geschil omtrent de reïntegratie tot de rechter wenden, zijn zij verplicht om een oordeel van een deskundige die is benoemd door het UWV, te overleggen aan de rechter, die dat meeweegt in zijn oordeel (art. 7:629a lid 1 BW).

Ad 2 Bedrijfsrisico's
De werknemer behoudt ook zijn aanspraak op loon als hij bereid was de bedongen arbeid te verrichten, maar de werkgever daarvan geen gebruik heeft gemaakt, hetzij door eigen schuld, hetzij ten gevolge van een hem persoonlijk

14

Bedrijfsrisico

betreffende toevallige verhindering (art. 7:628 lid 1 BW). Met dit laatste worden de bedrijfsrisico's bedoeld. Het behoort bijvoorbeeld tot het risico van de werkgever dat de grondstoffen op tijd aanwezig zijn, zodat het productieproces normaal doorgang kan vinden. Zou er tijdelijk een gebrek aan grondstoffen zijn, dan hoeven de werknemers daarvan in eerste instantie niet de dupe te worden. Zij behouden hun recht op doorbetaling van het loon.

Dit probleem heeft ook een rol gespeeld in het *stakingsrecht* bij de beantwoording van de vraag of werkwillige werknemers in geval van staking recht hadden op doorbetaling van hun salaris. De Hoge Raad heeft hierop in het volgende arrest een antwoord gegeven.

Georganiseerde staking

Wilde staking

HR 7 mei 1976, NJ 1977, 55 (Wielemaker-De Schelde)
Op 17 en 18 februari 1972 hield uit protest tegen het vonnis van de Rechtbank te Amsterdam, waarin deze de (voormalige) NVV verbood een staking uit te roepen, een aantal werknemers van De Schelde de poorten bezet, zodat gedurende deze twee dagen niemand er meer in of uit kon. Wielemaker, een werkwillige werknemer, merkte aan het eind van de maand dat zijn werkgever over de bewuste twee dagen geen loon had uitbetaald. In een proefproces werd aan de Hoge Raad gevraagd oplossing te bieden. De Hoge Raad onderscheidde in zijn uitspraak twee soorten stakingen, te weten: de *georganiseerde staking* die de lonen en arbeidsvoorwaarden betreft en door een erkende vakbond wordt uitgeroepen, en de zogenoemde *wilde staking*. De Hoge Raad was van oordeel dat een georganiseerde staking het risico van de werknemers als groep betreft, aangezien zij in het belang van alle werknemers wordt uitgeroepen. In zo'n geval berust het risico dan ook op de werknemers als groep. Niemand van de werknemers, de stakers noch de werkwilligen, kunnen in zo'n geval aanspraak maken op uitbetaling van hun loon gedurende de tijd dat er gestaakt is. Is er daarentegen sprake van een wilde staking, die georganiseerd wordt door een aantal werknemers dat niet representatief is voor het geheel, dan behoort dit tot het bedrijfsrisico van de werkgever. Deze moet dan de werkwillige werknemers wel hun loon over die dagen uitbetalen, de stakers uiteraard niet.

De wilde staking behoort dus tot de omstandigheden die genoemd worden in art. 7:628 BW. Er werd geconstateerd dat er bij De Schelde op 17 en 18 februari 1972 sprake was geweest van een wilde staking. Wielemaker had dus recht op het loon over de desbetreffende dagen.

Ad 3 Ondernemingsraad

Ondernemingsraad

Werknemers die lid zijn van de ondernemingsraad en commissies van die raad, vergaderen zo veel mogelijk tijdens de normale arbeidstijd. Zij behouden voor de tijd gedurende welke zij ten gevolge van het bijwonen van een vergadering niet de bedongen arbeid hebben verricht, hun aanspraak op loon (art. 17 lid 2 en 3 WOR).

14.4.2 Vakantie en vakantietoeslag

De werknemer heeft recht op een aantal vakantiedagen met behoud van salaris (art. 7:639 BW).

De wet geeft in art. 7:634 e.v. BW een gedetailleerde regeling betreffende de *vakantie*. Deze regeling is een minimumregeling. Een werknemer heeft jaarlijks recht op vakantie gedurende ten minste viermaal het aantal werkdagen per week, dat is dus ten minste twintig dagen bij een volledige werkweek (art. 7:634 BW). Ieder beding dat minder dan dit wettelijk minimum

Vakantie

14

inhoudt, is nietig (art. 7:645 BW). Afwijking ten voordele van de werknemer is wel toegestaan. In de meeste arbeidsovereenkomsten en cao's wordt een gunstiger regeling aangeboden. Men spreekt in dat verband van wettelijke en bovenwettelijke vakantiedagen.

De werknemer heeft eveneens recht op een aantal dagen aaneengesloten vakantie, bijvoorbeeld twee weken of tweemaal een week (art. 7:638 lid 3 BW). De overige dagen zijn zogenoemde snipperdagen. De snipperdagen worden weer verdeeld in vaste snipperdagen en vrije snipperdagen, die men naar eigen believen kan opnemen. Wil men echter een vrije dag nemen, dan moet men wel van tevoren toestemming hebben van de werkgever, anders loopt men als werknemer het risico van een ontslag op staande voet wegens het niet-voldoen aan redelijke bevelen (art. 7:678 lid 2 sub j BW). Het recht op vakantie is gekoppeld aan het recht op loon (zie art. 7:634 BW). Dat betekent dat de periode waarin de werkgever niet verplicht is loon te betalen, geen recht geeft op vakantiedagen. In art. 7:635 is een aantal uitzonderingen opgenomen; dat wil zeggen dat er hoewel er geen recht is op betaling van loon, wel aanspraak op vakantie ontstaat, bijvoorbeeld in het geval van onvrijwillige werkeloosheid (zie ook subpar. 14.6.3).

De werkgever stelt de tijdstippen van het begin en het einde van de vakantie vast overeenkomstig de wensen van de werknemer, tenzij gewichtige redenen zich daartegen verzetten en voor zover in de vaststelling van de vakantie niet is voorzien bij schriftelijke overeenkomst of bij cao (art. 7:638 lid 2 BW). Van dit laatste zal in de meeste gevallen wel sprake zijn.

Naast een vakantie met behoud van loon, heeft een werknemer ook recht op een *vakantietoeslag*. De Wet minimumloon en minimumvakantiebijslag garandeert een vakantietoeslag van 8%. Het komt ook voor dat de werkgever een dertiende maand betaalt. Loon gedurende de vakantie en vakantiegeld kunnen op de normale wijze betaald worden, contant of via bank- of giro-overschrijving. Een aantal branches, zoals de bouw en de land- en tuinbouw, maakt daarbij gebruik van vakantiebonnen (art. 7:639 lid 2 BW). Vakantiebonnen worden door de rechtspraak gezien als uitbetalen van loon. Als vakantiebonnen te laat worden uitgegeven, kan de werknemer dan ook met succes naast deze loonvordering de wettelijke verhoging van het loon eisen (art. 7:625 BW). *Vakantietoeslag*

Een vorderingsrecht tot toekenning van vakantie verjaart na verloop van vijf jaren na het tijdstip waarop de aanspraak is ontstaan (art. 7:642 BW). De werkgever en de werknemer kunnen bij schriftelijke overeenkomst afspreken dat de vakantiedagen die een werknemer heeft opgespaard, worden omgezet in geld (afgekocht), mits het minimumaantal vakantiedagen van art. 7:634 BW maar in stand blijft (art. 7:640 lid 1 en 2 BW). Daarnaast is het mogelijk aan het einde van de arbeidsovereenkomst de nog toekomende vakantie door de werkgever te laten uitbetalen met meeneming van een verklaring van de aanspraak op vrije dagen ten opzichte van de nieuwe werkgever (art. 7:641 BW). De nieuwe werkgever hoeft over deze dagen geen loon te betalen.

14.4.3 Andere vormen van betaald en onbetaald verlof

Wordt er bij de vakantie wel salaris doorbetaald, er is een aantal situaties waarin de werknemer de werkgever kan vragen hem vrij te geven zonder behoud van salaris.

De werknemer kan van de werkgever verlangen hem *onbetaald verlof*, dat is verlof zonder behoud van loon, te verlenen. Een werknemer kan als lid vergaderingen bijwonen van de Eerste Kamer der Staten-Generaal, van *Onbetaald verlof*

14

vertegenwoordigende organen van publiekrechtelijke lichamen die bij rechtstreekse verkiezing worden samengesteld, uitgezonderd de Tweede Kamer der Staten-Generaal, alsmede van commissies uit deze organen (art. 7:643 lid 1 BW). Dit geldt ook ten aanzien van wethouders en leden van het dagelijks bestuur van een waterschap, veenschap of veenpolder wier functie niet als een volledige wordt bezoldigd (art. 7:643 lid 3 BW).

De andere vormen van verlof zijn geregeld in de Wet arbeid en zorg (WARZO). Het gaat hier om vijf situaties, te weten:
- zwangerschaps- en bevallingsverlof (art. 3:1 WARZO);
- adoptie- en pleegzorgverlof (art. 3:2 lid 2 WARZO);
- calamiteiten- en ander kort verzuimverlof (art. 4:1 en 5:2 WARZO);
- ouderschapsverlof (art. 6:2 WARZO);
- loopbaanonderbreking en palliatief verlof (art. 5:9 WARZO).

Zwangerschaps- en bevallings- verlof

Het recht op zwangerschaps- en bevallingsverlof komt alleen aan de moeder toe en bedraagt minimaal zestien weken. De werkneemster heeft gedurende het verlof aanspraak op een uitkering ten laste van het UWV (art. 3:8 WARZO). De hoogte van de uitkering is gelijk aan het dagloon. Bij arbeidsongeschiktheid ten gevolge van zwangerschap of bevalling buiten de verlofperiode, heeft de vrouw aanspraak op een uitkering op grond van de Ziektewet ter hoogte van het dagloon (art. 29a ZW). De werkgever mag die uitkering van het door hem verschuldigde loon aftrekken (art. 7:628 lid 4 BW).

Adoptie- en pleegzorgverlof

Adoptie- en pleegzorgverlof komt toe aan beide (adoptief- en pleeg)ouders gedurende vier aaneengesloten weken. Tijdens dit verlof hebben de ouders recht op een uitkering ten laste van het UWV; de hoogte van de uitkering is gelijk aan het dagloon.

Calamiteiten- en ander kort ver- zuimverlof

Calamiteiten- en ander kort verzuimverlof moet verleend worden in kortdurende, zeer bijzondere situaties waarin de werknemer zijn arbeid niet kan verrichten met behoud van loon. Het betreft bijvoorbeeld de bevalling van de echtgenote, een aangifte van geboorte of overlijden, de begrafenis van bepaalde bloedverwanten, maar ook een verstopte riolering, gesprongen waterleiding, plotselinge ziekte van een kind of kraamverlof (twee werkdagen).

Kortdurend zorgverlof

Kortdurend zorgverlof wordt verleend in geval van ziekte van een met de werknemer samenwonende partner of kind dan wel een ouder van de werknemer. Het verlof duurt maximaal twee weken per jaar. De werknemer heeft gedurende het kortdurend zorgverlof recht op doorbetaling van 70% van zijn salaris, voor zover dat loon niet meer bedraagt dan het maximumdagloon. Het door te betalen loon is gelijk aan het wettelijk minimumloon.

Ouderschaps- verlof

Ouderschapsverlof bestaat ten aanzien van een werknemer (minimaal een jaar in dienst van de werkgever, art. 6:3 WARZO) die ouder is van een kind van nog geen acht jaar dan wel met het kind op hetzelfde adres woont. Het ouderschapsverlof bedraagt in totaal dertienmaal het aantal arbeidsuren per week. In veel cao's is bepaald dat het loon geheel of gedeeltelijk moet worden doorbetaald.

Loopbaan- onderbreking

Loopbaanonderbreking wil zeggen dat de arbeid geheel of gedeeltelijk wordt onderbroken, met instandhouding van de arbeidsovereenkomst. De werkgever is niet verplicht een dergelijk verlof toe te kennen, maar schrijft wel voor hoe afspraken daaromtrent gemaakt moeten worden. De loonvordering wordt door de werkgever overgedragen aan de instantie waarbij de levensloopregeling is afgesloten (art. 7:2 lid 2 WARZO).

Palliatief verlof is verlof ten behoeve van de verzorging van een terminale zieke of bij een levensbedreigende ziekte van een kind (art. 5:9 WARZO).

Palliatief verlof

In collectieve arbeidsovereenkomsten staat meestal ook een aantal gevallen waarin men onbetaald verlof kan opnemen, opgesomd.

14.4.4 Informatie

De werkgever is verplicht de werknemer te informeren over de arbeidsvoorwaarden en arbeidsverhouding die op hem van toepassing zijn (art. 7:655 BW). De werkgever moet de werknemer een door hem ondertekende schriftelijke opgave verstrekken met betrekking tot onder andere het tijdstip van indiensttreding, de duur van de arbeidsovereenkomst als het een tijdelijk contract betreft, de functie van de werknemer en de aard van zijn werkzaamheden, de gebruikelijke arbeidsduur per week enzovoorts (zie art. 7:655 lid 1 BW). Deze gegevens moeten de werknemer binnen een maand na de aanvang van de werkzaamheden worden verstrekt (art. 7:655 lid 3 BW). De werkgever die weigert de voorgeschreven opgave te verstrekken of daarin onjuiste gegevens opneemt, wordt ten aanzien van de werknemer schadeplichtig (art.7:655 lid 5 BW). Deze voorschriften gelden ook voor oproep- en andere contracten op grond waarvan arbeid wordt verricht (art. 7:655 lid 6 BW). Deze eisen kunnen in de praktijk beter collectief worden ingesteld door een vakvereniging (art. 3:305a BW).
De werkgever is verplicht de werknemer met een arbeidsovereenkomst voor bepaalde tijd tijdig in kennis te stellen van een vacature voor onbepaalde tijd (art. 7:657 BW). Zie ook subparagraaf 14.4.1.

Informatie aan werknemer

14.4.5 Getuigschrift

De werkgever is verplicht aan het einde van de arbeidsovereenkomst op verzoek van de werknemer een getuigschrift uit te reiken (art. 7:656 BW). In het *getuigschrift* moet de werkgever vermelden wat voor soort werkzaamheden de werknemer heeft verricht en hoe lang het dienstverband heeft geduurd. Hij mag niet, tenzij op uitdrukkelijk verzoek van de werknemer, in het getuigschrift opnemen hoe de werknemer het werk heeft verricht en de wijze waarop de arbeidsovereenkomst is beëindigd.

Getuigschrift

14.4.6 Veiligheid

Hoewel de arbeidsinspecties op grond van de Arbeidsomstandighedenwet (Arbowet) de bevoegdheid hebben om te controleren of werkgevers voldoende maatregelen nemen ter bescherming van de veiligheid en de gezondheid van hun werknemers, heeft het Burgerlijk Wetboek in art. 7:658 ook de veiligheid als aparte verplichting opgenomen.
Als een werknemer letsel heeft opgelopen op het werk doordat de werkgever de veiligheidsvoorschriften niet of niet voldoende naleefde, kan de werknemer op grond van bovengenoemd artikel een schadevergoedingsactie instellen tegen de werkgever. De schadevergoeding kan materiële en immateriële schadevergoeding betreffen en betreft de schade voor zover deze niet door de sociale verzekeringswetgeving is gedekt, de zogenoemde excedentschade. De werkgever kan onder zijn aansprakelijkheid uitkomen als hij kan bewijzen dat hij zijn veiligheidsverplichtingen is nagekomen of dat de schade in belangrijke mate het gevolg is van opzet of bewuste roekeloosheid van de werknemer (art. 7:658 lid 2 BW). Er is hier dus geen sprake van risicoaansprakelijkheid, maar van schuldaansprakelijkheid.

Veiligheid

14

Als de werkgever er niet in slaagt te bewijzen dat hij geen schuld heeft aan het bedrijfsongeval, is hij aansprakelijk voor de schade, tenzij hij aantoont dat deze in belangrijke mate is veroorzaakt door opzet of bewuste roekeloosheid van de werknemer. De Hoge Raad heeft in het volgende arrest een beslissing over deze kwestie gegeven.

> **HR 20 september 1996, NJ 1997, 198 (Pollemans-Holding Hoondert BV)**
> Pollemans is bij het aanbrengen van golfplaten op een dak door een al aangebrachte golfplaat gezakt en van grote hoogte naar beneden gevallen, waardoor hij blijvend letsel heeft opgelopen. Pollemans stelt zijn werkgever Hoondert aansprakelijk voor de schade. Hoondert toont aan dat hij Pollemans meerdere malen heeft gewaarschuwd niet over dat gedeelte van het dak te lopen en dat deze zijn waarschuwingen in de wind heeft geslagen. Het ongeval was dus volgens Hoondert aan bewuste roekeloosheid van Pollemans zelf te wijten. Volgens de Hoge Raad is er echter pas sprake van bewuste roekeloosheid van de werknemer als deze zich tijdens zijn onmiddelijk aan het ongeval voorafgaande gedraging van de roekeloosheid daarvan daadwerkelijk bewust is geweest. Uit de gedragingen van Pollemans volgt niet dat hij zich daarvan op dat moment bewust is geweest op grond van de waarschuwingen van Hoondert. Bovendien moet er bij de beoordeling van het feit of er sprake was van bewuste roekeloosheid, rekening gehouden worden met de omstandigheid dat het dagelijks verkeren in een bepaalde werksituatie tot een vermindering van de ter voorkoming van een ongeluk raadzame voorzichtigheid leidt.

In dit geval is de werkgever er dus niet in geslaagd te bewijzen dat er sprake was van bewuste roekeloosheid van de werknemer.
Deze bepalingen zijn ook van toepassing op *uitzendkrachten* (art. 7:658 lid 4 BW).

14.4.7 Reïntegratie van zieke werknemers

De werkgever is verplicht ervoor te zorgen dat gehandicapte en gedeeltelijk arbeidsongeschikte werknemers geheel of gedeeltelijk kunnen terugkeren in het arbeidsproces. Een werknemer kan soms na een ongeval of ziekte wel weer werken, maar niet meer in zijn oude functie. De wet verplicht de werkgever dan ook zodanige maatregelen te nemen en voorschriften te geven als redelijkerwijs nodig is om de werknemer in staat te stellen in zijn eigen functie terug te keren of andere passende arbeid te verrichten (art.
Passende arbeid 7:658a lid 1 en 2 BW). *Passende arbeid* is: alle arbeid die voor de krachten en bekwaamheden van de werknemer is berekend, tenzij aanvaarding om redenen van lichamelijke, geestelijke of sociale aard niet van hem kan worden gevergd (art. 7:658a lid 4 BW). Als vaststaat dat de werknemer niet meer in zijn eigen functie kan terugkeren en er ook binnen de onderneming geen andere passende arbeid voor de werknemer is, mag de werkgever proberen passende arbeid voor de werknemer bij een andere werkgever te vinden (art. 7:658a lid 1 BW). De werkgever is verplicht om in overeenstemming met de werknemer een plan van aanpak op te stellen, dat met medewerking van de werknemer regelmatig wordt geëvalueerd en zo nodig bijgesteld (art. 7:658a lid 3 BW). Als de werkgever zich niet voldoende inspant om de werknemer te reïntegreren, kan de doorbetaling van het salaris met maximaal één jaar verlengd worden (art. 7:629 lid 11 BW). Zie ook subparagraaf 14.4.1.

14.4.8 Gelijke behandeling

Volgens de wet mag de werkgever geen onderscheid maken tussen mannen en vrouwen, niet alleen bij het aangaan van de overeenkomst, maar ook terzake van het verstrekken van onderricht, in de arbeidsvoorwaarden, bij de bevordering en bij de opzegging van de arbeidsovereenkomst (art. 7:646 BW). Zie verder subparagraaf 14.3.1, waarin reeds uitvoerig op deze materie is ingegaan.

Discriminatie-verbod

14.4.9 Goed werkgeverschap

Tot slot moet de werkgever zich als een goed werkgever gedragen. Dat wil zeggen: hij moet zich zodanig gedragen als een werkgever zich onder gelijke omstandigheden behoort te gedragen (art. 7:611 BW). Deze regel is een uitvloeisel van de algemene regel van art. 6:248 BW, waarin gezegd wordt dat de rechtsgevolgen van een overeenkomst mede door de redelijkheid en billijkheid bepaald worden. Art. 7:611 geeft de mogelijkheid om allerlei gedragingen van de werkgever te toetsen, zoals zijn promotie- en overplaatsingsbeleid of de eis de werknemer te horen alvorens een beslissing te nemen en een beslissing te motiveren. Zo heeft de rechter bijvoorbeeld geoordeeld dat het in strijd is met goed werkgeverschap werknemers voortdurend via een gesloten circuit van camera's te laten controleren (Hof Den Bosch 2 juli 1986, NJ 1987, 541).

Een andere vraag die in de jurisprudentie aan de orde is geweest, is die met betrekking tot de aansprakelijkheid van de werkgever voor schade die zijn werknemers lijden als gevolg van een verkeersongeval. En hoever daarbij de zorgplicht van de werkgever ex art. 7:611 BW gaat. De Hoge Raad heeft hier in het volgende arrest een uitspraak over gedaan.

Goed werk-geverschap

HR 1 februari 2008, RvdW 2008, 178 (Kooiker-Taxicentrale)

Taxichauffeur Kooiker was in dienst van de Taxicentrale. Zijn taxi is bij het oversteken van een onbewaakte spoorwegovergang aangereden door een trein, waarbij Kooiker ernstig letsel heeft opgelopen, ten gevolge waarvan hij volledig arbeidsongeschikt is geraakt. Taxicentrale had op grond van de cao een verzekering voor zijn werknemers afgesloten en daarnaast een inzittendenverzekering. Beide verzekeringen hadden uitgekeerd. Kooiker is om zijn overige schade vergoed te krijgen een procedure tegen Taxicentrale begonnen, waarbij hij stelt dat de werkgever – behalve in geval van opzet of bewuste roekeloosheid – in beginsel de schade dient te dragen die zijn werknemer lijdt wanneer hij als bestuurder van een motorvoertuig in het kader van de uitoefening van zijn werkzaamheden betrokken raakt bij een verkeersongeval. Volgens de Hoge Raad echter is een werkgever niet zonder meer en zonder beperkingen aansprakelijk voor de letselschade die de werknemer lijdt. De regeling van art. 7:658 betreffende de veiligheid is niet bedoeld als een absolute waarborg. Het zou dus in strijd zijn met de wet, in het bijzonder met art.7:658 BW, als op art. 7:611 een onbeperkte aansprakelijkheid voor de schade van Kooiker zou kunnen worden gegrond. Wel is de werkgever verplicht te zorgen voor een behoorlijke verzekering voor zijn werknemers. Alleen als de werkgever hierin tekortgeschoten is, is hij jegens de werknemer aansprakelijk voor zover deze door de tekortkoming schade heeft geleden. En ook dan moet de werkgever slechts die schade vergoeden waarvoor een dergelijke verzekering dekking zou hebben geboden.

Datzelfde heeft de Hoge Raad beslist in een arrest van 12 december 2008, Maatzorg de Werven/Van der Graaf (RvdW 2009, 35 JOL 2008, 943). Ook in dit arrest werd de werkgever verplicht om 'als een goed werkgever (cf. art. 7:611 BW)' te zorgen voor een behoorlijke verzekering van zijn werknemers wier werkzaamheden ertoe zouden kunnen leiden dat zij als bestuurder van een motorvoertuig betrokken zouden kunnen raken bij een verkeersongeval.

De werkgever is in beginsel niet aansprakelijk voor schade die een werknemer ten gevolge van een verkeersongeval lijdt tijdens woon-werkverkeer, behalve als het vervoer van de werknemer plaatsvindt om de opgedragen werkzaamheden te verrichten. Dan vormt het een van de verplichtingen uit de arbeidsovereenkomst en moet de werkgever op grond van art. 7:611 BW een behoorlijke verzekering voor zijn werknemers afsluiten (HR 19 december 2008 Gündogdu/Frans Mulder Fastfood BV, RvdW 2009, 83, JOL 2008, 1017 en HR 19 december 2008, RvdW 2009, 84, JOL 2008, 1018 Autoster Bergen/Hendriks).

Het goed werkgeverschap heeft ook altijd een rol gespeeld bij de vraag of een werknemer recht heeft op werkelijke *tewerkstelling*. Volgens de Hoge Raad hangt dit af van de aard van de werkzaamheden en van de bijzondere omstandigheden van het geval. Dat is bijvoorbeeld zo als de inkomsten van de werknemer door de tewerkstelling worden beïnvloed, zoals bij een barkeeper, of tewerkstelling van belang is voor diens carrièremogelijkheden, zoals bij een toneelspeler. Er wordt in de praktijk ook wel een beroep op art. 7:611 BW gedaan bij op non-actiefstelling of een schorsing, en in een bestaand arbeidsconflict voorafgaand aan een eventueel ontslag (op staande voet) van de werknemer. De Hoge Raad heeft zich in het volgende arrest over deze vraag moeten buigen, waarbij de eisende werknemer overigens geen gelijk heeft gekregen.

> **HR 12 mei 1989, NJ 1989, 801 (Chelbi-Klene)**
> Chelbi stelt een eis tot feitelijke tewerkstelling in tegen zijn werkgever Klene. Chelbi had met succes een ontslag op staande voet bestreden; de rechter had echter de toegewezen loonvordering gematigd tot een bepaalde datum. Chelbi had in de betreffende procedure nagelaten herstel van de dienstbetrekking te vorderen. Het feit dat de loonvordering tot een bepaald tijdstip toegewezen is, betekent echter volgens de Hoge Raad dat er na die datum geen loon meer verschuldigd is. Het gevolg hiervan is dat Chelbi ook geen tewerkstelling meer van de werkgever kan eisen.

14.5 Verplichtingen van de werknemer

Verplichtingen werknemer

De verplichtingen van de werknemer zijn:
- De werknemer moet zich als een goed werknemer gedragen (art. 7:611 BW).
- Hij moet de bedongen arbeid persoonlijk verrichten (art. 7:610 en 659 BW).
- Hij moet de instructies van de werkgever opvolgen (art. 7:660 BW). Deze verplichting hangt samen met het feit dat de werknemer ondergeschikt is, in dienst van de werkgever.
- De werknemer moet ingeval van ziekte meewerken aan een plan van aanpak en passende arbeid aanvaarden (art. 7:660a BW).

De werknemer kan als hij een fout heeft gemaakt, alleen aansprakelijk gesteld worden voor schade als deze veroorzaakt is door opzet of bewuste
roekeloosheid (art. 7:661 BW). Zie in dit verband ook art. 6:162 en 6:170
BW (subpar. 8.2.3).

14.6 Beëindiging van de arbeidsovereenkomst

We bespreken in deze paragraaf eerst de meest gebruikelijke manieren
waarop een arbeidsovereenkomst eindigt:

**Einde arbeids-
overeenkomst**

- van rechtswege (subpar. 14.6.1)
- bij wederzijds goedvinden (subpar. 14.6.2)
- door opzegging (subpar. 14.6.3)
- door ontbinding door de rechter (subpar. 14.6.4).

Soms echter zijn er dringende redenen om iemand op staande voet te ontslaan. Wanneer dit mag en wat de gevolgen zijn, komt in deze paragraaf
aan de orde (subpar. 14.6.5). We besteden ook aandacht aan de positie
van de werknemer bij faillissement van de werkgever (subpar. 14.6.6).
In sommige gevallen is het verboden om iemand te ontslaan. We bespreken wanneer er sprake is van een dergelijk ontslagverbod (subpar. 14.6.7).
We besluiten deze paragraaf met een bespreking van het aparte geval van
het collectieve ontslag (subpar. 14.6.8) en met de positie van de werknemer bij fusie en overname (subpar. 14.6.9).
De vormen van beëindiging worden in figuur 14.1 schematisch weergegeven.

FIGUUR 14.1 Beëindiging van de arbeidsovereenkomst

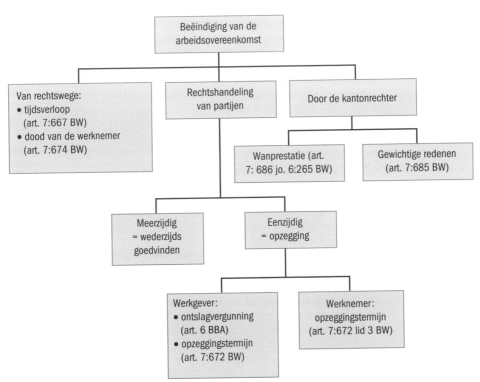

14

14.6.1 Beëindiging van rechtswege

Er zijn twee situaties waarin de arbeidsovereenkomst van rechtswege eindigt, namelijk door:
1 tijdsverloop;
2 de dood van de werknemer.

Ad 1 Tijdsverloop

Tijdsverloop
De arbeidsovereenkomst die voor bepaalde tijd is aangegaan, bijvoorbeeld voor zes maanden, eindigt door het verstrijken van die tijd (art. 7:667 BW). Zij kan echter stilzwijgend met eenzelfde termijn, maar hooguit voor één jaar, worden verlengd. (art. 7:668 lid 1 BW). Om niet het risico te lopen dat een overeenkomst voor bepaalde tijd stilzwijgend wordt verlengd (art. 7:668 lid 1 en 2 BW), stelt in de praktijk de werkgever de betrokken werknemer van tevoren op de hoogte van het feit dat hij niet van plan is de overeenkomst te verlengen. Voorafgaande opzegging is slechts verplicht als dit schriftelijk is vastgelegd (art. 7:667 lid 2 BW). Tussentijdse opzegging is voor ieder van de partijen slechts mogelijk als dat schriftelijk is overeengekomen (art. 7:667 lid 3 BW).

Is er sprake geweest van een aantal opvolgende tijdelijke arbeidsovereenkomsten, dan wordt de laatste verlengde overeenkomst omgezet in een arbeidsovereenkomst voor onbepaalde tijd als er sprake is ofwel van tijdelijke arbeidscontracten die elkaar in een periode van 36 maanden of langer met tussenperioden van niet meer dan drie maanden hebben opgevolgd, ofwel als er sprake is van meer dan drie tijdelijke contracten die elkaar hebben opgevolgd met tussenpozen van niet meer dan drie maanden (art. 7:668a lid 1 BW). Een en ander heeft tot gevolg dat een werkgever in totaal driemaal een arbeidsovereenkomst voor bepaalde tijd kan sluiten, mits deze drie tijdelijke contracten bij elkaar opgeteld niet meer dan 36 maanden duren. Een na deze periode gesloten tijdelijk arbeidscontract wordt beschouwd als te zijn aangegaan voor onbepaalde tijd en moet dan met inachtneming van de regels voor het ontslagrecht worden opgezegd. Er wordt een uitzondering gemaakt voor de arbeidsovereenkomst voor bepaalde tijd, aangegaan voor een periode van 36 maanden of langer, die wordt opgevolgd door een tijdelijk contract van niet meer dan drie maanden. Dit arbeidscontract eindigt wel van rechtswege (art. 7:668a lid 3 BW). De bedoeling van deze regel is het voorkomen van de zogenoemde *draaideurconstructie*; dat wil zeggen: de werknemer is eerst in dienst bij de werkgever, daarna bij het uitzendbureau, dan weer bij dezelfde werkgever enzovoort.

Art. 7:668a lid 1 BW is ook van toepassing als er sprake is van elkaar opvolgende arbeidsovereenkomsten tussen een werknemer en verschillende werkgevers, bijvoorbeeld eerst bedrijf X en daarna een uitzendbureau, en het dezelfde werkzaamheden betreft (art. 7:668a lid 3 BW). De wetgever beschouwt de werkgevers dan redelijkerwijs als elkaars opvolger met betrekking tot de verrichte arbeid. Zie paragraaf 14.2.

Ad 2 Dood van de werknemer

Dood werknemer
De arbeidsovereenkomst eindigt ook van rechtswege door de dood van de werknemer (art. 7:674 lid 1 BW). De werkgever blijft verplicht om aan de nabestaanden van de werknemer nog vanaf de dag na het overlijden tot en met één maand na de dag van het overlijden een uitkering te verlenen ten bedrage van het loon dat de werknemer laatstelijk rechtens toekwam (art. 7:674 lid 2 BW).

Stel dat iemand overlijdt op 18 maart. Dan houden de nabestaanden recht op een bedrag gelijk aan het salaris van 19 maart tot 19 april. Als zij al een even hoge uitkering krijgen krachtens de Ziektewet, de Wet op de arbeids-ongeschiktheidsverzekering (WAO) of de Toeslagenwet, kan dit in mindering worden gebracht op de uitkering (art. 7:674 lid 4 BW).

De arbeidsovereenkomst eindigt niet van rechtswege door de *dood van de werkgever* (art. 7:675 BW). Een arbeidsovereenkomst die voor bepaalde tijd is aangegaan, kan echter door zowel de erfgenamen van de werkgever als door de werknemer zelf met inachtneming van de regels van het ontslag-recht (art. 7:670, 671 en 672 BW) worden opgezegd. Het is hier niet nodig dat de wet de arbeidsovereenkomst voor onbepaalde tijd vermeldt, aange-zien een arbeidsovereenkomst die voor onbepaalde tijd is aangegaan, altijd eenzijdig door opzegging kan worden beëindigd (art. 7:667 lid 6 BW).

14.6.2 Wederzijds goedvinden

Partijen die samen een overeenkomst sluiten, kunnen ook samen besluiten die overeenkomst te beëindigen. Dat geldt natuurlijk ook voor de arbeids-overeenkomst. Het is dus altijd mogelijk dat partijen in onderling overleg besluiten de arbeidsovereenkomst niet voort te zetten.

Bij beëindiging van de arbeidsovereenkomst op grond van wederzijds goed-vinden behoeven werkgever en werknemer niet aan bepaalde wettelijke ver-eisten te voldoen.

Wederzijds goedvinden

In de praktijk is er meestal sprake van wederzijds goedvinden als een van de partijen, meestal de werknemer, de andere partij mededeelt dat hij de arbeidsovereenkomst wil beëindigen en de ander ermee instemt, althans niet van plan is daar iets tegen te ondernemen.

VOORBEELD 14.13
Nancy van der Hoek kan na drie jaar werkzaam te zijn geweest als adminis-tratieve kracht bij een bankfiliaal, een baan krijgen als secretaresse op een advocatenkantoor. Zij wendt zich dan ook tot het filiaalhoofd Astrid de Groot en zegt per de eerste van de daaropvolgende maand de arbeidsovereen-komst op. Astrid de Groot stemt in met het ontslag.

VOORBEELD 14.14
Nu het omgekeerde. Robert van Noord is sinds vijftien maanden als mon-teur in dienst bij garagebedrijf Smit bv. Smit jr., mededirecteur van Smit bv, deelt Robert mede dat hij wegens een reorganisatie spoedig overbodig zal worden en maar eens zoetjes aan moet omkijken naar een nieuwe baan. Robert begrijpt de argumenten wel.

Ook in dit geval kan de werknemer instemmen met het ontslag. Als hij ver-zekerd is in de zin van de Werkloosheidswet (WW), kan hij aanspraak maken op een werkloosheidsuitkering. Hij moet dan wel minstens vijf arbeidsuren per week hebben gewerkt of ten minste de helft van het wekelijkse aantal gewerkte uren (het gaat hier om het gemiddeld aantal gewerkte uren in de afgelopen 26 weken), hij moet wettelijk geen recht meer hebben op doorbe-taling van loon (bijvoorbeeld wegens nog niet opgenomen vakantiedagen) en hij moet beschikbaar zijn om arbeid te verrichten (art. 16 WW). Verder moet hij voldaan hebben aan de zogenoemde referte-eis dat hij in de afgelopen 36 maanden ten minste 26 weken als werknemer arbeid heeft verricht (art. 17 WW).

De werkgever moet zich wel afvragen of de mededeling van de werknemer dat hij de arbeidsovereenkomst wil beëindigen, ook werkelijk als zodanig bedoeld is. Zo mag een werkgever als zijn werknemer (vrachtwagenchauffeur) uit onvrede vanwege het feit dat hij na een late dienst geen vervoer meer naar huis heeft, zijn baas telefonisch mededeelt dat hij niet meer komt, niet zonder meer aannemen dat de werknemer op dat moment werkelijk ontslag wilde nemen (HR 12 september 1989, NJ 1989, 267 Westhoff/Sronsen).

14.6.3 Opzegging

Opzegging

Zowel werkgever als werknemer kan de arbeidsovereenkomst eenzijdig beëindigen: *opzeggen* (art. 7:667 lid 6 en 7:677 lid 1 BW).

Opzegging van de arbeidsovereenkomst steunt op twee pijlers. Aan de ene kant hebben partijen bij opzegging te maken met het *Buitengewoon Besluit Arbeidsverhoudingen* (BBA) en aan de andere kant met de regels zoals het *Burgerlijk Wetboek* die geeft. Omdat het Buitengewoon Besluit Arbeidsverhoudingen vóór het Burgerlijk Wetboek gaat, moeten eerst de regels van het BBA in acht genomen worden en vervolgens die van het BW.

BBA gaat vóór BW

De regels van het ontslagrecht gelden niet:
1 bij wederzijds goedvinden;
2 bij een ontslag in de proeftijd (art. 7:652 en 676 BW); zie subparagraaf 14.3.3;
3 bij een ontslag wegens een dringende onverwijld aan de wederpartij medegedeelde reden. Men spreekt in zo'n geval van ontslag op staande voet (art. 6 lid 2 BBA, art. 7:677 lid 1, 678 en 679 BW); zie subparagraaf 14.6.5.

Ontslagrecht volgens het BBA

Volgens het BBA is de werkgever die een werknemer wil ontslaan, verplicht van te voren toestemming te vragen aan het Uitvoeringsinstituut Werknemersverzekeringen (UWV). Deze toestemming heet *ontslagvergunning*.

Ontslagvergunning

VOORBEELD 14.15
Ronald Vink, Marian Goedegeburen en Piet Bruinsma werken respectievelijk sinds 1 maart 2001, 1 november 2006 en 1 juni 2003 op de debiteurenadministratie van een postorderbedrijf. Ronald was bij indiensttreding 34 jaar, Marian 17 jaar en Piet 30 jaar. Zij krijgen tot hun grote schrik op 1 mei 2009 te horen dat zij wegens automatisering van hun werkzaamheden ontslagen zullen worden. Zij stemmen hiermee niet in.

Er is in voorbeeld 14.15 sprake van eenzijdige beëindiging. De werkgever zegt de arbeidsovereenkomst op, terwijl de werknemer er niet mee instemt. Het postorderbedrijf moet daarom een ontslagvergunning voor alle drie de werknemers aanvragen bij het Uitvoeringsinstituut Werknemersverzekeringen (UWV); zie art. 6 BBA.

Een ontslag dat gegeven is zonder ontslagvergunning, is *vernietigbaar* (art. 9 lid 1 BBA). De werknemer krijgt zes maanden de gelegenheid om met een beroep op de vernietigbaarheid van het ontslag het ontslag aan te vechten (art. 9 lid 3 BBA). Dit betekent dat de werknemer dan niet ontslagen is. Hij is dus nog steeds in dienst. De werknemer die zonder ontslagvergunning is ontslagen, kan dus doorbetaling van zijn loon eisen – met de wettelijke verhoging en de wettelijke rente (art. 7:625 en 6:119 BW). De rechter heeft ook hier een matigingsbevoegdheid (art. 7:680a BW). In de praktijk is het verstandig, hoewel de wet dit niet eist, als de werknemer in zo'n geval in een schrijven de werkgever mededeelt dat hij bereid blijft de bedongen arbeid te verrichten, en dit schrijven liefst aangetekend verzendt.

Vernietigbaar ontslag

Er is *geen* ontslagvergunning nodig:
- als er sprake is van een ontslag op staande voet;
- tijdens de proeftijd;
- als de opzegging geschiedt door de curator tijdens het faillissement van de werkgever (art. 6 lid 2 BBA).

Het BBA is *niet* van toepassing op werknemers bij een publiekrechtelijk lichaam, onderwijzend of docerend personeel dat in dienst is bij onderwijsinstellingen die staan onder het beheer van een natuurlijk of rechtspersoon, personen die een geestelijk ambt bekleden en werknemers die in huishoudelijke dienst van een natuurlijke persoon zijn voor minder dan drie dagen (art. 2 BBA). Het ministerie van Sociale Zaken en Werkgelegenheid kan ook ontzetting verlenen; dat is onder andere gebeurd voor bestuurders (statutair-directeuren) van een nv of bv.

Elke ontslagaanvraag wordt overigens door het UWV getoetst aan de ministeriële regelingen (het zogenoemde ontslagbesluit) die zijn gegeven door het ministerie van Sociale Zaken en Werkgelegenheid. Het ministerie geeft dergelijke instructies om enigszins een eenheid in het beleid in het gehele land te bewaren. Een ontslagaanvraag moet een redelijke grondslag hebben; dat wil zeggen moet sociaal of economisch verantwoord zijn. Zo kan een ontslag bijvoorbeeld gegeven worden op grond van bedrijfseconomische of -organisatorische redenen, of op grond van redenen die gelegen zijn in de persoon of omstandigheden van de werknemer of een duurzaam verstoorde arbeidsverhouding.

Het is niet mogelijk om beroep aan te tekenen tegen de beslissing van het UWV.

De werkgever moet zich, als het UWV weigert een ontslagvergunning te verlenen, tot de rechtbank (sector kanton) wenden met het verzoek de arbeidsovereenkomst wegens gewichtige redenen te ontbinden (art. 7:685 BW). Hierop wordt in subparagraaf 14.6.4 bij de behandeling van de ontbinding wegens gewichtige redenen teruggekomen.

Ontslagrecht volgens het Burgerlijk Wetboek

De regels van het ontslagrecht volgens het BW gelden – in tegenstelling tot het BBA – voor zowel werkgever als werknemer. Daarbij gelden twee voorwaarden:

Burgerlijk Wetboek

1 Opzegging moet geschieden tegen het einde van de maand (art. 7:672 lid 1 BW).
2 Inachtneming van een opzeggingstermijn is noodzakelijk (art. 7:672 lid 2 en 3 BW).

14

Ad 1 Opzegging tegen het einde van de maand

Opzegging mag alleen geschieden tegen het einde van de maand. Bij schriftelijke overeenkomst of door het gebruik kan daarvoor een andere *opzeggingsdag* worden aangewezen (art. 7:672 lid 1 BW).

Opzeggingsdag

Ad 2 Inachtneming opzeggingstermijn

Opzeggings-
termijn

De *opzeggingstermijn* is de termijn die in acht genomen moet worden voordat de arbeidsverhouding kan worden beëindigd.

De opzeggingstermijn voor de *werknemer* bedraagt één maand (art. 7:672 lid 3 BW).

De opzeggingstermijn voor de *werkgever* bedraagt (art. 7:672 lid 2 BW):

a voor een arbeidsovereenkomst die korter heeft geduurd dan vijf jaar: één maand;
b voor een arbeidsovereenkomst van vijf jaar of langer, maar korter dan tien jaar: twee maanden;
c voor een arbeidsovereenkomst van tien jaar of langer, maar korter dan vijftien jaar: drie maanden;
d voor een arbeidsovereenkomst die langer dan vijftien jaar heeft geduurd: vier maanden.

Zodra de ontslagvergunning door het UWV is verleend, wordt de termijn van opzegging met één maand verkort, met dien verstande dat de resterende opzeggingstermijn ten minste één maand bedraagt (art. 7:672 lid 4 BW).

VOORBEELD 14.16

Piet Donkers is sinds 1 februari 2006 als chauffeur in dienst bij Buurman Logistiek bv. Donkers krijgt op 1 juni 2013 te horen dat hij vanwege reorganisatie van het bedrijf ontslagen zal worden. De ontslagvergunning is reeds aangevraagd.

Omdat Piet Donkers op 1 juni 2013 zeventien jaar in dienst is, bedraagt de opzeggingstermijn voor hem vier maanden. Omdat van die vier maanden één maand voor het aanvragen van de ontslagvergunning wordt afgetrokken, zal hij per 1 september 2013 moeten vertrekken.

VOORBEELD 14.17

Petra de Winter werkt sinds 1 oktober 2009 als account-manager op een reclamebureau. Zij krijgt op 29 april 2013 te horen dat zij ontslagen wordt vanwege het niet-halen van de target. De ontslagvergunning is al aangevraagd.

Petra zal per 1 juni moeten vertrekken. De opzeggingstermijn bedraagt één maand. De termijn kan niet verder worden verkort; zie art. 7:672 lid 4 BW.

Partijen kunnen de opzegtermijn schriftelijk verlengen. Verkorting van de opzegtermijn van de werkgever is echter slechts toegestaan bij cao (art. 7:672 lid 5 BW).

14

Als de opzegtermijn van de werknemer wordt verlengd, mag deze niet langer worden dan zes maanden en voor de werkgever niet korter dan het dubbele van de opzegtermijn die voor de werknemer geldt, de zogenoemde 1-2-regel (art. 7:672 lid 6 BW). Houden partijen zich niet aan dit voorschrift, dan is de betreffende afspraak nietig en zijn de wettelijke opzegtermijnen van art. 7:672 lid 2 en 3 BW van toepassing. Van de 1-2-regel kan wel bij cao worden afgeweken (art. 7:672 lid 7 BW). De opzegtermijn van de werkgever mag echter nooit korter zijn dan die van de werknemer (art. 7:672 lid 8 BW).

Als een ontslag gegeven of genomen wordt volgens de regels van het ontslagrecht van het Burgerlijk Wetboek, spreken we van een *regelmatig ontslag*. Een ontslag gegeven of genomen in strijd met deze regels noemen we dus een *onregelmatig ontslag*.

Regelmatig ontslag

Onregelmatig ontslag

Bij een onregelmatig ontslag heeft werkgever of werknemer ontslag gegeven of genomen zonder met de voorgeschreven ontslagtermijn rekening te houden. Dit maakt het ontslag zelf niet ongeldig, maar heeft wel tot gevolg dat de partij die dit doet zonder dat de wederpartij daarin toestemt, schadeplichtig wordt. Schadeplichtigheid ontstaat niet als de opzegging geschiedt op grond van een dringende, aan de wederpartij onverwijld medegedeelde reden (art. 7:677 lid 1 BW); zie hiervoor subparagraaf 14.6.5.
De wederpartij kan als er sprake is van een onregelmatig ontslag het volgende eisen:
1 ofwel de gefixeerde schadevergoeding van art. 7:677 lid 4 j° 7:680 BW;
2 ofwel een volledige schadevergoeding (art. 7:677 lid 4 BW);
3 ofwel herstel van de arbeidsovereenkomst (art. 7:682 lid 1 BW).

Ad 1 Gefixeerde schadevergoeding
De *gefixeerde schadevergoeding* is gelijk aan het bedrag van het in geld vastgestelde loon voor de tijd dat de arbeidsovereenkomst bij regelmatige beëindiging – dus met inachtneming van de regels van het ontslagrecht – had behoren voort te duren (art. 7:680 lid 1 BW). Stel dat Piet Donkers uit voorbeeld 14.16 reeds per 1 juni zou worden ontslagen in plaats van per 1 september. Hij kan dan een bedrag gelijk aan drie maanden salaris als gefixeerde schadevergoeding vorderen.
De kantonrechter wijst de gefixeerde schadevergoeding ambtshalve toe; de werknemer hoeft geen bewijs te leveren.

Gefixeerde schadevergoeding

Ad 2 Volledige schadevergoeding
Er kan ook volledige schadevergoeding geëist worden. In dat geval moet er wel aangetoond kunnen worden dat er schade geleden is en hoeveel (art. 7:677 lid 4 BW).

Volledige schadevergoeding

Ad 3 Herstel van de arbeidsovereenkomst
De rechter kan de werkgever ook veroordelen de *arbeidsovereenkomst te herstellen* (art. 7:682 lid 1 BW). Herstel van de arbeidsovereenkomst kan – indien herstel in de praktijk onmogelijk blijkt – vervangen worden door een *afkoopsom* (art. 7:682 lid 3 BW). De kantonrechters hebben een formule voor de berekening van de afkoopsom vastgesteld, de zogenoemde kantonrechtersformule. Deze wordt gebruikt op het moment dat er door de kantonrechter een afkoopsom wordt toegekend. Zie voor de kantonrechtersformule subparagraaf 14.6.4.

Herstel arbeidsovereenkomst

Afkoopsom

14

Zowel de vordering met betrekking tot de gefixeerde schadevergoeding als die met betrekking tot volledige schadevergoeding of herstel van de arbeidsovereenkomst moet binnen zes maanden worden ingesteld (art. 7:683 lid 1 BW).

Elk ontslag, of het nu regelmatig of onregelmatig is, kan *kennelijk onredelijk* zijn (art. 7:681 lid 1 BW). Ook een kennelijk onredelijk ontslag leidt tot de verplichting de schade die de wederpartij geleden heeft, te vergoeden. De werkgever kan verplicht worden tot herstel van de arbeidsovereenkomst, die weer vervangen kan worden door een afkoopsom (art. 7:682 lid 1 en 3 BW).

VOORBEELD 14.18

Greet Klaver is sinds twintig jaar directiesecretaresse van Toros bv. Zij is daar op 20-jarige leeftijd gestart als administratieve kracht en zij is in de loop der jaren opgeklommen tot directiesecretaresse. De laatste twee jaar echter, sinds er een wijziging in de directie heeft plaatsgevonden en het directiesecretariaat is uitgebreid, functioneert zij niet meer zoals vroeger. Er zijn herhaaldelijk meningsverschillen op de afdeling, met name met John jr., die zijn vader als directeur van Toros bv is opgevolgd. In de directievergadering van januari 2013 wordt dan ook besloten de ontslagprocedure voor Greet Klaver in werking te stellen. Als reden wordt opgegeven dat de samenwerking met Greet Klaver zo moeilijk is geworden dat er niet meer naar behoren kan worden gewerkt. De ontslagvergunning wordt verleend door het Uitvoeringsinstituut Werknemersverzekeringen en Greet Klaver wordt volgens de regels van het ontslagrecht met de maximale opzeggingstermijn van vier maanden ontslagen. Er is dus sprake van een regelmatig ontslag. Toch stelt Greet een vordering tot schadevergoeding in tegen haar werkgever Toros bv, omdat zij van oordeel is dat er gezien de omstandigheden van het geval te weinig rekening is gehouden met haar belangen. Met name is gezien het lange dienstverband de opzeggingstermijn niet ruim genoeg en staat er tegenover het ontslag geen redelijke geldelijke vergoeding. Bovendien zal het voor haar moeilijk zijn spoedig andere passende arbeid te vinden.

Greet Klaver eist schadevergoeding van haar werkgever wegens het feit dat er te weinig rekening is gehouden met haar belangen. Daardoor is het haar aangezegde ontslag volgens haar kennelijk onredelijk (art. 7:681 lid 2 sub b BW).

Kennelijk onredelijk ontslag
Een ontslag door de werkgever wordt onder andere *kennelijk onredelijk* geacht als het geschiedt zonder opgave van redenen of onder opgave van een valse reden, met het oog op de voor de werknemer getroffen voorzieningen of de voor hem bestaande mogelijkheid ander passend werk te vinden, of als de gevolgen van de opzegging voor de werknemer te ernstig zijn in vergelijking met het belang van de werkgever bij de beëindiging van de arbeidsovereenkomst (art. 7:681 lid 2 sub a en b BW). Ook een ontslag genomen door de werknemer kan op vergelijkbare gronden kennelijk onredelijk zijn (art. 7:681 lid 3 BW).

De werkgever kan in de situatie als genoemd in art. 7:681 lid 2 sub b BW een vordering tot schadevergoeding wegens kennelijk onredelijk ontslag

voorkomen door bijvoorbeeld de werknemer een doorbetaling van het laatst-
genoten salaris gedurende een jaar of een half jaar te garanderen. Men
spreekt in zo'n geval weleens van een gouden handdruk. Als de werkgever
Greet Klaver bijvoorbeeld ontslagen zou hebben met behoud van een half
jaarsalaris, zou zij geen vordering tot schadevergoeding wegens kennelijke
onredelijkheid van het ontslag hebben hoeven instellen. Ook hier kan de
rechter de zogenoemde kantonrechtersformule hanteren (zie subpar.
14.6.4) als uitgangspunt voor de berekening van de schadevergoeding.
Ook de vordering tot schadevergoeding wegens kennelijke onredelijkheid
van het ontslag moet binnen zes maanden worden ingesteld, anders is zij
verjaard (art. 7:683 BW).

FIGUUR 14.2 Ontslag volgens het BW

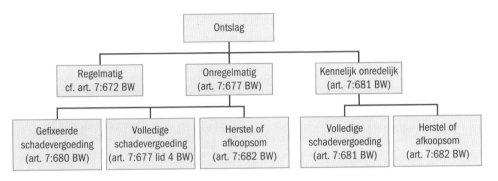

14.6.4 Beëindiging door de rechter

De laatste veelvoorkomende manier van beëindiging van de arbeidsovereenkomst is door een beslissing van de kantonrechter. Een werkgever of
werknemer kan de kantonrechter verzoeken de tussen hen bestaande arbeidsovereenkomst te ontbinden wegens gewichtige redenen (art. 7:685
BW). Naast de ontbinding wegens gewichtige redenen blijft de mogelijkheid
bestaan een eis tot schadevergoeding en/of ontbinding van de arbeidsovereenkomst wegens wanprestatie door de wederpartij bij de kantonrechter in
te stellen (art. 7:686 BW). Schadevergoeding wegens wanprestatie wordt in
het arbeidsovereenkomstenrecht echter zelden gevorderd en ook ontbinding
wegens wanprestatie komt bijna nooit voor. Rechtspraak over dit onderdeel
ontbreekt vrijwel geheel. Daarom komen we in dit boek verder niet op deze
mogelijkheid terug.

De kantonrechter kan de arbeidsovereenkomst op verzoek van werkgever of
werknemer *ontbinden wegens gewichtige redenen*.

Gewichtige redenen zijn:

1 *dringende redenen*, dat wil zeggen al die redenen die aanleiding kunnen
   geven tot een ontslag op staande voet (art. 7:678, 679 BW);
2 *veranderingen in omstandigheden* die van dien aard zijn dat de arbeidsovereenkomst billijkheidshalve dadelijk of na korte tijd behoort te eindigen (art. 7:685 lid 2 BW).

Het verzoek kan niet gedaan worden als er sprake is van een opzegverbod
(art. 7:685 lid 1 BW). Zie voor de ontslagverboden subparagraaf 14.6.7.

Beëindiging door rechter

Gewichtige redenen

14

VOORBEELD 14.19

Carla Roos is als kinderverzorgster aangesteld op de baby-afdeling van Kinderdagverblijf 'De vrolijke Olifant'. Volgens haar werkgeefster Diana Post voldoet zij niet. Nadat er een aantal beoordelingsgesprekken zijn geweest waarbij Carla beterschap heeft beloofd, echter zonder resultaat, besluit Diana Post een ontslagprocedure wegens onbekwaamheid tegen Carla Roos te starten (art. 7:678 lid 2 sub b BW). Zij richt daartoe via haar juridisch adviseur een verzoekschrift tot ontbinding tot de kantonrechter.

De kantonrechter kan, als hij van oordeel is dat aangetoond is door de werkgeefster dat Carla de bekwaamheid mist voor het werk dat zij moet verrichten, de arbeidsovereenkomst ontbinden. Hij stelt dan het tijdstip van beëindiging van de arbeidsovereenkomst vast (art. 7:685 lid 7 BW).
De ontbindingsprocedure kan ook gebruikt worden in de volgende situatie.

VOORBEELD 14.20

Werkgever Johan Kos wil zijn secretaresse Paula Faustino ontslaan, omdat hij vindt dat zij zich te vaak ziek meldt. Hij vraagt een ontslagvergunning aan bij het Uitvoeringsinstituut Werknemersverzekeringen (UWV), die hem wordt geweigerd.

Wat kan Johan Kos nu nog doen, aangezien er – zoals gezegd – geen mogelijkheid bestaat om tegen een beslissing van het UWV in beroep te gaan? Johan Kos kan zich tot de kantonrechter wenden met het verzoek de arbeidsovereenkomst te ontbinden wegens gewichtige redenen. Johan Kos moet dan bijvoorbeeld kiezen voor ontbinding wegens verandering in omstandigheden, omdat de verhouding intussen tussen partijen dusdanig verstoord zal zijn dat het beter is de arbeidsverhouding te beëindigen.
De kantonrechter heeft de mogelijkheid om, als de overeenkomst op grond van verandering in omstandigheden wordt ontbonden, op last van de wederpartij een vergoeding toe te kennen als hem dat met het oog op de omstandigheden billijk voorkomt (art. 7:685 lid 8 BW). Uitgangspunt voor deze vergoeding is de zogenoemde kantonrechtersformule. Deze formule luidt:

$$A \times B \times C = \text{ontbindingsvergoeding/ontslagvergoeding}$$

Hierbij is:
1 A het aantal gewogen dienstjaren;
2 B de beloning;
3 C de correctiefactor.

Ad 1 Gewogen dienstjaren

Gewogen dienstjaren

A is het aantal *gewogen dienstjaren*. Gewogen betekent dat de diensttijd berekend wordt aan de hand van de dienstjaren, de leeftijd bij aanvang van de arbeidsrelatie en de leeftijd bij beëindiging van de arbeidsrelatie:
- dienstjaren, afgerond op hele jaren, tot het bereiken van de leeftijd van 35 jaar tellen voor 0,5;
- dienstjaren, afgerond op hele jaren, tussen de leeftijd van 35 en 45 tellen voor 1;
- dienstjaren, afgerond op hele jaren, tussen de leeftijd van 45 en 55 tellen voor 1,5;

14

- dienstjaren, afgerond op hele jaren vanaf het bereiken van de leeftijd van 55 jaar tellen voor 2.

Een diensttijd van een half jaar plus één dag wordt afgerond op een heel dienstjaar.

VOORBEELD 14.21
Pieter Vink is op 26-jarige leeftijd gaan werken op de redactie van een provinciaal dagblad. Vanwege de terugloop van de advertentie-inkomsten en het aantal abonnementen en de economische recessie, die grote impact heeft op de dagbladwereld, zal zijn arbeidsovereenkomst per 1 december 2013 ontbonden worden. Hij is dan bijna 58 jaar. Hoe wordt nu zijn ontslagvergoeding berekend?
Het aantal dienstjaren van Pieter bedraagt 32 jaar. Bij de berekening van gewogen dienstjaren wordt gekeken naar het aantal dienstjaren van Pieter op een bepaalde leeftijd (zie hiervoor).
Pieter heeft tot de leeftijd van 35 jaar 8 jaar gewerkt: de vergoeding wordt dan 8 × 0,5 = 4; van 35 – 45 10 jaar: dat is dus 10 × 1 = 10; van 45 – 55 jaar 10 jaar: dat is dus 10 × 1,5 = 15; boven de 55 jaar 3 jaar; dat is dus 3 × 2 = 6
Bij elkaar opgeteld levert dat 35 gewogen dienstjaren op.

Ad 2 Beloning
B is de *beloning*. Dit kan onder andere inhouden: bruto maandsalaris, en vaste en overeengekomen loonbestanddelen zoals vakantietoeslag, dertiende maand, structurele overwerkvergoeding en ploegentoeslag. Behoudens uitzonderingen – bijvoorbeeld in gevallen waarin de inkomsten van de werknemer hoofdzakelijk bestaan uit provisie – vallen daar niet onder: het werkgeversaandeel pensioenpremie, de auto van de zaak, onkostenvergoedingen, de werkgeversbijdrage in de zorgverzekeringspremie en incidentele en niet overeengekomen looncomponenten, zoals een afspraak met een oudere werknemer dat een aanzienlijk deel van de beschikbare loonsom zal worden voldaan door middel van premiestorting in een pensioenfonds.

Ad 3 Correctiefactor
C is de *correctiefactor*. Als de werkgever een ontbindingsverzoek indient, de reden voor de ontbinding geheel in de risicosfeer van de werkgever valt en de werknemer niets valt te verwijten, is de correctiefactor (C) gelijk aan 1. Dat is bijvoorbeeld het geval bij het ontslag van Pieter Vink uit voorbeeld 14.21.
Dient daarentegen de werknemer een ontbindingsverzoek in en behoort de reden voor de ontbinding van de arbeidsovereenkomst geheel tot het risico van de werknemer zonder dat de werkgever iets valt te verwijten, dan is C gelijk aan 0. Dat heeft tot gevolg dat de werknemer die bijvoorbeeld wegens een verhuizing of het vinden van een andere baan de arbeidsovereenkomst wil beëindigen, geen recht heeft op een ontbindingsvergoeding.
Als een van de partijen of beide partijen over en weer wel iets te verwijten valt, dan wordt de ernst van de verwijten eveneens via de C-factor tot uitdrukking gebracht. Als de werkgever door anders op te treden een en ander had kunnen voorkomen, kan er reden zijn een correctiefactor tussen 0 en 1

Beloning

Correctiefactor

14

toe te passen. Valt de werkgever meer te verwijten – de werknemer is bijvoorbeeld arbeidsongeschikt geworden op grond van de arbeidsomstandigheden (risico werkgever) – dan kan dat tot gevolg hebben dat de C-factor aanmerkelijk hoger zal uitvallen dan 1.

Bij de toepassing van de C-factor kan door de rechter ook rekening gehouden worden met de (slechte) financiële positie van de werkgever of de afwijkende arbeidsmarktpositie van de werknemer. In voorbeeld 14.20 kan op grond van billijkheidsoverwegingen Johan Kos verplicht worden aan Paula Faustino een vergoeding te betalen. Is er sprake van verwijtbaar gedrag van de kant van Johan Kos, dan kan de vergoeding op basis van de correctiefactor C eventueel worden verhoogd. Vindt hij deze vergoeding te hoog, dan krijgt hij de kans zijn ontbindingsverzoek in te trekken. De kantonrechter kan de verzoeker namelijk een termijn stellen waarbinnen hij de bevoegdheid heeft de ontbinding alsnog in te trekken (art. 7:685 lid 9 BW). Maar ook het omgekeerde kan het geval zijn.

VOORBEELD 14.22

Theo Voorn, procuratiehouder van nv Sambo, schiet volgens de raad van bestuur tekort in het vervullen van zijn taak. De raad van bestuur vraagt daarom een ontslagvergunnning aan bij het Uitvoeringsinstituut Werknemersverzekeringen. Deze wordt geweigerd. Ook een poging om de arbeidsovereenkomst wegens gewichtige redenen te ontbinden, loopt spaak.
Daarna richt Theo Voorn zelf een ontbindingsverzoek tot de kantonrechter, omdat de verhouding tussen partijen zodanig is verstoord dat hij het dienstverband niet meer wil voortzetten.

De kantonrechter kan dan het verzoek van de werknemer inwilligen en daaraan een vergoedingsplicht voor de werkgever verbinden (art. 7:685 lid 8 BW).

Ontbinding wegens gewichtige redenen kan door werkgever of werknemer ook gebruikt worden om een arbeidsovereenkomst die voor bepaalde tijd is aangegaan, die immers niet – tenzij dit uitdrukkelijk schriftelijk is afgesproken – dan na afloop van de overeengekomen termijn beëindigd wordt, tussentijds te doen eindigen.

Het wetsvoorstel Werk en Zekerheid

Het wetsvoorstel Werk en Zekerheid geeft een aantal wijzigingen ten aanzien van het ontslagrecht. Deze wijzigingen zullen volgens de planning waarschijnlijk per 1 juli 2015 van kracht worden.
Aansluitend op het voorafgaande zal eerst de wijziging van de ontslagvergoeding besproken worden. Daarna wordt kort ingegaan op de belangrijkste wijzigingen in de ontslagprocedure zelf.

Transitie-
vergoeding

In plaats van de ontslagvergoeding wordt aan de werknemer een zogenoemde *transitievergoeding* betaald bij ontslag. De transitievergoeding moet gebruikt worden voor omscholing van de werknemer of de overstap naar een andere baan. De transitievergoeding is verschuldigd als de werknemer twee jaar of langer in dienst is geweest.
De hoogte van de transitievergoeding wordt bepaald door het aantal dienstjaren van de werknemer. Deze is als volgt.

14

- De werknemer ontvangt per dienstjaar een derde maandsalaris.
- Als de werknemer meer dan tien jaar in dienst is geweest ontvangt hij vanaf het tiende jaar een half maandsalaris per dienstjaar.
- Is de medewerker ouder dan vijftig jaar en is hij meer dan tien jaar in dienst, dan ontvangt hij vanaf het tiende jaar één maand salaris per dienstjaar.

De transitievergoeding zal maximaal €75.000 bedragen. Bij een medewerker die meer dan €75.000 verdient, is de transitievergoeding maximaal één jaarsalaris.

De transitievergoeding vervangt de ontslagvergoeding niet! Deze blijft verschuldigd bij ernstig verwijtbaar ontslag door de werkgever en kan hoger of lager zijn dan de transitievergoeding.

De werkgever is de transitievergoeding niet verschuldigd bij ernstig verwijtbaar handelen of nalatigheid van de werknemer.

Ten aanzien van de *ontslagprocedure* worden de volgende wijzigingen voorgesteld.

Ontslag-
procedure

Bij een ontslag wegens economische redenen of na twee jaar ziekte is het UWV bevoegd. Voor ontslag om andere redenen, bijvoorbeeld verstoorde arbeidsverhoudingen of verwijtbaar gedrag, moet men zich tot de kantonrechter wenden.

Tegen de beslissing van zowel het UWV als de kantonrechter kan beroep worden aangetekend.

14.6.5 Ontslag op staande voet

De werkgever kan ook een vordering tot ontbinding tot de kantonrechter richten bij een *ontslag op staande voet*, dat is een ontslag om 'een dwingend onverwijld aan de wederpartij medegedeelde reden' (art. 7:677 lid 1 BW en 6 lid 2 sub a BBA). Mocht namelijk de werknemer het ontslag op staande voet aanvechten door zich te beroepen op de nietigheid van het ontslag op grond van het ontbreken van de daarvoor vereiste ontslagvergunning (art. 6 en 9 BBA), dan loopt de werkgever het risico van een hoogoplopende loonvordering. In dat geval kan hij de kantonrechter 'ontbinding voor zover vereist' verzoeken.

Ontslag op
staande voet

Zowel werkgever als werknemer kan de arbeidsovereenkomst onverwijld opzeggen wegens een dringende reden en onder gelijktijdige mededeling van die dringende reden; in de praktijk ontslag op staande voet genoemd (art. 7:677 lid 1 BW).

VOORBEELD 14.23

Stuwadoor Dirk de Vries werd na een dienstverband van elf jaar bij een havenbedrijf op staande voet ontslagen, omdat hij bij het verlaten van het terrein van zijn werkgever een deel van een scheepslading (25 kg aardappelen) in zijn auto had liggen, waarvoor hij geen verklaring kon geven. Hij ontkende enigerlei betrokkenheid daarbij, riep de nietigheid van het ontslag in en vorderde loon. De kantonrechter overwoog dat de werkgever in casu een onmiskenbaar belang heeft bij de handhaving van het strikte verbod aangaande het meenemen van ladinggoederen zonder toestemming van de ladingbelanghebbende. Dit verbod was aan ieder kenbaar gemaakt. De kantonrechter achtte daarom het ontslag op staande voet rechtsgeldig en wees de loonvordering van de werknemer af.

14

Zoals hiervoor al is gezegd, gelden de regels van het ontslagrecht niet als er sprake is van ontslag op staande voet. Dat betekent dus dat er bij een ontslag op staande voet noch een ontslagvergunning vereist is, noch een opzegging tegen een bepaalde dag met inachtneming van de opzeggingstermijnen.

De wet stelt twee eisen aan een ontslag op staande voet:

1 Er moet sprake zijn van een dringende reden.
2 Die reden moet onverwijld aan de wederpartij worden medegedeeld.

Ad 1 Dringende reden

Dringende reden
In een procedure moet de dringendheid van de dringende reden aangetoond kunnen worden. Zo niet, dan is er sprake van een onregelmatig ontslag wegens het niet in acht nemen van de daarvoor geldende regels. Een onregelmatig ontslag is vernietigbaar.

Ad 2 Onverwijlde mededeling

Onverwijlde mededeling
De dringende reden moet onverwijld, dus meteen, aan de wederpartij worden medegedeeld. De rechtspraak duldt in zo'n geval geen uitstel. Men kan hooguit één of twee dagen wachten, maar langer wordt in de regel niet toegestaan. Het gevolg van het te lange wachten is dat er dan ook weer geen sprake kan zijn van een ontslag op staande voet; men zal dan weer de regels van het ontslagrecht in acht moeten nemen als men de werknemer wil ontslaan.

Volgens recente rechtspraak hoeft er echter niet meer onder alle omstandigheden rekening te worden gehouden met de twee vereisten. Soms mag een ontslag op staande voet later plaatsvinden dan op het moment van de ontdekking van de dringende reden, omdat nader onderzoek vereist is. Dan kan er enige tijd overheen gaan gezien de aard en omvang van het onderzoek, de behoedzaamheid die daarbij geboden is, de noodzaak van het inwinnen van juridisch advies en de zorgvuldigheid die de werkgever in een dergelijke situatie naar de werknemer in acht moet nemen.

Daarnaast bestaat de mogelijkheid dat een ontslag op staande voet gefaseerd wordt opgebouwd. Vroegere gebeurtenissen kunnen dan een ontslag op staande voet bij een bepaalde gedraging rechtvaardigen. Men noemt dat

Druppelemmerdoctrine
de *druppel-emmerdoctrine*.

Zowel werkgever als werknemer kan ontslag op staande voet geven respectievelijk nemen. De wet somt de redenen die een werkgever aanleiding kunnen geven tot een ontslag op staande voet in art. 7:678 BW op en die van de werknemer in art. 7:679 BW. Dat is echter geen limitatieve opsomming. Er kunnen nog meer redenen voor ontslag op staande voet zijn dan de wet hier noemt.

De werknemer die op staande voet ontslagen wordt en die daarvan een verwijt kan worden gemaakt, kan geconfronteerd worden met een maatregel van het UWV, omdat er dan sprake kan zijn van verwijtbare werkloosheid. Het gevolg daarvan is dat zijn uitkering in het geheel niet of slechts gedeeltelijk wordt uitgekeerd (art. 24 lid 2 WW).

De werkgever loopt als hij een werknemer op staande voet ontslaat wegens een dringende, onverwijld medegedeelde reden, de kans dat de werknemer het ontslag op staande voet bestrijdt omdat er volgens hem geen sprake was van een dringende reden. Als er geen sprake is van een dringende reden voor ontslag en dus van een ontslag op staande voet, kan het ontslag wegens het ontbreken van een ontslagvergunning worden vernietigd. De werknemer kan dan onder mededeling van het feit dat hij bereid blijft de bedongen arbeid te verrichten een *loonvordering* instellen (art. 6 j° 9 BBA). En zo deed ook Dirk de Vries uit voorbeeld 14.23. Zoals we hiervoor al gezien hebben, houdt een loonvordering in dat tevens aanspraak gemaakt wordt op de wettelijke verhoging van maximaal 50% en de wettelijke rente (art. 7:625 en 6:119 BW).

Wat moet een werkgever doen om een hoogoplopende loonvordering te voorkomen? Er zijn twee oplossingen. In de eerste plaats kan hij zich tot het UVW wenden met het verzoek een *vergunning 'voor zover vereist'* af te geven. Een vergunning dus voor het geval er geen sprake is geweest van een dringende reden tot ontslag. Vervolgens kan de werkgever de arbeidsovereenkomst opzeggen met inachtneming van de vereiste opzeggingstermijn (art. 7:672 BW).

In de tweede plaats kan de werkgever de kantonrechter verzoeken de arbeidsovereenkomst te ontbinden wegens een gewichtige reden (art. 7:685 BW). Men spreekt in zo'n geval van *ontbinding 'voor zover vereist'*. De werkgever kan door het instellen van het ontbindingsverzoek bereiken dat, mocht de kantonrechter van oordeel zijn dat er geen sprake was van een dringende reden tot ontslag, de arbeidsovereenkomst in ieder geval door het rechterlijk vonnis wegens een gewichtige reden kan worden ontbonden. De loonvordering stopt dan op dat moment. Dit betekent matiging van de loonvordering tot de opzegtermijn.

Mocht de kantonrechter echter van oordeel zijn dat er toch sprake was van een dringende reden tot ontslag, dan is de arbeidsovereenkomst reeds vanaf het moment van het ontslag op staande voet beëindigd en hoeft er uiteraard vanaf dat moment geen loon meer aan de ontslagen werknemer betaald te worden.

Vergunning 'voor zover vereist'

Ontbinding 'voor zover vereist'

VOORBEELD 14.24

Radio Nobel verzocht ontbinding wegens verandering van omstandigheden op grond van art. 7:685 BW jegens een 37-jarige verkoopleider voor het geval het dienstverband al niet was geëindigd op 1 september 2013. Op die datum was de verkoopleider namelijk op staande voet ontslagen, omdat hij zijn boekhouding niet behoorlijk bijhield. De verkoopleider beriep zich op nietigheid van het ontslag omdat zijn disfunctioneren geen dringende reden tot ontslag opleverde, en stelde tevens een loonvordering in.

De kantonrechter was van oordeel dat op grond van de omstandigheden van het geval er geen sprake kon zijn van een ontslag op staande voet, maar ontbond toch de arbeidsovereenkomst wegens verandering in omstandigheden, omdat de verhouding tussen partijen dusdanig verstoord was dat het niet zinvol zou zijn het dienstverband voort te zetten. De arbeidsverhouding wordt op het moment van het wijzen van het vonnis beëindigd.

Het is ook mogelijk beroep op de nietigheid van een ontslag en een daarmee samenhangende loonvordering in kort geding in te stellen. Men moet zich dan wel realiseren dat een kort geding een voorlopige voorziening in spoedgevallen is en dat daarnaast of daarna nog een gewone procedure bij de rechtbank (sector kanton), de bodemprocedure, gevoerd moet worden.

Kort geding

14

VOORBEELD 14.25

Jan Bol, computeroperator bij een bank, werd op staande voet ontslagen wegens (bij herhaling) gepleegde diefstal/verduistering van USB-sticks, computerhandboeken en dergelijke van de werkgever. De werknemer stelt dat het ontslag nietig is en vordert in kort geding toelating tot het werk en doorbetaling van salaris.

Is hier sprake van een dringende reden tot ontslag voor de werkgever? Ja, want bij diefstal kan in redelijkheid niet van de werkgever gevorderd worden de arbeidsovereenkomst voort te zetten (art. 7:678 BW).

Desondanks vond de president (tegenwoordig: voorzieningenrechter) van de rechtbank ontslag op staande voet in dit geval een te zware sanctie. Hij hield daarbij rekening met het feit dat Jan Bol wegens kleptomanie onder psychiatrische behandeling had gestaan. De president meende dat ook de bodemrechter het ontslag nietig zou achten (Pres. Rb. Amsterdam, 01 juni 1989, RvdW KG 1989, 257).

14.6.6 Ontslag en faillissement

Faillissement

Het kan voorkomen dat een werknemer ontslagen wordt ten gevolge van het faillissement van zijn werkgever. Op de curator in faillissement rust in zo'n geval de taak de arbeidsovereenkomst op te zeggen. Voor een opzegging door de curator in het faillisement van de werkgever is geen ontslagvergunning vereist (art. 6 lid 2 sub c BBA). Wel moet de curator de voor de opzegging vermelde termijnen in acht nemen. Hij kan echter in ieder geval de arbeidsovereenkomst met een opzeggingstermijn van zes weken beëindigen (art. 40 Fw). Ook de werknemer kan de arbeidsovereenkomst vanwege het faillissement van de werkgever opzeggen.

14.6.7 Ontslagverboden

Ontslagverbod

Tot nu toe zijn we ervan uitgegaan dat iedere werknemer ontslagen kan worden door de werkgever, mits daarvoor maar de vereiste regels in acht werden genomen. In bepaalde gevallen is het de werkgever niet toegestaan de arbeidsovereenkomst eenzijdig te beëindigen (art. 7:670 BW). Dit heet *ontslagverbod*. We zullen de meest voorkomende bespreken.

Een werknemer mag niet ontslagen worden:
1 wegens ziekte;
2 wegens zwangerschap en gedurende het zwangerschapsverlof;
3 gedurende de tijd dat hij lid is van de ondernemingsraad of van een commissie van die raad.

Ad 1 Ziekte

Ziekte

Het ontslagverbod wegens ziekte van de werknemer geldt niet als de ongeschiktheid:
• ten minste twee jaren heeft geduurd;
• een aanvang heeft genomen nadat de ontslagvergunning reeds was aangevraagd (art. 7:670 lid 1 BW).

Ad 2 Zwangerschap en bevalling

Zwangerschap en bevalling

Het ontslagverbod wegens zwangerschap en bevalling loopt tot zes weken na afloop van het zwangerschapsverlof (art. 7:670 lid 2 BW).

Ad 3 Ondernemingsraad

Er bestaat een ontslagverbod voor leden van de ondernemingsraad (OR) en commissies van die raad. De wet geeft een nauwkeurige opsomming. Niet alleen leden van de OR en haar commissies genieten ontslagbescherming, ook aanstaande leden of oud-leden genieten een zekere ontslagbescherming.

Een werknemer namelijk die op de kandidatenlijst voor de OR staat of een werknemer die minder dan twee jaar geleden lid is geweest van de OR, kan alleen met toestemming van de *kantonrechter* worden ontslagen (art. 7:670a BW). De werkgever moet daartoe een verzoekschrift bij de kantonrechter indienen (art. 7:670a lid 2 BW). De kantonrechter zal zijn toestemming alleen maar verlenen als het hem aannemelijk voorkomt dat de beëindiging geen verband houdt met de plaatsing van de betrokkene op de kandidatenlijst of met het lidmaatschap van de OR of een commissie daarvan.

Andere ontslagverboden betreffen het lidmaatschap van een vakbond, het bijwonen van bestuursvergaderingen (bijvoorbeeld Tweede Kamer, Gemeenteraad), het opnemen van ouderschapsverlof of adoptieverlof, overgang van de onderneming en het niet willen werken op zondag. Het ontslagverbod vanwege de overgang van de onderneming geldt niet in faillissement (art 7:666 lid 1 BW). Bij cao kan van de eerste drie leden van art. 7:670 BW worden afgeweken (art. 7:670 lid 13 BW).

De ontslagverboden van art. 7:670 en 7:670a BW gelden niet als er sprake is van (art. 7:670b BW):

- wederzijds goedvinden, waarbij de werknemer schriftelijk heeft ingestemd;
- een dringende onverwijld medegedeelde reden (ontslag op staande voet);
- een ontslag tijdens de proeftijd;
- beëindiging van de werkzaamheden van de onderneming of van het onderdeel van de onderneming waarin de betrokkene werkzaam is (art. 7:670b BW).
- zonder deugdelijke reden weigeren van passende arbeid of medewerking aan het plan van aanpak op grond van art. 7:670 lid 1 BW.

Een beëindiging van de arbeidsovereenkomst in strijd met een ontslagverbod maakt de werkgever niet schadeplichtig. Wel kan de werknemer binnen twee maanden na de opzegging van de arbeidsovereenkomst een beroep doen op de vernietigingsgrond (ontslagverbod) door kennisgeving aan de werkgever (art. 7:677 lid 5 BW). De rechtsvordering zelf verjaart na zes maanden (art. 7:683 lid 2 BW).

Buiten de hiervoor genoemde opzegverboden is een opzegging van een arbeidsovereenkomst door de werkgever vanwege het feit dat de werknemer een beroep heeft gedaan op een jegens hem *discriminerende behandeling*, eveneens vernietigbaar (art. 7:647 lid 1 BW). Bovendien mag een werkgever ook bij ontslag geen onderscheid maken tussen werknemers op grond van de *arbeidsduur*, tenzij dit objectief gerechtvaardigd is (art. 7:648 BW).

14.6.8   Collectief ontslag

Het kan voorkomen dat een werkgever meerdere werknemers tegelijk moet ontslaan, bijvoorbeeld wegens inkrimping van de werkzaamheden of reorga-

Margin notes:

Ondernemingsraad

Andere ontslagverboden

Ontslagverbod geldt niet

Beëindiging i.s.m. ontslagverbod

14

nisatie. Behalve dat er in zo'n geval natuurlijk voor elke werknemer die het aangaat een ontslagvergunning aangevraagd moet worden en een opzeggingstermijn in acht genomen moet worden, moet de werkgever het ontslag van de werknemers van te voren melden aan (art. 3 Wet melding collectief ontslag; afgekort: WMCO):

- het Uitvoeringsinstituut Werknemersverzekeringen (UWV);
- de belanghebbende werknemersverenigingen;
- de ondernemingsraad.

VOORBEELD 14.26
Newton Electronica bv te IJmuiden wil de productieafdeling van haar bedrijf per 1 januari 2014 naar het buitenland verplaatsen. In Nederland zal dan nog slechts een kleine serviceafdeling overblijven. Het gevolg hiervan is dat er waarschijnlijk 74 gedwongen ontslagen zullen vallen.

Collectief ontslag

In voorbeeld 14.26 is er sprake van een zogenoemd *collectief ontslag*. Dat is het geval als er voor twintig of meer werknemers ontslag valt bij dezelfde werkgever, op tijdstippen gelegen binnen een tijdvak van drie maanden binnen het werkgebied van een UWV.
De werkgever moet melden:

- hoeveel werknemers hij wil ontslaan;
- het tijdstip of de tijdstippen waarop hij de arbeidsovereenkomsten volgens zijn voornemen zal doen eindigen;
- de functies, leeftijd en het geslacht van de desbetreffende arbeiders, de selectiecriteria, de wijze van berekening van afvloeiingsregelingen en de wijze van beëindiging van de arbeidsovereenkomsten, alsmede het aantal werknemers dat hij gewoonlijk in dienst heeft (art. 3 en 4 Wet melding collectief ontslag).

Het Uitvoeringsinstituut Werknemersverzekeringen neemt de verzoeken tot het verlenen van een ontslagvergunning voor de bij het collectief ontslag betrokken werknemers echter pas na de melding in behandeling en als uit een schriftelijke verklaring blijkt dat de vakbonden en de ondernemingsraad zijn geraadpleegd (art. 6 lid 1 Wet melding collectief ontslag).
Doel van de meldingsplicht en de daarbij te verschaffen informatie is dat dit het UWV de gelegenheid geeft om na te gaan of door arbeidsmarktpolitieke maatregelen, zoals overheidssteun, om- en herscholing enzovoort, werkloosheid kan worden voorkomen of zo veel mogelijk beperkt (art. 3 lid 2 WMCO). Het geeft de vakbonden daarnaast de gelegenheid om met de werkgever te gaan onderhandelen over de noodzaak van het collectieve ontslag en eventuele afvloeiingsregelingen.

14.6.9 Overgang van ondernemingen

In het voorafgaande hebben we gezien in welke gevallen arbeidsovereenkomsten beëindigd kunnen worden en welke regels daaraan worden gesteld. Buiten de normale gevallen van ontslag lopen werknemers ook een zeker risico ontslagen te worden bij overname van de onderneming waarbij zij werken. De rechten van werknemers bij overgang van ondernemingen worden in een aparte afdeling geregeld (art. 7:662 e.v. BW).

14

Overgang onderneming

Bij overgang van een onderneming wordt de ene onderneming opgenomen in een andere onderneming. Dit verschijnsel doet zich voor als een ondernemer zijn gehele bedrijf ofwel een gedeelte daarvan afstoot. Een reden hiervoor kan zijn dat hij wegens het bereiken van de pensioengerechtigde leeftijd zijn ondernemingsactiviteiten wil beëindigen; er kan ook sprake zijn van bedrijfseconomische redenen, zoals een fusie, reorganisatie, bedrijfssluiting of een overname. Onder overgang van ondernemingen valt ook de omzetting van bijvoorbeeld een eenmanszaak of vennootschap onder firma in een nv of bv.

De regeling is echter niet van toepassing bij faillissement, wel bij surseance van betaling (art. 7:666 BW).

Ook als er een ondernemingsraad of personeelsvertegenwoordiging is, moet de werknemer tijdig op de hoogte gesteld worden van de overgang van de onderneming (art. 25 WOR, 7:665a BW).

De werknemers moeten wettelijk worden beschermd als de vervreemder of de verkrijger geen pensioenregeling voor de werknemers heeft getroffen (art. 7:664 BW).

Overgang van onderneming geschiedt door overdracht van de verschillende bestanddelen (bedrijfsgebouwen, vorderingen en schulden, handelsnaam en dergelijke), elk op de daarvoor juridisch voorgeschreven wijze. Betreft het een bedrijfsgebouw, dan moet er een notariële transportakte worden ingeschreven in de openbare registers, vorderingen moeten worden gecedeerd door middel van een akte van cessie en mededeling aan de schuldenaars, enzovoort. Verder worden in samenhang daarmee de met die zaken uitgeoefende ondernemersactiviteiten door de overdrager beëindigd en voortgezet door de verkrijger.

Overdracht bestanddelen

Zoals gezegd gaan vorderingen en schulden van de overdrager over op de verkrijger, zo ook de rechten en plichten uit arbeidsovereenkomsten. De werkgever is evenwel nog gedurende een jaar na de overgang naast de verkrijger *hoofdelijk aansprakelijk* voor de nakoming van de verplichtingen uit de arbeidsovereenkomst die zijn ontstaan vóór dat tijdstip (art. 7:663 BW).

Hoofdelijk aansprakelijk

VOORBEELD 14.27
Rob de Pauw wil zijn papiergroothandel om fiscale redenen omzetten in een besloten vennootschap. De naam van de bv zal luiden: Pauw Papierhandel bv. Hij heeft drie sorteerders en twee chauffeurs in dienst. Hij brengt daarom zijn opslagloods met de daarin aanwezige roerende zaken, zoals steekwagentjes, en een tweetal bedrijfsauto's in de besloten vennootschap in. Ook de vorderingen en de schulden worden door de vennootschap overgenomen. Hoe zit het met de positie van de vijf werknemers?

VOORBEELD 14.28
De Groot, directeur van De Groot's Import bv, draagt zijn bedrijf wegens het bereiken van de pensioengerechtigde leeftijd over aan Haarsma Import bv. Er zijn zo'n tien werknemers in dienst van De Groot's Import bv. Wat zijn de gevolgen van de overdracht van het bedrijf voor hun positie?

14

In beide voorbeelden gaat een bepaalde onderneming over in een andere onderneming. In voorbeeld 14.27 door inbreng in een besloten vennootschap, in voorbeeld 14.28 door overdracht van de onderneming.

De wet regelt deze materie als volgt. Door de overgang van een onderneming gaan de rechten en verplichtingen welke op dat tijdstip voor de werkgever in die onderneming voortvloeien uit een arbeidsovereenkomst tussen hem en een daar werkzame werknemer, van rechtswege over op de verkrijger (art. 7:663 BW). Datzelfde geldt voor de cao-bepalingen (art. 14a Wet cao). Als we nu nog eens de twee voorbeelden bekijken, dan betekent de toepassing van de wettelijke regel dus dat de rechten en verplichtingen uit de arbeidsovereenkomsten overgaan op respectievelijk Pauw Papiergroothandel bv en Haarsma Import bv. Rob de Pauw en De Groot's Import bv blijven echter nog één jaar na de inbreng respectievelijk overdracht hoofdelijk aansprakelijk voor de nakoming van de arbeidsovereenkomsten die op het tijdstip van de overgang reeds waren aangegaan.

Het kan zijn dat de overgang van de onderneming andere nadelige gevolgen heeft voor een werknemer: de afstand van zijn woning naar het werk wordt bijvoorbeeld aanzienlijk vergroot of zijn promotiekansen nemen af. Als de werknemer nu op grond van een van deze redenen besluit de arbeidsovereenkomst te doen eindigen, dan wordt dit gezien als een ontslag van de kant van de werkgever (art. 7:665 BW).

Beëindiging arbeidsovereenkomst door werknemer

Zou de werknemer de kantonrechter verzoeken om de arbeidsovereenkomst wegens verandering in omstandigheden te ontbinden, dan speelt het voorafgaande ook een rol bij een eventuele toekenning van een vergoeding (art. 7:685 lid 8 BW).

14.7 Collectieve arbeidsovereenkomst

In de vorige paragrafen is de cao al een aantal malen genoemd. Zo mag er bijvoorbeeld van bepaalde wettelijke voorschriften worden afgeweken bij cao. Wat het collectieve arbeidsovereenkomstenrecht, waartoe de cao behoort, werkelijk is en wat het inhoudt, is tot nu toe niet ter sprake gekomen.

Collectieve arbeidsovereenkomst

De collectieve arbeidsovereenkomst is geregeld in de Wet op de collectieve arbeidsovereenkomst (Wet cao). Een cao of collectieve arbeidsovereenkomst is een overeenkomst die is aangegaan door een of meer werkgevers of een of meer verenigingen (met volledige rechtsbevoegdheid) van werkgevers en een of meer verenigingen (met volledige rechtsbevoegdheid) van werknemers, waarbij voornamelijk of uitsluitend worden geregeld arbeidsvoorwaarden bij arbeidsovereenkomsten in acht te nemen (art. 1 lid 1 Wet cao).

De cao is dus een overeenkomst die gaat over arbeidsvoorwaarden en gesloten wordt tussen enerzijds een werkgever, bijvoorbeeld Philips nv of Corus, of een werkgeversorganisatie (VNO, CWV en dergelijke) en een of meer werknemersorganisaties (FNV, CNV, MKB en dergelijke). Het bijzondere aan deze overeenkomst is dat er niet alleen rechtstreeks een gebondenheid aan de cao kan ontstaan, maar ook en vooral dat dit gebeurt via het lidmaatschap van een werkgevers- of werknemersorganisatie. Grote werkgevers zoals Philips of Corus sluiten zelf cao's met de desbetreffende werknemersorganisaties. Andere worden dus gebonden via het lidmaatschap van een werkgeversorganisatie.

14

VOORBEELD 14.29

Diezel, die een metaalbewerkingsbedrijf heeft in Amsterdam-Noord, is aangesloten bij een werkgeversorganisatie in de metaalnijverheid. De cao-onderhandelingen zijn in volle gang. Op een gegeven moment wordt hij door zijn organisatie op de hoogte gesteld van het feit dat er dit jaar onder andere een loonsverhoging verleend moet worden van 3,45%, en dat de leeftijd voor vervroegd uittreden van werknemers vastgesteld blijft op 61 jaar en het aantal vakantiedagen op 23.

Door het lidmaatschap van de betrokken werkgeversorganisatie is Diezel verplicht de door de werkgeversorganisatie overeengekomen cao-bepalingen toe te passen op de arbeidsovereenkomsten die hij gedurende de looptijd van de cao is aangegaan met zijn werknemers.

Hoe is het gesteld met de positie van de werknemers? Zoals gezegd, worden ook werknemers via het lidmaatschap van een werknemersorganisatie (vakbond) gebonden aan de cao die tussen hun werkgever en hun vakbond is gesloten (art. 9 Wet cao). Men noemt dat de normatieve werking van een cao. *Normatieve werking* van de bepalingen van een cao betekent dus dat de cao-bepalingen automatisch en dwingend doorwerken in de arbeidsovereenkomst die gesloten wordt tussen een werkgever die hetzij rechtstreeks hetzij via een lidmaatschap van een werkgeversorganisatie gebonden is aan de cao, en een werknemer die wel of geen lid van een vakbond is.

Normatieve werking

VOORBEELD 14.30

Suzanne en Peter zijn beiden als kraanmachinist werkzaam bij Corus te IJmuiden. Suzanne is geen lid van een vakbond, Peter wel. We noemen Peter daarom een georganiseerde arbeider. Er is tussen Hoogovens en de vakbonden een cao gesloten.

Uiteraard is de cao van toepassing op de arbeidsovereenkomst die Peter met Corus is aangegaan (art. 9 Wet cao).

Maar hoe zit het met Suzanne? Suzanne is immers geen lid van een vakbond. De cao-bepalingen zijn, tenzij de cao anders bepaalt, ook van toepassing op de arbeidsovereenkomst die Suzanne met Corus is aangegaan. De wet verplicht de werkgever daartoe (art. 14 Wet cao).

Als de onderneming fuseert, gaan alle rechten en verplichtingen als bedoeld in art. 7:662 BW die gebaseerd zijn op cao-bepalingen en die gelden voor de werknemers van de betrokken organisatie, over op de verkrijger van de onderneming (art. 14a Wet cao).

Een werkgever moet de cao-bepalingen dus toepassen op alle arbeidsovereenkomsten. De wetgever heeft deze bepaling opgenomen om te voorkomen dat er een oneerlijke concurrentie zou ontstaan tussen de verschillende werknemers. Een werkgever zou bijvoorbeeld om bedrijfseconomische redenen eerder geneigd zijn een ongeorganiseerde werknemer in dienst te nemen, omdat hij deze slechts het minimumloon hoeft uit te betalen, dan een georganiseerde werknemer, die hij het (hogere) cao-loon zal moeten betalen. Een *georganiseerde werknemer* is in dit verband een werknemer die lid is van een erkende vakbond of werknemersorganisatie.

Georganiseerde werknemer

14

Een werkgever is dus verplicht de bepalingen van de cao op al zijn werknemers toe te passen. We kunnen nu de volgende vraag stellen: mag een beding in een arbeidsovereenkomst afwijken van de bepalingen van een cao?

Nietig beding

De wet zegt dit aldus: elk beding tussen een werkgever en werknemer, strijdig met een collectieve arbeidsovereenkomst door welke zij beide gebonden zijn, is nietig; in plaats van zodanig beding gelden de bepalingen der collectieve arbeidsovereenkomst (art. 12 lid 1 Wet cao).

Is echter iedere afwijking van de bepalingen van een cao bij een arbeidsovereenkomst in strijd met de cao en dus nietig? Het antwoord op deze vraag hangt af van het feit of de cao bedoeld is als minimumregeling of als

Minimumregeling

maximum- of standaardregeling. Als de cao bedoeld is als *minimumregeling*, is slechts de afwijking ten nadele van de werknemer nietig, en die ten gunste van de werknemer niet. Een werkgever mag een werknemer dan bijvoorbeeld niet beneden het cao-loon betalen, maar hij mag hem wel meer vakantiedagen of een hoger loon geven. Is de cao daarentegen bedoeld als

Maximum- of standaardregeling

maximum- of standaardregeling, dan is elke afwijking van de bepalingen van de cao nietig. De cao is momenteel een minimumregeling.

Nu we weten wat een cao is en wat zij kan inhouden, moeten we ons afvragen hoe nu een cao tot stand komt (subpar. 14.7.1) en welke mogelijkheden er zijn om een bestaande cao te handhaven (subpar. 14.7.2). Verder kan de werking van een cao uitgebreid worden door deze algemeen verbindend te verklaren (subpar. 14.7.3).

14.7.1 Totstandkoming van een cao

Totstandkoming cao

De cao komt dus tot stand in onderling overleg tussen een werkgever of werkgeversorganisatie en een werknemersorganisatie (art. 1 lid 1 Wet cao). Het bijzondere aan deze overeenkomst is dat iemand, werkgever of werknemer, via een lidmaatschap van een vereniging gebonden wordt aan de cao (art. 9 lid 1 Wet cao).

De wet stelt wel bepaalde eisen aan deze verenigingen. Zij moeten in de eerste plaats volledig rechtsbevoegd zijn, dat wil zeggen dat zij notarieel vastgelegde statuten moeten bezitten (art. 2:27 en 28 BW). En in de tweede plaats moet de bevoegdheid om collectieve arbeidsovereenkomsten aan te gaan in deze statuten zijn vastgelegd (art. 2 Wet cao).

Als de cao tot stand is gekomen, moet zij worden vastgelegd in een authentieke of onderhandse akte (art. 3 Wet cao). Verder zijn de cao-partijen verplicht de tekst van de cao aan hun leden bekend te maken (art. 4 Wet cao). Een cao wordt meestal voor één of twee jaar aangegaan. De wet bepaalt dat zij voor niet langer dan vijf jaren mag worden aangegaan, maar meestal willen partijen zich niet zo lang vastleggen (art. 18 Wet cao).

Vredesplicht

Gedurende de looptijd van een cao zijn de vakbonden doorgaans verplicht van staking af te zien. Men noemt dit de *vredesplicht*. Ook gedurende de cao-onderhandelingen mag er niet zomaar gestaakt worden. Een vakbond die een staking uitroept, loopt het risico dat de rechter de staking onrechtmatig acht, met alle gevolgen van dien, of kortweg een staking verbiedt en de partijen weer naar de onderhandelingstafel terugstuurt.

Staking, ook een georganiseerde, mag slechts als laatste middel gebruikt worden; dus alleen als de onderhandelingen echt zijn vastgelopen en anders niet.

14.7.2 Handhaving van de cao-bepalingen

Naleving cao

Wie kunnen naleving van de bepalingen van de cao afdwingen? In de eerste plaats kan natuurlijk een vereniging die een collectieve arbeidsovereenkomst is aangegaan, indien een van de andere partijen bij die overeenkomst of een van de leden van deze handelt in strijd met een van haar of zijn verplichtingen, vergoeding vorderen niet alleen voor de schade welke zij zelf dientengevolge lijdt, maar ook voor die welke haar leden lijden (art. 15 Wet cao).

Maar ook een werknemer kan naleving van de cao afdwingen. In feite eist hij dan nakoming van de verplichtingen uit zijn arbeidscontract, waarop immers de cao-bepalingen van toepassing zijn. Als een werknemer bijvoorbeeld beneden het cao-loon wordt betaald, kan hij met een beroep op de cao-bepalingen een loonvordering instellen en het cao-loon eisen.

Ook de werkgever die rechtstreeks gebonden is, kan natuurlijk zelf nakoming van de cao afdwingen. Dan zal uiteraard ook art. 15 Wet cao van toepassing zijn.

14.7.3   Algemeenverbindend- en onverbindendverklaring

Algemeenverbindend- en onverbindendverklaring van de bepalingen van de cao is geregeld in de Wet op het algemeen verbindend en het onverbindend verklaren van bepalingen van collectieve arbeidsovereenkomsten; afgekort Wet AVV.

We hebben gezien dat een werkgever die gebonden is aan de cao, de bepalingen van die cao bij alle arbeidsovereenkomsten die hij gedurende de looptijd van de cao met zijn werknemers, georganiseerd of niet, moet toepassen. Dit betekent dus dat een werkgever die niet gebonden is aan de cao, volledig vrij is in het bepalen van de inhoud van de arbeidsovereenkomsten die hij met al zijn arbeiders, georganiseerd of niet, sluit.

Er is echter een uitzondering. Hij is namelijk wel gebonden als de cao algemeen verbindend is verklaard. Een cao wordt op verzoek van een of meer cao-partijen door de minister van Sociale Zaken en Werkgelegenheid algemeen verbindend verklaard als de bepalingen voor een meerderheid van de in een bepaalde bedrijfstak werkende personen gelden. Een cao kan niet alleen algemeen verbindend verklaard worden voor een bepaald gebied, maar ook voor heel Nederland (art. 2 en 4 Wet AVV). Ook gaan bij de overgang van een onderneming de bepalingen van een algemeen verbindend verklaarde cao van rechtswege over op de verkrijger van de onderneming (art. 4a AVV). Bedingen in arbeidsovereenkomsten die in strijd zijn met de algemeen verbindend verklaarde cao, zijn nietig. In plaats daarvan gelden de algemeen verbindend verklaarde bepalingen, waarvan nakoming in rechte kan worden gevorderd (art. 3 Wet AVV).

Algemeenverbindend- en onverbindendverklaring

VOORBEELD 14.31

Loods heeft een overslagbedrijf in de Rotterdamse haven. Hij heeft 25 werknemers in dienst. De meeste van deze werknemers zijn lid van een vakbond. Loods zelf is echter niet aangesloten bij een werkgeversorganisatie. Daarom geldt de cao van de havenbedrijven niet voor zijn werknemers. Hij kan zelf de inhoud van de arbeidscontracten bepalen. Het maakt daarbij geen verschil dat de meeste werknemers lid zijn van de vakbond.

Nu wordt de cao van de havenbedrijven algemeen verbindend verklaard voor het gehele Rijnmondgebied. Het gevolg hiervan is dat Loods de cao-bepalingen ten aanzien van al zijn werknemers in acht zal moeten nemen.

14

© Noordhoff Uitgevers bv

Kernbegrippenlijst

Afkoopsom	Een op verzoek van een van de partijen door de kantonrechter vastgestelde som geld die betaald moet worden aan de wederpartij als herstel van de arbeidsovereenkomst niet mogelijk blijkt te zijn (art. 7:682 lid 3 BW).
Arbeid	Prestatie waarvoor loon verschuldigd is (art. 7:610 en 611 BW).
Arbeidsovereenkomst	Wederkerige, verbintenisscheppende overeenkomst waarbij de ene partij, de arbeider/werknemer, zich verbindt in dienst van de andere partij, de werkgever, tegen betaling van loon gedurende zekere tijd arbeid te verrichten (art. 7:610 BW).
Collectief ontslag	Ontslagen van twintig of meer arbeiders binnen het werkgebied van een UWV op tijdstippen gelegen binnen een tijdvak van drie maanden door een en dezelfde werkgever (zie Wet melding collectief ontslag).
Collectieve arbeidsovereenkomst	Een overeenkomst aangegaan door een werkgever of werkgeversorganisatie en een werknemersorganisatie die handelt over lonen en arbeidsvoorwaarden die bij arbeidsovereenkomsten in acht genomen moeten worden (art. 1 Wet cao).
Concurrentiebeding	Een beding tussen de werkgever en de werknemer waarbij deze laatste beperkt wordt in zijn bevoegdheid om na het einde van de arbeidsovereenkomst op zekere wijze werkzaam te zijn (art. 7:653 BW).
Dringende reden	Zodanige daden, eigenschappen of gedragingen van de werknemer die ten gevolge hebben dat van de werkgever redelijkerwijze niet gevergd kan worden de arbeidsovereenkomst te laten voortduren (art. 7:678 BW), of zodanige omstandigheden die ten gevolge hebben dat van de werknemer redelijkerwijze niet gevergd kan worden de arbeidsovereenkomst te laten voortduren (art. 7:679 BW).

Flexibele arbeidsverhouding	De uitzendovereenkomst, de af- of oproepovereenkomst, de thuiswerk- en de freelanceovereenkomst behoren tot de flexibele arbeidsverhoudingen in enge zin. Vat men de flexibele arbeidsverhoudingen in ruime zin op, dan vallen ook deeltijdwerk en tijdelijke contracten onder dit begrip.
Gefixeerde schadevergoeding	Een bedrag gelijk aan het in geld vastgesteld loon voor de tijd dat de arbeidsovereenkomst bij regelmatige beëindiging had behoren voort te duren (art. 7:680 lid 1 BW).
Georganiseerde staking	Een staking die georganiseerd wordt door een erkende vakbond en die gaat over lonen en arbeidsvoorwaarden.
Georganiseerde werknemer	Werknemer die lid is van een erkende vakbond/werknemersorganisatie.
Getuigschrift	Een op verzoek van de werknemer verstrekte opgave van de aard van de verrichte arbeid en de duur van de arbeidsovereenkomst (art. 7:656 BW).
Gewichtige redenen	Omstandigheden die een dringende reden voor ontslag opleveren, en veranderingen in omstandigheden welke van dien aard zijn dat de arbeidsovereenkomst dadelijk of na korte tijd behoort te eindigen (art. 7:685 BW).
Herstel van de arbeidsovereenkomst	Ondanks het feit dat er sprake is geweest van een regelmatig, onregelmatig of kennelijk onredelijk ontslag dat slechts leidt tot schadeplichtigheid, kan de kantonrechter op vordering van een der partijen herstel van de arbeidsovereenkomst opleggen (art. 7:682 BW).
Inhoudelijk protest	Bezwaar van de werknemer bij het UWV tegen een voor hem door de werkgever aangevraagde ontslagvergunning.
Kennelijk onredelijk ontslag	Een ontslag waarbij niet voldoende rekening is gehouden met de belangen van de wederpartij gezien de wijze waarop de arbeidsovereenkomst is beëindigd (art. 7:681 BW).
Loon	Contractueel bedongen tegenprestatie voor het verrichten van arbeid (art. 7:610 en 616 BW).
Minimumloon	Loon dat een werkgever op grond van de Wet minimumloon en minimumvakantietoeslag verplicht is aan iedere werknemer tussen de 23 en 64 jaar in zijn dienst uit te betalen als de werknemer een volledige baan heeft. Werknemers die jonger dan 23 jaar zijn, hebben recht op het minimumjeugdloon.
Onbetaald verlof	Verlof zonder behoud van loon (art. 7:643 en 644 BW).

14

Ondergeschiktheid	De verplichting van de werknemer om zich aan de voorschriften van de werkgever te houden bij het verrichten van zijn arbeid (art. 7:610 en 660 BW).
Onregelmatig ontslag	Een ontslag waarbij de opzeggende partij heeft nagelaten op te zeggen tegen een bepaalde dag met inachtneming van de vereiste opzeggingstermijnen (art. 7:670, 671 en 672 BW). Een onregelmatig ontslag leidt tot schadeplichtigheid (art. 7:677 BW).
Ontslag op staande voet	Ontslag wegens een dringende onverwijld aan de wederpartij medegedeelde reden, waarbij de regels van het ontslagrecht niet van toepassing zijn (art. 6 BBA en 7:677 lid 1 BW).
Ontslagverbod	Verbod om bepaalde werknemers te ontslaan op straffe van nietigheid van het ontslag (art. 7:670 lid 2 e.v., 7:677 lid 5 BW).
Ontslagvergunning	Toestemming van het Uitvoeringsinstituut Werknemersverzekeringen voor de eenzijdige beëindiging (opzegging) van een arbeidsovereenkomst (art. 6 BBA).
Onvrijwillig ontslag	Eenzijdige beëindiging van de arbeidsverhouding zonder toestemming van de wederpartij.
Opzegging	Eenzijdige rechtshandeling ten gevolge waarvan de arbeidsverhouding kan eindigen.
Opzeggingstermijn	Termijn die in acht genomen moet worden voordat de arbeidsverhouding kan worden beëindigd (art. 672 lid 2 en 3 BW).
Positieve discriminatie	Afwijking van het beginsel van gelijke behandeling van mannen en vrouwen in het arbeidsovereenkomstenrecht die toegestaan is om bestaande feitelijke ongelijkheden op te heffen (art. 7:646, 647 BW).
Proeftijd	Een periode van maximaal twee maanden (één maand bij tijdelijke contracten van minder dan twee jaar) bij het aangaan van de arbeidsovereenkomst, waarbij elk van beide partijen, werkgever en werknemer, bevoegd is de arbeidsovereenkomst zonder opzegging of zonder inachtneming van de bepalingen van het ontslagrecht en zonder opgave van redenen te beëindigen.
Regelmatig ontslag	Een ontslag waarbij de opzeggende partij zich gehouden heeft aan de opzeggingsdag en de opzeggingstermijnen (art. 672 BW).

14

Vakantie	Verplichting van de werkgever om een werknemer gedurende een aantal in de arbeidsovereenkomst of cao overeengekomen dagen te ontslaan van zijn verplichting tot het verrichten van arbeid, met behoud van loon (art. 7:634 en 639 BW).
Vakantietoeslag	Percentage van het jaarsalaris dat de werkgever verplicht is naast het verschuldigde loon te betalen.
Vernietigbaar ontslag	Een ontslag gegeven of genomen zonder toestemming van het Uitvoeringsinstituut Werknemersverzekeringen (art. 9 BBA).
Wettelijke verhoging	Verhoging van het loon dat de werkgever de werknemer verschuldigd is bij te late loonbetaling (art. 7:625 BW).
Wilde staking	Een staking die door een groep werknemers wordt georganiseerd uit onvrede met een bestaande situatie. Een wilde staking behoort tot het bedrijfsrisico van de werkgever (art. 7:628 BW).

Meerkeuzevragen

14.1 Petra de Wit is op 1 maart 2013 een arbeidsovereenkomst voor één jaar aangegaan met Pharmicon bv met een proeftijd van twee maanden. Omdat haar directe chef niet tevreden is over haar functioneren, wil hij haar niet op zijn afdeling handhaven. Hij vraagt daarom reeds na drie weken de personeelschef om Petra te ontslaan. Wanneer kan Petra ontslagen worden?

a De personeelschef kan Petra pas na afloop van de proeftijd ontslaan.

b De arbeidsovereenkomst met Petra kan pas op 1 maart 2014 van rechtswege beëindigd worden.

c Omdat het een ontslag in de proeftijd betreft, kan Petra meteen, dus zonder dat een ontslagvergunning en een opzeggingstermijn nodig zijn, ontslagen worden.

d Zij kan pas nadat er een ontslagvergunning verleend is, ontslagen worden.

14.2 Als Breedveld honderd lampenkappen voor €7,50 per stuk bekleedt in opdracht van Venema, is er sprake van

a aanneming van werk.

b een arbeidsovereenkomst.

c een overeenkomst van opdracht.

d verrichten van enkele diensten.

14.3 Marius van Beek, 48 jaar oud en sinds vijftien jaar werkzaam als eerste verkoper in een herenmodezaak, wordt wegens reorganisatie van het bedrijf door zijn werkgever Jan Berend Vos ontslagen. De werkelijke reden is dat Jan Berend zijn zaak wil moderniseren in de hoop een breder publiek en met name jongeren aan te kunnen trekken. Daarom heeft hij liever wat jonger personeel.

Nadat hij een ontslagvergunning heeft verkregen, ontslaat hij Marius dan ook met inachtneming van de opzeggingstermijn. Wat kan Marius, die meent dat hij ten gevolge van het ontslag onbillijk is benadeeld, eisen?

a Herstel van de arbeidsovereenkomst en schadevergoeding wegens kennelijke onredelijkheid van het ontslag.

b Herstel van de arbeidsovereenkomst en schadevergoeding wegens onregelmatig ontslag.

c Gefixeerde schadevergoeding.

d Loon, met een beroep op de nietigheid van het ontslag.

14.4 Bezemer, 52 jaar oud, is sinds zijn 28e jaar in dienst als magazijnbediende bij een ijzerwarenhandel in de hoofdstad. Vanwege bedrijfseconomische problemen moet het bedrijf een aantal vestigingen, waaronder het filiaal waar Bezemer werkt, sluiten. Bezemer krijgt op 1 februari 2013 te horen dat hij tot de werknemers behoort van wie het dienstverband beëindigd zal worden. Hoe lang is de opzegtermijn die de ijzerhandel ten aanzien van Bezemer in acht moet nemen?

a dertien weken.
b vier maanden.
c zes weken.
d drie maanden.

14.5 Zie vraag 14.4. Tegen welke datum kan Bezemer ontslagen worden, uitgaande van het feit dat de ontslagvergunning aangevraagd wordt op 3 februari 2013 en op 16 maart 2013 wordt verleend?
a 1 mei 2013.
b 1 juni 2013.
c 1 april 2013.
d 1 september 2013.

14.6 De bepalingen van het arbeidsovereenkomstenrecht zijn niet van toepassing op
a Barry van Houten, die als ambtenaar in dienst is van de gemeente Gouda.
b Gerard Tholen, die directeur is van Optimus bv.
c Paul Hogezand, die zich als matroos heeft laten inschepen bij M.S. Zuid-Holland.
d Regien Zouteriks, die als koffiejuffrouw werkt in de kantine van Bouwbedrijf Boele nv.

14.7 In welke van de onderstaande situaties hoeft de werkgever zijn werknemer geen loon te betalen?
a Dolf Korff brengt een vakantie van twee weken op het eiland Samos door.
b Marcel Blok kan vanwege een bezetting van de poort door boze vrachtwagenchauffeurs gedurende twee dagen niet werken.
c Marieke Nuyens neemt een snipperdag op om een dagje naar Zandvoort te gaan.
d Manon Peters komt een paar uur te laat op haar werk vanwege een spoorwegstaking.

14.8 Jeroen de Wit studeert aan de Hogeschool. Om in zijn levensonderhoud te kunnen voorzien moet hij af en toe naast zijn studie werken. Hij is op 1 januari 2014 een arbeidsovereenkomst aangegaan voor de duur van twee maanden bij Frits Jansen, eigenaar van café 'De Wereld'. Ook in het verleden heeft hij al verscheidene malen bij Frits Jansen gewerkt, namelijk van 1 januari 2013 tot en met 1 mei 2013, van 1 juni 2013 tot 1 juli 2013 en van 1 oktober 2013 tot 1 januari 2014. Eind februari 2014 vraagt hij zich af wat zijn rechtspositie is, nu Frits Jansen hem wederom gevraagd heeft een arbeidsovereenkomst voor een half jaar aan te gaan. Wat is juist?
a Jeroen is vanaf 1 januari 2013 al in vaste dienst.
b Jeroen is vanaf 1 januari 2014 al in vaste dienst.
c Jeroen zal pas bij het nieuwe arbeidscontract in vaste dienst komen.
d Jeroen is pas in vaste dienst als hem na het verstrijken van het voornoemde nieuwe arbeidscontract, bijvoorbeeld per 1 juni 2014, opnieuw een arbeidscontract wordt aangeboden.

14.9 Een tijdelijke arbeidsovereenkomst die stilzwijgend is verlengd, eindigt van rechtswege
a door de dood van de werkgever.
b door tijdsverloop.
c door het faillissement van de werkgever.
d bij bedrijfssluitingen.

14.10 Wiens toestemming heeft een ondernemer in beginsel nodig voor een ontslag van een kandidaat-lid van de ondernemingsraad?
a Van het Uitvoeringsinstituut Werknemersverzekeringen.
b Van de kantonrechter.
c Van de minister van Sociale Zaken en Werkgelegenheid.
d Van niemand, want een kandidaat-lid van de OR kan niet ontslagen worden.

14.11 Ten gevolge van het faillissement van pizzeria Piscini moeten alle werknemers worden ontslagen door de curator in faillissement. Het betreft Luigi, Achmed en Trudy, die destijds op 17-jarige leeftijd in dienst zijn getreden en die allemaal al acht jaar in dienst zijn. Welke opzeggingstermijn moet de curator ten aanzien van de drie werknemers innemen?
a Twee maanden.
b Er is geen opzeggingstermijn vereist.
c Zes weken.
d Eén maand.

14.12 Groot, directeur van Groot bv, heeft een ontslagvergunning aangevraagd voor Rolf Boon. Als deze hem wordt geweigerd, moet hij
a de kantonrechter verzoeken de arbeidsovereenkomst wegens gewichtige redenen te ontbinden.
b in beroep gaan bij de minister van Sociale Zaken en Werkgelegenheid.
c een procedure op tegenspraak beginnen tegen de beslissing bij het Uitvoeringsinstituut Werknemersverzekeringen.
d een procedure aanspannen bij de afdeling Rechtspraak van de Raad van State.

14.13 De regels van het ontslagrecht zijn niet van toepassing op
a beëindiging in faillissement.
b een kennelijk onredelijk ontslag.
c een onregelmatig ontslag.
d een ontslag op staande voet.

14.14 Peeters, curator in het faillissement van Patroclus bv, moet tien werknemers van het bedrijf ontslaan. Voor een geldig ontslag is in dit geval vereist
a een afvloeiingsregeling.
b een ontslagvergunning.
c een opzeggingstermijn van zes weken.
d melding van het voorgenomen ontslag bij het UWV, de vakbonden en de ondernemingsraad.

14.15 De wet bepaalt ten aanzien van oproepkrachten dat
a in alle gevallen minimaal drie uur salaris per oproep verschuldigd is.
b loonbetaling altijd afhankelijk is van het aantal gewerkte uren.
c schriftelijk kan worden bepaald dat slechts gedurende de eerste zes maanden het principe 'geen werk, geen loon' van toepassing is.
d voor de berekening van het aantal gewerkte uren moet worden uitgegaan van het gemiddelde van de laatste twee maanden.

14.16 Elektricien Koops is tot de ontdekking gekomen dat zijn werkgever het laatste halfjaar te veel aan premies op zijn loon heeft ingehouden. Koops kan in dat geval eisen a het achterstallige salaris en de wettelijke rente over dat bedrag.

b het gehele achterstallige salaris, de wettelijke verhoging van 50% en de wettelijke rente over het totale bedrag.

c salaris, wettelijke verhoging en wettelijke rente, die verschuldigd zijn van-af de datum die in de ingebrekestelling is vermeld.

d slechts het salaris van het laatste halfjaar als er duidelijk sprake is ge-weest van een vergissing van de kant van de werkgever.

14.17 Een werknemer heeft recht op het cao-loon als

a dit hoger is dan het minimumloon.

b de werkgever gebonden is aan de bepalingen van de cao.

c hij dit bij het sluiten van de overeenkomst bedongen heeft.

d hij lid wordt van de vakbond die aan de cao-onderhandelingen heeft deel-genomen.

14.18 Greet Gielissen wordt in het eerste jaar van haar ziekte ontslagen door haar werkgever. Dit ontslag

a is kennelijk onredelijk en leidt tot een herstel van de arbeidsovereen-komst.

b is onregelmatig en leidt tot schadevergoeding.

c is van rechtswege nietig.

d kan met een beroep op de vernietigbaarheid door de werknemer vernie-tigd worden.

14.19 Boris is als barkeeper aangesteld bij eetcafé De Vijf Populieren voor de tijd van één jaar. Welke van de volgende beweringen ten aanzien van deze ar-beidsovereenkomst is juist?

a Als de arbeidsduur niet is bepaald, geldt het gemiddeld aantal gewerkte uren over de laatste zes maanden.

b Als de overeenkomst na afloop van het eerste jaar stilzwijgend wordt ver-lengd, wordt het arbeidscontract automatisch omgezet in een arbeids-overeenkomst voor onbepaalde tijd.

c De arbeidsovereenkomst kan pas na afloop van het betreffende jaar wor-den opgezegd.

d De proeftijd mag maximaal één maand bedragen.

14.20 Er is sprake van een onregelmatig ontslag als

a de opzeggingstermijn niet in acht is genomen.

b een ontslagvergunning ontbreekt.

c er geen sprake is van een dringende reden tot ontslag.

d er te weinig rekening is gehouden met de belangen van de werknemer.

14.21 Piet is in dienst van houtzagerij Van Rossum bv. Van Rossum bv valt niet onder een cao, maar de cao in de houtverwerkende industrie is algemeen verbindend verklaard. In de arbeidsovereenkomst die Piet bij zijn indienst-treding heeft ondertekend, is niet gerefereerd aan de cao. Wel is Piet lid van de vakbond. Piet heeft recht op het cao-loon, omdat

a de cao algemeen verbindend is verklaard.

b hij lid is van een vakbond.

c zijn werkgever partij was bij de cao.

d zijn werkgever lid is van een werkgeversorganisatie.

14.22   Een arbeidsovereenkomst eindigt van rechtswege door
   a het verstrijken van de tijd bij een tijdelijk arbeidscontract.
   b het verstrijken van het tijdstip van beëindiging zoals dat door de kanton-
      rechter in zijn ontbindingsvonnis is bepaald.
   c door opzegging in de proeftijd.
   d door overlijden van de werkgever.

Oefenvragen

14.1 Kees Jonk is sinds oktober 2003 in dienst van transportbedrijf Boeve Logistiek bv. Hij is een echte brokkenmaker. Als hij op maandagmorgen 19 maart 2013 zijn zoveelste ongeval veroorzaakt doordat hij chauffeur Hogezand van firma Buitendijk geen voorrang verleent, waardoor hij een schade van ongeveer €10.000 aan diens oplegger veroorzaakt, vindt directeur Boeve het welletjes en zijn besluit om Kees Jonk te ontslaan staat nu definitief vast. Hij deelt hem dat nog diezelfde dag mede.

Dinsdagmorgen 20 maart echter bezetten drie van de andere chauffeurs de uitrit uit solidariteit met Kees. Een aantal spoedbestellingen wordt daardoor te laat geleverd. De afnemers stellen Boeve Logistiek bv aansprakelijk voor de schade die zij ten gevolge van die te late levering lijden.

a Welke actie(s) kan Kees Jonk ondernemen tegen het ontslag?
b Welke risico's loopt een werkgever bij een ontslag op staande voet?
c Welke oplossing kiest men in de praktijk vaak om dit risico te verminderen?
d Is Boeve Logistiek bv aansprakelijk voor de schade die de afnemers lijden ten gevolge van de te late afleveringen of heeft hij een beroep op overmacht? Beredeneer uw antwoord aan de hand van een bekend arrest van de Hoge Raad.
e Welke chauffeurs van Boeve Logistiek bv hebben recht op doorbetaling van hun salaris en welke niet? Beredeneer uw antwoord en betrek in uw antwoord de redenering die de Hoge Raad in een bekend arrest heeft gegeven.
f Hoe kan men de te late levering volgens de algemene regels van het verbintenissenrecht kwalificeren en wat kan men in zo'n geval eisen?
g Moeten de afnemers, willen zij Boeve Logistiek bv aansprakelijk kunnen stellen, eerst nog in gebreke stellen?

14.2 De twintigjarige Jeanette Gras werkt sinds drie jaar als verkoopster op de parfumerieafdeling van een groot warenhuis. Zij is geen lid van de vakbond. Op een kwade lenteochtend krijgt zij samen met haar collega's in de kantine te horen dat er binnenkort wegens reorganisatie van het bedrijf ongeveer veertig personeelsleden worden ontslagen. De meeste ontslagen betreffen de afdeling Verkoop.

Er ontstaat grote onrust in het bedrijf en een aantal leden van de afdeling Bezorging bezet onder leiding van Joop Smulders, de verloofde van Jeanette Gras, de personeelsingang van het warenhuis, waardoor het een hele ochtend gesloten moet blijven, omdat er geen personeel aanwezig is.

a Kan Jeanette een loonvordering instellen als het warenhuis haar onder het cao-loon betaalt?
b Wat kan een werknemer in het algemeen eisen als hij een loonvordering instelt?
c Wat is de verhouding tussen de bepalingen van de cao en de bepalingen van een individuele arbeidsovereenkomst?

d Welke speciale plicht rust op een werkgever die veertig werknemers tegelijk wil ontslaan?

e Jeanette hoort op 1 mei dat zij jammer genoeg tot de werknemers behoort die ontslagen zullen worden. Hoe moet de werkgever Jeanette ontslaan?

f Wanneer zal Jeanette bij het warenhuis vertrekken?

g Heeft Jeanette recht op doorbetaling van haar salaris voor de morgen waarop zij door de bezetting van de personeelsingang niet heeft kunnen werken?

h Heeft Joop Smulders recht op doorbetaling van zijn salaris?

14.3 Woudstra is in dienst van machinefabriek Dorsman bv. In 2013 heeft hij met Dorsman sr. afgesproken dat hij maar twee weken vakantie zal nemen en daartegenover een extra uitkering ineens van €1.250 zal ontvangen. Voor de metaalverwerkende industrie is een cao afgesloten waarin een vakantie van vier weken is bepaald.

a Is een cao een bijzondere arbeidsovereenkomst? Motiveer uw antwoord.

b Bepalingen in een cao hebben normatieve werking. Wat wordt daarmee bedoeld?

c Verklaar waarom zowel de werknemer als de vakbonden de naleving van een normatieve cao-bepaling kunnen afdwingen.

d Is de afspraak die Woudstra met Dorsman bv heeft gemaakt, geldig?

e Kan Woudstra ook aanspraak maken op de vier weken vakantie van de cao?

f Stel dat Woudstra en Dorsman bv aan de cao gebonden zijn, kunnen zij dan van de cao-bepaling afwijken en een vakantie van vijf weken afspreken?

g Woudstra heeft van zijn werkgever een woning gehuurd. Kan Woudstra zich na het einde van de arbeidsovereenkomst beroepen op huurbescherming?

h Ten gevolge van een spoorwegstaking is Woudstra drie uur te laat op zijn werk verschenen. Zijn werkgever weigert deze uren uit te betalen. Is dit terecht?

14.4 Marijke Veldkamp is als oproepkracht aangesteld bij drogisterij De Kruiderij. Het betreft hier een zogenoemd min-maxcontract.

a Wat verstaat men onder een min-maxcontract?

b Is er hier sprake van een arbeidsovereenkomst? Motiveer uw antwoord.

c Kan in het contract dat Marijke Veldkamp heeft gesloten, afgesproken worden dat als zij niet werkt er geen loon verschuldigd is?

d Aan welke vereisten moet de werkgever voldoen als hij Marijke zou willen ontslaan?

14.5 Adriaan is via uitzendbureau De bouwvakker als schilder aangesteld bij aannemer Geus voor zes maanden. Hoewel hij herhaaldelijk gewaarschuwd is voorzichtig te doen, is hij toch onachtzaam en valt van een steiger. Daardoor loopt hij zwaar lichamelijk letsel op.

a Hoe zou u de verhouding tussen Adriaan en het uitzendbureau willen omschrijven?

b Hoe omschrijft u de verhouding tussen het uitzendbureau en aannemer Geus?

c Kan Adriaan aannemer Geus aansprakelijk stellen voor de door hem geleden schade?

d Welke schade zou Adriaan eventueel van Geus kunnen vorderen?

e Hoe kan Geus onder de aansprakelijkheid voor schade jegens Adriaan uitkomen?

f Wanneer kan een tijdelijk uitzendcontract worden omgezet in een arbeidsovereenkomst voor onbepaalde tijd?

Antwoorden op de meerkeuzevragen

Hoofdstuk 1

1.1	d	**1.4**	a	**1.7**	a	**1.10**	b, c, d, e, f, g
1.2	c	**1.5**	a	**1.8**	c	**1.11**	a
1.3	a	**1.6**	c	**1.9**	b	**1.12**	b

Hoofdstuk 2

2.1	a	**2.4**	d	**2.7**	d
2.2	c	**2.5**	a	**2.8**	d
2.3	c	**2.6**	a		

Hoofdstuk 3

3.1	d	**3.4**	b	**3.7**	c
3.2	c	**3.5**	c	**3.8**	d
3.3	a	**3.6**	c		

Hoofdstuk 4

4.1	c	**4.5**	d	**4.9**	a	**4.13**	b
4.2	d	**4.6**	b	**4.10**	b	**4.14**	a
4.3	b	**4.7**	a	**4.11**	a	**4.15**	a
4.4	c	**4.8**	d	**4.12**	c		

Hoofdstuk 5

5.1	c	**5.4**	c	**5.7**	c	**5.10**	a
5.2	a	**5.5**	a	**5.8**	a		
5.3	d	**5.6**	b	**5.9**	c		

Hoofdstuk 6

6.1	b	**6.4**	a	**6.7**	c	**6.10**	c
6.2	c	**6.5**	b	**6.8**	a		
6.3	c	**6.6**	c	**6.9**	c		

Hoofdstuk 7

7.1	d	**7.4**	d	**7.7**	b	**7.10**	c
7.2	a	**7.5**	b	**7.8**	d	**7.11**	b
7.3	d	**7.6**	a	**7.9**	c	**7.12**	c

Hoofdstuk 8

8.1	b	**8.5**	a	**8.9**	b	**8.13**	a
8.2	c	**8.6**	b	**8.10**	b	**8.14**	c
8.3	a	**8.7**	b	**8.11**	c		
8.4	a	**8.8**	b	**8.12**	b		

Hoofdstuk 9

9.1	a	9.4	b	9.7	d	9.10	d
9.2	b	9.5	a	9.8	b		
9.3	a	9.6	c	9.9	b		

Hoofdstuk 10

10.1	d	10.7	a	10.13	b	10.19	a
10.2	c	10.8	d	10.14	a	10.20	c
10.3	c	10.9	b	10.15	b	10.21	a
10.4	d	10.10	d	10.16	c	10.22	d
10.5	d	10.11	b	10.17	b	10.23	b
10.6	b	10.12	d	10.18	a	10.24	c

Hoofdstuk 11

11.1	d	11.4	b
11.2	c	11.5	d
11.3	d	11.6	a

Hoofdstuk 12

12.1	b	12.4	c	12.7	a	12.10	a
12.2	d	12.5	c	12.8	b	12.11	d
12.3	b	12.6	c	12.9	c	12.12	a

Hoofdstuk 13

13.1	b	13.4	b	13.7	b	13.10	c
13.2	a	13.5	b	13.8	b	13.11	d
13.3	a	13.6	d	13.9	a	13.12	d

Hoofdstuk 14

14.1	b	14.7	d	14.13	d	14.19	d
14.2	a	14.8	b	14.14	c	14.20	a
14.3	a	14.9	b	14.15	c	14.21	a
14.4	b	14.10	b	14.16	b	14.22	a
14.5	b	14.11	c	14.17	b		
14.6	a	14.12	a	14.18	d		

Afkortingenlijst

AK	administratiekantoor
AMvB	algemene maatregel van bestuur
ANW	Algemene nabestaandenwet
AOW	Algemene Ouderdomswet
APV	Algemene Plaatselijke Verordening
AVP	aansprakelijkheidsverzekering voor particulieren
AVA	algemene vergadering van aandeelhouders
BBA	Buitengewoon Besluit Arbeidsverhoudingen
bv i.o.	besloten vennootschap in oprichting
BW	Burgerlijk Wetboek
cao	collectieve arbeidsovereenkomst
COR	centrale ondernemingsraad
cp	constitutum possessorium
CRM	College voor de Rechten van de Mens
cv	commanditaire vennootschap
EVRM	Europees Verdrag voor de Rechten van de Mens
Fw	Faillissementswet
GOR	groepsondernemingsraad
Gw	Grondwet
HNW	Handelsnaamwet
HR	Hoge Raad
Hrgw	Handelsregisterwet
IPR	internationaal privaatrecht
JOL	Jurisprudentie online
NJ	Nederlandse Jurisprudentie
nv i.o.	naamloze vennootschap in oprichting
OR	ondernemingsraad
OWM	onderlinge waarborgmaatschappij
RvC	raad van commissarissen
Rv	Wetboek van Burgerlijke Rechtsvordering
RvdW	Rechtspraak van de Week
Sr	Wetboek van Strafrecht
UA	uitgesloten aansprakelijkheid
Uhw	Uitvoeringswet huurpijzen woonruimte 2002
UWV	Uitvoeringsinstituut Werknemersverzekeringen
vof	vennootschap onder firma
WA	wettelijke aansprakelijkheid
Waadi	Wet allocatie arbeidskrachten door intermediairs
WAM	Wet Aansprakelijkheidsverzekering Motorrijtuigen
WARZO	Wet arbeid en zorg
Wet AVV	Wet op het algemeen verbindend en het onverbindend verklaren van bepalingen van collectieve arbeidsovereenkomsten
Wet cao	Wet op de collectieve arbeidsovereenkomst

WMCO	Wet melding collectief ontslag
Wet RO	Wet op de rechterlijke organisatie
WOR	Wet op de ondernemingsraden
WTV	Wet Toezicht Verzekeringsbedrijf
WvK	Wetboek van Koophandel
WvW	Wegenverkeerswet
WWB	Wet werk en bijstand

Register

A
Aanbod 153
Aanbod
  Onherroepelijk – 155
  Schriftelijk – 154
  Vrijblijvend – 155
Aanneming van werk 389
Aansprakelijkheid 195, 203, 206, 210
Aansprakelijkstelling 276
Aanvaarding 156
Aanvullende schadevergoeding 281
Aanvullend recht 15, 160, 281
Absolute niet-zakelijke rechten 35
Absolute rechten 34
Abstracte leveringsstelsel 55
Acceptatie 66
Achterstelling 41
Actio Pauliana 117
Adoptie- en pleegzorgverlof 406
Afbetalingscolporteur 329
Afhankelijk recht 38
Afkoopsom 417
Afleveren 332
Afroepcontract 392
Afstand 241
Akkoord 238
Akte
  Authentieke – 84
  Onderhandse – 84
Akte van cessie 65
Akte van huurkoop 344
Algemeenverbindendverklaring 433
Algemene beginselen van behoorlijk
  bestuur 20
Algemene voorwaarden 166
Algemene wet gelijke behandeling 396
Ander nadeel 307
Anticipatory breach 277
Arbeid 388
Arbeidsovereenkomst 388
  Duur – 390
  Herstel – 417

Arbeidsovereenkomst met uitgestelde
  prestatieplicht 393
Arbeidsovereenkomst voor bepaalde
  tijd 390
Arbeidsovereenkomst voor onbepaalde
  tijd 391
Authentieke akte 84

B
Bankhypotheek 92
Batig gerangschikt 94
Beding tot 345
Beding van vervroegde opeisbaarheid 344
Bedreiging 115
Bedrijf 201
  Aansprakelijkheid – 201
Bedrijfsrisico 404
Bedrijfsruimte 375
Bedrog 115
Beheersbeding 92
Bekrachtiging 134, 256
Belanghebbende 186
Beloning 421
Beperken van risico 269
Beperkt recht 37, 68
Beperkt (zakelijk) gerechtigde 37
Beschikkingsbevoegdheid 56, 91
Bestanddelen 31
Betaling in gedeelten 257
Betalingstermijnen 280
Betaling van een geldsom 257
Bevrijdend nakomen 253
Bezit 60
  Middellijk – 60
  Onmiddellijk – 60
Bezitloos pandrecht 84
Bezitter 200
  Aansprakelijkheid – 199
Bezwaard 85
Bezwaar huurverhoging 367
Bezwaarschrift jaarlijkse
  huurverhoging 367

Blijvend onmogelijke prestatie 274, 275
Boetebeding 281, 344
Borgtocht 38, 234
Bouwhypotheek 91
Brevi manu 62
Bron verbintenis 228
Bruikleen 356
Buitengewoon Besluit
    Arbeidsverhoudingen 414
Burgerlijk Wetboek 20
BW
    Opbouw van – 23

C
Caching 214
Calamiteitenverlof 406
Cao
    Algemeenverbindendverklaring – 433
    Normatieve werking – 431
Causaal verband 202, 278
Causale leveringsstelsel 54
Certificaatdienstverleners 214
Cessie 65
Cessie van loon 345
Collectief ontslag 428
Collectieve arbeidsovereenkomst 430
Colporteur 329
Compensatie 242
Concurrente crediteuren 40
Concurrente schuldeisers 40
Concurrentiebeding 399
Conditio sine qua non 203
Conformiteit 332, 337
Constitutum possessorium 62
Consument 168
Consumentenkoop 324, 337
Contantcolporteur 329
Contractoverneming 239, 241
Contractvrijheid 158
Correctiefactor 421
Crediteur 36, 228
Crediteursverzuim 254

D
Debiteur 228
Debiteursverzuim 265
Deeltijdwerk 391
Deel uitmaken van een bepaalde
    groep 194
Dekkingskoop 338
Derden 169
Derdenbeding 173
Derdenbescherming 68, 88

Derogerende werking 161
Dier 201
    Aansprakelijkheid – 201
Discriminatieverbod 396, 409
Disculperen 195
Dood of lichamelijk letsel 210
Dood werknemer 412
Doorleveringsleer 140
Dringende reden 424
Dringende werkzaamheden 361
Droit de suite 42
Duurzame gemeenschappelijke
    huishouding 373
Dwaling 115, 335
Dwangsom 308
Dwingend recht 166
Dwingend recht 15

E
Eenheidsbeginsel 31
Eenzijdige ongerichte 107
Eenzijdige overeenkomst 108, 234
Eenzijdige rechtshandeling 54
Eigendomsoverdracht 332
Eigendomsrecht 30
Eigendomsvoorbehoud 63, 200, 326, 343
Eigen schuld 312
Electronische Algemene voorwaarden 168
Elektronische overeenkomst 157
Elektronisch rechtsverkeer 214
    Aansprakelijkheid – 214
Endossement 65
Erfdienstbaarheid 172
Exceptio non adimpleti contractus 262
Exclusiviteit 35
Exoneratieclausule 269
Exploitant 200
    Aansprakelijkheid – 200

F
Fabrieksgarantie 324
Fatale termijn 275
Flexibele arbeidsverhoudingen 391
Formeel recht 16
Fout 195
Freelancewerk 395

G
Gangbaar geld 257
Garantie 269, 324, 334
Gebruiker 166
Geestelijke of lichamelijke tekortkoming 194
Geestelijke stoornis 113, 114

Gelijke behandeling mannen
en vrouwen 396, 409
Genotsrechten 36
Genuszaak 257
Georganiseerde staking 404
Georganiseerde werknemer 431
Gesloten systeem 35
Gestolen zaak 70
Getuigschrift 407
Gevaarzetting 191
Gevolgschade 209, 280, 339
Gewichtige redenen 419
Gewogen dienstjaren 420
Gewoonterecht 19, 160
Girale betaling 258
Goederen 22, 29
Goederenrechtelijk effect 55
Goederenrechtelijke zekerheid 38
Goede trouw 69
Goede zeden 113, 159
Strijdigheid met – 113
Grijze lijst 169
Groot onderhoud 359

H
Handelingsbekwaam 21, 109
Handelingsonbekwaam 114, 254
Handelingsonbekwaamheid 135
Handelingsonbevoegd 113
Herroepen 154, 174
Hoofdelijke aansprakelijkheid 207
Hoofdelijkheid 38, 233
Hoofdzaak 31
Hosting 214
Houderschap 60
Middellijk – 60
Onmiddellijk – 60
Huishoudinkomen 367
Huisvestingsvergunning 372
Huurbeding 92
Huurbescherming 372, 377
Huurcommissie 366
Huurkoop 343
Huurovereenkomst 355
Opzegging – 368
Huurprijs 366, 379
Verhoging – 362
Verzoek tot verlaging – 368
Huurprijsvermindering 358
Huurverhoging 367
Bezwaar tegen – 367
Hypothecaire bedingen 95

Hypotheekgever 91
Hypotheekhouder 91
Hypotheekrecht 90
Vereisten vestiging – 90

I
Inbezitneming 53
Inbreuk op een recht 189
Incassokosten 280, 306
Ingebrekestelling 273
Inningsbevoegdheid 88
Inningsonbevoegd 254
Inspanningsverbintenis 271
Internationaal privaatrecht 19, 23
Intrekking 112

J
Jurisprudentie 19

K
Kernbeding 166
Kettingbeding 172
Kinderen 195
Aansprakelijkheid – 195
Klein onderhoud 359
Koop breekt geen huur 364
Koop en verkoop op afbetaling 342
Koop op afstand 327, 330
Koop op proef 326
Koopoptie 331
Koopovereenkomst 322, 325
Kortdurend zorgverlof 406
Kredietcolporteur 329
Kredlethypotheek 91
Kwalitatief recht 42, 171
Kwalitatieve aansprakelijkheid 195
Kwalitatieve verplichtingen 171

L
Lastgeving 130, 141
Leasing
Financiële – 346
Operationele – 346
Leer van de directe verkrijging 141
Letsel 314
Levensonderhoud 315
Derving – 315
Levering 57
Levering bij voorbaat 67
Leveringsstelsel
Abstract – 55
Causaal – 54

Leveringsvoorwaarden 326
Levering toekomstige vordering 68
Lijkbezorging 315
  Vordering van kosten – 315
Longa manu 63
Loon 389, 400
Loonvordering 401, 402
Loopbaanonderbreking 406
Lossing 87, 93

M
Maatschappelijke betamelijkheid 190
Materieel recht 16
Matigen 281
Matiging door de rechter 281
Matigingsrecht 313
Medehuurderschap 372
Medeschuld 312
Meerzijdige rechtshandeling 54, 107, 152
Mere conduit 214
Minderjarige werknemer 397
Minimumloon 400
Min-maxcontract 393
Misbruik van omstandigheden 115
Misleidende handelspraktijk 212
Misleidende mededelingen 213
Misleidende reclame 212
Motorvoertuig 202
  Aansprakelijkheid – 202

N
Nader te noemen meester 138
Nakomen
  Ondeugdelijk – 272
  Te laat – 272
Natrekking 32
Natuurlijke personen 21, 206
  Aansprakelijkheid – 206
Natuurlijke verbintenis 237
Negatief stelsel openbaarheid 59, 70
Nietigheid 113
Niet-nakoming
  Toerekenbaarheid – 289
Niet-ondergeschikte 198
  Aansprakelijkheid – 198
Niet-registergoed 33
  Levering van – 60
Nominaliteitsbeginsel 257
Noodtoestand 192
Noodweer 192
Normatieve werking cao 431
Notariële transportakte 58
Nulliteiten 113
Nulurencontract 393

O
Objectief recht 16
Omzettingsverklaring 279
Onbetaald verlof 405
Ondeelbare prestatie 233
Ondergeschikte 196
  Aansprakelijkheid – 196
Ondergeschiktheid 389
Onderhandse akte 84
Onderhandse verkoop 93, 328
Onderhuur 374
Ondernemingsraad 404, 427
  Ontslagverbod bij lidmaatschap – 427
Onderzoeksplicht 111
Ondeugdelijk nakomen 272
Oneerlijke handelspraktijk 212
Ongedaanmakingsverbintenis 54, 284
Ongerechtvaardigde verrijking 187
Ongeschreven recht 20
Ongevraagde toezending 330
Online betalen 258
Onrechtmatige daad 188, 229
Onrechtmatigheid 189
Onredelijk bezwarendverklaring 169
Onroerende zaak 30, 325
Ontbindende tijdsbepaling 236
Ontbindende voorwaarde 56, 236
Ontbinding 282
Ontbindingsschade 286
Ontbindingsverklaring 283
Onteigening 53
Ontruimingsbeding 93
Ontslag
  Bij faillissement – 426
  Collectief – 428
  Dringende redenen voor – 419, 424
  Gewichtige redenen – 419
  Kennelijk onredelijk – 418
  Onregelmatig – 417
  Regelmatig – 417
  Vernietigbaar – 415
Ontslag en faillissement 426
Ontslag op staande voet 423
Ontslagverbod 426
Ontslagvergunning 414
Ontvangsttheorie 111, 157
Onverschuldigde betaling 119, 186, 253
Onvoorziene omstandigheden 163
Onzekerheidsexceptie 263
Opeisbare vordering 252
Openbare orde 159
Openbare verkoop 88, 328
Opgewekte schijn 133
Oproepcontract 393

Opschortende tijdsbepaling   236
Opschortende voorwaarde   236
Opschortingsrecht   260, 290
Opstal   200
    Aansprakelijkheid bezitter –   200
Optierecht   156
Opzegging   414
Opzegging huurovereenkomst   368
Opzeggingsdag   416
Opzeggingstermijn   416
Ouderschapsverlof   406
Overdracht   52
Overdrachtsplan   52
Overeenkomst   231
    Eenzijdige –   108, 152, 234
    Obligatoire   152
    Wederkerige –   108, 152, 234
Overeenkomst van opdracht   390, 391
Overgang onderneming   428
    Ontslag bij –   428
Overlast   363
    Bij huur –   363
Overlijden   314
Overmacht   287

P
Paardensprong   174, 270
Pachtovereenkomst   356
Palliatief verlof   407
Pandgever   82
Pandhouder   82, 87
Pandlijst   86
Pandrecht   81
    Bezitloos –   84
    Openbaar –   85
    Stil –   85
    Vestiging –   82
Pandrecht toekomstige roerende zaak
    Vestiging –   86
Pandrecht toekomstige vordering op naam
    Vestiging –   86
Pandrecht vordering op naam
    Vestiging –   85
Parate executie
    Recht van –   87, 93
Partijafspraak   159
Passende arbeid   408
Peiljaar   367
Persoonlijke zekerheid   38
Persoonlijk recht   36
Pleegkind   377
Pluraliteit   233
Positief belang   310

Positief contractbelang   135
Positief stelsel van openbaarheid   59
Positieve discriminatie   396
Precontractuele fase   164
Prestatie   231
    Blijvend onmogelijke –   275
Prioriteitsbeginsel   39
Prioriteitsregel   89
Privaatrecht   15
Procesrecht   16
Processuele functie   61
Producent   200, 209, 210
    Aansprakelijkheid –   200, 210
Productenaansprakelijkheid   208
Product
    Gebrekkig –   209
Proeftijd   397
Providers   214
Publiekrecht   15

R
Rangorde   39
Rangorde wettelijke regelingen   18
Rauwelijks ontbinden   283
Recht van parate executie   93
Rechten   39
    Rangorde van –   39
Rechter   281
Rechthebbende   57
Rechtmatige daad   185
Rechtsbevoegd   21
Rechtsbron   16, 20
Rechtsfeiten die tot levering verplichten   54
Rechtsgevolgen   229
Rechtshandeling   105, 199
    Eenzijdige –   106
    Eenzijdig gerichte –   107
    Meerzijdige –   54, 107, 152
    Nietige –   117
    Vernietigbare –   117
Rechtsobject   16
Rechtsopvolging onder bijzondere titel
    170, 171, 239
Rechtspersonen   206
    Aansprakelijkheid –   206
    Privaatrechtelijke –   21
    Publiekrechtelijke –   21
Rechtsregel   13
Rechtsopvolging onder algemene
    titel   170, 239
Rechtssubject   21
Rechtsverwerking   162
Rechtvaardigingsgrond   192

Recht van reclame 341
Reclame Code Commissie 212
Redelijkheid en billijkheid 20, 161, 232
Regelend recht 15, 160
Registergoed 33, 172
Regresrecht 207
Reïntegratie 408
Relatieve rechten 35
Relativiteit 205
Renovatie 361
Resultaatsverbintenis 271
Retentierecht 264
Revindicatie 119
Revindiceren 56, 138
Risico 193, 204, 267, 335
Risicoaansprakelijkheid 194
Risicoaanvaarding 192
Roerende zaak 30
    Levering van – 60
Royement 95
Ruilovereenkomst 323

S
Schade 304
Schadeberekening
    Abstracte – 309
    Concrete – 309
Schadestaatprocedure 313
Schadevergoeding
    Aanvullende – 279
    Gefixeerde – 417
    Vervangende – 278
    Volledige – 417
Schadevergoedingsbeding 344
Schadevergoedingsverbintenis 276
Schakelbepalingen 23
Schijnakte 72
Schijnhandeling 72
Schuld 193, 204, 232, 267
Schuldaansprakelijkheid 193
Schuldeiser 36, 228, 231
    Handelingsonbekwame – 255
    Inningsonbevoegde – 255
Schuldeisersverzuim 254, 264, 290
Schuldoverneming 240
Schuldvorderingspapieren 64
Selbsteintritt 139
Separatist 88, 95
Smartengeld 307
Sollicitatiefase 396
Specieszaak 257
Stakingsrecht 404
Standaardregelingen 165

Stil pandrecht
    Vestiging – 85
Studentenwoning 370
Subjectief recht 16
Subrogatie 239

T
Te laat nakomen 272
Teleshopping 327
Terugnemingsbeding 345
Terugwerkende kracht 55, 260
Thuiswerk 395
Titel 54, 82, 90
Toekomstige vorderingen 86
Toekomstige zaak 66
Toerekenbaarheid in de nakoming 289
Toerekenbaarheid niet-nakomen 266
Toerekenbaarheid van de onrechtmatige
    daad 193
Toerekenbaar tekortschieten 271
Toondervordering 65
Transitievergoeding 422
Transportakte
    Notariële – 58
Twee bezitters 200

U
Uitnodiging tot het doen van een
    aanbod 153
Uitzendverhouding 391
Uitzondering 197

V
Vakantie 404
Vakantietoeslag 405
Veiligheid 407
Veranderingsbeding 93
Verbintenis 228
    Onder tijdsbepaling – 236
    Ontstaan – 228
    Voorwaardelijke – 236
Verbintenisscheppende overeenkomst 107
Vergelijkende reclame 213
Verhaal 198
Verhoging huurprijs 362
Verjaring 52, 120, 237, 402
Verkeersopvatting 270
Verklaring 109, 112
Verkrijging onder algemene titel 51, 240
Verkrijging onder bijzondere titel 52
Verlaging huurprijs 368
Vermenging 243
Vermogen 22

Vermogensrecht 22, 32
Vermogensschade 305
Vernietigbaarheid 113
Verrekening 242
Vertegenwoordigde 199
   Aansprakelijkheid – 199
Vertegenwoordiging 128
   (Eigenlijke) – 128
   Onbevoegde – 132
   Oneigenlijke – 139
Vertragingsschade 279
Vertrouwensbeginsel 110, 132, 160, 256
Vervaldag 252
Verweermiddel 65, 238, 259
Verweermiddelen van de schuldenaar 258
Verzuim 273
Verzwaren van risico 269
Vestigingshandeling 83
Volmacht 130, 131, 254
Volmachtgever 131
Volmachtverlening 131
Voordeelstoerekening 287, 311
Voorovereenkomst 393
Voorrang 40, 87
Voorzienbaarheid 203
Voorzienbare omstandigheden 163
Vordering aan order 64
Vordering aan toonder 64
Vordering
   Opeisbare – 252
Vordering op naam 64, 72
Vorderingsrecht 35, 64, 231
Vormfout 118
Vuistpandrecht 83

W
Waardepapier 64
Wanprestatie 266
Wederkerige overeenkomst 108, 234
Wederpartij 167

Wederverhuur 374
Wederzijds goedvinden 413
Werknemer 407
   Dood van – 412
   Minderjarige – 397
   Veiligheid van – 407
Wet in formele zin 17
Wet in materiële zin 17
Wettelijke plicht 190
Wettelijke rente 280
Wettelijke verhoging 401
Wil 109
Wilde staking 404
Wilsgebreken 115
Wissel 66
Woonruimte 365

Z
Zaak 22, 30, 186
Zaaksbeschadiging 309
Zaakschade 210
Zaaksgevolg 35, 42
Zaakwaarneming 186, 229
Zakelijk recht 34, 36
Zakenrechtelijke papieren 64
Zekerheidsrechten 37
Zelfstandige woning 365
Ziekte 402, 426
   Loon bij – 402
   Ontslagverbod bij – 426
Zorgvuldigheidsnorm 191, 204
Zuivering 94
Zwangerschap, bevalling 402
Zwangerschap en bevalling 426
   Loon bij – 402
   Ontslagverbod bij – 426
Zwangerschaps- en bevallingsverlof 406
Zwarte lijst 168